上海通志

干部读本

中共上海市委组织部
中共上海市委宣传部 编
上海市地方志办公室
王孝俭 纂

上海人民出版社

前　言

治天下者以史为鉴，治郡国者以志为鉴。连绵不断地编修地方志，通过地方志记载一地自然和社会状况，是中华民族特有的优秀文化传统。

党的十八大强调，文化是民族的血脉，是人民的精神家园。2014 年 2 月 25 日，习近平总书记在首都博物馆参观北京历史文化展览时强调："搞历史博物展览，为的是见证历史、以史鉴今、启迪后人。要在展览的同时高度重视修史修志，让文物说话、把历史智慧告诉人们，激发我们的民族自豪感和自信心，坚定全体人民振兴中华、实现中国梦的信心和决心。"2014 年 4 月 19 日第五次全国地方志工作会议召开之际，李克强总理批示指出："地方志是传承中华文明、发掘历史智慧的重要载体，存史、育人、资政，做好编修工作十分重要。"读史当从读志始，我们党是中华民族优秀文化传统的忠实继承者。党和国家领导人都非常重视利用地方志书，为各级干部读志用志树立了良好榜样。

作为一种传统文化载体和文化传承方式，地方志在中国历史与社会发展中有着非同寻常的地位和深远的文化影响。因为，志书中详细记载一地自然地理和社会人文资料，与国家的建设、百姓的生活有着千丝万缕的关联，可以成为执政兴国的一份特殊文化力量。读志鉴古知今，用志经世兴邦。领导干部读点志书，有助于提高思想政治修养和文化素养，有助于提高工作能力和领导水平。

当前，实现中华民族伟大复兴的阶段性目标已经明确：在中国共产党成立 100 年时全面建成小康社会，在新中国成立 100 年时建成富强民主文明和谐的社会主义现代化国家。中共上海市委也提出了把上海建设成为社会主义现代化国际大都市的宏伟目标。上海要当好全国改革开放排头兵、科学发展先行者，搞好中国（上海）自贸区的建设，需要依靠广大干部群众同心同德、励精图治，这对上海各级干部的领导能力提出了更高更新的要求。了解地方经济人文情况、怀有深厚乡土感情也是各级干部的基本素养，在干部教育知识体系中增强地方历史内容，值得重视。

2013 年政协上海市十二届一次会议上，多位委员联名提案"将读志用志纳入干部教育培训体系”。为此，市委组织部、市委宣传部、上海市地方志办公室着手组织专家根据《上海通志》编写简明易用的干部读本。《上海通志》是上海市首轮社会主义新方志的主体工程，全书10册、46卷、1100万字，全面系统地记述上海市行政区域自然、政治、经济、文化和社会的历史与现状，是了解上海、认识上海的权威资料性文献。《上海通志干部读本》删繁就简，秉承地方志编纂传统，存真求实，事以类从，融汇翔实资料，呈现上海历史发展进程，可谓一册在手，上海概貌了然于胸。

希望《上海通志干部读本》有助于开展干部教育培训，希望全市广大干部通过读志，加强对上海地情的了解，增进对这方水土的感情，承续上海城市历史文脉，把上海建设得更加美丽精彩！

编辑说明

《上海通志干部读本》(下简称"读本")是《上海通志》(下简称"通志")的简编本。1994年,中共上海市委批准成立上海通志编纂委员会,并建立工作机构上海通志总纂室,开展《上海通志》的编纂工作。次年,编纂工作启动,2005年由上海人民出版社和上海社会科学院出版社出版。全志46卷加大事记,共1100万字。通志的成功编纂,与县志、区志、专志,组成"一纲三目"的上海市新编社会主义方志系列,是自20世纪80年代初全市开展方志编纂工作以来的重要成果。这是上海第一部成书的通志,也是新中国建立后全国首部省级通志。在县志、区志、专志的基础上,通志第一次以单套书的形式,用资料全景式展示上海6000年前开始成陆到1995年各发展阶段的形态,较为全面地厘清了上海的历史家当。全市100多个市职能局、部、委、办和高校、社科机构的行家、专家数百人参与了此项工作。为了让广大的干部和更多民众能更简便地了解上海,熟悉更多的市情,让通志更好地为上海的经济建设和社会事业发展服务,2012年7月我们开始在通志的基础上编辑读本。要求读本压缩通志的篇幅,同时保持通志的基本体例,坚持述而不作,体例上划正,史料上齐整,篇幅上平衡,进一步聚焦上海这个中国最大城市的城市特质。在此基础上,稿本以调整篇目、压缩文字和改写、重写节目相混合的方法进行编辑。经5轮的编辑,2013年12月完成读本全稿,全稿约75万字。

在简编过程中,做了以下几方面的工作。

一、调整通志的篇目

1. 读本取消通志的卷,以章代之,章、节、目也相应降格。

2. 取消大事记和综合经济管理、人物、方言、特记等4卷1记,有关内容归入相关章节。归并政府(上)(下)、工业(上)(下)、交通运输(上)(下)、浦东开发开放、开发区、文化艺术(上)(下)等10卷。由此,读本篇目由通志46卷1记(大事记)调整为37章。

3. 调整有关章的顺序，把经济部类中的财税、金融、城建、水利、浦东开发开放等章，提至工业、商业、农业、房地产等章之前。部分章内节的顺序也予以调整。

二、压缩文字

读本文字压缩为 75 万字，是通志的 6.8%。删除通志所有卷的概述。通志中的 1813 个表格保留 3 个。大量删简文字的主要载体节和目中的文字。同时，读本尽可能保留所记事物、事件的起始，清末民初，抗战爆发前，日伪时期，解放前夕，解放初，1956 年，"文革"前后，改革开放前后，1992～1995 年重要阶段的基本情况。以求历史节点不断线，资料的整体性和系统性不损害。

三、改写、纠错、补充

为适应读本简约的要求，又能保持记述的连贯通畅，改写建置、自然环境、工业、商业、农业、外贸、财税、金融、城建、文化艺术、宗教、方言等各章。改正通志中记述错误或前后矛盾的地方。补应记而遗漏的内容。

四、基本沿用通志的凡例

主要有：

1. 记述的范围。1927 年前以上海县地域为主，1927～1958 年分别以上海特别市、上海市为主，1958～1995 年以 1995 年上海市地域为主。各时期兼顾记述 1995 年属于上海市的其他地区，称"上海地区"或"上海"。称"全市"，均指上海特别市后各时期上海市的实际范围。上海开埠后至 1943 年存在的公共租界(包含英、美租界)、法租界和华界，保留原来称呼。华界指上海县城厢和闸北地区。

2. 记述内容的时限。上限不定，大多起记于事物、事件有考或历史文献能确定的发端期。下限一般至 1995 年，中国共产党、政府、浦东开发开放等章延伸至 2000 年。

3. 记述所称"解放前"、"解放后"，均以 1949 年 5 月 27 日上海解放为界。

4. 所记述的地名、机构名称、币种、计量单位，一般按当时称谓。解放后不特指明的币种均为人民币，1949～1955 年期间人民币币值均折算成新人民币币值。

5. 所用解放后全市性统计资料，原则根据市统计局公布的材料。各部门所用资料，根据部门统计的材料。读本中所用数据，过千的一般以"万"、"亿"为基本单位，四舍五入。

读本一定存在不足和舛误，谨望读者谅解和批评。我们要特别感谢参与通志编纂的全体同志，是他们的出色工作，奠定了读本编辑的基础。

目　录

总　　述

上海市地处东经120度52分至122度16分，北纬30度42分至31度48分，位于太平洋西岸，亚洲大陆东沿，中国南北海岸线的中心点，长江和钱塘江入海汇合处，江口有中国第三大岛崇明岛。北界长江，东濒东海，南临杭州湾，西接江苏和浙江两省。黄浦江流贯全市。全市面积6340.5平方公里。

今上海地区春秋战国时期属吴越之地，后历有变化。唐后至1958年，今上海地区大致分属3个行政区。一为吴淞江以南地区。唐天宝十载(751年)，置华亭县，出现上海地区第一个独立县级行政建置。元至元十四年(1277年)升为华亭府，次年改为松江府，至清代辖有华亭、上海、青浦、娄、奉贤、金山、南汇等7县和川沙厅。二为吴淞江以北地区。南宋嘉定十年(1218年)十二月初九设嘉定县，后又析出宝山县。三为长江口岛屿地区。唐武德年间长江口出露沙洲，元至元十四年置崇明州，明洪武二年(1369年)改为崇明县。上海县为上海市母体，南宋景定末年至咸淳初为上海镇，至元二十九年(1292年)立县。1927年设为上海特别市，1930年改称上海市。1949年5月27日，上海解放。全市划分为20个市区和10个郊区。1958年，江苏省上海、松江等10县划属上海市，基本奠定今上海市区域。全市辖有10个市区和10个郊县。1992年9月，设立浦东新区。1995年，全市辖有浦东新区和徐汇、长宁、普陀、闸北、虹口、杨浦、黄浦、南市、卢湾、静安、宝山、闵行、嘉定等14个区，南汇、奉贤、松江、金山、青浦、崇明等6个县。自清道光二十三年(1843年)至1943年，上海地区另有公共租界和法租界2个租界，行政和司法、经济活动自成一体。

上海是中国最大的城市，国际重要都市。在历史发展中，上海以港兴商，以商兴市，至唐宋逐渐成为繁荣的港口。明清两代经济发达，“衣被天下”，为“江海之通津，东南之都会”。19世纪中后期至20世纪二三十年代，发展成为中国外贸、金融、工业和文化中心。解放后成为全国最大的经济中心和工业基地，教科文卫中心之一。改革开放以后，上海的经济迅速发展，确立“一个龙头、三个中心”(以浦东开发开放为龙头，建成国际经济、金融、贸易中心)的目标，建设社会主义现代化的国际大都市。

一

距今 6000 年，上海先民以采集植物籽实，猎取野生禽畜，捕捉鱼虾为生，进而以石器、动物骨角为劳动生产工具，种植谷物，饲养家畜。公元前 2500 年，进入良渚文化时期，农业成为主要的经济活动，陶器制作从使用慢轮进展到快轮，并出现原始手工纺织技术。

公元前 8 世纪前后，人们创造出适合当地自然环境的被称作“畴”的特有的农耕方法，推广江南。手工业有制陶、酿酒，还发展产盐业。

魏晋南北朝时期，上海地区海岸线离开冈身向东推进。大批中原人口避乱南迁，栖居地广人稀的上海地区，充当世族豪强的农奴性质的佃客、部曲。上海陆氏等望门大族，富甲一地。西晋年间，佛教传入上海，至南朝蔚为大观，梁天监年间建有菩提诸寺。

至 8 世纪，今上海地区大部分涨露成陆。唐开元元年（713 年），为防海涌，沿杭州湾北岸长 130 余里海岸线兴筑捍海长堤捍海塘。天宝十载（751 年）华亭县立，上海地区始有第一个独立行政建置。

唐宋时期，农业仍以粮食生产为主。吴越时期，疏浚吴淞江及治理淀山湖上下水道。沟渠相连，大批湖沼、苇地开垦成田。农作物产量大为提高，宋代西部圩田亩产稻谷达五六百斤。北宋年间，传入北方豆、麦，推动东部高亢斥卤地带农业生产发展。渔业生产发明渔具“沪”，顺吴淞江入海口的“沪渎”是主要渔业区，后“沪”又成上海别称。人口增加。华亭县初建，在册户 1.28 万户，南宋末达 20 万户。形成众多村落和草市、墟集。有江海之便的青龙镇、上海镇等，成为上海地区最早的贸易口岸。

青龙镇，唐天宝初设有镇将，唐大中年间有日本、新罗海船，宋代有江南、浙江、福建等地海船进出贸易。政和三年（1113 年），镇有茶务、酒务、税务，称为“小杭州”。

北宋熙宁年间，设有上海务。南宋景定五年（1264 年），青龙镇市舶分司移驻上海镇，专管航海贸易，“上海镇”之名始见于文献。至至元年间，“有市舶，有榷场，有酒肆，有军隘、官署、儒塾、佛仙宫馆、甿廛贾肆，鳞次而栉比”，实华亭东北一巨镇。终于二十九年立县，出现以“上海”命名的行政建制。

唐宋时期，上海地区佛道兴盛，寺院众多。唐、五代，吴淞江以南地区有寺院不下 20 余处。唐龙华寺、重玄寺（今静安寺）等均为江南名刹。宋有崇福道院等道观。元建清真寺。

宋元时期,沿海地区盐业盛极。南宋建炎年间,南起今金山、柘林,北至吴淞江口沿海,东及崇明,设 6 个盐场及下属团、灶炼盐。盐产量从宋景定元年(1260 年)2500 万斤提高至元至正初年 3000 万斤。宋末元初,植棉以及棉纺织技术传入。棉花最早传入黄浦西岸乌泥泾一带。元元贞年间,乌泥泾人黄道婆改革纺织工具和技术,教习乡亲"错纱配色,综线挈花",织成美观实用的番布,推动棉花生产和江南棉纺织手工业发展,促进整个江南经济。

宋元时期,名士辈出。元代下沙翟霆发提举上海市舶,又领两浙运使,为一代豪富。青龙镇任仁发精于治水,成一代杰出水利家。崇明朱清、嘉定张瑄创海路漕运,掌漕运万户府。元末天下纷乱,赵孟頫、陶宗仪、王逢、高克恭等文人避难流寓上海。

明初,天下大定,明廷对苏松两府征以重赋,松江之重又居全国之最。明中叶,地方官员力行改革,重赋官田多行折征银、布,并行均徭及均征加耗。乡民农耕之余,纺纱织布充抵赋役。棉花种植向东、东北及东南高亢地带发展。明后期,全地区农业生产东棉西稻。东部地区半数耕地种棉。西部地区种水稻,有 20 多个籼、粳、糯稻品种,最高亩产达 3 石以上。经济作物种靛青、油菜、烟草、黄草等。东部沿海一带,多赖下海捕鱼为生。西部地区河塘捕鱼,淡水养殖。明中叶年产食盐约 2000 万斤。

明中后期,手工棉纺织成为农家最重要的家庭手工业,万历年间,上海县 30 万人,有 20 万人纺纱织布。纺织工具出现三锭纺车,工效提高。上海地区年产棉布 3000 万~3500 万匹,有"衣被天下"之称。品质精良,品种繁多,七宝尖、龙华稀等更名闻天下。广销山陕、京师、湖广、云贵、闽广,高峰年间年输出 2500 万~3000 万匹,年贸易额白银 500 万~600 万两。

明中叶后,市镇发展。从元末 30 余处增至 110 余处,有大镇南翔、罗店、朱泾、下沙、周浦、朱家角、张泾堰等。松江府城以及上海、嘉定等县城日益繁盛。正德年间,松江府城城郭内外有坊巷 230 余条,谷阳门外秀野桥一带商贾辐辏。明永乐年间黄浦江形成,为上海县发展创造条件,为上海成东方大港奠定基础。上海县治所濒浦一带渐成良港。嘉靖三十二年(1553 年),为防倭寇筑县城墙。明末,上海县城号称"小苏州"。

明中叶,乡绅富户竞相建筑宅第私园,建上海县豫园、嘉定县龚氏园等名园。文化艺术科技日益繁盛,开风气,影响深远。陆深著《俨山集》,陆楫著《古今说海》,文声名重一时。王圻竭修《续文献通考》,辑《三才图会》。董其昌书成大家,创文人画南宗说。徐光启开中西文化交流一代新风,译著《几何原本》,著《农政全书》。沂源、仰高、启蒙等书院创办。露香园顾绣、嘉定竹刻等代表江南最高手工艺成就。

清前期,除粮食生产外,植棉与手工棉纺织、沙船业成为支柱产业。棉田占耕地51%，年产皮棉约8000万斤。朱泾、吕巷、七宝、黄渡等地成为家庭手工棉纺织品集中产地。清中叶，上海地区年产棉布4500万～5000万匹，高峰年间每年向国内外市场输出3500万～4000万匹，年贸易额白银700万～800万两。紫花布等输出西方各国，被称作“南京布”。

17世纪末，清廷在上海县设江海关，列为东南沿海四关之一。辖松、苏、常、镇、淮、扬6府24个分海口，以及太、通两州数百里海岸线。乾隆以后，上海口岸成为全国主要的贸易港口之一。18世纪中叶，上海港常年有0.35万条北洋沙船、近千条南洋海船进出。运出棉花、布、土产，运入闽广糖、海产、洋货。每年从东北、山东等地运往上海豆麦杂粮1000万石以上。又列为全国与日本进行洋铜贸易的两口岸之一，雍正初年每年运入日本铜180万斤。

清雍正十三年(1735年)，苏松太兵备道署从苏州移驻上海县城，上海地位提高，始处苏州、松江、太仓等地行政中心。

人口增加，市镇发展。清嘉庆末年，上海地区在册人口增至418万人。至道光年间镇市增至300余处，嘉庆、道光年间全地区20%人口居县城和市镇。

文化艺术多方面发展。清初六画家之一吴历，融西洋画技于国画之中。嘉定钱大昕为乾嘉学派一代宗师。陆锡熊参撰《四库全书总目提要》。敬业、蕊珠等书院开办。乾嘉年间，乡间流行花鼓戏。西方文化艺术、宗教传播。康熙年间，建有江南天主教主要活动地点七宝地区塘湾教堂。

至19世纪40年代，上海道以及江南海关衙门设于上海县城，上海地区政治、经济中心已完全从松江府城移至上海县城。上海县城商贾汇聚、贸易隆盛，繁荣远胜其他城市。并于乾隆年间出现钱庄及其同业组织钱业公所。道光年间，钱庄银票广泛用于商业交易中，银票往来、汇划成为商务往来的重要清算手段。商业交易采用“九八豆规元”的虚银记账本位。徽州、山陕、宁绍、闽粤、关山东等客商，在上海县城城厢内外建有27个会馆公所。闽、广、辽、沈之货鳞萃羽集。县城黄浦江沿岸，码头泊位遍布江岸。上海口岸与东南亚各国海上贸易持续发展，船只往来远及西洋。上海县城已成“江海之通津、东南之都会”。

二

清道光二十年(1840年)至1949年，上海从滨海县城发展成为中国特大城市，世界五大城市之一。其发展可分为清道光二十年至1911年的晚清与1912～1949年的民国两个时期。

晚清时期，上海的发展分为3个阶段。一是开埠初期，即19世纪四五十年代。二是19世纪60～90年代。三是20世纪开头十多年。

晚清上海的发展与上海开埠、租界设立紧密相联。道光二十二年(1842年),《南京条约》签订,上海列为五个通商口岸之一。二十三年,根据《虎门条约》,上海又成为英商可通商、英人可长久居住之地。是年九月二十六日(11月8日),上海开埠。二十五年十月初一,《上海土地章程》订立,规定英人租地方法、租地范围、租地使用原则、租地市政管理原则,后被视为租界"根本法"。同日英租界辟设。此后美国、法国根据《望厦条约》和《黄埔条约》,取得与英国相似的在上海的特权,相继辟设美租界、法租界。租界的设立使上海一地分为租界和华界,割裂而治,对上海城市的结构、功能,上海政治、经济、社会、文化产生极其广泛而深远的影响。

依据《上海土地章程》,上海租界系中国政府租予洋人的居留地,华人不得租赁居住,由此在上海一地形成华洋分居。城市重心仍在县城。咸丰三年(1853年),小刀会义军占领上海县城后,县城内大批居民和难民逃入租界,租界中国居民激增,造成华洋杂居,促使上海城市结构变化。由此,一方面使得租界人口激增,刺激租界房地产、商业等繁荣,使得中西接触,对于中西文化的交流与融合,具有重要的意义。另一方面,产生市政管理、华洋纠纷以及犯罪、卫生、房地产、征税等问题。租界事务空前增多,具有租界行政管理职能的工部局应时而生,巡捕制度、纳税人会议制度和会审公廨制度相继建立,构成租界政治、经济体系的基本要素。

清军和小刀会之战,严重破坏了上海县城,繁华闹市化为废墟,人口从20多万人减至二三万人。上海城市重心移到租界。

19世纪60～90年代,上海租界体系基本定型,上海大城市特点逐渐凸显,社会经济稳定发展。其间,咸丰十年至同治元年(1862年),太平军3次进攻上海,战事主要发生在外围地区,对上海地区产生不小影响,对上海县城和租界影响不大。

清同治二年(1863年),英租界与美租界合并为英美公共租界,吴淞江两岸的租界连为一体,光绪二十五年(1899年)又改称上海国际公共租界。租界面积逐步扩展,是年公共租界和法租界面积分别达3.35万亩和0.21万亩。

会审公廨的设置,对上海政治、社会发展影响巨大。同治三年、八年,洋泾浜北首理事衙门、会审公廨先后成立,后法租界也效法。这一制度的确立,使租界当局对华人有了司法审判权,使得租界更像"国中之国"。英、美领事夺取中国人在租界的司法权,是领事裁判权的扩大,是近代上海成为冒险家的乐园、藏污纳垢之所的主要原因之一,客观上也是日后革命党人得以开展活动、各种意识形态思想得以传播的重要原因。

经贸方面,从以国内埠际贸易为主转为以国际贸易为主。清道光二十四年，上海进出口贸易为广州的七分之一，到咸丰五年是广州的两倍，取代广州的中国对外贸易的中心地位，同治三年至光绪二十年年均更占全国一半以上。近代金融业开始出现。同治四年、光绪二十三年第一家外商银行、中资银行汇丰银行分行、中国通商银行先后开办。

工业发展，19 世纪中后期，船舶修造业、军事工业、纺织业，领先全国。同治四年，江南制造局创办，其枪炮制造水平、金工技术，在全国堪称一流。光绪二十五年，工部局电气处安装东方最大的新型水管式锅炉。

航运业发展，19 世纪五六十年代美商旗昌洋行，英商太古洋行、怡和洋行货轮开始进入上海。同治六年，有外轮 34 条，吨位在 570～1040 吨，居远东港口城市首位。十一年，首家中资轮船公司轮船招商局创办，中国近现代民族运输业由此起步，促进上海成为全国航运中心。

新式文化事业发展迅速。19 世纪 40 年代创办墨海书馆，60～90 年代先后出现美华书馆、江南制造局翻译馆、土山湾印书馆、广学会等新式出版机构，翻译出版数以百计的西书，占全国译书八成以上。学科涉及数学、化学、天文、地质、生物、法学、兵工等多方面。50 年代，《北华捷报》、《六合丛谈》等报刊创办，后出现《上海新报》、《万国公报》、《申报》、《新闻报》等报刊，数量之多、影响之大均为全国之最。广方言馆、圣约翰书院、中西书院、格致书院、梅溪书院等国内著名新式学院创办。光绪二十三年，上海第一所中国人创办的大学南洋公学开办。任伯年、吴友如等文人画，以海上画派特立于国内画坛。

人口、市政发展迅速。长达 10 多年的太平军与清军的对峙，上海周围地区战火不断，大批江浙难民流入相对稳定的上海，带来丰裕的资金、众多的廉价劳力和消费者。上海经济与社会发展，商业繁荣，加上江南制造局、轮船招商局、机器织布局等大型企业的建成，加大了上海对外地人口的吸引力。光绪二十六年，人口从开埠时 54 万人增至 100 万人。市政建设方面，出现碎石路、石库门房屋和较完备的城市地下排水系统，煤气、电灯、电报、电话、自来水、洒水车、垃圾车、自鸣钟、马车、自行车的使用，跑马、跑人（田径）、划艇、球类等运动的开展，外滩公园、跑马场及愚园、张园、徐园等私家花园对外开放，林林总总的烟馆与赌场，五光十色，形成与国内其他城市迥然不同的风格，上海被称为“东方巴黎”。

甲午战争后根据《马关条约》，日本和其他各国取得在中国通商口岸投资设厂的特权，上海成为帝国主义国家向中国输出资本的理想之地。光绪二十一年后，各国在上海投资猛增。至宣统三年（1911 年），外商在华投资开办 91 家企业，41 家在上海，开办资本占总额的 43%。外国资本在上海的投入迅速扩大，既拓展了西方列强对上海的掠夺，也刺激了上海的经济发展。对增强上海的经济实力，密切上海与国际的联系，提高上海的国际地位，对城市的发展，都带来重要和多方面的影响。

光绪二十一年至二十四年维新运动中，上海成为全国舆论宣传中心。上海《时务报》风行一时。出现不缠足会、农学会等新式社团并影响全国。戊戌政变之后，上海成为维新人士的避难所，反对清廷的重要城市。二十六年初，千余士绅通电反对慈禧拟废除光绪帝，反对缉捕通电为首之人，均取得成功。上海在全国的特殊地位越发彰显。

光绪二十五、二十六年，发生庚子事变，为免战火波及上海等长江流域，上海官绅策划《东南保护约款》和《保护上海城厢内外章程》议定，实行东南互保，阻止北方战火向南方蔓延，上海避免了可能发生的一场兵燹。经戊戌政变与庚子事变，上海在全国的政治地位越显重要和独特。国内维新力量和民族革命力量汇聚上海，并以上海为舞台，展开各种政治斗争，影响全国。光绪二十七年至二十九年上海士绅接连多次举行拒俄集会，反对沙俄侵占中国东三省。三十一年抵制美货，抗议美国虐待华工，是中国近代史上第一次大规模的以反对美国政府对华政策为目标的群众爱国运动。是年上海绅商群起抗议租界洋人苛待中国妇女、凌辱会审公廨中国谳员，大闹会审公堂，上海资产阶级成为上海的重要政治力量。二十六年中国国会成立，反对以慈禧为首的专制政府，主张建立立宪国家，揭橥国会旗帜。二十八年中国教育会、爱国学社创办，进行反清革命。二十九年，发生“苏报案”。上海作为反清革命宣传中心的形象越发突出，并成为全国进行反清革命较为安全的所在。此后又有反清革命团体光复会、同盟会中部总会成立，鼓吹民族革命的《国民日报》、《神州日报》、《民呼日报》、《民吁日报》、《民立报》创办。最大的立宪团体预备立宪公会成立，立宪团体政闻社从日本迁至上海。上海成为全国反清运动的中心之一。在武昌起义影响下，宣统三年九月十四日上海光复，极大地提高了上海在中国政治舞台上的地位。此后各省都督府代表联合会在上海召开酝酿成立民国临时政府、民国临时政府设南京等，均与此有关系。

清末最后十年，文化教育事业有很大发展。清廷废除科举以前，上海新式学校已蓬勃兴起，科举废除以后发展更为迅速，澄衷学堂、文明学堂、爱国女学、圣约翰大学、震旦学院、复旦公学、中国公学等学校兴办，到宣统三年有新式学校百余所。出版事业发展迅猛，继光绪二十三年商务印书馆创办后，20世纪初十年成立的文明书局、广智书局、会文学社、中国图书公司等50多家出版机构以及众多的报社、杂志社造就了上海的中国出版业中心地位。大量出版了西方社会科学和文学的翻译著作。商务印书馆、文明书局等新式教科书，成为全国中小学校的主要教材。

市政和社会方面，华界以租界为学习目标，大事举办各项事业。光绪三十一年至宣统三年，地方士绅开展地方自治运动，先后有城厢内外总工程局、城厢内外自治公所，向租界市政看齐，推进租界以外华界的市政近代化进程。辟建、修筑道路 100 多条，修理、拆建桥梁 60 余座，新辟、改建城门 9 座，建筑驳岸 10 处，修造码头 6 个，每年裁决民刑诉讼及违警事件 0.17 万起。改造华界旧貌，缩小与繁荣的租界的差距，提高了上海城市近代化水平。

民国时期，上海发展可分为民国初年至 1927 年、1927～1937 年和 1937～1949 年 3 个阶段。

民国初年至 1927 年，上海政治上动荡、经济上快速发展。

民国初年，上海政党林立，纷争不已，以孙中山为首的革命党人与袁世凯北洋势力为争夺上海斗争激烈。其间，1913 年 3 月宋教仁在上海被害，引发革命党人反对北洋政府的“二次革命”，1913 年 7 月陈其美等率讨袁军攻打江南制造局未获成功，袁世凯心腹郑汝成任上海镇守使，1915 年 12 月革命党人策动驻沪北洋海军肇和舰起义被镇压，1916 年 5 月陈其美被暗杀，北洋势力终获胜利。

上海是中国工人阶级的大本营，也是马克思主义在中国传播最早、最为广泛的城市。1916～1923 年上海发生了影响中国历史走向的两件大事。一是 1919 年，受北京五四运动影响，上海掀起六三运动，学生运动发展成为以工人与市民为主体的爱国运动，标志中国工人阶级走上政治舞台。二是 1921 年中国共产党在上海诞生，从此开始全国、上海革命新的一页。中国共产党人在上海开展一系列活动，与共产国际联系，派人留法、留俄，出版报刊，创办学校，把中央机构长时间设在上海。

1924～1927 年，上海地区战火不断，激烈动荡。1924 年 9、10 月，江苏督军齐燮元与浙江督军卢永祥之间发生以争夺对上海控制权为目的的江浙战争，在嘉定、黄渡、青浦、松江等地混战。12 月，直奉军阀之战，闵行、漕河泾、徐家汇一带皆为战场。1925 年 1 月上海为奉系军阀所控制。10 月后又陷入混战，又为直系军阀孙传芳控制。同时，上海民众与帝国主义在沪势力的矛盾日益尖锐。1925 年五卅运动爆发，全市总罢工、总罢课与总罢市。运动历时 3 个月，带动全国，打击帝国主义气焰，张扬民族主义。

1926 年 10 月～1927 年 3 月，为配合北伐军，中国共产党在上海领导发动三次工人武装起义，第三次起义取得胜利。解除军阀武装，控制上海华界和兵工厂，成立上海临时市政府。蒋介石发动四一二反革命政变，解除工人纠察队武装，取消总工会，查封临时市政府，杀害 300 多名工人和共产党员，国民党政权控制上海华界。

上海经济，特别在 1914～1918 年第一次世界大战期间上海棉纺织、面粉、缫丝、卷烟、化妆品、皮革、火柴、机器等民族工业得到发展。民族工业代表企业，申新纺织厂、福新面粉厂、南洋兄弟烟草公司、先施公司、永安公司等创办，大批企业迅速发展，1914～1921 年，面粉厂增加至 20 家。1912～1927 年开设华资工厂近 500 家、华资银行 45 家。外资方面，德国势力明显削弱，日本、美国势力乘虚直入，开设银行，控制中国对外借款，开设纺织、机器制造等大批工厂。1913～1925 年日本开设棉纺厂 27 家。外滩金融区形成规模，南京路商业街进一步发展。

从民国初年到 1927 年，上海市政与社会都有很大发展。首先，1914 年拆除上海县城城墙，城内外连成一体，为上海特别是南市一带的进一步发展提供基础。其次，法租界大扩张，到 1914 年从 0.2 万多亩扩展至 1.5 万多亩。至此，公共租界与法租界总面积达 4.8 万多亩，为上海县城厢的 16 倍。1915 年，洋泾浜填平辟为爱多亚路(今延安东路)，公共租界与法租界连为一体。上海人口增加迅速，从宣统二年 129 万人增至 1927 年 264 万人。此外，公共交通出现，工部局新厦、汇丰银行新厦、邮政总局大楼、卡尔登电影院、大世界游乐场等公共建筑落成，更使上海具有现代国际大都市色彩。

文化事业处于相对自由发展的状态，不同政治色彩、不同样式、不同风格的文化艺术融于一体，各显特色。鼓吹民主科学的《青年杂志》，崇奉尊孔读经的孔教会杂志，宣传共产主义、三民主义、国家主义的报刊竞相创刊。商务印书馆、中华书局、世界书局等出版机构发展为国内出版巨擘。大同大学、上海美术专科学校、沪江大学、大夏大学、上海法学院创立，中华职业教育社成立，中国科学社自美国迁至上海。英国哲学家罗素、物理学家爱因斯坦、印度诗人泰戈尔到沪访问、讲学。第二、第五届远东运动会在上海举行。电影事业方兴未艾。新剧与海派京剧饮誉全国。新文化新文学崭露头角。鸳鸯蝴蝶派作品风靡全国。上海在文化上放射出中国其他城市所没有的异彩。

从 1927 年南京国民政府成立，到 1937 年八一三事变，是上海快速发展的阶段，是近代上海城市发展的鼎盛时期。

上海确立直辖中央的市建制地位。1927 年 7 月，上海被定为特别市，拟定的管辖范围较原上海县大为扩展，包括上海县全部，宝山县吴淞、江湾等乡，加上属于松江、青浦、南汇的部分乡，共计 30 个市乡，面积近 500 平方公里。到 1928 年，实际接收 17 个市乡。中国最大城市的地域框架基本形成。1929 年，制定上海第一个城市规划《大上海计划》。计划避开由外国人管理的公共租界、法租界，在今江湾、五角场一带实施建设上海新区。建成市政府新厦、体育场、图书馆、博物馆、市医院等，在龙华辟设上海市植物园，在市区外围开辟中山北路、其美路、黄兴路、三民路和浦东路等道路。这些努力，体现中央政府对上海的重视，反映华界建设想赶上租界的雄心，也反映了上海城市发展格局发生变化。同时，租界市政建设突飞猛进，与华界一起基本奠定上海城市格局。1934 年，国际饭店建成，为远东第一高楼。建成江海关大厦、公共租界中央捕房、中国银行总行大楼、沙逊大厦、华懋公寓、新亚大酒店、永安公司大楼、大新公司大楼等著名建筑，以及汉弥尔登大厦、峻岭公寓、百老汇大厦、毕卡迪公寓，兰心大戏院、国泰电影院、大上海电影院、百乐门舞厅、跑马厅等大批的居住建筑和娱乐建筑。

经济方面，上海在全国工业中的中心地位更加强化。1933年，工厂数、资本额分别占全国12个大城市的36%、60%，工厂生产净值占全国总值的66%。外商对上海的投资更加集中，1931年投资额达11.1亿美元，占外商在华投资总额的34%。其中对上海进出口商业的投资占全部在华进出口商业投资的80%，对上海工业的投资占全部在华工业投资的67%，对上海的不动产投资占全部在华不动产投资的70%。上海在全国对外贸易和对内埠际贸易的地位更加重要。1936年，上海外贸约占全国外贸总额增至55%。埠际贸易值包括转口贸易值8.9亿元，占全国各通商口岸埠际贸易总值的75%。外资贸易发展速度超过华资。上海在全国金融中心地位进一步加强。20年代以后，国家资本垄断的金融机构四行（中央银行、中国银行、交通银行、中国农民银行）两局（中央信托局、邮政储金汇业局）一库（中央合作金库）均设在上海。1935年，有商业银行总行58家，占全国35%。全国资金进一步集中上海，1936年在沪银行、钱庄和信托公司的营业资力占全国近一半。1937年，有28家银行在各处开设629个分支机构和数千个通汇点，构筑成和全国各地联系的金融网络。

城市人口继续增加，社会生活与文化更凸显中国最大城市风貌。1930年上海人口突破300万人，1934年居世界大城市第五。市民的“上海人”意识更为浓烈，形成异于国内其他城市的生活习俗。文学、艺术、电影、戏剧等方面都有重大发展，基本奠定上海文化在全国半壁江山的地位。进步文化团体创造社、太阳社、左联、社联、美联的成立与活动，鲁迅等一大批中国文化巨匠在上海定居与活动，小说《子夜》、《家》和史学著作《中国古代社会研究》等出版，《渔光曲》、《风云儿女》等电影作品问世。文学艺术界开展关于国防文学与大众文学两个口号论争、京派与海派讨论。国立音乐专科等建立。第八届远东运动会与第六届全运会举行。

1932年日军发动的一·二八事变，给上海带来深重灾难，成为继九一八事变后影响全国最大的事件。万余家商店、数百家工厂、数十所大中小学校，均毁于日军战火，闸北一带变成废墟，死、伤和失踪上海市民1.8万人。全国古籍典藏最丰富的商务印书馆东方图书馆（涵芬楼）被日军炸毁，中国文化事业蒙受巨大损失。在日本压力下，取消中国军队驻军，上海成为不设防的城市。事变后，中国军队十九路军和第五军官兵英勇抗击日军，打死打伤日军1万多人。市民全力支持抗日将士。其后，中国民权保障同盟成立，发生史量才事件、七君子事件、救国会成立等，影响深远，波及全国。

1937年八一三事变到1949年上海解放，上海城市发展停滞，民主斗争波澜壮阔。

1937年8月13日八一三事变爆发，日军进攻上海，中国军队奋起抗击。3个月中，中国军队投入70多个师约70万兵力，与30万日军激战，歼敌5万多人。2200家工厂毁于日军炮火，丧生的市民更难计其数。11月12日上海沦陷，租界成为“孤岛”。上海146家工厂、一批学校内迁，许多文化人离沪。大批难民涌入租界，上海人口进一步膨胀，租界一时繁荣。1941年太平洋战争爆发，日军占领公共租界，上海全部落入日军之手，开始进入全面倒退的时期。日伪对工业、日用物资进行统制，经济萧条，市民生活困苦。1942年10月，英美等国向国民政府提出废止在华治外法权，交还租界。1943年1月11日，国民政府宣布取消美、英两国在华治外法权，收回租界。2月23日，法国维希政府放弃法租界。至此，历时98年的上海租界，从法律意义上结束。

1945年8月抗日战争胜利，工厂、学校复员，上海城市一度生机初显。中共上海地下组织发动群众，组织群众，广泛建立工会和各种群众组织，反对国民党的独裁统治。开展群众性的反汉奸运动、为改善生活待遇和改善劳动条件的斗争。1946年6月上海人民和平请愿团赴南京请愿，遭国民党特务的围攻，造成震动全国的“下关惨案”。全面内战爆发后，以反对内战为中心的群众运动掀起高潮。开展反对美军暴行的斗争，爱用国货、抵制美货的斗争，反对冻结生活指数的斗争。1947年5月20日爆发学生运动与工人运动和各界人民运动相结合的反饥饿、反内战、反迫害的斗争，影响波及60多个大中城市。

1948年，国民政府在上海实行限价，物价飞涨，上海经济重陷萧条，工厂开工不足，民生凋敝。1949年年初，国民党政府濒临全面崩溃，上海面临解放。全市各企事业、机关、大专院校广泛开展反迁移、反破坏，进行护厂、护校斗争。建立6万人参加的人民保安队和由4万人组成的人民宣传队，护厂，护校，鼓励上层爱国人士、专家留在上海，为建设新中国作贡献。5月27日，上海解放。

综观近现代上海城市的发展，呈现出诸多与国内其他城市不同的特点。

政治方面，租界的影响广泛而复杂。

在中国众多的租界中，上海租界开辟最早、面积最大、影响最广。按照被视为租界根本法规的《上海土地章程》，租界是中国政府划定，租赁给外国人居住的居留地，其领土主权、行政权、司法权仍属中国所有。但在实际经营过程中，外国殖民主义者把租界经营成中国政府权力难以达到的地方。同时，设置类似西方议会的纳税人会议，有相对独立的行政权、立法权、司法权，有巡捕、军队、监狱。中国军队不得随意进出，华人犯法中国政府也不能独立处罚。由此，中国大一统的政治格局出现缝隙，在清廷、北洋政府、南京政府的统治系统中，形成反政府力量可以利用的政治空间。清末、民国时期中国各种进步力量，都有效利用上海租界的特点，进行政治活动，发行报刊，出版书籍，进行各种活动。中国的马克思主义者利用租界，在上海成立中国共产党。因租界存在而出现的社会控制缝隙，还存在于租界与华界、租界与租界之间，华界和公共租界、法租界三家分治，事权不一，形成法律空隙。

外国侨民带来欧美的物质文明、市政管理、议会制度、生活方式、伦理道德、价值观念、审美情趣，租界成为东方文化世界中的一块西方文化飞地。西方文化通过上海租界向整个上海，乃至全国扩散。租界展示出来的西方文明，与华界的巨大差距，极大地刺激了上海人，影响国内其他城市，推动上海加快向西方学习。华界设立煤气公司、电力公司、马路工程局，发起地方自治运动、华人参政运动，上海的市民意识、法制意识、公共秩序意识日趋加强。华人感受到华界和租界在市政建设、市政管理、司法等各方面的差距，发起地方自治运动，旨在学习租界市政建设和管理的长处，缩小华界与租界的差距。所颁布的各种规约章程，不少仿效租界市政管理条例。影响所及，促使中国政府在 20 世纪 30 年代制定《大上海计划》，试图建立现代化的城市。

在将近 100 年中，中国其他地方战乱、天灾不断，上海租界相对安定，成为政治上的孤岛，产生"孤岛效应"，对上海的发展，以及在全国、世界影响的扩大意义重大。上海无矿藏、特产，土地金贵，而成为全国工厂最多的城市，其重要原因是上海社会比较稳定，风险较小。在人口流动上，上海充当吸纳和释放人口的海绵。太平天国时期，清咸丰五年(1855 年)至同治四年(1865 年)，公共租界人口从 2 万人增至 9 万人，法租界也净增 4 万人，两租界共增 11 万人。此后，江浙等地恢复平静，上海人口大幅度回落。抗日战争期间，两租界激增 78 万人，战争结束后，全市锐减 55 万人。解放战争期间，净增 208 万人，为世界罕见。1949 年上海解放时，减少 40 万人。人口数量的大起大落，来而复去的移民潮，一方面给上海带来丰富而廉价的劳动力，带来各种人才、大量的发展资金和消费者，给上海造就人衰我兴的发展契机。另一方面，人口急速膨胀，造成住房紧张，交通拥挤，管理混乱，贫富悬殊。

从晚清到民国，上海政治方面的另一个明显特点，是反帝反封建斗争连绵不断，特别是工人阶级斗争，更走在全国前列。从揭开上海近代史帷幕的吴淞抗英战争，陈化成血染炮台，小刀会揭竿起义，四明公所事件，小车工人抗捐，拒俄运动，"苏报案"，大闹会审公廨案，抵制美货运动，上海光复，二次革命，五四时期的三罢斗争，中国共产党成立，五卅运动，工人三次武装起义，一·二八淞沪抗战，八一三淞沪抗战，反饥饿、反内战、争民主、争自由的斗争，直到上海解放，凝结上海人民的浩然正气。这一切和上海工人阶级人数众多，相对集中，富有斗争性有直接联系，还与这座城市现代化程度较高有密切关系。经济发达，交通便利，信息灵捷，文化事业发达，为现代政党进行政治斗争创造了重要条件。人口来自五湖四海，与全国各地自然联系千丝万缕，又强化了上海人以天下为己任的意识。

经济方面最大特点，是多功能经济中心，包括全国最大的港口、外贸中心、金融中心、工业中心、交通枢纽、信息中心。上海在 19 世纪中期以后，已开辟与欧洲、美洲、澳洲及日本、东南亚的航线，20 世纪初又整治黄浦江河道，增加港口的深水泊位和岸线，兴建一批近代码头。到 20 年代末，上海已是世界十四大港口之一，吞吐量占全国四分之一。外贸上，上海在 19 世纪 50 年代成为中国外贸中心，这一地位至今未变。金融上，近代中国最早的外资银行和华资银行大多首先在上海开设，到 20 世纪二三十年代，包括中央银行在内的中国最主要的银行总部都设在上海，上海成为中国乃至远东金融中心。上海本以商兴市，19 世纪中后期近代工业初起，20 世纪二三十年代成为中国工业中心。30 年代，全国工业资本和产值的六成以上出自上海。交通运输方面，到 20 世纪初上海已形成内河、长江、沿海和远洋四大航运系统，出入上海的轮船和吨位都占全国五分之一以上。沪宁、沪杭铁路的运营，1929 年以后联结国内外各大城市航空线路的开通，更使上海成为全国最重要的交通运输枢纽。发达的交通，便捷的通讯，众多的媒体，又使上海成为全国信息中心。

上海成为全国的西学窗口与文化中心。清道光二十年到 1949 年，西学输入中国，大半通过上海再传到各地。戊戌变法以前，全国 9 家输入西学的机构 7 家开设在上海。全国各种西书近八成在上海出版。自然科学、应用科学、社会科学影响大的、开创性的著作，几乎都出版于上海。《几何原本》后 9 卷、《化学鉴原》《谈天》与《泰西新史揽要》等震动整个学界，影响数代人。戊戌变法到辛亥革命，中国大量出版日文西学著作。全国 95 家翻译、出版西书的机构，56 家设在上海。上海出版了大量的风靡和影响知识界的严译西方学术名著和林译西方小说。

上海是全国科学研究中心，中国最早的科学团体中国科学社、第一个国家科学研究机构中央研究院均设在上海或在上海诞生。

上海又是教育文化出版中心。19 世纪八九十年代，点石斋石印局、同文书局、拜石山房等，石印中国文化典籍，取得空前成果，出版重要文化典籍《康熙字典》《二十四史》《全唐诗》等。20 世纪初，商务印书馆等异军突起，编纂出版各种词典、读本、教科书，出版物畅销全国，影响社会各个阶层。1925 年，上海有中文书籍的出版机构书局、书庄、书社 121 家，外文书籍的出版机构 12 家，印刷所 112 家。报刊更是林林总总。上海又为全国教育中心之一，拥有南洋公学、圣约翰大学、沪江大学、徐汇公学、中西书院、中西女中、上海中学等著名学校。美术、戏剧得到长足发展，中国油画、漫画、话剧等均滥觞于上海，同时发展海派京剧，培育越剧、沪剧、滑稽戏等地方戏剧和曲艺。一部近现代中国电影史，大半由上海写成。文化团体之多，影剧演出场所之繁，更是在全国首屈一指。20世纪30年代，戏曲演出剧场约有一百几十所，观众席位达10万个以上。

近代上海是全国文化人才最为密集的城市。开埠后二三十年，逐渐形成新型知识分子群，分布在出版、教育、新闻等文化事业中。到戊戌维新时期，新型知识分子群体已颇具规模。戊戌政变以后，各地知识分子汇聚上海，容闳、张元济、蔡元培等到上海发展。光绪二十六年北方战乱、《辛丑条约》签订，促使大批知识分子奔赴上海。光绪二十九年，在上海的具有新知识的知识分子不少于3000人。到20世纪二三十年代，中国有成就的教育、新闻、出版、学术、艺术等方面人物，大多在上海活动过。上海产生和造就了一大批中国杰出的教育家、出版家、翻译家、名记者、国学大师、文学大师、小说家、诗人、律师、政治家等。鲁迅、胡适、郭沫若、茅盾、巴金等大师均长期定居上海进行文学创作和文化活动。

在近代中国，体现时代精神的文化机构和事物，大多首先在上海出现。在上海创办了中国第一个中外合办的科技学校格致书院、第一个专门性科学杂志《格致汇编》，中国人自己创办的第一所新式小学梅溪书院，第一所女子学校中国女学堂。《万国公报》、《时务报》、《新青年》均在上海创办。还出现了新式画报，演出文明新剧，开设模特儿临摹美术教育课，在全国率先举办文明婚礼，开办综合游乐场，推选市花。

近代上海文化发展，紧追世界前进的潮流，在全国率先拉开批判传统的帷幕。19世纪六七十年代，已开始怀疑重义轻利观念，批判重农抑商，批判君尊臣卑、男尊女卑。与洋人交接，重视西学，竞相送子弟入洋学堂。晚清9个出身于京师同文馆和上海广方言馆的出使大臣，有8人出自上海。冯桂芬、王韬、郑观应批判因循守旧、鼓吹革新，成为维新思潮的先声。

上海对文化的鉴赏，视野开阔，高屋建瓴，具有相当高的权威性。一个戏班子能够唱红上海，也就能唱红全国。一部电影、一幅画、一出戏，能够在上海得到承认，基本上可获全国的认同。很多地方戏曲优秀剧目，在上海唱红后，再得到剧种原生地认可。

上海是全国最大的文化消费城市。戏园、茶楼、剧院、电影院、书肆、报馆，跑马厅、跑狗场、体育场、游泳馆、高尔夫球场、回力球球场等各种文化体育娱乐设施，京剧、新剧、沪剧、越剧、淮剧、滑稽戏等各种戏曲和电影，外国马戏、杂耍，争奇斗艳，各显风采，成为城市文化繁荣的标志。文化事业发展齐全，网点集中，形成著名的福州路文化街。文化名人与国际、国内文化联系密切，交流频繁，成为城市文化发育成熟的标志。烟馆、妓院林立，更是城市市民文化的病态反映。

上海文化兼容不同国家、不同民族、不同区域、不同流派的文化，形成上海文化汇纳百家、高度相容的特点。

20世纪二三十年代，上海又成为全国天主教、基督教的中心，全国佛教、道教、伊斯兰教重要的活动中心，各教管理中心几乎都设在上海，各教主要代表人物大多定居上海。并有东正教、犹太教、理教、袄教、锡克教教徒和宗教活动。

市政建设方面，近代化起步早，且局部有序与全局无序并存。

首先，市政建设近代化起步早。上海城市重心由南向北转移的过程，也是近代城市建设的过程。北南相比，宽阔的道路代替狭窄的巷道，新型的市政设施造就崭新的城市形象。在19世纪50年代开始有严格的市政管理，60年代始有煤气路灯，70年代始有电话、通火车，80年代始有电灯、自来水。此后又出现洒水车、垃圾车、救火水龙，大自鸣钟，书信馆，地下排水系统，气象预报，卫生条例、违警条例。20世纪，在国内最早出现汽车、公共汽车、有轨电车、无轨电车、有线电台、无线电台。上海成为全国市政近代化程度最高的城市。其次，市政建设的局部有序与全局无序并存。公共租界、法租界和华界在各自管辖范围内，市政建设大多有计划、有步骤进行，道路宽度、路面材料、河道疏浚、桥梁建造，都有一定的章法。但从全市看，无序而布局不合理。杨树浦和曹家渡上海两大主要工业区之间，隔有商业网点密集、居民众多的以南京路为代表的商业区，联系不便。道路东西向多而南北向少，南北向交通不畅，而东西向3条主干道也因车多人众不敷使用。公共租界、法租界、华界3个区域交通各行其是，不能互通。3个地区的自来水、供电、电话系统各自为政，自来水管网互不沟通，水厂水压、水价不一，用电电压不一，电话网络不统一。甚至门牌号码编制标准也不一。整个城市市政建设各自为政，严重影响上海城市改造和进一步发展。

上海是海纳百川的移民城市。上海开埠后，上海移民迅速增加，并成为城市主要人口。到1949年，本地籍居民仅占全市总人口15%。国内移民有江苏、浙江、安徽、福建、广东、山西等18个省区，以江、浙两省最多，均超过百万人。上海经历了3次移民潮。第一次是太平天国期间，1855～1865年上海人口净增11万人。第二次是抗日战争期间，上海两租界人口增加78万人。第三次是解放战争期间，上海人口增加208万人。国际移民来自英、法、美、日、德、俄、意、葡、波兰、捷克、印度、越南等近40个国家，最多时超过15万人。上海长时间是世界上人口进出最方便的城市，进入不用签证，成为外国难民的避难所。俄国十月革命后，一批无国籍的俄裔亡命上海，1925年旅居法租界的白俄有0.14万人，到1936年增至1.2万人。第二次世界大战期间，2万多犹太人为逃避德国法西斯迫害，从德国、奥地利、匈牙利等避难上海。侨民1915年以前以英国人为多，此后以日本人为多。上海的包容性，使得各国移民各得其所，又在经济、社会活动和生活风尚等方面影响上海城市品格。

三

1949年5月27日上海解放，次日上海市人民政府成立，上海的历史进入新时期。

解放上海是解放战争史上最大的城市攻坚战。中国人民解放军第三野战军用16天歼敌15.3万人，胜利实现消灭敌人、保存城市、解放上海的伟大目标。

1949～1952年年底，以完成国民经济恢复时期的历史任务，实现旧上海向新上海的转变。政府采取一系列治理措施，稳定、改造上海。没收官僚资本，建立社会主义金融体系、国营工业骨干企业、国营交通运输机构和国营贸易系统，计没收官僚资本企业单位411个，接收15万名员工。紧急调运粮、棉、煤等重要物资，解决全市燃眉之急。抗灾救助、疏散40余万难民回乡生产。调整劳资关系，扶持资本主义工商业，粉碎西方国家的经济封锁。开展抗美援朝、镇压反革命和土地改革。开展"三反"、"五反"运动。统一财经工作。打击流氓帮会恶势力，改造娼妓和无业游民，进行民主改革和社会改造。

全市经济得到恢复，并有增长，开始城市改造和建设。到1952年，全市工农业总产值比1949年增长91.5%。国营经济的比重大幅增加。市政面貌得到改善，改造180处棚户区。把博彩场所跑马厅、跑狗场改造为为大众服务的人民广场、文化广场。改变旧城市公共事业各自为政的局面。

改造和发展社会事业。接收并改造旧政府办、外资办或接受外国津贴的文化教育事业机构，创建人民新闻、出版、广播、通讯事业。停办《申报》、《新闻报》等报纸，创办《解放日报》。创建上海人民广播电台等。1952年下半年，调整高等学校院系，25所院校裁并为15所。提高工农子弟入学比例。调整和扩充科研机构。建立各级防疫机构，开展群众爱国卫生运动，控制烈性传染病的流行。

1953～1957年第一个五年计划时期，上海没有安排国家项目，开始有计划的经济建设。对资本主义工商业、农业和手工业实行社会主义改造，提前一年实现第一个五年计划建设目标。

对资本主义工商业进行社会主义改造。1952年，全市私营金融机构在全市各行业率先实现全行业公私合营。政府通过统一货源、统一调度和统一运价，对私营长江、海上航运企业加强管理。对私营工业企业，采取加工订货、统购包销的形式，把私营企业的生产纳入国家计划的指导，1955年加工订货值占私营工业总产值的比重，由1949年10%上升至84.8%。并对68家大型工业企业实行公私合营。对私营批发商采取由国营批发企业逐步代替的方法，对私营零售商采取批购、经销、代销，私营批发额的比重从1950年65.5%降至1955年8.6%。私营零售额的比重从1954年的2.2%升至1955年的41.6%。1956年1月，全市私营工商业实现全行业社会主义改造，涉及10.6万多户私营工商业企业。

对农业、手工业进行社会主义改造，逐步实现合作化，生产资料私有制变为集体所有制。农业在1951年土地改革后，发展互助组。1954年至1955年，先后发展初、高级农业生产合作社。手工业基本实现合作化，93%的从业人员参加合作组织。

国家确定上海工业的方针是“维持、利用、积极改造”。前三年上海工业发展速度低于全国水平，1955年出现解放后的第一次下降。1956年，中共上海市委提出“充分利用，合理发展”的方针，对工业进行调整和经济改组，有重点设备更新和技术改造，利用原有基础裁并、扩建、新建一些企业。上海发展速度加快。到1957年工业企业由1955年的2.37万户减至1.63万户，大中型企业由82户增至121户，初步改变上海工业企业规模小、布局混乱、生产手段落后的局面。工业总产值增长97.1%。重工业得到加强，在全部工业中的比重上升到31.3%。钢产量由1952年7万多吨增至52万吨。机械工业开始独立生产汽轮发电机、矿山机械、工业锅炉等成套设备。自行车、缝纫机、收音机等社会需求旺盛的产品，产量增长2～6倍。农业贯彻为城市服务的方针。社会商品零售总额增长32.5%。新建住宅294万平方米，新增道路758公里，臭水浜肇嘉浜改造为通衢大道，开始兴建彭浦、桃浦、漕河泾、吴泾、高桥、闵行、蕰藻浜等7个工业区。

上海在全国经济建设中发挥重要作用。分别为国家重点项目鞍山钢铁公司和长春第一汽车制造厂提供78种、43种产品，为全国市场提供200多种工业消费品。财政收入累计177亿元，相当于全国基本建设投资总额的30%。

1955～1957年，开展肃清暗藏的反革命分子运动和反右派斗争。反右斗争中处理2.8万人，其中1.63万人定为右派分子，严重扩大化。

1958～1965年，全市经济出现前所未有的新情况。大幅增加固定资产投入，是“一五”时期增加值的4.8倍。因“大跃进”和人民公社化运动，国民经济严重失调，人民生活水平下降，出现许多矛盾。1961年起连续5年进行经济调整，工农业生产达到新的水平。

工业生产，1958～1960年投入的基本建设资金，是“一五”时期总额的3.9倍，重点建设钢铁、机械等重工业，新建一批冶金、机械制造和化学、电子仪表工业的骨干企业，筹建精密合金、高温合金、精密机械、汽车、塑料、合成纤维等新兴工业部门。生产高速增长，也造成财力、物力、运力的全面紧张。到1961年1月，因煤炭供应不足，发电量减少，大批工厂被迫停工。此后，按照中央的方针，压缩重工业生产和工业基本建设规模，关、停、并、转600多家工厂，工作重点转到技术改造和发展高级、精密、尖端产品。1963年起调整的效果开始显现，前期建设形成的生产能力逐步得到发挥。1965年，轻重工业的比重调整为56.6∶43.4。钢产量242万吨。机械工业具备生产大型、重型、精密机械的能力，成功制造双水内冷汽轮发电机、1.2万吨水压机。开发火箭、导弹等国防工业尖端产品，以及一批新的原材料、化学纤维、合成纤维织品和手表、照相机等新产品。基本形成全国最大的门类齐全的综合性工业基地。

农业方面，1958年10月农村人民公社化，政社合一，高度集中，生产上出现严重的高指标、瞎指挥、浮夸风，分配上出现"吃饭不要钱"、供给制以及无偿调用小集体和社员财物的"共产风"。1959年开始整顿。缩小公社、生产大队、生产队规模，全市103个公社调整为198个。核算单位改为"三级所有，队为基础"，以生产队为基本核算单位。其间及以后的几年，进行大规模的农田基本建设，农业生产条件有较大改善。到1965年，机电灌溉面积占耕地面积的比重由20世纪50年代初不到1%增至17.3%，化肥供应量增加近8倍。农业总产值增84.9%，粮食、棉花、油菜籽总产量，比1957年分别增长74.1%、93.1%和252%，主要副食品生猪上市量增长1.33倍，水产品增长1.64倍，牛奶增长1倍，蔬菜上市量占城市供应总量的比重增至90%以上。

科学教育卫生事业有许多新发展。发展独立的科研机构，科研机构由1956年29个增至88个，科研人员由0.26万人增至1.2万人。开展原子能、电子计算机、激光技术、高分子合成材料等一批新兴科学领域的研究。高等学校增设113个学科专业，专业达到214个。中等学校形成普通中学、中专技校、工业中学、农业中学的多样化结构。成人教育发展，成人高等教育机构在校生相当于全日制高等学校在校生的55.5%，中等技术教育成为成人教育重要的组成部分。医疗卫生机构形成市、区县、街道公社的三级网络，居民委员会和生产大队建立卫生站(室)。

1963～1965年，按照中央部署，开展社会主义教育运动("小四清"、"大四清")，机关、企事业单位、大专院校5万多人组成工作队，分批到城乡基层领导运动。

1966～1976年"文化大革命"期间，上海成为全国"文化大革命"中非常特殊的地区，全市政治、经济、文化严重受损。同时，在一些领域取得进步。

1965年11月10日，在毛泽东的支持下，《文汇报》发表《评新编历史剧〈海瑞罢官〉》，揭开"文化大革命"序幕，一批全国知名学者首遭批判。1966年中共中央"五一六通知"发布后，上海混乱局面从文化、教育界扩展到政治思想、经济等各领域，打、砸、抢、抄盛行，整个社会陷入混乱状态。1966年11月10日，"造反派"制造"安亭事件"，致使沪宁铁路运输中断30多个小时，在全国造成恶劣影响。11月19日，在中共上海市委机关制造上海第一次大规模武斗事件“康平路事件”，91人被打伤。1967年1月，发起“一月夺权”，市人民委员会被市革命委员会所取代，影响全国，由此引起全国各省市的“造反派”夺权。各级人民代表大会、政治协商委员会停止活动，人民法院、人民检察院被撤销，人民政权组织体系被打乱，社会主义法制被践踏。此后10年中制造大批冤假错案达31万多件，株连的人数超过100万人。1.15万人受迫害而非正常死亡，近2万名机关干部到工厂劳动，0.1万名机关干部到黑龙江插队落户。有25万多户市民被抄家。撤并8所高校，中等专业教育全部停止，中小学学制缩短到9年。四分之一的市级和国家在上海的科研机构被撤或裁并，40%以上工厂研究所(室)被撤销。86%的文艺剧团被解散，一半以上的剧院、公共图书馆、博物馆被关闭。

经济建设因上海在全国举足轻重的地位，在中央支持下，仍有增长。工业生产，除1967年下降外，其他年份有增长。建设后方基地、支援全国增产钢铁，进一步扩大冶金、机械制造工业的生产能力。建设为上海供应原料、能源的南京梅山铁矿、山东张家洼铁矿、江苏大屯煤矿、安徽铜陵铜矿等基地，建立飞机设计研究所和飞机制造厂、航空发动机厂等，完成上海石油化工总厂一期工程的建设，研制成功120吨纯氧顶吹转炉、万吨轮等。研制大型运载火箭，并于1975年成功用于中国第一颗人造地球卫星的发射。工业总产值1976年比1966年增长1.03倍，轻重工业比重46.9∶53.1。全市工业整体上效益下降。物耗上升，净产值增长率下降。1953～1966年，年均净产值增长率12.1%，1967～1976年降至5.5%。财政少收入约200亿元。

农业，机械化程度提高。1976年，机耕、机电排灌面积分别达到90.4%、98%，粮食种植实行三熟制。1970年，开始发展社队工业，1976年工业收入占集体经济总收入的27%。

人民生活水平下降。1976年，全市全民所有制职工月均工资57.2元，比1958年减少14.35元。农民人均集体分配年收入174元。

1976年“文化大革命”结束，中共中央改组中共上海市委、市革命委员会，揭发批判江青反革命集团罪行、清查其反革命帮派体系，调整各级领导班子。开始整顿和恢复全市经济建设和以教育科技、文化为主的各项社会事业。

整顿各产业部门，恢复经营管理制度，提高产量和服务质量，全市经济得到发展。到1978年，工业总产值比1976年增长21.9%，轻工业比重由46.9%提高到49.3%。农业总产值增长7.9%，港口货物吞吐量增长45.7%，外贸出口总值增长46.3%，社会商品零售总额增长7.5%，地方财政收入增长27%。

社会事业逐步恢复。1977年恢复高校招生考试，1978年恢复被撤销或裁并的大学。1977年恢复科研机构和科学技术协会活动，制订《上海市1978～

1985年重点科学技术发展规划纲要》。文艺团体恢复，文艺演出市场恢复正常。

四

1978年12月，中共十一届三中全会召开，上海进入新的历史发展时期。

1978～1980年，贯彻中央"调整、改革、整顿、提高"方针。1979年起，又从扩大企业经营管理自主权入手，实行企业利润留成。对建设项目进行"拨改贷"试点及投资包干经济责任制等。1983年、1984年，又先后分两步全面推行"利改税"改革。农村开始实行多种形式的生产责任制，1983年春开始实行家庭联产承包责任制，1987年扩至94%的粮棉生产队。1984年起又实行土地适度规模经营。

1984年，国营大中型零售商业企业普遍推行内部经营承包责任制，国有企业在新进职工中试行劳动合同制。1987年4月，国有工业企业试行企业承包经营责任制，至1988年推广到全市绝大部分工厂。1984年下半年部分商业服务业试行租赁经营制。1985年下半年3家小厂试行租赁经营。1986～1987年对3家集体小企业进行拍卖。1984年11月，上海飞乐音响公司向社会公开发行股票，上海开始企业股份制试点。1986年试点从集体、小型企业扩大到国有大中型企业。1988年，全市有股份制企业11家，其中7家向社会公开发行股票。

1986年7月，开始全面改革行政性市级工业公司，到1987年上半年全市77个公司，撤销、解体59个，改为企业性公司8个，保留原企业性公司10个。1988年，全市有各类企业集团及集团雏形的联合体147家，至1990年上海市经济委员会系统建成36个集团公司和实体公司。

80年代，多种经济形式的工商经营得到恢复和发展。1980年4月，恢复对个体工商户的申请登记，发展私营企业。1990年，全市有个体工商户10.94万户，从业人员16.2万人；私营企业0.16万户，雇工2.36万人。

70年代末，开始建立贸易中心和批发市场。1987年，全市建立各类消费品贸易中心13个、批发市场和贸易货栈49个、城乡农贸市场395个、小商品批发市场34个，全市城乡集市贸易成交总额达11.1亿元。

1984年，农村全面实现政社分开，人民公社、生产大队所属经济实体分别改制成乡镇经济联合社和村经济合作社。到1987年，撤销全部公社、大队建置。

70年代末、80年代初，开始实行对外开放。1978年，首开“三来一补”。1981年，改革开放后上海第一家中外合资企业上海联合毛纺织有限公司、第一家外商驻沪代表机构三菱商事株式会社上海事务所开业。1982年，建立闵行经济技术开发区和虹桥经济技术开发区，1988年建立漕河泾新兴技术开发区。1984年5月，上海被列为全国14个进一步对外开放的沿海城市之一，上海对外开放的进程进一步加快。1985年3月，改革开放后上海第一家外商独资工厂美国3M公司的通讯器材厂投产。1983～1995年，全市引进技术装备0.74万项，成交金额45亿美元。1986～1990年，实际利用外资42亿美元。1990年，上海已有外资银行分行4家，外资金融机构驻沪代表处33家，外国企业和其他经济、技术组织常驻上海市的代表机构563家。

改革开放推动上海产业结构变动和城市功能的提高。

80年代，第一产业产值基本稳定在占全市国内生产总值的4%左右。从以种植业为主向农林牧副渔多种经营发展，大力发展副食品生产。1985年改革蔬菜产销体制。1990年，建成509个副食品生产基地。

第二产业在国内生产总值中所占比重下降，1990年降至64.8%。建成一大批重大骨干工程。1981～1985年，完成试验通信卫星发射重大科研项目，“运十”大型客机设计、制造和成功试飞。1986～1990年，建成宝山钢铁总厂一期、上海石油化工总厂二期、石洞口第一电厂和桑塔纳轿车、30万吨乙烯、益昌薄板、永新彩管生产厂等大型生产企业。乡镇工业迅速发展。

第三产业发展速度加快，促进城市综合功能恢复和加强。1978年，占全市国内生产总值18.6%，1990年增至30.8%。

金融业得到恢复。1985年，股份制综合性银行交通银行总管理处从北京迁至上海。1979年，中国人民保险公司上海市分公司恢复国内保险业务。1981年、1986年，非银行性金融机构上海国际信托投资公司、上海爱建信托投资公司先后创办。1986年起上海开放同业拆借市场。1986年，上海第一家经营个人股票交易的金融机构中国工商银行上海信托投资公司静安分公司挂牌开市，到1988年全市有万国等3家证券公司。1986年，上海外商投资企业外汇调剂中心成立。1988年，上海开放国库券交易市场。1990年全市有各类中资金融组织及其营业机构0.14万个。

房地产业恢复。1979年，少量统建公房作为商品房出售，1984～1987年达106.7万平方米。1988年4月，全市有专营或兼营商品房公司65家。

邮电通讯事业发展，创多个全国第一。1989年11月实行电话7位号码制，1982年7月开办公众移动电话业务，1984年1月开办公众无线寻呼业务。

商业迅速发展。1980年，社会商品零售总额88亿元，1990年增至353亿元。1980年零售商业、餐饮业、服务业网点3.45万个，1990年增至12.64万个。

上海财政体制发生重大变革。1986～1988 年，上海市财政收入连续 3 年下降。1988 年起，施行国务院对上海市实行“基数包干上缴，一定五年不变”财政分配法，市财力大为增强。

城市建设取得前所未有的进展。1979 年，编制《上海市城市总体规划纲要》，1985 年 2 月，《上海经济发展战略汇报提纲》获国务院批准，城市改造、振兴进入新的历史转折时期。1986 年，上海市以自借自还形式，建立利用外资的“94 专项”基金。1988 年 3 月，第一次以国际招标方式有偿出让虹桥开发区 1.29 公顷地块，以土地经营权获得城市建设资金，开始城市建设中有决定性意义的土地批租。1980～1990 年，全市用于城市基础设施改造和建设投资 225 亿元，相当于前 30 年总投资的 7 倍。建成上海铁路新客站、虹桥国际机场候机楼、沪嘉和莘松高速公路、延安东路越江隧道、黄浦江上游引水一期工程、浦东煤气厂一期工程等重大市政工程。到 1990 年，市区道路面积由 1980 年 894 万平方米增至 1787 万平方米，城市园林绿地总面积和人均公共绿地分别由 1783 公顷、0.44 平方米增至 3570 公顷和 1 平方米。

社会事业全面发展。

安置大批就业人员。1978 年、1979 年安置“文化大革命”中上山下乡大批回城知识青年就业，至 1982 年达 84 万人。

高校在校学生，1990 年从 1980 年 7.6 万人增至 12.13 万人，全市每万名居民有在校大学生 187 人。

1990 年，全市有各类卫生机构 0.77 万所，医院病床 6 万余张。市民平均期望寿命，从 1980 年男 71.3 岁、女 75.4 岁分别增至 73.2 岁和 77.7 岁，达到世界发达国家和地区水平。

1990 年，全市职工年均工资 2917 元、农民人均年纯收入 1665 元，分别比 1980 年增长 2.3、3.1 倍，扣除物价因素，年均增长 5.1％和 7.3％。1980～1990 年，建住宅 4259 万平方米，相当于前 30 年住宅建设总和的 1.8 倍。市区人均居住面积从 1985 年的 5.4 平方米增至 1990 年的 6.6 平方米。

1990 年 4 月，中共中央和国务院决定开发开放浦东。1992 年，邓小平指出“浦东开发可以后来居上”，上海要做到“一年变个样，三年大变样”。中共十四大又提出“以上海浦东开发开放为龙头，进一步开放长江沿岸城市，尽快把上海建成国际经济、金融、贸易中心之一，带动长江三角洲和整个长江流域地区经济的新飞跃”。上海的改造、振兴进入空前的快速发展阶段。

1992 年，产业结构排列顺序，由“一、二、三”调整为“三、二、一”。行政管理开始探索市区“两级政府、三级管理”，郊县“三级政府、三级管理”新体制。

推行以国有企业为重点的经济体制改革。1995 年，组建汽车、电气、广播电视、轮胎橡胶、工业缝纫机、纺织和服装等 40 家大型工业企业集团、31 家国有资产经营公司，撤销17个行政性管理局设立相应的国有资产控股(集团)公司和实体性集团公司。

第二产业进行大规模产业结构调整，发展高新技术和支柱产业，乡镇工业迅速发展。调整纺织、仪表电子等传统行业。1993～1995年，仪表电子系统职工从17万人降至13.5万人。纺织系统实行资产重组、破产兼并，1995年职工从以前最高年份55万人降至37万人。高新技术产业及新兴支柱产业规模效益及支撑作用加强。高新技术产业以发展计算机应用产业和现代生物与医药产业为主。1990年，高新技术产业仅占全市工业总产值2%～3%。1995年，全市认定高新技术企业411家，高新技术产业总产值增至555亿元，占全市工业总产值10%。1993年，确定汽车、电子信息设备、电站成套设备及大型机电设备制造、家用电器制造、石油化工及精细化工、钢铁工业为六大支柱产业，1995年这六大产业占全市工业总产值比重提高到45.1%。其中汽车工业工业总产值291亿元，销售收入533亿元。郊县工业发展迅猛。1995年，郊县工业工业总产值1527亿元，销售额1545亿元，占全市工业的三分之一。在郊县建9个市级工业区。组建跨地区、跨行业、跨所有制企业集团80家。

第三产业持续高速发展。1995年，第三产业企业达20.07万户，占全市企业总数的74%；产值占国内生产总值40.1%。招商银行上海分行、上海浦东发展银行、光大银行上海分行、中国农业发展银行上海市分行、上海城市合作银行等多家银行开业。1990年12月，上海证券交易所开业，上市交易证券30种，1995年增至258种，上市总额498亿元，市价总值2526亿元。基本形成股票、债券、基金和其他衍生金融商品4大类交易格局。1994年4月，上海城乡产权交易所试运转，次年上市交易企业0.14万家，上市资产总额123亿元。1994年11月，中国上海外汇交易中心成立，至1995年累计成交655亿美元。1995年，全市3家期货交易所成交金额2.57万亿元。是年，全市有中资金融机构0.27万个，各项存款余额3920亿元。1991～1995年，金融业产值786亿元，占全市国内生产总值10%以上。

商业营业面积及社会消费品零售总额增长迅速。1995年，全市商业营业面积增至884万平方米，人均占有营业面积0.66平方米，有超市700家、便利店1100家、集市400余个、各类交易批发市场796个，形成九江路时装街、云南路小吃街、陕西路鲜花街、江阴路花鸟鱼虫街等一批新的商业特色街及专业店群。社会消费品零售总额970亿元，为1949年以来增速最快的一年。

房地产业发展迅速。1994年，房地产开发公司增至0.21万家，房地产中介、咨询公司近400家，物业管理公司290家。1995年，房地产企业拥有资本金总额591.57亿元。

旅游业成为第三产业新的经济增长点。1995年，全市有旅游涉外星级饭店 114 家、客房 2.9 万间，接待入境海外旅游者 136.8 万人，旅游创汇 9.44 亿美元。国内旅游有组织接待与出游人数 204 万人，产值 8.2 亿元。

交通、邮电通信等基础产业全面发展。1995 年，陆运旅客吞吐量 989 万人次，内河港 849 万人次。货物吞吐量 16567 万吨，国际集装箱吞吐量 153 万标准箱，内河装卸作业量 6567 万吨。上海航运中心进入实质性筹备阶段。上海本地电话网全部实现程控化。全市电话交换机总容量 350 万门，用户 225 万户。移动电话用户 17 万户，无线寻呼用户 70 万户。

对外贸易迅速增长。1995 年，上海口岸进出口贸易总额 481 亿美元，其中进口 225 亿美元、出口 256 亿美元。上海市进出口额 190 亿美元，其中进口 75 亿美元、出口 115 亿美元，占全市国内生产总值近 40%。1980～1995 年，全市引进世界 70 多个国家和地区外商投资项目 1.35 万个，投资金额 342 亿美元。至 1995 年年底，注册登记外商投资企业累计 1.45 万户，投资总额 6809 亿美元，注册资本 360 亿美元。37 家世界排名前 100 位的大企业集团在上海投资。浦东开发开放速度进一步加快。引进外资项目 0.35 万个，协议总投资额 142 亿美元，直接吸引外资 90 亿美元。1993～1995 年，国内生产总值连续 3 年增长 30%以上。

第一产业稳定增长。1993～1995 年，市政府投入 5 亿余元，实施近郊常年菜田向中远郊转移，全市建成常年菜田 1.17 万公顷。1995 年，市郊农业总产值 91.39 亿元，其中副食品产值比重增至 64%，粮、棉、油等产值比重下降至 36%；农产品商品率 76%。务农劳力继续减少，在农村劳力中的比重由 1978 年的 76.19%减至 28.47%。

上海地方财力以及社会投资能力逐年增强。1988～1994 年，上海的可供投资率始终保持在 56%左右。1995 年，全市完成工商税收 538 亿元，财政收入 394 亿元。

城市基础建设进一步加快，基本形成国际大都市的城市框架。1991～1995 年，全市城市基础设施投资 814 亿元，其中公用基础设施 506 亿元，较 1986～1990 年增约 6 倍。建成南浦、杨浦、奉浦 3 座黄浦江越江大桥，以及内环高架路、南北高架路、地铁一号线、合流污水治理一期主体工程、沪青平公路、沪嘉高速公路东段延伸工程等，完成改造和建设外滩、人民广场、南京路、淮海路、四川路、豫园、新客站不夜城、徐家汇等地区。1991～1995 年，全市批租土地 0.1 万幅，面积近 1 亿平方米。改造危棚简屋近 200 万平方米，住宅建设完成投资 400 亿元，新建住宅 3500 万平方米，较 1986～1990 年增长 1.5 倍。1995 年，全市城市道路面积增至 5843 万平方米，人均 6.2 平方米。

个体、私营经济稳定增长。1995 年，全市有个体工商户 15.57 万户，从业人员 21.13 万人，注册资金 12 亿元。私营企业 3.98 万户，注册资本 229 亿元，雇工 35 万人。全市有私营经济区 81 个，注册私营企业 2.6 万户。

人口在 1993 年首次出现负增长。1995 年，人口自然增长率－2.06‰。全市进入社会人口老龄化阶段，1994 年全市 60 岁及以上的老年人口占总人口 17%。90 年代初起，就业安置压力增大，1991～1995 年下岗、待工者 86 万人。1994 年起，开展再就业工程，至 1995 年分流安置下岗、待工者 66 万人。1995 年，全市城镇失业人员 14 万人，失业率 2.7%。

城市环境及市民居住质量改善。建成人民广场、徐家汇等大型绿地，杨高路、内环高架下等绿带。1995 年，全市人均公共绿地达 1.65 平方米，绿化覆盖率 16%。市中心区居民大量迁至市区边缘地区，1991～1995 年，有 60 多万户近 200 万人迁入新居。1995 年，市区人均居住面积 8 平方米，城乡实现饮用水自来水化，城市家庭煤气用户普及率 85%。

1991～1995 年，市区居民生活费收入年均增长 9.1%，农民纯收入年均增长 3.3%。1995 年，全市职工年均工资 9297 元。居民人均月消费支出从 1990 年的 161 元增至 1995 年的 489 元。

1995 年，全市有医疗卫生机构 0.53 万个、卫生工作人员 15.15 万人。医院病床 7.1 万张，平均每千人 125.2 张。各类高校 45 所，在校学生 14.4 万人。90 年代，建成刘海粟美术馆、朱屺瞻艺术馆以及东方明珠广播电视塔、上海博物馆新馆、龙华烈士陵园。1991～1995 年，实现国内生产总值 7954 亿元，年均递增 13%。人均国内生产总值从 1990 年的 5818 元增至 1995 年的 1.8 万元。工、农业总产值年均分别增长 17.9%、4%。社会消费品零售总额年均增长 23.8%。居民人均生活费收入年均递增 8.9%。男、女居民平均期望寿命 74.1 岁和 78 岁。

第一章 建置沿革

第一节 建置沿革 >>

西周至春秋时期，上海地区为吴国之地。战国时期周元王三年（越王勾践二十四年，公元前473年），上海地区属越，战国中期楚威王（一说楚怀王）时属楚，楚考烈王十五年（公元前248年）属吴。秦王政二十五年（公元前222年）分属娄县、由拳县、海盐县。新莽时，分属娄治县、展武县。三国时期，分属吴郡娄、嘉兴、海盐3县。隋开皇九年（589年），属昆山县、吴县、盐官县。

唐朝，上海大陆地区分属苏州华亭县、昆山县。先天元年（712年），分属海盐县、嘉兴县、昆山县。唐天宝十载（751年），割昆山、嘉兴、海盐3县地置华亭县，上海地区始有第一个建置县。县境约今上海地区吴淞江故道以南、川沙—惠南—大团一线以西地区。上海地区吴淞江故道以北的大陆地区属昆山县境。

北宋熙宁十年（1077年），华亭县设上海务。至景定、咸淳年间，上海港地区形成集镇，地处“海之上洋”，滨上海浦，遂称上海镇。南宋嘉定十年十二月，上海大陆地区分属华亭县和嘉定县，崇明地区属海门县。

元至元十四年（1277年），升华亭县为华亭府。在崇明沙置崇明州。至元十五年，华亭府改名松江府，复置华亭县。二十八年（1291年），以华亭县户口繁多，上海镇及周围5乡的户口数已逾6.4万，超过南方大县的3万户的户口标准，元廷于七月己未（8月19日）批准置上海县。二十九年县立。县治在今中华路、人民路环线以内，县域约包括今闵行区、南汇县、浦东新区南部、青浦县北部、市区大部。自此，松江府辖华亭、上海2县。元代后期，除松江府外，上海地区州府建置还有嘉定州、崇明州。

明洪武二年（1369年），降嘉定州、崇明州为县。嘉靖二十一年（1542年），析华亭县2乡、上海县3乡地置青浦县。至明末，上海地区行政建置有松江府华亭、上海、青浦3县，苏州府嘉定、崇明2县。

清顺治十三年（1656年），析华亭县置娄县。雍正二年（1724年），析嘉定县置宝山县，析青浦县置福泉县，析华亭县置奉贤县，析娄县、华亭县各一部置金山县，析上海县置南汇县。福泉、奉贤、金山、南汇县与华亭、娄、上海、青浦县隶于松江府，宝山县与嘉定县、崇明县隶于太仓州。嘉庆十五年(1810年)，析上海县地置川沙抚民厅。清末，上海地区有松江府华亭、娄、上海、青浦、金山、奉贤、南汇7县和川沙厅，太仓州嘉定、宝山、崇明3县。

清道光二十三年(1843年)起，上海地区出现租界，其行政范围不隶属上海地方政府。是年九月二十六日(11月8日)，中英双方根据《南京条约》《五口通商附粘善后条款》，宣布上海开埠。二十五年十一月初一日，上海道公布《上海土地章程》23款，规定上海县城北面洋泾浜以北、李家厂以南、黄浦江以西的地区划为英租界。二十八年，以吴淞江北岸虹口一带为美租界。同治二年(1863年)八月初九，英、美租界合并为英美公共租界，称外人租界。光绪二十五年(1899年)三月二十九日，又改名为上海国际公共租界，简称公共租界。道光二十九年，法国驻沪领事与上海道商定，上海县城以北、英租界以南地区为法租界。经过历次扩展，法租界成为列强在华地域面积最大的专管租界。1943年1月11日，美、英政府与中国国民政府分别订立条约，宣布上海公共租界等交还中国政府。1945年11月24日，国民政府外交部宣布接收上海公共租界、法租界。

1912年1月，裁松江府、太仓州。撤娄县，并入华亭县。川沙抚民厅改为川沙县。上海地区上海、华亭、嘉定、宝山、川沙、南汇、奉贤、金山、青浦、崇明等10县隶江苏省。1914年1月，华亭县改名松江县。5月，江苏省划分为沪海等5道，沪海道驻上海县，辖上海、松江、南汇、青浦、奉贤、金山、川沙、嘉定、宝山、崇明、太仓、海门等12县。

1927年7月7日，上海特别市政府成立，列为国民政府直辖市。1928年，宣布租界为特别区。7月，接收上海县属上海(沪南)等11市乡和宝山县属吴淞等6市乡，共17市乡，成为上海特别市的实际境域，并就市乡改置为17区。面积494.69平方公里(不含租界)。1930年7月，上海特别市改称为上海市。1937年11月12日上海市沦陷。1945年8月抗日战争胜利后，上海市境域恢复为战前17个区和特别区区域。11月底，市政府在市下设区，12月划分为29个区。上海市面积617.95平方公里。

1928年，上海市、县分治后，上海县保留，和松江、青浦、金山、南汇、川沙、宝山、嘉定、奉贤、崇明等9县仍属江苏省。除沦陷期，至1949年不变。

1937年11月上海沦陷后，至1945年8月抗日战争胜利时期，上海市伪政府成立，行政区划多有变动。1937年12月5日，伪上海市大道政府成立，次年4月28日接受伪中华民国维新政府领导，改组为伪督办上海市政公署，10月16日又改组为伪上海特别市政府。12月1日，江苏省川沙、南汇、奉贤、崇明、宝山、嘉定等县划归上海市，并改县为区。上海市原有区域改为市中心区、闸北区、南市区、沪西区、浦东南区、浦东北区。原上海县浦西地区改为北桥区，隶上海市。1943年7月30日和8月1日，汪伪国民政府先后宣布收回上海法租界和公共租界，并分别改置为第八、一区，1944年2月第八区并入第一区。至1945年抗战胜利前，上海地区行政建置有上海市属江湾、沪北、沪西、浦东南、浦东北区和申江、宝山、嘉定、崇明、奉贤、南汇、川沙县，伪市政府直辖地区（原租界及南市区）及江苏省属松江、金山、青浦县。

1949年5月27日，上海解放。28日，上海市人民政府成立。上海市列为中央直辖市，设黄浦、老闸、邑庙、蓬莱、嵩山、卢湾、常熟、徐汇、长宁、普陀、闸北、静安、新成、江宁、北站、虹口、北四川路、提篮桥、榆林、杨浦等20个市区，新市、江湾、吴淞、大场、新泾、龙华、真如、杨思、洋泾、高桥等10个郊区。1952年10月，新市区并入江湾区。1953年11月，设水上区，全市辖31区。1956年2月，撤销老闸、嵩山、常熟、静安、北站、北四川路等6区。撤销杨思、洋泾、高桥区，设立东郊区。撤销吴淞、江湾、大场区，设立北郊区。撤销真如、新泾、龙华区，设立西郊区。6月，撤销水上区。全市辖黄浦、邑庙、蓬莱、卢湾、徐汇、长宁、普陀、闸北、新成、江宁、虹口、提篮桥、榆林、杨浦、东昌15个市区和东郊、北郊、西郊3个郊区。

1949年5月13～26日，江苏省松江、上海、嘉定、宝山等9县先后解放，隶苏南行署区松江专区。松江专署驻松江县。6月2日，崇明县解放，隶苏北行署区南通专区。1951年，以嵊泗列岛特区设嵊泗县（1925年嵊泗列岛属崇明县，1946年划出），隶属于松江专区，松江专区辖上海、松江等10县。1953年，嵊泗县划归浙江省。1958年1月，松江专区撤销，所属上海、宝山、嘉定3县划入上海市，松江、川沙、南汇、奉贤、金山、青浦6县划入苏州专区。10月，上海市撤销西郊、北郊、东郊3个郊区。设立浦东县。11月，江苏省苏州专区所辖松江、川沙、南汇、奉贤、金山、青浦6县。12月，南通专区所辖崇明县，划入上海市。至此，上海市辖黄浦、邑庙、蓬莱、卢湾、徐汇、长宁、普陀、闸北、新成、江宁、虹口、提篮桥、榆林、杨浦等14个区，浦东、松江、上海、川沙、南汇、奉贤、金山、青浦、嘉定、宝山、崇明等11个县，今上海市境域形成。后除1960年3月浙江省舟山县嵊泗人民公社划属上海市，1961年重划归浙江省外，至1995年基本不变。

1960年1月，撤销蓬莱、邑庙、江宁、新成、提篮桥、榆林等区，新建闵行区和吴淞区。全市有黄浦、南市、静安、卢湾、徐汇、长宁、普陀、闸北、虹口、杨浦、闵行、吴淞等12个区和11个县。1961年1月，撤销浦东县。1964年5月，撤销吴淞区、闵行区，1980年10月、1981年2月两区先后重建，1988年9月、1992年9月又先后撤销，分别与宝山县合并为宝山区、与上海县合并为新的闵行区。

同时，宝山县、上海县先后撤销。10月，撤销嘉定县，建嘉定区。1993年1月，撤销川沙县，设立浦东新区。

1995年，全市辖黄浦、南市、卢湾、徐汇、长宁、普陀、静安、闸北、虹口、杨浦、宝山、嘉定、闵行、浦东新区等14区和南汇、奉贤、松江、金山、青浦、崇明等6县。面积6340.5平方公里。

1951年1月，上海市郊设61个乡镇、180个行政村（不含松江专区和崇明县），1958年10月有108个公社、1个镇，1984年有26个镇、200个乡。1952年6月，上海市区各区按公安派出所区划设人民政府办事处，9月有135个。1955年5月底，办事处改为街道办事处，作为区政府派出机关，1989年有122个。1995年，全市有104个街道办事处，208个镇、9个乡；3352个居民委员会、2984个行政村。

第二节 | 区县、松江府概况 >>

一、区县概况

浦东新区 1993年1月设立。1995年，面积522.75平方公里，人口148.63万人。辖陆家嘴、崂山西路、潍坊新村、梅园新村、罗山新村、金杨新村、周家渡、塘桥、上钢新村、南码头路、歇浦路11个街道和洋泾、川沙、高桥、北蔡、施湾、六团、江镇、蔡路、合庆、东城、黄楼、孙桥、唐镇、王港、龚路、顾路、杨园、张桥、金桥、东沟、外高桥、高东、凌桥、张江、花木、钦洋、严桥、六里、杨思、三林30个镇，354个居民委员会，333个行政村。

徐汇区 1995年，面积54.76平方公里，人口80.62万人。辖徐家汇、天平、湖南、斜土、枫林、田林、康健、长桥、虹梅9个街道和漕河镇、华泾镇、龙华乡。356个居民委员会，20个行政村。清末，分属上海县上海城区、法华乡、漕河泾乡。1914年，法租界第三次扩张，境内今肇嘉浜路以北、华山路以东地区划入法租界。1927年，分属法租界和上海特别市沪南、漕泾、法华3区。1945年抗日战争胜利后，分属上海市第七区（常熟区）、第八区（徐家汇区）、第二十六区（龙华区）。1948年2月，徐家汇区改徐汇区。1956年3月，常熟区与徐汇区合并为徐汇区。

长宁区 1995年，面积37.97平方公里，人口60.75万人。辖新华路、江苏路、华阳路、周家桥、天山路、仙霞新村、虹桥、程家桥8个街道和北新泾镇、新泾乡，有183个居民委员会、8个行政村。1914年，分属法华乡、蒲淞市和法租界。1928年，分属法华区、蒲淞区、第二特区。1945年12月，分属上海市第九、二十五区。1947年，两区分别改长宁区、新泾区。1948年，长宁区改称法曹区，1949年6月8日改长宁区。

普陀区 1995年，面积54.96平方公里，人口82.53万人。少数民族30余个、人口近0.9万人，回族占80%，是全市少数民族人口、族种最多的区。辖中山北路、长风新村、长寿路、甘泉路、石泉路、东新路、白玉路、宜川新村、曹安路、曹杨新村10个街道，长征、桃浦、真如3镇，288个居民委员会、18个行政村。1945年抗日战争胜利后，设上海市第十三区。1947年1月，改称普陀区。1949年后，先后从闸北、真如、新泾、大场、西郊等区及宝山、嘉定县划入部分。

闸北区 1995年，面积28.48平方公里，人口67万人。辖天目西路、西藏北路、北站、宝山路、青云路、芷江西路、虬江路、中兴路、共和新路、大宁路、彭浦新村、临汾路12个街道和彭浦镇，302个居民委员会、7个行政村。清光绪二十六年(1900年)，地方绅商辟华办商埠，设闸北工程总局。宣统三年(1911年)，设闸北自治公所。辛亥革命后，建闸北市。1928年，闸北区设立。抗日战争胜利后，改设第十四、十五行政区，1947年分别改称闸北区和北站区。1956年，两区合并为闸北区。

虹口区 1995年，面积23.45平方公里，人口29.38万户、82.7万人。辖提篮桥、乍浦路、唐山路、嘉兴路、虹镇、新港路、四川北路、欧阳路、同心路、广中路、曲阳路、凉城新村12个街道和江湾镇，357个居民委员会。清道光二十五年(1845年)，美国传教士在境内南部租地造屋，后为美租界、公共租界。南部为公共租界北区和东区的主体部分，租界以北地区分属上海、宝山两县。抗日战争胜利后，分属第十六区(虹口区)、第十七区(北四川路区)、第十八区(提篮桥区)。1956年年初，北四川路区与虹口区合并为虹口区。1959年年底，提篮桥区与虹口区合并为虹口区。1984年9月，宝山县江湾镇与大柏树地区划入。

杨浦区 1995年，面积52.13平方公里，居民35.47万户、106.2万人。有定海、大桥、平凉、江浦、四平、控江、延吉、长白、五角场、殷行10个街道和五角场镇，465个居民委员会和7个行政村。清同治二年(1863年)和光绪二十五年，南部沿黄浦江地带划入公共租界。1927年，租界以北分属上海特别市政府引翔、殷行、江湾区。抗日战争胜利后，分属杨树浦、榆林、新市区。1950年6月，杨树浦区改称杨浦区。1960年1月榆林区并入。1984年9月，宝山县五角场地区划入。同月，川沙县东沟以西、获柴浜以北和上川路以东地区划入。1993年1月，区境浦东部分划归浦东新区。

黄浦区 1995年，面积4.564平方公里，人口28.5万人。辖人民广场、外滩、南京东路、金陵东路4个街道办事处，居民委员会76个。清道光二十三年(1843年)起，英法等国将区境东部划为居留地(租界)，以洋泾浜为界，北为英租界，南为法租界。至光绪二十五年，区境全部划为租界。1943年，分属第一、第八区。1945年抗日战争胜利后，分属第一区（黄浦区）、第二区（老闸区）。1956年，黄浦、老闸两区合并为黄浦区。1960年，新成、邑庙、卢湾区部分地区划入。1961年，浦东县东昌、崂山、张家浜3个街道划入。1984年，川沙县洋泾镇和洋泾、严桥乡部分地区划入。1993年，浦东部分划属浦东新区。

南市区　1995年，面积8.29平方公里，人口48.4万人。辖小东门、董家渡、豫园、老西门、半淞园路5个街道、127个居民委员会。南宋咸淳年间，形成上海镇。元至元二十九年（1292年），上海县立，县治设今区内。上海开埠后，商业区北移，形成新市场，称北市，上海县城厢商业区始称南市，后成地名。1938年7月称南市区。抗日战争胜利后，区境分为第三区（后称邑庙区）、第四区（后称蓬莱区）。1956年嵩山区撤销，东北地区划归邑庙区。1959年12月，邑庙、蓬莱两区合并为南市区。1961年3月起，先后划入浦东周家渡、塘桥、南码头和杨思镇。1993年1月，划出浦东部分属浦东新区。

卢湾区　1995年，面积8.02平方公里，人口39.33万人。辖五里桥、打浦桥、丽园路、顺昌路、嵩山路、济南路、淮海中路、瑞金二路8个街道，111个居民委员会。清光绪二十五年十二月和1914年，区域北部相继辟为法租界。肇嘉浜以南为华界，1928年7月起属上海特别市沪南区。1945年12月，以重庆南路和鲁班路为界，以西设第六区（又名芦家湾区，1950年7月改称卢湾区），以东设第五区（又名泰山区，1947年改称嵩山区）。1956年3月、1959年12月，先后撤销嵩山区、邑庙区，部分地域并入卢湾区。

静安区　1995年，面积7.62平方公里，人口40.47万人。辖曹家渡、静安寺、南京西路、江宁路、石门二路5个街道、133个居民委员会。清光绪二十五年，分属公共租界、法租界及上海县。1945年抗日战争胜利后，分属第十区（静安区）、第十一区（新成区）、第十二区（江宁区）。1949年5月，静安区改静安寺区，1950年6月称静安区，1956年2月撤销，境域分属新成、江宁、长宁区。1960年1月，撤销新成、江宁区，建静安区。

宝山区　境域分陆地和岛屿两部分，有长兴、横沙两岛。1995年，总面积425.18平方公里，其中两岛面积123.96平方公里。耕地面积1.73万公顷。人口69.18万人，其中非农业人口47.39万人。辖吴淞镇、海滨新村、友谊路、泗塘新村、通河新村5个街道，罗店、大场、杨行、月浦、盛桥、宝山、罗泾、罗南、刘行、顾村、祁连、高境、庙行、淞南14个镇，长兴、横沙2个乡，有167个居民委员会、182个行政村。1988年1月，撤销吴淞区和宝山县建宝山区。

闵行区　全区分浦西、浦东两部分。1995年，面积370.75平方公里。人口54.39万人，其中非农业人口56.3%。辖纪王、诸翟、华漕、七宝、虹桥、莘庄、梅陇、颛桥、曹行、北桥、马桥、塘湾、陈行、杜行、鲁汇15个镇，华坪路、碧江路、吴泾、昆阳路4个街道，有186个行政村、112个居民委员会。1992年9月，撤销上海县、闵行区，合并建立新的闵行区。

嘉定区 1995年，面积458.8平方公里。人口47.88万人，其中非农业人口19.31万人。辖嘉定、南翔、安亭、娄塘、封浜、马陆、戬浜、徐行、曹王、华亭、唐行、朱家桥、外冈、望新、方泰、黄渡、江桥17个镇，新成路、真新新村2个街道，有248个行政村、82个居民委员会。1992年10月，撤县建区。

南汇县 海岸线长约45公里。1995年，面积687.66平方公里，其中水域面积约占14%。人口69.49万人，其中非农业人口17.11万人。辖惠南、周浦、新场、大团、康桥、瓦屑、横沔、下沙、航头、宣桥、三灶、坦直、六灶、祝桥、盐仓、东海、黄路、三墩、彭镇、泥城、书院、万祥、新港、老港、芦潮港25个镇，342个行政村、85个居民委员会。元初，下沙盐场东移，原盐场垦为农业区，设长人乡。明初，盐区移至里护塘以东，塘内称漕田或有司地，属长人乡；塘外称灶田或盐司地，属下沙盐场，设团、灶建置。清雍正四年(1726年)，以上海县长人乡和下沙盐场9个团设南汇县。1958年11月，划属上海市。

奉贤县 1995年，面积687.39平方公里，其中水域面积占12.75%。人口52.05万人，其中非农业人口13.13万人。辖南桥、奉城、江海、西渡、邬桥、新寺、胡桥、庄行、齐贤、金汇、泰日、头桥、四团、平安、塘外、青村、光明、钱桥、奉新、柘林、洪庙、邵厂22个镇，302个行政村、29个居民委员会。五四、星火、燎原3个市属农场在境内。清雍正四年(1726年)建县，属松江府。传孔子弟子言偃到此讲学，里人崇奉贤人，故名奉贤。县治初设南桥，雍正九年迁青村所城(今奉城)，1912年迁南桥。1958年11月，划属上海市。

松江县 1995年，面积605.64平方公里，其中水域面积60.49平方公里、山地面积3.56平方公里。人口49.55万人，其中非农业人口14.75万人。辖松江、泗泾、仓桥、茸北、华阳、车墩、新桥、洞泾、九亭、佘山、天马山、小昆山、大港、李塔汇、石湖荡、新浜、五厍、泖港、张泽、叶榭20个镇，316个行政村、88个居民委员会。松江古称华亭，别称云间、茸城。唐天宝十载(751年)设华亭县，成为华亭县一部分。元至元十四年(1277年)，华亭县升华亭府，次年改松江府。华亭县治、松江府治均设今松江城区。清顺治十三年(1656年)，析华亭县西南境设娄县，县治与华亭同郭。1912年废府，华亭县和娄县合并为华亭县，1914年改松江县。1933年起，江苏省先后在松江县设第四、第三行政督察专员公署。解放后，设松江专区。1958年3月，松江专区撤销，松江县划属苏州专区，11月划属上海市。

金山县 全县分陆地、海岛，海岸线长23.3公里，有大金山、小金山、浮山3岛。1995年，面积586.05平方公里。人口47.14万人，非农业人口占37.06%。辖枫泾、兴塔、朱泾、新农、松隐、亭林、朱行、漕泾、山阳、金山卫、钱圩、张堰、廊下、吕巷、干巷15个镇和朱泾乡，236个行政村、48个居民委员会。清雍正四年，析娄县西南部建金山县，县治金山卫城。乾隆二十四年(1759年)，县治移朱泾镇，后几经搬迁，嘉庆元年(1796年)起定驻朱泾镇。1958年11月，划属上海市。

青浦县 1995年，面积675.52平方公里，其中水面积约占21.6%。人口45.78万人，其中非农业人口11.37万人。辖华新、凤溪、重固、白鹤、赵屯、大盈、香花桥、环城、朱家角、沈巷、小蒸、蒸淀、练塘、莲盛、西岑、金泽、商榻、徐泾、赵巷、青浦20个镇和盈中乡、青浦工业园区，322个行政村、64个居民委员会。青浦崧泽、福泉山一带是上海迄今发现人类最早的聚居地。明嘉靖二十一年(1542年)，建青浦县，县治青龙镇。嘉靖三十二年撤县，万历元年(1573年)复立，县治移唐行镇(今青浦镇)。1958年11月，划属上海市。

崇明县 在崇明岛。1995年，面积840平方公里。人口71.79万人，其中农业人口53.24万人。辖绿华、三星、庙镇、合作、江口、港西、城桥、侯家、建设、大同、新河、新民、大新、竖新、港沿、堡镇、向化、中兴、陈家镇、裕安20个镇，新村、海桥、港东、五滧、合兴5个乡，488个居民委员会、行政村。唐武德年间，长江口江面涨出东沙和西沙。五代初在西沙设崇明镇。宋嘉定十五年(1222年)，设天赐盐场，隶通州。元至元十四年，升为崇明州。明洪武二年(1369年)降州为县。1958年12月，划属上海市。

二、1988~1993年撤销的区县概况

吴淞区 1988年，面积54.45平方公里，人口22.03万人。辖5个街道。1928年7月，建吴淞区。1956年1月，与大场、江湾两区合并为上海市北郊区。1958年8月，并入宝山县。1960年，重建吴淞区，1964年5月并入杨浦区，1980年10月再建。1988年1月，和宝山县同时撤销，合建宝山区。

宝山县 1987年，面积370.73平方公里。辖3个镇17个乡。人口31.86万人，其中农业人口25.66万人。清雍正二年(1724年)，从嘉定县分出，建宝山县，以明代初年人工堆筑作为导航设施的土山之名命名。1958年1月，划属上海市。1960年，划出吴淞镇及蕰藻浜以南长江路两侧成立吴淞区。1988年1月，和吴淞区同时撤销，建宝山区。

闵行区 由闵行、吴泾两个工业卫星城组成。1992年，面积43.68平方公里，人口15.56万人。辖4个街道办事处。1960年，划上海县闵行、吴泾地区建闵行区。1964年撤销，并入徐汇区。1981年恢复。1992年9月撤销，与同时撤销的上海县建立新的闵行区。

上海县 分成浦西、浦东两部分。1992年9月，面积360.18平方公里，其中水域面积10.5%。人口39.84万人。辖3镇14乡。元至元二十九年(1292年)，划华亭县东北境5乡置上海县。上海开埠后，辟英、美、法侨民居地为租界。县城及周围地带割裂为“华界”、“英美公共租界”、“法租界”三部分。今县

域大部是租界之外农村地区。1928 年 7 月上海县、市分治,繁华之地悉归上海市,上海县辖原境西南隅 8 乡。1958 年 1 月,划属上海市。8 月,上海市西郊区大部并入。1959 年 12 月,析闵行、吴泾地区置闵行区。1992 年 9 月,撤销上海县,与同时撤销的闵行区合并建立新的闵行区。

嘉定县 1992 年,面积 483.8 平方公里,其中水域面积 48.8 平方公里。人口 50.78 万人,其中非农业人口 18.05 万人。辖 4 镇 16 乡。南宋嘉定十年十二月,析昆山县东境 5 乡置县,以年号为名。1958 年 1 月,划属上海市。1992 年 10 月撤县建区。

川沙县 1992 年,全县面积 446.11 平方公里。人口 62.13 万人,其中非农业人口 16.47 万人。辖 3 镇 26 乡。清嘉庆十五年(1810 年),析上海县高昌乡滨海地和南汇县长人乡部分地置川沙抚民厅,宣统三年九月改厅为县。1958 年 11 月,划属上海市。1993 年 1 月,建上海市浦东新区,撤县。

三、松江府

松江府辖区大体为今上海市吴淞江以南、黄浦江以东地区,今黄浦、静安、卢湾、南市、徐汇、长宁、闵行、浦东新区等区,松江、青浦、金山、奉贤、南汇等县全部,及杨浦、虹口、闸北等区部分地区。东汉建安二十四年(219 年),陆逊以功封华亭侯,华亭始见于史志。唐天宝十载(751 年),割昆山南境、嘉兴东境、海盐北境置华亭县,县治今松江县城区。元至元十四年(1277 年),华亭县升华亭府,次年府改松江府,辖华亭 1 县。至元二十七年,松江知府提出分建上海县奏议。至元二十九年,上海县立,松江府始辖华亭、上海 2 县。清嘉庆十年(1805 年),辖华亭、上海、青浦、娄、奉贤、金山、南汇 7 县和川沙抚民厅。1912 年 1 月,江苏省裁府州厅,松江府建置撤销。

第二章 自然环境

第一节 面积、地貌 >>

上海境内除西南部有10余座基岩残丘外，均为平原。地面高程3～5米。陆域地势总趋势是由东向西低微倾斜。海域有大金山、小金山、浮山、佘山等岩岛。大金山海拔高度105.03米，为上海海拔最高点。

一、面积

1995年，上海市土地面积6340.5平方公里。其中水域面积占10.9%。土壤资源总面积38.28万公顷，耕地资源总面积34.52万公顷。

二、成陆

距今7000年前后，上海地区绝大部分被海水淹覆，仅西部局部出露，成为滨海湖沼低地。距今7000～3000年前，西部青浦、松江、金山湖沼平原地区，在吴淞江南北贝壳沙带形成时已基本成陆。距今1000～600年前，白龙港至马厂以东地区浦东成陆。崇明岛于唐武德年间出露水面。

7000年前陆海 至距今7000年前后，长江口后退至今镇江扬州一带，形成向东开放的喇叭形河口湾。今上海地区绝大部分被内侵海水淹覆，仅余西部局部地区沦为滨海湖沼低地。海面上升，海岸后退，以长江为主的河流挟带的泥沙，淤平上海地区岛状起伏的原始基底面。

7000～3000年前冈身地带 距今7000年起，上海地区吴淞江以北，自西向东有浅冈、沙冈、外冈、青冈和东冈5条贝壳沙带和沙带，吴淞江以南自西向东有沙冈、紫冈、竹冈和横泾冈4条贝壳沙带。吴淞江北的浅冈与吴淞江南的沙冈相对应，形成于距今6800～6000年，是上海地区迄今发现的最早的贝壳沙带海岸。吴淞江南紫冈对应于吴淞江北沙冈，代表上海地区距今5800～5500年前海岸线。吴淞江北外冈与吴淞江南竹冈完全对应，代表距今4200～4000

年前海岸线。吴淞江南横泾冈约形成于距今3240年。在距今7000～6000年，当西部浅冈—沙冈一线海岸形成之时，西部上海地区已摆脱海侵影响，普遍发育成滨海湖沼低地，高墩或低丘已有人类活动，其遗迹形成上海地区最早的文化遗存马家浜文化。其后至3000年前，湖沼逐渐排干，平原扩展，人类活动从低丘高墩移向平原，形成冈身地带及其以西地区的大量的新石器时代崧泽文化、良渚文化、马桥文化遗址。冈身地带东西宽4～10公里，形成过程历时4000年，平均每年淤涨1～2.5米。

3000～1700年前中部地区 3000年前今浦东花木、北蔡、周浦、下沙、航头一线成陆。形成滨岸沙带海岸。盛桥、下沙、滩浒山一线沙带海岸，形成距今约1700年。冈身以东至下沙沙带间上海中部地区，自西向东当成陆于距今3000～1700年。上海中部地区下沙沙带海岸，形成于东晋时期或以前。唐开元年间上海东部海岸仍稳定在花木、北蔡、下沙沙带一线。冈身地带东侧至下沙沙带之间的上海中部地区，平均宽17公里，形成时间1300年，年均淤涨13米。成陆速度快于冈身西侧。

1700～1000年前浦东中部地区 盛桥、花木、下沙一线以东的浦东中部地区，北宋初期前，此线以西浦东中部地区、黄浦江以西部分地区已成陆。浦东中部地区东西宽度约近15公里，形成于距今1700～1000年前，年均淤涨21米。

近1000年浦东东部地区 沿海成陆过程，以东、西沙带为界，分为前、后500年。东、西沙带呈南向分汊状。东沙带自白龙港向南经中港至泥城，距今580±90年。西沙带北起白龙港，向南经军民至马厂，距今600±85年。吴及海塘至西沙带海岸间陆地，形成于距今1000～600年前。其中，大团至马厂的南汇嘴方向成陆速度最快，年均淤涨18.75米。自此向北，淤涨速率不断降低，惠南至西沙年均13米，祝桥至军民年均10米，顾路以东年均6米。西沙带以东滨海地带，为近600年发育形成的新浦东。马厂至果园方向的南汇嘴，最大宽7.2公里，年均淤涨18米。万祥以东宽7.2公里，年均淤涨13米。自此以北，新成陆地不断缩窄，西沙以东宽4.5公里，军民以东2.5公里，至白龙港一带完全尖灭，反涨为坍。

长江南岸 宝山新陆至浦东黄家湾长江南岸地带，成陆和上海大陆地区的成陆过程同步。盛桥西北岸段形成于距今1700年前，盛桥东南岸段形成于距今1700～1000年前。形成之初，长江南岸上海岸线偏在今岸线之北，长江河口段较为开阔，江中有若干不大的河口沙洲。唐代之后，尤其是元明时期，河口各沙洲迅速扩大、合并，形成崇明岛。长江河口段过水断面缩窄，加以长江水流在科氏力作用下南偏，导致江流对长江南岸冲刷加剧，以至不断坍陷。又因长江南支河口段长兴各沙洲的孕育，坍没量自西向东增大。

东段。吴淞口至黄家湾。明初至今，内坍严重，岸线南移10公里以上。

西段。吴淞口至新陆。明洪武十九年(1386年)，在今滨江的宝山故城东北0.5公里创筑吴淞所城，距江岸1.5公里，并有海塘护卫。其后岸线内坍南移，至明嘉靖初年，城北陆地、海塘全部坍没，所城东北角没入长江。明末清初，旧城全部坍入江中。明代，宝山城附近岸线南移2公里以上。明中叶，岸线显著南移。明末清初，岸线逼临今岸。

杭州湾北岸 东晋前，杭州湾北岸涨坍和上海地区成陆同步。东晋后，上海地区陆地继续向东推进，杭州湾北岸反涨为坍，岸线不断后退，直到明中叶，岸线后退始受到遏制。距今7000～3000年前，上海冈身地带至今漕泾、柘林一带继续向南经大、小金山而止于杭州湾北岸。东晋以前，杭州湾北岸岸线迅速向东推移。东晋以后，岸线逐渐向北退缩。处岸边的王盘关、濮伏关最先没入海，随后有滩虎关西北的大纡镇和濮伏关东北的临海镇没海。南朝后期，岸线距大金山不远，东北延伸和下沙沙带海岸相接。10世纪，杭州湾北岸继续内坍。后晋天福三年(938年)以前，大金山立于海岸线上，成为杭州湾北岸重要门户。北宋初期，杭州湾北岸岸线东北起自南汇大团，向西南经大金山南麓，西与海盐岸线相接。两宋时期，岸线全线崩溃内坍。南宋淳熙年间大金山沦入海。南宋中期，杭州湾北岸岸线退至四团、奉城、钱桥至金山卫南一线贝壳沙带。岸线在金山嘴东南呈犁形嘴向海突出数公里。元至明初，杭州湾北岸东北段岸线受上海东部海岸推进影响，开始反坍为涨。至明代初期，东北段岸线南移至马厂、砂碛、朱新、柘林一线。西南段东西两侧仍坍陷，从卫南贝壳沙带一线退至卫南老金山塘脚，导致漕泾至金山嘴以南犁形嘴岸线更加突出，明初于嘴岸设置海防墩堡。明代中期后，东北段岸线随上海东部岸线东移继续外涨南移。西南段金山卫南岸线反坍为涨，岸线自老金山塘脚向南推进。清乾隆初年，杭州湾东北段岸线，南移至今奉贤随塘河一线。西南段金山嘴犁形嘴海岸已冲刷殆尽，海船可直抵塘下。同时，新的犁形嘴在戚家墩南部形成。金山卫南岸线南移，距老金山海塘1公里。光绪年间，戚家墩犁形突岸也被挑流冲刷入海，漕泾至戚家墩的岸线已经定型，杭州湾北岸东北段和西南段的卫南岸线继续南移至今岸线附近。

西部湖沼平原 西部湖沼平原区主要包括青浦、松江、金山3县。在吴淞江北浅冈、吴淞江南沙冈一线海岸贝壳沙带形成时已基本成陆，距今7000～6000年。至5000～3000年前，随海面下降，区内湖沼大部干涸，变为以平原为主体的滨海湖沼平原。良渚文化和马桥文化遗址大多分布在平原农田。近2000年，区内局部地区再次发生较大的水陆演变。平原沉沦，湖沼再次扩展，遗址陷入湖中，直到北宋后期，仍有不少村落和大片低地淹没于湖、泖、荡、港之中。明清后，多数湖、荡消失，存今淀山湖及大葑、白鱼、长白等荡。

三、长江口三角洲

前三角洲　范围广阔，自水深 10 米～15 米以下向东延伸至东经 123 度 40 分左右 60 米以内。地貌形态主要有西北—东南向展布的长江古河道，尤以长江古河道著称。

三角洲前缘　在前三角洲与潮坪区之间，可分为拦门沙带、航道拦门沙、河口心滩、河口沙嘴、涨潮槽、落潮槽、前缘斜坡等 7 种类型。

四、潮坪区

潮坪区处上海地区东、南部沿海地带，可分为长江口南岸潮坪、杭州湾北岸潮坪、崇明东滩 3 部分。

长江口南岸潮坪区　从高桥水文站到芦潮港岸段长 72.4 公里，其中浦东新区段 34.7 公里、南汇县段 37.7 公里。

杭州湾北岸潮坪区　上海岸段从芦潮港到金丝娘桥约长 60 公里。

崇明东滩　属中潮岸段，在海塘外围向东呈半椭圆形分布，最宽达 11 公里。为淤涨岸。

五、滨海、湖沼平原

滨海平原　在冈身以东，潮坪区以西的广大地区，总面积 0.33 万平方公里。

湖沼平原　在青浦县淀山湖、鼋荡、大葑漾等湖周围，面积 132 平方公里。

六、山丘

上海有山丘 17 座，分布在西北部松江县、青浦县和东南部金山县。松江县的山丘史称松郡九峰，实有 12 座，均呈西南东北走向，海拔 100 米之下。金山县有 3 座，分别为秦望山、甸山、查山。青浦县 2 座，分别为福泉山、淀山。天马山最高，海拔 98.2 米。福泉山仅为土丘，甸山已被夷平。

天马山　又名干山。海拔 98.2 米，面积 44.47 公顷。为上海陆上海拔最高地点。有南北两峰，形如天马，故名。黑松、油桐、毛竹等郁郁成林。

西佘山　海拔 97.2 米，面积 46.71 公顷。有数百年香樟、榉、榆等，佘山天主教堂。西坡有 20 世纪 70 年代新辟的茶园 27 亩。

薛山　海拔 74.1 米，面积 32.57 公顷。毛竹成林。

东佘山　海拔 68 米，面积 32.57 公顷。植被完整，松竹成林。

辰山　旧名神山，唐天宝六载(747 年)改称细林山。又因在松郡九峰东南方辰位，故名辰山。海拔 69.8 米，面积 17.78 公顷。山之西南、南、东面的悬崖为古今采石地，其西南面已成深坑，至20世纪80年代中期采石仍未停止。山后坡多竹木。

横山 海拔68米，周长2.5公里，面积21.60公顷。山南坡多黑松，北坡多毛竹。

小昆山 原名昆山，南朝梁因有昆山县，改称小昆山。俗名牛头山。山有南北两峰。海拔54.3米，面积11.97公顷。广植松樟。

凤凰山 海拔51.1米。面积15.53公顷。

北竿山 旧志称竿山，宜长箭竹，故名。因在干山之北，又名北竿山。海拔40.4米，面积14.94公顷。有众多白鹭栖息。

钟贾山 因介于松郡九峰中间，又名中介山。海拔39.2米，面积7.78公顷。

机山 海拔38.9米，面积4.61公顷。

秦望山 海拔32.13米。20世纪50年代末，开采白泥，致山腹中空，后填泥充实，并造建筑物覆盖。多灌木。

查山 海拔23.23米。岩石为中生代火山岩。山体坡度平缓，岩石裸露，间有杂草灌木。

淀山 海拔15.4米。旧时有"九峰之祖"的说法。清代，全山尚在淀山湖中，后泥沙淤积，化为田畴，依山成村。

厍公山 高10余米，面积1.33公顷。

福泉山 古称息壤，也名覆船山。后以旁有井泉甘美，改名福泉。山有朝真道院，传说有薛道人居此，故又称薛道山。山体高7米。面积0.7公顷。

甸山 古在柘湖中。旧称柘山，后湖湮陆成，遂称甸山。高出地面7米，1958年采石炸平。

七、岛礁

上海市有崇明岛、长兴岛、横沙岛、九段沙、黄瓜沙、东风沙、青草北沙、青草南沙、扁担沙、复兴岛等20个冲积岛，大金山岛、小金山岛、浮山岛（乌龟山岛）、佘山岛、鸡骨礁等6个基岩岛礁。

崇明岛 中国第三大岛屿、最大的冲积沙岛。东西长78公里，南北宽约13～18公里，面积1162.29平方公里。地面高程3.21～4.20米土地占总面积90.65%。分长江河口水流为南北两支。唐武德年间有东沙、西沙出水，五代杨吴时（902～905年）置崇明镇，始有"崇明"之称。北宋建中靖国（1101年）初，又长出三沙，明正德年间，与东沙、姚刘沙合并，形成长江河口大型沙洲，奠定今崇明岛基础。

长兴岛 在长江入海口。东西长约20公里，南北宽约4公里，面积87.86

平方公里。地面最高 3.2 米，最低 2.2～2.4 米。清代起，长兴等沙洲不断涨坍，到 20 世纪六七十年代，以长兴岛为核心，由石头沙等沙洲合并而成。

横沙岛 又名开沙。在长江入海口。长 11 公里，宽 8 公里，面积 49.26 平方公里。最高 3.6 米，最低 2.6 米。出露于清道光二十三年，光绪年间发育成为大沙洲。

九段沙 位于长兴岛、横沙岛东南，是长江口最外部的一块新生沙洲。东西长约 18 公里，南北宽约 13 公里。20 世纪 40 年代末，落潮时上沙露出水面，70 年代以后生长加速，1995 年面积 114 平方公里。有 10 多种自然生长的高等植物，中沙、下沙有人工种植芦苇、互花米草促淤。

复兴岛 在黄浦江下游，距吴淞口 6 公里。长 3.42 公里，中部最宽处 550 米。原为黄浦江中一处浅滩，清光绪三十二年已成雏形，1915 年、1916 年在浅滩东侧抛石筑堤，滩面淤高，后多次填泥、围埝，终成新岛。

大金山岛 古称钓山，在距杭州湾北岸陆地最近点金山嘴 6.2 公里海中。海拔 105.03 米，面积 0.229 平方公里。有上海其他地区绝迹的原始植被中亚热带地带性植被。

小金山岛 亦称胜山，在大金山岛西北 1.75 公里海中。海拔 34.23 米，面积 0.036 平方公里。

浮山岛 亦称王盘山，整个山体状如乌龟，俗称乌龟山。在大金山岛南 0.63 公里海中。海拔 31.71 米，面积 0.031 平方公里。

佘山岛 又名蛇山，崇明岛以东 35 公里。海拔 54 米，面积 0.037 平方公里。

鸡骨礁 在长江口外，由 3 个小礁石组成。大者直径 10 米，面积 100 平方米。小者直径 5 米。

第二节 地震区划、矿产 >>

一、地震稳定性区划

上海地区可划分为 5 个地震稳定程度不同的小区，分别为金山—奉贤稳定区、昆山—青浦较稳定区、崇明—启东和南汇嘴轻微不稳定区，以及上海—佘山岛较不稳定区。上海地区主要活动断裂均分布于此。

二、矿产

上海矿产资源已查明有金山张堰铜矿，少量浅层天然气和天然建筑材料等。

第三节 | 气候 >>

上海气候属亚热带季风气候，温和湿润。影响上海的天气系统有台风、东风扰动、温带气旋、梅雨、寒潮。春末夏初形成梅雨天气。自 19 世纪 90 年代起出现城市气候。清同治十二年(1873 年)至 1990 年，上海有 113 年出现气象灾害，气象灾害年出现几率 0.96，破坏性潮灾约 18 年一遇。

一、气温

平均气温 上海有系统、规范化的气温观测记录始于清同治十二年(1873 年)，至 1990 年累年平均气温为 15.5 ℃。7 月最热，平均气温市区 27.8 ℃，郊区 27.4～27.7 ℃。1 月最冷，平均气温市区 3.6 ℃，郊区 3～3.7 ℃。

极端气温 清同治十二年至 1990 年，一日内最高气温大于 35 ℃的炎热天气，平均有 7.6 天。极端最高气温，出现过 40.2 ℃(1934 年 7 月 12 日)。1 月和 2 月上中旬是全年最冷季节，一日内最低气温小于－5 ℃的严寒天气日数，平均有 4 天。最低气温出现过－12.1 ℃(1893 年 1 月 19 日)。

四季分配 春季约 4 月 2 日～6 月 15 日，75 天。夏季约 6 月 16 日～9 月 17 日，94 天。秋季约 9 月 18 日～11 月 19 日，63 天。冬季约 11 月 20 日至次年 4 月 1 日，133 天。清同治十二年至 1990 年平均气温，上海温度年型可分为暖年(年平均气温≥16 ℃)、平年(年平均气温 15.0～15.9 ℃)和冷年(年平均气温＜15 ℃)，分别占 21％、64％、15％。1930～1990 年，暖年占 37％，平年占 61％，冷年占 2％。

无霜期 清同治十二年至 1930 年，年均无霜期 214 天，平均始于 4 月 8 日，终于 11 月 7 月。1931～1990 年，平均无霜期 228 天，始于 4 月 2 日，终于 11 月 15 日。70、80 年代，无霜期延长至 230 天。

二、降水

降水量 上海降水观测始于清道光二十八年(1848 年)。清同治十二年(1873 年)至 1990 年累年平均降水量 1149 毫米。从上年 11 月到当年 5 月平均 483 毫米，占全年总量 42％；6～10 月平均 666 毫米，占全年总量 58％。5～9 月汛期，各月雨量都在 100 毫米以上。降水最多月是 6 月 174 毫米，最少月 12 月 37.5 毫米。

降水日 清同治十二年至 1990 年，全年降水日数累年平均 132 天，从上年 11 月到当年 5 月平均有 75 天，6～10 月 57 天。6 月有梅雨，降水 14 天，居各月之首。3～5月有春雨，9月秋雨，各月降水日12～13天。冬季降水日最少，各月8～11天。

降雪日数、积雪日数、雪深 清光绪九年(1883年)至1941年、1951～1990年，年均降雪日6.2天，降雪平均始于1月初，3月上旬结束。初雪最早见于11月2日(1895年)，终雪最晚出现在4月24日(1980年)。年均积雪日2.8天。积雪最早出现在11月27日(1903年)，最晚结束于3月26日(1925年)。积雪一般在11月至次年3月。积雪日最多年16天(1905年)。最大积雪深度一般小于10厘米。

三、雾

清光绪三年(1877年)，上海开始雾观测。至1990年，上海内陆地区雾日数平均约40天，多于长江口沿岸和杭州湾北岸地区25～30天。内陆多辐射雾，一般在5～7时成雾，7～9时消散。

四、风

冬季盛行偏北风，12～2月风向频率54%。夏季盛行偏南风，6～8月风向频率53%。春秋两季为南北风向转换季节，春季多东到东南风，秋季多东到东北风。年均风速3.1米/秒，春季3、4月份风速最大，秋季最小。全年西南风的平均风速最小。

五、台风

上海地区台风记载始见于三国吴太元元年(251年)，至1990年有195年出现台风成灾。清光绪元年(1875年)至1990年，影响上海的台风有300次，年均2.6次，每年都有，最多7次。伴有10级以上大风约占21%，伴有暴雨约占24%。1959～1990年，年均出现3.4次，最多8次，伴有10级以上大风占26%，伴有暴雨约占32%。台风最早见于5月18日(1961年)，最晚见于11月9日(1972年)。台风影响时间平均2.6天，最长8天。台风过境引起台风大风、台风暴雨、台风风暴潮“三碰头”。光绪元年至1990年，台风大风极大风力大于12级占3.7%。1949～1990年，台风大风最大风力10～11级年均2次，占2%。有42次台风暴雨(日最大降水量大于或等于50毫米)，年均1次。雨量100毫米以上大暴雨、特大暴雨有18次，2.5年一遇。台风暴雨持续时间12小时以上占85%，1949～1979年，叠加高潮抬高吴淞口潮位最高的有2次，分别达5.58和5.74米。

六、寒潮

1959～1990年冬半年，影响上海的寒潮112次，年均3.5次，最低气温－11℃

(1977 年 1 月 31 日上海县)。

七、梅雨

梅雨或称霉雨。清光绪元年至 1990 年,平均入梅日为 6 月 15 日,平均出梅日为 7 月 4、5 日。梅雨期平均 20 天,最长 59 天(1954 年),最短 3 天(1958 年),称空梅年。梅雨期雨量平均 230.9 毫米。有的年份出现两段梅雨期的倒黄梅。

八、城市气候

19 世纪 90 年代起,上海市区出现城市气候,和市郊气候有明显的差异,其特征主要表现在热岛效应、干岛和湿岛效应、混浊岛效应、雨岛效应和城市风场。

九、气象灾害

上海地区气象灾害记载,始于三国吴太元元年(251 年),主要有洪涝、干旱、暴雨、潮汐、台风、大风、雷暴、冰雹、龙卷风、大雾、大雪、严寒、酷暑、霜冻等 10 多种。

第四节 水文 >>

上海地区北、东、南三面滨江临海,西面又有以太湖为主的密集湖群分布,境内水网稠密。河网绝大部分属黄浦江水系,平原外围有长江口与杭州湾水体环绕。沿海水域包括河口、海湾、近海水域(通称长江口外水域)以及毗连的东海陆架部分水域,还包括南黄海部分陆架。江、海岸线长 449.66 公里,大陆岸线长 172.31 公里,岛屿岸线长 227.35 公里,沿海 0～－20 米等深线范围内水域面积 0.72 万平方公里。上海沿海是中国沿海海洋初级生产力最高的区域之一。长江有丰沛的水资源,大通水文站多年平均径流量 29300 立方米/秒,有 9600 亿立方米淡水泄入河口。长江口自然河道天然最浅水深 6 米。江河、湖泊、塘陂水域总面积 0.18 万平方公里,陆域水面面积 691 平方公里。河网密度平均每平方公里 6～7 公里。黄浦江贯穿上海全市,在吴淞口汇入长江。

一、东海

东海北在长江口北岸启东角和韩国济州岛西南角连线与黄海分界,南在广东南澳岛和台湾岛南端的鹅銮鼻连线与南海分界，东至琉球群岛，西濒上海、浙江、福建、广东。海域面积77.3万平方公里，平均水深370米。

二、长江口

1979年起，以江苏省太仓县徐六泾为长江河口段起点，以下流经上海市至入海口50号灯浮，全长167公里，通称长江口，其下口从苏北嘴迤南至南汇嘴，相距90公里。上海市长江口段长148公里，流经宝山区、崇明县、浦东新区和南汇县。2000年前，长江在今扬州、镇江附近入海，河口宽阔，称海门。唐武德元年(618年)，崇明岛雏形出露水面，长江河口被分为南、北两支。19世纪后期，长兴、横沙诸岛在南支河口出水，南支形成南港、北港分汊形态，长江主泓在南、北港交替摆动，迭为主次。20世纪70年代，九段沙形成后，南港分为南槽、北槽，长江形成今之三级分汊、四口入海的特殊河口。

北支 长江口被崇明岛分汊的北侧水道，或称北泓道。又因上段邻江苏海门，又称海门水道。西起青龙港，东至连兴港，长80公里。青龙港附近江面宽2公里，航道最深不足2米。口门位于江苏省启东县连兴港东侧，宽达15公里，呈喇叭口状，沙洲密布，航道曲折，最浅处0.8米。

南支 西起白茆口，至吴淞口长约65公里。白茆沙南水道和宝山水道为长江口主航道，水深一般在10米以上，沙洲遍布。

北港 崇明岛与长兴、横沙岛之间，或称北水道。西起崇明堡镇港，东至佘山岛，长约80公里，平均宽约9公里。清咸丰十年(1860年)至1920年，为长江入海主要航道，1927年后逐渐淤塞，航道为南港取代。今横沙岛以上之北港水深保持在10米以上，横沙岛以下至佘山岛最浅水深5米。

南港 长兴、横沙两岛南侧。西起吴淞口，东至九段沙西端，长约40公里，平均宽6公里。航道水深7.4米，宽近400米。北槽，长江口铜沙浅滩与九段沙之间。1973年后因南槽水道淤浅而启用。疏浚扩大加深，1984年5月浚后分流口航道深7米。自横沙岛中沙灯船经牛皮礁至长江口灯船，长68公里。是年，南、北槽分流口中沙灯船至北槽中灯船辟为人工航道，维护水深7米，槽宽250米。北槽中灯船至长江口灯船为自然航道。南槽，长江口九段沙以南，自南北槽分流口的中沙灯船至长江口灯船，长约70公里。1984年，大型船只改从北槽水道进出。

三、杭州湾

从浙江省澉浦以东至海口，称杭州湾，是钱塘江河口外海滨段，长90公里，其中上海岸线从金丝娘桥至南汇嘴长60公里。河口呈喇叭状，滨海河口向内逐渐狭窄，南汇嘴和对岸浙江镇海相距100.6公里。因湾面迅速束窄，潮流强劲，每月朔望，潮头高1～2米，最高约3米，每小时传播20公里。

四、河流

主要河流有吴淞江（苏州河）、黄浦江，以及太浦河、济河、蕰藻浜、油墩江、淀浦河、大治河、浦东运河—浦南运河。

吴淞江（苏州河） 古称松江，上海开埠以后称境内段为苏州河。北宋松江、吴淞江两名已并见。吴淞江或作吴松江，元、明以后习称吴淞江。最早正源出自今江苏省吴江县南之太湖口（今吴江市城南），为太湖下游主要出水口。两晋之间，河口开始淤浅变窄。东晋，入海口在今青浦县东北旧青浦镇西的沪渎，唐代中期在今江湾以东，宽达20里。北宋，太湖其他泄水通道剩吴淞江一个主要出海口。河口已东移至今复兴岛以东内高桥附近的南跄浦口，宽约9里。南岸有上海浦、下海浦、南及浦、江苎浦、烂泥浦等，间距5里、7里。北宋中后期后，上游泄水不畅，河口段淤浅。嘉祐六年（1061年），在今黄渡北开一新河自白鹤汇北至盘龙浦北，旧河道废。南宋乾道七年（1171年），河口在南跄口，即南跄浦口，在今南跄浦东约10里。元大德八年（1304年）和泰定年间，江口约在今虹口区嘉兴路桥附近。明隆庆三年（1569年），自黄渡至宋家桥（约今福建路桥附近）长80里，其下游今之河道开始形成。清光绪十六年（1890年），浚四江口（大盈浦口附近）迤东之横娄口起至新闸大五庙，形成今之吴淞江。今河道全长125公里，自上海市青浦县赵屯乡入上海市，至外白渡桥汇入黄浦江。上海市境内53.1公里，最宽600～700米，市区最狭40～50米。曲折多变，从北新泾至外白渡桥有急弯9处，河底宽15～20米。

黄浦江 古称黄浦、大黄浦。南宋，始有黄浦之名的水道，为今黄浦江上游闸港、三林塘之汇。明永乐元年（1403年），开通范家浜，上接大黄浦，下接南跄浦口（今吴淞口）。引导淀山湖一带泖淀湖水由大黄浦入范家浜东流，在今复兴岛附近同吴淞江汇合，折向西北至吴淞口入长江。范家浜开挖后，泄水通畅，水流湍急，不浚自深，河口不断扩大为“横阔头二里余”。成化八年（1472年），黄浦总汇杭嘉之水，又有淀山泖荡诸水以建瓴之势，不再淤浅。至嘉靖年间黄浦江水系全面形成。今干流82.5公里，上段自米市渡至闸港28.5公里为东西向，河面宽约300米。至闸港（大治河西口）转为南北向，长54公里。龙华镇以下40公里，河道弯曲，穿越市区后在吴淞口汇入长江。黄浦江水系在上海市境内流域面积5193平方公里，占全市总面积81.9%。江之两岸有50余条支流。上游有三大源流。西北一支为主流，自淀山湖口淀峰起为拦路港，下接泖河、斜塘。中间一支为大蒸塘—圆泄泾，两支汇合为横潦泾。西南一支为大泖港，大泖港汇入横潦泾后为竖潦泾，折向东流为黄浦江。

五、湖泊

上海境内较大湖泊有8个，以淀山湖组成淀泖湖群。

淀山湖 古名薛淀湖，在上海市西部，环湖与上海市青浦县，江苏省吴江、昆山两县接壤，属太湖水系。是上海市最大淡水湖泊。原为陆地，地层构造下沉而形成湖盆，战国以后开始积水，秦、汉、魏、晋时期发展成洪水期滞洪的积水洼地。唐代，积水面积扩大，至宋代形成一个多湖泊的泖淀湖荡群，南宋绍熙四年(1193年)《云间志》始见薛淀湖之名。元明时期，淀湖周围200里，清中叶缩减至70余里。湖底平坦，为厚达五六米的坚硬黄土层。1995年，面积62平方公里，近10万亩，属上海市部分47.5平方公里。平均水深2.11米，最大水深3.59米。旧有河港70余条进出，今剩50余条。上游承太湖吴江地区来水，经急水港、大朱厍、白石矾等24条河港汉入湖，以急水港为主流。下游出水河道经拦路东西泖河、斜塘，下泄入黄浦江。一天中有两涨两落潮汐。1959年，有鱼类60属、75种，1982年减为42属、62种。

湖荡 上海西部以淀山湖为主的淀泖湖荡群，有鼋荡、大莲湖、火石荡、汪洋荡、急水港、雪落漾、吴天贞荡等7个湖荡。面积24.88平方公里。2个水域全部均在青浦县境，5个水域分属于上海市青浦县和江苏省昆山、吴江市。

六、水文特征

陆地水文 地表年径流量。降水产生的径流量，上海年际变化大，年内分配不均，年径流量18.6亿立方米。太湖流域来水量，多年平均100.6亿立方米，年际变化大，丰水年(1954年)来水量238亿立方米，枯水年(1979年)48亿立方米。

潮汐。黄浦江，为湖源型感潮河流，潮流可上溯至淀山湖—浙沪边界，潮区界至苏嘉运河平湖塘一带。最大涨潮流量1.01万立方米/秒，最大涨潮水量1.251亿立方米(历时5小时41分)。最大涨潮流速1.8米/秒。每潮平均进潮量0.58亿立方米，年均进潮量409亿立方米。吴淞江，为中等感潮河流，潮流界在嘉定区黄渡，潮区界在青浦县赵屯。沿江水闸引潮量，崇明、横沙、长兴3岛，嘉定、宝山2区沿江建有水闸，在长江高潮位可直接引水入内河水网，每年可引水约65.7亿立方米，其中江岛引水32.2亿立方米，嘉定、宝山地区33.6亿立方米。

地表水总量 上海地表水总补给量593.5亿立方米，本地径流18.6亿立方米，占3.1%；上游太湖来水量100.6亿立方米，占16.0%；长江进潮量474.7亿立方米，占80%。

含沙量 陆地水含沙量以吴淞口最高，多年平均含沙量0.263公斤/立方米。黄浦江上游含沙量小，米市渡 0.067 公斤/立方米。

海洋水文 径流、输沙。长江大通站最大洪峰流量 9.26 万立方米/秒，最小枯水流量 0.46 万立方米/秒。最大年径流量 13600 亿立方米(1954 年)，最小年平均流量 6760 亿立方米(1978 年)。多年平均流量 2.93 万立方米/秒，年径流总量 9051 亿立方米。大通站统计长江年均含沙量 0.486 公斤/立方米、输沙量 4.33 亿吨。

潮汐。长江口、杭州湾潮波属东海前进波、黄海驻波系统。长江口外东海前进波半日潮波同潮时线为东北—西南向，枯水期水潮能上溯至安徽大通，为全国深入内陆最远的潮波。东海前进波潮波南股通过金塘、册子、秀山水道从东南传入杭州湾南部。北股由巨山至大戢山间进入杭州湾北部，南、北同时到达杭州湾湾口，同潮时线呈弧状，至王盘山附近接近直线，湾北岸水深较大，潮波传播速度较快，在浙江尖山附近形成钱塘江潮。长江口崇明、长兴、横沙 3 岛水域和杭州湾内属非正规浅海半日潮。

七、地下水

上海市地下水分潜水、承压水和岩溶水，总资源约 22.7 亿立方米，潜水补给量 75%，深层承压水可开采量占 25%。

潜水 资源丰富，天然补给量 16.96 亿立方米/年。开采资源 7.49 亿立方米/年(平均布井法)。潜水层是地下第一个含水层，1985 年郊县农村约有 64 万口土井开采潜水，年开采量约 1.83 亿立方米。80 年代开始，因地表水污染，不再作饮用水源。

承压水 有 5 层地下深层承压水，深层承压水总量 5.71 亿立方米/年，其中淡水资源量 2.07 亿立方米/年。第二至五承压水层总开采资源约 5.708 亿立方米/年，其中 75%的开采资源集中在第二、四承压水层。资源计算约 4.387 亿立方米/年，其中淡水资源为 1.785 亿立方米/年，微咸水 0.897 亿立方米/年，半咸水至咸水资源 1.705 亿立方米/年。淡水资源占总开采资源量的 41%。开采资源主要分布在浏河—罗店—大场—周浦—奉城一线以东至长江河口一带，以及西部的金山。全市承压含水层总开采量 1.128 亿立方米/年。始采于清咸丰十年(1860 年)，英商旗昌洋行开凿第一口深水井，井深 76.8 米。

岩溶水 分布于北新泾—大场、奉贤齐贤—钱桥、崇明城北、宝山罗店、青浦重固—凤溪、松江松隐—闵行、金山吕巷、南汇坦直。岩性多为下古生界碳酸盐岩，面积数十至数百平方公里。北新泾—大场岩溶含水层，面积约 30 平方公里，顶界埋深 240～260 米。70 年代发现，80 年代起水质确认为矿泉水，为低矿化度含锶重碳酸氯化钠天然矿泉水，达到或接近国际标准。矿泉水资源 15 万立方米/年，1992 年总开采量约 13 万吨。

第五节 | 土壤 >>

1980 年，上海地区土壤分为水稻土、潮土、滨海盐土、黄棕壤 4 种土类，可分作 7 个亚类、25 个土属、95 种土种。水稻土土类分布最广，面积 28.16 万公顷，占全市土地资源总面积 73.56％、耕地面积 81.57％。潮土类，有土地面积 4.66 万公顷，占土壤资源总面积 12.16％，耕地 13.48％。滨海盐土土类，有土地面积 6.1 万公顷，占全市土地资源总面积 15.93％，耕地总面积 17.66％。黄棕壤土类，土地面积 438 公顷，占全市土地总面积 0.10％、耕地 0.12％。

第六节 | 生物 >>

一、植物

乡土植物区系 上海约有 500 种(包括种以下分类群)乡土植物，佘山地区有唯一上海特有种上海黄檀。

外来植物区系 区系中外来植物 350 种，大致通过铁路、公路、航道、航空等交通线路引入。

二、动物

上海陆生动物，以适应田野生活和人工豢养种类为主，如啮齿目动物和饲养生畜等。在马桥、崧泽文化遗址中有豺、虎、金钱豹、麂、獐、亚洲象、野猪、梅花鹿、麋鹿等中大型哺乳动物遗骸。旧志中见野生鹿、虎、獐等动物记载。20 世纪 90 年代，在崇明及长江口沙洲上鸟类有 424 种。大小河流、长江口、杭州湾水域有各种鱼类 203 种。上海动物地理区划属东洋界中印亚界华中区东部丘陵平原亚区。动物名录计有多毛类动物 20 种、软体动物 15 种、甲壳动物 22 种、昆虫类动物 147 种、淡水鱼类 92 种、两栖动物 8 种、爬行动物 25 种、鸟类 61 种、哺乳类动物 34 种。

第三章
人　口

第一节 | 人口数量、分布 >>

一、人口数量

1840 年前人口 唐天宝十载(751 年)华亭县立,约有 1.9 万户、9.04 万人。北宋元丰年间 9.78 万户、21.24 万人。南宋绍熙年间约 9.7 万户。元至元十三年(1276 年),23.45 万户,旋因宋元鼎革,户口减半,仅 13 万户。至元二十七年,松江府 16.39 万户、88.81 万人。明洪武二十四年(1391 年),22.71 万户、109.47 万人,万历六年(1578 年),21.84 万户、48.44 万人。清顺治二年(1645 年),20.99 万户、104.95 万人。光绪二年(1876 年)260 余万人。元至元二十九年(1292 年),上海县立,人口约 10 万人。明代开国至洪武二十四年(1391 年),上海户与口始分别记录。是年,上海县有 11.43 万户、53.28 万人。清代初期上海地区统计额定征赋的户口人丁数。清康熙五十一年(1712 年)上海县人丁 8.67 万,嘉庆十五年(1810 年)52.75 万口。

1840~1949 年人口 上海市人口。清咸丰二年(1852 年),上海华界人口 54.44 万人,租界人数极少。太平军进军江南地区后,周边省市居民避难涌入租界。同治四年(1865 年),公共租界 9.29 万人,法租界 5.59 万人。次年,华界 54.31 万人。战争结束后,逃亡到沪人员大批返乡,至同治九年公共租界人口减至最低,为 7.67 万人。光绪五年(1879 年),法租界人口减至最低,为3.37 万人。宣统元年(1909 年),华界人口达 67.19 万人。次年,公共租界人口 50.16 万人,法租界 11.59 万人。民国时期,上海人口迅速增加。1927 年,上海特别市人口 264.12 万人(含租界,下同)。1930 年,上海市人口 314.48 万人,1936 年 381.43 万人,1945 年 337.02 万人。1946 年~1949 年 3 月,外地人口大量涌入,上海市人口增长 61.86%,1949 年达 502.92 万人。

江苏 10 县人口。1935 年,松江、上海、青浦、嘉定、宝山、川沙、南汇、奉贤、金山、崇明 10 县人口 295.25 万人,1949 年 260.28 万人。

1949～1995 年人口　全市户籍人口。1949 年 502.92 万人，1958 年 750.80 万人，年均增长率 4.55%。1959～1968 年，严格控制外省市人口迁沪，精简城市职工回原籍农村，知识青年赴新疆参加建设兵团，国家开始实行计划生育等，人口增长缓慢。1959 年，全市人口 1028.39 万人，1968 年 1108.97 万人，年均增长率 0.84%。1969～1976 年，大批中学毕业生上山下乡落户外省市，市内强化计划生育管理，人口下降。1969 年，全市人口 1093.99 万人，1976 年 1081.30 万人，年均净减 0.17%。1977～1989 年，大批上山下乡的知识青年返沪、50 年代高峰期出生人口进入婚育年龄，人口增长迅速。1977 年，全市人口 1086.47 万人，1989 年 1276.45 万人，年均增长 1.35%。1990～1995 年，人口自然增长率逐年下降，人口迁入大于迁出，人口稳定增长。1990 年，全市人口 1283.35 万人，1995 年 1301.37 万人，年均增长 2.79%。

市区户籍人口。1949 年 418.94 万人，1995 年 956.66 万人，增长 128.47%。人口增长主要是因上海市区地域扩大。

郊县户籍人口。1949 年 83.98 万人，1983 年 554.94 万人。大幅度增长的主要原因为上海、松江等江苏 10 县自 1958 年后划归上海市。1984 年，全市郊县人口 516.65 万人，1988 年 529.77 万人。此后至 1995 年，因全市行政区划调整，郊县范围缩小，人口总量减少，1995 年减至 344.71 万人。

全市常住人口。1953 年 7 月 1 日，为 620.44 万人，1982 年 7 月 1 日 1185.97 万人，1995 年 10 月 1 日据 1%抽样调查推断 1373.58 万人。

外国人。1949 年 6 月上海市常住有 32049 人，12 月 25917 人，1950 年 11939 人。1980 年，有 618 人，为 1949～1995 年最少。1995 年 11012 人。

二、人口分布

全市人口分布　清同治四年(1865 年)，上海辖区人口华界占 78.5%，公共租界和法租界占 21.5%，1914～1915 年分别为 58.49%、41.51%。1927 年，上海特别市人口华界占 56.94%，租界占 43.06%。清同治四年至 1936 年，华界人口增长近 3 倍，公共租界、法租界人口分别增长约 12 倍、7.5 倍。1942 年，上海人口公共租界占 40%、法租界占 21.8%。1947 年，上海市人口 449.44 万人，市区、郊区人口分别占 83.04%、16.96%，1964 年分别为 59.38%和 40.62%，1990 年为 61.56%和 38.44%。

租界人口密度　清同治四年，公共租界、法租界人口密度每平方公里分别为 3.78 万人和 7.36 万人。1942 年 7.02 万人、8.36 万人。同期，华界 0.3 万人。

市区、郊区人口密度　1947 年，分别为每平方公里人口 4.51 万人、0.14 万人。1995 年，10 个市中心城区 2.75 万人，宝山、闵行、浦东新区、嘉定等非中心城区 0.1 万人。

城镇、农村人口　1949年，分别占90%和10%，1959年分别为67.32%和32.68%，1995年分别为96.98%和3.02%。

第二节 | 人口变动 >>

一、人口自然变动

人口出生　人口出生率。1929～1936年，上海华界年均出生率12.8‰。1950～1995年，全市共出生746.49万人。1954年人口出生率52.6‰，1995年5.5‰。

全市常住人口一孩、二孩生育率。1981年46.36‰，1995年18.12‰，二孩生育率分别为6.42‰和1.43‰。

人口死亡　按人口死亡登记，1929～1936年上海华界死亡率7.3‰～12.9‰。1910～1936年，公共租界人口死亡率，中国人11.2‰～17.5‰，外国人12.5‰～21.2‰。1950年，全市死亡3.84万人，死亡率7.7‰，1995年分别为9.79万人、7.5‰。死亡率男性人口高于女性，1989年为110∶100(以女性为100)。婴儿死亡率，1951年83.96‰，1995年10.10‰。

人口自然增长　1949年，全市人口自然增长率为2‰～4‰。1950年，增加7.51万人，人口自然增长率15.1‰。1993年，人口自然增加比上年减少1万人，为1949年后的首次负增长，负增长率0.8‰。1993～1995年，负增加4.72万人，年均自然增长率－1.21‰。1995年，负增加2.68万人，自然增长率－2‰。

二、迁移变动

上海开埠后至1949年，上海人口总体迁入大于迁出。1929～1936年，迁入303.4万人，年均迁入率98.1‰；迁出206.7万人，年均迁出率66.9‰。净迁入96.7万人，年均净迁入人口12.08万人，年均净迁入率31.2‰。1950～1995年，迁出大于迁入，全市迁入1143.34万人，迁出1157.95万人，净迁出14.61万人。上海本籍人口所占比重较低。清光绪十一年(1885年)开始，公共租界对人口作分省籍调查。是年，公共租界内本籍人口占15%，1935年21%。光绪十一年至1935年，中国人以江苏省籍人口为最多(含上海县本地籍人口)，次为浙江、广东。1928年始，华界始有居民籍贯登记。1936年，江苏、浙江省籍人口分别占华界总人口40.5%、19.23%。1946年，上海市本地籍人口76.79万人，占总人口20.7%，1950年1月为75.09万人、15.1%，江苏、浙江省籍贯人口分别占48.1%和25.8%。1954年,郊区迁入市区3.97万人,市区迁入郊区2.33万人,1990年分别为8.27万人和3.83万人。

第三节 人口构成 >>

一、人口自然构成

人口性别构成 明洪武二十四年(1391年),上海县男27.89万人、女25.39万人,男女性别比109.85(以女性为100,下同)。清宣统二年(1910年),分别为32.21万人、24.63万人,性别比130.78。1929年,全市男85.41万人、女64.64万人,性别比132.13。1949年,男、女分别为274.87万人、228.05万人,性别比120.53。1949~1960年,人口性别比下降18.42。1961~1983年,上海女性人数超过男性,主要原因是外迁人口男性多于女性。男、女人口分别为528.94万人、530.05万人,性别比99.79。1984~1995年,男性人口数量大于女性人口。1984年,男性602.59万人,女性602.19万人,性别比为100.07。1995年,男、女人口分别为656.48万人、644.89万人,性别比101.8。

人口年龄构成 1930~1936年,上海华界12岁以下少年儿童人口所占华界人口25%以下,61岁及以上老年人口占2%~3%。1946年,18~60岁人口占全部人口62.26%,1953年、1964年全市分别为33.02%和42.31%。1973年,0~14岁人口占总人口26.28%,1995年为17.14%。

人口老龄化 1964年,上海市区60岁以上人口占市区总人口5.67%,1982年为12.87%,为老年型人口类型。1964年,全市郊县60岁以上人口占全郊县6.9%,1990年12.25%,为老年型人口类型。

二、人口社会构成

在业人口 1950年1月,全市有206.51万人,占总人口41.46%。1995年,分别为794.19万人、61.03%。在业人口中,1982年大专及以上文化程度占3.87%,小学占20.89%,文盲、半文盲人口11.34%,1995年分别为11.4%、14.5%和5.9%。

不在业人口 1946年,全市12岁以上人口中为115.86万人,其中无业(包括失业者)占12.08%。1950年1月,有140.63万人,占总人口28.16%,1995年分别为226.91万人、22.3%。1935年,上海失业人口61.07万人。1949年6月~1957年,上海市区登记失业人口67.2万人。1962年,约12万人,其中城镇失业人口6万人、滞留家中的初高中毕业生6万人。1967~1977年,城镇失业人口约60万～80万人，部分为未按政策规定去农村插队落户、农场当员工滞留家中的历届初高中毕业生。1978～1980年，大量在农村插队落户知识青年返城，有的未能及时就业，累计失业人口43.29万人，1979～1981年安置41.2万人。1982年，全市城镇失业人口2.57万人，失业率0.5%，1995年分别为14.36万人、2.7%。

三、人口民族构成

元至正年间，松江府有色目人31户。1951年，全市少数民族族别11个；居民18467人，占全市总人口0.35%。民族分别为回、蒙古、维吾尔、乌孜别克、高山、苗、塔塔尔、鞑靼、哈萨克、藏、瑶族。1990年，少数民族增至46个；人口62171人，人口占全市总人口0.47%。民族分别为蒙古、回、藏、维吾尔、苗、彝、壮、布依、朝鲜、满、侗、瑶、白、土家、哈尼、哈萨克、傣、黎、傈僳、佤、畲、高山、拉祜、水、东乡、纳西、柯尔克孜、土、达斡尔、仫佬、羌、布朗、撒拉、毛南、仡佬、锡伯、乌孜别克、俄罗斯、鄂温克、京、塔塔尔、鄂伦春、赫哲、基诺、普米、景颇族。

第四节｜人口素质 >>

一、身体状况

平均预期寿命 1951年，上海市区人口44.6岁。1952～1995年，全市人口男性从52.4岁提高到74.11岁，女性从55.5岁提高到77.97岁。

残疾人口 1956年，市区约有盲聋哑人0.89万人，1979年全市有20万人。1995年，全市有残疾人52.17万人，占全市总人口4%。

二、文化程度

1947年，全市人口372.62万人，受过高等教育者占2.14%，高中占4.0%，初中占7.08%，高小占8.66%，初小占18.91%，私塾占9.93%，不识字者占49.28%。1995年，6岁及以上常住人口中，大专及以上文化程度人口占9.5%，高中占22.1%，初中占36.1%，小学占23%。15岁及以上文盲半文盲占总人口7%。全市每万常住人口中，大学文化程度1964年220人，1995年904人。文盲半文盲人数1964年全市0.21万人，1995年700人。

第五节 人口调节 >>

一、计划生育

1978年,全市出生11.6万人,符合计划生育人数9.77万人,计划生育率84.3%,1995年分别为7.11万人、7.09万人、99.7%。1980年,全市36.67万名已婚育龄妇女领取独生子女证,领证妇女占已婚育龄妇女22.6%,1995年分别为193.09万人(不包括已领证独生子女在16岁以上的已婚育龄妇女)、71.4%。1978年,有127.01万名已婚育龄妇女落实节育措施,节育率86.4%。1995年分别为250.49万人、92.7%。

二、人口迁移、流动调节

1949年6月~1950年,上海市对市外人口迁入迁出不加限制。1951~1957年,限制外省人口,特别是农业人口迁入,准予7种人迁入。1958~1976年,严格控制外省人口迁入,特别是农业人口迁入,并大规模动员职工随厂内迁,支援内地建设。1977~1995年,调整外省人口特别是上海紧缺人才的迁入条件。1987年1月,市政府规定凡被批准的经费渠道不属上海市的单位,从外省迁入上海的各类人员,须按人缴纳城市建设费,迁入郊县城镇的每人1万元,迁入新市区的每人2万元,迁入老市区的每人4万元。

第四章
政　府

第一节 | 唐至明代地方政府 >>

一、府衙、县衙

唐、宋、元、明代，上海地区设县，元代增设府。

唐天宝十载(751 年)，华亭县设立，为上县。上海地区始有独立的行政区和行政管理机构。县治设于今松江县城，设县令。宋代，华亭县为望县，设置知县事厅事、丞厅、主簿厅、尉厅等。

元至元二十九年(1292 年)，松江府有华亭、上海 2 县，均为上县。元制，设达鲁花赤、县尹、县丞各一员。

明代，上海地方行政机构分府、县两级。松江府，设经历所、照磨所、司狱司等办事机构，知府、同知、通判、推官各一员。嘉靖二十一年(1542 年)，松江府辖华亭、上海、青浦 3 县。上海县设知县、县丞、主簿各一员。

二、职官

松江府知府　元代，自元至元中刘宣任首任，到至正末共 28 任。明代，自元知府王立中归附明，续任知府，到明崇祯十七年(1644 年)共 78 任。

上海县职官　元大德二年(1298 年)，雅哈雅任上海县达鲁花赤，到至正六年(1346 年)兀奴罕共 4 任。至元三十一年，周汝楫任上海县尹，到至正二十三年苏宗瑞共 12 任。明洪武二年(1369 年)，张平首任上海县知县，至崇祯十六年(1643 年)彭长宜共 92 任知县。

第二节 | 清地方政府、基层组织、自治机构 >>

清代，上海地方行政机构有道署、府衙、县衙。道署先后为分巡苏松兵备道署、分巡苏松太兵备道署，又称上海道署。府衙为松江府衙。县衙清初有华亭、上海、青浦 3 县县衙，至清嘉庆年间有 10 县 1 厅衙门。

一、上海道署

上海道署是清代上海地区最重要的地方行政机构。顺治年间，清廷在苏州、松江两府设苏松兵巡道，康熙二年（1663 年）常州府并入，改设分守苏松常道。此后道时撤时设，与上海县均无直接行政关系。雍正三年（1725 年）兼理江海关，上海县始在关务上与苏松道有直接的关系。八年海禁大开，分巡苏松道加兵备衔从苏州移驻上海，上海县从此在巡道的直接监察之下，道因此被称为上海道。至乾隆元年（1736 年），太仓州划归上海道管辖，道又改称为分巡苏松太兵备道。鸦片战争以前，上海道台主要职责为监督地方行政、维持地方治安，鸦片战争以后为办理地方外交、从事洋务活动。机构有会丈局、洋务局、会审公廨、巡防保甲局、船捐捕盗局、改过局。苏松道、苏松太道（上海道）道员，自顺治二年（1645 年）王之晋首任，至清宣统二年（1910 年）刘燕翼共 174 任。

二、松江府衙

松江府衙设知府一人，民国初府裁撤。顺治二年，张铫任松江知府，至光绪三十一年（1905 年）戚扬共 154 任知府。

三、上海县衙、基层组织、自治机构

上海县衙设知县一人。自清顺治二年陶渔任，到宣统元年田宝荣共 165 任知县。下置县丞、主簿、典史各一人。有承发房、刑房、礼房、吏房、兵房、简房、总库等部门。县以下依次有乡、保、区、图等基层组织。全县各图以 10 户为牌，10 牌为甲，10 甲为保的连环互保。光绪二十二年（1896 年）起，上海县地方士绅成立上海南市马路工程局、闸北工程总局、上海城厢内外总工程局、上海城自治公所等，开展铺桥、筑路、维护社会治安等事务。

第三节 | 民国时期地方政府 >>

一、建市前地方政府、行政机构

民国时期，上海行政机构历经更迭。民国初建到1937年上海沦陷前，除上海县政府外，先后有沪军都督府、沪海道、上海特别市政府与上海市政府。抗日战争期间，成立上海市大道政府等伪政权。1945年抗日战争胜利以后，恢复上海市政府。

沪军都督府 清宣统三年(1911年)武昌起义爆发，上海革命党人起兵响应。九月十六日，总会、商团等各界代表宣告沪军都督府(也称上海军政府)成立，为军政合一的机构，1912年7月31日撤销。

沪海道署 1912年1月中华民国成立，上海地区废除上海道，裁松江府。1913年1月，恢复道制，1914年1月设置上海观察使。1914年5月，设沪海道，驻上海县城厢，辖上海、松江、南汇、青浦、奉贤、金山、川沙、太仓、嘉定、宝山、崇明、海门等12县，1927年沪海道结束。

淞沪商埠督办公署 1926年5月，在龙华镇设立，管辖范围上海县，吴淞市，宝山县高桥、殷行、江湾、真如、彭浦等乡，共计25个市乡。1927年3月29日撤销。

上海特别市临时政府 1927年3月22日，上海特别市政府市民公会第二次市民代表大会召开产生，29日成立。4月12日，四一二政变后结束。

二、上海市政府

1927年5月7日，南京国民党中央政治会议决定设上海特别市。7月7日，上海特别市政府宣告成立。1930年7月1日，改为上海市政府。1937年11月上海沦陷。1945年8月13日，国民政府任命市长，9月12日接收人员接收伪上海特别市政府，组成上海市政府。1949年5月28日，上海市人民政府成立，上海市政府结束。

1927～1937年，上海市特别市政府、上海市政府设1处10局，分别为秘书处和财政、公务、公安、卫生、公用、教育、土地、港务(后裁撤)、农工商(后改社会局)、公益(后裁撤)局。抗日战争胜利初，上海市政府设警察、财政、社会、教育、卫生、工务、公用、地政8局和秘书、人事、总务、财务4处，参事、机要2室。1947年10月，有财政、警察、社会、卫生、公用、工务、地政、民政、教育9局，秘书、人事、总务、会计、调查、统计、新闻7处，参事、机要、研究、观察4室。

1927年7月～1930年6月上海特别市、1930年7月～1937年11月上海市，市长各3任，1945年8月～1949年5月4任。历任市长黄郛、张定璠、张群、吴铁城、俞鸿钧、钱大钧、吴绍澍、何德奎、吴国桢、陈良、赵祖康(代理)。

附：日伪市地方政府

1937年12月～1945年8月，日军在上海先后操纵建立3个伪市级政权，分别为"上海市大道政府"(1937年12月5日～1938年4月)，伪市长苏锡文。"督办上海市政公署"(1938年4～10月)，督办苏锡文。"上海特别市政府"(1938年10月～1945年8月)，伪市长先后为傅筱庵、陈公博、周佛海。

第四节 | 上海市人民政府 >>

1949年5月28日，上海市人民政府成立。1955年2月，根据《中华人民共和国宪法》，改为上海市人民委员会。1966年5月，"文化大革命"开始，1967年1月市人委会被"造反派"非法夺权。2月，上海人民公社成立，同月改称上海市革命委员会，先后行使市人委会的职能。1979年12月，根据市七届人大二次会议决议，改为市人民政府。1949年，有工作部门23个，1995年58个。历任市长(革命委员会主任)陈毅、柯庆施、曹荻秋、张春桥、苏振华、彭冲、汪道涵、江泽民、朱镕基、黄菊、徐匡迪、陈良宇、韩正。

1949年，上海市人民政府工作部门23个，分别为办公厅、秘书处、行政处、交际处、人事处、市郊行政办事处、民政局、公安局、人民法院、教育局、高等教育处、卫生局、新闻处、劳动局、财政局、直接税局、货物税局、工商局、公用局、地政局、房地产管理处、工务局、外侨事务处。

1955年，上海市人民委员会工作部门56个，分别为办公厅、参事室、人事处、新闻处、外事处、专家工作处、华侨事务处、郊区工作办事处、宗教事务处、劳动局、农业局、计划委员会、统计局、物资供应局、储备物资管理局、重工业办公室、第一重工业局、第二重工业局、轻工业办公室、第一轻工业局、第二轻工业局、纺织工业局、手工业管理局、财粮贸办公室、财政局、税务局、第一商业局、第二商业局、第三商业局、粮食局、对外贸易局、交通运输办公室、交通局、内河航运管理局、市政建设办公室、市政工程局、规划建筑管理局、房地产管理局、建筑工程局、对资本主义改造办公室、工商行政管理局、政治法律办公室、民政局、公安局、司法局、监察局、文化教育办公室、教育局、体育运动委员会、卫生局、民族事务委员会、文艺办公室、文化局、出版事业管理局、文物保管委员会、对外文化联络处。

1967年，上海市革命委员会工作部门28个，分别为办公室、组织组、政宣组、政治组、材料组、工业组、市政交通组、教育卫生组、财贸组、科技组、经济计划组、劳动工资组、地区组、外事组、接待组、农村组、群运组、专题写作组、大批判写作组、政法指挥部、三秋指挥部、文攻武卫指挥部、毕业生工作委员会、保卫组、调查组、联络组、火线指挥部、查抄物资组。

1980 年，上海市人民政府工作部门 76 个，分别为办公厅、知识青年上山下乡办公室、参事室、机关事务管理局、人事局、编制委员会办公室、科技干部处、档案局、人民防空办公室、旅行浏览事业管理局、政法办公室、民政局、司法局、公安局、国防工业办公室、计划委员会、统计局、物价局、劳动工资委员会、经济委员会、冶金工业局、第一机电工业局、第二机电工业局、仪表电讯工业局、化学工业局、纺织工业局、轻工业局、手工业管理局、农业机械工业局、医药管理局、物资局、劳动局、航空工业办公室、后方基地管理局、交通运输局、农业委员会、农业局、农场管理局、水利局、基本建设委员会、城市建设局、公用事业管理局、园林管理局、房地产管理局、建筑工程局、建材工业管理局、城市规划建筑管理局、环境保护局、文化局、电影局、出版局、广播事业局、教育卫生办公室、高等教育局、教育局、卫生局、体育运动委员会、工农教育委员会、财政贸易办公室、财政局(税务局)、第一商业局、第二商业局、粮食局、水产局、工商行政管理局、集体事业办公室、供销合作社、进出口办公室、对外贸易局、对外经济联络局、外事办公室、科学技术委员会、标准计量管理局、侨务办公室、宗教事务局、民族事务委员会。

1995 年，上海市人民政府工作部门 58 个，分别为办公厅、研究室、法制办公室、参事室、机关事务管理局、人事局、监察委员会、技术监督局、协作办公室、档案局、民防办公室、旅游事业管理局、社会保险管理局、民政局、国家安全局(国家保密局)、公安局、司法局(监狱局、劳教局)、计划委员会、统计局、物价局、城市规划管理局、财政局(地方税务局)、经济委员会、劳动局、郊县工业管理局、医药管理局、交通办公室、交通运输局、农业委员会、农业局、水利局、建设委员会、环境保护局、市政工程管理局、公用事业管理局、园林管理局、环境卫生管理局、房屋土地管理局、市政管理委员会办公室、文化局、广播电影电视局、新闻出版局、教育委员会、卫生局(医疗保障局)、计划生育委员会、体育运动委员会、财政贸易办公室、审计局、粮食局、工商行政管理局、对外经济贸易委员会、外事办公室、科学技术委员会、侨务办公室、宗教事务局、民族事务委员会、经济体制改革委员会、国有资产管理办公室。

1949～1995 年若干年份上海市人民政府(市人委会、市革委会)机构数量情况表

单位:个

年份	1949	1952	1955	1960	1965	1967	1970	1975	1980	1985	1990	1995
机构数	23	25	56	62	63	28	19	19	76	76	85	58

第五章 人大、政协、代议机构

第一节 上海市各界人民代表会议 >>

1949 年 8 月 3 日，召开上海市第一次各界代表会议(后改称为上海市第一届第一次各界人民代表会议，简称市一届一次会议，余类推)。市各界人民代表会议为上海市军管会和上海市人民政府在军管初期的协议机关。1949 年 12 月，市一届二次各界人民代表会议通过组织市各界人民代表会议协商委员会，市协商委员会为市各界人民代表会议的常设机关。市协商委员会推选产生常务委员会，并设立若干专门委员会，负责处理日常工作。至 1955 年 5 月历经 3 届。

1950 年 10 月，召开市二届一次各界人民代表会议，市各界人民代表会议代行上海市人民代表大会职权。至 1954 年 8 月，共 3 届。

1950 年 6 月，市协商委员会代行中国人民政治协商会议上海市委员会职权。

一、代表

第一届会议代表 656～710 人，第二届 823～863 人，第三届 910 人。

二、代表会议

一届代表会议，1949 年 8 月～1950 年 10 月，召开 3 次会议。二届代表会议，1950 年 10 月～1953 年 2 月，召开 4 次会议。三届代表会议，1953 年 2 月～1954 年 8 月，召开 2 次会议。

三、协商委员会

一届协商委员会，1949 年 12 月～1950 年 10 月召开 11 次全体会议。二届协商委员会，1950 年 11 月～1953 年 2 月召开 16 次全体会议。三届协商委员会,1953年4月~1955年3月召开11次全体会议。

上海市一届二次各界人民代表会议协商委员会主席、副主席,由协商委员会全体会议选举产生。一届三次会议起,市协商委员会主席、副主席,均由上海市各界人民代表会议选举产生。历任主席陈毅。

第二节 上海市人民代表大会 >>

一、代表

市人大代表 1954~1966年,选举产生市第一至五届人大代表。第一届800人,第二届790人,第三届800人,第四届826人,第五届900人。“文化大革命”中,上海各级人民代表大会停止活动,市第六届人大代表未能选举产生。1977~1993年,选举产生市第七至十届人大代表。第七届1200人,第八届977人,第九届887人,第十届890人。

全国人大代表 1954~1993年,上海市选举产生应选的第一至八届全国人大代表,除“文化大革命”期间,由市革命委员会协商产生外,其余各届由上海市人民代表大会无记名投票选举产生。第一、二届均为63人,第三届140人,第四届181人,第五届184人,第六届82人,第七届72人,第八届70人。

二、市人大会议

1954~1995年,市人代会经历第一至五届、第七至十届,共举行市人代会36次,列入会议议题224项,审议工作报告156个,通过决议、决定133项,制定地方性法规4件。

三、常务委员会

1979年12月29日,上海市第七届人民代表大会第二次会议选举产生上海市人民代表大会常务委员会。常委会在市人民代表大会闭会期间行使宪法、法律赋予的地方国家权力机关的职权,开展日常工作,设立办事机构办公厅。1980年5月,在全国省级人大常委会中首设专业工作机构政治法律、财政经济、市政建设、科学文教4个专门委员会。1983年5月,设立法制、生产、财政贸易、市政建设、教育科学文化卫生5个专门委员会。历任常委会主任严佑民、胡立教、叶公琦、陈铁迪、龚学平。

第三节 中国人民政治协商会议上海市委员会 >>

一、委员会、常务委员会

1955 年 5 月 12 日，在原上海市协商委员会基础上，成立中国人民政治协商会议上海市委员会。1955 年 5 月，政协上海市委员会第一届第一次会议召开，至 1993 年 2 月共 8 届政协上海市委员会。第一届，由 27 个界别 275 名委员组成。第二届 28 个界别 405 人，第三、四届均为 28 个界别 502 人，第五届 28 个界别 627 人，第六届 30 个界别 694 人，第七届 30 个界别 685 人，第八届 33 个界别 681 人。历任政协主席柯庆施、陈丕显、彭冲、王一平、李国豪、谢希德、陈铁迪、王力平、蒋以任。

二、政协会议

一届会议，1955 年 5 月～1958 年 10 月举行全体会议 4 次。二届会议，1958 年 10 月～1962 年 7 月举行 3 次。三届会议，1962 年 7 月～1964 年 9 月举行 2 次。三届一次全会起，市政协全会和市人大会议同时召开。四届会议，1964 年 9 月～1977 年 12 月举行全体会议 2 次。五届会议，1977 年 12 月～1983 年 4 月举行 5 次。六届会议，1983 年 4 月～1988 年 4 月举行 6 次。七届会议，1988 年 4 月～1993 年 2 月举行 5 次。八届会议，1993 年 2 月～1995 年年底举行 3 次。

三、全国政协在沪副主席、常务委员、委员

第一届（1949.10），常务委员 3 人，委员 19 人（其中 1 人 1951 年增补）。第二届（1954.12），常务委员 2 人，委员 61 人（其中 11 人 1956 年增补，13 人 1957 年增补）。第三届（1959.4），常务委员 3 人，委员 84 人。第四届（1964.12），常务委员 2 人，委员 78 人。第五届（1978.2），副主席彭冲，常务委员 8 人（1980、1981 年各增选 1 人），委员 121 人（其中 5 人 1979 年增补，3 人 1980 年增补，7 人 1981 年增补）。第六届（1983.6），副主席巴金、刘靖基（1984 年 5 月增选）、钱伟长（1987 年 4 月增选），常务委员 18 人（1984 年 5 月、1987 年各增选 3 人，1986 年增选 1 人），委员 121 人（其中 3 人 1984 年增补，4 人 1985 年增补，2 人 1986 年增补，4 人 1987 年增补）。第七届（1988.3），副主席巴金、刘靖基、钱伟长、苏步青，常务委员 20 人（1989、1991 年各增选 19 人），委员 121 人（其中 5 人 1989 年增补）。第八届（1993.3），副主席巴金、刘靖基、苏步青、董寅初，常务

委员19人(1994、1996年各增选1人),委员116人(其中1人1994年增补,3人1995年增补,2人1996年外省市调入)。

第四节 代议机构 >>

一、上海市民代表会议

1927年3月12日,上海临时市民代表会议组成。3月22日,举行第二次市民代表会议,并选举产生上海特别市市民政府,由委员19人组成。3月29日市民政府成立,主席王晓籁。四一二政变,市民政府结束。

二、参事会、参议会

上海县议事会、参事会,1912年8月成立,由参事员7人组成,1914年2月解散,1923年恢复,1926年5月解散。上海县参议会,1926年5月4日成立,1927年3月解散。上海特别市参事会,1927年11月1日成立,1928年7月改为市参议会。上海市临时参议会,1932年10月设立,史量才为议长,1935年2月王晓籁继任。1937年7月抗日战争爆发停止活动,1946年3月28日恢复,徐寄庼为议长。1946年8月13日,上海市参议会成立,临时参议会结束,选举杜月笙为议长,杜辞,重选潘公展为议长。1949年5月结束。

第六章

中国共产党

第一节 | 中国共产党创立、中央在沪机构、重要活动 >>

一、中国共产党发起组

1920年5月，陈独秀在上海发起成立马克思主义研究会，多次开会商讨建党。6月，陈独秀、俞秀松、李汉俊、施存统、陈公培5人在环龙路老渔阳里2号(今南昌路100弄2号)开会，确定成立中国共产党，初步定名为社会共产党，起草具有党纲、党章性质的若干条文。中国共产党发起组成立，选举陈独秀为领导人(书记)。8月，陈独秀写信给李大钊征求对党的名称的意见，李大钊意见名共产党。

1920年9月，《新青年》第8卷第1号起，改为中国共产党发起组的机关刊物。11月，中共发起组制定《中国共产党宣言》。

1920年8月22日，中共发起组帮助建立全国第一个青年团上海社会主义青年团，俞秀松任书记。

二、中国共产党成立

1921年7月23日，中国共产党第一次全国代表大会在上海法租界望志路106号(今兴业路76号)召开。第一、二天会议在白尔路389号(今太仓路127号)博文女校举行。标志中国共产党成立。7月30日会议进行中，受法租界巡捕房的侵扰，停止举行。8月初大会在嘉兴南湖举行。

三、中共中央在沪机构

中国共产党中央机构各时期在沪机构，有中共中央局(1921.8～1922.10，1923.4～1923.6，1923.9～1927.4)、中共中央临时政治局(1927.9～1928.9)、中共中央政治局(1928.9～1931.10)、中共临时中央政治局(1931.10～1933.1)、中共上海中央局(1933.1～1935.2)、中共上海临时中央局(1935.3～1935.8)、中共上海办事处(1936.10～1937.8)、中共代表团驻上海办事处(1946.6～1947.3)、中共中央上海分局(1947.1～1947.5)、中共中央上海局(1947.5～1949.5)、中共中央华东局(1949.5～1954.6)、中共中央上海局(1954.11～1960.10)、中共中央华东局(1960.9～1967.1)。

四、中共中央在沪重要会议

中共中央在沪举行过3次全国代表大会,以及其他会议13次。

全国代表大会 中共第一次全国代表大会,1921年7月23日～8月初在上海望志路106号(今兴业路76号)召开。中共第二次全国代表大会,1922年7月16～23日在上海南成都路辅德里625号(今成都北路7弄30号)召开。中共第四次全国代表大会,1925年1月11～22日在上海东宝兴路254弄28支弄8号举行。

其他会议 中共三届一次中央执行委员会会议,1923年11月24、25日在上海举行。中共三届三次扩大执行委员会会议,1924年5月10～15日在上海举行。中共四届中央执行委员会第三次全体(扩大)会议,1926年7月12～18日在上海举行。中共中央临时政治局扩大会议,1927年11月9、10日在上海举行。中共六届二中全会,1929年6月25日～7月初在上海举行。中共中央政治局会议,1930年6月11日在上海举行。中共六届三中全会(扩大),1930年9月24～28日在上海举行。中共六届四中全会(扩大),1931年1月7日在上海举行。解放后各次会议均在上海锦江饭店小礼堂举行。有中共中央政治局扩大会议,1959年3月25日～4月1日举行。中共八届七中全会,1959年4月2～5日举行。中共中央政治局扩大会议,1960年1月7～17日举行。中共中央政治局扩大会议,1960年6月14～18日举行。中共中央政治局常委扩大会议,1965年12月8～15日举行。

第二节 | 中共上海地方组织 >>

一、1921年至1949年5月中共上海地区组织

1921～1949年5月,各时期中国共产党上海地区委员会组织有中共上海地方委员会(1921年年底～1922.7)、中共上海地方兼区执行委员会(1922.7～1924.4)、中共上海地方执行委员会(1924.4～1925.8)、中共上海区执行委员会(1925.8～1927.6)、中共江苏省委员会兼上海市委员会(1927.6～1930.7)、江苏省总行动委员会(1930.7～1930.10)、中共江南省委员会(1930.10～1931.1)、中

共江苏省委员会(1931.1～1935.1)、中共(上海)临时工作委员会(1936年年底～1937.5)、中共上海三人团(1937.7～1937.11)、中共江苏省委员会(1937.11～1943.4)、中共中央华中局敌区工作部(1943.4～1945.9)、中共上海市委员会(1945.8～1949.5)。历任负责人陈望道、张太雷、徐梅坤、邓中夏、王荷波、庄文恭、尹宽、王一飞、罗亦农、陈延年、赵世炎、王若飞、邓中夏、项英、李富春、徐锡根、罗广、罗迈、李立三、陈韵玉、王云程、史通、袁孟超、孔二、赵跃珊、宝尔、王明德、王尧山、刘晓、刘长胜、张承宗。

二、中共上海市委员会

1949年5月～1950年1月,中共中央华东局直接领导上海工作,华东局部分领导成员同时担任中共上海市委领导职务,领导机构一度用中共中央华东局暨上海市委员会名称。1950年1月,上海市委领导机构与华东局分开。1956年7月,中共上海市第一届代表大会选举产生市第一届委员会,并经一届一次全会选出市委常务委员会和书记处。1958年12月、1963年12月,市第二、三届代表大会选举产生市第二、三届委员会,并经二届一次、三届一次全会选举产生市委常委会和书记处。1966年5月"文化大革命"开始,1967年1月6日市委被"造反派""夺权",2月5日建立全市性政权组织"上海人民公社"。2月23日,上海人民公社临时委员会改为上海市革命委员会(简称市革会),实行党政合一。1971年1月,市第四次代表大会选出市第四届委员会,并经市委全会选出常委会。1977年1月,中共中央改组中共上海市委,任命新的市委常委会。1986年3月,市第五次代表大会选举产生市第五届委员会、市顾问委员会和市纪律检查委员会,经五届一次全会选出市委常委会和书记、副书记。1992年12月,市第六次代表大会选举产生市第六届委员会和市纪律检查委员会,经六届一次全会选出市委常委会和书记、副书记。历任市委书记(第一书记)饶漱石、陈毅、柯庆施、陈丕显、张春桥、苏振华、彭冲、陈国栋、芮杏文、江泽民、朱镕基、吴邦国、黄菊。

上海解放初,中共上海市委工作机构设有组织部、近郊工作部(1949年8月改郊区工作委员会)、工人运动委员会(工委)、青年运动委员会(青委)、妇女运动委员会(妇委)和党校等6个部门,秘书、机要、宣传、统一战线和纪律检查工作分别由华东局办公厅、宣传部、统一战线工作部和纪律检查委员会兼管。1950年3月后,市委和华东局机构分开,市委增设办公厅、政策研究室(1952年3月撤销)、宣传部、纪律检查委员会和统一战线工作部。1950年8月增设市委财经工作委员会。1952年年底,市委工作机构有办公厅、组织部、宣传部、统一战线工作部、纪律检查委员会、郊区工作委员会、财经工作委员会、青年工作委员会、妇女工作委员会、党校、解放日报社等11个部门。1966年5月,市委工作机构有办公厅、政治研究室、组织部、宣传部、统一战线工作部、监察委员会、经济计划委员会、科学技术委员会、工业生产委员会、工业政治部、财贸政治部、市政交通政治部、教育卫生工作部、农村政治部、调查部、外事小组、政法小组、妇女工作委员会、劳动工资委员会、党校、解放日报社等21个部门。1976年8月，市委、市革会工作机构有办公室、组织组、调查组、写作组、统战小组、专案办公室、工业交通组、地区组、财贸组、科技组、文教组、外事组、郊区组共13个组。1977年11月开始，市委恢复建立市委办公厅、组织部、宣传部、统一战线工作部、调查部和市委党校等工作部门。1979年4月建立市委纪律检查委员会筹备组。1981年1月设对台工作小组。1981年7月设政法领导小组。1982年1月设党史资料征集委员会。1982年6月设老干部局等。1983年成立中共上海市工业、交通、建设、财贸、对外经济贸易、农村、科学技术、教育卫生等8个工作委员会，作为市委派出机构，行使一级党委职权。1995年3月，市委工作机构有办公厅、研究室、组织部、宣传部、统一战线工作部、政法委员会，工业、交通、建设、财贸、对外经济贸易、农村、科技、教育卫生、综合经济等各工作委员会，台湾工作办公室，市级机关工作委员会和市机构编制委员会等，共18个部门。

三、中共上海市顾问委员会

1984年12月，上海市委成立中共上海市顾问委员会筹备组，组长钟民。1985年6月，成立上海市顾问委员会，主任陈国栋。1986年3月，中共上海市第五次代表大会选举产生市顾问委员会，主任陈国栋。1992年12月，中共上海市第六次代表大会决定不再设立市顾问委员会。

四、中共上海市纪律检查委员会

1949年12月，中共中央华东局暨上海市委纪律检查委员会成立，书记刘晓，1950年11月分设，成立中共上海市委纪律检查委员会，书记先后有王尧山、王一平、郑平。1956年8月，中共上海市第一届委员会全体会议选举产生第一届市监察委员会，书记魏文伯。1959年2月，第二届市委监察委员会产生，书记魏文伯。1963年12月，第三届市委监察委员会产生，书记杨士法。1967年2月市监委被取消。1967年8月～1968年8月，上海市革命委员会组织组下设纪律检查组，1976年10月取消。1979年4月，市委建立市委纪律检查委员会筹备组，行使纪委职权，组长先后有张祺、杨心培、王尧山。1984年4月，改为中共上海市纪律检查委员会，书记先后有王尧山、张定鸿。1986年3月、1992年12月，市第五、第六次代表大会分别选举产生市纪律检查委员会，市纪律检查委员会第一次全体会议选出市纪律检查委员会常委，书记分别为张定鸿、张惠新。

五、直辖组织、基层组织、党员

直辖组织 1923年7月中共上海地方兼区执行委员会建立后，上海53名党员编为上海大学等4个直辖小组，1924年下半年增为8个组。1925年上半年，建立以企业、机关或地域为单位的支部15个，有上海大学、俄领事馆等支部。1925年8～9月，上海区委所辖为5个中共支部联合干事会（下属共50个支部），15个机关、企业支部。至1926年6月，建立8个部委员会，另有6个独立支部。1932年7月后，各区委相继遭破坏。1927年9月～1928年年底，中共江苏省委所辖邻近上海的松江、金山、青浦、南汇、川沙、奉贤、嘉定和崇明8县先后分别成立中共县委，至1934年4月均遭破坏。1937年11月，中共江苏省委恢复重建，按不同产业和职业建立上海党的各级组织，实行垂直领导。先后建立军事运动委员会（军委）等12个委员会。另设直接领导的海关特别支部、巡警特别支部和南京党小组。一直延续到1949年2月。1949年2月，除市政、交通、文化、警察、妇女系统党委和人民团体总党组直属市委领导外，撤销其他产业、职业系统党委，按地区建立区委。先后建立沪东等9个地区委员会（区委）。同时还成立市政工作、交通工作、妇女工作、警察工作等委员会和人民团体总党组。1949年9月，建立沪东等9个区委。此后，按照行政区划变动调整区、县委员会。1950年6月～1955年12月调整为黄浦等20个区委。1955年12月～1959年12月又调整合并为黄浦等14个区委，加上水上区为15个区委。1959年12月～1965年2月调整为12个区委。1965年2月～1966年5月又调整为10个区委。1949年9月，市郊建立新市等10个区委，1956年1月～1957年12月调整为东郊、北郊和西郊3个区委。1958年1～11月，江苏省上海等10个县划归上海市领导，1966年有10个县委。1995年年底，市委直辖党组织有13个区委，浦东新区工委和6个县委；12个市级政权、军事、统战、群众团体党组（党委）；99个局党委（党组）和产业党委。其中12个直属机构党组（党委），15个科技文教卫生党委（党组），69个工业、交通、农业、财贸、综合经济各局党委（党组）和产业党委，3个政法各局党委（党组）。

基层党组织、党员 1921年年底，上海地方委员会有党员15人。1923年7月，有53人，按党员居住地点编为直辖党小组4个。1925年1月以后，市区设15个支部，有党员220人。9月，上海本埠有支部65个，外埠有支部9个，党员共1080人。1927年1月，有8个部委、142个支部，党员0.36万人。3月，经上海工人三次武装起义，党员增至0.8万人。1927年四一二政变，7月降为0.12万人，1928年6月不足0.1万人，1932年10月0.3万人，1934年9月475人。1935年9月，区委以上党组织破坏殆尽。1938年2月，约有党员300人，1939

年10月0.16万人。1942年7月,有6个系统党组织。到抗战胜利前夕,市区有党员0.2万人。1946年内战爆发,年底全市有党员0.5万人。1948年下半年,市委先后向华中解放区和大洪山、大别山、四明山等解放区转移党员891人和200人。至上海解放前夕,全市有党员0.87万人。1949年5月27日上海解放,原上海各党组织划归市军管会所属各接管系统和群众团体党的领导机构领导。7月,全市有基层组织717个、党员1.76万人,其中随军进入的近1万人。8月,接管工作结束,按生产单位、工作单位建立党的基层组织,至1995年不变。1949年年底,有基层组织956个,其中总支部72个、支部884个;党员2.06万人,占全市人口0.41%,其中女党员0.36万人。1965年党员34.55万人。1966年5月"文化大革命"开始后,各级党组织停止活动,1967年9月以后吸收一批"造反派"人员入党。据1985年统计,"文化大革命"中突击入党又不符合党员条件,后予以除名的有0.54万人。1976年,全市基层组织3.41万个,其中基层党委0.12万个、总支部0.15万个、支部3.14万个,党员63.65万人。1995年,全市党的基层组织6.61万个,其中基层党委0.3万个、总支部0.36万个、支部5.95万个。有党员114.67万人,占全市人口8.79%,其中女党员29.48万人。

第三节 代表大会、代表会议

一、代表大会

中国共产党江浙区第一次代表大会,1927年2月11～15日在上海秘密举行,出席代表52人。中国共产党江苏省第二次代表大会,1929年11月18～26日在上海秘密举行,出席代表37人。

中国共产党上海市第一届代表大会,1956年7月11～26日在上海中苏友好大厦友谊电影院(今上海展览中心电影院)举行,出席代表775人、候补代表80人。第二届代表大会,1958年12月28日～1959年1月16日举行,出席代表498人、候补代表50人。第三届代表大会,1963年12月16～25日在上海市人民委员会大礼堂举行,出席代表589人、候补代表59人。第四次代表大会,1971年1月4～10日在上海展览馆举行,出席代表0.1万人。第五次代表大会,1986年3月3～6日举行,出席代表981人、候补代表81人。第六次代表大会,1992年12月15～20日举行,出席代表787人、特邀代表33人。

二、代表会议

上海市第一次代表会议,1953年1月28日～2月7日在上海艺术剧场举行，出席代表551人。第二次代表会议，1954年6月2～24日举行，出席代表941人。上海市代表会议(1982年)，1982年7月12日举行，出席代表558人。上海市代表会议(1987年)，1987年6月25～27日举行，出席代表617人。上海市代表会议(1993年)，1993年6月29日举行，出席代表641人。

第七章 党派群团

第一节 中国国民党

一、中国同盟会、中国国民党中央执行委员会在沪机构

中国同盟会上海分会，清光绪三十一年(1905年)九月二十九日设立。三十二年春，和江苏分会合并，三十三年机关消失。中国同盟会中部总会，宣统三年(1911年)六月二十五日成立，同盟会总部由东京迁上海后终止活动。中国同盟会总部及上海支部，宣统三年九月上海光复，中国同盟会东京总部迁上海，1912年1月1日迁南京，4月迁返上海，是月迁北京，5月成立中国同盟会本部驻沪机关部。国民党上海分部，1912年8月由同盟会上海支部改成，10月设国民党上海交通部，1913年8月二次革命反袁失败，均中止活动。中华革命党在沪机关，1914年7月反袁军第一路军设中华革命党在沪秘密机关，1916年5月中华革命党本部由日本迁至上海，7月停止活动。中国国民党本部，1919年10月10日孙中山在上海将中华革命党改组为中国国民党，本部设于上海环龙路44号，11月17日撤销上海本部及中央干部会议，另组中国国民党驻沪执行部。中国国民党临时中央执行委员会上海执行部，1924年2月25日上海执行部首次会议。1924年3月1日办公，1925年为国民党西山会议派接管。

二、上海市党部组织

上海特别党部，1926年1月1日成立上海执行委员会，1927年四一二政变中被陈群强行接管。中国国民党上海特别委员会，1928年2月组成。中国国民党上海市执监委员会，1929年2月国民党上海市第五次代表大会选举产生上海特别市第一届执监委员会，1948年三青团上海支团部干事全部转为上海市执行委员会委员。历任负责人恽代英、王守谦、陈群、吴开先、童行白。

附:汪伪国民党

1939年8月28～31日,在上海举行伪国民党第六次全国代表大会,代表240人。后先后于1939年9月5日、1940年3月14日举行一中、二中全会。9月5日,在上海成立汪伪国民党中央党部,1940年迁南京。1939年9月15日,成立汪伪国民党上海特别市党部。

第二节｜民主党派、其他政党 >>

一、中国国民党革命委员会上海市委员会

1948年1月1日,中国国民党革命委员会在香港成立,在上海先后建民革上海临时工作委员会(1948年6月)、民革上海临时分会(1948年12月)、民革上海特别小组(1949年1月)和民革上海分会等4个地下组织。1946年春,三民主义同志联合会(民联)由重庆移至上海,建立民联联络处,同上述4个组织之间均无联系。1949年9月1日,上述5个组织与民革南京分会合并成立民革沪宁区临时工作委员会,1950年3月工作委员会撤销,成立民革上海市分部筹备委员会。1955年3月,召开全体党员大会,选举产生第一届民革上海市委员会。至1995年共历9届。是年基层组织128个。1949年,党员924人,1995年3083人。历任主要负责人、市主任委员丁超五、赵祖康、徐以枋、厉无畏。

二、中国民主同盟上海市委员会

1941年3月,中国青年党、国家社会党、中华民族解放行动委员会、中华职业教育社、乡村建设派、救国会(统称“三党三派”)在重庆组成中国民主政团同盟,1944年9月改为中国民主同盟。1946年8月,民盟上海市支部成立,1947年12月成立民盟上海市支部(地下)组织。1949年5月上海解放后,成立民盟上海市支部临时工作委员会。1951年10月,经选举产生民盟上海市第一届支部委员会,1956年5月,改称中国民主同盟上海市委员会。此后,1956年8月～1992年7月,召开8次盟员和盟员代表大会。民盟成立之初基层组织设区分部和小组,1956年5月改称支部,12月改称区工作委员会,1958年改区委员会。1995年,基层组织406个。1949年5月,盟员535人,1995年9233人。历任主要负责人、市主任委员王绍鏊、童伯钧、彭文应、闵刚侯、陈仁炳(代)、刘思慕、苏延宾(代)、沈志远、陈望道、苏步青(代)、谈家桢。

三、中国民主建国会上海市委员会

1945年12月，中国民主建国会在重庆成立，1946年4月迁上海。11月10日，民建上海分会成立。1948年11月15日，与民建总会举行常务理监事联席会议，成立临时干事会，承担总会与上海分会的双重职权。1949年5月29日，扩大为临时工作委员会。9月27日，民建总会迁北京。1953年，“临工会”改建为民建上海市分会，1956年5月改称为民建上海市委员会。1956年5月，召开上海市第一次代表大会，至1995年共历8次大会。1949年，成立18个基层小组，1955年改称支部，1988年有11个区委员会、12个工作委员会、33个直属支部，1995年有319个基层组织。民建上海分会创建初期，有会员134人，1995年6679人。历任主要负责人、市主任委员盛丕华、胡厥文、刘靖基、陈铭珊。

四、中国民主促进会上海市委员会

1945年12月30日，中国民主促进会在上海成立。1949年6月19日，成立民进上海市分会，1956年11月1日改为民进上海市委员会。1951年起，建立基层组织，1956年有109个支部，1992年有317个支部，1995年有334个基层组织。1945年，会员26人，1995年5486人。历任主要负责人、市主任委员谢仁冰、赵朴初、吴若安、赵宪初、刘恒椽。

五、中国农工民主党上海市委员会

1928年，谭平山等以中华革命党名义在上海进行秘密组织活动。1930年8月，邓演达在上海以中华革命党名义创立中国国民党临时行动委员会，中央机关设上海，并成立上海小组。1931年11月，中央改组上海小组。1935年11月党名改为中华民族解放行动委员会，建立以上海为基地的华东区领导机构，恢复上海市组织。1947年2月，在上海召开第四次全国干部会议，党名改为中国农工民主党。同时成立农工民主党上海市党部委员会，1949年6月改组为上海市整理党务工作委员会，8月成立农工民主党上海市临时工作委员会。1950年1月，成立农工党上海市工作委员会。召开农工民主党上海市第一次党员大会，至1995年历8届。1928年，建立4个基层小组，1947年建立6个区级组织，1952年6月开始建立支部，1995年有基层支部234个。1949年5月，党员约700人，1995年4527人。历任主要负责人、市主任委员郑太朴、罗任一、漆琪生、李士豪、何仲珉、曾伟、虞健、申葆文、李士豪、周谷城、黄器周、陈灏珠。

六、中国致公党上海市委员会

1980年12月4日，中国致公党上海市支部委员会成立，党员10人。1984

年年初，升为致公党上海市委员会。1995 年，有基层组织 40 个、党员 1475 人。历任市主任委员董寅初、吴肇光。

七、九三学社上海市委员会

1946 年 6 月 12 日，九三学社上海分社成立，1953 年 8 月改九三学社上海分社委员会，1984 年 4 月改称九三学社上海市委员会。1952 年，成立 2 个基层组织（支社），1995 年有 201 个。1948 年，社员 26 人，1995 年 5773 人。历任主要负责人、市主任委员褚辅成、卢于道、杨櫄。

八、台湾民主自治同盟上海市委员会

1947 年 11 月 12 日，台湾民主自治同盟在香港成立，1949 年 3 月迁北平，11 月迁上海，1955 年 2 月迁北京。1949 年 7 月 31 日，台盟华东总支部在上海成立，1954 年与台盟总部合并办公。1955 年 4 月，台盟华东总支部撤销，成立台盟上海市支部，1983 年 11 月改为台盟上海市分部，1987 年 11 月 30 日改为台盟上海市委员会。初创时有盟员 162 人，1995 年 196 人。历任主要负责人、市主任委员谢雪堂、许文思、林田烈、郑励志。

九、其他政党

辛亥革命后，各种政党团体建立，上海成为全国集会结社的中心。1912 年，北京临时政府成立，不少政党北迁，仍有部分有影响的政党团体在上海设立全国性办事联络机构。民国初年，先后成立或主要活动于上海地区的主要政党团体有 60 多个。重要的有保国会，清光绪二十年（1894 年）成立，上海设总会。光复会，光绪三十年十一月设上海支部，宣统三年（1911 年）改为总部，1912 年 1 月停止活动。预备立宪公会，光绪三十二年在上海成立。中国国民总会，宣统三年在上海成立，1912 年并入国民党。国民协会，宣统三年在上海成立，10 月并入民主党。中国社会党，宣统三年在上海成立社会主义研究会，1911 年 11 月改为中国社会党，1912 年 6 月与中华民国工党联合，1913 年 8 月解散，1924 年 6 月恢复，次年改为新社会民主党，在上海设支部。共和建设会，宣统三年在上海成立，1912 年 3 月后停止活动。共和统一会，宣统三年成立，总部设上海，1912 年 8 月并入国民党。中华共和宪政会（中华民国宪政党），宣统三年成立。中华共和促进会，宣统三年十一月成立，1912 年 8 月并入民主党。女子参政会，1912 年 1 月在上海成立，为上海光复会第一个妇女团体，4 月与女子后援会等联合成立女子参政同盟会。中华民国联合会，1912 年 1 月 2 个中华民国联合会在上海成立，后合并，为南京临时政府成立后第一个有影响的政团，3 月改称统一党。统一共和党，1912 年 2 月与共和统一会等联建，在上海设交通处，后与同盟会等联建国民党。国民共进会，1912 年 2 月在上海成立，8 月与同盟会等合并为国民党。国民公党，1912 年 3 月改组中国共和研究会而成，旋与同盟会等合组为国民党。神州女界共和协济社，1912 年 3 月成立，总事务所设上海。1912 年 5 月成立。少年中国党，1912 年 4 月成立，事务所设上海。上海国事会议，1922 年 5 月在上海成立。

第三节 群众团体

一、工人团体

上海总工会 1920 年 11 月，全国第一个工会组织上海机器工会成立，1925 年 5 月 31 日成立上海总工会，1927 年四一二政变后遭破坏。

上海市总工会 1949 年 5 月 31 日，上海市总工会筹备委员会成立。1950 年 2 月，上海市总工会成立。是年，有下属产业工会 37 个、区办事处 20 个，会员 88 万余人。1955 年 1 月，改称上海市工会联合会，1959 年 8 月改称上海市总工会。"文化大革命"中，"上海工人革命造反总司令部"篡权，工会组织停止活动。1978 年 9 月，工会组织恢复。1981、1993 年，先后始在外商投资企业和私营企业建立工会。1995 年，全市有 98 个产业(局)工会、14 个区总工会、6 个县总工会，1.6 万余个基层工会，会员 425.28 万人。历任市总工会主席刘长胜、钟民、张祺、王洪文、王林鹤、袁张度、江荣、滕一龙、包信宝。

其他团体 1920～1949 年，主要工人团体有上海邮务工会(1924 年成立)、京沪、沪杭甬铁路工会(又称两路工会。20 世纪 20 年代末成立)、上海工会联合会(1929 年成立)、工人救国会(1936 年成立)、职业界救国会(1936 年成立)、上海市总工会(1931 年成立)、上海市工人福利委员会(简称工福会，1946 年成立)。

二、农民团体

上海市市郊农民协会 1950 年 3 月成立，1954 年 11 月结束。上海市贫农、下中农协会，1964 年 11 月成立，1980 年 3 月结束。

其他组织 1927、1933 年先后成立上海市农民协会、上海市农会，后均解散。

三、青年团体

中国共产主义青年团上海地方组织 1920 年 8 月，中国共产党发起组创建上海社会主义青年团,为全国第一个青年团组织。1922 年 5 月,团中央委员会设在上海,同时成立中国社会主义青年团上海地方执行委员会(团上海地委)。1925 年 4 月,中国社会主义青年团改为中国共产主义青年团,共青团上海地方组织改为共青团江浙区委,6 月分别成立团江苏省委和团浙江省委,1935 年 7 月共青团中央、团江苏省委领导机关遭到破坏。

中国共产主义青年团上海市委员会 1949 年 6 月,中国新民主主义青年团上海市工作委员会组成。1953 年 5 月 28 日,召开第一届团代会,成立中国新民主主义青年团上海市委员会,全市团员 17 万人。1957 年 5 月,中国新民主主义青年团改中国共产主义青年团。"文化大革命"中停止活动,1976 年恢复。1995 年,全市有 14 个区委员会、6 个县委员会、96 个市局级委员会,4.13 万个支部,团员 83.1 万人。历任市委书记周克、李琦涛、张浩波、陈新发、汪明章、李源潮、黄跃金、钟燕群。

三民主义青年团上海支团部 1939 年,成立三民主义青年团上海支团筹备处,1946 年 4 月成立干事会,1947 年并入国民党上海市党部。

其他组织 有上海基督教中国青年会(1899 年成立)、爱国学社(1902 年)、寰球中国学生会(1904 年)、上海少年宣讲团(1912 年)、上海中华童子军协会(1918 年)、上海学生联合会(1919 年)、上海学生总会(1927 年)、上海学生(界)救国会(1931 年)、上海青年救国服务团(1937 年)、上海学生界救亡协会(1937 年)、上海基督教学生团体联合会(1937 年)、新民主主义青年联盟(1948 年)等。

上海学生联合会。1919 年 5 月,复旦大学、南洋中学等 31 校学生联合成立,6 月在上海成立中华全国学生联合会。1947 年 5 月,成立上海学生联合会,到 1995 年举行 11 次上海市学生代表大会。

上海市青年联合会。1953 年 5 月成立上海民主青年联合会,1958 年改上海市青年联合会。

四、妇女团体

上海市妇女联合会 1949 年 6 月,上海 36 个妇女团体联合成立上海市民主妇女联合会筹备委员会。1949 年 10 月 22～27 日,上海各界妇女代表会议召开,会议确定上海市民主妇联筹委会在上海市民主妇联没有建立前,是上海各种妇女组织的统一的联合组织。1950 年 8 月 12 日,上海市第一次妇女代表大会召开,上海市民主妇女联合会成立,市总工会女工部、市学生联合会女同学部、郊区农会妇女部和上海科技界妇女联合会、文化界妇女联合会、市家庭妇联、基督教女青年会等 13 个妇女组织成为市民主妇联首批团体会员。1957 年 11 月,改为上海市妇女联合会。1995 年,下设 14 区、6 县、326 个街道(乡镇)妇女联合会,0.89 万个基层妇代会,98 个局级妇委会。历任市妇联主席、主任章蕴、赵先、郭建、关建、汪湘君、谭茀芸、邢至康、章博华。

其他组织 清光绪二十三年(1897 年)至 1949 年 5 月,上海先后成立 100 多个妇女团体。重要团体有中国女学会,光绪二十三年初秋,李闰、黄谨娱倡办成立,为上海第一个妇女团体。还有不缠足会(1897 年成立)、基督教女青年会(1905 年)、上海妇女会(1915 年)、上海女界国民会议促成会(1924 年)、上海各界妇女联合会(1924 年)、上海妇女救济会(1927 年)、青年妇女俱乐部(1935 年)、上海妇女救国联合会(1935 年),以及 1937 年成立的中华妇女互助会、中国妇女抗敌后援会、中国妇女慰劳自卫抗战将士会上海分会、上海劳动妇女战地服务团、上海妇女界难民救济会、中国职业妇女俱乐部,1946 年成立的上海妇女联谊会。

五、工商业团体

上海市工商业联合会 1949 年 8 月,上海市工商业联合会筹备会成立,9 月 1 日接管上海市商会和市工业会。1951 年 2 月,举行上海市工商界第一届第一次代表会议,成立上海市工商业联合会。"文化大革命"中停止活动,1977 年 11 月恢复。1993 年 11 月起,同时称上海市商会。初期,市工商联组成有团体会员、个别会员和个人会员。团体会员主要是各业同业公会和工商业组织,有企业 8 万余户。1951 年,市工商联筹备会将全市 337 个同业公会调整为 276 个,1957 年 176 个。1958 年 12 月,同业公会撤销,原来的私营工商业者成为个人会员。1985 年 8 月,发展以各类工商业企业为主,包括新的工商团体、企业家和经济工作者为新会员。1992 年,重点吸收非公有制企业为会员。1995 年,市工商联会员 2.47 万个(人),其中非公有制经济企业会员 0.57 万个(人),国有企业等会员 0.5 万个(人),原工商业者会员 1.4 万人。历任市主任委员盛丕华、刘靖基。

其他团体 上海商业会议公所,清光绪二十八年(1902 年)正月至三十年,为中国第一个全市性商会。其他有上海总商会,1912 年 2 月～1929 年 5 月。上海市商会,1930 年 6 月～1949 年 9 月。上海市工业会,1948 年 6 月～1949 年 9 月 1 日。

六、其他社会团体

清初,上海开始出现会馆、公所、善团等社会团体。清宣统三年(1911 年),上海先后建立同乡团体 21 个、同业团体 81 个。戊戌变法前期,强学会、正气会、不缠足会等社会政治团体在上海成立。光绪二十九年(1903 年),上海成立第一个学术研究团体沪学会。此后,医学会、体育会等团体相继建立。辛亥革命期间,成立各种政治团体,1913 年有 350 余个。民国建立以后,商业、教育、文化、医疗、宗教、妇女等社会团体竞相建立。1919 年五四运动中,上海学生联合会、市商业公会、旅沪同乡会等63个团体联合组成上海商业公团联合会。1927年后，上海特别市政府把各种同业团体改为同业公会，1947年工商业公会297个。1948年，全市社会团体1320个。经1952年登记整顿，全市1949年以前建立的社团中存303个，解放后成立的287个，合计590个。1956年，对解放前留下尚未清理的303个社团继续清理整顿。60～70年代，社会团体发展基本停止。1978年后，社会团体恢复并迅速发展。1981年，全市有633个，1995年3138个。

第八章
公 安 司 法

第一节 | 公安 >>

一、警察局、公安局

清咸丰四年(1854 年),英、美租界工部局和法租界公董局设警务委员会和巡捕房。同治元年(1862 年)上海道设南市巡防保甲局,又称保甲总巡局,光绪三十一年(1905 年)改为上海警察总巡局,三十三年改为上海巡警总局。宣统三年(1911 年)九月,设南市警务公所。1913 年 1 月,南市、闸北警务公所分别改为上海商埠巡警局、闸北巡警局,5 月组合为江苏淞沪警察厅,次年 1 月改称督办淞沪水陆警察署。1927 年 7 月,上海特别市公安局成立,警员 0.46 万人。1930 年 7 月,改称上海市公安局。1937 年改为上海市警察局。1945 年 9 月,接收伪上海特别市警察局,包括抗日战争前市保安处、公安局、公共租界警务处、火政处、法租界警务总监部、救火会、巡捕医院、万国商团等 8 个机构,合并成立上海市警察局,警员 1.12 万人。1949 年 5 月 28 日,为上海市军管会接管,6 月 2 日上海市公安局成立。1968 年 1 月,驻沪空四军部队对全市公安机关实行军管,市公安局和市法院、市检察院合并为市公检法革命委员会,1973 年 1 月上海市公安局恢复。1949 年 6 月,全市警员 1.31 万人,1995 年 3.7 万人。

二、惩治反革命犯罪

镇压五类反革命分子 1949 年 6 月～1950 年,破获武装匪特案、阴谋暗害市党政主要领导人派遣特务案、配合敌机轰炸的潜伏特务案及潜伏间谍电台案等 652 件,逮捕间谍特务分子 0.56 万人。1951 年 1 月 5 日,上海市军管会命令原国民党、三民主义青年团等党团骨干和特务组织成员等登记,至 8 月全市 2.7 万余人登记。4 月 27 日,上海市镇压反革命行动总指挥部统一部署集中行动,搜捕反动党团特务分子 0.83 万人,至 1953 年全市共逮捕 3.5 万人。经审理,枪毙 0.28 万人、判处徒刑 1.3 万人,大部分人员押送至陕西延安和安徽皖北治理淮河工地劳动改造。

惩治反动会道门首要人员 1952年起，全市公安机关共查明52种会道门，明令取缔一贯道、九宫道等10种。1953年5月，令坛主、盘主、三才、办事员等办道人员到公安机关登记，登记1.06万人。30多万人公开声明退道，逮捕道首600余人。嗣后，取缔中教道义会等8个组织。1953年9月～1954年9月，取缔三教德善会等组织。1954～1956年，处理反动会道门首0.1万人。1957～1995年，破获反动会道门复辟案91件。

惩治以宗教为掩护的反革命犯罪 1953年6月15日开始，接连破获2件隐藏在天主教内的帝国主义间谍案，逮捕13人。7月18日，公安机关宣布驱逐马尔敦等5人出境。1953年6～7月，侦破以天主教为掩护进行间谍情报活动案6件，逮捕中外籍特务分子27人，驱逐帝国主义分子104人。1955年9月，逮捕457人。1981年11月，逮捕19人。1981～1983年，配合青海、安徽、江西3省公安机关依法逮捕流窜到沪的反革命分子4人。

惩治反革命宣传煽动犯罪 1960年，全市发生散发反革命传单，投寄反革命信件、匿名信、张贴反动标语案549件，占是年反革命案件总数40.8%。侦破1960年6月12日署名"爱国党"、"中庸党"反革命油印传单散发案。1983年4月，侦破"青年近卫军"、"中国国民党上海分部"案。1990年，侦破"中国民主阵线上海总部"案。

惩治反革命暴乱犯罪 1950年上海市军管会破获"中国人民反共救国军江苏省游击司令部"及"江南突击军江苏纵队"案，判处19名主犯死刑。1960～1962年，公安机关每年发现和侦破反革命集团案件约100件。1984年3月，破获阴谋劫持铜川号货轮反革命集团案。1987年5月，侦破阴谋劫机投敌主犯违法洽购32支五四式手枪案。

三、惩治刑事犯罪

1950年，发案4.19万起，盗窃占61.7%、诈骗8.7%、制毒贩毒占5.8%、抢劫1.7%，破案率70.5%。1991～1995年，发案10.01万起，破案率72.2%。1995年，发案2.43万起，盗窃占72.3%、诈骗9%、强奸1.9%、投机倒把0.5%、扒窃8.4%、凶杀0.7%，抢劫6.5%、制毒贩毒2.5%、伪造贩卖假币0.4%、走私0.2%、制贩淫秽物品0.1%，破案率76.2%。

四、禁毒、禁娼、禁赌

禁毒 1950年5月～1951年12月，破获毒品案件0.69万件，抓获毒犯1.22万余人，缴获鸦片37万两。1952年8月，成立禁毒委员会总指挥部进行肃毒，至11月缴获鸦片1.3万余两、制毒吸毒工具0.63万件。捕获毒犯1.36万余人。市政府拨款3.6万元，帮助10万人戒除毒瘾。1953～1979年，全市未发生烟毒案。1980年，发生首例烟毒案。1982～1995年，全市查获贩运毒品案件0.15万件。1991年9月，设立戒毒所康复中心，至1995年收治吸毒者0.14万人。

禁娼 上海开埠后，娼风炽盛。1949年6月，上海市军管会明令妓院院主到公安机关登记，规定妓院须设簿登记嫖客姓名等。1950年年底，全市登记在册妓院减至156家，妓女559人。1951年，关闭一批妓院，是年10月还剩妓院72家、妓女181人。11月25日，全市统一行动，查封残余的61家，逮捕收容妓院主、老鸨334人，其中判刑74人，202名妓女由民政部门安置，至此妓女基本绝迹。80年代后，重又出现卖淫活动。1983年，全市查处364起、973人，1995年达0.31万件、0.66万人。公安机关于1984年6月、1987年9月先后建立卖淫女和嫖娼人员收容教育所，至1995年全市收容卖淫妇女0.66万人、嫖娼人员0.2万人。被查处的卖淫人员，1/3以上系外省市妇女。

禁赌 上海开埠后，赌业发达，出现各种赌场和各种赌具、赌法。1922年1月，江苏淞沪警察厅明令禁赌，1924年又规定对摇宝、牌九或麻将、掷骰者随时严查严办，1925年10月再次禁止斗鸡赌博。但均屡禁不止，赌博泛滥。1951年8月27日，上海市军管会下令收回跑马厅、逸园跑狗场、好莱坞赌场。1953年，取缔设摊聚赌400多处。1963年1月4日，查获赌博案件908起，查处0.36万人，至此赌博基本被制止。70年代末，赌风再起。1979年9月，查出赌博团伙105个，1986～1995年查获赌博案件5.86万件，查处20.11万人。

五、收容整治

1937年八一三事变，战区大批难民涌入上海租界，无家可归，露宿街头，最多时达70万人。公共租界和法租界有难民收容所200多处。抗日战争胜利后，大批难民、灾民流入上海，搭盖简屋栖身，有的沿街乞讨或为盗贼。市警察局对流浪乞讨或有偷骗行为者，强制收容，令其习艺从业。解放初，公安机关集中收容国民党军队散兵游勇，会同民政部门收容安置难民灾民。至1950年，全市收容散兵游勇1.8万余人、难民灾民10.3万余人。嗣后，平均每年收容遣送各地盲流来沪沦落街头的人员2万人。1959、1960年，流入上海的灾民倍增，每年收容遣送10万人以上。1961年后减少，至1988年年均1.1万余人，1989～1995年年均4万余人。

六、查处治安案件

1958年，查处6.32万件，处罚1.47万人。80年代，年均查处7.9万余起，1990～1995年年均1.2万余起。1995年，查处15.04万件，处罚17.8万人。

七、户口管理

常住户口管理　1946年，上海市警察局对年满14周岁居民颁发《国民身份证》。次年，居民户口登记分为6类。解放初，全市户口登记由市民政局管理，1950年3月改归公安局。是年，开展户口普查，试行16项异动登记制度。1953年起，国家实行粮食统购统销，按常住户口人数核发口粮票证，从此上海市户口管理与粮食计划供应挂钩。1958年1月，户口划为家庭户、集体户、船舶户3类，市区和郊区户口，向每户发1本户口簿，作户籍登记和领取计划票证用。1982年7月，全面开展户口核对，换发市区户口簿。1986年8月，全市实行居民身份证制度，对年满16周岁公民颁发居民身份证。民国时期、解放初，常住户口迁出入不受限制。1951年7月，规定凡从外省市迁上海市人口，须凭迁移证向所在地公安派出所申报。1958年起，实行严格控制外省人口迁入和郊县人口迁入市区的政策。1985年后，放宽对外省人口迁入的限制。

蓝印户口管理　1993年12月试行，到1995年1302人取得上海市蓝印户口资格。

常住外国人户口管理　清道光二十二年(1842年)《南京条约》签订后，允许外国人在上海四郊旅行，须当天返回原居住地。咸丰八年(1858年)《天津条约》签订后，在沪外国人只需持本国领事所发护照，经上海道盖印，即可赴各地游历经商。1945年11月起，上海市始实行外国人居留证制度。1950年11月，市公安局始对居沪外国侨民进行全面登记和户口查对。次年5月，市政府规定凡居沪外国侨民，均须办理户口登记，申领外侨居留证。1954年8月，规定在沪外侨均须持护照和有关证件到所在地公安机关申领居留证。11月，举行外侨总登记。1964年4月后，对在沪外侨年检居留证1～2次。1983年9月，规定定居的外国专家(包括外籍华人)，可延长居留期，有的给予永久居留权。1984年11月，上述人员到乙类地区旅行，免办旅行证，不再限制旅行工具。1949年6月，在沪常住外国人3.2万人，1950年1.19万人。1949年6月～1955年，离境1.04万人。1995年，常住1.1万人。

八、出入境、边防管理

外国人出入境管理　1919年6月，无约国人或无领事管辖国人途经上海，须到警察局注册，有约国人可自由入出边境。1930年后，形成外国人入境管理制度。1950年，市公安局规定外国人入境须持有经中国驻外使领馆签证的护照或外交部指定机关所颁发的入境证件。1958年，规定外国公民到沪旅行，一般都予批准。1978年，给予集体自费来沪旅行的外国人团体签证，无须个别申请。1980年开始，实行口岸签证。1983年6月后，为部分到沪定居的外国专家或外籍华人，办理长期有效的多次出入境签证。1987年，临时到沪外国人63.48万人，1995年107.3万人。

中国人因私事出国管理 1929年，上海特别市公安局规定市民出洋留学或游历，须凭教育局证明或旅行社、同乡会担保，申请出境护照。1950年，归侨、侨眷因私出国一般均可获得批准。1957年后，对归侨、侨眷出国严加限制，1980年，又重新放宽出国条件，简化出国申请手续。1985年起，上海市公安局取消公民出境须办理签证的规定，简化受理出境申请审批手续。公民出国人数大幅度上升。1988年，上海市首次试办赴香港、泰国出境旅游业务，首创市民自费集体出境旅游。1994年，简化共产党员、共青团员出国保留党、团籍的手续。1958年，市民因私出国215人，1968年5人，1978年0.18万人，1995年4.08万人。

因私事往来港澳台地区管理 1951年3月起，凡居民赴港、澳地区，须向户口所在地公安机关申领出入境通行证，凭证从指定口岸出境。1980年后，进一步限额，"定居严格控制，短期探视尽量给予方便"。签发多次往返香港的证件，上海列入经海路进入香港的口岸之一。1981年起，国家公安部规定上海赴港人数名额，1992年每日去港单程（定居）3人、双程（探亲）16人。1985年，每月去澳门人数名额单程2人、双程5人。1994年，上海市在全国首先实行在港有亲属即可前往探望。1984年7月，中国旅行社上海分社开始办理上海市民赴港澳旅游，1995年旅行社组团0.11万个，5万多人次赴港澳旅游。1950年起，市民因公赴港澳地区访问、考察、交流或洽谈业务，实行审核发给签证。1985～1995年，签发4.34万人次。

到沪港、澳居民管理 解放初港澳居民因私到沪，只须事先向市公安机关申领出入境通行证。1956年起，改在入境时向深圳或拱北口岸边防检查站领取入境《港澳同胞回乡介绍书》，凭介绍书即可到沪。1978年10月起，改用《港澳同胞回乡证》。1986年，港澳到沪人员10.63万人次，1995年15.51万人次。

对沪台居民互来管理 1950年起，上海市和台湾居民断绝互往。1986年后，对两岸民众往来实行一系列方便措施。1990年1月，允许台胞到沪投资或经商者及其亲属可办理多次入出境证件。1992年5月，执行国务院《中国公民往来台湾地区管理办法》。1987年，台湾到沪人员1.17万人次，1995年11.19万人次，1987～1995年157.09万人次。1988年上海去台湾人员21人次，1995年0.29万人次，1988～1995年0.86万人次。

华侨到沪管理 1950年，华侨到沪46人次，1959年10人次，1979年0.56万人次，1995年0.76万人次。

九、道路交通管理

交通队、人员 清光绪十六年（1890年），公共租界建管理街头交通队伍，设巡长1人、巡捕16人。1936年，上海市警察局行政警察处第二科设交通股，担负华界交通管理。1948年5月，市警察局行政处设交通科和交通大队，配置警官17人、警长115人、警员500人。1949年6月，市公安局行政处设交通科、交通大队，1955年1月，交通大队辖22个中队、1个直属分队。1994年1月，全市设交通警察支队1个、交通警察大队17个、交通队5个、交通科1个，有警员0.58万人。

机动车管理 1945年11月，市政府公用局负责管理机动车辆。各种车辆须持合格证向警察局申领牌照。1949年5月，全市有汽车、电车、摩托车等机动车2.33万辆。1950年起，机动车管理由市公安局承担。1993年，始对助动车进行管理。1995年，全市有客车2万辆、货车5.57万辆、摩托车8.86万辆、残疾人专用车0.91万辆。

非机动车管理 1945年11月，各种非机动车由公用局会同警察局登记、发证、管理。1949年4月，全市有自行车、黄包车、汽胎轮榻车、铁轮车、马车、粪车等非机动车35.78万辆。1995年，全市登记领照的自行车576.92万辆、人力货运车10.24万辆。

交通事故 1949年，发生交通事故0.51万起，死亡143人、重伤463人、轻伤0.17万人。1950年，发生交通事故0.91万起，死亡123人，1995年分别为1.67万起、788人。

十、消防管理

消防机构、设施 清光绪三十三年(1907年)，上海县城厢内外分东、南、西、中4区设民间救火团体20个，9月在华界成立救火联合会。1919年，成立东、南、西、北区和浦东区5个救火会。1927年，上海市公安局第二科始设立消防股。1930年1月，有救火会22个，义务消防队员660人、雇用消防员220人。1935年，全市有救火会21个，义务消防队员900人、雇用消防队员150人，划分为9个责任区。1945年，上海市警察局设立消防处和消防总队，处下设9个区队。1948年，成立救护总站，下设5个分站。共有警官106人，长警工友884人，有民办救火会26个。1949年6月，成立市公安局消防处，设9个区队。1950年11月，接办沪东、沪西、沪南、沪北4区民办救火联合会及其管辖的26个消防队。1952年9月，下辖7个区队、22个分队。1974年1月，恢复消防总队建制，1983年1月列入人民武装警察部队序列。1991年，市公安局消防处改为上海市消防局。1995年，下辖6个支队、1个大队、53个中队和1个教导大队，警员0.47万人。全市配备消防车487辆、消防艇5条、消防泵89台。

火灾 1950年，全市发生报案火灾156起。1995年，发生0.11万起，经济损失2100万元，死亡47人，受伤86人。

第二节｜检察 >>

一、检察机构

民国时期检察机构 1912年1月，上海地方检察厅成立，隶属江苏高等检察厅，下设5个初级检察厅、3个初级检察分厅，1927年11月裁撤，并入法院，改称江苏上海地方法院检察处。清同治八年(1869年)，上海公共租界和法租界会审公廨成立，1927年1月改为上海公共租界临时法院及上诉法院。1930、1931年，先后在公共租界、法租界内设立江苏上海特区、第二地方法院检察处(后改为江苏上海第一、第二特区地方法院检察处)及其上诉机关江苏高等法院第二、第三分院检察处，隶属国民政府司法部。1937年8月，伪政权占据江苏上海地方法院检察处，1939年6月～1940年5月先后设置伪上海法院浦东分院检察处、沪西分院检察处、嘉定分院检察处、崇明分院检察处。1940年11月，汪伪接管江苏上海第二特区地方法院检察处和江苏高等法院第三分院检察处。次年12月，接管江苏上海第一特区地方法院检察处和江苏高等法院第二分院检察处，改组为汪伪司法机关，仍沿用原名称。1943年8月，上海所有法院、检察处撤并为伪上海高等法院、上海高等检察署和上海地方法院、上海地方检察署。1945年8月，国民政府接管所有汪伪上海司法机关，改组为上海高等法院、上海高等法院检察处和上海地方法院、上海地方法院检察处，1949年5月为上海市军管会接收，并予以解散。

上海市人民检察院 1951年1月，成立上海市人民检察署，1954年12月易名上海市人民检察院，1975年1月起检察机关职权由各级公安机关行使，1978年8月重建。

上海市人民检察院分院 1955年9月成立，次年1月撤销，成立上海市人民检察院第一、二分院，1958年5月合并为上海市人民检察院分院。"文化大革命"中停止工作。1979年3月重建，1995年6月分置第一、二分院。

派出检察院 1985年3月，成立上海石油化工总厂地区人民检察院。1985年11月，成立上海市白茅岭农场区人民检察院、军天湖农场区人民检察院、四岔河农场区人民检察院、川东农场区人民检察院。1992年12月，成立青东农场区人民检察院。1995年6月，成立浦东张江地区人民检察院。

专门检察院 铁路运输检察院，1954年4月上海铁路沿线专门检察署成立，1957年9月撤销，1981年12月成立全国铁路运输检察院上海分院，1987年6月易名上海市人民检察院上海铁路运输分院，隶有上海、南京、蚌埠、杭州、福州、南昌6个基层铁路运输检察院。上海水上运输检察院,1955年7月成立,1957年9月撤销。

检察人员 1951年,全市有65人,1995年0.4万人。

二、刑事检察

刑事检察审查批捕 1955年,全市检察机关受理公安局提请批准逮捕3.86万人,审结逮捕的2.85万人,不逮捕的0.57万人。1966年,受理22.61万人,审结逮捕的10.08万人,不逮捕的1.52万人。1979～1995年,分别为18.65万人、14.85万人、1.71万人。1995年1.9万人、1.4万人、0.1万人。

刑事检察审查起诉出庭支持公诉 1950～1955年9月,对刑事案件提起公诉委托公安机关执行。1955年,全市检察机关受理公安机关审查起诉案件0.44万件,审结予以起诉0.36万件,不起诉246件,1966年起诉663件,免予起诉3件,不起诉44件。1979年,受理0.39万件,起诉0.28万件,免予起诉98件,不起诉80件,1995年分别为2.03万件、1.46万件、795件、28件。

三、经济检察

1951年3月,市人民检察署首次起诉原上海市人民法院一执行员贪赃枉法、贪污受贿一案,经法院审理判处死刑。1955年,市检察机关办结经济犯罪案件306件,起诉182件,1966年分别为17件、12件。1955～1966年,办结0.58万件,其中起诉0.35万件。1979年,办结贪污贿赂案件4件,其中起诉1件、免予起诉2件、撤销1件,1995年分别为0.16万件、0.15万件、126件、29件。1979～1995年,为1.7万件、1.2万件、0.44万件、539件。

第三节 审判 >>

一、机构

清代审判机构 清咸丰三年(1853年),英国驻沪领事取得审理英租界内中国人违警事件及轻微民、刑案件的权力,情节较重的人犯由上海县衙审理。同治三年(1864年),洋泾浜北首理事衙门创立,八年上海公共租界会审公廨和法租界会审公廨成立。宣统元年(1909年),上海城厢内外总工程局附设裁判所,审理违警案件及民、刑诉讼案件,命盗重案仍由上海县署审理。宣统三年九月,设立上海司法署,主管司法审判。

民国时期审判机构 1912年1月,上海司法署改上海地方审判厅。1927

年11月，上海地方审判厅、检察厅改组为江苏上海地方法院和检察处，又名南市地方法院，隶属江苏高等法院。1926年8月，北洋政府收回公共租界会审公廨。1927年1月，上海公共租界临时法院及上诉院成立，1930年4月撤销，成立江苏上海特区地方法院（后改为第一特区地方法院）及江苏高等法院第二分院。1931年8月，在法租界设立江苏上海第二特区地方法院和江苏高等法院第三分院。1937年11月上海沦陷，12月伪上海市大道政府成立后接管江苏上海地方法院。1940年11月，汪伪国民政府接管江苏高等法院第三分院和江苏上海第二特区地方法院，次年2月又接管江苏高等法院第二分院和江苏上海第一特区地方法院。1943年8月，上海所有司法审判机关分别合并成立伪上海地方法院、上海地方检察署、上海高等法院和上海高等检察署。1945年8月抗日战争胜利，国民政府接管汪伪在沪的一切司法审判机关，成立上海地方法院、上海地方法院检察处以及上海高等法院、上海高等法院检察处。

上海市人民法院　1949年8月，上海市人民法院成立，隶属于上海市人民政府。1950年10月，最高人民法院华东分院在上海成立。1955年4月，撤销上海市人民法院，成立上海市高级人民法院和上海市第一、二、三3个中级人民法院。1956年5月，上海市第三中级人民法院撤销，并入第一中级人民法院。1958年4月13日，撤销上海市第一、二中级人民法院，成立上海市中级人民法院。1968年1月，公检法机关实行军管，各级法院与同级公安、检察机关建立统一军管机关，法院为其一个业务组（审理组），经办审判。1974年1月，各级法院与公安、检察机关分设。1979年4月，上海市高、中级人民法院分设。1995年7月，撤销上海市中级人民法院，设立上海市第一、二中级人民法院。1950年，全市法院工作人员694人，1995年0.55万人，其中审判人员0.34万人。

专门法院　上海水上运输法院，1955年7月成立，1957年10月撤销。上海铁路运输中级法院，1955年4月成立，1957年10月撤销，1981年12月重建。上海海事法院，1984年6月成立。

外国在上海租界的机构　根据中英《南京条约》、中法《黄埔条约》、中美《望厦条约》等不平等条约，在华享有领事裁判权国家共有19个，其中英、美、法、德、俄、比、丹、意、日、荷、挪、葡、西班牙、瑞典、瑞士、巴西等16国先后在上海租界设立领事法庭。清咸丰四年（1854年）六月，英国首先设立领事法庭。英美两国又先后将领事法庭改成特种法院。九年，法国在法领署设立违警罪裁判所。同治四年（1865年），英国在沪设立高等法院，代替原有的领事法庭。尔后，英国又设立上诉法院，行使英国上诉法院及刑事上诉法院权限，管辖范围亦及于中国全境。光绪八年（1882年），租界设置领事公堂，专门受理以上海公共租界工部局为被告的民事案件。三十二年，美国在上海设立美国在华法院，1920年又设立上海美国司法委员法院，地位相当于美国国内的地方法院。

二、刑事审判

1927年4月～1949年5月，上海刑事审判分为普通和特种刑事审判两类。1949年8月～1956年，上海市各级人民法院受理15.78万件案件，反革命案件占4.7%，普通刑事案件占95.3%。审结15.81万件。1957～1965年，受理12.33万件案件，反革命案件占33.4%，普通刑事案件占66.6%。审结12.38万件。1966～1976年(缺1968年资料)，收案3.81万件，结案3.78万件。收案反革命案占全部刑事案件22.18%，1969年高达0.25万件。刑事审判造成一批冤假错案，尤以反革命案件错判为多。1976年10月后，对大批冤假错案进行复查纠正。至1981年8月，复查处理刑事案件2.82万件，其中反革命案件0.56万件、普通刑事案件2.26万件。在复查的反革命案件中，属于宣告无罪的占71.6%。1977～1981年，收案2.2万件，结案2.35万件，其中收案反革命案320件。1982年，上海市高、中级法院公开审判江青反革命集团在上海的重要骨干徐景贤、王秀珍等8人反革命案件。1982～1995年，受理13.66万件案件，反革命案件占0.4%，普通刑事案件占99.6%。审结13.94万件。1994年、1995年，反革命案减至各1件。1949年8月～1995年(1968年无资料)，全市各级法院审结45.91万件。其中，反革命案件5.89万件、普通刑事案件40.02万件。

三、民事审判

1949年8月，上海市人民法院接管前法院民事未结案0.14万件。至1995年，全市各级法院受理一审民事案件98.53万件，审结97.91万件。年均审结3.26万件。其中，1950～1956年受理36.14万件，审结36.17万件。1957～1965年，受理一审民事案件14.06万件，审结14.22万件。1966～1976年(1968、1969年无统计数)，分别为4.45万件、4.23万件。1995年，42.9万件、42.62万件。

四、经济审判

1949年8月～1965年，工商业公私纠纷两类合计收案0.85万件，占同期民事纠纷案件收案数1.7%。1979年4月起，上海市各级法院成立经济审判庭审理各类经济纠纷案件，1983年受理528件，1995年3.58万件。1983～1995年，受理一审案件16.54万件，审结15.9万件，结案诉讼标的金额246.35亿元。

五、行政审判

1983年9月，黄浦区法院受理上海历史上首例行政诉讼案，华生电扇总厂不服黄浦区工商行政管理局以侵犯注册商标专用权对其罚款0.1万元的行政处罚。经审查,法院判决维持具体行政行为,对原告请求不予支持。1987～1995年,全市法院受理一审行政案件0.29万件。

第四节 司法行政

一、律师

律师、律师组织 清同治八年(1869年),上海公共租界、法租界会审公廨成立,律师始参与诉讼,都为外国籍律师。1913年,回国留学生组织上海律师公会,会员近百人,为中国最早的律师执业团体,1949年4月会员0.13万人。1950年1月,被上海市军管会解散。1949年8月,上海市人民法院设辩护室,有公设辩护人2人,1953年公设辩护人改称公设律师。1955年,市司法局设立公证律师处。1956年4月,成立上海律师协会筹备会,年底全市成立6个法律顾问处,律师和工作人员308人,1959年6月均撤销,上海律师制度中断。1979年4月,上海市律师协会筹建,是年全市有律师16人。1980年,市第一、二和崇明县法律顾问处成立,1984年,改称律师事务所。1995年,全市律师事务所215家,律师0.44万人。

刑事案件辩护 1956年4月～1959年3月,律师参加辩护的刑事案件、反革命案件0.64万件,刑事自诉案件651件。1979年7月,律师首次担任律师制度恢复后辩护人。1980年,律师辩护0.11万件,5人参加审理林彪、江青两个反革命集团案辩护。1982年下半年～1983年春,21人参与上海两次审理江青反革命集团在沪骨干案的辩护。1981～1988年,律师办理的刑事辩护案件年均0.4万件,1989～1994年年均0.7万件。律师参与辩护的案件一般占法院收案的60%。1995年起,实行指定律师为刑事案件被告人辩护。是年,涉案辩护0.86万件,占法院收案数68.9%。

民事案件代理 是民国时期律师的主要业务。1949年8月,上海市人民法院设公设辩护人,至12月辅佐民事案件274件。1957年,办理民事案件代理0.67万件。1959年6月,取消民事案件代理,1979年恢复,1980年代理110件。1995年,代理民事诉讼1.99万余件,占法院受理数43.7%,经济诉讼代理分别为2.52万件、67.2%。

二、公证

1936年8月,国民政府司法行政部指定上海第一特区、第二特区地方法院及上海地方法院设立公证处。1949 年 8 月，上海市人民法院设公证处，1954 年在 6 个区法院建立公证室，工作人员 18 人。1955 年，分别改并为市第一、二、三公证处，1956 年合并为市公证处，公证员 1 人、助理公证员 20 人、书记员 20 人。1959 年撤销，国内公证停办，涉外公证由市高级法院涉外组兼办。1980 年 4 月重建，1995 年全市有公证处 22 个、公证员 218 人。1980 年，办证 0.57 万件，其中国内公证 416 件、涉外公证 0.53 万件，1995 年分别为 24.47 万件、8.99 万件、15.48 万件。

三、劳动教养

1957 年 11 月，始在横浜路（今同心路）723 号设上海市劳动教养收容所。至 1990 年，建 11 个劳动教养场所。后撤并 3 个，3 个改为劳改场所和国营企业。1995 年，有 5 个劳动教养场所，分别为市劳动教养收容所，在殷高路 5 号，1957 年 11 月设立。上海市第一、二劳动教养管理所，在江苏省大丰市，先后于 1959、1983 年建立。上海市第三劳动教养管理所，在青浦区，1959 年设立。市女劳动教养管理所，1990 年安徽省白茅岭农场女劳教大队改今名，1991 年迁青浦区。1957 年 11 月 28 日，全市开始收容劳教人员，1968 年 5 月停止，1971 年 11 月恢复。1957～1995 年，全市收容劳动教养对象 15.7 万余人，女性占 7.52%。

第五节 | 监狱 >>

一、狱所

在华界，1912 年上海县监狱改称上海地方监狱。1913 年，设立上海地方分监，1920 年改称江苏第二监狱分监。1919 年，江苏第二监狱启用，1924 年第二监狱分监撤销并入。1936 年 7 月，司法行政部直辖第二监狱启用。

在租界，清同治九年（1870 年）厦门路监狱启用，光绪二十九年（1903 年）四月华德路监狱（今长阳路，即提篮桥监狱）启用，宣统三年（1911 年）八月法租界会审公廨监狱启用。此外，租界内先后还有两个会审公廨拘押所和诸多巡捕房拘押所关押华人犯人。

1949 年 9 月 21 日，成立上海市人民法院监狱，1951 年 7 月改称上海监狱，8 月改称上海市监狱，1995 年 6 月改称上海市提篮桥监狱。1950 年 3 月，在江苏省大丰县成立上海市人民政府垦区劳动生产管理局，收押犯人。1953 年，建上海市少年犯管教所。1954 年，全市有监狱、少管所、劳改农场各 1 处，劳改队 9 所，看守所 3 所。1965 年，上海市第一劳改队部分迁青海省西宁市，建为上海市西宁劳动改造管教支队，1969 年划归青海省。1974 年起，皖南白茅岭、军天湖 2 个劳动教养农场改作劳改农场。1995 年 6 月，全市各劳改队统一称为监狱，有提篮桥、五角场、周浦、北新泾、青浦、白茅岭、军天湖、女子等 8 所监狱，1 所少年管教所。

厦门路监狱，清同治七年建，在厦门路 4 号(今 180 号)。主要建筑为一幢二层楼监舍，设男、女监，有 72 间。1935 年 9 月撤销。

提篮桥监狱(即原华德路监狱)，清光绪二十七年建，二十九年启用。初占地 10 亩，1916 年扩建，1935 年形成今规模，占地 60.41 亩。设华人监区，有 9 幢监楼。另设西人监和病犯医院。全狱监室 0.4 万间。上海使用时间最长、关押犯人最多的狱所。上海人以“提篮桥”为狱所代称。

白茅岭监狱，1956 年 3 月建，又称白茅岭农场，在安徽省郎溪、广德两县境内。初为上海市民政局下属安置无业游民农场，1958 年由市公安局接管，改为劳动教养场所，1995 年改称今名。

女子监狱，1995 年 9 月建，次年启用。在松江县泗泾镇。

二、收监

清光绪二十九年(1903 年)，公共租界华德路监狱新收犯人 548 人，1929 年新收犯人 0.51 万人。宣统三年(1911 年)，法租界收犯人 292 人，1930 年新收犯人 758 人。抗日战争胜利后，部辖上海监狱(提篮桥监狱)关押一批汉奸犯和日本战犯。1946 年 4 月～1948 年 9 月处决日本战犯 19 人。1949 年 5 月上海解放，6 月 1 日监狱开始收押犯人，50 年代末，提篮桥监狱为上海市收押犯人的总入口，集中收监各法院判处的 18 周岁以上死刑缓期二年执行(简称死缓)、无期徒刑、有期徒刑男女犯人。1949 年 6 月～1995 年，上海监狱系统收押犯人约 40 万人(含 1949 年 6 月～1960 年未决犯)，其中女犯 3.29 万人、外国人犯 402 人。其间，1949 年 6～12 月收押 1.52 万人，1995 年 0.8 万人。

三、释放

1949 年 5 月，上海解放，监狱中服刑者剩 650 人，其中政治犯 50 人。1950 年，上海监狱系统释放 0.63 万人，1995 年 0.52 万人，1949 年 6 月～1995 年，释放 14.7 万人。

四、调犯

上海解放后，上海监狱系统分批调押犯人到外省从事开荒、水利、筑路等劳动。调出的犯人，多数是余刑 3 年以上的反革命犯和其他刑事犯，年龄 18～50 岁，身体强壮，无严重疾病。主要调往地有陕西、安徽、福建、青海、宁夏、江西、新疆、江苏等地。1950 年 4 月，第一次向外省管理的监狱整批量调押犯人 228 人，目的地陕西延安。1983～1995 年向新疆、青海等调押 1.75 万人。1950～1995 年，共向外省调押犯人 15.5 万余人。

五、减刑

清宣统二年，华德路监狱犯人减刑 140 人，至 1925 年共减刑 0.45 万人，1932～1942 年减刑 0.3 万人。1951 年 3 月，解放后上海市监狱系统第一次减刑，13 人减刑，1995 年 0.35 万人。1950～1995 年，减刑 2.13 万人次，其中 1978～1995 年 1.95 万人次。

六、假释

1934 年起，华德路监狱实施假释制度。是年，获假释人数占在押犯总数 0.26%，以后一般占 3%～4%，至 1940 年共 0.18 万人。1951 年 1 月，上海监狱系统在解放后首次对 5 名犯人假释，1995 年假释 152 人。1980～1995 年，共 882 人。

七、大赦、特赦、宽大释放

大赦　1912 年～1949 年 5 月，实施 9 次赦免，其中北洋政府时期 3 次。解放以后国家不实行大赦。

特赦　根据 1959 年 9 月 17 日国家主席特赦令，上海市分两批特赦共 1100 人，其中反革命犯 244 人、普通刑事犯 856 人。

宽大释放　1975 年 9 月，上海市劳改局对 5 名民国时期国民政府司法机关判处无期徒刑的强盗犯、杀人犯，39 名在押的美蒋武装特务宣布释放。对 8 名刑满留场就业人员全部恢复公民权利，对 23 名家住台湾要求返台的给足路费，其余 24 人由原籍政府安置。1975 年 12 月，对原国民党省将级人员 25 人、县团级人员 45 人宣布释放，给予公民权。对 154 名刑满留场就业人员发给就业证明书，对被剥夺政治权利的宣布给予公民权。1976 年，对 32 名因遗漏或审查时职务没有核实的原国民党县团以上党政军特人员按照宽释政策办理。上海市接受外省转沪安置的原国民党县团以上党政军特人员 261 人。1976 年，对在押的原由国民政府司法部门判决的 7 名汪伪汉奸犯，予以释放，给予公民权。1982 年 5 月 14～18 日，对 16 名在押人员发给释放证，对 0.11 万名已刑满留场就业的人员安置回原籍。释放 10 名监外就医人员。

第九章
军　　事

第一节 | 驻军 >>

一、军事机构

从明洪武年间到1995年,在上海先后设立过12种军事机构。

卫、所 明洪武十九年(1386年),松江上官场设金山卫(今金山东南),委指挥使1人(正三品),统辖松江前、后、左、右、中及青村(今奉贤奉城)、南汇、吴淞、宝山等地守御千户所。

海防道 明嘉靖三十二年(1553年),倭寇掠扰江浙沿海,松江府增设海防道衙署。清初,松江府仍设海防道同知,管辖海上军务。

提督衙署 清顺治二年(1645年),在松江府设江南提督衙署,统理苏州、松江、常州、镇江4府军务。辖有本标5个营及松江城守营等。康熙元年(1662年),统理江南全省的军务。

水师 清顺治十四年(1657年),设立崇明水师镇,委总兵1人,驻防吴淞江和崇明海口。康熙十四年(1675年),水师总兵升为水师提督。

上海道 清雍正八年(1730年),分巡苏松兵备道由苏州移驻上海县城大东门。乾隆元年(1763年),增辖太仓,改称分巡苏松太兵备道(亦称上海道)。

沪防水陆全军司令部 清宣统三年(1911年)九月十四日上海光复,十六日沪军都督府成立,设沪防水陆全军司令部(简称沪防军)。

镇守使 1913年7月,设上海镇守使,1915年11月18日与松江镇守使合并为松沪护军使,1925年1月撤销。

警备、卫戍司令部 1927年3月,国民革命军北伐东路军进驻上海,6月设上海警备司令部,8月改称淞沪卫戍司令部,1928年4月改为淞沪警备司令部。1937年撤销,1945年8月16日在重庆重组,9月上旬迁沪。同月,改称京沪卫戍总司令部,1948年12月改称京沪杭警备总司令部,同月迁往无锡,后移至南京,1949年3月又迁回上海,5月上海解放结束。

中国人民解放军上海市军事管制委员会 1949年5月27日上海解放设立,下设军事、政务、财经、文教4个接管机构,1987年牌子撤除。

上海警备区 1949年5月28日,中国人民解放军成立淞沪警备司令部。7月,重建淞沪警备司令部,1950年10月改编为华东军区公安司令部兼淞沪警备司令部,1951年、1955年先后改称华东军区、南京军区公安部队司令部,1955年11月成立上海警备区。

海军上海基地 1949年7月8日,华东军区海军后勤司令部在沪成立。1950年8月,华东军区海军司令部由南京移驻上海。1955年10月,华东军区海军改名为海军东海舰队,1969年10月调防,建东海舰队上海基地。

空军上海基地 1950年3月,建上海防空司令部,9月和华东军区空军合并为华东军区空军司令部兼上海防空司令部。1951年2月,成立华东军区防空兼上海防空司令部。是月,空军上海基地成立,1952年7月以此为基础,组建空军第四军,1957年9月撤销防空军番号。1985年10月,整编为空军上海指挥所,1993年10月改编为空军上海基地。

二、部队

陆军 清宣统三年(1911年),沪军都督府编有沪军20个营。1912年中旬,沪防全军改为陆军第三混成旅。1913年6月,北洋政府陆军第七、第十九旅驻沪。1915年11月,陆军第四、第十师驻松江、吴淞、龙华、高昌庙、闸北等处。1919年11月,改由陆军第六混成旅驻防。1924年9月后,直系、奉系、鄂系、苏系、直鲁、浙闽等系的军队相继驻沪,调动频繁。1927年3月,国民革命军东路军北伐进入上海,第一军第一师驻防吴淞口、江南造船厂等地。1932年一·二八事变前,第一军第二师、第二十一师,第二十六军,第三十二军一部、第三十七师、第五师和第十九路军七十八师先后驻防淞沪。1932年,中日签订《淞沪停战协定》,按协定中国正规军不得进驻安亭至浒浦一线以东地区,上海失防。抗日战争胜利后,国民政府军第九十九军第一四六师、六十七师、整编第四十六师、青年军第二〇二师第二旅先后驻上海。1949年5月上海解放后,中国人民解放军三野九兵团辖第二十军、二十六军、二十七军、三十军、三十三军担负上海的治安、警备。8月,第三十三军九十七师、九十八师、九十九师和第一〇〇师、吴淞要塞部队组成淞沪警备部队。1950年11月,第九十七师、九十八师、九十九师改编为华东军区公安部队兼淞沪警备部队,第一〇〇师整编后调防,吴淞要塞部队划归海军。1955年11月,上海警备区成立,执行副兵团级权限,担负上海海防和城市警备。

海军 机构、部队。清顺治十四年(1657年),设崇明水师都督,调拨标兵万人,驻防吴淞、崇明。光绪十四年(1888年),清廷北洋舰队和南洋舰队派舰驻防吴淞，始有海军驻沪。宣统二年（1910年），长江、巡洋两舰队驻上海高昌庙。1911年12月，各地海军起义代表会集上海，在高昌庙海军舰队事务处设临时海军司令部，统一指挥全国海军，1912年改为海军总司令处，1924年复称海军总司令部，北洋海军第一舰队驻沪。1929年，海军总司令部撤销，机构归沪江舰队司令部。1932年一·二八事变后，练习舰队、水雷游击舰队调往南京，第一舰队继续留守。1934年，练习舰队调回上海。1937年，驻沪海军调往长江中下游参加抗战，大部分舰艇沉于江阴要塞航道，阻止日舰入侵。抗日战争胜利后，恢复和新建的驻沪海军部队有海军陆战大队、第一练兵营、巡防处、警卫部队等。1949年5月上海解放，中国人民解放军华东军区海军第五、六、七舰队所属若干舰艇驻防上海，吴淞要塞划归驻沪海军建制。1951年、1952年，先后组建驻沪海军鱼雷快艇基地、海军航空兵第一师、扫雷舰大队、练习舰大队、航运大队、训练大队等。1955年，华东军区海军改称海军东海舰队，驻沪海军部队有1043部队、淞沪水警区、海军航空兵基地和航空兵37753部队、海军修船管理支队、海军护卫舰支队等。以后驻沪海军部队多次精简整编。

军港。有吴淞军港，在吴淞镇北，黄浦江入海口西侧。

空军 机构、部队。1945年9月，国民政府航空委员会由重庆迁至上海。9月，在上海设立空军供应司令部。10月起，先后调空军第八大队空运第一、第二大队及空军高射炮团等部队驻沪。1949年5月上海解放后，中国人民解放军在沪组建高射炮兵第三师，中国政府邀请苏联空军防空集团驻防上海。1950年8月，人民解放军空军混成第四旅进驻上海，10月参加抗美援朝，在沪另组建空军驱逐第二旅。1951年后，空军航空兵2502、2680、3796等部队驻沪。1954年4月，在上海组建高射炮兵4154部队，8月高射炮兵4152部队驻沪。1957年，驻沪高炮部队划归驻沪空军建制。其他驻沪空军部队有2644、4153、4158、3777等部队。以后驻沪空军部队经过多次精简整编。

军用机场。虹桥机场，1921年辟建，1972年改为民航专用。大场机场，1938年建。丁家桥机场，又称王浜机场，1938年建，1965年起用于民兵军事训练。江湾机场，1939年建，1994年8月关闭。

武装警察 1949年5月，中国人民解放军华东军区警卫旅进驻上海，6月改编为上海市人民政府警察总队，1950年7月改称人民公安部队上海市公安总队，此后历经变化。1982年8月，改编为武装警察部队上海市总队。

外国军队 根据清道光二十三年（1843年），中英《虎门条约》、道光二十四年中美《望厦条约》和中法《黄埔条约》规定，外国兵舰可常出入吴淞口，停泊黄浦江。咸丰十年（1860年）夏，为阻止太平军进攻上海，英、法军0.12万人驻守上海县城，500余人驻守上海城北江湾和城西徐家汇，法军200人驻守董家渡天主堂附近。同治元年（1862年）初，英、法军驻沪总兵力增至0.4万人，光绪二十六年(1900年)增兵0.3万人。此后,德国等亦派兵驻沪。1927年3月,国民革命军北伐逼近上海,英日美法等国军队2.3万余人先后在上海登陆。1928年,驻沪外国军舰26艘。1934年11月,驻沪外国军队有英国驻沪陆军司令部,驻大西路兵力0.1万人。法国驻沪陆军司令部,兵力0.16万人。美国驻沪海军陆战队,兵力0.12万人。光绪二十八年起,日本开始在上海驻军,1932年一·二八事变前,日驻沪海军陆战队兵力0.18万人。1937年上海沦陷后,日军设立上海警备部队,总兵力约1.2万人。1945年抗日战争胜利后,美国在上海设军事机构中国战区美军总司令部、美军驻华基地司令部、中国战区美军调防部、美军驻华空军司令部、美军第十四航空队、美军第十航空队、美空军后勤司令部、美国驻华海军总部、美军第七舰队、美国驻华联合军事顾问团上海办事处。另有英国皇家空军大队。上海港军事管制一年,在港美国军舰最多时达120多艘,驻沪美军最多时达2万余人。1949年4月30日,美国在沪最后一批海军陆战队400人撤离。美军驻沪军事机构相继撤离。

第二节 | 兵役、兵事 >>

一、征兵

征兵 解放初实行志愿兵役制,1955年实行义务兵役制。1955～1995年,全市征集兵员40余万人。

退役 1968～1980年,全市共接收复员军官1.9万余人,1989～1995年0.6万人。解放初期,士兵退出现役,实行复员制度。1950～1958年,全市共接收3万余人复员。1958年5月后,士兵退出现役,一律作退伍安置,至1995年全市安置38万人。

二、兵事

上海地区兵事主要有东晋隆安三年(399年)沪渎之战、明嘉靖三十年至三十四年(1551～1555年)抗倭、清道光二十二年(1842年)吴淞抗英之战、清咸丰三年至五年(1853～1855年)小刀会起义、清咸丰十年至同治元年(1860～1861年)太平军进攻上海、清宣统三年(1911年)上海光复之役、1913年上海讨袁之战、1924～1925年北洋军阀争夺上海之战、1932年一·二八淞沪抗战、1937年八一三淞沪抗战、1949年解放上海战役、1950～1964年剿匪肃特战斗。

一·二八淞沪抗战 1932年1月28日23时30分,日海军陆战队突然袭击闸北天通庵路第十九路军翁照垣部。第十九路军自卫还击,接防的宪兵第六团一部亦奋起抵抗，战役正式开始。3 月 4 日，正式停战。5 月 5 日，国民政府被迫与日军签订《淞沪停战协定》，协定禁止中国正规军队驻防上海。上海成为不设防城市。此战，日方出动陆军 6.5 万余人、海军陆战队 1.3 万余人，加上海、空军，总兵力达 8 万余人，各型舰船约 80 艘，飞机 300 余架。中国军队出动约 5 万余人，飞机 30 余架。

八一三淞沪抗战 1937 年 8 月 13 日上午 9 时许，一支日军窜入横浜路，保安队哨兵对天鸣枪以示警告，日军平射还击。下午 4 时，日军主力向宝山路、八字桥、天通庵路进攻，中国守军奋起抵抗，战役正式开始。11 月 5 日拂晓，日军 2 个师团及国崎支队，在杭州湾北岸全公亭、金山卫登陆，对淞沪实施迂回包围。中国守军猝不及防，阵地相继失守，战局急转直下。8 日，国民政府统帅部下令全线撤退。12 日，上海失陷。八一三淞沪战役结束。此次会战，日军 9 个师团投入总兵力 22 万余人，坦克、装甲车 260 余辆，作战舰艇 130 余艘，飞机 400 余架。国民政府守军一再增加兵力，最高时总兵力达 64 个师 70 余万人，作战飞机近 200 架。

解放上海战役 1949 年 4 月下旬，中国人民解放军解放南京后，第三野战军一部直逼浙江宁波，其余各部多路疾进上海。国民党军京沪杭警备总司令部守军 8 个军 26 个师及海、空军和特种兵共 20 余万人，凭借 4255 个永备型碉堡工事，固守顽抗。解放军第三野战军以第九、第十 2 个兵团 8 个军(后又增加 2 个军)、30 个师及特种兵纵队近 40 万人，沿太湖南北走廊发起解放上海战役。5 月 23 日夜，发起总攻。27 日下午 3 时，第二十七军在杨树浦受降最后一批国民党军，上海解放。此次战役，解放军歼灭国民党军约 15.3 万人，缴获火炮 1370 门、枪支 8 万余支(挺)。解放军牺牲 7784 人，伤 24000 人。

第十章
劳 动 人 事

第一节 劳动力 >>

1952 年，全市劳动力 307.29 万人，其中城镇、农村分别占 57.5% 和 42.5%。1958 年，分别为 400.51 万人和 65.47%、34.53%，1995 年，分别为 794.19 万人和70.99%、29.01%。

一、城镇职工

清道光二十三年(1843 年)，上海首家工厂墨海书馆开设，出现工人。同治十一年(1872 年)，江南制造总局约雇工 0.13 万人。光绪二十年(1894 年)，上海外资企业有工人 3.6 万人。1926 年 3 月，棉纺、制革、造纸、水电、煤气、翻砂、装卸、旅馆等 58 个行业有产业工人 13.38 万人。1947 年，全市有产业工人 36.74 万人。1949 年末，全市职工 98.17 万人，1995 年 470.56 万人。1956 年，全民所有制单位职工 172.80 万人，1995 年 324.19 万人。50 年代，个体经营者加入合作企业，成为集体所有制单位职工，1952 年全市有 8.74 万人，1995 年 80.93 万人。1979 年后，中外合资、合作，外商独资企业发展，出现各种所有制企业，部分全民和集体所有制企业转制为股份制企业，出现其他所有制职工，1984 年有 3.91 万人，1995 年增至 65.44 万人。1959 年，上海市统计局按八级制技术标准，调查 25.3 万名技术工人，平均等级为 3.55 级。1985 年，对工业、基本建设两个部门 200 万技术工人调查，平均技术等级 3.6 级。其中，初级工(3 级及 3 级以下)占技术工人总数 65%，中级工(4、5、6 级)占 33%，高级工(7、8 级)占 2%。

二、农村劳动力

1949 年，有 121.54 万人，1959 年 133.04 万人，年均递增 0.91%。1960～1977 年，年均递增 4.5%，1977 年 270.15 万人。1978～1995 年，劳动力减少，

1995年减为230.43万人。农村每百亩土地负载劳动力，1949年21.6人，1982年56.8人。1978年后，农业劳动力加速向以乡(公社)镇企业为主的非农产业转移。是年，在非农产业就业的有65.9万人，1995年164.82万人。

三、外地在沪劳动力

1959年4～10月，民政部门集中遣送30万名盲目流入上海市的外来人员回原籍。1986年开始，建筑、装卸、海洋捕捞、翻砂以及纺织挡车等行业和工种，招用山东、江西、福建、安徽农民轮换工0.11万人。1995年，全市使用外地劳动力52.8万人。

第二节 劳动就业 >>

一、失业、待业人员

1932年5月，全市有失业者30余万人。1946年，有30万人，为全市产业工人总数40%。1949年6月～1957年，累计登记的人员67.2万人。1957年，市人民委员会宣布失业问题基本解决，全市尚剩失业人员3万人。1964年年初，上海市劳动局恢复城镇待业人口统计，1976年待业人员近10万人。1987年以后，出现就业难、招工难。1995年，14.4万人失业，失业率2.7%。其间，出现国有、集体企业下岗待工人员，1995年19.7万人。

二、就业安置

1949～1957年，主要安置失业人员就业，67.2万名登记失业人员大部分就业，剩3万人。1958～1965年，组织大批家庭妇女进入工厂企业，或参加街道、里弄兴办的生产加工和生产服务事业。1960年，全市职工比1957年增加73.8万人。1961年开始，工厂企业停止招工，精简家庭妇女和家在农村的职工，对未能就业的新成长的劳动力采取"面向外地，面向农村"的方针。1961年，动员知识青年到新疆建设兵团屯垦戍边，至1966年有8.5万人。1963～1965年，全民所有制单位招收城镇待业人员8.3万多人。街道、里弄兴办的生产、生活服务事业安置一批妇女和青年。1968年起，对中学毕业生实行"面向农村、面向边疆、面向工矿、面向基层"的就业方针，动员上山下乡，到市郊和外地农村务农。至1976年，全市上山下乡务农104万人，分配进市全民企业88.4万人、城镇集体企业27万人，在街道里弄生产、生活服务单位就业6.9万人。1978年起，主要安置按政策回沪的上山下乡知识青年就业。1977～1982年，全市安置

156.3 万人。

第三节 干部

一、干部队伍

解放后,干部队伍迅速发展,纳入干部队伍管理的对象有各级中国共产党组织、人民代表大会常务委员会、政府、政协、各民主党派机关,人民团体,全民所有制事业、企业单位由国家行政、事业企业费供给的国家干部,包括行政人员、管理人员和各类专业技术人员以及经选聘在干部岗位上的人员。1949 年,全市干部 2.61 万人,1995 年 86.57 万人。1949 年,全市有专业技术人员 1.11 万人,1995 年 84.79 万人。

二、干部管理

1954 年,招收录用干部 1 万人,1995 年 2.12 万人,1954～1995 年共 111.34 万人。主要从 5 方面录用干部。(1)南下干部和中共上海地下组织干部、党外积极分子。1949 年 5 月,中共中央华东局从山东、江苏等老解放区抽调 0.9 万名干部随解放军进入上海,同时选拔中共上海地下组织的干部和党外积极分子 0.9 万人,进入各级政府机关工作,成为市、区政府机关干部骨干。(2)留用整编。1949 年年底,市政府录用前政权机关人员 3.45 万人。(3)毕业生分配。解放后高等院校、中等专科学校毕业生是干部主要来源之一,1954～1995 年全市接收大中专毕业生 64.55 万人。(4)军队转业干部安置。1951～1953 年,安置 581 人,1995 年 847 人。(5)招收录用。解放后政府各级机关多次从工矿企业、基层单位、社会上待业人员招收录用工作人员,60 年代后选调工人充实干部岗位,"以工代干"。1995 年起,各级国家行政机关录用担任主任科员以下非领导职务的国家公务员,均采用公开考试,择优录用。

三、专业技术干部管理

职称评定 20 世纪 50 年代初期,国家实行专业技术职务任命制,1956 年后停顿。1956 年 6 月制定《高等学校教师学衔条例》和《科学研究工作者学衔条例》。1962 年、1963 年,先后制定工业、农业、医药、卫生、科学技术人员和经济专业人员的技术称号条例和办法。1977 年 9 月,国家恢复职称制,实行专业技术职务聘任。1995 年,全市有专业技术人员 84.79 万人,其中高级 6.47 万人、中级 27.03 万人、初级 51.29 万人。

突出贡献中青年专家　1984 年起，上海每两年进行一次选拔有突出贡献的中青年科学、技术、管理专家，至 1995 年全市有 277 人获此称号。

政府特殊津贴人员　1990 年开始，国家实行对部分有卓越贡献的科学家、专家和著名教授、学者发放政府特殊津贴的政策。上海首次发放对象 10 人，至 1995 年有 0.65 万人。

博士后流动站　1985 年，国家建立博士后研究制度，至 1995 年上海地区有 28 个高校和科研单位设立 57 个博士后流动站，在企业设立 2 个，进站博士后 559 人。

人员交流　1973 年，引进外国专家 207 人，1983～1995 年引进 3.54 万人。1984～1995 年，全市派出 0.83 万人次赴国外培训。

第四节 | 职工工资、奖金、离退休 >>

一、工资

1952 年，全市职工年平均工资 762 元，1990 年 2917 元，1995 年 9279 元。

二、奖金

1979 年，全市全民所有制企业职工年人均奖金 92 元，1987 年 530 元，1992 年 1363 元，1995 年 2845 元。

三、离休

1995 年，全市有离休人员 5.05 万人。

四、退休

1951 年，按政务院《劳动保险条例》，实行职工退休制，至 1957 年全市 0.25 万人退休。1995 年，有退休人员 176.53 万人，其中企业 152.95 万人、机关事业单位 23.58 万人。

第十一章 外事

第一节 国家驻沪外事机构 >>

清道光二十三年(1843年)上海开埠后,上海地区对外事务悉由上海道台兼理。光绪二十五年(1899年),特设洋务局作为道台对外办事机构。宣统三年(1911年)九月,沪军都督府内设交涉司,1912年1月1日改称驻沪通商交涉司,1913年改北洋政府外交部特派驻沪通商交涉使。1914年1月,设上海观察使,兼理外事。1916年2月,在沪设特派江苏驻沪交涉员公署,办理一切对外事务,1929年12月撤销,外国人注册、护照签证等事务由市公安局外事股办理,其他对外事务分别由市政府相关处局兼办。

1927年6月,设北洋政府外交部驻沪办事处。1929年12月,另设国民政府外交部驻沪办事处,1941年12月太平洋战争爆发后撤销,1946年2月恢复。奉准核办普通护照、入境签证及外国人入内地旅游等签证,1949年5月上海解放后由上海市人民政府接管。此后,上海地方外事先后由市人民政府外事处、市人民政府外事办公室管理。

第二节 外国驻沪使领馆、联合国驻沪机构 >>

一、外国驻沪使领馆

清道光二十三年(1843年)九月,英国首先在上海建立领事馆。至20世纪初、中华民国建立前,美国、法国、德国、奥匈帝国、荷兰、西班牙、葡萄牙、丹麦、瑞典、挪威、俄罗斯、意大利、比利时、日本、巴西、墨西哥、古巴等18国相继设驻沪领事馆。1912～1927年北洋政府时期,又有智利、波兰、瑞士、芬兰等国建馆。其间,1917年北洋政府与德、奥同盟国断绝外交关系,两国关闭驻沪领事馆。1927 年南京国民政府成立至 1937 年抗日战争爆发前，除前 22 个国家驻沪领馆外，又有捷克、希腊、伊朗、尼加拉瓜、巴拿马、危地马拉、委内瑞拉等国在沪设馆，其中部分旋设旋停。1928 年北洋政府结束后，意大利、捷克、丹麦、日本、古巴、比利时、瑞典等国原驻北京大使馆和公使馆，未按国际惯例迁驻首都南京而改迁上海，英国、波兰、智利、瑞士等国则在沪设使馆代办处。1940 年 3 月汪伪国民政府成立，凡未承认汪伪政府以及 1941 年太平洋战争爆发后对德日宣战的国家，其在沪领馆，或被日伪限令停止活动，或被封闭。与汪伪政府保持“外交关系”的德国、意大利、西班牙、丹麦和法国维希政府，其驻沪领馆继续存在。中立国瑞士驻沪领馆继续业务，并代管美国、荷兰、英国在沪利益与侨民事务。1945 年 8 月抗日战争胜利，美、英、苏等领馆恢复。至 1949 年 5 月，有美国、英国、苏联、法国、澳大利亚、比利时、加拿大、荷兰、西班牙、阿根廷、印度、伊朗、意大利、以色列、葡萄牙、挪威、巴拉圭、菲律宾、瑞士、瑞典、希腊、芬兰等 22 国领事馆或总领事馆。其间，瑞典大使馆，丹麦、巴拿马等国驻华公使馆也设上海，巴西、秘鲁、墨西哥、多米尼加、希腊、奥地利等国在上海设使馆办事处。1949 年 5 月上海解放后，各国驻沪使领馆或撤闭，或停止外交事务。1949 年 10 月中华人民共和国成立，中央人民政府宣布不承认前国民政府同各国建立的外交关系，提出同各国另行建立新的外交关系。12 月，苏联第一个设立新的总领事馆。1950～1961 年年初，捷克斯洛伐克、印度、瑞士、丹麦、波兰、挪威、民主德国、朝鲜、越南、印度尼亚西等 10 国先后设馆，瑞典、英国在沪驻办理侨务人员。60 年代，中苏、中印、中印（尼）关系恶化，苏联、捷克斯洛伐克、民主德国、印度、印尼驻沪领馆先后撤闭，瑞士、朝鲜、越南等部分国家驻沪领馆因领事、侨务事务不多，或因改变有关事务管理而闭馆。1967～1974 年，剩波兰总领事馆一家。1975 年 9 月，日本设总领事馆。1980 年 4 月，美国设总领事馆。此后至 1995 年，法国、联邦德国、澳大利亚、英国、意大利、比利时、加拿大、新加坡、伊朗、古巴、新西兰、韩国、墨西哥、巴西、丹麦、奥地利、以色列、荷兰、瑞士、芬兰、印度等 21 国先后设馆。1986～1989 年，民主德国、苏联、捷克斯洛伐克领馆恢复。匈牙利新设领馆。1990 年后，匈牙利领馆关闭，苏联总领事馆改名俄罗斯总领事馆。捷克斯洛伐克领馆改名捷克和斯洛伐克总领事馆，旋关闭，捷克设领馆。民主德国总领事馆闭馆。1995 年，有 25 个国家在沪设总领事馆。

二、联合国驻沪机构

1946 年 5 月～1957 年 7 月，联合国在沪先后设立过 9 个办事机构。分别为联合国驻上海办事处，1947 年 6 月 13 日成立，1957 年 7 月 10 日停止活动。联合国善后救济总署中国分署，1946 年 5 月自重庆迁上海，1947 年 11 月停止工作。联合国国际劳工组织中国分局，1946 年国际劳工局中国分局迁上海，1952 年 9 月结束。联合国世界卫生组织中国办事处，1947 年 4 月 1 日在上海成立，1950 年 7 月结束。联合国亚洲及远东经济委员会，1947 年 6 月 17 日联合国经济暨社会理事会在上海设立亚洲及远东经济委员会，1948 年迁新加坡。联合国国际难民组织远东局(上海署)，1948 年 9 月在上海设立，1949 年 9 月结束。联合国教科文组织东方科学合作馆，1948 年 2 月在上海成立，1953 年 7 月关闭。联合国国际儿童紧急基金会中国办事处，1948 年 2 月在上海成立，1951 年 1 月结束。联合国粮食及农业组织特别顾问团办事处，1947 年 12 月 1 日在上海成立，1949 年 9 月结束。

第三节 | 取消外国在沪特权、处理外国在沪企事业 >>

一、取消外国在沪特权

1949 年 5 月后，上海市军管会接管和收回前国民政府供美国军事、情报机关和美军使用的房屋、场地和仓库，1951 年 6 月收回前法国兵营地产和房屋。1950 年 10 月起，接管前公共租界工部局所属宏恩医院(今华东医院)、中比(比利时)庚子赔款所建镭锭医院，法租界巴斯德研究院上海分院和公董局非法转移的 10 余处外国公产。1949 年 5 月 30 日，上海市军管会接管前国民政府财政部总税务司署和江海关，宣布停止美国人李度的总税务司职务，终止总税务司署对全国各地海关的管辖权。1949 年 5 月上海解放时，外国船舶自由进出吴淞口和长江的特权即告终止，6 月上海市军管会规定外国民用船只进出上海港须经市军管会批准，1950 年上海港务局规定外轮进出上海港，一律由中方引水，在中国领水内发生海事事件，按中国海事处理办法处理。1951 年 8 月，上海港港务监督成立，统一管理中外进出口船只。1949 年 6 月，华东区对外贸易管理局实行新的进出口税制、进出口许可证制度。上海市军管会和市政府通告经营进出口业务的本国和外国商人都必须申请进出口贸易经营执照。1951 年 7 月，成立上海商品检验局，执行进出口商品检验管理制度，统一办理对外贸易公证及商品鉴定业务。

二、处理外国在沪企业、房地产

处理外国企业 1950 年 6 月，全市有外资企业 685 家，分属 34 个国家。解放初，市政府对第二次世界大战时期敌伪财产予以接管，收归国有，对遵守中国法令、不危害国计民生的外资企业，允许继续经营。同时开始处理各国资产在沪企业。美、英、法资在沪企业分别于1954年、1959年、1960年处理完毕。瑞士、瑞典、丹麦、挪威等国在沪企业，逐步收缩、转让和歇业。至1967年年底，全市尚留5家外侨小商店和牛奶棚，由上海市工商部门按常规管理。

处理外国人房地产 1951年8月，上海市地政局公告，要求在沪外国人申请登记房地产。经登记，外国公私机构和私人在沪占有土地面积2.6万亩；房屋765万余平方米，约占全市房屋面积的14.4%。按照中央人民政府政务院《对外国人在华房地产的处理原则》予以处理。至1964年年底基本处理完毕。

三、清理外国在沪宗教、文教事业

1949年，天主教上海教区有外国修会和修会办事处30多个，上海基督教外国差会20多个。上海天主教神职人员和基督教教牧传道人员中，外籍人员分别占46%和37.7%。外国天主教在沪附属事业，计有震旦大学和震旦女子文理学院2所高等学校，男女中学19所，广慈医院、公济医院等医疗机构7所，天文台2处，慈善机构4处，还有报馆和杂志社。所有机构占地总面积0.34万亩，有房屋0.75万幢。外国基督教有教会团体和出版机构40所，经营的事业单位有圣约翰大学、沪江大学和东吴大学法学院3所，神学院4所，中小学86所，仁济医院、同仁医院、西门妇孺医院等医疗机构7所，慈善团体13个。所有机构占地0.18万亩，有房屋735幢。中华人民共和国成立后，按有关政策予以清理，1953年清理基本结束。

第四节 | 国际会议 >>

在沪召开的重要的国际会议，有第二次万国禁烟会议，清宣统元年(1909年)二月召开。第四次太平洋国际学会年会，1931年10月21日召开。联合国亚洲暨远东经济委员会第一次全体会议，1947年6月召开。基层妇幼卫生保健组织区间讨论会，1980年6月23～28日世界卫生组织在上海召开。国际台风学术讨论会1980年10月6～11日召开。国际海事会议，1981年12月举办。卫星通信国际研讨会，1983年10月5～12日举办。上海市市长国际企业家咨询会议，1989年10月在上海召开首次会议，11个国家21名世界知名大公司董事长或总裁、总经理为咨询会议成员，至1995年召开7次会议，第五次会议于1993年11月在美国纽约召开，会议成员增至13个国家25家世界知名大公司企业家。亚太地区城市合作网上海会议，1989年11月联合国亚太经社会与上海市政府联合召开。上海金融国际研讨会，1990年10月15～17日举行。第二区协(亚洲区协)气象工作技术管理会议,1991 年 9 月 23～27 日世界气象组织召开。太平洋经济合作会议科技工业园区研讨会,1991 年 10 月 21 日举行。大都市城市与地区规划国际研讨会,1991 年 11 月 11～14 日上海市政府与联合国技术合作促进发展部举办。亚太地区裁军与安全问题研讨会,1992 年 8 月 18 日举办。国际行动理事会第十一届会议,1993 年 5 月 13～16 日召开。第二届国际水都会议,1993 年 11 月 17～19 日召开。"犹太人在上海"学术讨论会,1994 年 4 月 19～22 日举行。迈向 21 世纪的上海发展战略国际研讨会,1994 年 11 月 11～13 日召开。

第五节 外国友好城市 >>

1973 年 11 月 30 日,上海市和横滨市结为友好城市。至 1995 年,上海市与 31 个外国城市结为友好城市。分别为日本横滨市、日本大阪市、意大利米兰市、荷兰鹿特丹市、美国旧金山市、克罗地亚萨格勒布市、日本大阪府、朝鲜咸兴市、菲律宾大马尼拉市、巴基斯坦卡拉奇市、比利时安特卫普、加拿大蒙特利尔市、希腊比雷埃夫斯市、波兰革但斯克省、德国汉堡州(市)、摩洛哥卡萨布兰卡市、法国马赛市、巴西圣保罗市、俄罗斯圣彼得堡市(苏联列宁格勒市)、澳大利亚昆士兰州、土耳其伊斯坦布尔市、埃及亚历山大省、以色列海法市、韩国釜山市、越南胡志明市、瓦努阿图维拉港市、新西兰达尼丁市、乌兹别克斯坦塔什干市、葡萄牙波尔图市、也门亚丁省、纳米比亚温得和克市。

1983 年 5 月,上海市和芝加哥市建立友好交流关系。至 1995 年,上海市又与 5 个外国城市建立友好交流关系。分别为美国华盛顿市、瑞典哥德堡市、法国罗纳·阿尔卑斯大区、西班牙巴塞罗那市、俄罗斯符拉迪沃斯托克市(海参崴)。

第十二章
侨务、港澳台事务

第一节 侨务

一、华侨、华人、侨眷

元泰定三年(1326年),松江真净寺高僧清拙正澄应邀东渡日本传经。清顺治十六年(1659年),朱舜水因反清,从上海流亡日本,在日传授中国文化,被尊为"国师"。鸦片战争后,出国者增多,大多数通过"契约华工"出国,道光二十九年(1849年)至咸丰九年(1859年)从上海贩至美、澳、非等洲的约0.1万人以上。第二次鸦片战争后,各列强在华公开大量招募华工,同治七年(1868年)至光绪三十二年(1906年)上海运至美洲、非洲的华工至少有0.3万人。同治十一年至光绪元年间,清廷选派120名"留美幼童",其中上海籍的18人,为上海人最早出国留学人员。1914年第一次世界大战爆发后,英法在上海设立招募华工的机构,1917年数千华工至法国,1916~1918年数千华工到英国。1917年,英法在上海、青岛等地设立招工局,招募华工10.24万人,次年送往欧洲等地。20、30年代,上海有大批商人、知识分子及其子女移居国外。解放初,出国减少。1978年后,出国留学人数剧增,部分学生学成后留居国外,成为新一代移民。1979~1993年,上海到国外留学的6.36万人次。1995年,上海海外华侨、华人(含港澳同胞)34.54万人。

1995年,全市有归侨、侨眷(含港澳同胞家属)42.22万人。其中归侨0.32万人、侨眷15.84万人、港澳同胞家属15.53万人,华人家属4.26万人,其他(指旁系亲属和有海外关系者)5.91万人。

二、侨汇、捐赠

1952年,全市收到侨汇1254万美元,1990年1090万美元。1952~1990年共5.32亿美元。1978~1995年,华侨、华人、港澳同胞通过市侨办向上海市有关单位捐赠款物总值7.6亿元。

三、投资

清光绪五年(1879 年),轮船招商局招集华侨资本,在泰国曼谷筹集股金 5 万银两。至 1949 年,华侨在沪投资企业共 187 户、投资额折合 1.07 亿元人民币。1978 年后,华侨、华人在上海投资创建企业增加。至 1995 年,全市批准侨资项目(包括港澳)7608 个、协议利用侨资 191.91 亿美元(含港澳台,下同),侨资批租土地约占全市批租土地面积 90%。

四、事务

安置 上海解放初期,安置 63 名归侨科学家在中国科学院上海分院各研究所工作,其中欧美各国高级研究人员 43 人(包括解放前夕回国的 9 人);东南亚各国 20 人,其中高级研究人员 7 人。1953 年、1954 年,大批旅日华侨回国,多数安置在企事业单位工作和学校求学。1966 年前,安置印尼、马来西亚等 29 个国家 0.24 万名归侨,绝大多数分配在 893 家工厂企业就业。1985～1995 年,全市批准华侨(含港澳同胞)689 人回沪定居。

维护权益 1950～1976 年,全市归侨、侨眷(含港澳同胞)因"海外关系"受到错误审查处理,造成冤、假、错案 0.23 万件,其中"文化大革命"中造成的占 89%,到 1989 年全部平反纠正。1978 年开始,对解放后历次政治运动中处理的华侨私房进行甄别处理,落实华侨私房政策。"文化大革命"中,全市有 0.17 万户华侨(含华人及港澳同胞)私房被挤占,使用面积 20.53 万平方米,到 1990 年全部退还原主。1986 年 7 月,对土地改革中被没收、征收的 1.89 万平方米华侨私房,均予以腾退和补偿。1988 年 12 月,对 1956～1958 年社会主义改造期间被错误改造的 306 户 1.27 万平方米的华侨私房作退房处理,退还 291 户。代管的华侨房产,绝大部分解决。

第二节 | 港澳事务 >>

一、港澳同胞、家属

19 世纪 50 年代,太平军逼近上海,有富人到港澳避难。后有上海籍太平军和小刀会成员,躲避清廷镇压移居港澳。1937 年八一三事变后,一批民族工商业者和文化界人士迁香港。1946 年内战爆发,又有大批工商业者,携资带人移居港澳。至 50 年代中期,在香港形成有经济实力和社会地位的"上海帮"。1962 年因国家经济困难,一批市民迁居港澳。1978～1981 年,上海到香港定居

6.97万户、16.5万人，澳门0.3万户、0.66万人。港澳同胞在沪家属7.3万户、17万人。1985～1995年，到香港定居1.2万人，到澳门300人。至1995年，上海市民在港澳定居的共18万余人。1986～1995年，港澳居民到沪定居的有421人。

二、出入境

1951年3月起，市公安局对上海市民因私赴港澳地区实行出入境管理。1950～1957年，上海因私赴港澳地区人员2.74万人。1959～1961年三年经济困难时期，每年赴港澳0.1万～0.3万人，1962年1.07万人。此后急剧下降，1967年75人。1970年14人，为历年最少。1978年以后，人数上升，1995年1.65万人。

1986年，港澳到沪10.63万人次，1991年、1992年超过30万人次，创历年最高。1995年15.51万人次。

三、经贸、投资

经贸 清光绪三年(1877年)，上海对香港的出口值，占上海商品出口总值1.5%。光绪二十年上升为12.4%。抗日战争胜利后，上海出口桐油占全国出口量68%，全部经香港转口去美。1953年，对港澳出口0.22亿美元，占上海市出口总额12%，1995年分别为23.26亿美元、20%。上海开埠初，从香港进口的主要为鸦片。清道光二十九年(1849年)，上海从香港进口商品额占上海全部进口值5%，光绪二十年占22.6%，居上海进口额的第二位。20世纪40年代初，占10%。解放初，香港成为上海主要的转口贸易港口，上海组织私商对西方国家进行易货贸易，进口急需商品。1952年，从港澳进口商品0.13亿美元，占上海进口总额30%，1995年11.95亿美元。

投资 清同治四年(1865年)，香港英商汇丰银行设上海分行，其外汇交易占上海总交易量60%～70%，业务量超过香港。光绪二十六年(1900年)至1937年，港澳人员和东南亚各国华侨到沪开办83家企业，1941年后港澳停止对沪投资。1981年，香港联沪毛纺织有限公司和上海纺织品经营公司等联办上海市首家沪港合资企业上海联合毛纺织有限公司。到1995年，港澳在上海协议投资额累计240.44亿美元，签订合同数累计0.79万项。1937年八一三事变后，上海有美亚织绸厂、天厨味精厂、新亚药厂等到港投资。1946年起，上海厂商迁厂或设厂香港，其中有“搪瓷大王”童世亨、“针织大王”蔡声白、“电池大王”丁熊照等，申新集团在港开设伟伦等4家纱厂。1981年7月，上海实业公司在香港成立。至1995年，上海在香港办有36家贸易和非贸易性机构。

四、捐赠

1981～1995 年，港澳同胞向上海各界捐赠钱物约合 7.2 亿元。

第三节 台湾事务 >>

一、台胞、台属

清光绪二十年(1894 年)中日甲午战争后，到上海的台湾同胞增多。1923 年，台湾学生在上海南方大学组织上海台湾青年会。1928 年 4 月，台胞谢雪红在上海成立日本共产党台湾民族支部。1937 年上海沦陷后，在沪台胞约 40 人，主要从业医务和工商。1941 年太平洋战争爆发前后，日本在台湾征集劳工到沪，在上海台胞增至 0.3 万人，1949 年减至 0.15 万人。此后，在大陆各地的台胞移居上海，1985 年增至 0.16 万人。1990 年起，部分在沪台胞和 113 名原国民党军队台湾省籍老兵返台定居，1995 年在沪台胞 775 户、0.13 万人。

1945～1949 年，从上海到台湾的人员有 9.69 万人，在沪的去台人员家属 5.04 万户、21.58 万人。

1980 年，有台胞工商业者吴氏一家定居上海，至 1995 年台胞在沪定居的有 424 人。1987～1995 年，沪台两地通婚的有 0.18 万对，占大陆、台湾两岸通婚总数 12%，居全国第二位。

二、人员交往

1949 年 5 月起，台湾和上海航运断绝，沪台两地人员正常交往基本隔绝。1987 年 11、12 月，首批台湾民众 0.3 万人次到沪，1995 年 10.9 万人次。1987～1995 年共 154.7 万人次。1988 年 11 月，虹口区一居民被批准赴台奔丧，为上海首个 1949 年 5 月后被批准赴台居民。1995 年，全市赴台人员 0.29 万人。1973 年 1 月 1 日，上海市海洋渔业公司渔轮抢救在长江口外作业的台湾全兴 1 号渔轮 7 名随轮沉水的渔民，为 1949 年 5 月后首次交往，也是上海最初的涉台事务。至 1995 年，接待台湾船只 0.15 万条次、渔船 0.12 万条次，渔民 1.37 万人次。

三、经贸、投资

1949 年 5 月上海解放，沪台经贸往来中断。1979 年后，台湾渔轮到沪避风时，渔民出售海鲜品。1981 年 9 月后，经新加坡转运，上海进口台湾海鲜。1990 年 7 月，台湾启盛号渔轮直接从台湾到沪，出售 148 吨海鱼。1990 年起，沪台间接转口贸易开始活跃，1995 年 12.42 亿美元。1988～1995 年，沪台贸易总额 38.54 亿美元。1987 年 4 月，上海永丰贸易发展总公司成立，是全国第一家以对台贸易为主要特色的涉台贸易机构。1984 年 11 月，上海首家沪台合资企业上海联华合纤有限公司创办，至 1995 年台资企业 0.25 万家，合同台资额 26.65 亿美元。

四、通话、通邮、通航

通话　1949 年 5 月上海解放后，沪台两地中止。1979 年 3 月，上海接通经香港中转的台湾长途电话 5 次，均为台湾民众寻找上海亲人电话。以后两地通话次数逐年增加。1995 年 1203 万次。

通邮　1949 年 5 月沪台两地中止。1988 年 4 月，台湾红十字会首次为台湾民众转寄大陆信件，到年底上海收到台方信件 11 万余件，寄往台湾信件 32 万余件。1995 年，分别为 261 万件、570 万件。

通航　1949 年 5 月 11 日，上海至台湾最后一班轮从上海驶出，此后沪台两地航运中止。1988 年 9 月 9 日，基隆—那霸—上海海上客运航线通航。台湾第一条赴大陆探亲船昌鑫轮从基隆港启航，乘客 66 人，12 日抵上海。1989 年 1 月 9 日，上海市锦江航运公司开辟上海至香港延伸到高雄、基隆集装箱货运航线，1994 年 1 月 10 日停航。1995 年 12 月 8 日，澳门航空公司以“原飞机、换班号”，开通上海—澳门—台湾（台北、高雄）航线，全程约 4 个多小时。

五、权益

20 世纪 50 年代后，在沪部分台胞、去台人员家属受到审查和处理。1979 年后，25 件台胞、0.15 万件去台人员家属冤假错案予以平反。

第十三章
浦东开发开放、开发区

第一节 | 浦东开发开放 >>

一、决策

中央决策 1986年10月13日，国务院批复1984年2月《上海市城市总体规划方案》，指出："当前，特别要有计划地建设和改造浦东地区；要尽快修建黄浦江大桥及隧道工程，在浦东发展金融、贸易、科技、文教和商业服务设施，建立新居住区，使浦东地区成为现代化新区。"1990年年初，邓小平在上海与上海党政负责人谈话时，表示支持开发浦东。2月中旬，国务委员、国家计划委员会主任邹家华实地考察浦东地区。1990年3～4月，国务院副总理姚依林率国务院有关部委负责人到上海对开发开放浦东问题进行调研论证，形成《关于上海浦东开发几个问题的汇报提纲》，向中共中央、国务院作专题汇报，并获原则同意。1990年4月18日，国务院总理李鹏在上海宣布党中央、国务院同意上海加快浦东地区的开发，在浦东实行经济技术开发区和某些经济特区的政策，并赋予上海浦东在全国首次实行建立保税区、引进外资银行和金融机构试点、引进外资商业零售企业试点和试办证券交易所的特殊政策措施。1990年6月2日，中共中央、国务院批复原则同意上海市报送的《关于开发浦东、开放浦东的请示》。

上海市方案 1985年2月，上海市政府和国务院改造振兴上海调研组联合制订的《关于上海经济发展战略的汇报提纲》，获国务院批准。提纲提出上海的城市和工业布局重点是"创造条件开发浦东，筹划新区的建设"。1986年春，上海两次召开城市发展战略研讨会，对上海城市发展方向的专家主导意见是东进，在浦东辟建新市区。1987年5月，多次呼吁开发浦东的美籍华裔建筑学家林同炎专程访华，向中央领导提出开发浦东。6月，在中央领导的建议下，上海成立开发浦东联合研究咨询小组，形成《开发浦东预可行性研究报告》（大纲）、《开发浦东—建设现代化的大上海》等文件。1988年5月2～4日，市政府召开上海浦东新区开发国际研讨会，与会者对开发浦东的一些重大方面形成基本共识。1988年9月30日中共十三大会议期间，中共上海市委书记江泽民等上海市党政主要领导向中央领导汇报关于开发浦东研究工作。1990年4月21日，市长朱镕基在上海市九届人大第三次会议《政府工作报告》中提出，浦东开发的条件已经成熟。

二、规划

1991年，开始编制《浦东新区总体规划》，1992年11月规划获上海市人民代表大会常务委员会通过。规划提出，全区规划为若干功能分区，有浦东中心城、新兴工业城、外高桥—高桥分区、张江—北蔡综合区、周家渡—六里综合分区、川沙—施湾分区。以"三轴六分区"城市空间布局构架。规划人口近期(1991～2000年)180万人，远期(2001～2020年)250万人。用地规模400平方公里。

三、行政管理体制

1992年11月，国务院批准上海市建立浦东新区。同时，中共上海市浦东新区工作委员会和上海市浦东新区管理委员会(筹)成立。1993年1月1日，上海市浦东新区管理委员会成立。下设10个职能局，编制800人。

四、国民经济概况

浦东新区国内生产总值，1990年60.24亿元，1995年414.65亿元。2000年，区国内生产总值620.63亿元，第三产业占46.3%。

五、基础设施、配套工程建设

1990～2000年，全区全社会固定资产投资2272亿元。其中，1990～1999年城市基础设施投资774亿元，市政工程投资大约占40%、运输邮电约占35%、电力建设约占13%、公用事业约占12%。市投资1000多亿元，建设南浦大桥等10大基础设施项目。第八个五年计划期间，主要的基础设施建设有南浦大桥、杨浦大桥、杨高路扩建、外高桥港区一期、外高桥发电厂一期、凌桥自来水厂、合流污水治理一期、浦东煤气厂二期、内环线浦东段等工程。第九个五年计划期间，重大基础设施建设主要有浦东国际机场一期、地铁二号线一期，东海天然气、外高桥发电厂二期、外环线一期、污水治理二期、信息港工程等。1990～1999年，全区新建房屋4046万平方米。

六、要素市场

到2000年，要素市场有上海证券交易所、上海期货交易所、上海房地产交易中心、上海产权交易所、中国上海人才市场、上海粮油商品交易所、上海市建设工程交易中心浦东分中心、社会事业资源配置市场、上海钻石交易中心。

七、招商引资

外资 1990～2000年,引进项目6653个,总投资344.3亿美元,合同外资144.51亿美元。100多家排名世界500强的企业到区内投资。2000年,三资企业税收55.93亿元,进出口关税29.47亿元。外商投资企业实现利润106.72亿元。

内资 至2000年,全区引进市外投资项目0.57万个,注册金额238.17亿元。工业企业占10%,商业企业占15%,房地产企业占10%,投资类企业占50%,其他综合类企业占15%。各省及国家部委投资建造的楼宇31幢。

八、金融

1999年,全区有分行、分公司以上金融机构79家,其中中资银行17家、证券交易所1家、证券公司(总部)2家、中资保险公司7家(其中总部1家)、信托投资公司2家、财务公司1家。外资银行42家,外资保险公司6家、外资财务公司1家。有银行、保险、证券等中外金融网点446家。是年底,中资金融机构存贷款余额1700亿元,约占全市金融机构存贷款总量1/7。外资银行外汇存贷款余额110亿美元,占全市总量3/4。金融业增加值占浦东新区GDP的比重由1990年5.1%增至1999年17.3%。

九、贸易、服务业

对外贸易 1992年,日本伊藤忠商事有限公司作为第一家在中国境内保税区经营进出口贸易的外国公司落户外高桥保税区。1996年,中国第一批中外合资外贸公司兰生大宇公司等注册成立。1999年,全区有进出口业务的企业0.33万家,进出口总额153.64亿美元。

国内贸易 1995年,国内第一家中外合资零售商业企业上海第一八佰伴有限公司在浦东新区注册。远东最大的现代化商城新上海商业城建成。全区商业营业面积163.71万平方米,社会消费品零售总额198.31亿元。

旅游业 旅游景点以新都市人文景观为主,有东方明珠、滨江大道、金茂大厦、世纪公园、孙桥现代农业区、三甲港海滨乐园等。有星级设施的宾馆48家,其中五星级宾馆4家。旅行社51家,接待游客742万人次。

会展服务业 1998年起,浦东新区发展会议展览业。1999年,上海国际会议中心建成。

十、制造业、高新技术产业

全区发展汽车制造、电子通信设备制造及计算机、石油化工及精细化工、生物及现代医药、电站成套设备及配件制造、家用电器制造等产业。1999 年,全区工业企业 0.43 万家,资产总额 2079 亿元,工业产品销售收入 1217 亿元,税收 106.5 亿元。工业增加值 381.8 亿元,占全区国内生产总值 47.7%。工业总产值 1451 亿元,占全市 23.4%。其中,汽车制造业占 9.74%,电子通信设备制造、计算机工业 20.67%,钢铁制造业 2.96%,石油化工、精细化工、生物及现代医药工业 16.56%,家电制造业 9.54%,船舶制造业 3.39%,港口机械制造业 1.39%,轻纺业 14.95%。

1999 年,形成“一江三桥”的高科技技术产业带。初步形成外高桥以计算机外围设备为主的计算机产业基地,金桥以微电子和现代通讯、汽车制造、家用电器为主的电子、通信和光机电一体化产业基地,张江以现代生物与医药以及计算机软件研究为主的生物医药产业和软件研究开发基地,孙桥以现代集约化设施农业为主的现代农业产业基地。工业总产值 500 亿元,占全区 1/3 强;高新技术企业数占 2/3。高新技术企业 156 家。1999 年,全区信息产业产值 264 亿元,占全市 30%。

十一、房地产业

1991 年,率先在全国执行有偿使用土地制度。由此形成由政府将土地使用权作为投入,财政、公司、土地部门三者票据支付,货币资金空转,土地使用权出让方式。陆家嘴金融贸易区开发公司、金桥出口加工区开发公司和外高桥保税区开发公司,分别从政府受让到 1.51、4、4 平方公里的首期开发土地,实行“资金空转、支票转让、成片出让、土地倒让”空转模式。国家以 40 多亿元的土地空转资本,使得重点小区开发公司吸纳 200 多亿元的土地空转资本、120 亿元的土地转让收入,吸引 900 多家中外资房地产公司和总量约 400 亿元的房地产开发资金。1991 年,批租土地 6 幅,1995 年 136 幅。

十二、现代农业

1994 年,全国第一个现代农业开发区上海孙桥现代农业示范区成立,规划开发面积 9.5 平方公里,首期开发 3 平方公里,建成一批以自控温室、法国温室、连栋温室和单体塑料大棚为主体的现代农业生产设施。设博士后工作站。

第二节 开发区 >>

一、闵行、虹桥、漕河泾国家经济技术开发区

1982年9月，市政府决定建立闵行新工业区和虹桥新区。1983年4月，开始征地动迁和开发建设。1985年，市政府建上海市漕河泾微电子工业区。1986年，国务院批准闵行、虹桥2个开发区为经济技术开发区。1991年3月，批准漕河泾新兴技术开发区为国家高新技术产业开发区。1995年，3个开发区规划面积10.136平方公里，实际开发面积8.152平方公里。引进项目820项，其中三资企业390项。外商合同投资35.74亿美元，实际投资21.627亿美元。

上海闵行经济技术开发区 规划面积3.5平方公里。1983年4月，开始征地动迁，7月开始“七通一平”基础设施建设。1983年6月，建上海市闵行虹桥开发公司。1985年2月，成立沪港合资的上海闵行联合发展有限公司，负责开发区的开发建设和经营管理。开发区引进项目“以工业项目为主，外商投资企业为主，产品出口型和技术先进型两类企业为主”。1984年4月，第一家三资企业上海环球玩具有限公司进区建厂落户，到1995年有110家企业。至1995年，引进项目130个，协议总投资13.55亿美元。进区项目单项平均规模1042万美元，在国内开发区中名列前茅。引进的项目来自20个国家和地区，美国投资占总投资额32.7%。1995年，全区工业总产值101亿元，销售经营总收入110.45亿元，企业净利润13.44亿元，税收7.64亿元(不含海关关税7.34亿元)，出口和营业创汇7.15亿美元。劳动生产率36.5万元，人均创利4.85万元，人均利税7.60万元、创汇2.58万美元。开发区企业的经济效益在全国国家级工业性开发区中名列前茅。1993～1995年，投产企业投资回报率30%以上。

上海虹桥经济技术开发区 规划面积0.65平方公里，以发展外贸为主。1983年，成立上海闵行虹桥开发公司。1984年，成立上海虹桥联合发展有限公司，1994年改为上海虹桥经济技术开发区联合发展有限公司，负责区内开发建设和经营管理，开发和招商引资。1983年，完成征地。7月，首次向海外客商招商引资，至1995年批准项目74项，总投资15.76亿美元，其中三资企业项目71项，总投资14.79亿美元。投产项目60个。至1995年，批租土地9块，面积6.75公顷。开发区辟有领事馆区，面积5.64公顷。1985年，日本第一个签约借地建馆。1995年，进驻有交通银行总行以及日本等16家外资银行，佰富等证券公司上海代表处，8家律师事务所，3家会计事务单位。至1995年，全区累计营业收入33.18亿元，利润3.75亿元，税收1.57亿元。

上海漕河泾新兴技术开发区　规划建设面积5.98平方公里。1984年11月，建上海市漕河泾微电子工业区开发公司，1988年7月改上海市漕河泾新兴技术开发区发展总公司。11月，建立中外合资上海新兴技术开发区联合发展有限公司，经营业务主要为利用外资引进国外先进技术，兴办新兴技术产业。1986～1995年，完成近4平方公里区域基础设施。到1995年，开发区内新建建筑设施面积85万平方米，其中建成标准通用厂房35.21万平方米，商品住宅30万平方米，办公、仓储及其他配套服务设施20万平方米。1988年7月，引进第一个外资项目上海先进半导体制造有限公司。至1995年，进区企业616家，其中三资企业189家，外商实际投资7.59亿美元。全区基本形成以微电子技术为先导，计算机、现代通讯、生物工程、新材料、电子元器件、激光、工业自动化仪表、航空航天等新兴产业为基础的产业群体。是年，全区工业产值109亿元，销售收入109亿元，利润7.4亿元，税收4.3亿元，出口创汇2.6亿美元。

二、浦东新区国家级开发区

1990年6月，中共中央、国务院批准设立上海外高桥保税区，1992年国务院批准设立上海市陆家嘴金融贸易区、上海金桥出口加工区和上海张江高科技园区，均为国家级开发区。至1995年，4个国家级开发区规划面积73.8平方公里，实际开发面积19.81平方公里。有企业(项目)0.27万家(个)，其中三资企业0.15万家，吸收外资45.69亿美元。

上海外高桥保税区　1990年6月设立，中国大陆第一个综合型、多功能、具有自由贸易区性质的对外开放区域。规划面积10平方公里。1990年9月，外高桥保税区开发公司成立，负责区内成片开发和综合经营管理。1992年4月，上海海关驻外高桥保税区办事处建立，1995年改上海外高桥海关。1995年，5.5平方公里区域实现封关。1991～1993年，建成外高桥港口一期工程，年吞吐能力240万吨。至1995年，批准项目0.22万个，总投资额29.29亿美元。保税区固定资产投资额累计101.89亿元。1993年，国内最大的保税生产资料交易市场上海保税生产资料交易市场开业，1995年改为上海市保税商品交易市场，月交易额超亿美元。是年，全区有国际贸易企业841家。进出口贸易总额9.43亿美元，国际转口、过境贸易货物值0.92亿美元。港口吞吐量226.2万吨，货物运输总量272.67万吨。仓储企业126家。产品销售收入15.38亿元，进出口贸易额3.04亿美元。

上海陆家嘴金融贸易区　全国唯一以金融贸易区命名的国家级开发区，面积28平方公里。主要发展金融、贸易以及信息、咨询等第三产业，与浦西外滩和黄浦区商业中心共同形成21世纪新上海中央商务区(CBD)。1990年，陆家嘴金融贸易区开发公司成立。1991年，建上海众城实业股份有限公司，公开发行A股6180万股(每股面值1元,下同)。1992年,建上海陆家嘴金融贸易区开发股份有限公司,以土地折价6.7亿股,向社会公开发行个人股1500万股。1994年,向境外发行B股2亿股。开发公司以协议方式转让土地使用权。至1995年,转让土地67幅、面积57.16万平方米,投资总额179亿元人民币、19.9亿美元。1990~1995年,全区拆除旧建筑118.6万平方米,动迁居民1.33万户、企事业单位313家,动迁量约占同期浦东新区的50%。开发面积4.48平方公里。在建项目108个,总建筑面积516万平方米。进驻金融机构银行30家、证券交易机构20家。

上海金桥出口加工区 1990年9月,金桥出口加工区开发公司建立。1992年,建上海市金桥出口加工区开发股份有限公司,发行A股3.45亿元人民币、B股折合人民币1.43亿元。1992年,国务院批准建立国内第一个出口加工区上海市金桥出口加工区,主要发展出口加工业和第三产业。规划面积20平方公里,至1995年开发7.5平方公里。初步形成以现代通信、汽车及零部件、生物工程、微电子、现代家电、仪表电器6大支柱产业为主导的高新技术产业群。企业298家。工业总产值123亿元,出口交货值16.1亿元。

上海张江高科技园区 1992年建立,成立上海市张江科技园区开发公司。以现代生物医药、微电子和信息技术产业为主。规划面积15.8平方公里,至1995年开发2.33平方公里。引进土地批租项目25项、高新技术促进中心孵化器项目8项、标准厂房租赁项目3项。有外资企业14个项目,其中生物医药业6个。

三、市级工业开发区

1984年10月,上海市政府决定建市级开发区上海星火开发区,至1995年全市有市级工业开发区11个。规划总面积182.11平方公里,实际开发94.547平方公里。市政府规定上海市市级工业开发区均享受闵行、虹桥、漕河泾开发区和浦东新区开发区的所有优惠政策。是年,市级工业开发区内有企业0.39万家,其中三资企业461家、内资企业0.35万家。

星火开发区 1984年10月建立,上海市第一个市级开发区。为工、商、房地产、旅游业综合性外向型开发区。规划面积16.82平方公里,至1995年开发7.2平方公里。1995年,有企业197家,工业总产值15.38亿元,利润6422万元,税收5330万元。

松江工业区 1994年5月建立。规划面积20.56平方公里,至1995年开发9平方公里,项目230项,总投资14亿美元。社会总产值70亿元,工业总产值52亿元,税收1.2亿元。

康桥工业区 1994年8月建立。规划面积26平方公里,至1995年开发8

平方公里。有企业652家，其中投产开业50家。初步形成汽车组装和零配件生产行业、新型建材生产行业、医药保健生产行业、电子生产行业、通信器材配件行业。工业总产值19.58亿元，销售(营业)收入19.04亿元，利润0.88亿元，税收0.7亿元。

嘉定工业区 1994年8月建立，由嘉定、戬浜、马陆3个工业小区组成。规划面积24.8平方公里。嘉定工业小区，规划面积8.42平方公里，1995年有47家企业，总投资额4.5亿美元。戬浜工业小区，规划面积5.25平方公里，1995年有80家企业，初步形成汽车配件、电光源、通讯设备、纺织服装、金属制品、电子元件、新型材料、纸塑包装、轻工机械和食品加工等产业。工业总产值5.29亿元。马陆工业小区，规划面积7.5平方公里，1995年有90余家企业。区内建有以私营企业为主的希望经济城。

金山嘴工业区 1994年12月建立。规划面积22.8平方公里。1995年，有281家企业。工业总产值11.5亿元，税收970万元。

崇明工业园区 1994年建立。规划面积10平方公里。1995年，有300家企业注册，产值4亿元。

青浦工业园区 1995年8月，青浦工业园区建立。规划面积16.16平方公里。1995年，投产企业27家。中国纺织国际科技产业城和上海科技园坐落在园区内。

奉浦工业区 1995年10月建立。规划面积18.8平方公里。1995年，项目37项，工业总产值1656.4万元。

莘庄工业区 1995年8月建立。规划开发面积13.65平方公里。1995年，有90家企业，产值2.1亿美元。

宝山城市工业园区 1995年11月建立。规划面积4平方公里。1995年，有投资项目10项。

中国纺织国际科技产业城 在青浦区。1994年4月创办，是全国第一家具有行业特色的国家级高新技术产业开发园区。规划面积8.52平方公里。1995年，有项目15项，总投资39.75亿元。

第十四章
经 济 综 述

第一节 上海经济概况 >>

一、宋、元代上海经济

宋代，上海西部亩产稻谷 500～600 斤。宋后期，华亭县每年赋税粮 42 万余石。北宋初，专种粳稻。宋太宗后，豆麦等旱作渐在上海东部高亢斥卤地带、西部圩岸、堤堰等灌溉艰难、不宜植稻的地区种植。渔民利用吴淞江阔达 20 里的入海口，发展渔业，并发明捕鱼工具"沪"（又称"簖"）。出现青龙镇、黄姚镇、练祁市、江湾镇、钱门塘市、吴会镇、上海镇、乌泥泾镇等市镇。青龙港成为上海地区主要对外贸易港。北宋天圣年间设上海务。南宋景定、咸淳年间，稻棉种植、渔盐、蚕丝、棉纺织业日益发达，航运繁盛，上海镇成为华亭县东北的巨镇。

元至元十四年（1277 年），在上海镇设立市舶司，列入全国 7 大市舶司。至元二十九年，上海县立，上海镇贾肆鳞次栉比。元贞年间，棉布业发展。

二、明代、清代前期上海经济

明清时期，上海地区广泛种植棉花等经济作物，棉纺织业崛起。明代中叶，出现搅车等棉纺织机具及棉纺织机具制作专业工匠，棉纺织业成为重要经济支柱。"沪渎棱布，衣被天下"，上海的棉布销路扩大到全国各地。

明代永乐二年（1404 年），黄浦江与吴淞江合流，上海逐渐形成内河航运，长江航运，沿海北洋、南洋航运和国际航运，两江构成通达太湖流域的水运网络。清康熙二十四年（1685 年）解海禁，江、浙、闽、粤等船来往于黄浦江、吴淞江，上海县城小东门成为大码头。江海关在上海设立，上海成为全国重要的贸易大港和漕粮运输中心。乾隆年间，上海港船只达 0.3 万条，向亚洲各国出口丝、绸缎、茶叶、纸、瓷器及各色棉布，输入新加坡、马六甲、槟榔屿、爪哇、觉罗、苏门答腊、婆罗洲等地船只运入的各种欧洲货品，从红海、波斯湾和印度洋及波里尼西亚群岛运抵的鸦片、火石、胡椒等。

三、上海开埠至20世纪20年代上海经济

清道光二十三年(1843年),上海开埠,此后,英美法等国设租界。同治四年(1865年),外商在上海开设洋行11家,大宗的鸦片和外国棉纱、棉布、呢绒、玻璃器皿、机器五金等廉价工业品进入上海,再分销全国各地,中国内地出产的丝绸、茶叶等商品由上海转口,运销国外。上海年进出口贸易额约占全国一半以上。

同治元年,外资旗昌轮船公司首家经营上海至汉口之间的长江航线。十一年,首家华资轮船公司轮船招商局在上海成立。到19世纪末,上海成为全国最大的轮船航运基地。

道光二十七年,上海首家银行英商丽如银行设立。此后一批外商银行在上海建立分支机构,经营国际汇兑业务。60年代后,取代洋行,经办华侨汇款、埠际汇款和发行钞票等业务,并通过大额信用贷款,控制华商资本钱庄、票号和商号,霸占海关税收权,垄断绝大部分金融、外汇和进出口业务。上海对外贸易发展,同治九年至光绪六年(1880年)对外贸易额占全国62%。

19世纪中叶,外商在上海投资开办船舶修造、缫丝、轧(棉)花和打包等加工厂,并投资棉纺织、日用轻工业、印刷等行业。光绪二十一年《马关条约》签订之后,外商在上海的工业投资重点转向纺织、烟草、食品、造船工业和公用事业,发展机械制造、化学和日用品工业。同时,中国民族工业开始兴起。19世纪60~70年代,建立一批官办、官督商办和官商合办的近代企业。同治四年江南制造局、十一年招商局、光绪六年电报分局、十六年上海机器织布局、二十一年6家机器织布厂等先后建立。华商私人资本开始投资近代工业,至光绪二十年有14家船舶修造和机器制造企业,还有印刷、造纸、面粉、缫丝、棉纺织、火柴、皮革制造等厂。第一次世界大战至20世纪20年代期间,华商工业进一步发展,棉纺织、面粉、缫丝、卷烟等业尤为迅速,建成申新纺织厂、福新面粉厂、南洋兄弟烟草公司等大型企业。开始形成华商银行业、保险业。兴办西药、电器等新行业。20年代,美、日、英等外国资本重新大量投资上海,规模超过第一次世界大战前。30年代中期,上海工业资产总额、工人数、工业产值分别约占全国40%、43%和50%。

四、20世纪30年代上海经济

20世纪30年代,上海已经形成远东中心城市。上海港码头岸线长10.48公里,航线通达100多个国家300多个港口,吞吐量、集散力均居国内各港之首,居世界港口第十四位,1933年进出上海港的国内外商船吨位3522万吨。是年,对外贸易约占全国50%。上海成为国内埠际贸易的枢纽,与内地贸易的货值逐年递增,1930年7774万海关两,1936年、1940年分别增至8.9亿元、13.2

亿元，占全国各通商口岸输出入贸易总值的52%和88%。

上海成为全国的金融中心、货币交易中心和远东国际金融中心之一。1935年，有外商金融机构约30家；58家华商银行总行设上海，占全国银行35%。有银行机构182个和其他金融机构63个。建有远东最大的外汇市场、黄金市场和证券交易市场。1936年，上海银行、钱庄和信托公司资力估算为32.7亿元，占全国金融资力47.8%。

上海成为全国最重要的工商业城市。1935年，有工厂0.61万家、工人41.64万人。商业批发企业0.83万家，约占全国1/3，60%工业品销往全国各地。建有全国规模最大的纱布交易所和中国机制面粉交易所，以及米、粮食等34个主要商品交易市场，区域经济网络遍布全国。

1937年八一三事变，闸北地区工业几乎全部损失，杨树浦、虹口和南市地区工业分别损失70%和30%。租界内机械、棉纺等行业因此而发展。华商机器厂从131家增至784家，棉纺业纱厂从9家、纱锭34万枚、织机0.17万台增至20家、65万枚、0.48万台。商业、华商进出口贸易、金融、营造、交通运输、房地产业等出现短暂繁荣。

五、20世纪40年代上海经济

1941年太平洋战争爆发，日军占领上海租界，接管在沪所有英、美商工厂71家。接收包括上海电力公司等在内的所有大型企业，以及汇丰等15家英、美银行。1942年3月，又对重要工业原料及其制品，以及大米、小麦、面粉、煤炭等实行统制，削减电力供应量。1945年，民用品生产工厂大部停产。1945年抗日战争胜利，国民政府接收巨额日伪产业，估计价值法币12648亿元。同时，美国剩余物资和各种商品倾销上海市场，民族工业遭受打击。1946年内战爆发，通货膨胀加剧。1948年8月19日，国民政府实行币制改革。到10月底，上海有114.6万两黄金、3442万元美钞、1100万元港币、369万余元银元、96万余两白银，总值2亿美元以上兑换金圆券。1949年年初，社会经济陷入全面崩溃。1948年年末～1949年年初，全市87个重要行业1.36万家民营工厂，开工的占1/4。

六、1949年5月至1952年时期上海经济

1949年7月，中央在全国紧急调运“二白一黑”（粮、棉和煤炭）物资，保证上海供应，实行统制贸易和保护贸易，开展对社会主义国家的贸易。1950年3月，从整理税收、推销公债和银行控制投入三方面，实行统一的财政收入，统一物资调度和现金管理，结束连续13年的通货膨胀，确立国营经济在金融业和商品市场的领导地位。1950年，市政府采用加工、订货、贷款、收购及提高工缴费等方式，扶植私营工业，活跃城乡经济。救济失业工人。完成郊区土地改革。

1952 年，上海市实现财经状况的根本好转，工农业生产、财政税收等都恢复到解放前的最高水平。全市工农业总产值 71.49 亿元。上海口岸出口创汇 1.197 亿美元。全市财政收入 19.3 亿元，占全国财政收入 10.5%。1950～1952 年，23.6 万余人就业。

七、1953 至 1957 年时期上海经济

1953 年，开始对资本主义工商业和手工业、农业进行社会主义改造，实施国民经济第一个五年计划。1955 年下半年起，对部分与国计民生关系密切的私营工商业实行按行业合营。1956 年 1 月，全市 205 个行业、10.6 万家私营工商企业实行社会主义改造，全部公私合营，其中工业 85 个行业、3.5 万家，商业 120 个行业、7.1 万户。郊区 96.6%农户加入农业生产合作社，0.18 万个初级农业生产合作社转为 348 个高级农业生产合作社。全市 11.6 万名手工业者组成手工业生产合作社，占全市手工业从业人员 93.1%。12.1 万名商贩组织合作商店和合作小组。对全市工业进行经济改组，2.26 万家工厂裁并改组为1.63 万家，并按行业建 74 个专业公司，连同原已建立的 9 个公司，共 83 个行政性专业公司，分别按行业归口领导。逐步形成高度集中的计划经济管理体制。1957 年，工业总产值 134.15 亿元，社会商品零售总额 23.8 亿元，外贸出口商品总值 4.52 亿美元，港口吞吐量 1649 万吨。五年财政收入 177.3 亿元，约占全国财政收入 1/8。42 万名失业人员绝大部分就业。在人力、物力、财力方面支援国家和外地建设。为鞍山钢铁厂、长春第一汽车制造厂、玉门油田和佛子岭、梅山、官厅水库建设提供协作配件，为外地发展纺织工业制造 156 万枚纱锭的细纱机和 5.9 万余台自动织布机，以及电站用汽轮发电机、矿山设备等。向全国市场提供 202.7 亿元工业品。为国家积累资金 189.4 亿元，资金总额相当于“一五”期间全国基建投资额的 1/3 以上。1953～1956 年，有 28 万名职工、272 家轻纺工厂迁外省市，支援外省市经济建设。

八、1958 至 1965 年时期上海经济

第二个五年计划期间(1958～1962 年)，全市工业以轻纺工业为主向以重工业为中心的综合性工业基地发展，开辟桃浦、彭浦和漕河泾 3 个工业区。1958 年 5 月以后，开展“大跃进”运动，全民炼钢，农业放“卫星”。全市建土高炉 0.67 万座，40 万～100 万人参加炼钢。是年完成钢产量 122.26 万吨，比 1957 年增长 1.4 倍。钢铁工业从业人员超过 10 万人，比 1956 年增长 3 倍多。基本建设投资额比上年增加 1.6 倍，其中冶金工业投资增 10.6 倍。工业结构不合理，1958～1960 年重工业产值三年内增加 4.1 倍，轻纺工业发展减缓。基本建设战线长，三年平均每年在建项目 0.13 万个，比“一五”平均增加 1 倍多。集体和个

体经济在所有制上升级，1958 年、1959 年有 700 多家手工业合作社转变为国营工厂，涉及从业人员 7 万人。商业削弱，1960 年，零售商店从 1957 年 12.99 万个减为 2.9 万余个，从业人员从 44.9 万余人减为 32.8 万余人，一些传统的经营特色消失。商业部门收购的主食品比 1957 年下降 16%、副食品下降 53.6%，轻工业的农副产品原料减少 41.8%。副食品和日用品供应大幅减少，居民消费水平下降。1958～1960 年，进行第二次工业调整改组，通过裁并转产，剩 0.38 万家工厂。加强机械工业，发展原材料等基础工业，新建、扩建和改建 25 家冶金、20 多家机械和一批化学、电子仪表等骨干企业。发展钟表、照相机、合成洗涤剂、日用塑料等工业，填补国内工业空白。开始发展汽车、半导体和国防尖端工业。初步建成闵行、吴泾、嘉定、松江、安亭等新的工业基地和卫星城镇。

1961～1965 年，贯彻以调整为中心的"调整、巩固、充实、提高"方针，按照农轻重次序全面调整国民经济。1961～1962 年，缩短工业和基本建设战线，加强支援轻工业品和紧缺原材料生产。调整工业结构，1962 年钢产量压缩到 120.8 万吨。减少城镇人口，精简职工。压缩城镇人口 39.2 万人，精简企业职工 35 万人。1961 年、1962 年，重工业投资分别比上年减少 58%和 47%。扩大城乡居民凭证定量供应商品范围，部分商品实行高价敞开供应。1962～1965 年，进行第三次工业改组、定产品方向、定生产规模、定生产协作，发展电子等新兴工业，提高机械和原材料工业水平。上海开始形成全国最重要的门类比较齐全、物质技术基础较强、大中小企业相结合的综合性工业基地。到 1963 年 6 月，7 个工业局停、关、并、迁工业企业 574 家，涉及从业人员 7 万余人。1964 年起，调整重点同发展新兴工业赶超国际水平相结合，重点发展新型金属材料、电子器件、电子设备、石油化工和高分子合成材料、新型硅酸盐材料、精密机床和特种设备以及精密仪器仪表等 6 个重点新兴工业，以及工业自动化等 18 项重大新技术。

至 1965 年，重、轻工业产值比例由 1960 年 56.3∶43.7 调整为 43.4∶56.6。原材料工业得到优先发展，钢材和化工原料的自给率提高。工业产品品种规格达到 10 万种以上。钢的品种达 500 种。机械设备成套生产的品种 220 种，占全国主要成套品种 87.3%。赶超国际先进水平，尖端技术研究，初步适应航空、原子能、精密仪器仪表等尖端产品的发展需要。郊区蔬菜平均亩产突破万斤，全市蔬菜供应自给率约 95%。重、轻工业投资比例由 1962 年 88.2∶11.8 调整到 79.2∶20.8。全市国民收入 103.28 亿元，工业净产值平均年增 21.5%。全市社会商品零售额 29 亿元，工业品采购和调往市外数量、农副产品购进额等都达到历史最高水平。地方财政收入 61.75 亿元。全市职工 272.13 万人。支援建设战略后方和全国经济建设，47 家(个)工厂和车间迁到四川等内地，随迁职工近万人，搬迁设备 0.46 万台。

九、1966至1978年时期上海经济

1966年“文化大革命”开始，全市经济管理削弱，经济出现混乱。1967年1月，上海发生“一月风暴”夺权，形势迅速恶化，全市工业生产不能正常进行，交通运输紧张。是年，主要指标完成情况普遍较上年降低1～2成，工农业总产值下降9.4%，钢产量下降17.1%，铁路货运量下降42.3%，基本建设投资额下降42.3%，地方财政收入下降21.2%。1969年、1970年，经济回升，加强发展科技和“四新”（新技术、新材料、新装备、新工艺）以及基础工业改造。1972年、1973年，经济下降得到缓解。1975年，国民经济明显好转。第四个五年计划期间工业产值年均增长7.5%，低于全国8.9%增幅。商业经营特色遭受破坏，花色品种减少，商业饮食服务网点剩2万多个，比“文化大革命”前减少一半以上。1976年起，上海经济再次面临严重危机。工业产品质量下降，144种主要产品有108种低于“文革”前，71种产品的100项原材料、燃料单耗有84项高于“文革”前。经济效益低下，8个工业局成本上升，利润减少，亏损户增加77%，亏损金额增加近1倍。地方财政收入下降2.3%，连续3年没有完成计划，历年地方财政结余全部用完。

1976年“文化大革命”结束。1978年，工业总产值增长12.1%，企业上缴利润增长18.6%。农产品自给率提高，食用油和蔬菜全部自给。社会商品零售额60亿元，外贸口岸出口28.7亿美元。基本建设完成工作量14.6亿元，建成住宅150万平方米，财政收入164亿元。

十、1979至1984年时期上海经济

1979年起，集中三年时间贯彻中共中央“调整、改革、整顿、提高”方针。1982年，全市工业进行第四次改组。对轻工、手工、仪表、农机等工业局实行按行业归口管理，按专业化协作组建71家工业公司。发展专业化协作，优化企业组织结构，提高短线产品生产能力，促进产品升级换代，拓宽对内经济交往。

1979年，开始进行体制改革，到1980年，全市有0.12万家工业企业进行扩大自主权试点。冶金局、纺织局和28个专业公司实行全行业扩权试点。物资、建工、商业、外贸企业和国营农场，也分别采用利润留成、财务包干等方式。改变基本建设投资方式，1979年8月起由财政拨款改为银行贷款，到1980年全市有17个行业66个项目进行试点。商业方面，全市开设500多个工业门市部、经理部和服务部，开办60多个农贸市场，建立生产资料交易市场、小商品批发市场等。到1984年，市政府下达27个关于经济改革的文件，对地方财政收支实行“核定基数，总额分成”。1985年起，基本建设投资全部由拨款改为贷款。进一步扩大国营工业企业自主权，实行工资总额包干，扩大企业自留资金使用

权。搞活流通体制，7 个国家一级批发站与市公司合并，建立 400 多个贸易市场。放开部分副食品和小商品价格，发展多种所有制经济。农村推行家庭联产承包责任制，发展各种专业户。

国民经济开始持续、稳定、协调发展。重大比例关系趋向协调，农村经济开始综合经营协调发展。工业产品注重市场需求导向，原材料工业逐步向"加工深度化"迈进。工业技术改造向深度和广度发展。"六五"时期，生产性建设比重由 81.5%下降到 70%，非生产性投资由 18.5%上升到 30%。五年住宅建设投资额相当于前 28 年投资总和的 2 倍。第三产业年均增长 12.5%。财政收入与生产同步增长。多种经济成分共同发展。到 1985 年，全市有中外合资企业 97 家，中外合作经营项目 61 项，外商独资企业 6 家。上海同世界上 160 多个国家和地区有直接贸易往来，利用外资合同金额 12.7 亿美元，引进技术 800 多项。对内经济联合得到发展，到 1985 年与 27 个省市建立多种形式的经济联合体0.3 万个，投资额 20 亿元，达成技术协作 0.41 万项，各种技术咨询服务 1.5 万多项，联合开发资源项目 304 项。加快新产品和优质产品开发。到 1985 年，有 337 项重点产品被评为赶超国际水平的优质产品，有国家、部、市级优质产品 0.22 万项，优质产品产值占全市工业总值 20.9%。1981 年 9 月，上海参与研制的"一箭三星"发射成功，1984 年 4 月长征 3 号运载火箭发射中国第一颗地球同步通讯试验卫星。职工家庭人均收入年增 8.6%，农民家庭纯收入增长 1 倍多。人均住房居住面积增至 5.4 平方米。市区煤气家庭用户普及率 50.8%。

1984 年 5 月，上海列为全国 14 个沿海城市进一步对外开放。1985 年 2 月，《上海经济发展战略汇报提纲》获国务院批准。

十一、1985 至 1995 年时期上海经济

1985～1987 年，全市国内生产总值年均递增 8.4%。第三产业以每年 9.8%递增，占国民生产总值的比重上升到 29.2%。同时，上海经济和社会生活出现新的困难和问题。部分职工收入减少。工业原材料和能源价格上升，产品成本增加，企业利润下降。地方财政收入连续几年下降，从 1985 年 184.23 亿元降至 1987 年 168.97 亿元。物价总水平上涨幅度过大，同期职工生活费用价格总指数 143.3 和 154.9，消费品价格指数 159.7 和 173.1。1987 年 12 月，中共上海市委、市政府提出深化改革、扩大开放、加快发展外向型经济的 5 个新的突破点。国务院同意在 5 方面给上海增加地方财力和扩大地方管理权限。1988 年，全面清理固定资产投资项目，停建、缓建 0.15 万个项目，压缩投资 48 亿多元。1990 年，全市国内生产总值 756.45 亿元，实现前 10 年翻一番的目标。中共中央、国务院决定开发、开放浦东。第七个五年计划期间，实际利用外资 42.53 亿美元，比"六五"时期增长 17.6 倍。上海口岸外贸出口总值合计 357.74 亿美元。城市基础设施建设投资 177.81 亿元，比"六五"时期增 2.2 倍。居民住

宅竣工2245万平方米，市区居民人均居住面积增至6.6平方米。1992年，中共第十四大报告中提出把上海建设成为国际经济、金融、贸易中心之一，实施“一个龙头，三个中心”的战略目标。邓小平要求上海“一年变个样，三年大变样”。加快经济体制改革，全方位对内对外开放，城市现代化建设和旧区改造全面展开。国民经济持续、快速、健康地发展，推动综合经济实力的增长。

第二节 经济总量

一、综合经济

1995年，上海市国内生产总值人均1.89万元，列全国第一位。工业总产值列全国第四位。农业总产值列全国第二十五位。固定资产投资额列全国第三位。社会消费品零售总额列全国第七位。外贸进、出口均列全国第二位。财政收入列全国第三位。港口吞吐量列全国第一位。主要工业产品钢、钢材、塑料、发电设备、汽车、民用钢质船舶、化学纤维、电视机、电冰箱、自行车、缝纫机等产量分别占全国1/8以上，其中钢和钢材产量列全国第一位，化学纤维列全国第二位，生铁和烧碱列全国第四位。工业经济效益综合指数列全国第二位，其中产品销售率98.67%、劳动生产率3.17万元，均列全国首位。成本费用利润率6.25%，列全国第二位。资金利税率10.99%，列全国第三位。

1952年、1995年上海市社会经济主要指标占全国比重情况表

项目	1952年		1995年	
	上海市	占全国(%)	上海市	占全国(%)
国内生产总值(亿元)	36.66	5.4	2462.57	4.2
第一产业增加值(亿元)	2.17	0.6	61.68	0.5
第二产业增加值(亿元)	19.22	13.6	1409.85	5
第三产业增加值(亿元)	15.27	7.9	991.04	5.5
工业增加值(亿元)	18.22	15.2	1298.97	5.3
农业总产值(亿元)	3.43	0.7	182.47	0.9
全市财政收入(亿元)	19.3	10.5	702.46	11.3
固定资产投资总额(亿元)	2.28	0.5	1601.79	8
货物运输量(万吨)	2420	7.7	27571	22.33
港口货物吞吐量(万吨)	559.9	45.6	16567	21
社会消费品零售额(亿元)	19.5	7	970.04	4.7
外贸出口商品总值(亿美元)	1.19	14.5	115.77	7.8
口岸进出口商品总值(亿美元)	1.35	7.7	243.57	8.67

国内生产总值 1952年，全市国内生产总值36.66亿元，1995年2462.57亿元。1953～1995年，年均增长8.9％。

劳动生产率 1952～1990年增长7.33倍。1990年，人均0.96万元，1995年3.12万元。

固定资产投资 1953～1995年，全市全社会固定资产投资总额5807.9亿元，其中国有经济单位固定资产投资4096.08亿元，集体经济单位815.21亿元。城乡私人建房投资187.05亿元。商品房投资638.6亿元。

金融业 1952年年底，全市银行存款余额9.36亿元，贷款余额3.54亿元。1995年分别为3056.76亿元、2387.33亿元。

财政收支 1950年，全市财政收入1.09亿元，占全国财政收入1.6％。1995年702.46亿元，占全国11.3％。1950～1995年，全市地方财政收入5339.16亿元，占全国8.7％。1950年，全市地方财政支出0.8亿元，占全国财政支出1.1％。1995年，267.89亿元，占全国3.9％。1950～1995年，地方财政支出1568.11亿元，占全国2.5％。

二、部门经济

工业 1952年，全市工业总产值66.60亿元，轻、重工业分别占79.3％和20.7％。1995年分别为5349.53亿元，45.47％和54.53％。1952年，全市工业综合能源消费量155.2万吨标准煤，1995年增至3512.5万吨。1985年，工业每万元值综合能耗2.32吨标准煤，1995年降至0.94吨。1978～1995年，每百元固定资产利税从87.16元降至17.76元，资金利税率从75.21％降至10.99％，产值利税率从33.34％降至10.14％，百元销售收入实现利润从24.6元降到6.83元。1995年，900多种主要工业产品生产能力，44％的产品生产能力利用率在60％以下。

农业 1952年，全市农业总产值3.43亿元，1995年182.47亿元。牧业和渔业占农业总产值的比重，1952年为14％，1995年57％，种植业和林业占农业分别为81％和43％。

交通邮电 1952年，货物运输总量2420万吨，1995年27571万吨。1952～1995年年均增长5.8％。1952年，港口货物吞吐量560万吨，1995年16567万吨，占全国21％。国际集装箱吞吐量1995年152.7万标准箱，约占全国沿海港口集装箱吞吐量1/4，跻身于世界集装箱港口20强。1953～1995年，铁路货运量年均增4.87％，1952年829万吨，1995年6416万吨。1949年，邮路0.3万公里，1995年19.3万公里，与世界88个国家和地区建立邮件直封关系，每天进出口国际邮件1.5万多件、国内邮件155万件。1949年，电话交换机容量7.3万门，1995年345.7万门，电话用户分别为6.6万、223万户。

国内贸易 全市社会消费品零售总额，1952年19.5亿元，1995年970.04亿元，1953～1995年平均增长9.5%。消费品零售额结构，50年代食品类约占50%，1995年占39.6%，日用品类分别为28.9%和45%。上海市调往全国各地的工业品，1952年为18.39亿元，1995年为130.16亿元。外地调入上海市的农副产品总值，1952年为9.82亿元，1995年47.97亿元。

对外经济贸易 1950年，上海进出口贸易2.21亿美元，占全国19.47%，1995年分别为190.56亿美元、6.79%。

利用外资 1985～1995年，批准利用外资项目1.53万个，签订合同金额269.39亿美元，实际利用外资199.34亿美元。其中，1985年，批准利用外资项目125个，签订合同金额4.1亿美元，实际利用外资1.15亿美元。1995年，利用外资项目0.33万个，协议外资125.88亿美元。

第三节 | 所有制结构 >>

1949年，国营工业总产值占全市工业总产值16.3%，1965年97.1%，1995年37.9%。1978年，全市工业基本为国有、集体两种所有制，其资产比重91.7∶8.3。此后发生变化。1995年，公有制经济占55.2%，外商及港澳台商投资工业企业占28.0%，股份制经济占7.7%，联营、私营、个体等其他经济类型占9.1%。1978年以前，商业经济基本为全民所有制经济。1995年，国有商业占全市商业零售总额42.26%、集体商业占31.21%、私营个体商业占5.7%，其他经济类型占20.74%。

一、私营经济

工商业 1949年，全市有私营工业企业2.03万家，年工业产值占全国私营工业总产值36%。棉纺工业纱锭约占全国纱锭总数50%，卷烟厂设备占70%以上，面粉厂产量约占40%。私营商店行号9.3万户。私营轮船运输业船只925艘，占全国80%以上。私营银行钱庄194家。1956年1月，市人民委员会批准全市205个行业、10.62万家私营工商企业实行公私合营。全市公私合营企业私股资本金11.22亿元，其中工业私股资本金占82.4%、商业私股资本金占12.2%、运输业私股资本金占2.5%、建筑业私股资本金占0.4%、其他(含典当、房产、地产、影剧院等)私股资本金占2.6%。按国务院规定，对私股资本金持股者按私股资本金5%支付定息，1956年起为期7年。1963年起，按国务院规定，延长3年，到1966年9月因“文化大革命”停发。此后公私合营企业全部转为国有企业。经过资本主义工商业社会主义改造、人民公社化、“文化大革命”,上海的私营工商业基本消亡。1982年起,允许个体工商户零售兼批发,允许承包、租赁、租买国有、集体商业网点,扩大经营。并且准许经营私营企业。在个体工商户中出现一批雇工经营的私营企业。1995年,全市私营企业3.98万家,雇工35万人。注册资本金229.51亿元。营业额169.81亿元,零售额119.14亿元。

农业 1950年,上海市郊区(含1958年划入的江苏省松江专区9县和南通专区崇明县)贫农40.97万户,有土地100.91万亩。中农23.50万户,有土地198.90万亩。小土地出租者0.85万户,有土地4.86万亩。富农1.81万户,有土地51.59万亩。地主1.87万户,有土地230.63万亩。1950年6月~1951年11月进行土地改革,没收、征收地主、富农及其他土地300.82万亩。

二、国有经济

1949年1月,公有资本纱厂纱锭90.55万枚、布机1.67万台,分别占全市37.7%和57.06%。公有资本控制铁路、公路、邮电、航海运输的全部或大部,控制全市55%轮船吨位、48%码头总长和32%仓库面积。有垄断性贸易公司。中央银行、中国银行、交通银行、中国农民银行、中央信托局、邮政储金汇业局等国家金融机构的总行或总管理处都设在上海。1949年5月上海解放,对整个企业属于官僚资本的,均予没收。对公有资本同私有资本股份并存的,没收公有资本部分。是年接管官僚资本工厂、银行、贸易和交通运输机构411个单位、员工15.3万人和一批重要的资财。其中在工业系统,接管和没收中国纺织建设股份有限公司等工业系统的工厂和业务机构69家,前国民政府资源委员会、善后事业保管委员会和海军造船所等重工业系统的工厂和业务机构45家。金融系统,接管和没收中央银行、中国农民银行、中央合作金库、邮政储金汇业局等官僚资本的金融机构,取消外国在华银行的一切特权。对中国银行、交通银行,主要没收其官僚资本股,保留私股权益。对新华、中国通商、中国实业、四明等官商合办银行,主要没收官股。交运邮电系统,接管港务、铁路、航政、浚浦、公用局、招商局轮船公司等17个港航机构,邮政、电信、国际电台,黄浦江沿岸码头169座、苏州河沿岸码头171座、船只432艘(共计18.96万总吨)。商业系统,接收扬子建业公司等10余家公有资本企业。1949年6月,成立国营上海市贸易总公司,建立上海市供销合作总社和市粮食、煤业、日用品、花纱布、油脂、医药、烟麻、五金机械、盐业、土产、交通电工器材等一批国营商业公司,开始形成全民所有制商业批发体系。同时建立国营零售商店,发展消费合作社。

三、公私合营经济

1949～1952年，全市有公私合营工业企业65家，1952年产值占全市工业总产值5.6%。新华等5家私营银行组建为公私合营银行。1953年，对私营批发商进行社会主义改造。1954年，全市公私合营工业企业244家，产值占全市工业总产值升至20.3%。1956年1月，上海市人民委员会批准全市尚未合营的私营工商业企业实行公私合营。是年全市生产资料所有制的社会主义改造基本完成。公私合营企业在"文化大革命"中均转为国营企业。

工业 1949年年末，公私合营股份制工厂15家、产值1171万元。1952年，工厂65家，产值35.4亿元，分别占全市工厂和产值98.9%和66.7%。1953年起，分期分批，逐步扩展公私合营工业。是年全市有68家公私合营工业企业。1955年，对私营工商业采取个别合营与按业改造相结合，经济改组、生产安排和扩展公私合营相结合的社会主义改造。棉纺等8个轻纺行业实行全行业公私合营，船舶等13个重工业行业实行整个行业中部分企业的公私合营。年底，全市公私合营工业企业375家、从业人员18.69万人、产值26.5亿元，分别占全市1.6%、23.9%和30.2%。1956年，全市工业85个行业、3.52万家私营企业被批准实行公私合营。

商业 1949年，全市商业全部为私营经济。1952年，商业批发零售总额40.42亿元，其中公私合营股份制商业1396万元、私营商业21.77亿元。1953年，首先对私营批发商进行社会主义改造，1955年，国营、合作社营、公私合营等批发商营业额占全市批发营业额88.8%。1956年，全市商业120个行业实行全行业社会主义改造，有公私合营企业7.11万家、从业人员22.33万人，其中定息户1.94万户、从业人员12.89万人。

金融 1949年，官商合办的新华、中国实业、中国通商和四明银行，在没收其官僚资本股份后，改组为公私合营银行。1952年年底，私营银行、钱庄全部实行公私合营，全市基本完成对私营金融业的社会主义改造。社会信贷资金全部纳入国家、公私合营银行管理。公私合营企业清产核资后，私股资本金11.22亿元。

四、集体经济

农村集体经济 1952～1955年，全市农村建立初级农业生产合作社1万个，入社农户占总农户41.7%。农民土地入股，合作社统一经营，统一使用耕牛、农具、生产资金，统一调配劳动力，实行土地、劳动力按比例分红。1956年春到1957年，全市成立高级农业生产合作社0.28万个，入社农户占总农户数97.48%。净收入25939万元，其中税收4315万元、集体积累1838万元、社员分配所得 18286 万元。1958 年 9 月,建 103 个人民公社,至 1984 年全市有 208 个公社。1983 年,实行政社分设,公社成为集体经济组织。1987 年 5 月,人民公社改为乡经济联合社,或称农工商联社、公司。生产大队改变为村经济合作社,或称公司。按规定,乡经济联合社属全乡社员共同所有,对村队合作组织负有指导、服务、扶持的责任。村经济合作社是独立的集体经济组织。生产队是村经济合作社的基层单位,独立核算。

城市集体经济 1956 年,对个体手工业者和小商贩组织合化社,合作社成为集体所有制企业。是年,全市组成手工业合作社(组)1628 个、从业人员 11.62 万人,合作商店(组)3864 个、从业人员 9.4 万人。1960 年,全市剩 139 家手工业生产合作社。菜场、饮食、服装鞋帽、理发、废品收购、自行车修理等行业企业升为高级合作商店。1961 年,街道工厂发展到 500 多家,里弄生产组 0.2 万个。同时,调整政策,“大跃进”时期吸收到国有企业的 1.1 万多名手工业者和小商贩,退出国有工商企业,建手工业生产合作社和合作商店。升为高级合作商店的企业,划小划细核算单位。1979 年前后,为安置大批回沪知识青年就业,全市各系统内建 360 多个集体所有制企业,96 万名知识青年就业。1995 年,集体工业企业1.72 万家,从业人员 123.98 万人,产值 661.94 亿元。集体商业社会消费品零售额 302.79 亿元。

五、三资企业经济

1979 年后,开办外商独资、中外合资、中外合作企业。1980 年,中国与瑞士、香港地区客商合资开办上海迅达电梯公司,为上海 1952 年后吸收外商直接投资的第一个项目。至 1995 年,累计外资投资项目 1.44 万个,协议投资金额 340 亿美元,实际投资金额 114.11 亿美元。其中,外商投资三资项目 5437 个,协议投资金额 140.16 亿美元,实际投资 45.95 亿美元,包括合资项目 3405 个、合作项目 966 个、独资项目 1062 个、股份制项目 4 个。总计有 71 个国家和地区投资,以日本 1640 个项目和美国 1688 个项目、实际投资 9.83 亿美元和 16.77 亿美元为最多。港澳台地区和海外中资集团投资项目 9002 个,其中合资项目 5118 个、合作项目 1745 个、独资项目 1267 个、股份制项目 31 个、其他项目 841 个。协议投资金额 199.82 亿美元(因资料不全,不含香港 819 个、台湾 22 个项目的资金,下同),实际利用金额 68.16 亿美元。以香港 5937 个项目、实际投资 56.12 亿美元为最多。

六、股份制经济

1984 年 11 月 4 日,上海飞乐音响公司从上海飞乐电声总厂中分离,改制为股份有限公司,率先进行企业股份制试点。1995 年,全市有股份有限公司 121

家，其中上市公司92家。

1988年8月1日，上海首家集体企业股份合作制企业主人印刷厂成立，1995年全市有股份合作制企业0.69万家。

七、个体经济

1949年年底，市公安局批准8.46万人为马路摊贩，在指定地段设摊。1951年，核发个体工商户营业许可证12.46万张，其中固定商贩9.36万张、流动商贩3.1万张。1955年，全市有核准登记的个体工商户20.12万户。1956年，资本主义工商业社会主义改造完成后，对个体工商户始按行业归口管理，组织合作组织。1958年，市工业部门吸纳1.34万人，商业系统组成合作商店吸纳1.09万人，高级合作商店吸纳4.45万人，合作小组吸纳1.12万人。动员到市郊落户参加农业生产1.22万人，组织回原籍务农0.68万人，安排到外地工作0.42万人，自行转业1.78万人。1958年，批准继续经营的还有7.54万人。1978年剩0.83万家。1979年后，个体经济迅速发展，1995年有15.57万家、从业人员21.13万人。

第四节 | 产业结构 >>

1952年，上海市国内生产总值中，第一产业占5.9%，第二产业占52.4%，第三产业占41.7%，1957年分别为3.9%、58.7%和37.4%，1995年为2.5%、57.3%、40.2%。

一、第一产业

1952年，全市种植业占80.76%，林业占0.58%，牧业占11.95%，副业占4.66%，渔业占2.04%。1995年，种植业占农业总产值42.59%、牧业占44.65%、渔业占12.51%、林业占0.25%。

二、第二产业

1949年，全市工业总产值中，轻、重工业分别占88.2%和11.8%，1957年分别为68.7%和31.3%，1995年为45.5%和54.5%。

三、第三产业

1952年，第三产业占全市国内生产总值41.7%，其中商业餐饮业占68.7%，交通运输仓储邮电通讯占11.72%，金融保险业占5.96%，房地产业占0.33%，社会服务业占5.83%，卫生体育社会福利业占0.79%，教育文艺电影业占2.16%，科学研究、综合技术服务业占1.90%，党政机关社会团体及其他服务占2.62%。1995年，第三产业增加值占全市24.77%。交通、运输、仓储、邮电通讯占17.13%，商业、餐饮业占27.19%，金融保险业占24.77%，房地产业占9.21%，社会服务业占8.38%，卫生、体育、社会福利事业占2.41%，教育、文艺、广播电影电视事业占4.52%，科学研究和综合技术服务业占3.40%，国家党政机关、社会团体及其他事业占3%。

第五节 | 投资结构 >>

一、固定资产投资

1950～1995年，全市固定资产总投资4176.88亿元，其中基本建设投资占60.6%、技术改造投资占39.4%。农业在基本建设投资中，1950年占7.5%，1995年占0.5%。"一五"计划时期，轻、重工业基本建设投资分别为1.43亿元和4.17亿元，占工业基本建设总投资23%和67%。"八五"计划时期，轻、重工业分别投资67.28亿元和483.73亿元，占工业基本建设投资12%和83%。

二、资金

1950～1978年，以国家投资为主。"一五"计划时期，国家投资占全部基本建设投资89.6%，自筹和其他投资10.4%。1995年，全社会固定资产投资1601.79亿元，其中国家预算内资金1.77%、国内贷款17.36%、外商直接投资3.63%、对外借款1.72%，市自筹6.3%、中央各部门自筹1.07%、区县自筹1.6%、企事业自筹48.48%、集资3.01%。

第六节 | 物价、服务性收费 >>

一、农副产品价格

粮食 上海开埠以后，粮价上升。粳米批发价格，清同治十一年(1872年)至光绪四年(1878年)每石由2.71元(银元，至1934年，下同)上升到3.86元。小麦批发价格，光绪二十二年至宣统二年(1910年)每担在2.91～4.77元。

1913～1919年，米价每石6.42～7.40元，1937年11～12元。小麦价格，1912～1924年除1915年每担5.48元外，其余在3.81～5.14元，1925～1930年5.73～6.35元，1937年6.07元。面粉价格走势与小麦相应。1953年，上海市区标二白粳的零售价每斤0.1515元，1966年0.164元。1991年6月，标一白粳每斤零售价由0.17元提高为0.30元，1995年3月为1.2元。

油料、食油　1926年，豆油零售价每斤0.173元，1930年0.221元，1936年0.241元。1954年，每斤菜油零售价0.47元，1995年在3.8元上下。

棉花　1925年，棉花(火机棉)每担批发价44.08元，1948年9～12月827.78元。1952年，平均收购价(皮棉)，代表品每担为107.48元，1995年收购价700元，价外补贴10元，合计710元。

生猪、猪肉　1930年，猪肉零售价格，腿肉年均价每斤0.366银元，1936年0.357银元。1949年5月，鲜猪肉批发价926666667元(金圆券)。1952年，猪肉零售价格统货0.5～0.6元，1979年1.1元。1985年，零售价鲜猪肉1.6元、冻猪肉1.5元，1995年分别为5.9元和5.2元。

二、轻纺产品价格

棉纱棉布　1912年前后，16支棉纱每件市价179.9元(银129.5两)，1937年1月10日255元。1937年7月，20支棉纱每件法币280元、12磅白细布每匹法币9.8元。1941年12月，分别为2108元、87元。1948年8月19日，707、29.5元。1950年2月10日，龙头细布每匹批发价28.3元，1950年3月，23.5元。1953年10月8日27.8元。1956年6月1日～1982年，龙头细布每米0.76元，1990年10月2.46元。

自行车　1952年，28英寸自行车(代表产品永久牌)每辆出厂价135元，零售价163.35元。1963年5月，零售价215元。1964年12月，51型182元，1995年390元上下。

肥皂　1953年，固本皂(代表品)零售价每条0.38元，1995年2元。

青霉素　民国时期全系进口。每瓶(20万单位)价格，1946年7月6日0.75万元，1949年4月30日相当于黄金0.9克、大米13.1公斤。1951年11月，上海批发市价0.85元。1953年5月，上海第三制药厂试制成功，价格与进口产品同价。1954年，降为0.71元，1969年8月0.12元。1986年12月，80万单位每瓶零售价0.28元，1995年0.75元。

三、主要服务项目收费

电力　1936年起，照明用电平均电价每千瓦时0.122元，工业用电0.0237元，总平均电价0.0336元，相当于3.6公斤煤的价格。1951年6月1日，全市实行统一电价。居民用电价 0.2952 元，电力电价 0.0984 元，1965 年分别为 0.24 元、0.08～0.085 元，此后电价长期不动。1985 年起，多次调价，1995 年居民用电 0.45 元、非居民用电 0.472 元。

自来水 清光绪元年(1875 年)，售水价格根据送水路途远近，每千加仑为 6 先令 6 便士至 13 先令。九年，英商自来水公司杨树浦水厂建成供水，市政用水每立方米 0.032 银两，生活用水按居民房租 5%收费。1932 年，市政用水每立方米 0.088 银元，生活用水 0.066～0.14 银元。1933 年 5 月，居民户普遍装用水表，水价改为按房租及最低用水量分档定价、超量递减的收费办法，共分 16 档。抗日战争胜利以后，水价折算法币每立方米 4 元。1952 年 11 月，全市统一水价，普通用水为每立方米 0.12 元，之后 30 年未变。1990 年 9 月，调整水价，居民用水 0.18 元，非居民用水 0.26 元，1995 年分别为 0.5 元、0.7 元。

煤气 清同治四年(1865 年)，英商上海煤气公司开始向用户供应煤气以供路灯照明，每盏煤气路灯每月收费 3 银元。九年六月，价格改按用量计算，每千立方英尺 3 银元，宣统二年 1.4 银元，1935 年 2.85 银元。1938 年，改按立方米收费，每立方米法币 0.1 元。1946 年 5 月，改按"度"(每度 100 立方英尺)计算，每度定价 400 元法币。1950 年 4 月 1 日起，每度 0.611 元。1960 年 1 月，实行按立方米计价。工业、营业、事业单位降为 0.09 元，征收附加捐 10%，家庭和团体烹饪户为 0.07 元，此后长期不变。1987 年 7 月起，调整收费标准，1994 年 8 月居民用气 0.60 元，学校、幼托、敬老院 0.80 元，团体用户 0.85 元，工业、营业、事业单位 1.075 元，加收附加捐 0.025 元。

房租 解放初期，私房租金大多以 1937 年房租作为基数。1955 年，私房用月租金每平方米 0.15～0.33 元(不含房捐)。1956 年，花园住宅 1.82 元，新式里弄 1.76 元，旧式里弄 1 元，厂房 1.34 元，简屋 0.46 元，瓦平房 0.23 元，草棚 0.59 元。是年 5 月，实施《上海市公共房屋租金标准》，公有房屋分为一般建筑和特殊建设两类，最低的里弄房屋每平方米月租 0.106 元，最高的商业用房 3.272 元。1958 年 8 月～1959 年 7 月，居住房屋不分房屋类型、级次和坐落地段，凡按照"公标"计算，每平方英尺月租超过 0.70 元一律降至 0.70 元，称为"七角封顶"。部分住房房租降至原租金的 50%～70%。1959 年，实行《新村租金标准》，以 6 层混合结构房计，每平方米最高和最低层 0.26 元，2～4 层 0.28 元。以后新建住房，比照加减，最高 0.37 元。"文化大革命"中，限定房租 0.1～0.4 元。1967 年，实行《上海市住房收费暂行标准》(简称"暂标")，用于解困户配房计租，上限不超过 0.4 元。由此，全市形成多种房租标准，造成同类型、同等级、同地段房屋租金悬殊，相差可达 50%～100%。1976 年 1 月，按"暂标"统一全市居民住房租金。1988 年，全市平均租金 0.214 元，房租负担占家庭工资收入 1.94%。1991 年、1995 年，先后提租 100%、50%。1995 年，平均租金 0.75 元，房租占家庭工资收入2.12%。

医疗收费 清同治三年(1864年),公济医院住院费单人病房每人每天白银3两,12床以上的病房白银1.5两。1916年,头等白银6两,二等白银3两,三等银元2元。1929年,市政府规定医疗收费标准,门诊诊金每次银元0.20～1.2元,出诊(普通)每次1～5元(含车费),特诊(随请随到)每次6～10元,住院费每天每床0.20～10元。手术费(小)每次1～5元,(普通)每次6～10元,(大)每次10～500元。接生费每次5～50元。1946年,初诊挂号费每次200元,复诊挂号费每次100元,特诊每次3000元,药费按成本收。1954年2月,挂号费复诊0.1元,急诊0.4元。公立医院划分为3级,病房分为3等。住院费每天每床0.5～3元,手术费每次0.8～55元,X线透视费每次0.5～0.75元。1956年,降低收费标准25%,取消头、二等病床。1966年9月,下降各项收费20%,执行至1981年。1981年6月,个人自费仍按照原收费标准,公费医疗和劳保医疗提高到按成本收费。1994年7月,门诊诊疗费每人每天1.5～3元,住院诊疗费2～4元,护理费每人每天1～5元,手术材料费提高1倍。

公交票价 清宣统元年(1909年),有轨电车平均每英里头等座票价3.4铜元,三等3.17铜元,1937年8.01铜元、5.63铜元。1950年4月26日,公共汽车票价分为5分、7分、1角、1角3分、1角5分。1951年1月,票价改为5分、1角、1角5分3档。1956年2月,市公交公司统一票价,分档票价公共汽车5分、1角、1角5分、2角,无轨电车4分、7分、1角、1角3分,有轨电车3分、6分、9分、1角2分。以后35年未变。1990年1月1日起,不分汽车、电车,分档票价1、2、3、4角。1994年8月,实行单一票价,不分运距,每票5角。另自清光绪三十四年(1908年)九月英电首次发行月票,至1996年1月1日取消,上海公交发行多种月票,1956～1990年为6元。

中小学收费 1949年秋季,公立学校每学期学杂费,小学9元、初中18元、高中26元,1950年春季小学7元、初中14元、高中16元。1994年秋季,小学40元,初中65元,高中一般学校150元,区重点学校260元,市重点学校320元。

第十五章
财政、税务

第一节 财政 >>

一、财政管理体制

1913年，上海县开始实行“国地分税，自收自用”的财政管理体制。1928年，上海特别市实行中央、省(市)、县三级财政体制，地方收入主要是田赋、契税、房捐、车捐、船捐、屠宰税、地方财产收入等。1945年8月后，国民政府对上海市实行“分税分成、自给自足”的财政管理体制。

1950年3月，政务院决定上海市的财政收入全部纳入国家预算，征收的公粮、货物税、工商业税等都上解中央金库，地方税附加、公用事业费附加、规费、市营企业收入等划给上海市。1951年3月，明确上海市的地方收支范围，收入为屠宰税、契税、地产税等小税种，以及地方企业收入。1953年，对上海市实行“以支定收、一年一定”的体制。1958年，国务院对上海市实行“以收定支、固定比例分成”的体制。后历有变化。1988年，实行“基数包干上缴、一定五年”，确定上海市的包干上缴基数为105亿元。1991年起，地方财政收入超过165亿元的部分，中央与地方对半分成。1994年，按税种分为中央固定收入、地方固定收入和中央与地方共享收入3部分，关税、海关代征消费税和增值税、消费税及中央企业所得税等划作中央固定收入。地方征管的营业税(不含铁道部门、各银行总行、各保险总公司集中缴纳的营业税)、地方企业所得税、地方企业上缴利润、个人所得税、城镇土地使用税等划作地方固定收入。增值税、资源税、证券交易印花税划作中央与地方的共享收入，其中增值税中央、地方分享75%和25%，证券交易印花税，中央与地方各分享50%。新体制实行后，原体制的分配格局暂时不变，上海市仍以120亿元的数额继续按年上解中央。1994年、1995年均按此执行。

二、地方财政收入

元、明、清时期，上海县的财政收入主要为田赋，其他有盐、酒、茶税。清乾隆二年(1737年),实征田赋本色米7.23万石,折色银8.41万两。1926年,公共租界工部局收支分别为1023万和1025万银两。光绪二十一年(1895年),上海县南市地区成立南市马路工程局,仿照租界征收房捐等作为收入来源。民国建立后,成立上海市政厅,开始编制地方财政预算,征收捐税。1912~1926年度,上海县财政收入276.64万银元,支出232.95万银元。1927年上海特别市政府成立,设财政局,1927~1937年度全市地方财政收入1.03亿元,支出1.04亿元。1938~1945年8月,收入700.23亿元,1945年9月~1948年8月107417.37亿元,1948年9月~1949年4月953.03亿元。1949年10月,上海市人民政府建立全市经费支出概算。1950年,全市财政收入全部纳入国家预算,是年为1.09亿元。1952年,建立年度财政预决算。1949年6月~1995年,上海市地方财政收入合计5339.25亿元。其中,1949~1978年占36.62%,1979~1995年占63.38%;税收收入占51.35%,企业上缴利润、地方自筹和中央专款收入等占48.65%。其间,绝大多数年份,财政收支呈增长趋势,1961年、1962年和1967年、1976年因"大跃进"和"文化大革命",财政收入下降。1995年,创历史最高,达406.43亿元。

上海市是全国的财源大户,上海地方财政收入上解中央的数额在全国名列前茅。1949年6月~1995年,年均财政收入占全国8.7%。1951~1995年,共上解3863.36亿元,占上海地方收入总额72.5%。同期,上海市按国家财政管理体制,从收入中分得1463.18亿元,留用比例为27.5%。

三、地方财政支出

1912~1926年度,上海县财政支出232.95万银元,其中行政经费占50.8%、教育文化卫生费占45.59%、经济建设费占2.6%、其他支出占1.01%。1926年,支出10.9万银元。上海特别市建立后,1927~1937年度财政支出1.04亿元。其中,行政经费占51.85%、教育文化卫生费占17.76%、经济建设费占19.03%、其他支出占11.36%。1927年,支出336.08万元,1937年1344.23万元。1938年~1945年8月上海沦陷期间,财政支出623.54亿元。1945年9月~1948年8月财政支出96865.31亿元,其中行政经费占85.12%、教育文化卫生费占6.85%、经济建设费占6.76%、社会福利费占0.73%、其他支出占0.54%。1949年6月~1995年,全市财政支出1568.18亿元,占全国财政总支出2.5%。其中,固定资产投资支出占33.88%、教科文卫事业费占21.85%、经济事业拨款支出占8.62%、行政管理费占6.99%、城市维护费占5.91%、抚恤和社会福利费占1.08%、其他财政支出占21.67%。1950年,全市支出7988万元,1995年267.89亿元。

四、预算外资金

上海市预算外资金包括地方财政部门按国家规定管理的各项附加收入，事业、行政单位自收自支的资金，国营企业及其主管部门的各种专项资金，以及其他预算外资金。1950年，有公用事业附加及地方税附加。1951年，开始征收工商税附加。后历有扩大。1960年、1961年，集中部分企业利润留成共4.21亿元作为预算外资金。

1981～1992年，预算外收入合计983.21亿元，1993～1995年193.07亿元。1981～1992年，全市预算外资金支出合计887.80亿元。1993～1995年177.45亿元。1995年，收入、支出分别为78.62亿元、72.78亿元。

第二节 | 税务 >>

一、税收

税收 上海解放后，除货物税、营业税、所得税等大宗税收上缴中央外，1949年6月～1995年全市税收收入2741.61亿元，占地方财政收入54.93%。其中，流转税(含各时期营业税、工商统一税、工商税、产品税、增值税)占78.38%、所得税(含各时期工商所得税及企业所得税、个人收入调节税及个人所得税)占11.52%、财产及行为税(含各时期印花税、城市房地产税及房产税、屠宰税、车船使用税及其他)占3.55%、农业税(含各时期农业税及农林特产税、耕地占用税、契税)占1.43%、其他税捐(含各时期盐税、城市维护建设税、城镇土地使用税、建筑税及固定资产投资方向调节税、其他)占5.12%。各时期税收，1950年6416万元，1954年1.13亿元，1959年25.26亿元，1971年30.03亿元，1985年102.16亿元，1995年274.16亿元。1950年，流转税占36.55%、财产税占63.45%，1995年流转税占78.38%、所得税11.52%、财产税3.5%、行为税2.69%、农业税3.38%。

1950～1995年，全市农业税实征主粮77.25亿公斤，附加实征主粮11.55亿公斤，均以折征(或折算)代金入库。

二、工商企业纳税户

1950年，全市纳税户11.5万户，其中工业1.84万户、商业9.66万户。1995年，全市纳税户36.17万户，其中国有企业4.69万户、集体企业12.68万户、私营企业3.35万户、个体户11.06万户、联营企业1万户、股份制企业0.26万户、外商和华侨港澳台投资企业1.4万户、其他经济性质企业1.74万户。

第三节 涉外财税 >>

清康熙二十四年(1685年),对进出口货物征收关税。鸦片战争后按协定税制所列品种,外商缴纳值百抽五的关税,拒绝缴纳中国政府新设的各税。1921年,全国烟酒事务署与英美烟公司协商后,始对外国烟厂征捐。1928年,始对华界外侨征收房捐。是年,对上海外商麦粉厂照章征收麦粉特税。1931年,国民政府对上海外商生产的烟、酒、棉纱、麦粉、火柴等产品征收统税。抗日战争胜利后,对所有在沪外国企业和侨民均按章征收各项税捐。1949年6月~1972年,上海市按照国家公布的统一税法对外商企业征税。解放初,外商纳税户有分属33个国籍的838家企业,1961年剩4家,1979年6家。1986年,外商纳税户193家,1995年1.58万家。1980~1995年,涉外税收总额255.36亿元。

第十六章 金　　融

第一节 | 货币 >>

一、秤量货币

实银两　清代，上海市面流通的外埠元宝，以关东银较多。本地实银，有道光十八年（1838 年）江海关道衙门所铸 3 种海关道元宝，咸丰六年（1856 年）、七年上海通用元宝。1933 年，国民政府废两改元，上海登记宝银总计 1.42 亿两。

虚银两　上海开埠前，上海县城内商业交易以豆为大宗，均以规元为交易金额计算单位，规元称作豆规元。上海对外贸易原以本洋（西班牙银元）为标准货币，咸丰七年起货币收付一律采用规元为记账单位，规元遂成为上海公认的银两计算标准，并称上海两，影响及至全国。1925～1929 年，上海银两票据交换额规元 439.8 亿两，占银两和银元票据交换总额 70％以上。1933 年，废两改元后不再存在。

二、铸币

银元　外国银元。流入上海的主要有西班牙（约清乾隆四十年流入）、荷兰（清乾隆、嘉庆年间流入）、墨西哥（清咸丰六年流入）、英国（清同治五年后流入）、美国（清同治十三年流入）、日本（清同治十三年流入）等 6 种银元。还有少量玻利维亚、智利、秘鲁等银元流入。1919 年起，外国银元在市面上基本绝迹。

国内自铸银元。清咸丰年间上海始铸银元，为国内早期铸造银元的地区之一。清末，上海流通的国内银元有 6 种。分别为上海银两币，俗称上海银饼，清咸丰六年（1856 年）上海铸。光绪元宝，俗称龙洋。大清银币，辛亥革命后用作军饷流入上海。袁头币，1915 年 8 月 1 日起上海银洋行市只开袁头币和鹰洋两种，1919 年五四运动后仅剩袁头币。开国纪念币，亦称孙头币，至 1929 年上海流通最广的银元。船洋，1933 年投入上海流通。

收兑。1949 年 6 月 11 日，中国银行挂牌收兑银元，到年底全市收兑 108

万枚。

铜钱 上海本地铸造有清咸丰四年(1854年)小刀会所铸太平通宝一种。

铜元 清光绪二十六年(1900年)至1935年,上海流通的有光绪元宝铜元、大清铜币、民初铜元、轻质铜元等4类。1935年,规定1元法币收兑300枚铜元。

三、纸币

银票、钱票 清道光二十一年(1841年),上海县衙告示,凡钱庄买卖豆、麦、花、布皆凭银票(亦称庄票)往来。咸丰九年(1859年),上海钱庄业在《北华捷报》刊登启事,称上海各业银钱出入使用银票已有百余年。光绪二十九年(1903年),江苏裕宁和裕苏两官钱局在上海设立分支机构,发行制钱票,后又发行铜元票,宣统年间增发银元票。

银行兑换券 19世纪60年代起,英商麦加利银行等15家外国独资和中外合办银行在沪分行擅自在上海发行以中国货币为单位的纸币,以汇丰银行的纸币最具竞争实力。各种纸币风行市上,1919年五四运动后衰退,1931年末占上海市面纸币流通总额的2%。清光绪二十四年(1898年),中国通商银行在国内率先发行钞票。其后在沪20余家中资银行获权发行。发行的除早期少量银两券外,多是银元券。1935年实行币制改革前夕,在沪发钞有中央、中国、交通3家国家银行及中国通商等8家商业银行,发行额近4亿元,流通范围遍及江浙两省各城市。

不兑现纸币 1935年11月4日起,国民政府实行法币制,规定以中央、中国、交通3行所发纸币为法币,1936年1月起中国农民银行钞票视同法币。1948年8月19日,中央银行开始发行金圆券,法币废止。至1949年5月27日发行总额高达近68万亿元,在上海流通的占53%。

伪币 上海沦陷时期,日伪政权在上海发行"华兴券"和"中储券"两种。

四、人民币

1949年5月28日,上海市军管会宣布金圆券为非法货币,暂准6月5日前在市场流通,以10万元折合人民币1元的比价收兑。7天收兑金圆券36万亿元,占金圆券发行总量53%。6月3日,《华东区外汇管理暂行办法》公布,规定外汇(包括外币)均须存入中国银行换成外汇存单,或售予中国银行,此外不得经营买卖或转让。到年底,全市收兑美钞758万元、港币149万元,吸收各种外汇、外币存款美钞1242万元、港币572万元、英镑65万镑。人民币始成为上海市场唯一合法的货币。1952～1958年,全市每年现金为净投放,1952年1.88亿元,1958年1.16亿元。1959～1992年,现金长期净回笼,1959年0.81亿元,

1987 年 38.6 亿元，占全国全年货币净投放量 16.3%。1992 年 17.23 亿元。1993 年起，出现净投放，是年净投放 9.82 亿元，1995 年 85.14 亿元。是年，全市现金总量 180 亿元，其中集团单位库存 29.45 亿元、城乡居民手持 150.55 亿元，人均 739.22 元。

第二节｜钱庄、票号、典当

一、钱庄

清乾隆四十一年（1776 年）至嘉庆元年（1796 年），在上海县的钱庄有 106 家，聚集于县城内。咸丰三年（1853 年），钱庄业逐渐向北市（今南京东路、宁波路一带）发展。光绪二年（1876 年），北市 63 家、南市 42 家。宣统三年（1911 年），因"橡皮股票风潮"，100 家钱庄减至 51 家。1914 年第一次世界大战爆发后，外资银行衰退，钱庄兴盛，1919 年增至 67 家。1931 年，《银行法》公布，钱庄纳入银行行业，1935 年废除钱业汇划制度，钱庄业务大为萎缩。到 1937 年抗日战争爆发减至 46 家。上海沦陷期间，钱庄增加，1945 年为 229 家。1948 年，减为 80 家。是年，金圆券崩溃，钱庄业务和实力大损，1949 年 5 月 23 日全市钱庄存款折合黄金 287 两。1949 年 5 月上海解放，登记有 77 家。此后停业倒闭 53 家。1952 年 12 月，所剩 24 家全部并入公私合营银行。

二、票号

清咸丰年间，因太平军战事影响，在苏州的山西票号资金移向上海，上海始有票号。至光绪元年（1875 年），有蔚丰厚等 24 家。建山西汇业公所。此后兴泰魁等 10 余家开办。票号以汇兑为主，同治九年（1870 年）至光绪十五年（1889 年）每年汇兑千万两银。三十二年，增至 30 多家，在全国有 400 多家分号，在日、俄设立机构。光绪二十三年，票号业务因中国通商银行和其他银行、银号、钱庄经办，存解官款而大减。辛亥革命爆发后，因无法收回放款，客户竞相提款，大批倒闭。1914 年，名号日昇昌在沪分号停业，至 1933 年全市剩三晋源和大德通、大德恒 3 家。1935 年，三晋源歇业，1940 年大德通、大德恒改组为银号，票号结束。

三、典当

明清时期，上海地区典当分布广泛，规模大的称典铺，小的称质铺。清康熙中期，上海县有典质铺 89 家。乾嘉年间，上海、华亭等 8 县有 190 家。清咸丰三年(1853年),小刀会起事,上海县城厢内外当铺纷迁北市租界金门路,形成典当街。光绪中期,上海典业公所成立。三十一年(1905年),有典当150多家。20世纪20年代,金价、衣价大跌,满期当物无人赎取,大典当纷歇,到1931年资本超3万元的剩44家。小典当兴旺,到1937年7月增至600余家。1937年上海沦陷后,大批内地人涌入上海租界,当铺发展迅速,最多达0.1万家。1944年,有870家,其中潮州帮349家、徽州帮151家、本地帮275家。1950年8月,剩315家,当本总额380万元,不及抗日战争前一家中型典当的资本额。9月,核准营业206家,组成18个联营集团。1956年,全市145家典当全行业公私合营。1957年,由中国人民银行上海市分行统一管理,成为低息信贷机构,贷款利率降为1分2厘,以质押品收据代替当票。1966年10月12日,停止贷款业务。1989年,上海恒源当铺成立,1992~1993年成立7家。1993年,8家当铺资本总额1764.8万元,质押贷款余额5992.5万元。当物一般按市价50%~80%质押。

第三节 中资银行 >>

一、清、民国时期中资银行

清光绪二十三年(1897年),中国第一家中资银行中国通商银行在上海成立。三十一年,大清户部银行在上海开设分行。次年二、四月,四川浚川源银行上海分行、上海信成银行创建。三十三年,信义银行及浙江兴业银行先后在上海设立代理处和分行。三十四年,邮传部奏准开设交通银行,四明商业储蓄银行创办。宣统三年(1911年),上海有中资银行11家。

1912年,中国银行、江苏银行、中华商业储蓄银行在上海开办。1915~1921年,开设67家银行,有上海商业储蓄、盐业、金城、大陆、中南等知名银行。1926年,有93家银行。1927~1936年,新开79家,停业68家。1935年,全国164家中资银行,58家总行设在上海。1927年,中国、交通银行总行迁上海。1928年11月,中央银行在上海成立。1935年,创设中国农民银行和中央信托局,扩大1930年设立的邮政储金汇业局规模,在上海形成以中央银行为首由中国、交通、农民银行和中央信托局、邮政储金汇业局组成的国家垄断资本金融体系,称"四行两局"。1936年,全市有中资银行(包括国家银行)88家,超过外资银行和钱庄的总和。总资力估算为32.72亿元,占全国金融业47.8%。1937年上海沦陷后,国家银行总行撤退后方,大部分商业银行维持营业。1938年5月、1941年1月,南京伪维新政府、汪伪政府在上海成立华兴商业银行、伪中央储备银行(总行在南京)。1941～1944 年,全市新设银行 135 家。1945 年 8 月 15 日,全市有银行机构 201 家。抗日战争胜利后,124 家停闭,四行两局返沪。1945 年年底,有中资银行 83 家。1946 年后,四川等地银行 40 家分支机构在沪设立。1949 年 5 月,银行增至 134 家。其中,四行两局一库(一库为中央合作金库)7 家、省市银行 5 家、其他官办银行 4 家、官商合办银行 5 家、私营银行 113 家。

各时期,主要银行除四行两局外,有中国通商银行、户部(大清)银行上海分行、中央合作金库、南四行(浙江兴业银行、浙江实业银行、上海商业储蓄银行、新华信托储蓄银行)、北五行(盐业、金城、中南、大陆、联合商业储蓄信托银行)、小四行(中国通商银行、四明商业储蓄银行、中国实业银行、中国国货银行)、上海市银行等。

二、1949 年后中资银行

1949 年 5 月 30 日,中国人民银行华东区行和上海分行成立。同时,上海市军管会财政经济接管委员会金融处负责处理各类银行。接管四行两局一库,中、交两行先后于 6、11 月复业,分别改为外汇专业银行和监督公私合营企业财务的专业银行,不久两行总管理处迁北京。中央等银行停业清理。没收新华、中国实业、四明、中国通商等 4 家官商合办银行官股,改组为公私合营银行。另有 115 家私营银行、80 家钱庄和 5 家信托公司。1949 年 8 月,《华东区管理私营银钱业暂行办法》公布,关闭部分银行、钱庄。1951 年年底,90%以上的私营银行和钱庄参加联营集团或公私合营。1952 年 12 月,全市 60 家合营和私营银行、钱庄组成统一的公私合营银行,在全市各行业中最先实行全行业公私合营,成立总管理处,次年总管理处迁北京。1953 年年底,全市银行有中国人民银行、中国银行、交通银行和公私合营银行等上海分行 4 家。1954 年,中国人民银行华东区行撤销,中国人民建设银行设上海分行。以后几年中机构又有调整。中国银行对内成为人民银行的国外业务部。公私合营银行 1955 年起专门办理储蓄业务,对内成为人民银行的储蓄部。1958 年,建行上海分行改为市财政局基建财务处。交行和合营银行上海分行建制撤销。至此,上海一切银行业务,统由人民银行上海市分行一家承办。1963 年,建立中国农业银行上海市分行,1966 年并入人民银行上海市分行。1971 年,人民银行市分行与市财政局合并办公,1978 年 4 月分设。1979 年 6 月,恢复中国农业银行上海市分行、中国银行上海分行。1984 年,人民银行上海市分行专事负责管理本区域内的金融事业。1985 年 1 月工商银行上海市分行成立。1986 年,重新组建交通银行,总管理处由北京迁回上海。1988 年后,各种商业银行和外省市银行在上海建分支机构。1993 年、1995 年,上海商业银行上海浦东发展银行和上海城市合作银行建立。1995 年，全市有 13 家银行，其中中国人民银行上海市分行、政策性银行 1 家、国有商业银行 4 家、全国性商业银行 3 家、区域性商业银行 4 家。

第四节 其他中资金融机构 >>

一、证券交易所、证券公司、外汇交易中心

证券交易所、上海证券交易所 19 世纪 80 年代初，一批企业集股筹资，并出现发售股票的机构。清光绪九年（1883 年），爆发金融风潮，股市基本停止。20 世纪初，外商上海众业公所成立。1914 年，上海股票商业公会成立，有交易场所，分现期和定期买卖。1920 年 7 月、1921 年 5 月，上海证券物品交易所和上海华商证券交易所先后开业，盈利丰厚，群起效仿。至 1921 年 11 月，增至 112 家。是年冬因受"信交风潮"，年末剩 6 家，股票信誉下跌。1929 年、1933 年，上海证券物品交易所物品、证券部分先后归并于有关交易所、上海华商证券交易所。1937 年八一三事变，华商证券交易所停业，1943 年 7 月复业，1945 年 8 月 17 日又停业。1946 年 9 月，上海证券交易所成立，1949 年 5 月初停业。1990 年 12 月，上海证券交易所开业。

上海证券交易所。1990 年 12 月 19 日开业成立，是解放后全国第一家新成立的证券交易所。1995 年，会员 553 家。会员证券营业网点超过 0.2 万个，遍布全国 500 多个城市。上市证券品种 260 种，股票市价总值 2525.66 亿元。投资人 680 万人。全年证券成交额 55153.84 亿元，日均 219.73 亿元。

证券公司 清光绪八年（1882 年）九月，上海首家中资证券公司上海平准股票公司成立，经营股票交易，市价悬牌公布，自由买卖，次年股市停顿。20 世纪初，公平易、信通公司先后创办。1912 年，成立上海股票商业公会，会员 10 余家，经营证券 20 余种。1942 年，有 127 家股票公司。1949 年春，证券行号 210 家，5 月初全部收歇。1984 年 11 月，上海飞乐音响公司公开发行 1949 年 5 月后全国第一张股票。1985 年 1 月，中国工商银行上海信托投资公司静安证券业务部代理发行上海延中实业公司股票，并于次年 9 月设立全国第一个有价证券交易柜台，办理股票转让买卖业务。1988 年，全市有 8 个柜台和 2 个代理点，在全国最早形成国内场外交易中心证券柜台交易。是年 5 月，第一家专业证券公司上海申银证券公司设立。1995 年，上海有证券机构 49 家，专业证券公司6 家。

中国外汇交易中心 1994 年 4 月建立，总部设上海，在北京等 20 个城市设有分中心。会员 366 家。经办人民币对美元、港币和日元 3 个品种的即期交

易。1994年4月～1995年，成交折合美元1062.9亿元，日均2.41亿元。

二、保险公司

清同治四年(1865年)，广东华商德盛号在上海创设第一家中资保险机构义和公司保险行，国内发行的保单首次出现中文条款。宣统三年(1911年)，有保险公司37家，并有华商火险公会创立。经营困难，到1914年剩仁济和等几家。1912～1925年，又有37家开业，数年后大部分停业。1926年后，中资银行业投资设立保险公司，资金雄厚，获得发展。至1937年7月，增至30余家，资本2529万元，占全国66.4%。1937年上海沦陷后，8家国营、38家民营保险公司迁重庆等西南地区。1941年太平洋战争爆发，银行、钱庄等竞相投资保险业，1943年9月保险公司增至97家。抗日战争胜利后，各界又竞相开设，1948年有178家。1949年5月上海解放后，上海市军管会接管官僚资本保险机构。6月，规定产物保险公司必须向政府缴付保证金。126家公司有一半关闭。7月，太平等47家私营公司合组民联保险交换处，次年和9家公司组成新民联。1949年10月，中国人民保险公司华东区公司上海营业部成立。1951年，太平等12家公私保险公司组建公私合营太平保险公司。1956年，新丰保险公司并入公私合营太平保险公司，总管理处迁北京，上海保险市场始由中国人民保险公司上海市分公司独家经营。1991年4月，交通银行在上海建立解放后第一家全国性保险公司中国太平洋保险公司。1995年，在沪有5家保险公司。

三、信用合作社

上海农村信用合作社　1951年10月，龙华区和平一村等试办信用互助组，1952年全市增至181个组。1954年年初，大场区南乡试办乡信用合作社，次年全郊区实现乡乡有社，有社116个。1995年，全市有209个社和18个县(区)联社，存、贷款余额183.4亿、145.3亿元。

上海城市信用合作社　1986年12月，上海川南城市信用合作社和上海豫园城市信用合作社成立。1991年，成立上海市城市信用合作社联社。1995年，全市99家社联建上海城市合作银行，各社改为支行，存、贷款余额206.2亿、78.3亿元。

四、金融服务机构

银炉　清道光十八年(1838年)，南市海关道衙门设有官炉熔炼海关通元宝。咸丰六年(1856年)，在北市设银炉铸夷场新元宝。1920年，上海银炉公所成立，会员24家。银炉多受钱庄或银行委托，将大条银、外来元宝及小洋改铸为上海宝银在市面流通。1933年，废两改元，28家银炉全部停业。

造币厂 1921年，北洋政府筹建，未竣工，1931年国民政府接办，改中央造币厂，主要铸造孙中山头像银元。1954年，改国营六一四厂（上海造币厂），铸造流通硬币。1979年，开始生产金、银纪念币（章）。

中央印制厂 1945年春，中央信托局印制处所属重庆印刷厂改组而成，中国第一家大型自印银行钞票企业。抗日战争胜利后，总部迁沪，辖有重庆、上海、北平和台北等4厂。1946年、1947年，撤销重庆厂，停办北平厂。上海厂负责承印法币和后之金圆券。上海解放后，改上海人民印刷厂，再改国营五四二厂，承印人民币和国家债券。

第五节 | 外资港资侨资银行、其他外资金融机构 >>

一、晚清、民国时期外资港资侨资银行

清道光二十七年（1847年），上海第一家外资银行英商丽如银行成立。到1949年，英、法、德、俄、日、美、比、荷、意、挪10国61家银行（包括中外合资银行）在上海设立过机构。清道光二十七年至同治四年（1865年），11家银行在沪设立机构，有英商丽如银行、麦加利银行、汇丰银行等10家英资银行和法资法兰西银行。英资银行大多是因中国出口茶叶、生丝，进口鸦片，在国际贸易结算中形成中、印、英三角结算关系而设立。同治五年，受伦敦金融风潮影响，6家英资银行停业。同治四年开业的汇丰银行少受影响，发展快速，形成在沪外资银行中的优势地位，上海外汇市场交易市价也以其挂牌为准，发行货币占英资银行51%，承贷70%清廷对外借款。光绪十六年（1890年）至1926年，开设38家银行，知名的德国德华、日本横滨正金、俄国华俄道胜、法国东方汇理和美国花旗银行，加上英国汇丰，六强竞争。除经营存款、放款、票据贴现、国际汇兑等一般金融业务外，外资银行还对清廷巨额政治性贷款。并先后组成四国、六国和五国银行团，对清廷和北洋政府办理4次大借款，合计借款金额折合中国货币白银5.57亿两。借款以中国的关税和盐税作担保，中国关、盐两大税收的存储保管因此由外资银行经办。同时，组成国际银行家委员会，监督中国海关岁入的保管和分配。1927年后，中资银行形成以“四行两局”为主体的金融体系，外资银行特权受限制。1929年后，汇丰银行把中国关税新增部分的收入交由中央银行收管。1935年，法币改革，发行权集中于中央、中国、交通、中国农民四行，外汇汇率由中央银行挂牌，外资银行特权更为缩小。到1936年，开设外资银行9家，停业7家。1937年上海沦陷后，日军强迫汇丰银行将上海关税保管权交横滨正金银行。太平洋战争爆发后，日资银行接管清理英、美、荷、比4

国的15家银行,尚存日资6家银行和德、意、法3国4家银行。抗日战争胜利后,日、德两国银行分别由“四行两局”及市银行接收。此后,受由美国对华庞大“援助”而发生的金融业务刺激,美资银行发展迅速,资产比战前扩充1.5倍以上。上海解放前夕,设美国商业银行(即美洲银行)。1949年5月27日,在沪银行15家。

各时期,主要银行有英国丽如、汇丰,美国花旗,法国法兰西、东方汇理,日本横滨正金、台湾、住友、三菱、三井、上海、朝鲜、中华汇业、大东和汉口,德国德意志,俄国华俄道胜、莫斯科国民,意大利义丰,比利时华比,法国、比利时合办义品放款,荷兰银行等,港资、侨资东亚和华侨银行。

二、1949年后外资港资侨资银行

1949年5月,上海尚有汇丰、麦加利、有利、沙逊、花旗、大通、友邦、运通、美国商业、东方汇理、中法工商、荷兰、安达、莫斯科国民、华比15家外资银行上海分支机构及东亚、华侨、中兴3家港资、侨资银行分行。1950年,侨资集友银行开办。是年6月,朝鲜战争爆发,英、法、荷、比等国银行在沪分支机构在美国宣布对华禁运和冻结资金后,申请停业。剩英资汇丰、麦加利和港资侨资东亚、华侨分行4行继续营业,业务、员工大减,外籍人员全部撤离。1985年起,根据中国人民银行、国家外汇管理局规定,4家银行开展正常业务,从境外委派经理到上海主持工作,到80年代末经办的出口结算业务量占上海同业25%以上。1982年12月,日本兴业银行、东京银行在上海设代表处开办。1983年,日本三和银行和法国兴业银行,1984年法国东方汇理银行和美国美洲银行,1985年花旗银行在沪设代表处,1991年均升为分行。至年底,有12家外资银行上海分行,外汇资产总额3.82亿美元,外汇存、贷款余额0.39亿、0.98亿美元。1993年7月,花旗银行中国区总部从香港迁至上海,负责管理在中国境内的业务。1992年10月,上海第一家中外合资银行上海巴黎国际银行成立。1995年,外资银行分行29家、港资侨资银行各1家、中外合资银行1家,规模居世界银行第一至六位的银行均在上海设有分行。外资银行分支机构占全国27%。外汇资产总额86亿美元,外汇存、贷款余额12.1亿、57亿美元,占全国外资银行45%、40%、45%。绝大多数银行有账面盈利。

三、外资保险公司

清咸丰七年(1857年),英资谏当保安行在上海开设分公司。同治元年(1862年),美资扬子保险公司创办。九年,日资中日水险公司创办。光绪十年(1884年),上海第一家外资人寿保险公司公平人寿保险公司上海分公司成立,1914年上海有近10家人寿公司。外资保险公司组织保险同业公会,议定保险业务规章、条款、费率和折扣比例，垄断中国保险业务，1919 年五四运动后始与中资同业公会划一保价。1937 年，有 155 家保险公司，其中英资 75 家、美资 22 家、日资 16 家、德资 11 家。太平洋战争爆发后，英、美等国保险公司停业，近 10 家日资公司联合投资成立东亚保险公司，1945 年日资公司 23 家，抗日战争胜利后全部停业。1949 年 5 月，有外资保险公司 63 家，其中英资 39 家、美资 16 家。解放后，全部关闭。1992 年 9 月，美国友邦保险有限公司开设上海分公司。1993 年，日本东京海上火灾保险株式会社开设上海代表处。1995 年，两分公司总资产 4.9 亿元，保费收入 4.5 亿元。

第六节 | 金融业务 >>

一、存款

抗日战争胜利后，始有在上海的金融机构完整的存款余额统计数据。1946 年 8 月，除中央、中国、交通、农民四行外，存款余额 1497.8 亿元。其中，中资银行存款余额占 74.51%、外资银行占 10.1%、钱庄占 13.55%、信托公司占 1.84%。1949 年年底，全市金融机构存款余额人民币 1800 万元，1952 年 9.4 亿元，1995 年 3783.5 亿元。1949～1995 年，多数年份存款余额少于贷款余额，1993 年起反之，存、贷款比率 1990 年 100∶129.3，1995 年为 100∶74.6。

工商存款　1949 年年底存款余额 700 万元，1995 年 1791.6 亿元。

财政性存款　民国建立后，国库由中国银行、交通银行代理，1928 年起集中于中央银行。1930 年起，上海市财政金库由上海市银行代理。1950 年 3 月，设国家金库上海分库，由人民银行上海分行代理。1986 年 1 月，人民银行上海市分行设立国库处，办理国库和市分库的业务。1950 年，财政性存款余额 1.09 亿元，1995 年 142.28 亿元。

储蓄存款　清光绪三十二年(1906 年)，信成银行在国内第一家开办银行储蓄，规定凡满 1 元即可起存生息。1930 年、1935 年，交通和中国银行先后设立储蓄部。1936 年，中央储蓄会成立。1933 年，上海有 98 家办理储蓄业务，1936 年储蓄额约占全国一半，达法币 3.5 亿元。1949 年 10 月 1 日，人民银行上海分行设立合作储蓄部，办理储蓄业务。1985 年 1 月 1 日，工商银行、农业银行上海市分行分别接办人民银行上海市分行城镇、农村储蓄业务。1986 年，实行各银行储蓄业务交叉办理。1952 年，储蓄存款余额 2.27 亿元。1966 年“文化大革命”开始后，9 月开办无息存款。“红卫兵”抄查部分人员私人储蓄存款，1968 年 2 月冻结所谓“四类分子”在银行的储蓄存款，两项相加共 4 亿余元，占全市储蓄存款总额38%，1976年后发还被查抄财物和解冻储蓄存款共7.8亿元。1995年，存款余额1395.57亿元。1952年，上海储蓄余额占全国26.4%，1995年4.7%。

二、贷款

上海金融业的贷款业务始自钱庄，后又有票号。1928年，中央、中国、交通三行贷款余额5.23亿元。1936年，6.50亿元，对工矿企业贷款占21.7%。1950年，贷款余额892.1万元，1995年2822.71亿元，其中工商贷款占50.24%、农业占0.64%、外贸6.76%、固定资产13.29%。

三、外汇业务

上海开埠后，外汇业务由外资银行垄断。1915年，中资银行始办外汇业务。是年，中国银行上海分行试办国外汇兑，后有中孚银行和上海商业储蓄银行，至1920年增至浙江实业银行等10余家。主要经办华侨汇款和进出口押汇业务。解放后，国家对外汇实行集中管理，统一经营。1954年后，除4家侨资、外资银行办理少量出口结算和国际汇兑业务外，外汇业务全部由中国银行上海分行办理。1986年，工商、建设、农业等行上海市分行始有经营。1995年，经营机构增至31家、网点316个。1992年8月，由25家中外资银行参加的外汇同城票据清算中心在上海成立。

外汇存款　1956年，中国银行上海分行始经营。1984年7月、1985年，中国银行上海分行先后增设境内居民外币存款和外币存款自由支取外币业务。1995年，全市中资金融机构存款余额94.11亿美元，储蓄存款余额39.24亿美元。

外汇贷款　1973年，中国银行上海分行始经营。1976年，中资金融机构余额469万美元，1995年61.35亿美元。

非贸易外汇结算　旅游外汇。1978年0.83亿美元，1995年11亿美元。

侨汇。一直是解放后非贸易收入中的主要来源。1950～1952年、1976～1986年，年均分别在1500万、2000万美元以上，1995年1.6亿美元。

外币兑换。解放初，政府动员私人将外汇兑售给国家。1958年，中国银行上海分行设外币信托服务部。1995年，全市兑换2.6亿美元，兑换币种19种。

外汇买卖　1987年，中国银行上海分行经营，1993年12月，首家在上海开办个人外汇买卖业务。1995年，有8家金融机构办理。

四、保险业务

财产保险　清同治四年(1865年)，中资上海义和公司保险行经营火险、水险。光绪二、十二年(1876年、1886年),仁和、济和等保险公司承保国内各口岸货运险和船舶险,兼保陆上港口仓储货物设备、房屋等火险,经营区域发展到新加坡、小吕宋等地。三十三年,发展汽车、兵盗等险。1949年6月,中国产物保险公司恢复财产保险业务。1950年,中国人民保险公司上海市分公司先后办理国营、公私合营企业和县以上合作社强制保险。1952年,外资保险公司停业。1958年10月,全国停办全部国内保险业务,上海除停办农村保险业务外继续办理,至1966年保险费收入1.71亿元,1967年7月停办,1980年1月恢复。1995年,实施保险117项,保险费收入29.5亿元。

人身保险 清道光二十六年(1846年),上海2家外资保险公司开办寿险业务,投保者大多为外国人和侨商。宣统元年(1909年),外资保险公司开办华人投保。1912年,中资华安合群保寿公司经办人身保险。1929年10月,国民政府规定外商不得经营人寿保险。1947年9月起,全行业停办简易人寿保险。1950年、1951年,中国保险公司上海市分公司先后办理意外伤害和职工团体人身保险,1966年全部停办,1982年4月在国内率先恢复。1995年,保险收入21亿元,1388.6万人次投保,人均161.5元。

第七节 金融市场 >>

一、同业拆借市场

钱庄业拆借市场 清同治十一年(1872年)起,《申报》开始刊登拆息行市。光绪九年(1883年)、十五年先后设南市公所和北市会馆,1923年两市合并。在拆借市场拆进拆出的款项称为拆票,拆款利率为拆息。20世纪30年代初,钱业汇划总会每日收付公单金额达二三千万两。钱庄拆借市场的交易,也是上海中资银钱业的全部交易,挂牌的拆息行市,是上海金融市场的标准行市。1932年10月,上海钱庄业成立钱业联合准备库,库金5000万元。1946年9月,与银行业合组联合准备会,钱业联合准备库结束。

银行业拆借市场 1920年10月8日,上海银行公会组织行市委员会,悬牌公告行市,不久停止。1932年3月,成立上海银行业同业公会联合准备委员会,办理同业间的拆放事宜。1936年,年终决算拆放总额为5667万元。1937年八一三事变后,中央、中国、交通、农民四行组织联合贴放会,专办同业抵押放款及商业票据贴现,1938年贴放款总额8900万元,其中在上海贴放者约1600余万元。至此,上海金融市场有钱业公会拆息、银行业联合准备会拆息及贴现率和四行贴放会拆息及贴现率3种不同的拆款利率。

银钱业统一拆借市场 1946年9月，银行、钱庄两同业公会合并成立上海银钱业联合准备会。1947年，拆放2236亿元。此后黑市利率高出联准会拆息，交易大多在场外进行，1949年5月初结束。

上海银行同业拆借市场 1952年12月，银行同业拆借停止。1986年，成立上海第一个有形的短期资金市场，1987年易名为上海资金市场。1995年，拆借1984.68亿元，占全市拆借总额56.8%，其中92.45%拆往外地。其间，上海各银行和金融机构普遍开办同业拆借业务。

二、票据贴现市场

20世纪初，上海钱业各种期票之贴现为营业项目之一，1923年起增“货物押汇”业务。20世纪初，户部银行、交通银行始办银行贴现，1927年扩至交通等6行。1936年3月，全国首家票据承兑贴现机构上海银行同业联合准备委员会银行票据承兑所成立，1941年停业。1937年，中央、中国、交通、农民4行在上海组织联合贴现委员会，共同办理同业贴现业务，至1939年，贴放余额不过2000万元，1947年11月停止贴放。1955年，中国人民银行停止票据贴现。1981年，上海市分行营业部和徐汇区办事处试点贴现，1986年扩至全市各银行。1995年，贴现423.3亿元、再贴现152.7亿元。

三、证券市场

清道光二十七年(1847年)起，股份制外资银行在上海设立分行，上海遂有银行股票交易。同治四年(1865年)，汇丰银行在上海、香港同时集资发行股票。外资企业公和祥码头、耶松船厂等股票上市交易。光绪十七年(1891年)，外商证券掮客组成上海股份公所，交易外资企业股票。三十年，上海众业公所成立，以经营外商股票和橡皮企业股票为主。

19世纪七八十年代，股份制华资企业增多，轮船招商局等重要企业均有股票上市交易。清光绪十四年，开平煤矿第一次发放股息。宣统元年(1909年)，发生“橡皮股票风潮”，上海股市冷落。1914年，成立上海股票商业公会，有交易场所、固定交易时间。是年，有股份公司企业992家。1920年、1921年，上海证券物品交易所、上海华商证券交易所办现货和期货交易。1921年，有证券交易所112家。1921年冬，因“信交风潮”，大批倒闭，剩6家。股票急剧下跌，交易冷落，证券市场主要交易北洋政府公债。1927年南京国民政府建立后，在上海发行公债，至1931年发行15种共计10.58亿元。1934年，市场交易47.7亿元，约占有价证券交易总额98%。1937年上海沦陷后，大量游资流至上海，持资者为保币值购买外商股票。众业公所上市外商企业证券150～160种。1939年欧战爆发后，大量资金流回上海，购外资企业股票，外股交易量迅速增加。

1939 年，每周成交 300 万～400 万股，1940 年后有的股票超过面额数十倍。1940 年 1 月 8 日，众业公所成交 132.2 万股，创历史最高。太平洋战争爆发后，汪伪政权禁止外股买卖，众业公所停业。是年，汪伪“中储券”发行，促使大量游资投向中资企业股票。1943 年 11 月 8 日，上海华商证券交易所开拍，股票 108 种，到年底股票市价上涨一倍。1944 年第四季度，通货膨胀，持股票者抛售股票，股市又趋冷落。抗日战争胜利后，华商证券交易所停业。1946 年 9 月，上海证券交易所开业，经营现货交易，营业清淡。1947 年 3 月，国民政府禁止黄金及外币买卖，大量游资涌入证券市场，股票买卖旺盛，交易量大增。1947 年年底，上市股票增至 32 种，股额 295.34 亿股。1948 年 8 月，上海证券交易所停业，11 日吸引游资达法币 30 余亿元，持股者百万人，证券业者 20 余万人。1949 年 5 月初，股票市场停止。

1984 年 11 月，上海飞乐音响公司公开发行 1949 年 5 月后全国第一张股票。1990 年 12 月，上海证券交易所开业，上市公司 8 家，以债券交易为主。1995 年，上市证券 260 种，成交额 55154.47 亿元。开始境外交易。上海证券市场有 A 种、B 种股票市场，债券市场，基金市场，并在境外发行证券。

A 种股票市场　发行市场。1984 年，上海 A 种股票总发行额 50 万元。1987 年，国营企业开始发行股票，发行金额 7.86 亿元。1995 年，上市公司 188 家，新上市股票面值 75.97 亿元，上市面值总额 463.6 亿元。

交易市场。1984 年，上海飞乐音响股份有限公司股票发行后，持股人自发转让股票，为 1949 年 5 月后全国首次股票转让。至 1986 年 1.15 万股、金额 57.5 万元。1986 年 9 月 26 日，中国工商银行上海信托投资公司静安证券业务部接受委托，办理由其代理发行的延中实业和飞乐音响两家公司的股票代购、代销业务。股票转让价格规定为票面金额加股票成交时预测的股息和红利。1988 年，全国第一个股价指数静安平均股价指数开始公布，指数以 1987 年 11 月 2 日为基数，1991 年年底为 1787.84 点。1991 年，上海股票市场以上海证券交易所 1990 年 12 月 19 日成立日作为基数，开始使用上证指数。1992 年 5 月 20 日，股票交易实现上海证券交易所集中交易。是年，上证指数最高为 1536 点，最低为 393.52 点。1995 年，上市股票 184 只，股本面额 463.6 亿元，市价 2433.71 亿元。交易额 3042.63 亿元。股市注册开户 680 万户。

B 种股票市场　发行市场。1992 年 2 月 21 日，上海真空电子器件股份有限公司 B 种股票在上海证券交易所上市，发行额 1 亿元，每股面值 100 元，发行价 420 元。1995 年，上市公司 36 个，累计发行 30.72 亿股，上市面值 34.65 亿元，募集资金 16.34 亿美元，市价 91.95 亿元。

交易市场。1992 年，交易 14.46 亿元，1995 年 60.85 亿元。

债券市场　发行市场。1981 年，上海开始发行国库券，规定不可转让，以行政摊派销售。1984～1989年有877户企业发行内部债券2.88亿元。1985年，工商、农业银行上海市分行分别发行可转让金融债券1500万元和4000万元，上海开始出现债券市场，到1991年累计发行金融债券21.5亿元。1987年，首发企业债券30万吨乙烯企业债券1.4亿元，到1990年年底全市有50多家新企业发行15亿元短期融资券。1988年，全市金融机构发行国库券3000多万元，1991年销售20亿元。是年开始，国债公开发行，1991年、1992年年初上海证券市场以销售国债为主。1992年，发行国债38.77亿元、金融债券1.6亿元、企业债券15.58亿元。1994年，国债发行实行国债一级自营商销售，1995年国债发行首次实行竞标发行，发行额230.34亿元。

交易市场。1986年9月，上海开始出现柜台交易的债券市场，至年底交易22万元。1995年，成交国债5.16万亿元，占证券交易额93.61%。

回购市场。1993年12月13日起，上海证交所经办回购业务，1995年回购1171.6亿元。

基金市场 1992年11月，国内第一家公司型封闭式投资基金淄博乡镇企业投资基金设立，1993年8月在上海证交所上市。1994年3月，有3家广东基金和8家沈阳基金，与上海证交所联网交易。

境外发行证券 1986年开始，上海国际信托投资公司在东京、伦敦、新加坡发行5次日元、美元等债券。在香港合资组建沪光基金，首期募集资金总额9600万美元，1993年11月在香港联合交易所上市。

四、外汇市场

上海开埠初，国际汇兑多由在沪的大洋行经办。19世纪70年代，上海外汇市场由外资银行主宰。20世纪20年代末30年代初，上海成为全国国际汇兑市场中心，和伦敦、纽约、巴黎、东京等地市场相连，外汇市场汇率以每日汇丰银行上海分行挂牌为准，为中国实际有效汇价。中资银行经营国际汇兑以中国银行为主，并于1928年成为国际汇兑专业银行，在伦敦、大阪、纽约等地设分行。19世纪开办汇兑业务初，经纪人介入外汇业务，20世纪初成立汇兑经纪人公会，1916年改为上海国外汇兑银行公会。国际汇兑业务客户主要为进出口贸易商行，1937年八一三事变前全市有800多家，洋商、华商分别占80%和20%。

1938年3月14日，国民政府宣布对外汇实行管制，发生外汇黑市，外汇市价大幅度下降。1939年3月，中英双方设立中英平衡基金委员会，公开在市场上无限制买卖外汇，外汇大量流失，大部分为日伪套取，用以购买棉花等军需品，贸易入超额大增。1941年8月，成立第二次中美、中英平衡基金委员会，规定英汇、美汇牌价。太平洋战争爆发后，在沪英、美银行被日接管，外股及外汇市场相继停顿。1942年7月，日军禁止在上海市场买卖外汇，外币公开交易停止。1946 年 3 月 4 日，上海外汇市场开放。3 月 4 日～11 月 17 日，中央银行和指定银行售出外汇美元 4.55 亿元，消耗中央银行大部分外汇储备。1947 年 2 月 17 日，提高美汇牌价为 1.2 万元。8 月 15 日，中央银行定美汇 1.2 万元为官价外汇，另定 3.9 万元为平衡会基准价，作为外汇市价，和进出口货结汇汇价。1948 年 6 月底，美汇基准价调高至 47.4 万元。8 月 21 日，中央银行公布金圆券对外汇率，金圆券 4 元合美元 1 元，12 元合英金 1 镑，0.75 元合港币 1 元。不久限价失败，美钞黑市重新盛行。11 月 1 日，国民政府放弃对汇率的限制，并准许居民仍可持有外币。22 日，中央银行宣布实行外汇移转证制度，次日恢复外汇交易，上海形成无形的外汇移转证交易市场。1949 年 4 月，官市汇率 1 美元兑 20.5 万元金圆券，黑市汇率高至 81.39 万元。5 月 27 日上海解放，移转证交易市场结束。1949 年 5 月～1979 年，上海无外汇市场。1985 年，中国银行上海分行信托部试办国内企业间留成外汇额度调剂业务，调剂价格为 1 美元外汇留成额度合 1 元人民币。1986 年 11 月 6 日，开办外商投资企业间的现汇调剂业务，1 美元现汇的调剂价格为官方汇价加 1 元人民币。1988 年初，上海国内企业间的留成外汇额度调剂与外商投资企业间的现汇调剂可相互交叉买卖，放开外汇调剂价格。9 月，上海外汇调剂中心开业，为中国第一家公开的外汇调剂市场。1994 年，中国外汇交易中心在上海成立。

五、黄金、白银市场

黄金(标金)市场 清光绪三十一年(1905 年)，上海金业公所成立，入会金号 30 余家。1921 年，改为上海金业交易所，上海始有集中交易的金业交易场所，并于 1934 年成为上海唯一的金市场。参加标金交易有中外资银行、钱庄、银楼、证券商和进出口商等。规定买卖的金货有国内矿金、各国金块及金币、标金、赤金 4 种。平时交易以标金为主，上海黄金市场因此称为标金市场。标金分上海、天津、北京 3 种，以上海为主，有小条、大条两种，成色均为 0.978，漕平分别重 10 两、70 两。可输往国外。上海标金市场为全国金市场中心，20～30 年代每年成交 3000 万～4000 万条，高至 5000 万条。1926 年，成交 6232 万条，折半计算，成交实额 3116 万条，超过法国、印度和日本。1935 年 11 月，国民政府放弃银本位，实行汇兑本位，黄金价不再直接影响物价汇价，上海标金市场成交额大减，1937 年 7 月减至 0.37 万条。1937 年上海沦陷后，上海金业交易所停业。不久发生黑市交易，至 1938 年春形成黄金黑市市场。1940 年下半年，伪中国金业股份有限公司成立，以期货交易为主，每天成交从最初 0.1 万条增至 2 万条。1946 年 3 月，国民政府开放外汇市场，同时在上海抛售黄金。上海金业公会和上海银楼业公会为中央银行抛售黄金的市场代理人。1946 年 3 月 8 日～1947 年 2 月 8 日，抛售 33.3 万余条。1947 年 1 月后，黄金市价每天波动数次，中央银行抛售60%库存，2月15日停售。次日，国民政府禁止黄金买卖，由中央银行挂牌收购。1948年8月19日，发行金圆券，规定黄金兑金圆券，至10月31日上海收兑黄金110.25万两。1948年11月，政府公开出售黄金，市场黄金市价高于官价数倍。1949年2月，开放黄金自由买卖。4月26日，上海金业公会的黄金市场停顿。1949年6月，中国人民银行华东区行规定，金银的收兑与出售统由国家银行经营，上海黄金市场消失。

白银(大条银)市场 19世纪60年代，上海对外贸易占全国进出口总值一半以上，出口多于进口，外商用现金补差，向上海输入条银和银元。以后贸易入超，仍大量进口和出口现银。19世纪下半叶，上海外资银行以生金银交易作为经常业务，用运送金块银条平衡买卖远期汇票互相抵算，直接和伦敦4大金银号经纪人联系。上海汇丰银行隔日挂牌公布伦敦现银市价，决定当日上海对英镑汇价。上海所需现银，大多为伦敦输入的大条银，上海称为红毛条，条重约980～1100盎司，成色多为0.998。第一次世界大战爆发后，从纽约输入的大条银超过伦敦，并称为金山条，标准成色0.999。1922～1925年，美、英输入银分别占67.3%和25%。1919～1931年，由美、英、日、印度等各原产国运至上海的大条银约84.2万条，其中由上海银炉熔铸成本埠通行宝银占19%、转运国内重要商埠占56%、重行运出国外占5%。1928年起，纽约、伦敦银价连续4年下跌，中国对英美汇价暴缩，购买外汇支付货款的商人直接从国外购银输入中国，白银大量流入，1929～1932年上海存银增加1.5倍。不久，国际银价暴涨，中国对英美汇价亦大幅上涨，经营者在上海售出外汇，同时向国外输出现银。1934年7～10月，上海输出白银超过2亿元。1935年11月3日，国民政府宣布停止银本位，发行纸币，白银收归国有，上海的大条银市场消失。

第十七章
城 市 建 设

第一节 城市总体规划 >>

1927年，上海特别市政府编制《大上海计划》，为全国首个城市总体规划。到1998年，共编制9个上海城市总体规划。其中，民国时期3个，分别为《大上海计划》(1927～1931年编)、《上海新都市建设计划》(1938年编)、《上海市都市计划》(1946～1949年6月编)。解放后6个，分别为《关于上海市改建及发展前途问题》意见书(解放初编)、《上海市总图规划示意图》(1953年编)、《上海市1956～1967年近期规划草案》(1958年编)、《关于上海城市总体规划的初步意见》(1959年编)、《上海市城市总体规划方案》(1979年编)、《上海市城市总体规划》(1991年编)。

第二节 道路、桥梁 >>

一、城市道路

清嘉庆年间，上海县城内街巷72条，巷宽约6尺。道光二十六年(1846年)，英租界成立道路码头委员会，辟筑上海租界第一条道路界路(今河南中路)。二十七年，英商跑马总会从外滩到游乐场辟筑一条东西向小路，称花园弄，为南京路雏形。在外滩附近利用原有土路改建成纤道路(今九江路)等道路。法租界当局，于咸丰六年(1856年)筑成自洋泾浜(今延安东路)至舟山路(今龙潭路)的法兰西外滩路(今中山东二路)，咸丰十年又筑从黄浦滩到领事馆的公馆马路(今金陵东路)，并在东西干道公馆马路两侧的狭长地带内，修筑15条南北、东西向支路，与公馆马路相接。两个租界道路网络呈棋盘式，间距一般在百米以下。十一年，在花园弄等主要干道铺设人行道。同治九年(1870年)，工部局规定，租界内所筑主要道路，宽度不小于40英尺。花园弄成为干道，称作大马路和英大马路。19世纪50年代，先后延伸到浙江路口、泥城浜，同治四年改名南京路。清光绪三十一年(1905年)至宣统三年(1911年)，路面改铺铁力木，成为上海第一条高等级道路。宣统二年，在静安寺路(今南京西路)试铺沥青混凝土。19世纪中期以后，租界内砂、砖、煤渣路面大部改铺碎石路面。光绪十八年(1892年)，引进蒸汽压路机械。1915年，福建路改铺水泥混凝土，为上海首次。1920年，公共租界干道陆续改铺沥青混凝土。

19世纪60年代初，公共租界工部局借口太平军进军上海，在租界外强筑徐家汇路(今华山路)等军路。战事结束后均列为租界道路。并援以为例，清同治八年至宣统三年越界先后修筑卡德路(今石门二路)等38条干道。1925年，又在沪西辟筑法磊斯路(今伊犁路)等。同时，法租界公董局抢筑由上海县城西门外直通徐家汇的军用大道和恺自尔路(今金陵中路)。光绪二十五年，效法公共租界，越界辟筑宝昌路(今淮海中路东段)等24条干线道路。

1916年，洋泾浜东起外滩，西至跑马厅(今人民广场)，经用黄浦江疏浚之泥填没，筑成车行道宽110英尺、人行道宽18英尺东西向干道爱多亚路(今延安东路)，两旁植树，装设路灯，成为上海最宽的道路。其间，填没苏州河支流泥城浜，筑成西藏路。

清同治二年，公共租界工部局规定东西向道路以中国城市命名，南北向道路以中国省份命名，保留部分以殖民者人名和有关外国地名命名的路名，并竖立标有中、英文路牌。

在华界，清光绪二十二年，辟筑南市沿浦(黄浦江)外马路。1914年11月，上海县城墙全部拆除，墙基、城河改建为中华路和民国路(今人民路)。二十六年，闸北地区开辟宝山路等道路。1927年，按《大上海计划》，以吴淞、江湾为上海特别市新市中心区，到1937年建成干道中山路等及其四周的三民路等道路50余条。至此，以租界、华界道路为基础，全市市区道路框架基本形成。

上海解放后，接通、拓宽、改建干道。第一个五年计划期间，首先改建广肇路(今天目西路)和新民路(今天目中路)，拓宽天目东路，连接长寿路，沪东、沪西两工业区直接相通。1954年起，填臭水浜肇嘉浜建上海南部地区东西向交通干道肇嘉浜路。1957年，辟通河南南路(人民路至中华路)，成为贯通南北的交通干道。辟通、拓宽西藏北路(新疆路至新民路段)，成为自北站经肇周路直达江边码头的南北干道。1959年，中山北路、中山西路和中山南二路连接成全长21公里的中山环路。70年代，改拓建漕溪北路等干道。80年代，拓宽中山东二路(新开河至十六铺段)、虹桥路和延安西路、天目西路、恒丰路和石门二路、陆家浜路。1991年，完成杨高路、华山路、淮海路等改建拓宽重点工程项目。1992年，拓宽、改建中山东一路和中山东二路。1993年，拓宽江苏路。1994、1995年，内环和南北高架路建成，分别长45.7公里、8.45公里。1949年，市区道路总长711.1公里，1995年3008.3公里，水泥、沥青混凝土道路长分别占7.76%和88.22%。

二、公路

干线公路　1919年4月，吴淞与市区间沿黄浦江周塘堤岸，由沪北工巡捐局改筑为13公里长公路，因由军士筑成，名军工路。1922年，建成沪太公路，长37.25公里，车行道宽3～4.5米，煤渣路面。1921～1922年，辟筑沪闵南柘路、上南（上海—南汇）路、上川（上海—川沙）路。1929年，崇明县兴筑以县城为中心的陈（家镇）海（新海农场）公路。1932年，国民政府经济委员会规划全国干线公路网络，沪（上海）闵（闵行）路列为沪桂干线沪杭（杭州）间首段，年内续筑闵行至金丝娘桥段，总长46.5公里，接浙江省公路，沪杭公路全线贯连，成为全国第一条省际联络公路干线。1935年，建成京（南京）沪干线中的锡（无锡）沪公路和苏（苏州）沪公路。至30年代中期，形成以宝山县大场，嘉定县南翔，上海市漕河泾、真如及浦东为交汇点的公路联络干线与近、远郊公路连接枢纽。1949年，上海干线公路总长450.64公里。1958年，改建沪闵路、逸仙路、龙吴路、长江西路等干线公路。1960年，建成曹安公路。拓宽改建沪青（浦）朱（朱家角）公路，1966年延伸至江苏省平望镇，沪青（浦）平（望）公路全线贯通。1964年，全市公路实施"路面黑色化，桥梁永久化，筑路机械化，路树林荫化"。1972年，配合上海石油化工总厂建设，拓宽改建沪杭、松金公路。1976年，建成车（墩）亭（林）公路，成为金山县和外省市到沪车辆的重要干线。1979年，全市干线公路36条，总里程938.42公里，全部沥青路面，钢筋混凝土桥梁，三级公路标准。80年代，提高国道和干线公路等级，开辟地区间联络新线，进一步完善公路网络。1984年，沪松（江）公路率先改建为二级公路。此后按同标准建204（沪宜公路）、312（曹安公路）、318（沪青平公路）、320（沪莘枫公路）4条国道上海段及塘（桥）川（沙）等16条干线公路。1993年、1995年，按一级公路标准先后改建沪青平公路、沪太路。其间，建造连接204、312、318、320国道和沪嘉、沪宁、沪杭3条高速公路的外环线一期工程，以及郊区环线亭大一级公路。1995年，全市公路总长0.38万公里，其中干线公路920.09公里。

高速公路　1983年5月，市政府决定建设沪嘉（嘉定）、莘松（莘庄—松江）高速，次年4月开工建设。1988年10月、1990年12月先后建成通车。主线分别长15.9公里、20.59公里。1993年1月，开建沪宁高速公路上海段，1996年9月通车，长25.89公里。1995年，续建莘松高速至枫泾段27.6公里，全程为沪杭高速上海段。至此，全市高速公路里程89.98公里。

三、桥梁、隧道

跨苏州河(吴淞江)水系桥 吴淞江上海段原有重建于清康熙十一年(1672年)的3洞石闸(后称老闸,在今福建路桥处)1座,闸上有桥。咸丰六年(1856年),怡和洋行等筹组苏州河桥梁公司,投资银元1.2万元,在吴淞江入黄浦江出口处建成木桥威尔斯桥。同治十二年(1873年),在桥东边另建公园桥,因不付过桥费,俗称外白渡桥。后又建木桥天妃宫桥(1885年建)、老闸桥(1885年建)、自来水桥(1886年建)、盆汤弄桥(1889年建)。20世纪初,拆除部分木桥,建钢桥。光绪三十三年(1907年),建成下承式钢桁桥架结构的外白渡桥。三十四年、1916年,先后建成钢架浙江路桥、新闸桥。至20年代,又先后建成钢筋混凝土四川路桥、西藏路桥、河南路桥和乍浦路桥。新闸桥以东至入黄浦江河口2.88公里河段,建桥11座,每桥平均相隔261.8米。新闸桥以西至中山西路9.35公里有5座木桥和1座铁路桥。1948年,中国人设计、施工建造5孔钢筋混凝土简支梁恒丰路桥和乌镇路桥。1953年,建造长寿桥,长101.4米。此后历有建造。1980年,拆除苏州河最后一座木桥三官堂桥。1985年,架设跨苏州河第一座人行钢桥古北路人行桥。1991年,建成交通、挡潮两用吴淞路闸桥。1995年,从外滩到北新泾跨苏州河桥梁22座,苏州河水系其他主要河道桥梁38座。

跨黄浦江桥梁 1931年,地方富商绅董筹集巨资,筹划在董家渡建造钢质跨江浮船桥,未果。抗日战争胜利后,拟定多种越江交通方案,市政府拨款2亿元法币作建桥方案规划和设计经费,后未实施。1976年,为配合上海石油化工总厂建造,建成黄浦江第一座桥梁松浦大桥。1991年11月、1993年9月,建成南浦、杨浦大桥。桥分别长8629米、7511米,宽30.35米。1995年10月,建成奉浦大桥。1997年,建成徐浦大桥。至此,有5座跨黄浦江桥。

立交桥 1957年,建成第一座跨越铁路的共和新路车行立交桥,1995年全市有同类桥6座。1985年,在大连西路、西体育会路交叉口建造上海第一座跨越城市道路简易车行立交桥,1995年有11座。1982年在中山东一路、中山东二路与延安东路交汇处外滩建造上海第一座人行立交桥,1995年有21座。1915年,建静安寺路(今南京西路)路口新世界游乐场南北相通的地下过道,1983年在南京西路、华山路交叉口北侧建成人行地道,1995年有12座。1983年建成长570.09米的宝锦公路立交桥,1995年有22座。

越(黄浦)江隧道 自清末至1931年,数次议建越江工程。1965年,建黄浦江首条越江隧道打浦路隧道,长2736米,路面宽7.07米,净高4.2米,1971年6月通车。1982年9月,建延安东路隧道,长2261米,路面宽7.5米,净高4.5米,1989年5月1日通车。1994年1月,建延安东路复线隧道,1996年11月建成通车。

第三节 | 公共交通 >>

一、电车

清光绪三十四年(1908 年)二月初三,英商上海电车有限公司(简称英电)在公共租界创办开辟上海第一条有轨电车线路,从静安寺到上海总会(今广东路外滩),线长 6.04 公里。是年四月初七,法商电车电灯公司(简称法电)在法租界建从十六铺至善钟路(今常熟路)电车线路,后延伸至徐家汇,线长 8.5 公里。1913 年 8 月,上海华商电车有限公司(简称华电)在华界建从小东门至高昌庙(今高雄路)线路,线长 4.97 公里。1914 年 11 月,英电开辟第一条无轨电车线路,南起郑家木桥(今福建中路延安东路),北至老闸桥南堍(今福建中路北京东路),线长 1.1 公里。1926 年,法电也开办无轨电车客运,大多数线路与英电联营合驶。1927 年,上海共有有轨电车、无轨电车线路 32 条,线路东起外滩、杨树浦,南达高昌庙,西到静安寺、徐家汇,北至北站、虹口公园。由此,上海初步形成公共租界、法租界、华界各成系统的公共电车交通网。1949 年,全市有无轨电车 166 辆、有轨电车 331 辆。电车线路 21 条,其中有轨电车线路 12 条、长 69 公里,无轨电车线路 9 条、长 42.8 公里。1952 年 11 月,上海市人民政府征用英电,12 月成立上海市电车公司。1953 年 11 月,代管法电,成立上海市沪南水电交通公司。1958 年 7 月,上海市电车公司和公共汽车公司合并,成立上海市公共交通公司。1960 年、1963 年,淮海路和南京路上有轨电车先后停驶,轨道拆除,通行无轨电车。1965 年,全市有电车 858 辆,其中无轨电车 598 辆、有轨电车 260 辆。1975 年年末,上海最后一条 9 路有轨电车(虹口公园至江湾五角场)线路拆除,全市有轨电车停止营运。1995 年,全市有电车 753 辆,线路 20 条,总长 175 公里。

二、公共汽车

1922 年 8 月,上海第一家市内公共汽车客运公司华商公利汽车公司创办,开辟静安寺至曹家渡间公共汽车线路,全长 4 公里。继后闸北与沪南地区也出现华商沪北兴市公共汽车公司、上海华商公共汽车公司、沪南公共汽车公司等企业。1923 年 6 月,英商中国公共汽车股份有限公司创办,次年 10 月开辟静安寺至洋泾浜外滩(今延安东路外滩)线路。1927 年,法电在法租界开辟 2 条公共汽车线路,走向外滩至打浦桥和外滩至贝当路(今衡山路)间。1922 年,华商沪太长途汽车股份有限公司开辟第一条上海至太仓的长途汽车线路。此后,青浦、松江、闵行、川沙、南汇、宝山、吴淞以及崇明岛,都先后出现公共汽车客运企业。1949年,全市有公共汽车402辆,公共汽车线路46条、总长937.8公里。其中市内线路23条,长138.6公里;近郊及长途汽车线路23条,长799.2公里。1958年,新辟公共汽车线路14条,发展曹杨等工人新村和桃浦等工业区公共交通。1995年,全市有公共汽车线路493条,线路总长2.86万公里。

三、出租车

清光绪三十四年(1908年),美商环球供应公司百货商场在四川路97号(今四川中路中央商场)开设汽车出租部,在上海首家经营汽车出租业务。租费按行车时间计价,后成为上海出租车计价标准。宣统三年(1911年),美商平治门洋行和美汽车公司经营出租汽车业务。至1913年,上海有9家出租企业,车辆43辆。第一次世界大战结束后,云飞、祥生等一批中外出租汽车企业创办。1928年6月,上海汽车出租同业联合会成立,会员46家。1930年,出租汽车企业66家,车辆541辆。华商祥生公司到30年代后期成为全市最大的汽车出租公司。太平洋战争爆发后,汽油短缺,一时全市出租汽车全部停驶。1949年5月,全市有出租汽车企业29家,出租车370辆。解放初期,营业清淡,车行关闭。1951年9月,祥生汽车公司公私合营,1956年和16家车行公私合营为上海市出租汽车公司,在沪独家经营。有营业出租小轿车127辆、大客车58辆。1956年7月1日起,出租小轿车租费改为按行车里程计价。1958年,上海汽车服务站成立,专门接送访沪外国人,1979年改为上海友谊汽车服务公司。1980年4月,上海旅游汽车公司创办。到1984年全市有出租车企业29家。1985年,上海市公共客运管理处成立,对出租汽车客运市场实行统一管理。1985年,第一家个体汽车出租企业毅发公司创办。1995年,全市出租汽车企业0.17万家、个体经营户0.11万户,出租车3.7万辆,日均服务车次42.57万次。有骨干企业强生、大众、友谊、旅游、农工商、振华等。

四、轨道交通

1985年3月,上海市地铁公司成立。1990年1月19日,上海地铁一号线工程动工。一期工程,南起锦江乐园,北至上海火车站,长16.21公里。1995年4月10日,建成试运营。是年,日均客流量22.3万人次。

第四节 供水、供电、供气 >>

一、供水

市级水厂 清同治十二年(1873年),上海首家供水企业沙漏水行开设,在水船设3座沙滤池，内装沙料，滤水出售。光绪元年（1875年），立德洋行在今杨树浦水厂南部购地115亩，建水厂，未能排管供水，用水船、水车售水，七年被英商上海自来水公司收购。六年，英商创办上海自来水公司，在杨树浦路830号购地112亩建杨树浦水厂，建造沉淀蓄水池2座，总容量2.79万立方米，为远东最大的水厂，九年六月二十九日开始供水。二十八年，法租界建董家渡水厂。是年八月，粤商在华界高昌乡开办内地自来水公司水厂。以上各水厂均以黄浦江为取水口。宣统三年（1911年）九月，沪商在闸北建闸北水电公司水厂，以吴淞江为取水口。1937年，上海市政府在浦东烂泥渡建浦东水厂。上海解放后，对上述5家水厂接管、征用、代管和改造，1955年7月起由上海市自来水公司统一经营。此后至1995年新建5家水厂。是年，全市有杨树浦水厂、南市水厂、长桥水厂（1960年建）、闸北水厂、浦东水厂、闵行水厂（1959年建）、吴淞水厂（1972年建）、月浦水厂（1993年建）、凌桥水厂（1994年建）9家水厂。

郊县水厂　1936年，松江县商界在城厢岳庙场地凿口90米深井，机器抽水，收费供水。1962年，全市建成21家县级简易水厂。1995年，全市有县级水厂44家、乡级水厂159家、村级水厂203家。

自备水厂　清光绪二十年（1894年），公共租界工部局电气处，建造电站，在虹口港建简易进水设施，抽虹口港原水供电厂冷却用。20世纪50年代中期，上海市始在近郊建设工业基地、卫星城镇，建成一批日供水量1万立方米以上的自备水厂。七八十年代起，上海石油化工总厂和宝山钢铁总厂建自备水厂。1995年，全市69家水厂，供水总量15.65亿立方米，相当于上海市区自来水总供水量的96.6%。

供水量　清光绪九年（1883年）六月二十九日，杨树浦水厂日供水量0.37万立方米，供水区域在洋泾浜（今延安东路）以北公共租界内及静安寺以东的越界筑路地段。二十八年，董家渡水厂日供水量0.3万立方米，向法租界区域内供水。是年，内地自来水厂供水，日供水量0.91万立方米，供水范围在华界上海县城厢和法租界以南地区。宣统三年（1911年），闸北水电公司水厂日供水量9090立方米，供水范围在闸北地区，人口约10万人。1937年，浦东水厂日供水量2万立方米，供水范围在浦东洋泾地区。1949年，全市市区日供水量50.3万立方米，供水面积137平方公里，用水人口441.7万人，市区每人日均用水量60升，1995年分别为471.8万立方米、452平方公里、1000万人、265升。1995年，全市县、区级水厂日供水118.2万立方米。1949年，市区用水人口用水普及率92%，1970年全部普及。1985年，郊县用水普及率29.4%，1995年99.3%。

二、供电

电厂　清光绪八年（1882年），英国人立德尔等招股筹5万两银，在公共租界成立上海电气公司，创建上海第一家电厂。十九年，公司为公共租界工部局收购，建为中央电站。二十三年，法租界建成洋泾浜电气厂，发电供法租界照明。三十二年成立上海法商电车电灯公司。二十三年，华界南市马路工程善后局创建南市电灯厂，发电供华界30盏路灯照明，始有华资电厂，三十二年改商办上海内地电灯公司。宣统三年(1911年)九月，创办闸北水电公司。1912年，上海有4家电力公司，各有1家电厂，设备装机总容量0.88万千瓦。1913年，公共租界工部局电气处在杨树浦沈家滩建江边电站(今杨树浦发电厂)，装4台链条锅炉、2台2000千瓦汽轮发电机组，10年后容量增至12.1万千瓦，成为远东最大的火力发电厂，到1958年一直为上海主力电厂。1929年，电站全部产业和专营权为美国电气债券和股份公司收购，改为上海电力公司。1918年，华商电气股份有限公司组成。1919年，浦东电气公司创办，建成张家浜发电所，浦东地区始有供电。次年敷设5.5、6.6千伏水底电力电缆，穿越黄浦江向南周家渡，向北洋泾，向东高桥供电。到1929年，上海有电厂35家。1935年，中美合资沪西电力股份有限公司成立，向美商上海电力公司购电，用于沪西越界筑路地区。1936年，上海有6家电力公司及所属5家电厂，总装机容量26.62万千瓦，占全国45.5%。1949年，全市电力公司电厂5家，企业自备电厂10家，设备装机总容量25.96万千瓦，年发电量10.09亿千瓦时。1950年12月，上海市军管会军管美商上海电力公司。1953年，市政府征用法商电车电灯公司。1954年，闸北、南市、浦东3家电气公司公私合营。1953年，成立上海电业管理局，对上海电力实行集中领导、统一管理，各电力公司改为国营企业。4月1日，建上海电业管理局中心调度所，全市电力实行统一调度。是年，全市有杨树浦、南市、卢家湾、闸北4家发电厂。1958年，建吴泾热电厂、闵行发电厂。6月1日，上海供电局成立，统一管理全市供电和营业。次年，崇明、长兴、横沙3岛建电厂。1967年，敷设国内第一条220千伏过江(黄浦江)电力电缆。1988年，建成石洞口发电厂，装机容量、发电量占全市25%、35%。1992年，建成国内首家超临界特大型火力发电厂石洞口第二电厂。1995年，外高桥发电厂一期工程并网投运。其间，1957～1993年建市内110、220千伏电网，与苏、浙、皖组成华东电网。1995年，全市有电厂15家，设备装机总容量716.1万千瓦，年发电量375亿千瓦时。有3个供电局，辖有13个供电所。

用电 清光绪八年(1882年)八月十四日，上海俱乐部(今址中山东一路2号)等接电装灯，成为上海第一批电灯用户。十六年闰二月，上海始用白炽灯。十九年，安装街道弧光灯路灯123盏、用户白炽灯0.63万盏。二十年，塘沽路等道路12家用户安装英国制单相电度表，在上海第一批实行计量收费，每千瓦时为16银分。二十二年，上海街道、住户照明用电设备总装接容量270千瓦，街道弧光路灯161盏、住户白炽灯2.5万盏。三十年，单相电动机开始应用于工业及电梯，上海最高负荷 858 千瓦，年售电量 118.95 万千瓦时。宣统二年(1910 年)，电力供应由照明转向市政设施和工业动力，用电最高负荷增至 3240 千瓦，年售电量 807.64 万千瓦时。1951 年 6 月，市政府首次公布全市统一电价，对全市用户按核定电价收费。同时，开始向棚户居民区供电。1949 年，用户 24.75 万户，用电最高负荷 21.6 万千瓦，年用电量 10.09 亿千瓦时、售电量 8.18 亿千瓦时。1995 年，用户 260.13 万户，用电最高负荷 691.6 万千瓦，年用电量 403.27 亿千瓦时、售电量 282.36 亿千瓦时。

三、供气

煤气 清同治四年(1865 年)九月十三日，英商投资 15 万两银，建成上海首家煤气厂大英上海自来火房，日产煤气 850 立方米。六年，法商自来火行建成通气，光绪十七年(1891 年)被大英上海自来火房收购。1934 年，杨树浦煤气厂建成通气，日产气能力 5.9 万立方米。大英上海自来火厂停产。1940 年，大上海瓦斯株式会社建成通气，全市有 2 家煤气厂，一直至 1959 年。是年，吴泾炼焦制气厂建成。1987 年，浦东煤气厂建成，一期日产气能力 100 万立方米，全市煤气供应紧张得到缓和。1995 年，全市有杨树浦煤气厂、吴淞煤气厂、吴泾炼焦制气厂、浦东煤气厂等 7 家。日产煤气 800 多万立方米。

液化石油气 1970 年，上海炼油厂、高桥化工厂利用炼制石油产生的液化石油气，向厂职工家庭供气，用户约 2 万户。1972 年 4 月起，上海炼油厂每年供应 0.6 万吨液化气，由上海煤气公司统一安排用户，南市区小南门中华路 467 号为全市第一个液化气供应站点。1995 年，全市经营企业 374 家，液化气销量 20 多万吨。

供气量 清同治四年，大英上海自来火房供气范围泥城浜至外滩一带的公共租界内。光绪十七年，上海供气量 180.36 万立方米，1934 年 2318.32 万立方米，1949 年 2967 万立方米，1995 年 15.36 亿立方米。1912 年，煤气用户 0.96 万户，1949 年 1.86 万户，全市气化率 2.2%。1995 年，用户 187.09 万户，市区、市郊气化率分别为 86.59%、50.58%。

第五节 | 房屋建设 >>

一、房屋总量

市区房屋 1949 年，上海市区房屋面积 4679 万平方米，其中厂房占 22%、公共建筑占 27.6%、住房占 50.4%。至 1966 年，总量 6801 万平方米，其中厂房占 22.4%、住房占 55.3%、公共建筑占 22.3%。1995 年，总量 2.21 亿平方米，其中住宅占 53.9%、厂房占 25.2%、公共建筑占 20.9%。

市郊房屋 城镇房屋。1954 年，南汇县惠南镇建 638 平方米二层住宅，至 1995 年全市约建 2300 万平方米。

农村房屋。1950～1995 年，全市农民建住宅 1.76 亿平方米。

二、设计、施工机构

设计机构 上海开埠后，租界内怡和、仁记等洋行经营（或兼营）土木营造。西式建筑图纸由外商带入，中国工匠建造。19 世纪 50 年代，外国建筑师在上海出现。清咸丰四年（1854 年），英租界工部局规定租界内建筑工程都要具备由注册建筑师设计的建筑图、结构图，申请建筑执照。设计开始成为租界内建造房屋的重要程序。咸丰三年，英国设计师史来庆到上海开办泰隆洋行，经营建筑设计。至宣统二年（1910 年），上海有 14 家设计机构，垄断上海绝大部分重要建筑的工程设计。1925 年，匈牙利人邬达克创办邬达克洋行，设计国际饭店等上海重要建筑。1924 年，庄俊自美国返沪，开设上海首家中国人办的建筑设计事务所。1936 年，全市注册登记的事务所 39 家，其中 12 家为中国人开办。1952 年，上海首家国营建筑设计机构华东建筑工程部建筑设计公司成立。1953 年起，上海民用建筑设计院、华东电力设计院、上海机电设计研究院等 10 余家设计院等成立。1956 年，私营建筑设计事务所人员并入各国营建筑设计单位。80、90 年代，美、日、加、法、新加坡等国及台港澳地区建筑设计机构到沪，合作开办设计事务所或设立办事处。至 1995 年，全市有勘察设计机构 580 家，员工 3.2 万人。各时期，知名设计机构有玛礼逊洋行（1885 年创办）、公和洋行（1911 年）、邬达克洋行、庄俊建筑师事务所、华盖建筑师事务所（1931 年）、华东建筑设计研究院、上海建筑设计研究院（1953 年）、上海机电设计研究院（1953 年）、上海冶金设计研究院（1958 年）、上海化工设计院（1963 年）。

施工机构 明嘉靖年间，上海出现水木作坊。清道光二十五年（1845 年），作坊有作头和木工、泥工、雕锯工、石工、竹工等，多由师徒和家族、同乡组成。光绪六年（1880 年），川沙泥水匠杨斯盛开设上海第一家华商营造厂杨瑞泰营造厂，并按照西方建筑公司规则进行工商注册登记，承接工程。到 30 年代，全市营造厂、工程行 0.2 万多家。1949 年 8 月，上海首家国营建筑公司华东建筑工程公司成立。同期，市工务局修建队伍、房产局房修队及解放军基建部队的转业军人组建成 5 家国营建筑公司。1952 年，以 6 家单位为基础组成一支大型国营建筑施工队伍。1953 年，上海市建筑工程局、上海市第一建筑工程公司成立，1964 年成立第二至第八工程公司，成为上海市工业、民用房屋建筑施工的主要力量。同时，各工业局和区、县也组建建筑公司。1979 年，市建工局、房产局部分施工队伍组建上海市住宅建设总公司，主要承担住宅施工。1994年，市建工局改制组建为上海建工集团，上海市住宅建设总公司改制为上海住总集团。至1995年年底，在沪登记在册的建筑企业，上海市的有0.46万家、从业人员86万人，外省市的为0.12万家、从业人员74万人。各时期，重要企业有杨瑞泰营造厂(1880年创办)、新仁记营造厂(1910年)、裕昌泰营造厂(1910年)、创新营造厂(1920年)、馥记营造厂(1923年)、康益工程公司(1919年)、上海建工集团(1953年)、上海住总集团(1979年)。

三、住宅建设

住宅总量　市区住宅。开埠后上海外国人居留地和租界内出现洋房。19世纪50年代，英商在今河南路以西浙江路以东一带，采用欧洲住宅的联排式布局，建造大批木板房。至清咸丰十年(1860年)，英美租界内有以“里”为名的住宅0.8万幢。因易酿火灾，19世纪70年代逐步拆除。河南路宁波路一带，出现后来被称为老式石库门的砖木立帖联排式里弄住宅。20世纪初，占地较小、布局紧凑的新式石库门和广式里弄住宅。20、30年代，出现新式里弄住宅、花园住宅、公寓等住宅。同时，苏州河、肇嘉浜等沿岸，沪宁、沪杭铁路市区段外地移民搭建的简屋棚户日益增多。1949年，市区有2359.4万平方米住宅，其中新式里弄、公寓和花园住宅794万平方米，占33.7%。余为旧式里弄房屋和棚户简屋。1952年起，发展工人住宅。1950～1966年，建成住宅895万平方米，多为2层或4～5层住宅。1966～1976年，建造642万平方米。1974～1979年，每年建135万平方米。1979年，有住宅4216.4万平方米。1980～1990年，竣工住宅4574万平方米，1991～1995年3780万平方米，1995年1509万平方米。至1995年，拆除棚户简屋约1163万平方米，新辟和扩建240多个新村小区。是年，市区住宅1.19亿平方米。1952年，市区人均居住面积3.4平方米，1968年4平方米，1995年8平方米。

农村住房。农村农民住房历来多为农民私人置有，世代相传，大多为立帖式平房。1958年，建成全市第一个农民新村上海县俞塘农民新村，为2层楼房。70年代起，全市大批农户平房翻造为一上一下、二上二下的砖木结构楼房。80年代，又翻建为砖、混凝土楼房，或洋房。1989年，上海县马桥乡旗忠村统一规划，建成农民新村，每户独立，二层洋房。1991～1995年，全市建造农宅3677万平方米，85%以上农户迁入新居，村镇人均居住面积23.35平方米。

传统住宅　开埠前，上海住宅均为江南传统建筑，多为平房，有立帖式一字排青瓦平房、一进或多进绞圈房、园林住宅和茅屋。至20世纪80年代，开埠前建造的民宅，所存不多，今市区尚存的古宅主要分布在南市区，知名的世春堂、九间楼、书隐楼等。

老式里弄房屋　19世纪50年代起，上海出现里弄房屋。二层砖木结构楼房，成街成坊，四面通马路，弄内住房，外围店铺，形成繁荣市面。1949年，市区有以石库门为主的老式里弄房屋1242.5万平方米，占市区住房建筑总面积52.7%。分为老式和新式石库门、广式里弄房屋及简易工房（老工房）等，主要分布在黄浦、虹口、杨浦等区。1995年，有3004万平方米。

老式石库门。清咸丰二年（1852年），在宝善街（今广东路286～300弄）公顺里最早建造。到1949年，主要集中于宁波路、浙江路等地段。20世纪80年代，部分拆除，部分保留。

新式石库门。1912年，首幢房屋在铭德里（今汉阳里）建造，其他大多建造于1919年以后到1949年，主要集中于市中心地带，典型的有新闸路斯文里、建国西路建业里和厦门路新德里等。

广式里弄房屋。出现于19世纪末至20世纪30年代，主要集中于地价便宜的地段或工厂附近，典型的有虹口区鸿安里，杨浦区八埭头、华忻坊等。

简易工房。又称旧工房，出现于杨树浦、小沙渡路（今西康路）、曹家渡、周家桥一带，厂方建造于工厂附近，普陀区长寿路一带尤多。

新式里弄房屋　始建于20世纪20年代，可分为新式里弄住宅、花园里弄住宅、公寓式里弄住宅3类。主要分布在静安、徐汇、长宁、虹口、卢湾等区，1949年全市469万平方米，占住房总面积19.9%，1995年454万平方米。

新式里弄住宅。1924～1938年，在虹口、静安、卢湾、徐汇、长宁等区先后建造，分布于静安寺到中山公园，重庆南路到徐家汇一带。典型的有淮海中路尚贤坊、愚园路愚谷邨等。

花园里弄住宅。19世纪末有少量建造，20世纪20、30年代发展较快，主要分布在徐汇、卢湾、长宁、静安等区。典型的有沙发花园（今淮海中路上方花园）、建国西路懿园、泰安路115弄等。

公寓式里弄住宅。大多建于20世纪30、40年代。典型的有新康花园（淮海中路）、亚尔培公寓（今陕西南路陕南村）等。

花园住宅、公寓　多分布于徐汇、长宁、静安、卢湾等区，房屋建筑标准较高。1949年，全市市区有325.1万平方米，占住房总面积13.8%。其中8层以上的公寓有42幢、41万平方米。西式花园住宅，早期建筑多属文艺复兴样式，中期多为西班牙式，后期注重兼顾功能与形式，布局趋于自由。解放后，部分高层公寓改作宾馆、饭店，部分花园住宅改由机关团体使用。80年代以后，部分花园住宅基本恢复原样。1995年，全市有花园住宅、公寓290万平方米。

棚户简屋　集中于苏州河两岸，沪宁、沪杭铁路近上海市区两侧、长宁、普陀、闸北、杨浦等地区工厂周围空地，多为劳苦民众栖身之所。1937年八一三事变，闸北、虹口、南市一带民房被日军炸毁，大批难民在废墟上建造草棚和窝棚，人称“滚地龙”。抗日战争胜利后，市区人口膨胀，棚户简屋的分布进一步扩大。1949 年，全市市区有棚户、简屋约 19.75 万间，建筑面积 322.8 万平方米，占全市住房总量 13.7%。有名的有蕃瓜弄、药水弄等。1958 年，部分市郊结合部划入市区，棚户简屋数量增至 458.8 万平方米。60 年代，先后对蕃瓜弄、肇嘉浜、西藏北路等棚户区进行改造。1980 年起，成片改造，至 1995 年拆除 300 多万平方米，尚剩 85 万平方米。

新工房 1951 年，上海市政府在市区边缘地带、与工业区保持一定距离而交通又较方便的地段，规划 9 个工人住宅建设基地。1951 年 9 月～1952 年 5 月，建成曹杨新村，有 48 幢 2 层联列式砖木结构楼房，称新工房。上海开始发展新工房建设。1953 年，建成市政府统一投资、统一设计的“2 万户”住宅工程 17 个工人新村。20 世纪 50 年代后期开始，多层住宅成为新工房的主要类型。

高层住宅 1975 年，上海建造解放后第一批高层住宅漕溪北路高层。1985 年，香港新鸿基公司建造雁荡公寓。此后，外商投资高标准住宅和商办住多功能大楼。1975～1995 年，全市建造高层住宅 542 幢、建筑面积 1016.7 万平方米。

四、工业、交通、邮电业建筑

工业建筑 清同治四年(1865 年)，大英上海自来火房在新闸路、西藏路口建第一座钢结构建筑炭化炉房。清光绪七年(1881 年)，英商上海自来水公司在上海最早建混凝土结构厂房。1949 年，全市厂房建筑面积 1029.9 万平方米，占全市房屋总面积 22%。50 年代，建造上海第五钢铁厂、矽钢片厂等大型冶金企业。建造的新厂房结构为排架、框架和混合 3 种。70 年代，采用统一模数制和定型预制构件的装配式厂房。70 年代末，采用钢结构和钢筋混凝土结构。有耀华皮尔金顿玻璃公司、上海大众汽车有限公司(一期)、宝山钢铁总厂。1978 年，建造高 54 米、9 层的延安制药厂大楼。1995 年，市区厂房建筑面积 5573 万平方米，占房屋总面积的 31.4%。

仓库 清末民初，黄浦江两岸的仓库码头，房屋多为高矮不等的砖木结构，或用铁皮搭建的简易货棚。20 世纪 20 年代，美商公和祥码头、日商汇山码头，建成钢筋混凝土仓库。1949 年，全市仓库建筑面积 204 万平方米，占房屋总量 4.4%。有 360 座，其中钢筋混凝土结构 50 座。1981 年，建吴泾冷库，首次采用移动式钢台模工艺。至 1995 年，市区仓库堆栈建筑总面积 574 万平方米，占全市房屋总量 2.6%。

交通邮电业建筑 上海开埠后，部分轮船公司在外滩一带建楼，用欧式古典装饰。清光绪三十四年(1908 年)，建成最早的邮电通信建筑英商德律风公司大楼(今江西中路 232 号)、丹麦大北电报公司大楼(今延安东路 34 号)等，此后有宣统元年(1909年)沪宁车站(天目路北站),以及1924年邮政总局大楼。20世纪80、90年代,新建大批建筑,重要的有铁路上海站、上海港客运总站、上海电信大楼、虹桥机场。

五、办公、金融与商业、旅游服务业建筑

办公、金融业建筑 19世纪40年代,外滩出现洋行、银行等西式房屋。今存建于清同治十一年(1872年)的英国领事馆。20世纪初至30年代,洋行、银行、办公楼大多在外滩至河南路一带,为六七层、十几层办公大楼。1933年,建成上海特别市政府大厦(今为上海体育学院教学楼)。至1949年,市区有229.6万平方米,占市区房屋总面积4.9%。50～70年代,建造的主要有1960年静安区、上海县人民委员会办公楼,1964年市人大办公大楼。1985年,建成上海首幢玻璃幕墙建筑联谊大厦。1994年,人民大厦建成,为上海市委、市政府、市人大常委会办公楼。1995年,市区有金融业、办公楼总建筑面积955万平方米。

商业建筑 19世纪后期,租界内出现多层砖木和砖混结构商用建筑。19世纪末,出现福利公司、惠罗公司等西式百货楼。第一次世界大战后,华商投资建造一批大型综合性百货大楼,有先施、永安、新新、大新4大百货公司和大陆商场等,多用钢筋混凝土框架结构,有的还采用载人电梯、轮带式电动扶梯等装置。1949年,市区有商业建筑324.7万平方米,占房屋建筑总面积6.9%。1959年,配合上海卫星城建设,建成闵行一条街。同时,建市第二至第八百货商店。建筑设计贯彻经济实用的多层砖混结构或钢筋混凝土框架结构。80～90年代,新建大批商业建筑,多用玻璃幕墙。1995年,市区商业建筑面积562万平方米。

旅馆建筑 清光绪九年(1883年),建上海首家大型多层旅馆建筑一品香旅社。20世纪初,建筑西式风格的汇中饭店(今和平饭店南楼)、礼查饭店(今浦江饭店)、大华饭店和中西结合的孟渊旅社等多层旅馆建筑,均砖木或砖混结构。20年代以后,建远东、扬子等10余座旅社(饭店),为钢筋混凝土和钢框架建筑结构。上海旅馆建筑始由古典式向近代式转变。30年代,出现高层旅馆建筑,有沙逊大厦、金门饭店、国际饭店、都城饭店等。1949年,市区旅馆建筑面积23万平方米,占房屋建筑总面积0.5%。50～70年代,建造闵行饭店、延安饭店、北站旅馆、大名饭店、金山旅馆等。有的公寓改作宾馆,有锦江饭店(原华懋公寓)、衡山饭店(原毕卡迪公寓)、兴国宾馆、瑞金宾馆等。80～90年代,建造上海宾馆、华亭宾馆、静安希尔顿酒店、花园饭店、锦沧文华大酒店、上海商城、新锦江大酒店、太平洋大酒店、新亚汤臣大酒店等高层宾馆。各宾馆立面丰富,建筑面积都在1万平方米以上。同时,建有大面积花园绿地、别墅式旅馆建筑,有园林宾馆、虹桥迎宾馆、西郊宾馆等。1995年,市区旅馆建筑面积280万

平方米。

外滩建筑 清道光二十五年(1845 年),英商怡和洋行在外滩今北京路口建商务办公与居住合一的 2 层砖木结构楼房。到二十九年,从洋泾浜到北京路,先后有 11 家洋行建造类似房屋,式样多为英国乡村建筑,或带有宽大内走廊的券廊式建筑。19 世纪 60～80 年代,陆续翻建,式样仿照欧洲文艺复兴风格,建筑增至 21 幢。今尚存中山东一路 33 号(原英国领事馆)等。清光绪二十一年(1895 年)至 1919 年,外滩建筑近半重建。多用钢筋混凝土结构,3～8 层,建筑风格具有欧洲新古典主义、折衷主义风格的建筑特点,内外装修讲究,设施增多,有的安装载人电梯。今存中山东一路 1 号(亚细亚大楼)、19 号(汇中饭店)、29 号(东方汇理银行大楼)等 10 幢。20 世纪 20、30 年代,怡和、沙逊洋行、汇丰银行等 12 幢建筑翻建、扩建成高楼大厦。建筑体量扩大,有 9 幢建筑面积超过 1 万平方米,5 幢 8～15 层。建筑风格有早期现代派、古典式建筑与近代建筑相结合的折衷主义风格。今外滩建筑格局基本形成。1948 年,交通银行大楼建成。至此,外滩共有主建筑 23 幢,占地面积约 8.5 万平方米,建筑面积约 21 万平方米。上海解放后,大部分改作政府机关和企事业单位用房。1979 年后,基本恢复原有外貌。

陆家嘴金融贸易区建筑 1990 年,开始建造。在建大楼项目 124 个,总建筑面积 600 多万平方米。至 1995 年,建成银都大厦、招商局大厦、船舶大厦、裕安大厦、众城大厦等 25 座高层建筑,建筑面积 100 多万平方米。

六、宗教与教卫文体建筑

1949 年,全市市区教育卫生建筑面积 327 万平方米、文化体育及其他公共建筑 181 万平方米。1995 年,市区教育卫生建筑面积 1406 万平方米,文化、体育及其他公共建筑面积 838 万平方米。

宗教建筑 上海最早的宗教建筑,相传是三国(东吴)时期建造的佛教建筑龙华寺、静安寺。今存寺庙建筑绝大多数是明清以后所建。除历经毁建或迁移的龙华寺、静安寺外,流传至今的佛教建筑还有沉香阁、玉佛寺、真如寺等。唐代,钦赐仰殿,为上海最早的道教建筑。今存规模较大的有始建于元至元年间的上海城隍庙。元代,在松江建造上海第一座清真寺。今有松江、福佑路、小桃园、沪西等 6 处,具有西亚建筑风格。清同治八年(1869 年),建成上海第一座基督教堂圣三一堂。19 世纪末～20 世纪 30 年代,建造教堂 300 多座。教堂都用中式或中西混合建筑,天主教堂大多采用罗马教堂风格,基督教堂有哥特式建筑特征,东正教堂具有俄罗斯建筑特点。

教育、卫生用建筑 19 世纪后期,上海建造西式院校,多为 2～3 层砖木结构房屋,造型仿欧洲古典建筑,设置前后回廊、楼梯坡度改缓,有的教会医院窗框呈尖拱形。20世纪初至30年代，徐家汇天文台主屋，按照天文观察需要建造，是上海早期的科学研究专用房屋。圣约翰大学（今址华东政法学院），南洋公学（今上海交通大学）建筑风格中西结合。仁济医院翻建为钢筋混凝土框架的5层大楼，是集中式医院建筑的典型。广慈医院（今瑞金医院）是上海民国时期建筑规模最大的医院，房屋布局呈分散型，由各个时期建造的10多幢不同风格的2～5层楼房组成。公济医院（今上海第一人民医院）建筑用英国新古典主义。中山医院盖琉璃瓦庑殿式屋顶，是西洋建筑加中式大屋顶的早期实例。1949年，学校校舍257.4万平方米、医院69.6万平方米，分别占市区房屋建筑总面积5.5％、1.5％。50年代，新建上海财经学院、上海外国语学院、上海师范学院、华东纺织工学院等一批大专院校校舍。60年代，建设嘉定科学卫星城，建造上海科技大学、原子能研究所、硅酸盐研究所等学校和科研用房。1995年，市区医院建筑面积244万平方米、学校1162万平方米、科研设施320万平方米。

文化、体育用建筑 19世纪下半叶起，租界内建造游泳池、网球场和运动场。19世纪末，出现专用的戏院建筑，舞台由居中移至剧场前端的台框，观众席由茶座改为编号排椅，房屋由砖木结构逐步改为混凝土结构。20世纪初开始，新建戏院有的建有楼座、包厢，有的安装通风、采光、音响、消防设施，改进舞台装备。1925年，建成天蟾舞台，有3层观众厅，可容纳观众0.2万人。20～40年代，建造主要用于放映电影的戏院建筑，大光明、美琪、大上海、南京大戏院（今上海音乐厅）等大量吸收西方影剧院建筑思想和设计手法。1934～1935年，在江湾五角场建造上海市图书馆（今址同济中学）、上海市博物馆（今址第二军医大学）以及上海市体育场（今江湾体育场），建筑采用中国传统民族风格、钢筋混凝土结构。1949年，全市文化、体育及其他公共建筑约181万平方米，占房屋建筑总面积3.9％。50年代，中汇大楼改为上海博物馆，花纱布大楼改为自然博物馆，逸园跑狗场改为可容纳万人的文化广场，跑马厅大厦改为上海图书馆。建成中苏友好大厦（今上海展览中心）和农业展览馆、鲁迅纪念馆。改扩建虹口、沪西、沪东体育场和卢湾、南市等工人体育场以及风雨操场等一批体育场所。新建长宁电影院、衡山电影院、徐汇剧场、沪东工人文化宫等。其间，除中苏友好大厦由中苏两国建筑师联合设计、别具一格外，其他建筑的设计外形大同小异，设施简朴实用。1975年，建成上海体育馆，是国内最大的室内体育建筑之一。1986～1990年，建成文汇大厦、新民晚报大楼等。1986年，建成上海第一座专用美术馆上海美术馆。1991～1995年，建设东方明珠广播电视塔、上海博物馆新馆、上海图书馆新馆、上海广播电视新闻中心、解放日报新闻大楼、上海书城、上海影城、东海影视乐园、上海大剧院和上海体育场等十大文化、体育工程。1995年，市区文化体育及其他公共建筑建筑面积838万平方米，其中影剧院建筑41万平方米。

第六节 | 环境保护 >>

一、水

污染源 上海市水环境污染主要污染源为工业废水和居民生活污水,工业废水又为首要污染源。

工业废水。20 世纪 30 年代后期,全市有近 0.5 万家企业不经处理直接排放的工业废水。解放初,全市工厂日排废水约 60 万吨。1995 年,有 0.27 万家排放,排放量 11.61 亿吨。

居民生活污水。20 世纪 30 年代后期,排放黄浦江主要支流,水质恶化。1937 年八一三事变后,上海人口激增,大量粪便、垃圾就近入河,苏州河、虹口港、蕰藻浜、走马塘等出现明显污染。1981 年,全市排放 3.8 亿吨,1995 年 10.84 亿吨。

污染 清同治九年(1870 年),黄浦江和邻近河流水样送英国伦敦化验,结论为优良供水水源。19 世纪末,上海人口、工厂密集区附近的小河、小浜的水质已严重恶化。20 世纪初,杨浦港、虹口港、虬江、日晖港、肇嘉浜等河道变得黑臭。1925 年,苏州河恒丰路桥的河水中五日生化需氧量 10 毫克/升以上,氨氮 4 毫克/升以上。50 年代末,工业废水直接排放,苏州河宜昌路桥至曹家渡桥段水常年黑臭。1963 年,杨浦水厂黄浦江原水口有机污染指数首次超过 5,出现黑臭。70 年代后,上海地面水污染进一步加剧,扩至郊县河道。黄浦江杨浦水厂断面处的五日生化需氧量从 1972 年 1.75 毫克/升增至 1995 年 8.75 毫克/升,氨氮从 1 毫克/升增至 2.9 毫克/升。80 年代后期,黄浦江上游江苏、浙江两省来水,除太浦河水质保持优良外,大泖港和园泄泾水质逐年下降。长江口水质,除南区、西区排污口污水近岸排放造成沿岸黑带外,其他区域水质保持良好。淀山湖水总磷、总氮含量明显上升。1993 年,长江口、杭州湾海区发生 13 次赤潮。

黄浦江污染。1963 年,水体黑臭天数 22 天,1978 年 106 天,1988 年 229 天。1992 年,首超 300 天,达 320 天,1995 年 329 天。1963～1995 年(1973、1982 年未有统计),有黑臭 3735 天,年均 120.48 天。

长江口污染。1972 年,长江口总体水质达到二级标准。1987～1995 年,五日生化需氧量 2 毫克/升以下,溶解氧 6 毫克/升以上,高锰酸盐指数 3 毫克/升以下。主要超标项目为总磷、石油类、总汞。

杭州湾污染。1995 年,年均值无机氮浓度 200 微克/升,无机磷浓度 39.2

微克/升，石油类浓度0.02毫克/升。

防治 1914～1916年，公共租界和法租界联合填没污染严重的洋泾浜，埋管排水，修筑成爱多亚路(今延安东路东段)。1921年，公共租界建造上海第一座污水处理厂北区污水处理厂，1923年、1926年又建成东区、西区2座，日处理能力3.55万吨。1954年，建造曹杨、彭浦等4座污水处理厂，全市污水日处理能力提高到7万吨。1956年，填没污染严重的肇嘉浜，敷设水管，建成林荫大道。1968年，建造北郊污水处理厂。80年代建曲阳等5厂。1994年，市政府规定房产开发商开发住宅小区和1万平方米以上的商住楼同时建污水处理装置。1995年，市、郊区有污水处理厂12座和8座，日处理污水能力48万、8.7万吨。

二、大气

污染 燃煤烟尘、工业废气和粉尘、机动车废气，是上海大气主要3类污染物。1972年起，市卫生防疫站开展全市大气环境常规监测。市区二氧化硫，1973年，平均值0.17毫克/立方米，1995年0.053毫克/立方米。大气中氮氧化物，1979年以前，年均每立方米0.05毫克以下，1991～1995年0.072毫克。飘尘含量，1973～1990年每立方米从0.43毫克降至0.32毫克。1991年起，停止飘尘监测，实行总悬浮颗粒物监测，1992年每立方米平均浓度0.333毫克，1995年0.246毫克。70年代，降尘污染严重，每年月均每平方公里30吨以上，1995年16.7吨。1995年，全市机动车排放一氧化碳14.5万吨、氮氧化物4.85万吨、碳氢化合物5.85万吨。

防治 1963年起，重点消除全市0.8万多座工业烟囱黑烟。1972年起，关、停、并、转6成的铸造企业，达400多家。改造锅炉和炉窑0.69万台，改造治理率89%。全市每天排放烟尘、粉尘从1980年0.14万吨降至1995年480吨，1985、1987年，市区和市郊城镇企业先后实现无黑烟。1982～1995年，完成废气治理重大项目60多项，每年减排废气、粉尘5万吨。

三、噪声

污染 清同治七年(1868年)，法租界公董局在年度报告中提及独轮车推行时发出的烦人的噪声。光绪七年(1881年)，公共租界工部局在年报中把噪声称为公害，并在1912年提出汽车喇叭扰民。20世纪50年代起，主要污染为工厂机器设备运行，90年代起为道路交通、建筑施工、文化娱乐、集市贸易、商店营业等社会生活噪声。1976年，全市设0.21万个环境噪声监测点，监测面积131平方公里，测得昼间平均声级值70分贝，1995年分别为176个、376平方公里、60.1分贝。

防治 清同治八、九年，法租界对独轮车噪声征收捐税，限制车照发放，控制行驶时间和行驶范围。1935年,公共租界内0.17万人因滥揿喇叭而被控诉,对111人停发驾车执照。1977年,市公安局规定每日22点至次日5点市区禁止鸣号。1977年、1980年、1984年,先后颁发船舶、机动车减少使用喇叭的通告。1994年,规定内环路以内全日禁止机动车鸣号。在内环线和南北高架敏感地段设置隔声屏障。

四、固体废物

污染 固体废物包括煤渣、冶炼渣、化工渣和废弃物等。1949～1970年,全市堆积废渣约1000万吨,1995年产生煤渣360万吨。1949年,全市有2家炼铁企业产生冶炼渣,1995年有10家,产生冶炼渣614万吨。1981年,全市废弃物663万吨,1995年1368万吨。

防治 20世纪50年代,固体废物分散处理,造成堆存地周围区域(水域)的污染。此后以综合利用防治污染。1959年,建吴泾热电厂,配套建上海硅酸盐制品厂,用煤渣等制作砌块,年利用煤渣、粉煤灰12万吨。1962年,上海第一钢铁厂18万吨高炉渣全部供应上海水泥厂作水泥掺和料。1964年,全市建成13家煤渣砖厂,年利用煤渣约15万吨、化工渣2.4万吨制砖。1995年,固体废物综合利用1150万吨,占产生量82.9%。1956～1990年,全市回收废弃物3700万吨,价值160亿元。

第七节 | 环境卫生 >>

一、环卫设施、设备

垃圾处理设施 垃圾处置场。20世纪初,形成浦东黄浦江龙华嘴垃圾堆场,1941年建三林塘垃圾堆场,面积分别为8万、13.3万平方米,均用于堆放市区垃圾,至80年代不敷使用。1985年12月,在南汇老港围填海滩,建垃圾处置场,1994年日处置生活垃圾能力0.6万吨。同期,建江镇垃圾堆场,改建三林塘垃圾处置场。

垃圾中转站。1994年,建造全市第一座生活垃圾压缩中转站童家浜站,1995年日转运生活垃圾500吨。

垃圾箱(桶)。20世纪初,公共租界内建造防鼠觅食的水泥垃圾箱,1927年有0.93万只。1949年,全市垃圾箱2万只。1979年,实现清运垃圾机械化。1995年,市区垃圾箱(桶)4.86万只。

垃圾管道。1912年,建造9层高楼达华宾馆,安装上海第一条垃圾管道。

1994 年，全市有 0.15 万条。

废物箱。1952 年，全市设 50 只，1995 年 0.9 万只。

痰盂。20 世纪 50 年代，市区繁华道路旁设置，1985 年 0.39 万只，1995 年设有 59 只。

粪便处理设施 倒粪站。1973 年 3 月，市肥料公司在南市区聚奎街首建，1995 年市区有 0.25 万座，服务对象 45.56 万户。

小便池。清光绪三年（1877 年），法租界为方便行人便溺，建小便池。十年，公共租界有 177 处，并于十二年在每一个街道和通向公共道路小弄堂拐角处修建，约有 180 处。十九年，在山东路建上海第一座钢筋混凝土结构小便池。1953 年，全市新建 58 处，1995 年有 0.25 万处。

化粪池。清光绪三十二年，公共租界在西式建筑住宅内安装上海第一只抽水马桶，建造化粪池。1916 年 130 座，1945 年全市 0.97 万座，1995 年 4.32 万座。

公共厕所。清同治三年（1864 年），在花园弄（今南京东路）红庙首建。光绪年间，出现一批私有公共厕所。1949 年，公厕 130 座、私有公厕 235 座。1995 年，公厕 0.11 万座。

环卫码头 清光绪十年（1884 年），法租界在小东门十六铺建成上海第一座垃圾（粪便）码头。1949 年，全市有环卫码头 32 座，1995 年 33 座。

环卫设备 环卫车辆。19 世纪 50 年代初，收集、运输垃圾、粪便主要使用箩筐、粪桶挑运。清光绪六年（1880 年），使用独轮车。次年后发展两轮车、羊角车、手推车、马车。二十八年，始有少量汽车。1952 年起，用橡胶轮胎手推车和脚踏三轮垃圾、粪便车。1958 年、1959 年，新增垃圾卡车 75 辆、洒水车 12 辆、机动粪车 1 辆，并成立环卫汽车队。1976 年，实现清运机械化。1995 年，有扫路车 97 辆、洒水车 49 辆、冲洗车 11 辆。

环卫船只。19 世纪 70 年代，始用船只外运垃圾、粪便。1956 年，全市船只 0.27 万艘、4.52 万吨位，1995 年 598 艘、3.6 万吨位。

二、环卫作业

道路清洁 清咸丰五年（1855 年），上海县城厢始有专人清扫道路。同治元年（1862 年），公共租界工部局雇人清扫主要道路，每周 3 次。八年，主要道路每天 1 次，南京路、福州路、汉口路、九江路等 2 次。1929 年，华界道路每日 2 次清扫。1983 年，在南京东路等处实行两班三员清扫制，两班连续清扫道路 15 小时，90 年代增至 18 小时。1986 年，道路清扫保洁标准划为 4 个等级。1989 年，实行特级、一级道路清扫标准与道路冲洗相结合。1995 年，市区道路清扫工人 0.44 万人，人均日清扫 0.62 万平方米。

厕所保洁 1917 年，法租界老西门菜场厕所首先实行售纸服务，专人保洁。1947年，市卫生局规定厕所承包商须对厕内粪沟、地坪随时冲洗。50年代末，要求市区厕所保洁达到无蚊、无蝇、无痰迹、无老垢，少臭气，美化、绿化。1986年，规定甲级和乙级、丙级公厕实行专人保洁管理。

粪便清除 19世纪50年代，上海县城厢每日清晨有农民肩挑粪担，逐户免费清除粪便，用作农肥。清同治六年（1867年），公共租界实行粪便招商承包清除，至光绪二十八年（1902年）上海市区全部实行。1950年4月，市区公厕和单位大马桶1.08万只、居民小马桶61.85万只，粪便清除，每天清晨由清粪人员摇铃叫喊，通知居民倒马桶，粪便倒入手推粪车。1973年3月起，建造倒粪站，供人倒粪，专人管理，定时开放。此后确定每座粪站服务半径60～80米，1986年有倒粪站0.35万座，平均每个街道26.4座，除特殊地段外，居民马桶粪便全部倒入倒粪站。1995年，每天收倒45.56万只马桶和40.04万只痰盂。1950年，全市日均清除粪便0.2万吨，1995年0.59万吨。

垃圾清运 19世纪50年代，上海县城厢居民一般将垃圾弃倒路旁，由清道夫清除。19世纪60年代，大部分垃圾用以填沟、浜和低洼地，后又逐渐向郊区堆放。20世纪初起，逐渐堆放固定场所。1987年，进行居民垃圾袋装化试点。1992年，基本实现垃圾封闭运输。是年，建零星建筑垃圾堆点63处。1949年，全市清除垃圾85万吨，1995年645.33万吨。

清洁人员 清同治元年，公共租界有百余名工人清除垃圾、清扫道路。20世纪20年代末，公共租界清道夫0.13万人，法租界132人，华界501人。1949年，市区环卫职工1.6万人，1995年3.12万人。

第八节 | 园林、绿化 >>

一、私园

南朝梁末陈初，顾野王在金山县亭林镇中部建宅园读书堆。宋代，有嘉定赵氏园、怡园，松江施家园，南汇瞿氏园。元代，有上海乌泥泾最闲园、青浦小蒸曹氏园、奉贤陶宅云所园等。明嘉靖、天启年间，上海、嘉定、松江出现众多的宅邸园林，知名的有上海豫园、日涉园、渡鹤楼（也是园）、露香园，嘉定秋霞圃、古猗园、檀园，松江秀甲园、濯锦园、熙园等。清初到嘉庆末年，新建的名园有松江醉白池，青浦曲水园，上海城隍庙东园、法华镇丛桂园、泖溪园，奉贤一邱园等。至清代中叶，私家园林逾百座。今存秋霞圃、豫园、古猗园、醉白池、曲水园。上海开埠后，外国人建造西式住宅、花园别墅，知名的有兆丰花园（今中山公园北部）、哈同花园（今址上海展览中心）、麦边花园（今南汇路一带）等。此外，还兴建一批兼有休闲、游览和体育活动的花园，其中有德国花园俱乐部（今址花园饭店）、虹桥俱乐部（今址龙柏饭店）、高尔夫球场（今址上海动物园内）等。中国人也建造不少私人花园，较知名的有小万柳堂、九果园、小兰亭等，几经变迁，大多成为陈迹，唯丁香花园、黄家花园（今桂林公园）等保存至今。

清光绪八年（1882年），上海出现第一座营业性私园申园。此后，双清别墅（1883年）、味莼园（1885年）、西园（静安寺，1887年）、大花园（1889年）、愚园（1890年）、六三园（20世纪初）、西园（1908年）、半淞园（1918年）、敏园（1923年）、丽娃栗妲村（1930年）、叶家花园（1933年）、康健园（1953年）等营业性私园先后建成开放。19世纪末，上海出现一批无园林特色靠声色犬马吸引游人的营业性私园。1912年后，又出现大型游乐场。30年代，在上海近郊农村，出现农场式的私家园林，主要有江苏农场、黄氏畜殖场、管生农场、生生农场和上海种植场等。1949年，营业性私园仅剩在建中的康健园，1956年公私合营，营业性私园消亡。

1949年，上海市区私家园林面积95.16万平方米，占绿地总面积11.19%。

二、公园

清同治七年（1868年），公共租界建上海第一座公园公共花园（今黄浦公园）。光绪二十四年（1898年），宝山县园林改为城西公园，是为中国地方政府所建首座公园。宣统元年（1909年），顾家宅公园（今复兴公园）建成，为法租界第一座公园。1943年，租界有公园22座，1949年市区有14座，面积65.88万平方米。1949～1958年，修复、改建被损坏公园，利用城市空荒隙地、垃圾堆场、游乐场地、墓园和部分庭园，新建、改建一批公园。1952年，跑马厅北半部改建为人民公园。1954年，原高尔夫球场扩建成西郊公园（今上海动物园）。利用低洼地、废弃的军事用地等兴建长风、杨浦、和平等公园。1960年后，公园建设停顿。“文化大革命”中，前筹建的佘山植物园、淀山湖风景区，均退地还田。1981～1985年，在市区新建彭浦、内江等公园，在市郊修建松江方塔园、嘉定秋霞圃，辟建古钟、瀛洲、川沙等公园。1986年起，全市公园建设实行统一规划，分级负责建设。同时，公园建设向市郊扩展，辟建仿古园林淀山湖大观园、林园东平森林公园和湿地浏河岛游览区等。90年代，建设野生动物园，开发佘山风景旅游区。1995年，全市开放公园105座，面积1457.32万平方米。

三、城市绿化

绿化覆盖率　1949年，上海市区公共绿地66.2万平方米，人均0.16平方米，1995年1366.73万平方米、1.69平方米。1980年，绿化覆盖率8.2%，1995年16%。

行道树　清同治四年(1865年),公共租界在扬子路(今中山东一路)沿黄浦江种植树苗,是为上海最早出现的行道树。1939年,有行道树0.62万株。清同治七年,法租界首在法租界码头(今中山东二路延安东路至新开河间)种植树苗,后在各路广种悬铃木,1941年有1.29万株。清光绪三十四年(1908年),华界水果行老板捐资在外马路种植行道树,民国初年推至16条马路,1936年有1.16万株。1949年,全市行道树1.9万株,1995年33.02万株,大部分为悬铃木树。

街道绿地　清光绪五年(1879年),公共租界在外滩(今延安东路至苏州路段)辟建上海最早的街道绿地,在沿黄浦江人行道与车行道间铺草坪。宣统二年(1910年),法租界在今西藏南路辟建第一块绿地。1930年,华界始在江湾一带建设绿地。1948年,全市18处绿地,面积1.08万平方米。1953～1957年,新建14.3万平方米。建成上海第一条绿带外滩滨江大道、林荫大道肇嘉浜路。1995年,全市绿地总面积873.12万平方米。

单位附属绿地　清道光三十年(1850年),裨文女校(今上海市第九中学)和圣依纳爵公学(今徐汇中学)校园内植树栽花,为上海单位绿地的开端。1927年后,华界单位始建绿地。1948年,全市市区单位绿地面积590.87万平方米,1995年3292.9万平方米。

居住区绿地　1962年,面积211.6万平方米。1995年,1136.21万平方米,占全市园林绿地总面积17.32%。

四、海岸、河堤防护林

海岸防护林　南宋乾道年间,捍海塘筑成后,诏令“趁时栽种芦苇,不许樵采”。明成化八年(1472年),在塘外广植芦苇。万历二十一年(1593年),崇明县海塘修筑后,种桑树千顷。1917年,宝山县在海塘、江堤种树数万株。1929～1933年,崇明县在海塘、江堤植树造林158亩。1954年,宝山县在海塘陈华浜等段,种植5.4万株。1983年起,宝山等6县每年造海岸防护林0.2万亩。1995年,上海大陆海岸林带基本合拢,防护林总面积3.21万亩。

河堤防护林　20世纪70年代中期,上海市郊始在河道两岸10米宽青坎种树,营造防护林。到1995年,8县区面积0.73万亩。

第九节｜工程抗震、控制地面沉降 >>

一、工程抗震

地震基本烈度确定　据记载,上海地区具有破坏性影响的地震明1次,清2

次，民国1次，最大烈度为6度或6度异常区。据此，上海地区的基本烈度定为6度。20世纪70年代，全国第二代烈度区划图编制，上海列入“沪、杭、甬”区域，地震基本烈度仍定为6度。1990年，国家地震局通知上海市政府，上海地区的宝山、南翔、闵行、新场、大团等地及其以东地区，地震基本烈度为7度，其他地区为6度。1992年，《中国地震烈度区划图(1990)》仍按此发布。

工程抗震设防　根据工业与民用建筑抗震设计规范的规定，地震基本烈度7度以上应予设防。据此，上海地区所有建筑工程均未采取抗震设防措施。1987年、1991年，上海市建设委员会规定全市所有新建工程必须进行抗震设防，不允许1984年以前建造的建筑加层。

二、控制地面沉降

上海地面沉降发生在第四系覆盖层，即厚约300米的海陆交替相地层，地面沉降因过量抽汲地下水引起。1921年开始，从潮水位上升和水准点高程降低发现地面下降。1921～1965年，上海市区平均沉降1.75米，最大沉降量达2.63米。其中，1948～1953年年均沉降速率35毫米、1953～1956年年均54毫米、1956～1961年年均110毫米、1961～1963年年均76毫米。纺织工业集中的普陀区和杨浦区沉降最为严重，1948～1963年沉降漏斗区最大累计沉降1.5米，年沉降速率最高超过200毫米。20世纪60年代起，主要用限制地下水开采量、人工回灌地下水、调整用水层次，控制地面沉降。到1966年，全市基本控制地面沉降，全市地面标高平均回升6毫米。限制地下水开采量，首先限制市区地下水开采量，1963年市区地下水开采量11362万吨，1965年为1963年的41.9%，此后各年均保持1963年的10%。1977～1995年，开采量2.53亿吨。地下水位得到恢复和抬高。人工回灌地下水，1963年6月在杨浦水厂开展专用井人工回灌地下水试验，1966年推广至70余家企业，1995年97家。1970～1976年总回灌量1.14亿吨，1991～1995年8751万吨。

第十八章
水　　利

第一节｜治水方略、工程量 >>

一、治水方略

宋代，范仲淹提出“浚河、筑堤、置闸三者如鼎足，缺一不可”。郏亶提出“浚三江，治低田”，“蓄雨泽，治高田”，“高圩深浦，驾水入港归海”等。单锷提出修复胥溪五堰，减轻太湖外水负担，太湖之水东注于海。郏侨主张畅通太湖下游出水入海。治理太湖，北宋重浚治入海河港，重点是吴淞江。南宋以疏导为主。元代主要是浚治吴淞江及其南北诸大浦。任仁发提出浙西治水之法是浚河港必深阔，筑围堤必高厚，置闸窦必多广。明代，叶宗行主张开范家浜，导淀泖之水由黄浦江入海。上海开埠后，提出整治黄浦江导治线规划，1922 年后按导治线疏浚，维持黄浦江航道。50 年代，水利部门提出上海水利建设以防洪防台为主，提高防洪御潮能力。1959 年，提出上海地区治水原则是全面规划，分片治理，大蓄大排，蓄以待排，大力举办小型工程。1960～1964 年，水利建设的重点是改造低洼地、盐渍地和高亢地。1960 年、1961 年，组织崇明等地围垦滩涂。1966～1976 年，疏浚河道，平整土地，调整灌区，建设排涝泵站，发展地下渠道，完善圩区配套为主的农田水利建设。1974 年，长江流域规划办公室首次提出《太湖流域防洪除涝骨干工程规划草案》。1977 年，上海市提出洪、涝、渍、盐、旱、污综合治理的办法，把全市分为 4 个地区、14 个片，分片控制，综合治理。1984 年，国家水电部确定近期上海市区防汛墙按“千年一遇”标准进行加高加固或重新建设。1987 年，上海市提出“洪涝分开，内外分开，留通道泄客水”的治水原则。

清光绪二年(1876 年)至 1995 年，各时期制订主要河流的整治规划。主要有长江口整治规划(1876 年首提)、太湖流域(上海)规划(1950 年首提)、黄浦整治规划(1876 年首提)，以及城乡水利规划(1959 年首提)。

二、投入、工程量

资金 1949～1995 年,全市水利投资 60.17 亿元,其中国家投资占 64.4%、乡村自筹占 35.6%。国家投资中,海塘投资占 10.1%、机电排灌投资占 7.3%、农田水利投资占 25.5%、水利基本建设投资占 50%、水利其他投资占 7.2%。

劳力 1949～1995 年,全市投放 792.47 亿工日。以"五五"计划时期投入最多,达 2.06 亿工日。

材料 1949～1995 年,全市水利工程建设投放水泥 219.8 万吨、钢材 19.86 万吨、木材 29.53 万立方米。

工程量 1949～1995 年,全市完成水利土方 17.14 亿立方米、石方 1037 万立方米、砼方 522 万立方米。疏干河 892 条,完成土方 11.67 亿立方米。江泖圩堤工程 7308 万立方米,机电排灌工程土方 2.16 亿立方米,海塘工程土方 7992 万立方米,涵闸工程土方 3524 万立方米、桥梁工程土方 998 万立方米,围垦促淤工程土方 955 万立方米,其他工程土方 9638 万立方米。

第二节 | 防汛 >>

一、海塘

海塘是上海地区抵御台风高潮侵袭的首道屏障。三国时期,杭州湾北岸筑有金山咸潮塘。因上海陆域岸线南坍东涨,海涂东涨成陆,海塘修筑,一种是随陆域东线外移向外移筑,历代先后筑捍海塘、里护塘、钦公塘、彭公塘、人民塘等。另一种是陆域南线的杭州湾北岸和长江口一带,因遭海潮顶冲,海塘步步退筑,先后有多道沦海,清以前所筑大多坍陷无迹。另外,因 20 世纪 70 年代建设工业区,还筑有石化海塘等。因地理形势,上海海塘可分陆域海塘、江岛海塘。

陆域古塘 有金山咸塘,建于三国东吴末期,是上海地区有记载的最早海塘。此后有开元海塘、捍海十八堰—里护塘、皇祐老护塘、大德海塘—老金山塘、外捍海塘—钦公塘、雍正外护土塘、圩塘—陈公塘、彭公塘、防海垒、江东土塘。

陆域主塘 人民塘,1950～1957 年以古海塘李公塘、袁公塘、预备塘等塘为基础,加固修建,1961 年全长 112.26 公里,60 年代后大部分已为内塘,剩约 25 公里段处第一线。石化海塘,因建上海石化总厂于 1972 年、1976 年,全长 12.44 公里,为低滩围筑。金山主海塘,长 13.4 公里,始筑于清雍正四年(1726

年)，后历有修建，1960～1973 年在塘外建丁坝 6 道。宝山海塘，长 23.09 公里，全市防御标准最高的海塘之一，清雍正十二年始筑，1983～1985 年宝山钢铁总厂全线加固。团结胜利塘，长 69.6 公里，1973 年、1974 年对沿海部分民圩统一定线筑成。金汇塘，全长 17.43 公里，1979 年、1981 年两次围筑。七九塘，1979 年基本建成，长 32.37 公里。八五塘，1985 年冬建成，长 27.82 公里。

江岛海塘 有崇明、长兴、横沙 3 岛海塘。崇明岛海塘，清乾隆二十七年(1762 年)始筑环岛塘。光绪二十年(1894 年)、二十五年，两次再筑，编列“仁义礼智，孝悌忠信”8 段，称为崇明新塘。1949 年，全岛海塘共 178 公里。1950～1959 年，岸线内移，重建海塘 101.78 公里。北沿岸滩淤涨，1955～1990 年于此 63 次围垦成田，新筑塘堤 233.67 公里。至 1995 年，全岛国家主塘总长 207.47 公里，54%能抗“百年一遇”高潮。长兴岛海塘，清道光年间在石头沙等小沙洲筑圩围垦。1949 年 7 月在鸭窝沙、圆圆沙两地修筑圩堤，1960 年沙洲土堤总长 129.3 公里。1972 年 3 月，6 个沙洲合并成长兴岛，1995 年全岛海塘长 55.03 公里，1/4 能抵御“五十年一遇”高潮。横沙岛海塘，清光绪十二年开始筑圩围垦，1950 年重修，1995 年长 29.69 公里，7%能抗“五十年一遇”高潮。

二、江堤

江堤是上海地区防汛主要屏障，唐代起和塘浦圩田同步发展。明清起，江堤建设以黄浦江、吴淞江为主展开。清乾隆年间，黄浦江虬江以下，全线筑有江堤。1963 年起，按《黄浦江、苏州河两岸新建防洪构筑物统一标高规定》修建。

黄浦江江堤 1995 年，全线堤防两岸总长 392.5 公里，分市区段和郊县段。市区段从下游吴淞口起，东岸至川杨河口，西岸至闵行区高家里，两岸总长 256 公里。1956 年，始筑砖石、块石结构的壁立式岸墙，称为防汛墙，沿用至今。其余黄浦江中上游江堤为郊县段，1949 年后习惯称江堤或泖堤，长 136.5 公里。

市区段。清乾隆五年(1740 年)自蕰藻浜河口至虬江修筑江堤 2911.8 丈，名为衣周塘。清末在主要港口、码头、仓库附近，始筑木桩基础的砖石、块石护岸工程，及少量混凝土护岸。民国时期，在西岸十六铺、外滩和虹口港等主要港口码头附近，构筑护岸工程。在东岸东沟港以北筑土堤。1956 年起，在西岸市区段修建砖砌防汛墙和土墙，最高的可防御标点黄浦公园 4.8 米潮位水。1963 年 1 月，始按统一标高规定修筑堤岸，至 1965 年修建约 100 公里，墙顶高程 5.2 米，主要为钢筋混凝土墙和砖砌墙。1976 年，吴淞口至钱家浜段按吴淞 6.10 米潮位设防，防汛墙顶高 6.60 米。黄浦公园以下河段按 5.30 米潮位设防，防汛墙顶高 5.80 米，建成钢筋混凝土、混凝土、浆砌块石等墙 132.5 公里，占市区防汛墙总长 84.9%。1988 年，按黄浦公园站 5.8 米、吴淞站 6.27 米潮位水位标准“千年一遇”设防施工。至 1995 年，市区段累计完成加高加固或改建防汛墙工程

112.5 公里，占总长 54.1%，一半达到设防标准。

郊县段。明崇祯三年(1630 年)，修筑黄浦江堤岸 2000 余丈。20 世纪 50 年代初，堤身顶高 3.0～4.5 米，岸线残缺。1953 年起，按堤顶高程 4.5 米，米市渡 3.8 米高潮位时江堤不漫溢，不出险修堤。1953 年、1956 年，松江县构筑干砌块石护坡工程。1995 年，堤顶高程 4.2～4.5 米。全段分别有 10%和 90%达到“百年一遇”和“五十年一遇”防汛标准。

苏州河江堤 自北新泾苗圃以东至外白渡桥。清后期，今中山西路以西河段大多筑有土堤，以东多为砖石、块石或混凝土护岸工程。民国时期，在浙江路桥、福建路桥一带河段两岸为钢筋混凝土护岸工程。1956 年，始在宜昌路、昌化路、莫干山路以及浙江路、河南路一带护岸修筑砖石结构的壁立式防汛岸墙。1963 年 1 月，按统一标高规定修建。1991 年，在苏州河口建造挡潮闸，此后苏州河防汛墙未再加高。真北路桥至苏州河口防汛墙高程 4～5.8 米。

三、市区排涝工程

上海市区防汛主要是通过管泵和河道将涝水泄入黄浦江等江河，并用潮闸予以控制。

管泵工程 清同治元年(1862 年)，英租界在南北向主要马路埋设排水总管，雨水流入苏州河和洋泾浜。在东西向马路埋设小沟管与总管连接。同治二年，公共租界在广东路、北京路、苏州路、福建路、四川路等部分地段埋设 2×3 英尺、3×5 英尺管径砖砌排水沟渠。光绪三十年(1904 年)，广泛用管径 12 英寸以下的圆形水泥沟管作下水道。1921 年，在外滩建第一座雨水泵站。1934 年，埋设雨水管 3408 英里。法租界，清光绪七年首次在东部地区埋设 10 条横向排水管，向外滩黄浦江排放。1934 年，埋设 156.8 公里。两租界下水道不相通，雨水污水合流。华界，1912 年拆上海县城、填城壕筑马路，下置水道。其他地区有少量沟渠。1949 年 5 月，全市有雨水管道 531 公里，防汛泵站 11 座，排水总能力 16 立方米/秒。1978 年，按“一年一遇”(每小时雨量 36 毫米)、径流系数 0.5～0.6 标准，重新规划市区排水系统。1988 年重新修订。1995 年，市区有雨水泵站 171 座，排水能力 1024.4 立方米/秒，雨水合流管道 1908 公里，每平方公里防汛排水能力 5.42 立方米/秒。

排水河道 1995 年，上海市区黄浦江段，有 4 处排放口，泄水面积 7.31 平方公里。上海市区苏州河段，有 7 处排放口，泄水面积 16.21 平方公里。日晖港，泄水面积 7.42 平方公里。此外，还有杨树浦港、蕰藻浜、沙泾港、桃浦港、走马塘、彭越浦、虹口港、白莲泾港等排放口。

潮闸 为防止汛期河水漫溢，清康熙十二年(1673 年)在吴淞江宋家桥(今福建路桥，旧称老闸桥)建木水闸，二十九年废。雍正十三年(1735 年)，又在吴淞江金家湾(今大统路桥,旧称新闸桥)建闸,道光七年(1827 年)拆除。20 世纪 60 年代起,在市区建设控制河水水位、调节流量的水闸和防止潮水倒灌的下水道出口闸门。1995 年,市区有杨浦、虬江、真如港、彭越浦、虹口、界泓浜等水闸、闸泵。1991 年,建成上海最大的水闸苏州河口吴淞路闸桥。

第三节 河道整治 >>

一、干河开挖

20 世纪 50 年代起,市级新河开挖有 7 条。太浦河,全长 57.14 公里,上海段 15.24 公里。1958～1959 年、1960 年先后进行两期工程,河道具雏形。1991 年,工程列为国务院太湖流域综合治理 10 大骨干工程。1991～1995 年开挖,河底宽 120～130 米,土方 2200 万立方米。淀浦河,长 46.4 公里,是青浦、松江两县向东排水入黄浦江的骨干河道,受益农田 50 万亩。1976～1977 年开挖,土方 1033 万立方米。大治河,解放后上海人工开挖规模最大的河道,长 38.54 公里,1977～1979 年开挖,土方 9311 万立方米。油墩港,长 36.5 公里,1977～1991 年开挖,青浦、松江两县 72 万亩低洼易涝地受益。川杨河,长 28.7 公里,为浦东水利大控制片骨干河道之一,1978～1980 年开挖,土方 1734 万立方米。金汇港,长 21.5 公里,为浦东水利控制片南北向骨干河道,1978～1980 年开挖,土方 2265 万立方米,受益农田 4.25 万亩。外环运河,长 20.95 公里,1993 年 5 月～1994 年 6 月完成 9.79 公里,土方 176 万立方米。

二、干河疏浚

浏河,太湖东北地区分泄涝水的骨干河道,长 40 余公里,上海市境内 6.36 公里,元代起历有疏浚,1958 年嘉定县开挖中段 6.7 公里,1975～1976 年续浚,土方 772 万立方米。蕰藻浜,长 34.64 公里,自明万历四十年(1612 年)至清光绪十六年(1890 年)9 次疏浚,1952 年、1959 年、1978 年部分疏浚,1980～1982 年、1988 年总浚 34.1 公里。练祁河,长 31 公里,明弘治八年(1495 年)至清同治十二年(1873 年)疏浚 32 次,1915～1929 年分段疏浚 3～4 次,1950～1985 年分段疏浚 8 次。浦东运河,长 87 公里,明浚,清乾隆四十三年(1778 年)至 1934 年 10 浚,1958～1986 年分段疏浚。西大盈—华田泾,长 29.18 公里,宋景祐二年(1035 年)浚,此后至清同治十年又 4 浚,1977 年又浚。紫石泾—张泾河,长 16.69 公里,1972～1980 年 4 浚。南横引河,长 65.12 公里,1959～1995 年 12 次分段疏浚。

第四节 | 农田水利 >>

一、分片综合治理

1977 年，全市划为上(海)嘉(定)宝(山)、松(江)金(山)青(浦)、川(沙)南(汇)奉(贤)和江岛等 4 个地区，地区内再划片，建控制线枢纽工程、控制线节制闸、控制线船闸，进行水利综合治理。

二、除涝治渍

除涝 主要用围圩、建闸、设泵、治渍方法。

围圩。春秋、战国时期，在太湖下游淀泖地区围田。20 世纪 50 年代初，圩区分散零乱，青浦县 30.39 万亩低洼地分散在 0.22 万个圩区内。1955 年，建第一座圩区水闸青浦练塘东目圩小泖河闸，以替代堵坝。60 年代开始，全市调整圩区规模，圩区格田成方，建涵闸泵站等配套工程。70 年代初期，进行低洼地区综合治理。1977 年，在低洼地区外围建设大控制工程，整治水系，加高加固圩堤，实施洪涝分开，洪潮浸溢圩堤险情基本控制。80 年代，埋设地下暗管，控制地下水位。到 1995 年，全市建成低洼地区圩区 409 个，除涝面积 94.59 万亩，占全市低洼地总数 92.5%。圩堤总长 0.18 万公里，堤顶高程一般 4 米。低洼圩区各有一半面积除涝能力达到"十年一遇"(相当于日雨 176 毫米不受涝)、"五年一遇"(相当于日雨 100 毫米不受涝)标准。

建闸。用以控制圩内水位。20 世纪 50 年代以前所建，都为人力启闭的砖石木结构水闸。1955 年，建第一批条石与混凝土结构的小型水闸。此后，并港建造圩区水闸。60 年代中期，改用机电动力操纵闸门。70 年代，沿江沿海主要港口修建挡潮排涝节制闸、船闸和水利枢纽工程，低洼圩区形成"两级控制"。到 1995 年，全市低洼地区建节制闸 339 座、套闸 866 座。

设泵。1959 年，嘉定县长征公社朝阳大队建全市近郊菜区第一座小型排涝泵站。1995 年，市郊排涝泵站 853 座，控制排涝面积 115.8 万亩。

治渍 上海市郊渍害有涝渍(包括潜渍)和盐渍，受渍面积约 300 万亩。涝渍影响较严重的低产田有 120 万亩，遍布市郊各县，主要在青浦、松江、金山等西部淀泖低洼地区。盐渍地主要分布在浦东川沙、南汇、奉贤等沿海夹塘地区和崇明、横沙、长兴等岛屿的沿江东北部前缘，全市 180 万亩。1963 年起，用田间排水、三沟配套、埋设塑料暗管等法治渍。

第五节 滩涂围垦

一、滩涂资源

长江每年有4.72亿吨泥沙下泄入海，有一半泥沙沉淀淤积于长江口和杭州湾北岸，促使上海地区海岸滩涂从冈身一线向东淤涨延展，江中沙洲、沙岛不断淤高扩展，形成边滩和江心滩两种滩涂。1985年，上海地区江海岸线总长约465公里，约30%处于淤涨，约20%受冲刷，余较为稳定。潮间带滩涂面积135.46万亩，其中吴淞标高零米以上滩涂103.82万亩，3.5米以上滩涂13.51万亩，其他无名阴沙18.13万亩。滩涂主要分布长江口南岸、杭州湾北岸的陆地前缘和崇明、长兴、横沙等江岛边缘。

二、围涂造地

自唐代长江口形成沙洲，后形成崇明、长兴、横沙三岛，成为今上海地区主要的围涂造地的地区。

北宋皇祐四年(1052年)至至和元年(1054年)，修筑内捍海塘，在华亭缘海筑堤百余里，得良田万余顷。南宋建炎元年(1127年)至四年，今南汇县境灶门港引潮煎盐和围垦土地，围垦面积数百亩至数千亩。北宋宣和元年(1119年)，役使8万余民工，围华亭泖为田。元初，有人在淀山湖边围田数万亩。1954年，江苏省农林厅围垦滩涂，创办国营奉贤机耕农场。1955年，上海市以工代赈组织市民参与农场扩建。1956年，崇明县围垦1.24万亩土地。1951～1957年，长兴、横沙两岛围垦2万多亩。1960年9月，成立上海市围垦总指挥部，市区各区和市属各局划片，组织3万人在崇明岛、长兴岛和奉贤县围垦滩涂，兴办畜牧场。至1961年，围垦土地30.03万亩，建立16个畜牧场，1963年合并为15个国营农场。上海警备区和东海舰队，在崇明岛围垦3.75万亩，建成部队农场。到1965年，全市围涂造地44.1万亩。70年代，继续大规模围垦。1973年奉贤、南汇等县围垦8.1万亩。沿海地区集体单位先后围垦土地13.35万亩。为建设上海石化总厂，围垦1.66万亩。1966～1977年，全市围涂造地31.3万亩。至此，标高4米以上滩涂基本被围垦。1960～1995年，全市围垦163万余亩。其间，1978～1986年12.5万亩，1987～1995年20.6万亩。

第十九章 工 业

第一节 企业、职工、总产值 >>

一、企业

清道光二十三年(1843 年)至光绪二十年(1894 年),有 88 家外商工厂在上海开办。同治四年(1865 年),江南制造局创办,到宣统三年(1911 年)上海有 90 余家官办、华商工厂。1935 年,全市外商企业 113 家,官办、华商企业 0.36 万家。1949 年 6 月,全市有工业企业 2.03 万家,70%为从业人员不足 10 人的私营小厂。1956 年,全行业社会主义改造,企业减为 1.87 万家,其中全民所有制 1.71 万家、集体所有制 0.16 万家。到 1957 年,大中型骨干企业增为 121 家。城乡集体工业企业增至 0.65 万家,其中县属及农村人民公社工业企业 0.37 万家。1965 年,全市工业企业减为 0.82 万家,其中国有企业 0.34 万家、集体企业 0.48 万家。1995 年,全市有企业 3.99 万家,其中乡及乡以上工业企业 1.59 万家(大中型企业 0.13 万家);全民所有制企业 0.37 万家,集体所有制企业 0.79 万家,联营和股份制经济企业 0.13 万家,外资、中外合资、中外合作经营企业 0.16 万家,港澳台独资和港澳台与内地合资合作经营企业 0.13 万家,其他经济类型企业 80 家。

二、职工

清光绪二十年(1894 年),在沪外商企业有从业人员 3.6 万人。宣统二年,员工 500 人以上企业从业人员 7.6 万人。1935 年棉纺、制革、造纸、水电、翻砂等 58 个行业有 25.92 万人。1949 年末,全市工业部门有职工 53.08 万人。1957 年,有 113.28 万人。1961 年、1962 年精简职工,减少 35.23 万人。1962 年,全市职工降至 123.34 万人。1995 年,有职工 238.20 万人。

三、总产值

1949 年年末,全市工业总产值 35.06 亿元,1995 年 5349.53 亿元。

第二节 资本金、固定资产、装备 >>

一、资本金

清同治四年(1865 年),江南制造总局创办,开办费 54.3 万两关平银。第一次世界大战爆发,大批华商工厂开办,上海工厂大为增加。1927 年,全市有工厂 0.18 万家,其中被调查的工厂 0.15 万家,资本总额 2.93 亿元。1935 年,有纺织、机器制造、化学橡胶、冶镀、食品、仪器制造、交通用具制造、家具制造等行业工厂 0.36 万家,资本总额 4.73 亿元。1947 年 6 月,上海市社会局登记,有"合格"的工厂 0.26 万家,资本总额 3.46 亿元。1950 年,全市私营工业会员企业 1.81 万家,资本总额 2.18 亿元。1956 年,全市工业固定资产总额 31.32 亿元,私营工业企业私股资金 9.2 亿元。1995 年,全市独立核算工业企业资本金总额 1493.27 亿元,占全国 7%。其中,国家资本金 747.19 亿元、集体资本金 113.91 亿元、外商资本金 220 亿元。轻、重工业分别占 37.35%和 62.65%。

二、固定资产

1952 年,全市工业固定资产原值 25.29 亿元,占全国固定资产总额 17%。1957 年,分别为 33.53 亿元、10%,1975 年 135.67 亿元、5.6%。1995 年,全市工业固定资产原值 2613.81 亿元,固定资产净值 1746.72 亿元。其中,全民所有制经济工业企业占 60.36%、集体工业企业占 5.95%、三资企业占 19.44%。轻、重工业分别占 31.12%、68.88%。

三、企业占地、建筑面积

1985 年,全市独立核算工业企业 0.85 万家,企业占地 1.59 亿平方米,建筑面积 0.7 亿平方米。1995 年,分别为 1.59 万家、3.31 亿平方米、1.21 亿平方米。

四、装备

20 世纪二三十年代,上海工业生产规模、装备拥有量均居全国之首,纺织、卷烟、面粉、橡胶、搪瓷等行业装备接近全国半数。1948 年,全市工业企业主要设备有纱锭 241.13 万枚、纺织机 6.91 万台、车床 0.46 万部、工具机 0.52 万部、炼钢炉 15 座、轧钢机 27 座、电解槽 450 具、橡胶机 457 部、榨油机 433 部、磨粉机 600 部、卷烟机 0.11 万台等。解放初,全市工业人均固定资产 4400 元。装备多数是外国产品,纺织行业 70%主要设备是 20 世纪二三十年代产品,轻工行业

70%靠手工操作。1958 年，全市工业机械化、自动化和半自动化程度达 27%，1965 年提高到 60%。1985 年，轻工系统 8.7 万台设备，其中三四十年代产品占 40%，50 年代的占 50%。纺织行业 60%设备是民国时期的设备。1995 年，全市独立核算工业企业生产设备原值 1970.99 亿元，占全市固定资产原值 64.66%，人均装备资产 7.97 万元。

第三节｜主要工业产品产量 >>

1921 年，上海生产钢质船只 33 万吨。1937 年，生产棉布 1680.32 万匹、机纱 136.76 万件、火柴 14.22 万箱、纸 0.53 万吨、卷烟 115.22 万箱、搪瓷面盆 33.76 万打、搪瓷杂件 74.62 万件。1949 年，生产钢 0.52 万吨、自行车 0.44 万辆、金属切削机床 690 台、水泥 3.79 万吨。1995 年，生产钢 1454.11 万吨、纱 29.8 万吨、自行车 838.75 万辆、金属切削机床 1.58 万台、水泥 433.22 万吨。

1949～1995 年，生产纱 1462.62 万吨、布 618.51 亿米、卷烟 3910.8 万箱、手表 2.55 亿只、自行车 14089.4 万辆、缝纫机 7442.94 万架、电视机 5666.02 万台、钢 20267.78 万吨、成品钢材 1.53 亿吨、轮胎外胎 7342.13 万条、发电设备装机容量 4961.5 万千瓦时、金属切削机床 59.6 万台。

1952 年，上海纱产量 25.07 万吨，占全国 38.2%，1995 年分别为 29.8 万吨、6%。1965 年，自行车产量 87.72 万辆，占全国 47.7%，1995 年分别为 838.75 万辆、22.6%。1965 年，手表产量 86.04 万只，占全国 85.4%，1995 年分别为 1770.1 万只、5.1%。

第四节｜工业经济效益 >>

一、利税

1957 年，工业利税总额 25.5 亿元，占全国利税总额 22.3%。1995 年，分别为 464.19 亿元、9.2%。1949～1995 年，全市工业利税总额 5342.63 亿元。

二、劳动生产率

1949 年，全民所有制工业企业全员劳动生产率 0.42 万元，1952 年 0.59 万元，1995 年 3.53 万元。

第五节 纺织工业 >>

清咸丰十一年(1861年),英商怡和洋行创办上海第一家以蒸汽为动力的缫丝厂纺丝局。光绪十五年(1889年),中国第一家近代棉纺织工厂上海机器织布局创办。二十二年开始,欧、美、日等商加紧在上海投资兴办棉纺织厂。第一次世界大战期间,华资纺织工业迅速发展,日商纱厂竞相开设。针织、巾被、毛纺织、印染、丝绸、线带等厂相继出现,形成上海完整的纺织工业。30年代,建立申新、永安、安达、丽新、章华、美亚等大型企业集团建立。日商形成内外棉、上海纺绩、日华、同兴、丰田、公大、大康、裕丰等8大纺织企业集团,有纱锭122万枚,占上海总纱锭51%。纺织业成为上海最重要的产业。1937年八一三事变,战区内20余家华商棉纺织厂损失全部华商25%的纱锭和35%的布机。租界内及迁入租界的纺织企业,获得发展。太平洋战争爆发后,棉花货源断绝,棉织品销路大减。两年后日伪对纱、布实行强制收购,纺织业全面衰退。1945年抗日战争胜利后,纺织品市场活跃,美棉低价倾销,纺织业兴旺,成立中国纺织建设公司,接管18家日商棉纺织厂和20家毛纺织、印染厂等,1947年,实行纱、布挂牌销售和掌管美棉进销,垄断上海花纱布市场。上海解放前夕,不少厂主抽逃资金,紧缩企业,大批私营纺织厂资金空虚,生产半停顿。1949年5月,全市有纺织企业0.46万家、从业人员23.88万人。五六十年代,棉纺织行业两次行业性改革。1966年,总产值62.32亿元。其间,向全国20个省市迁移纺织厂86家、车间(生产线)11个,输送专业技术、管理人员0.62万人,腾出近50万平方米厂房用于仪表电子和精密机械等新兴工业。发展化学纤维和纺织机械工业。70年代,化学纤维成为重要纺织原料。各行业大面积改造和转变工艺技术。纺织业经济效益快速增长。1949～1979年,接受国家投资9.26亿元,上缴利润303.4亿元,税收157.7亿元。80年代,纺织品年出口额13亿～15亿元,占上海出口总额40%。1981年,利润30.1亿元,税收13.09亿元,创历史最高,居全市各工业部门之首,被誉为上海财政的"摇钱树"。80年代后期,国家调拨上海的棉花占上海用棉的比重,由1988年75.47%降至41.4%。增加进口棉,国内棉价上调,纺织业经济效益下降,1991年利税14.36亿元。至1995年,棉纺锭压缩到179.92万枚,从业人员减至35.42万人。发展三枪、春竹、曼丽尔、康派司、大地等27种知名品牌的产品生产,销售额占纺织品总额16.73%。停关并转企业196家,销号138家,共占企业总数1/3以上。腾出地块150幅计130万平方米,发展房地产等第三产业。是年,全市生产企业523家,工业总产值182.41亿元，利润税收4.28亿元。1949～1995年，全市纺织工业总产值6699亿元，利润533亿元，税收302亿元，创汇约280亿美元。

一、棉纺织

清光绪十五年(1889年)，上海机器织布局创建，有纱锭3.5万枚、布机530台。十六年至二十一年，华商有华新等纱厂开办，纱锭6.74万枚。二十一年《马关条约》签订后，外商竞相在中国开设纱厂。二十二年，英商怡和洋行投资50万两银建怡和纱厂，有纱锭2万余枚。二十八年，日商收买华商兴泰纱厂，日资进入上海棉纺织业。1914年第一次世界大战爆发，上海华商棉纺织工业迅速发展。是年，荣宗敬、荣德生兄弟创办申新纺织第一厂。1921年，旅澳华侨郭乐、郭顺建永安纺织第一厂。至1922年，新建华商纱厂19家。日商收买兼并外商和华商纱厂，建新厂，日商纱厂发展迅速。宣统三年(1911年)至1919年，日商开设内外棉第三、四、五、八厂。1919年，上海有纱厂51家，其中华商24家、英商5家、日商22家；增加纱锭175万枚、布机1.29万台。上海成为全国棉纺织业最为发达的城市。1936年，全市有纱厂31家、纱锭111.44万枚、织机8754台。1937年八一三事变，战区内的22家纱厂、27.55万枚纱锭被炸毁。上海沦陷后，纺织业庇护于租界，获得短期繁荣。抗日战争胜利后，中国纺织建设公司接管改组日商棉纺织厂18家、纱锭88.73万枚、织机1.73万台，成为亚洲最大的纺织集团。1949年5月，全市有棉纺织厂72家，加上其他行业的细纱机，共有纱锭243.54万枚，占全国47.23%。此外，还有单织坯布的小厂92家。解放初，中国纺织建设公司所属18家棉纺织厂改成国营企业，分别改编成中国纺织建设公司上海第一纺织厂至第十九纺织厂(其中第十三厂编号空缺)，有纺锭88.14万枚、线锭23万枚、织机1.74万台。1949年年底，全市有纱厂75家、纱锭274.98万枚，其中国营厂19家、纱锭131.78万枚，私营厂54家、纱锭143.2万枚，英商纱厂2家、纱锭5.85万枚；布机2.96万台(不含专业织布厂)。到1955年，全市私营棉纺织厂公私合营。1958年，棉纱、棉布年生产量分别达到207.8万件和15.33亿米，1959～1961年，申新二厂等13家厂转业。1965～1972年，有5家厂分别转业为化学纤维厂。1961年，全市有棉纺织厂35家，纱锭207.21万枚，布机5.29万台。70年代，行业大量增产化纤及混纺产品。1984年，改革管理体制，按纺纱、织布、印染一条龙工艺，重新组合上海市棉纺织工业公司、上海市第二织布工业公司和上海市印染工业公司所属厂，改组为分别以生产细薄织物、粗厚织物为主的上海市第一、二纺织印染工业公司，以单纺为主的上海市棉纺工业公司。1987年撤销，建立纺织局棉纺织印染行业管理处，统管所属各厂。1990年5月，成立上海棉纺织印染联合公司。1990年9月至1992年9月，成立申达纺织服装(集团)公司等4家公司，各纺织厂按专业加入。1992

年，有棉纺织厂 30 家、织布厂 31 家、机械等厂 4 家。纱锭 199.65 万枚，气流纺 1.05 万头，织机 3.02 万台。年产棉纱 26.91 万吨、棉布 81733 万米。总产值 53.87 亿元，利润 1.88 亿元。主要企业有上海第一至十二等棉纺织厂(三棉空缺)。产品以蓝凤纱和龙头细布、跳鲤细布、丰鹤牌府绸、防羽绒布最负盛名。

二、印染

1921 年，王启宇、崔福庄开设达丰染织厂，1926 年开始棉布染色，成为上海第一家机器漂染厂。1923 年，鸿章纺织厂设印染部，产品接近进口货。是年，法商开设上海首家外商印染企业中法印染厂。1925 年，有华商 30 余家。1928 年前后，达丰染织厂等开始生产机印花布。1932 年，日商内外棉株式会社开设内外棉第二加工场(今上海第一印染厂)，号称远东第一。1933 年，华商永安纺织公司开办大华印染厂。到 1937 年，全市有印染厂四五十家。1945 年抗日战争胜利后，年产印染布 2000 余万匹，约占全国产量 57%。1949 年，有印染厂 162 家。1956 年 1 月，私营企业公私合营，168 家厂裁并为 60 家，1957～1965 年改组为 30 家。1992 年，有 26 家厂，有印染主机 0.13 万台，员工 3.26 万人，总产量 8.48 亿米，外销拨交量 5.51 亿米，利税 2400 万元。主要企业有上海市第一至三印染厂、新光内衣染织厂。

1927 年，开始生产全国第一代机印棉布，1928 年，开始生产本光 190 士林蓝布。兰亭图士林布双童精元羽绸、哔叽和四喜元贡等畅销全国。30 年代初，生产深色防拔染印花布、精元哔叽、直贡呢等。1943 年，生产白猫牌什色、印花泡泡纱，首次生产灯芯绒产品。1962 年，第一印染厂在国内率先开发加工涤棉混纺织物的确良。1992 年，6 种产品获国家质量金质奖。

三、色织

1912 年，叶鸿英等开办上海第一家色织厂荣大布厂，生产爱国布。诸文绮创办启明染厂，在国内第一个采用丝光染色工艺。1917 年，王宝全开设源昌手帕厂，在上海最早生产手帕。到 30 年代中期，出现捻线、轧光、拉绒等协作小厂。1936 年，全市有染织厂 30 多家、手帕厂 20 余家。1937 年八一三事变，战区染织厂损失惨重。次年，不少厂在租界复业，全市色织厂增至 200 余家、布机近万台。1937～1945 年，新建 50 余家手帕厂。1950 年，全市有色织厂 334 家，1956 年 615 家，1964 年改组为 39 家。1966 年，色织与手帕行业合并成立上海市第一织布工业公司，属有色织厂 27 家，手帕厂 18 家，染纱厂 6 家，捻线、整理等协作厂 11 家。1974 年，发展专业厂，形成 9 条色织大整理生产线，高档大整理的能力达到总整理量 80%以上。1976～1985 年，发展化纤产品，开拓粗支仿毛，细支仿绸以及适销的单纱、阔幅产品。1515S 型阔幅布机占全部布机 71%。

1992年，企业41家，员工2.72万人，织机0.72万台，工业总产值12.95亿元。生产色织布8640万米，外销6100万米。手帕出口创汇5018万美元，占全国手帕出口70%。主要企业有上海色织二厂、鸿新色织厂、汉阳手帕厂等。

四、毛麻

清光绪三十四年(1908年)，郑孝胥等创办上海第一家毛纺织厂日辉织呢厂，1919年改为中国第一毛绒纺织厂，在国内首次生产火车牌粗纺绒线。1916年，日商创设上海首家黄麻纺织厂东南亚制麻株式会社。1923年，中国维一毛绒厂首次生产骆驼绒。1929年，刘鸿生建章华毛绒纺织厂，生产制服呢、军衣呢和羊毛毯等粗纺产品。1931年，达隆呢绒厂开办，在上海最早织造精纺呢绒。1932年，密丰绒线厂建立。30年代中期，有5家精纺绒线专业厂。30年代中期，出现羊毛衫生产厂。到1937年，全市毛纺厂有华商30余家、日商5家、英商2家，毛纺锭4.19万枚、毛织机442台，羊毛衫厂70余家。1938年，新办协新、寅丰、元丰和章华厂，成为上海四大精梳毛纺织染全能厂。1941年太平洋战争爆发后，羊毛衫厂发展到140余家。上海解放初，中国纺织建设公司等毛纺织企业被上海市军管会接管，改成国营企业。另有私营毛纺织企业110家、英商企业3家。毛纺锭10.98万枚、毛织机0.14万台，分别占全国70.18%和69.45%。1955年10月，全市53家私营企业公私合营，裁并组合成17家具有纺织能力的全能厂。1958年，毛麻公司形成有精纺、粗纺、绒线、羊毛衫、麻纺、长毛绒、驼绒、工业用呢、制毡等门类毛麻纺织系统。1992年，全市企业42家，员工5.01万人，毛纺锭18.56万枚、毛织机0.22万台、针织横机0.42万台，生产毛麻纺织大类产品15种。产值31.39亿元，利润1.19亿元。主要企业有上海第二毛纺织厂、章华毛纺织公司、密丰绒线厂、第十五羊毛衫厂。1980～1992年，有150余种产品标有国际羊毛局(IWS)纯羊毛标志。知名产品有派力司呢绒、牙签条单面花呢、英雄牌绒线、熊猫牌羊毛衫。

五、丝绸

清咸丰十一年(1861年)，英商怡和洋行在沪创办纺丝局，是中国第一家以蒸汽为动力的机器缫丝厂。光绪七年(1881年)，华商黄佐卿创立公和永丝厂，二十年，上海有机器缫丝厂12家。民国初年，日商松冈洋行输入绸缎新法(浆印)技术，在上海设厂。华商老正和染坊首创锅炉蒸气染绸。1915年，春记正绸庄开设中国第一家电机织绸企业肇新电机织绸厂。1919年，华商开办中国机器印花(浆印)厂。1922年，首家华商绢纺厂中和绢纺厂建立。1928～1931年，新开475家小型丝织厂。1931年，精炼绸缎和丝绸印花工艺日趋完备，各自形成独立的生产专业。1933年，美亚织绸厂股份有限公司有丝织机1098

台，员工0.36万人，成为全国最大的丝织厂。1936年，全市有丝织厂480家、丝厂49家。1938年8月，日伪成立"华中蚕丝股份有限公司"，垄断江浙两地及上海沦陷区的全部蚕丝业。1949年5月，有丝织厂365家、缫丝厂3家、绢纺厂4家、练染厂147家、印绸厂(坊)491家。1955年12月，全行业328家私营企业公私合营。1959年，裁并为45家厂。1979年，上海最后一家缫丝厂上海缫丝厂关闭。1992年，有丝织厂14家，印染厂8家，绢纺厂、机械厂各2家，筛网厂1家，员工2.82万人。生产丝织品8296.11万米、绢丝431.14吨、练染印丝织品5100.44万米、服装200.89万件套。工业总产值12.03亿元，税收3065万元。主要企业有上海第一丝织厂、第二绸缎炼染厂、第七印绸厂等。1979～1991年，产品获国家质量金质奖8个、银质奖9个。知名产品有金三杯真丝印花绸、青春纱，雪花牌真丝、人造丝立绒，狮牌阔幅全涤绡。

六、针织

清光绪二十二年(1896年)，吴季英创建中国第一家针织厂云章袜衫厂，生产汗衫和袜子，三十四年汗衫出口南洋，首开中国针织品出口历史。1912年，上海第一家专业手摇机袜厂柯泰袜厂设立。1913年，锦兴袜厂创办，为上海第一家电机袜厂。1914年，中华第一针织厂开办，生产42/2双线罗口袜。到1916年有70余家袜厂。1917年，兴祥棉织厂开办，织制卫生绒衫。1920年，学昌工业社始用手摇小横机生产手套。1925年，内衣用品厂、袜厂分别增至30余家、200余家。1929年，宝新等成为单织、单染、单造(成衣)针织染厂。1938年，南洋市场需求激增，针织业繁荣。1949年5月，全市有内衣厂300余家、制袜及手套厂840余家。各厂名品争辉。1956年，有0.15万家针织厂。1956年，全行业公私合营，1959年裁并为171家，1976年有60家。1992年，有企业48家，主要企业有上海针织九厂、中华第一棉纺针织厂、上海针织厂、五和针织厂等。员工4.62万人，工业总产值16.09亿元，利税3472万元，创汇1.73亿美元。名牌产品有清宣统二年(1910年)金爵牌卫生衫裤，1913年金杯牌平口纱线袜，1931年鹅牌麻纱汗衫，1939年僧帽牌卫生衫裤、飞马牌汗衫、菊花牌和三枪牌棉毛衫裤、司麦脱青年袜、花篮牌长统舞袜、狗头牌中统麻纱袜等。1992年，有针织大类产品14种。

七、毛巾、被单

清光绪二十六年(1900年)，川沙县张艺新等开办上海首家毛巾厂经记毛巾厂。1920年，上海有毛巾厂75家、织机0.25万台。1922年，沈九成、陈万运、方智达3人创办三友实业社，试制成功独幅单套色印花被单，上海被单业兴起。1933年，荣记织造厂开办，生产围巾。到1937年，增建民光等毛巾被单厂52

家、毛巾厂25家，萃众和锦乐毛巾厂、民光织物社产品全国闻名。1937年、1938年，南洋需求激增，新设毛巾被单厂24家及和丰织造厂等10余家毯子厂、围巾厂。形成毛巾、被单、围巾、台布、绒毯、线毯等自然行业。1949年5月，全市有毛巾被单厂171家。1956年1月，190家私营企业公私合营，有员工1.29万人，1958年裁并至50家。1970年代，形成素白、条格、印花、提花等毛巾专业厂和中式、西式被单专业厂。至1980年，全市漂、印、染业全部实现机械化、连续化。1992年，全市有33家企业，员工2.89万人，工业总产值9.04亿元，利税3259万元，出口3827万美元。主要企业有上海毛巾一、二、三、五厂，三友实业社毛巾厂，上海萃众毛巾厂，上海民光被单厂等。1949年5月，全市月产毛巾62万打、被单32万条，30%销香港、澳门及南洋各地。皇后牌、红云牌毛巾，民光牌被单等行销全国。大中被单厂333麻雀牌印花被单出口海湾、东南亚，作为衡量国际市场中式被单行情的代表品种。1992年，生产毛巾1694.1万打、被单1368万条。知名产品有钟牌414毛巾、熊猫牌绒面满地印花浴巾、民光牌被单。

八、线带

1912年，潘厚生创建上海首家木线厂——诚丰木线厂。次年，又有国内第一家纱带厂宝华纱带厂和丝边厂寿记丝边厂开设。1920年，上海首家松紧带生产厂鸿裕边带厂开办。1925年，中华工业厂和德胜织造厂研制国产花边与德商洋货抗衡。1929年，中国飞纶制线厂开办，抗战胜利后员工千余人，规模居全国之首。1935年，全市有线厂（木纱、蜡线）18家、织带厂66家。1937年，产品取代洋货畅销全国，木纱团、花边、宽紧带和鞋带等出口美国、东南亚和香港等地区。抗日战争胜利后，产销两旺，新厂开办。1949年，制线业44家厂，织带业235家厂。1956年，制线厂55家、织带制绳厂351家，全行业公私合营，改组为101家企业。木纱团、绣花线产量分别约占全国50%、80%。1966年年初，有企业52家。1979年，42家企业改组为24家。1991年，利税在全市纺织行业中居第一。1992年，生产企业24家，员工1.14万人。工业总产值4.17亿元，利润884万元。主要企业有中国飞纶制线厂、上海消防水带厂、上海缆绳厂等。产品5大类140个大类品种，各有3个产品获国家质量奖金质、银质奖。知名产品有飞轮牌木纱团、涤纶宝塔线、玫瑰牌绣花线等。

九、服装、鞋帽

清乾隆末年，上海县城开设有中式成衣铺，有沪帮冯章生、苏帮俞宝山、宁帮应鹤年等。苏州裁缝手艺巧，广州服装式样新，百余年间成衣店铺名称多冠以"苏广成衣铺"以招客。光绪二十二年（1896年），浙江奉化人江良通首设和昌西服店。民国初，亨利西服店为孙中山改制一套军服（一说为荣昌祥西服号所做），后此类款式命为中山装。第一次世界大战后，又有王兴昌、培罗蒙等西服店兴起。1930 年，全市西服店 420 家，大部分附设工场。清咸丰元年（1851 年），川沙人赵春兰从英国学成女式西服缝制技艺回国开设洋服店，1928 年第三代传人金鸿翔昆仲挂牌鸿翔时装公司，“时装”名称由此产生。20 年代，服装业出现本帮（中式）和红帮（西式）之分。1933 年，傅良骏合资开设新光标准内衣制造厂，生产标准牌男式衬衫。1937 年，全市有衬衫厂（坊）18 家。1946 年，全市有女式时装店 230 家。1948 年，有西服、时装、衬衫、童装店 0.1 万家。

19 世纪中叶，帽业主要是瓜皮帽业。1939 年，盛锡福帽庄在上海开设分号。20 世纪 40 年代，鹤鸣鞋帽商店在上海设立分店，有马敦和、上海、中央等帽店先后开办，以产品款式新颖，制作精良闻名全国。19 世纪中叶，鞋业主要是男女布鞋业，规模较大的有春林翻鞋作。20 世纪 20 年代初，开设于上海小花园的女翻鞋店以绣花女鞋闻名全国。此后，有一批女鞋店在广西路、湖北路小花园一带开办。

1950 年，服装行业有西服、时装、衬衫、机缝、童装、中式成衣、布鞋、制帽等 8 个自然行业，多数店家前店后工场，亦工亦商。0.66 万家作坊、店铺，摊贩遍布街旁巷口，从业人员近 4 万人。其中机缝业 727 户，有新光标准内衣制造厂、康派司衬衫厂、永新雨衣染织厂等工厂。时行解放装、人民装、列宁装，西服、时装生意冷清，200 余家店关闭，部分转产时行服装，大批中式店摊添置缝纫机，代客加工解放装。1954 年，机缝业增到 0.22 万户，服装摊贩 1.69 万户，从业人员 2 万余人。1956 年，全行业公私合营，除少数衬衫厂归口纺织系统外，2.35 万户服装鞋帽店摊分别归口上海市服装公司、上海市鞋帽公司、上海市服装合作社联合社，1958 年合并为上海市服装鞋帽公司。1962 年 5 月，划出 96 家工厂和 68 家生产合作社 2.37 万人，建成以经营出口产品为主的上海市服装用品工业公司，按西服、时装、衬衫、羽绒、睡衣、童衣、布鞋、帽子等 8 个专业组织生产，形成上海服装鞋帽工业。1956 年后，康派司衬衫厂天平牌衬衫首销苏联。1965 年，工厂、合作社分别调整为 86 家、66 家。1973 年，合作社全部转为合作工厂。服装出口增加，1976 年增至 4139 万件。西服、时装、衬衫等业迅速恢复。1979 年，部分厂与市郊公社合作建 18 家联营企业，1980 年增至 180 家，员工 6 万余人。1987 年，市服装公司人均创汇突破 1 万美元，创全国服装业最高纪录。1992 年，57 家厂，员工 3.14 万人，总产值 21.82 亿元，利税 9109.6 万元，出口交货值 16.3 亿元。另有合资企业 11 家、境外企业 5 家、工农联营厂 145 家，员工 5.4 万人。主要企业有康派司衬衫厂、上海西服厂、飞达羽绒服装厂、海螺（集团）公司。生产服装用品 9102 万件，出口占 75.2%。知名产品有海螺牌男衬衫、申友牌女呢时装、A 字牌绣花工艺鞋、双羽牌羽绒服。

十、化学纤维

1938年,邓仲和购法国粘胶人造丝生产设备,建中国第一家化纤生产厂安乐人造丝厂,因设备残缺一直无法开工。1960年,上海合成纤维实验工厂建安达一厂化纤分厂,是中国首家自行设计制造采用连续浸压粉工艺的大型化纤工厂。1961年,分厂建年产600吨锦纶6长丝和短纤维工场,为全国第一个合成纤维专业生产点。1965年、1966年,改建、新建4家化纤厂。到60年代末,上海化纤工业总产量1.7万吨,占全国总量25.5%,在全国最早形成化纤工业基地。70年代,重点发展涤纶短纤维,生产厂增至7家,年产能力1.86万吨。70年代末,化纤年产量5.43万吨,占上海纺织工业纤维总用量40%。1992年,全市有企业19家,员工1.69万人,生产化纤8.27万吨、浆粕2.78万吨。主要企业有上海市第一至十四化学纤维厂。

十一、纺织机械、器材

清光绪二十六年(1900年),永昌机器厂最早制造国产缫丝机。1913年,上海第一家纺织器材厂大来纱管厂建立。1914年前后,有缫丝机、轧花机、手摇袜机等厂30家,纱管、梭子等器材厂30余家。1919年,日本株式会社丰田纱厂铁工部在上海创办。20年代,大隆机器厂一度生产粗纱机等,仿制日本丰田及平野式全铁织机。1931年,德商远东钢丝布厂建立。30年代末,华商纺织器材厂能制作棉毛机和袜机。1949年5月,全市有纺机制造厂近300家、纺织器材厂60余家。1956年,全市480家私营纺织机械、器材厂公私合营。1959年起,建上海印染机械厂和上海第四、七纺织机械厂等,形成全国纺机工业成台纺织机械生产骨干企业群。80年代起,发展涤纶高速纺丝设备等8大重点产品。80年代,改造33家企业,建立全套针布后加工冲淬卷等生产线。产品向标准化、系列化、成套化发展。1992年,全市企业40家,员工4.08万人,工业总产值17.94亿元,利润3.08亿元。主要企业有中国纺织机械股份有限公司、上海第一纺织机械厂、上海二纺机股份有限公司、上海第七纺织机械厂、上海印染机械厂。生产化纤、棉纺织、毛纺,苎麻、绢丝、针织印染等生产设备和纺机部件8大类0.12万种,占全国1/3,产量8万吨以上。

第六节 | 轻工业 >>

上海轻工业是上海最早发展起来的近代工业部门之一。清道光二十三年

(1843年)，英国传教士在麦家圈创办墨海书馆。以后外商相继建立食品、饮料、造纸、肥皂、卷烟、火柴、灯泡、玻璃制品等企业。至第一次世界大战前夕，英、美、日、德等国商人开设工厂69家，分属13个行业。

清咸丰十一年(1861年)，老妙香室粉局生产和经销香粉(鹅蛋粉)、花露水等化妆品，成为上海首家华商轻工业企业。到第一次世界大战前夕，有华商轻工企业38家，分属14个行业。1916年，双妹牌化妆品获美国巴拿马赛会金奖，至1937年抗日战争前夕，华商轻工业发展到31个行业、0.11万家企业。1937年八一三事变，200多家企业受损。至1949年，有30多个行业、0.2万家企业，员工6万余人，知名产品有无敌牌牙粉、明星牌花露水、三角牌雅霜、百雀羚香脂、三五牌木钟、三星牌蚊香、箭刀牌肥皂、金钱牌热水瓶、梅林盾牌罐头、金鸡牌饼干、佛手牌味精、冠生园月饼、大无畏电池、ABC糖果、孔雀牌香精等。1952年，私营企业0.38万家，工业总产值5.67亿元。1956年1月，私营企业公私合营。1956～1965年，全市轻工业进行3次调整改组，裁并改组0.61万家企业。发展手表、照相机、合成洗衣粉、感光胶片、塑料制品等新兴行业，建立专业化协作配套网络。1976年，工业总产值46.84亿元。1983年起，大规模引进国外先进技术，改造老企业。80年代，投资3.17亿美元，引进200多个项目、1.35万台(套)设备、80余条生产线。重点改造自行车、缝纫机、食品、电影照相器材、日用化学、包装装潢、造纸等行业，有14个行业、100多家企业的产品采用国际标准生产，白熊薄荷脑、梅林罐头、白猫洗衣粉、美加净牙膏、大白兔奶糖、三角玻璃器皿、英雄自来水笔、蝴蝶家用缝纫机、钻石机械闹钟、凤凰自行车、佛手味精、向阳保温瓶以及搪瓷烧锅等一批产品，在国际市场享有声誉。1995年，有17个行业，90类产品，生产2万多种品种，工业总产值203.4亿元。1953～1995年，税利735.1亿元，相当于国家同期投资的6.3倍。

一、食品

清咸丰五年(1855年)，英商霍尔开办上海第一家面包工场。八年，英商埃凡开设馒头店，生产面包、糖果、汽水。同治三年(1864年)，英商广和洋行在上海成立，光绪九年(1883年)改正广和洋行，十八年开设泌乐水厂，俗称正广和汽水厂，成为上海最大汽水专业厂。同治四年，英商开办中国酿酒厂，生产啤酒。宣统元年(1909年)，德商上海顺和啤酒厂开办，生产UB牌啤酒，1919年改为上海啤酒公司。光绪三十年，上海第一家华商面包、西点作坊晋本号创办。三十二年，南洋华侨王拔如创设泰丰罐头食品厂。1916年，广东人冼冠生等开办冠生园店铺，自制蜜饯等，后又改冠生园食品股份有限公司。1919年，郭唯一接盘英商屈臣氏汽水厂，为上海第一个华商汽水生产厂。是年，马玉山糖果饼干公司开办。1921年，英商沙利文建沙利文糖果制造厂。1923年，中国泰康食品号建厂。1924年,公和祥余记咖啡公司创办,在上海首家生产咖啡。20年代初,吴蕴初生产佛手牌味精,产品质量可比日本味之素,1923年建天厨味精厂。1930年,梅林罐头股份有限公司创办,生产番茄沙司、辣酱油,1933年生产各类罐头食品,注册商标以梅林为牌号。外商企业和华商企业竞争激烈。美商海宁洋行垄断上海冷饮市场,冠生园、泰康、梅林等华商公司以扩大生产创名牌参加竞争。1937年上半年,全市有食品厂70余家。第二次世界大战爆发后,进口货绝迹,上海罐头食品业一时繁荣。抗日战争胜利后,冠生园增资漕河泾厂改总厂。1946年,天厨味精厂在北新泾建新厂。正广和股份有限公司总部改设香港,上海企业成为分公司。是年,国民政府联勤总部收购海宁洋行、接收原日资企业公大食品厂,改第一粮秣厂第五、一工场,生产军用粮,1949年5月上海解放后分别改为国营益民食品一、二厂。1953年9月,市政府收购英商怡和啤酒厂,改为华光啤酒厂。1956年1月,全行业私营企业公私合营,有食品厂507家,合并为16家,23家迁外省市。1959年,德胜咖啡厂改上海咖啡厂,是全国唯一以"咖啡"命名的企业。1983年,联合国儿童基金会和中国第一个合作项目宝宝乐乳儿粉生产车间落成于上海儿童食品厂。1987年,中美合资申美饮料食品有限公司创办,生产可口可乐等。1988年,合资民乐啤酒饮料公司开办,生产力波、虎牌啤酒。1990年,百事可乐公司在沪生产百事可乐等饮料。1987年、1988年,上海梅林食品(集团)公司、冠生园食品联合总公司、上海儿童食品公司、天鹅啤酒(集团)公司和天厨味精(集团)公司成立。1995年,全行业企业44家,员工2.35万人,工业总产值49.17亿元,利税6.18亿元。主要企业有梅林罐头食品厂、冠生园食品总厂、正广和汽水厂、泰康食品厂、益民食品一厂、天厨味精厂、上海啤酒厂。知名产品有梅林牌罐头食品,大白兔奶糖,正广和饮料,生字牌菊花精,乐口福麦乳精,光明牌冷饮,上儿牌乳儿粉,维他奶糕,上海牌、天鹅牌、光明牌啤酒,佛手牌味精等。

二、日用化学品

清咸丰十一年(1861年),华商在南市昼锦里最早开设老妙香室粉局,专制和合牌香粉(鹅蛋粉)、花露水、头油。光绪六年(1880年),英商美查在上海创办燧昌自来火局,生产自来火(火柴)行销华中各省。十六年,叶澄衷创办上海最大的火柴厂燮昌自来火公司,质量胜过燧昌。三十三年,华商首创裕茂皂厂,生产洗衣皂。三十四年,德商盘门建固本肥皂厂。宣统二年(1910年),梁楠开设广生行上海分工厂,生产双妹牌花露水等。第一次世界大战期间,上海日用化学品工业发展,有8家肥皂厂、3家火柴厂、4家化妆品厂开办。1912年,方液仙创办中国化学工业社,在国内首创洁齿剂三星牌牙粉,1915年研制生产三星牌蚊香,工业社成为上海最大的日用化学品企业。1918年,家庭工业社创办，研制成无敌牌擦面牙粉。是年，叶兴仁创建全国第一家油墨厂。五四运动时期，抵制洋货，华商迅速发展。1921年，项松茂盘进德商固本肥皂厂，改为五洲固本皂药厂，成为全国最大的机制肥皂厂，与英商中国肥皂公司竞争。1929年，李润田研制鹰牌香精。百里化学厂独创叶氏调香术，填补香精加香工艺空白。1937年7月，新华薄荷厂创办，生产白熊牌薄荷脑，销美国。1937年，全市有肥皂厂21家、化妆品厂39家、火柴厂30余家、香精香料厂37家和油墨厂10家，形成粗具规模的上海日化行业。1940年，百雀羚冷霜问世，行销全国。1946年，有化妆品厂129家、火柴厂40家、油墨厂36家、香料厂24家、肥皂厂48家。1950年，有工厂358家。1952年，市政府接管英商中国肥皂公司，改为国营。1956年，全市300多家私营企业公私合营。1958年，永星制皂厂改为上海第一家合成洗涤剂专业生产厂，成为国内最大的合成洗涤剂生产基地。1959年，全市行业内裁并改组成25家企业，形成肥皂、牙膏、洗涤剂、化妆品、香精香料、油墨和火柴等专业化生产。1994年、1995年，合资建立上海联合利华牙膏有限公司、上海制皂有限公司，制皂公司成为国内生产规模最大的制皂企业。1995年9月，组建上海牡丹、凤凰2家日用化学有限公司和孔雀香精香料有限公司。1995年，全市企业40家，员工1.68万人。主要企业有上海制皂厂、上海牙膏厂、上海合成洗涤剂厂、上海家用化学品厂、上海火柴厂、上海油墨厂。生产洗衣皂4.48万吨、香皂3.94万吨、牙膏52035万支、洗涤剂25.68万吨。知名产品有美加净、扇牌、蜂花等香皂，中华、美加净、白玉等牙膏，百雀羚、露美、友谊、牡丹、海鸥等化妆品，白熊等香料。

三、钟表

清咸丰二年(1852年)，张恒隆钟表店在上海抛球场后马路开办，前店后工场，手工制造插屏钟，年产约100台。1912年，宁波美华利制钟厂迁上海，1924年在宁波、北京等地设23家经销分支机构。1923年，中国时钟厂创办，1929年改名上海钟厂。1930年，大华仪表厂在国内首家生产电钟。1940年，中国钟厂创办，首次用活摆结构设计各种挂钟。此后，又有亚洲钟厂等以及近百家零配件厂开业，基本形成上海时钟业。1950年，国家限制钟表进口，1952年起又实行加工订货，钟表业恢复发展，从业人员从300人增至500人。1952年、1953年，亨得利等制钟厂创办，和亨达利、大光明同为商店办厂，在时钟业最早产销联合经营。1956年，全行业私营企业公私合营。上海市钟表工业公司成立，200多家企业按专业化要求组织生产。有远东等9家闹钟生产的主机厂，远东钟厂生产火车头牌、中字牌提环短三针闹钟，中国钟厂首创长三针闹钟。1958年，亨得利、亨达利、东方3厂合并建新的上海钟厂，为全国最大的闹钟生产厂。1962年，闹钟开始滞销，生产厂产量从200万只减至150万只。制钟工业趋萎缩。

1955年7月9日，上海市第二轻工业局等组织手表试制小组，1956年9月26日在慎昌钟表厂组装成长三针17钻细马防水表，后又组装100只，注册东方红、和平牌商标。1958年3月，A581型机械手表注册上海牌商标。4月，中国第一家手表厂上海手表厂建成。上海市人民委员会决定发展国产手表元器件、材料生产。冶金等15个系统一批企业转产为手表零配件专业生产厂，上海成为全国规模最大、协作配套最完整的手表生产基地。60年代起，手表工业税收成为市重要税源，又高利润，手表工业快速发展。1970年，生产规模进一步扩大。上海秒表厂改上海手表四厂，上海第五钟厂改上海手表二厂。1974年，18家小五金厂合并建上海手表三厂。各生产厂利用办公用房、生活用房、生产辅助用房发展生产，搭建万余平方米简易厂房。1968年开始，上海手表厂以3万平方米厂房生产100万只手表。80年代，手表业开始衰退，进行调整。上海手表三厂专业生产女表，上海手表五厂生产数字显示式石英电子表，上海手表厂、上海手表二厂、上海钻石手表厂生产3类6个系列手表。1995年，全市钟表业企业30家，员工1.97万人，工业总产值10.46亿元，利税6600万元。主要企业有上海手表厂、中国钟厂、上海钟厂等。1956～1990年，上海手表业利税102.44亿元，相当于全行业1990年固定资产净值的39倍。

各时期主要产品，1913年美华利钟厂开始生产美华利牌木壳台钟。1940年，中国钟厂创制走时15天的台钟。1976年，三五牌台钟旺销，1988年产量43.33万台，创历史最高，1990年销售51只，销于国内的全部停产，是年5月首批1.43万只出口美国。1942年，中国钟厂开始生产25种三五牌木壳挂钟，1989年，产品首次进入美国市场，出口5.24万台。1938年7月，金声工业社生产钻石牌闹钟，1949年全市生产闹钟3.1万台，1995年405.68万台。1930年，进口美国机芯组装电钟，1960年全市生产24万台，1981年停产。1979年，研制指针式石英电子闹钟，1995年生产78.7万只。

1958年，上海手表厂投产上海牌A581型机械手表，是年生产1.36万只。1962年，试制上海牌机械日历手表。1978年，始产上海牌女式手表。80年代中期生产6个系列表。上海是全国手表生产基地，沪产手表在全国长期供不应求。1968年，全市手表产量首超100万只，达113万只，1995年758万只。

四、制笔

1926年，殷鲁深在上海创建中国第一家自来水笔厂国益自来水笔厂，经营自来水笔装配，后改为博士笔厂。1928年，关勒铭自来墨水毛笔光滑墨汁股份有限公司创办，生产自来墨水毛笔，后改产自来水笔。1931年，华孚金笔厂创立。1932年，朝鲜人金星建三兄弟开设金星自来水笔制造厂。1935年，吴羹梅等创建中国标准国货铅笔厂股份有限公司，在全国第一家自制铅芯、笔杆。是年，全市有5家自来水笔厂、3家铅笔厂。1943年，丰华精品制造厂用进口钢珠制成国内第一支圆珠笔。抗日战争胜利后,各地要货大增,制笔行业迅速发展。1954年,全市有金笔厂36家、钢笔厂254家、圆珠笔厂40家、铅笔厂3家、零件厂280家。1955年12月,全行业公私合营。1956年,777家企业改组为11家自来水笔厂、3家铅笔厂、1家圆珠笔厂,以及15家零件厂、1家修配厂。60～70年代,大陆、关勒铭、金星等金笔厂划属市仪表局等转产。1995年,全市有24家企业,员工1.53万人,工业总产值19.53亿元,销售收入18.6亿元,利税2.7亿元。主要企业有上海制笔集团、上海制笔实业总公司、英雄股份有限公司、永生股份有限公司、中国第一铅笔股份有限公司、丰华圆珠笔股份有限公司等。

各时期主要产品,1929年用日本进口件生产博士牌金笔1万支。1945年,全市月产金笔0.3万打。1950年,有英雄、金星、博士、新华、解放、永生、幸福等牌金笔。1958年,发起"英雄赶派克",100号金笔多数技术指标达到美国派克笔水平。1995年5月,英雄自来水笔被特批认定为中国驰名商标。1990年,全市生产钢笔1亿支。

1935年10月,生产飞机牌、鼎牌黑芯铅笔,次年自产铅芯。1937年,生产鹰牌、长城牌铅笔。1949年,全市生产铅笔3780.90万支。1951年,试制成功3600号6色、12色彩笔,长期出口。1954年,研制成功中华牌101号高级绘图铅笔。1957年12月,试制成功三星牌5712号大六角红蓝铅笔,销美国等国。60年代中期,中华牌铅笔出口国外,至今成为中国铅笔出口的代表产品。1990年,全市生产铅笔85种品牌、7.73亿支,占全国总量16.88%。其中出口3.13亿支,占全国铅笔出口18.18%。

五、自行车

清光绪二十三年(1897年),诸桐生开设自行车销售店同昌车行。1922年,出现零部件制造企业。1926年,大兴车行生产车架,配进口零件,装配红马、白马牌自行车。1930年,同昌车行开始装配平车、童车和三轮运输车等。1922～1940年,7家零件厂开办,上海自行车制造工业基本形成。1940年,日商在上海建成昌和制作所,后生产26英寸铁锚牌自行车。1941年,合利工具厂仿英国兰苓车,生产宝石、欧米茄和鹰王牌自行车,质量可比进口货。抗日战争胜利后,日商上海昌和制作所为国民政府资源委员会接管,后改上海机器厂,1949年5月28日为上海市军管会接管,改为红星制车厂,1953年改为上海自行车厂。1955年,全市有498家企业。1956年,全行业私营企业公私合营,改组成35家中心厂,保留229家独立厂。1958年,裴轮等6家中心厂合并组成上海自行车二厂,1964年改上海摩托车厂。上海铁床车具生产合作社等18家中心厂以及小厂共267家厂合并组成上海自行车三厂,生产凤凰牌自行车。1978年,上海自行车零件厂改上海自行车四厂,生产飞达牌小轮车。1984年,根据国家经委方案，上海永久、凤凰和飞达等名牌自行车，红星牌链条等名牌产品生产厂与外地开展联营生产。和苏州等地7家自行车厂联营生产永久牌，和绍兴等地12厂联营生产凤凰牌，和淄博等地3家厂联营生产飞达牌等自行车。1986年，成立永久自行车企业集团，成员57家，分布于14个省市27个城市，员工25万余人，产值17.5亿元，利税7亿元。成立凤凰自行车（集团）公司，参加企业43家，分布14个省市，1990年员工3.7万人。是年，上海自行车（集团）公司成立，员工3.9万人。1995年，全市有8家企业，员工2.4万人，工业总产值35.67亿元，产品销售收入33.95亿元，利税1.78亿元。主要企业有上海永久股份有限公司、凤凰股份有限公司。

上海是全国最大的自行车生产和出口基地，沪产自行车在全国长期供不应求。1949年，生产0.44万辆，1995年782.51万辆。1955年，上海自行车厂设计28英寸标准定型平车，命为永久牌，零部件规格用公制，被定为全国自行车行业标准。1958年，上海自行车行业提出赶上英国兰苓车。1959年，上海自行车三厂生产凤凰牌自行车，成为上海又一主要品牌车。1964年，制造成功永久、凤凰牌PA14型高级平车各200辆，10项指标达到兰苓牌标准，两车质量和市场信誉因此提高。1965年，车型改为PA13型。1970年、1971年，先后试制成功凤凰PA18型、永久PA17型车。1957年，始产轻便车，1959年始产赛车，1961年始产载重车，1965年始产小轮车。

六、缝纫机

清同治十一年(1872年)，晋隆洋行进口数架微荀造缝纫机投放上海市场。光绪元年(1875年)，华泰洋行在上海销售进口工业缝纫机。后上海市场为美国胜家公司产品垄断。1919年，沈玉山等开设协昌铁车铺，1922年改为协昌缝衣机器公司。是年，广厚机器厂开设，在上海首家生产缝纫机零件。1928年，胜美缝纫机厂陆晋生成功试制上海第一台国产家用缝纫机。是年，协昌缝纫机器公司首家生产工业用机草帽车。1936年，阮耀记缝衣机器无限公司生产飞人牌15-30型缝纫机。1940年，协昌缝纫机器公司开始生产家用缝纫机，1946年用蝴蝶牌商标。是年，家庭商号试装家用缝纫机，始用蜜蜂牌商标。惠工铁工厂生产缝纫机零件。1948年，全市厂商70余家，约产缝纫机0.14万台。1952年，全行业有企业260家，1956年全行业公私合营。到1964年，形成以上海缝纫机一厂、惠工缝纫机厂、协昌缝纫机厂、远东缝纫机厂为主体的专业化生产。1965年、1974年，上海工业缝纫机厂、缝纫机厂先后成立，生产上工牌系列工业平缝机、双工牌系列缝纫机，基本形成上海工业缝纫机行业。1967年，惠工缝纫机厂迁陕西省。1992年，上海工业缝纫机厂等8个单位建上海工业缝纫机公司。1993年，上海缝纫机一厂、协昌缝纫机厂改制成上海飞人机械总公司、协昌缝纫机总公司。1995年,全行业有17家企业,员工2.11万人,工业总产值18.85亿元,产品销售收入17.66亿元。主要企业有上海缝纫机一厂、协昌有限公司、上海工业缝纫机股份有限公司等。上海是全国缝纫机生产基地,50～80年代沪产缝纫机在全国长期供不应求。1952年,全市生产5.9万台,1995年生产家用机321.02万台、工业机45.96万台。名牌产品有蝴蝶、上工、飞人、蜜蜂标准、双工牌。

七、日用器皿

清光绪八年(1882年),英商平和洋行和华商唐茂枝等合办中国玻璃公司,次年生产荷兰水(汽水)瓶供应市场。1912年,董春阳创办仁和玻璃厂,生产料瓶及玻璃器皿。袁如松创办隆记料器厂,生产美孚灯罩等。1915年,日商宝山玻璃厂创办,产品覆盖上海大部分玻璃制品市场。1916年秋,英商麦克利设立广大工场,生产搪瓷牌照、口杯、饭碗等制品。1919年后,大多数玻璃厂停办。1924年,国内首家国产瓷釉生产厂大钧琅粉厂开设。1929年,李直士等创设华丰搪瓷公司,规模为同业之冠。1931年,久新珐琅厂创办,成为搪瓷业后起之秀。1925年9月,上海协新国货玻璃厂制成全国第一只国产保温瓶麒麟牌保温瓶。1931～1933年,华商晶华等20余家玻璃厂创办。各厂开始制作精细玻璃料瓶及器皿。晶华玻璃厂在上海最早实现机械化生产,连续作业生产啤酒瓶。1937年上海沦陷后,保温瓶厂因材料中断,始用竹壳,维持生产。1947年,全市有16家保温瓶厂,出口保温瓶6万打。1949年4月,因通货膨胀,20家搪瓷制品厂全部停产。解放初期,日用器皿制品产品滞销,生产时断时续。国家订货军用搪瓷品。1950年,生产搪瓷产品0.16万吨、玻璃制品0.36万吨、保温瓶155万只。1956年1月,全行业公私合营。55家保温瓶厂裁并为31家,231家日用玻璃制品厂裁并为31家。1979年,上海在国内最早专业生产不锈钢制品,始产搪瓷烧锅产品、气压出水保温瓶。1980年,全市保温瓶厂合并新建为上海保温瓶瓶胆总厂,年产瓶胆2000万只,规模全国最大。1984年,面盆产量首次超1000万只。1986年、1987年,上海搪瓷不锈钢制品联合公司、上海保温容器公司先后成立,分别由15家、9家厂组成。1992年,申光玻璃总厂成立。1995年,全市搪瓷厂16家、玻璃器皿厂17家、保温瓶厂8家。员工1.63万人。工业总产值12.62亿元,销售收入11.07亿元。主要企业有益丰搪瓷厂、上海不锈钢器皿厂、上海玻璃器皿三厂、上海保温瓶瓶胆总厂等。生产搪瓷制品2.24万吨、日用不锈钢制品0.29万吨、玻璃制品1.43万吨、保温瓶2173.8万只。

八、造纸

清光绪十年(1884年),曹子拘开设上海机器造纸局,日产洋式纸张2吨,

1915年改宝源纸厂。二十四年，华章造纸公司开办，仿制手工连史纸，兼造有光纸，日产11吨。三十三年，官办机器造纸厂龙章机器造纸公司投产。1919年，上海有3家造纸厂，产量占全国51.6%。1925年，宝源东厂、西厂改天章造纸东厂、西厂，创制毛道林纸。1928年，江南制纸公司在镇江设立制浆分厂，用当地芦苇制造芦浆供总厂。陈彭年首创苇浆制造技术，取得国民政府专字第1号执照。1919～1936年，8家造纸厂和3家加工纸厂开设。1936年，全市纸及纸版产量2.7万吨。1938年，大部分造纸厂迁内地，剩源泰厂一家。1946年，进口纸大量输入，造纸厂减产，薄纸、纸版产量不到正常产量40%和70%，至1949年4月大部分纸厂停工。解放初，24家厂恢复生产。1950年，国家开始控制造纸原料供应，对私营工厂实行加工订货、配料订货。1955年10月，全行业私营企业公私合营，36家厂合并为25家厂。1981年，天章造纸厂专业生产仪表记录纸。1987年、1993年，先后建上海开伦版纸总厂、上海星火制浆造纸厂。1995年，全市有造纸厂26家、纸浆厂3家、机械配件厂1家，员工1.45万人。工业总产值19.86亿元，利税5859万元。主要企业有天章记录纸厂、利华造纸厂等。1990年，全市生产纸张26.8万吨。

九、照相机

1924年，钱景华开设景华工厂，研制成功景华环像摄影机，获国家特别专利。1943年，张印泉制造用120胶卷可拍17张照片的小型反光镜箱。1957年9月，上海市第一商业局钟表眼镜公司成立照相机试制小组，次年1月试制成功135上海牌58-Ⅰ型照相机。同时，上海照相机制造厂筹备处成立，和其他5家厂合并成立上海照相机厂，是年生产58-Ⅰ型相机100架。1958年、1959年，五一照相机厂、孔雀照相器材厂先后成立，分别生产木质座机和简易照相机。1959年9月，上海照相机厂首批生产的0.13万架58-Ⅱ型高级照相机面市。建军工保密车间，生产军用产品。1963年起，专业生产4型120双镜头反光照相机，1964年出口0.23万架，开创中国照相机出口先河。1978年，上海照相机厂和二厂、五厂合并成立全国最大的照相机专业生产厂上海照相机总厂。1988年，和上海照相机三厂等组成上海海鸥照相机公司。1995年，企业6家，员工0.58万人，工业总产值3.974亿元。

主要产品，1963年在国内首创DF型单镜头反光照相机。1981年起，相机生产由120型向35毫米转化，1984年开发海鸥牌DF-IETM型内测光照相机。1990年，生产DF-300相机，国产化率60%。上海是全国照相机生产基地，沪产相机在全国长期供不应求。1960年，全市生产相机9.33万架，占全国产量53.9%。1995年153.18万架。

十、烟草

清光绪十八年(1892 年),美商茂生洋行在浦东开设茂生烟厂。次年,美国烟草公司设烟厂。二十四年,上海有美国烟草公司、日本村井、土耳其泰培等 5 家烟厂。二十八年,国际烟草垄断集团英美烟公司在上海设英美烟一、二、三厂和印刷厂。1914 年,在山东、河南、安徽推广试种美烟叶成功,垄断廉价原料。1919 年,在上海设驻华英美烟公司,在上海和中国各地建有 10 家卷烟厂、5 家烟草印刷厂、6 家烟叶复烤厂和 378 个成品仓库及办事机构,销售网络遍布中国各地。1934 年,在上海设颐中烟草股份有限公司,经营公司的全部卷烟制造和销售业务,1937 年卷烟产量占全中国卷烟销量 67%。

清光绪二十五年,范善庆创办手工卷烟制坊范庆记。二十九年,上海首家华商烟厂德伦烟厂开设。至三十二年,有烟厂二三十家。1916 年,简照南、简玉阶在上海设最大的华商烟厂南洋兄弟烟草公司卷烟制造厂,有卷烟机 22 台,日产卷烟 60 箱,继而公司迁沪。1925～1927 年,华商卷烟厂 182 家,产量在上海卷烟中的比重由 10%升至 90%。1939 年,剩 20 家开工。1949 年 5 月,烟厂 113 家,占全国 60%以上。

解放初,上海市军管会接管中华烟草公司、德昌烟草公司,代管、监管南洋兄弟烟草公司、福新烟厂、鲁信烟厂。1951 年,南洋兄弟烟草公司公私合营。1952 年,国营上海烟草公司接办颐中烟草公司及所属烟厂,分别改为上海卷烟一、二、三厂。1955 年,全市 16 家私营烟厂公私合营,次年合并为 10 家,1958～1960 年 9 家改行。上海卷烟二厂改上海卷烟厂,为上海唯一卷烟生产厂。1992 年,创办合资高扬国际烟草公司。1993 年,上海烟草集团、上海烟草(集团)公司成立。1995 年,全市有上海卷烟厂、高扬国际烟草公司 2 家烟厂。员工 0.72 万人。工业总产值 48 亿元,销售收入 41.8 亿元,利润 16.29 亿元,税收 20 亿元,

各时期,知名品牌有清光绪十六年后上海英美烟公司的老刀、皇后牌(后改大英牌、又称红锡包),1919 年的牡丹、黄包车牌,1916 年飞马、双喜、大前门牌,1925 年美丽牌。1947 年,有 461 种牌号,1949 年有 181 种。1950 年,中华烟草公司试制成功中华牌卷烟。1953 年,全市定 15 种典型牌号,为甲级烟白锡包、中华、绿锡包,乙级烟大前门、光荣、飞马、红锡包,丙级烟双斧、老刀、腰鼓、紫金山,丁级烟全禄、指南、勇士、名花。1956 年,生产熊猫牌卷烟,主要指标均达到或超过英国 555 牌香烟。1984 年后,品种稳定为甲级烟熊猫、中华、红双喜、牡丹、高乐、凤凰、金得利、晨牌、敦煌、上海 10 种,乙级烟大前门、飞马 2 种。1995 年,生产甲、乙 2 个等级 11 种牌号香烟,有熊猫、中华、红双喜、牡丹、大前门、飞马等。沪产卷烟在全国长期供不应求。1947 年,全市产烟 139.7 万箱,1954 年 140.7 万箱,创 1949 年后最高。1995 年 96 万箱。

十一、工艺美术品

宋、明间，闻名于世的工艺美术品有南宋松江缂丝，明代露香园顾绣、嘉定竹刻、松江刻纸夹纱灯彩等。清乾隆三十八年(1773年)，上海县城内首家银楼杨庆和银楼创办，加工金银首饰。道光二十八年(1848年)，凤祥银楼创办。18世纪末，内地手工艺人到上海开作坊谋生，有扬州玉雕和漆器，苏州红木雕刻和折扇，东阳白木雕刻，青田石刻，京津地毯、绢花和景泰蓝，山东面塑，广东镶嵌和椰壳雕刻等作铺。19世纪30年代，上海珠玉汇市成为全国珠宝玉器业集散中心。20世纪初，上海有珠宝店铺、工场二三百家，从业人员数以千计。

上海开埠后，西方各类工艺品和手工业品进入上海，影响较大的有绒绣、抽绣花边(绣衣)、机绣、磨钻、洋镶首饰等工艺品。20世纪初，上海本地士绅创办慈善机构，在斜桥开办贫儿院，在车站路开办贫民习艺所，开设编结、竹木藤器等课，培养工匠艺人。清光绪十六年(1890年)，小王记绣衣工场开办。三十年，义昌恒地毯厂、上海西泠印社创建，印社生产名品潜泉印泥。宣统二年(1910年)，何同春刀枪店、德丰花作和李鸿德绣花内衣工场开办。民国初期，漆器雕刻形成规模，有15家作坊。20世纪20～30年代，工艺品生产工场(作坊)近千家，从业人员0.44万人，产品上万种。银楼、金铺、珠宝饰品店200多家，年销黄金10万余两。印章篆刻300多家，从业人员0.1万余人。刺绣业尤为繁盛，有传统手绣作80余家、加工绣衣和抽绣作10余家、绒绣生产厂7家，经营农村绒绣、抽绣花边外发加工的3万余人，年出口绒绣120万美元、绣衣7000万法币。南市城隍庙一带成为全市手工业品和工艺品集散市场，周边有玉器等十几个同业公会。1937年八一三事变后，华界雕刻业、绣品业大批作坊、店铺关闭。租界繁荣，银楼、印章篆刻、地毯、戏装道具等业厂、坊、店铺增加两三倍，金银摆件产量增长一半。

解放初期，首饰市场萎缩，1950年全市珠宝首饰销售跌至0.61万元。1951年，160家银楼首饰店转业或歇业，大部分转业百货。其他工艺美术品店数十家歇业或半歇业。1952年，国营上海金银饰品店建立，购买老凤祥银楼的全部固定资产，恢复部分金银饰品生产。1954年年初，10家工艺美术合作社成立，1956年增至118家，从业人员1.38万人，分绒线等13个自然行业，产值2259.7万元，出口占47.78%。吸收民间艺人，成立上海市工艺美术研究室。1958年后，100多家合作社转为28家地方国营工厂。1965年，全市有工艺美术生产企业62家，玉雕等工艺出现不少传世之作。“文化大革命”中，企业减少13家，9家企业和0.12万名从业人员改行转产。大部分传统题材产品停产，制作毛泽东像章2.05亿枚。70年代末，全市工艺品生产归成雕刻、绣品、绣衣、工艺织毯、首饰和综合工艺等6个行业。1982年，上海远东金银饰品厂恢复加工内销金银饰品。1983 年、1984 年，建上海绣衣、首饰研究所，建 12 家中外合资企业。1995 年，全市有 242 家厂，从业人员 3.45 万人，工业总产值 9.5 亿元。主要企业有上海玉石雕刻厂、上海西泠印社、上海戏剧服装用品厂、上海地毯总厂、上海绣品厂、上海丝织地毯厂、上海老凤祥首饰总厂。全行业生产数万种产品，知名的有凤祥牌金银饰品、松鹤牌丝织地毯、麟麒牌戏剧服装。

十二、玩具

清宣统二年(1910 年)，姜俊彦开设大中华赛璐珞工场，制作彩色乒乓球和洋囡囡、狮等玩具。次年，范永盛五金工厂开办，生产口叫、摇铃等金属玩具。1927 年，中国棋子玩具厂开办。次年，永和实业公司，生产永字牌橡胶皮球。1931 年，全市有玩具厂 43 家。1934 年，康元制罐厂设立玩具部，利用边角料生产金属玩具，雇工 100 多人，全国规模最大。1937 年，民众工业社开设，设计系列幼教玩具。1949 年 5 月，全市有玩具厂约 30 家。1955 年，有作坊约 600 家、玩具厂 10 多家。1956 年，私营企业公私合营，组成 7 家中心厂。作坊组成 26 家生产合作社。1958 年，玩具业被列为全市轻工业重点发展行业之一。60 年代起，发展专业化协作生产。1972 年，外贸出口增加，生产厂 21 家。70 年代末至 80 年代初，生产智能型玩具，后重点发展长毛绒玩具和塑料机动玩具。1984 年，沪港合资企业上海环球玩具有限公司开办。1995 年，全市企业 125 家，员工 2.57 万人，工业总产值 14.54 亿元。生产玩具 5 类数千种。主要企业有康元玩具厂、上海玩具一厂、上海环球玩具有限公司等。

十三、金属制品

明末，上海濮万兴铁店以制作厨刀濮刀而知名。清乾隆年间，苏州等地铜锡器和铁铺工匠在上海设店铺，生产家用五金制品。道光十一年(1831 年)，上海县城有 10 家大作坊。咸丰七年(1857 年)，苏州香山李洪兴铁铺开业，专制匠作工具。光绪十年(1884 年)，乐源昌铜锡号开办。二十六年，可炽煤铁号开办，生产木工锯条。1914 年光华汽灯厂、1916 年华昌印刷制罐厂、1917 年岭南衡器厂等开设。1920～1925 年，耀明桅灯厂、大陆螺旋钉厂、公勤铁工厂股份有限公司、汇明电筒电池厂等设立。1927 年，合作五金制造厂创办，生产弹子门锁、铜挂锁，打破外国产品垄断。30 年代后，有五华阳伞原料厂、新中华刀剪厂等企业开办。上海金属制品生产基本形成建筑、工具、日用五金等 3 大行业，企业 0.1 万家，产品行销全国和东南亚。1949 年，有 0.26 万家工厂。1956 年 1 月，0.21 万家私营企业公私合营。1966 年，改组为 178 家。1986 年，中外合资企业上海太平洋陶瓷有限公司开办。1995 年，企业 911 家，员工 12.5 万人，工业总产值 67.67 亿元。主要企业有上海刀片厂、新中华刀箭厂、利用锁厂、上海金刚石工具厂等。

上海产品一直享誉全国。各时期，主要产品，1914 年红心牌汽灯、1916 年五星牌铝制器皿、1917 年岭南机械衡器等。20 年代，开始生产的有桅灯（1920 年）、元钉（1922 年）、木工钻（1923 年）、手电筒（1925 年）、门拉手（1927 年）。30 年代，有信记牌钢精（铝）器皿、CMC 牌弹子锁、五华牌钢骨伞、双箭牌理发刀剪、大无畏牌电筒电池、光华牌桅灯等。1956 年，开始生产沪工牌手工工具手虎钳。1957 年，生产钢卷尺、瓦楞钉和用于音响器材的铝板网。60 年代，有铝氧化拉链（1963 年）、折骨伞（1964 年）、气体打火机（1965 年）。70 年代，有安字牌抽芯铆钉、昆虫牌窗纱、中字牌元钉、申光牌镀锌铁丝、弹力牌钢板网、飞轮牌铰链、钻石牌六角网等。1995 年，有 16 类万余种产品，知名的有沪工牌手工工具、高峰牌金刚石玻璃刀、飞鹰牌刀片、马头牌门锁、五华牌晴雨伞、安字牌抽芯铆钉、乔安娜卫生洁具等。

十四、家具

16 世纪初，浦东下沙镇和松江泖滨等地家具制作远近闻名。以后，苏浙皖等地匠作到上海开设家具店铺、工场。清同治十年（1871 年），乐宗葆创办首家西式家具店泰昌木器公司。光绪十年（1884 年），英商祥泰木行有限公司设立西式家具制作工场。十四年，毛茂林开办毛全泰木器店。20 世纪初，藤器业发展，普通藤器店铺集中在南市小南门、大码头，高档藤器店设北京路、南京路等处，20 年代上海有藤器作坊近 500 家。1921 年，盆桶业兴盛，前店后场。近百家竹器行集中在南市、浦东等地。沙发专业生产户 100 余家，铁床生产厂 50 余家。1935 年，全市有家具厂、店千余家。1949 年 5 月，厂坊 0.22 万家，知名企业有泰昌木器公司、毛全泰木器店、水明昌木器有限公司、森林藤柳草器厂等。解放初，中高档木制家具、沙发滞销，经营厂坊商铺歇业。1951 年，上海市第一木器生产合作社成立。1956 年，428 家私营家具店、24 家私营家具工场公私合营。个体手工业户，组成家具和木制品生产合作社（组）200 家。1957～1962 年，市工业系统的企业裁并为 85 家，全行业分成木家具、盆桶、沙发、竹器、藤柳、金属家具等 6 个小行业。1963 年，全行业实行产销“一条鞭”管理，供产销全部纳入计划。70 年代，实行“一厂一品”。家具品种单一，市场供不应求。竹器、木制盆桶和藤柳制品生产相继在 1980 年、1988 年、1990 年停产。1995 年，全市企业 221 家，员工 2.04 万人，工业总产值 10.75 亿元。生产木制家具 32.3 万件、金属家具 28.36 万件、软体家具 17 万件。主要企业有上海钢椅厂、上海家具总公司、中华家具厂、东风沙发厂、篷帆沙发厂等。

十五、皮革制品

17 世纪末，上海县城东北侧集聚硝皮作坊，制作油靴、马鞍、箱匣等。19 世纪中期,一批拷皮和箱子皮作坊开办。清光绪元年(1875 年),朱鸿元开设朱合盛皮箱号。三年,沈记皮鞋作开办,生产西式皮鞋。四年,英商全美洋行设立上海熟皮公司,用化工材料和机器制革。1919 年,上海第一家皮鞋专业厂北京皮鞋厂创办。1920 年,全国首家运动鞋生产企业傅中兴运动皮鞋店创设。1936 年,全市有牛皮革厂坊百余家、羊皮革厂坊 64 家、皮鞋厂坊 500 余家、鞋楦作坊近百家、皮件厂坊 560 家,以及皮革五金工场等。机器制革业资本总额、工业产值、工厂数分别占全国 46%、44.97%、45%。1949 年 5 月,厂坊 0.2 万家,其中皮鞋厂坊近千家。1956 年,731 家私营厂公私合营,0.17 万家个体手工皮坊组成 102 家生产合作社(组)。60 年代中期,制革业有益民、新艺等 7 家制革厂,皮鞋业有上海皮鞋厂、上海第一皮鞋厂等 20 多家,皮件业有上海东华皮件厂等 22 家。70 年代,开发猪皮革和人造革制品。1981～1990 年,全行业形成制革、皮鞋、皮件、皮革化工、五金配件、机械和鞋楦等门类,上海成为全国皮革工业的重要基地。有上海皮鞋厂、红光制革厂、皮革服装厂、光明皮鞋厂、亚洲皮鞋厂、第一皮鞋厂、宝屐皮鞋厂等一批骨干企业。1985 年,行业内首家中外合资企业上海兴中皮鞋有限公司开办。1995 年,全市企业 346 家,员工 5.59 万人,工业总产值 37.65 亿元。

各时期,主要产品,清光绪二年浦东沈炳根试制出第一双西式皮鞋。1920 年,上海在国内率先生产专业运动鞋。30～40 年代,知名产品有麒麟牌牛皮底革、方趾牌男皮鞋、火炬牌运动鞋等。1995 年,生产皮鞋 0.8 万种,名牌产品有美申牌女皮鞋、金鹤牌胶粘女皮鞋、花牌皮鞋、火炬牌运动鞋等。皮件 21 类 436 种,名牌产品有金羊牌皮革服装等。

十六、文教体育用品

清道光年间,马正兴乐器铺开设,制作胡琴和鼓。其后,姚永顺等 20 余家乐器作坊开办。同治九年(1870 年),英商开办谋得利琴厂,装配风琴、钢琴。1913 年,李荣高创设国内第一家制球厂李高记皮球厂。1917 年,协兴运动器具厂开办。1919 年,洪季棠创办马利工艺社,生产绘画颜料。1922 年,精艺琴行开办,仿制风琴、钢琴。1928 年,中国乒乓公司开办。1929 年,上海华达仪器厂等开办。1930 年,大利球拍厂开办。1941 年,公信会计用品社开办。1945 年,普发仪器厂创办。1949 年,有厂坊 500 余家。1956 年,全行业公私合营,至 1958 年改组为 120 家企业。其中,民族乐器企业改组为 3 家工厂,钢琴、风琴企业合并为上海乐器厂,皮制球生产企业合并为上海球厂和国际球厂 2 家企业。文教、乐器、体育运动 3 类产品生产基本齐全。1959 年,研制成国际比赛用球红双喜牌乒乓球。1965 年,知名产品有聂耳牌钢琴、英雄牌口琴、普发牌绘图仪器、马利牌颜料等。1995 年,全市工厂 249 家,员工 4.68 万人,工业总产值

30.2亿元。知名企业有上海钢琴公司、上海民族乐器一厂、上海管乐器厂、上海红双喜体育用品总厂、上海实业马利画材有限公司、上海制球联合公司、上海普发绘图仪器总厂等。产品数千种，知名品牌有立信账簿、红双喜乒乓球、斯特劳斯钢琴、敦煌民乐器、马利颜料。

十七、家用电器

清光绪三十二年（1906年），美商慎昌洋行在上海设厂生产电风扇。1915年，杨济川设计台式电风扇，次年合资创办华生电器制造厂，1924年生产华生牌电扇，畅销全国和南洋地区。1937年，全市有14家厂，主要生产电风扇、电熨斗、电炉、电灶、电暖锅、电水壶等及少量电冰箱。1948年，生产厂13家。1954年，有30家私营电器厂，1956年公私合营。50年代末，经裁并，剩华生电器制造厂、华南电器厂等数家。60年代，家用电器社会需求量增加，出口潜力增大，1965年发展至20余家。是年，上海电气冰箱厂在全市独家生产空调器，上海金属制品厂小批量生产家用电冰箱、洗衣机。“文化大革命”中，18家厂转产，家用电器生产剩华生电扇厂等几家。70年代末，大力发展电风扇生产和进口部件小批量手工装配洗衣机、电冰箱。1979～1980年，成立上海电冰箱厂、华生电扇总厂、上海洗衣机总厂。1986年，建立上海冰箱压缩机厂。1992年，中外合资企业上海上菱天安电冰箱有限公司创办。1981～1990年，全市其他各业竞相发展家电产品生产，电风扇生产厂增到80余家，电热毯生产厂50余家、洗衣机生产厂8家、吸尘器生产厂17家。出现“风扇大战”、“洗衣机大战”、“吸尘器大战”等，90年代初平息。1995年，全市企业248家，员工4.74万人，工业总产值105.16亿元。主要企业有华生电器总厂、上菱电器股份有限公司、双鹿电器股份有限公司、水仙电器股份有限公司、上海冰箱压缩机股份有限公司、上海日立电器有限公司、上海日立家用电器有限公司、上海家用空调总厂、上海家用空调器厂、上海电熨斗总厂。产品10类数千种，生产电冰箱110.09万台、洗衣机53.09万台、空调器0.31万台。知名产品有华生电扇、红心电熨斗、水仙洗衣机、上菱冰箱、旋牌压缩机、水仙能率热水器。

第七节 | 机电工业 >>

一、机床

清同治六年（1867年），江南制造总局制造供本局用的车床、刨床、钻床。光绪三年（1877年），发昌机器厂开办。十一年，张阿庄开办张万祥铁工厂。

1915 年,荣锠泰机器厂开办,生产 4.5 英尺脚踏车床,在上海首家专门生产车床。1918 年,明精机器厂所产落石架印刷机出口日本。1937 年,上海有机床厂 20 多家,1949 年 5 月 42 家。1956 年,567 家私营企业公私合营。60 年代初改组为 66 家。开发国内短缺机床品种和工具量具。1984 年,重点发展高效精密数控产品。1949 年到 90 年代,上海机床行业的产品产量、质量和经济效益,一直名列全国同行之首。1995 年,上海机床总公司下属工厂 37 家,员工 3.45 万人,工业总产值 14.93 亿元。主要企业有上海机床厂及第一、第二机床厂,上海机械工具量具总公司,上海重型机床厂。生产金属切削机床、压力机等 14 类 0.6 万台。

二、重型矿山机械

清同治六年(1867 年)至光绪三十年(1904 年),江南制造总局制造卷板机、轧钢机、锯钢机、小型水压机和起重机等。1925 年,中华合记铁工厂创办,制造砖瓦机。1931 年,四方机电工程公司开办,生产 2 英寸圆钢轧直机。1949 年,全市能生产一般矿山机械的有企业 8 家。50 年代起,建成一批企业,有 1953 年上海矿山机械厂,1959 年通用机器厂、建设机器厂、上海电梯厂等。1960 年,彭浦地区先后扩建新建彭浦机器厂等一批大型企业。1962 年,制成中国第一台 1.2 万吨自由锻造水压机。1970 年,上海重型机器厂等为四川攀枝花钢铁公司设计制造的 120 吨纯氧顶吹转炉投产。上海成为中国南方重型矿山冶金机械工业基地。1977 年,上海冶金矿山机械厂等联合开发制造综合机械化采煤成套设备。1985 年,上海重型机器厂总承包,为宝山钢铁总厂制造 2030 冷连轧机,技术达到世界先进水平。1980 年、1986 年,先后开办中外合资上海迅达电梯有限公司、上海三菱电梯有限公司。1995 年,上海重型矿山机械公司所属工厂 14 家,员工 1.26 万人,工业总产值 7.79 亿元。主要企业有上海起重运输机械厂、上海冶金矿山机械厂等。生产 6 类、1000 多种、7.4 万台机械。

三、通用机械

清同治年间,江南制造总局在国内最早生产船用水泵。光绪二十八年(1902 年),潘顺记铜作坊创办,在国内最早生产旋塞阀。是年,严庆棠创办大隆机器厂,在国内最早制作离心泵。1919 年,德大盛记五金厂和华通电业机器厂开办,在国内最早生产截止阀、闸阀等。1925 年,顺昌机器厂开办,制造鼓风机。1930 年,上海机器厂开办,生产农用抽水机。1931 年,四方机电工程公司创办,设计制造成功中国第一台水管锅炉。1934 年,上海永固机器厂和合众冷气工程公司开办,制造成功中国最早的真空泵和冷气机。1946 年,洽兴抽水机厂和良工机器厂开办,制造深井泵和抽水泵。1949 年,有 20 多家企业。1955 年,建上海精业机器厂和四方锅炉厂。1956 年,有 340 多家企业。1957 年,建上海曙光机械制造厂、上海冷气机厂、上海鼓风机厂。1959年、1960年，建上海阀门厂、扩建上海水泵厂。1965年，全市企业改并为25家。1987年，中外合资企业上海合众开利空调设备有限公司开办。1995年，上海通用机械(集团)公司所属工厂25家，员工1.48万人，工业总产值18.1亿元。主要企业有上海凯士比泵有限公司、上海鼓风机厂、上海压缩机厂、上海第一冷冻机厂、上海四方锅炉厂、上海阀门厂。生产7大类、28种、50.89万台机械。

四、工程机械

清宣统二年(1910年)，求新制造机器轮船厂创办，制造6马力煤油机和25马力煤油煤气发动机。1916年，新祥机器厂开办，制造柴油发动机。1918年，鸿昌机器厂开办，制造60马力柴油机。1947年，吴淞机器厂开办，1953年改上海柴油机厂。1950年，大鑫钢铁厂制造75马力卷扬机，国华建筑工程公司制造0.4立方米混凝土搅拌机。1960年、1962年，上海地质探矿机械厂、上海工程机械厂先后成立，分别制造工程钻机和桩工机械。1994年，成立上海东风机械(集团)公司，下属彭浦机器厂、上海柴油机股份有限公司等8家企业，1995年，员工1.93万人，工业总产值10.22亿元。生产工程机械9类、12种、4万台。

五、石油化工设备

1950年，上海炼油厂试制阀体、阀座、打捞筒等，供应玉门和延长油田。1954年，大隆机器厂专业生产石油机械。1956年，有石油机械配件厂350多家，1958年裁并为70多家。70年代末，全市产量一直占国家机械部总产量80%以上。1995年，主要企业有大隆机器厂、四方锅炉厂、上海探矿机械厂、上海鼓风机厂、上海化工机械厂以及上海通用机械(集团)公司、上海重型矿山机械公司等。员工0.34万人，工业总产值1.8亿元。生产5类、0.41万吨设备。

六、轻工机械

清光绪十三年(1887年)，张万祥铁工厂仿造日本式轧花车，在国内最早生产轧花机。二十六年，永昌机器厂开办，在国内首家生产缫丝机。二十七年，协记机器厂生产卷烟机。1914年，瑞昌机器厂生产国内第一台汽水机。1925年，新民机器厂生产橡胶机。1935年，大隆机器厂生产国内第一台整套棉纺机。1937年年初，有10多家生产厂。1950年300多家，1956年280多家，1965年改组为48家。1995年，有上海轻工机械股份有限公司、上海人造板机器厂等5家企业，生产橡胶机械、食品饮料机械等5类260多种产品。

七、电机、电器

1914年，钱镛森开办钱镛记电器铺，仿制德国西门子10千瓦电动机。

1916年,华生电器厂制成第一台国产直流发电机。1924年,上海益中机器股份有限公司开办,制成第一台国产交流感应电动机。1930年,上海华成电器制造厂创办,成批生产电动机。1937年年初,全市有电机制造厂159家,占全国75%以上。1947年,新安电机厂开办,制造40马力交流换向变速电机、第一代国产H1系列起重异步电动机。1949年5月,有57家厂。1956年,有203家厂,组成上海先锋电机厂、上海南洋电机厂等22家大中型企业。1986年,上海电机(集团)公司成立,1995年下属工厂25家,员工1.75万人,工业总产值15.78亿元。主要企业有先锋电机厂、人民电机厂、南洋电机厂等。1952年,电机业开始制造电梯电动机,1953年生产汽车电机,1960年生产船用电机,1963年,制造成功2兆电子伏静电加速品,列为上海市十大成就之一。1965年生产冷冻电动机,60年代生产2.5兆优质子静电加速器和中国第一套核电设备驱动机构,1995年,生产20类、0.8万种规格产品。

1912年,胡国光创办中国蓄电池厂,开始生产汽车蓄电池。1917年,华通电业机器厂创办,生产电流表、电压表和互感器。1949年5月,全市有电器厂83家,1956年410家工厂,1962年改组为42家。到1966年,上海成为国内电器产品的主要生产基地。1993年,上海人民电器厂等23家企业合并改制为上海电器股份有限公司。1995年,全市有70余家企业。1950年,电器业开始制造调压器,1952年制造整流器,1995年生产15类、0.4万种规格产品。

1931年、1937年,中国协记电线厂、培成电业厂先后创办,制成全国第一批国产铜芯橡皮线、民用花线和橡皮绝缘棉纱编织软线。1937年,全市有电线制造厂57家,占全国半数以上。1945年,中央电工器材厂开办,生产裸铜线、橡皮线、纱包线、电磁线等。1949年5月,有100多家企业,1956年裁并为19家制造厂。1987年,组成上海电线电缆(集团)公司,1995年工厂14家,员工1.35万人,工业总产值20.19亿元。主要企业有上海电缆厂、南洋电缆厂等。1950年,电线电缆业开始制造塑胶线、中国第一根国产电缆,1951年制造漆包线,1958年制造铝线,1959年制造高压电力电缆、电话电缆、海底电缆,1988年制造水底光缆。1995年,生产28类、70多个系列、830多种型号、4万多种规格产品。

第八节 电站设备工业

1954年以前,上海火电设备均从外国输入。1952年,上海被列为全国两个火电设备生产基地之一。1955～1957年,上海电机厂、上海锅炉厂、上海汽轮机厂一期工程先后完工。1954年、1955年,试制成功国内第一套仿捷(捷克斯洛伐克)型0.6万千瓦火电机组,开始国产全套火电设备。1956～1958年,试制成功1.2万、2.5万千瓦空气冷却式中压火电机组,形成批量生产能力。1958年,自行设计研制成功世界上第一套1.2万千瓦和2.5万、5万千瓦等双水内冷火电机组。到1965年,21台机组在全国17家发电厂正常运行。1969年、1971年,自行设计试制成功国内第一套12.5万、30万千瓦机组。形成发电机和直流锅炉配置。1958～1970年,上海设备产量626.8万千瓦,占全国火电设备总产量50.4%。1981年起,引进美国西屋公司等30万、60万千瓦火电机组成套制造技术。1985年,成立上海电气联合公司,1994年改制为上海电气(集团)总公司。1986年、1988年,制造成功2套引进型30万千瓦火电机组,投产山东省石横发电厂,机组技术达到80年代世界水平。1987年,试制成功国内第一套核电型30万千瓦核电机组,1991年在秦山核电站投产运行。1990～1992年,试制成功瑞士ABB公司等为上海石洞口第二发电厂提供的2台60万千瓦超临界火电机组中部分主机和配套辅机,上海电站设备工业从亚临界机组向超临界机组发展。到1995年,形成30万千瓦机组国产型、引进型、核电型3个系列机组,发展60万千瓦以上系列机组。30万千瓦火电机组国产化率由1987年37.6%提高到1992年93%。是年,全市有电站设备工业企业28家,员工3.99万人。电站设备产量402.3万千瓦,产值37.2亿元。

第九节 船舶工业

清咸丰二年(1852年),美商船厂伯维公司和杜拉普船坞开业。次年,英商董家渡船坞、浦东船坞公司开业。至咸丰九年,在沪外商修造船企业12家。同治四年(1865年),官办江南制造总局建立,制造兵船,光绪元年(1875年)建招商局轮船修理厂。五年,上海首家华商船舶修造企业发昌机器厂开办。之后,较具规模的华商企业有光绪十四年公兴机器厂、二十八年求新机器轮船厂、1915年张华浜修理厂、1917年招商局浦东机器厂、1926年大中华造船机器厂。外资企业有1928年英商马勒机器造船厂等。至1949年,先后开设中资、外资修造船厂26家和28家。是年5月剩9家。1949年5月28日,上海市军管会接管前国民政府海军部江南造船所,1953年改名为江南造船厂。29日,接管上海招商局机器厂,后改上海船厂。1952年,中央重工业部船舶工业局接租(后改征用)英商马勒机器造船厂,改沪东造船厂。1952年1月,华东工业部接租(后改接管)法商中法求新机器造船厂,改求新造船厂。1953年,大中华机器造船厂股份有限公司公私合营,改中华造船厂。至此,上述5厂和东海船厂、海军

4805 厂成为上海船舶工业主干企业，1995 年员工 4.8 万人，造船 87.2 万吨位。

一、民用船舶

1912 年，江南造船所建造江华号长江客货船，排水量 4130 吨，主机和锅炉均自制。1919 年，建造隆茂号川江客货船，洪水季节船不用绕滩可逆水而上。1947 年，大中华机器造船厂建成川江最大的客货船民俗号，载货 1000 吨，载客 200 人。江南造船所用全电焊分段造船法建造 3270 吨客货船民铎号，标志中国造船焊接技术和工艺达到新水平。1954 年起，各船厂主要建造长江客轮。1957 年后，全市民船生产始由蒸汽机为主机改以柴油机为主机，建江蓉等船。1958 年以后，江南造船厂建成国内第一艘万吨货船东风号，1969～1978 年 4 家船厂建同等级船 54 艘。1979 年，建造 3.6 万、6.5 万、7 万、7.5 万吨级远洋船舶。1981～1983 年，江南造船厂承接香港环球航运集团世沪号等 3 艘订货，此后又承接美国、法国等 11 艘散装远洋海轮订货，船型被国际航运界称为"中国江南型"，船价在英国伦敦租船市场单独挂牌。1985 年，制造汽车滚装船。1987 年，上海船厂为联邦德国等制造 8 艘 28.3 万立方米容积的冷藏集装船。1990 年，沪东造船厂建 6.8 万吨双底双壳联意号油轮等。此外，建各种专用船和石油钻井平台。1974 年起，设计制造远洋测量船 11 艘。1979 年，建成向阳红 10 号远洋综合调查船、万吨级大型远洋救生船。1984 年，建成排水量 21991 吨、具有双重船级的勘探 3 号半潜式钻井平台。

清同治四年(1865 年)至 1937 年，华商造船业造船近千艘。1949～1995 年，全市建造 0.56 万艘、总重 1620 余万吨，其中 1979～1995 年出口船 198 艘、总重 261.75 万吨。

二、军用舰艇

清同治七年(1868 年)，江南制造总局建成中国第一艘木质兵船恬吉号，载重 600 吨，服役南洋水师。光绪二年(1876 年)，又建成金瓯号铁甲兵船，排水量 300 吨。1918～1921 年，江南造船所始为美国建造 4 艘万吨级运输舰。1930 年，建成逸仙号轻型巡洋舰。至 1949 年 5 月，共造舰艇 113 艘。1952 年，试制成功 53 甲小型巡逻艇。1966 年，建成 65 型火炮护卫舰。1969 年、1976 年，先后研制对空型、对海型导弹护卫舰。1986 年，对空型导弹护卫舰竣工，实现火炮鱼雷型护卫舰向导弹火炮型护卫舰的转变。1965 年，试制成 6621 型钢质导弹艇。1977 年、1978 年，先后建成中型导弹驱逐舰、大型登陆舰。1987 年，改进反潜护卫舰。

1953 年，沪东造船厂等 3 厂以苏联转让技术建造潜艇、护卫舰和猎潜舰。1957 年首制艇交付。1959 年，江南造船厂承造苏方技术 6633 中型鱼雷潜艇及部分器材装备，1960年起改为自行研制，1965年首艇交付。1976年，改进设计后续艇，加装飞航式导弹。1983年，建成053型潜艇，形成新一代国产潜艇系列。

1980年，建成3艘远洋援救拖船，参加中国向南太平洋发射洲际运载火箭的测量和打捞回收数据舱行动。

三、船舶修理

清咸丰六年(1856年)，美英商伯维等5家船厂经营修船。光绪三十一年(1905年)起，江南制造总局成批修理军民用船只。至1937年，上海修理舰船0.57万艘。1949年8月～1950年5月，江南造船所抢修改装舰艇130多艘，1954～1955年抢修解放一江山岛所需舰艇166艘。1995年，全市有较大的修船厂14家，万吨级以上船坞11座，船坞43万载重吨，占全国23%。1949年6月～1995年，修理舰船1.6万余艘。

第十节 汽车、拖拉机工业 >>

一、轿车

1915年，德商宝昌公司创办，1928年归英商利喊汽车公司，1950年改上海汽车装修厂，1958年改上海汽车装配厂。1960年，改上海汽车制造厂，迁嘉定县安定镇，1979年改上海汽车厂。1985年，一分为二。全部厂房和部分人员及设备作为中方同联邦德国大众汽车公司合资的主体，建上海大众汽车有限公司(简称上海大众)。部分人员和设备同嘉定县联营，建国有和集体联营企业上海汽车厂，1992年1月并入上海大众。1995年，上海大众二厂投产。是年，上海大众员工0.85万人。总产值191亿元，占全国汽车工业总产值14.5%。销售收入184.31亿元，利润36.59亿元。

1957年，中国交电器材上海采购供应站汽车装修厂，仿照波兰华沙牌和美国顺风牌轿车，试制成功国内第一辆轻型越野车。至1963年产量500辆，同年停产。1958年5月，上海汽车装配厂仿照20世纪40年代末期轿车实样，敲制车身和大梁，采用南京汽车厂M-20发动机，试制成功凤凰牌轿车。1964年，改名上海牌轿车，产量50辆，1965年定型为SH760型，1991年11月25日停产，累计生产7.7万辆。1982年6月，中德双方签订100辆桑塔纳轿车散装件的试制协议，1983年4月11日上海汽车厂组装第一辆上海桑塔纳轿车成功。上海大众投资3.87亿元，确定形成年产3万辆整车、10万台发动机的生产能力，零部件实现国产化。建立有167家企业参加的为上海桑塔纳轿车配套的全国共同体，参与企业167家。到1989年，建成长达871米生产线70余条。1995年，生产桑塔纳轿车16万辆，国产化率88.6%。

二、载重汽车

1937年，中国汽车公司用德国本茨汽车公司提供的零件，组装近百辆2.5吨载重柴油机汽车，后因战事，企业内迁而中止。1957年12月，上海市内燃机配件制造公司50余家工厂协作试制零部件，上海汽车装修厂总装成功第一辆上海58-Ⅰ型三轮汽车，1958年生产200余辆，1989年停产，累计产量3.04万辆。1958年，上海市交通运输局货车修理厂试制成功141型4吨载重汽车，1969年上海重型汽车形成年产0.3万辆的生产能力。1962年，上海汽车厂试制成功SH120型1.5吨载重汽车，1982年停产，累计生产4.53万辆。1969年，上海重型汽车厂试制成功SH361型15吨载重汽车，至1993年累计生产1万辆。1969年，上海汽车厂等试制成功国内第一辆SH380型32吨矿用自卸载重汽车，1971年转由上海重型汽车厂生产，1980年停产，累计生产637辆。1984年，引进美国伟步公司35D型32吨矿用自卸载重汽车的制造技术，小批量生产，至1989年零部件自制率75%。1992年，上海重型汽车厂、上海汽车底盘厂和上海第二汽车底盘厂合并为上海汇众汽车制造公司，下设8厂，主要生产大通牌15吨载重汽车及客车底盘。1995年，员工0.88万人，工业总产值21亿元，利润3.4亿元。

三、客车

1951年，上海市公共交通公司修造厂组装公共客运汽车。1957年，试制成功57型无大梁整体结构客运汽车。1959年，试制成功SK644型及SK660型绞接式公交用客运汽车，1960年定为基本型。1970年，厂改上海客车厂。70年代末期，生产SK600型系列大客车。70年代末、80年代初期，军工、司法、交运等部门开办客车厂，1990年全市生产厂增至10余家，万象汽车厂、七四二四厂分别形成年产0.1万～0.2万辆客车的生产能力。1995年，全市有上海客车厂等8厂，员工0.65万人，产值4.58亿元。生产大型客车0.24万辆。

四、摩托车

1957年，新成区摩托车修理行参照国外摩托车式样，试制成3辆550CC750型4冲程摩托车。1958年，成立上海摩托车厂，生产闪电牌750型摩托车，第一批投产50辆，1959年并入宝山农机厂停产。同年下半年，上海自行车二厂仿捷克斯洛伐克佳佳250型，试制250型幸福牌摩托车。1963年，和宝山农机厂合并成上海摩托车制造厂，是年生产摩托车600辆。至1985年，累计生产2.69万辆。1984年，与泰国正大集团合资成立上海易初摩托车有限公司。1994年，新建年产20万辆摩托车和60万台发动机的摩托车厂。1995年，员工0.36万人，总产值20.59亿元，利税4.48亿元。生产幸福牌125型、250型摩托车40万辆，零部件国产化率87%。

五、拖拉机

1957年，301厂、501厂试制成功6马力红旗牌手扶拖拉机，1960年转由上海拖拉机厂、诚孚铁工厂生产。1968年，改为工农牌11型，功率提高到10马力，1977年停产，累计生产9.2万台。1958年，上海汽车装修厂仿英国27马力轮式拖拉机，试制成功红旗牌27型轮式拖拉机，是年转由宝锠汽车材料厂批量生产。1960年，改制为35马力丰收牌35型拖拉机，1981年停产，累计生产6.89万台。1970年，上海拖拉机厂试制上海牌45马力水旱地兼用拖拉机，后功率提高到50马力，80年代形成年产万台生产能力。1989年，成立上海拖拉机内燃机公司，有上海拖拉机厂等6家企业。1995年，员工0.64万人，工业总产值5.6亿元。生产上海50型轮式拖拉机1.52万台。

第十一节 钢铁工业 >>

清光绪十六年(1890年)，江南制造总局建炼钢厂。1995年，全市有钢铁企业35家，员工18.6万人，工业总产值322.42亿元。

一、炼铁

1913年，华商陆伯鸿筹集8.3万两银，购一座德国10吨炼铁炉，在浦东周家渡西村创办和兴化铁厂，1918年8月18日出铁，是年售铁1048吨。1943年，日商开办西渡炼钢工场，建造一座20吨炼铁炉。1918年～1945年8月，两厂合计炼铁2万吨。1949～1957年，上海炼钢所需生铁全部由国家从外地拨入。1958年，上海第一钢铁厂建2座255立方米高炉出铁，1991年建成750立方米高炉。1969年，在南京梅山矿区建上海生铁供应基地，1995年有3座高炉，1座容积1080立方米，2座1250立方米。1985年、1991年，宝山钢铁总厂容量同为4063立方米的一号、二号高炉先后投产。1995年，上海第一钢铁(集团)有限公司、上海梅山(集团)有限公司、宝山钢铁(集团)公司合计冶炼生铁

1046.35万吨。

二、炼钢

清光绪十六年(1890年),江南制造局购法国炼钢设备建1座30吨炼钢平炉,次年投产炼钢10吨,二十一年扩建,次年钢产量0.21万吨。上海始有炼钢业。到宣统三年(1911年)炼钢1万吨。1925年,和兴化铁厂2座德国10吨炼钢平炉建成投产。厂改名和兴钢铁厂。1935年,上海兵工厂炼钢厂修复从英国引进的首座1吨酸性转炉,上海始有转炉炼钢。抗日战争胜利后,上海钢铁股份公司成立,日商吴淞工场、和兴钢铁厂分别改为第一、三厂。1949年5月,全市炼钢炉容量12.8吨。1949年6月,上海市军管会接管上海钢铁公司第一、三厂,1957年3月改为上海第一钢铁厂、上海第三钢铁厂。1950年,上钢一厂建2吨酸性转炉,1952年建1座15吨平炉。1956年,上钢三厂建转炉车间。1958年后,全市未增炼钢平炉,以扩大炉座、炉膛容量,增加钢产量。是年,全市钢产量122.26万吨。1958年、1959年,上钢一厂建成7个涡鼓形碱性空气侧吹转炉车间投产。1966年,率先用氧气顶吹转炉代替碱性转炉。1958年后,发展电炉炼钢,至1984年上钢一、三、五厂全部改用氧气顶吹转炉炼钢。是年,全市涡鼓形碱性空气侧吹转炉全部淘汰。1985年,宝山钢铁总厂300吨氧气顶吹转炉投产。1987年后,全市淘汰3吨以下小炉座。1995年,上钢三厂引进2座100吨超高功率直流电弧炉投产。是年,全市有炼钢企业宝山钢铁(集团)公司和上钢一、三、五厂以及上海钢铁研究所,员工7.08万人。1949年,全市钢产量0.32万吨,1995年1454.11万吨。

三、钢材

清光绪二十二年(1896年),江南制造局炼钢厂生产方、圆、角等型材钢,在初轧机上生产出中厚钢板。1925年,和兴钢铁厂增加一套直径500毫米轧钢机,生产硬钢和竹节钢。1937年八一三事变后,无轧钢生产。1942年,日商亚细亚钢业厂生产线材。1943年,日商中山制板厂建成2套轧机生产热轧薄板。1949年5月,全市有冷轧钢、复制加工企业34家,年钢材生产能力约7万吨。1950年,新沪钢铁厂成立,生产热轧型中小型钢材。钢丝、钢丝绳、圆丝市场需求激增,到1955年生产企业增至近300家。1956年年初,全市热轧型钢企业并入上钢三厂、新沪钢铁厂,钢丝、圆丝企业并入上钢二厂。是年,建上钢八、十厂,分别生产型钢和节钢、冷拉型钢材。1958年,建永鑫无缝钢管厂,生产无缝钢管。建上钢五厂,专业生产特殊钢。到1965年,全市有钢材生产企业18家,具有年产200万吨钢材的能力。1971年,上钢一厂建钢板车间。1972年,上钢三厂增设连铸机。1985年,宝山钢铁总厂投产。1991年,中外合资企业益昌薄板厂创办。1993 年,上钢三、二厂分别建中厚板和高速线材生产车间。1995 年,全市 16 家生产厂,员工 9.13 万人,工业总产值 138.45 亿元。1949 年,全市钢材产量 1.5 万吨,1995 年品种 2.8 万种,产量 1185.89 万吨。

第十二节 有色金属工业

一、冶炼

1932 年,上海开元电化厂以废旧杂铜为原料,生产电解铜。1943 年,日商和兴炼铜厂建立电解铜工场。1949 年,全市有 10 多家厂,经营电解铜、铜再生熔铸,或以废杂铅、锡为原料提取粗铅、粗锡和铅锡焊料。1952 年,有上海冶炼厂和同镒等 16 家冶炼厂,生产电解铜 1 万吨。在国内首创用废铅、锡为原料生产电解铅、锡。50 年代中后期,在国内率先以电解法生产精铋、电解镍、电解钴等,并从电解阳极泥中回收金、银、铂、钯等贵金属以及稀散金属硒、碲。用锌灰渣为原料熔炼出精锌锭,用精镏法生产精锌。试制成电解锰。50 年代末,上海冶炼厂等开始冶炼铜、锑等高纯金属,并于 60 年代初和上海跃龙化工厂、上海有色金属研究所形成 3 个大中型稀有、稀土金属材料研制生产基地。开始研制生产海绵钛,海绵锆,金属铍、钒、钼和多种稀土金属及其化合物等。形成萃取、反萃取、提炼高纯金属等分离新技术,扩大生产化纤用锐钛型涂料钛白粉。80 年代,铜冶炼获得 1 号铅和 1 号精铋。扩大硒等新品种生产。1995 年,全市企业 173 家、员工 2.09 万人,工业总产值 71.86 亿元。1949~1995 年,全市生产电解铜 202.2 万吨、铜线锭 210.9 万吨、黄金 38.28 吨、白银 0.23 万吨、铂 92.82 公斤、钯 348.79 公斤、锗锭 129.59 吨、锗单晶 5.99 吨。

二、加工材

清光绪元年(1875 年),江南制造总局枪子厂附设轧铜厂轧制铜皮。1929~1948 年,全市有 20 家加工厂生产铜皮、铜丝、铜棒。1932 年,瑞士商华铝钢精厂开办,生产铝箔、铝片、铝板。1950 年,慎昌五金制造厂在国内首先试制成功无缝紫铜管、黄铜管。1950~1955 年,全市先后开设上百家铜加工厂,规模较大的有亚洲铜厂等。1964 年,有铜和铜合金板带厂 5 家、棒材厂 2 家、铜管厂 3 家、线材厂 1 家。1992 年,建吴淞有色金属工业基地,生产幅阔 600 毫米、卷重 4~4.5 吨的高精度铜带,建成棒线、铜管生产线。1995 年,全市企业 190 家,员工 3.1 万人,工业总产值 65.63 亿元。1949~1995 年,全市生产铜材 178.88 万吨、铝材 5.96 万吨、铅材 9.18 万吨、锌材 32.48 万吨、锡材 0.85 万吨、镍材0.41 万吨。

三、稀土

20世纪30年代，有厂商用进口硝酸钍、硝酸铈等原料生产汽油灯纱罩。1957年，上海永联化工厂从独居石矿中冶制硝酸钍、硝酸铈，次年镧、铈等稀土试剂产品面市。1960年，永联等4家化工厂合并为上海跃龙化工厂。1962年年初，利用独居石提炼分离钍后的稀土复盐，试制成打火石，替代进口货。70年代，生产以荧光级氧化钇为主的稀土氧化物，发展稀土深加工产品稀土荧光粉和稀土永磁合金粉生产。1988年，利用国内稀土原料，加工各类高纯稀土氧化物，开发荧光材料和永磁材料及应用研究。上海成为国内高纯单一稀土氧化物、稀土金属及其合金的生产基地和出口基地。钨铈电极获得中国和美国专利。1995年，企业有上海跃龙有色金属有限公司及3家小厂，员工0.2万人，工业总产值4.25亿元。生产除钷外的16个元素材料，有252个品种500多个规格，其中氧化钇51吨、打火石106吨、灯用荧光粉66吨、彩电红绿蓝粉79吨。

第十三节 | 化学工业 >>

一、化学原料

清同治十三年（1874年），上海江南制造总局龙华火药局制造硫酸。1919年，华商大丰化工原料股份有限公司开办。1928年，吴蕴初建成国内第一家氯碱生产厂天原电化厂，生产烧碱、盐酸、漂白粉等化工产品。引进美国杜邦化学公司合成氨全套设备，1935年建成天利淡气制品厂，生产合成氨、硝酸产品。天原、天利两厂和天厨、天盛厂形成天字号企业集团，成为国内最主要的基本化工原料生产系统。1932年，肇新化学厂开办，生产碳酸钙、硫化碱。1933年，中国炼气股份有限公司成立，在国内首家生产氧气，1935年生产电石。1936年，全市有华商企业22家、外商企业2家。上海沦陷时期，日商南昌化学厂株式会社开办，生产氯磺酸、漂白粉、氯酸钾、盐酸、硫化碱、硅酸钠等产品。1948年，新业制酸厂股份有限公司在国内首家用接触法生产硫酸。1949年5月，有82家华商企业、3家外商企业。1950年，进口化工原料断绝，发展化工原料生产，至1955年，全市生产厂403家。1956年1月，私营企业公私合营，到1967年合并为28家。"二五"计划期间，建立吴泾、桃浦、吴淞、高桥等4个市级化工区。1973年，天原化工厂试制成功国内第一台大型金属阳极电槽，用于电解氯化钠，1984年起引进日本万吨离子膜制烧碱、万吨聚氯乙烯糊状树脂生产装置和加拿大5000吨漂粉精生产装置。1958年，上海硫酸厂建5万吨硫酸装置，1963

年又建成年产万吨的硫铵车间。1990年，建成上海氯碱总厂，烧碱和聚氯乙烯的生产能力分别达到年产35万吨和22万吨，成为远东最大的氯碱生产厂。至此，形成以吴泾化工厂、上海焦化总厂、上海氯碱总厂、天原化工厂、吴淞化工厂、上海硫酸厂和上海桃浦化工厂7家企业为骨干的化工原料生产体系。1995年，全市生产厂99家，员工2.5万人，工业总产值4.89亿元。1950年，全市化学原料业产品113种，1995年主要产品烧碱产量39.48万吨、纯碱4.06万吨、硫酸20.73万吨、甲醇8.07万吨、甲醛11.48万吨。

二、塑料

1921年，胜德织造厂设立赛珍部，试制成功浇铸型酚醛树脂，用以加工麻将牌和人造象牙筷子。1923年，中一化工厂开办，生产胶木粉。1937年，全市有7家生产厂。1938年，中华化工厂开设，生产再生赛璐珞片。1949年5月，全市有7家胶木粉厂、3家赛璐珞厂。中央化工厂筹备处上海工厂改上海化工厂。1956年，上海溶剂厂建成国内第一套以玉米为原料，年产0.2万吨总溶剂（丁醇、丙酮、乙醇）的生产装置。上海塑料厂年产1000吨胶木粉生产装置建成投产。1958年，天山化工厂脲甲醛塑料装置投产，上海化工厂开发聚氯乙烯薄膜、硬板、硬管和电缆料等产品。是年，确定工程塑料为重点发展产品。华侨化工厂生产第一批国产涤纶树脂。1960年，全市建成年产25吨聚三氟氯乙烯、12吨尼龙1010生产装置。1959～1969年，胜德塑料厂并入6家厂，成为综合性的塑料加工企业。1995年，主要生产厂有上海化工厂、胜德塑料厂等14家。全市产品400种，产量23万吨。

三、化肥、农药

1933年，天利淡气厂创办，合成氨装置建成投产，在上海最早生产化肥。1958年8月，上海吴泾化工厂建成2.5万吨合成氨和10万吨硫酸铵装置，在全国最早用国产装备生产化肥。1959～1961年，市郊11个县各建一套年产800吨合成氨厂，总设计能力1.28万吨。全市化肥生产形成大型生产企业和县小型化肥厂生产两大系列。1995年，全市有12家厂，员工0.74万人，工业总产值2.94亿元。生产化肥25.6万吨。主要生产厂上海吴泾化工厂。

1945年抗日战争胜利后，上海病虫药械制造实验厂建立，研制生产农药和农用药械，1950年改上海病虫药械厂。1958年，建上海农药厂，生产高效低毒农药敌百虫。嘉定县新华化工厂扩建为以生产“六六六”为主的东风化学农药厂。1959年，联合化工厂成立，1979年改上海联合化工厂。上述3厂被列为全国重点农药厂。1990年4月，合资上海杜邦农化有限公司成立，生产除草剂。1995年，全市12家企业，员工0.6万人。生产农药73种1.4万吨。

四、染料

1933年，华商董敬庄、许炳熙、董荣清创办大中染料厂和中孚染料厂股份有限公司，在全国最早生产硫化元染料。1937年，全市有6家华商、3家外商染料厂。1940年，日商维新等4厂生产染料，独霸上海染料市场。1951年，生产厂36家。1951年，上海中国染料工业公司开发新产品20种，硫化蓝染料质量赶上进口货。上海中联染料公司生产氨基萘磺酸等染料中间体，发展直接元、直接墨绿等产品。1955年，16家私营企业公私合营。1956年，建立中间体生产基地，奠定冰染、色酚和偶氮型有机颜料的发展基础，发展纺织助剂。1958年，润华染料厂试制成功第一种国产活性染料红光黄。1962年，形成催化氧化、活性染料、纺织助剂等系列产品，发展新的活性基因产品。1966年，按专业分工数次调整企业布局，各厂分别合并成上海染料化工一、三、五、七、八、九、十、十二、十四厂和上海染料化工厂。基本形成上海染料生产体系。1995年，全市12家企业，员工1.26万人，工业总产值8.94亿元。1948年，全市染料产量0.6万吨，1995年1.05万吨。

五、橡胶、橡胶制品

1915年，日商在虹口开设兴华、亚细亚2家橡皮工厂。1919年，旅日华侨容子光、容祝三创办上海第一家橡胶制品加工厂华商中华制造橡皮有限公司，生产燕子牌人力车胎、皮鞋底跟及玩具气球等。1922年，华商张礼林等创办亚洲橡皮厂，生产一品牌舌口套鞋。1924年，陈嘉庚橡皮公司上海分行生产汽车轮胎。1927年，旅日华侨余芝卿创办大中华橡胶厂，刘礼康、石芝珊创办义昌橡皮物品制造厂，叶钟廷兄弟开设永和实业公司橡胶制品部。1928年后，胶套鞋旺销，大批华商投资橡胶制品业，至1931年有义生等48家厂开设。全市橡胶制品厂占全国2/3以上。1931年，大中华开设分厂和原料厂，成为国内规模最大的橡胶制品生产企业。1930年，义昌厂改为正泰，为第二大厂。永和实业公司生产小橡皮球，后又增热水袋、套鞋等制品。1936年，全市有31家厂。1937年八一三事变，20余家厂被毁，正泰等厂被日军占据。1949年年初，有厂103家，生产7类产品，大中华和正泰厂扩展为全国最大的2家综合型橡胶企业。1949年，大孚等6厂转为国营企业，1954年大中华、正泰、中南等7厂公私合营，13家企业产值占全行业70%。1956年，536家私营企业公私合营。1958年，企业按汽车轮胎、人力车胎、胶鞋、橡胶制品分工兼并，减至106家。1960年后，按“发展轮胎，加速橡胶制品”目标调整产品结构，加速大中华、正泰、中南等厂轮胎、力车胎专业化生产，改建、扩建大中华、正泰。1965年，两厂轮胎产量100万套，占全国计划产量50%。建立上海橡胶制品一、二、三、四厂等9家橡胶制品企业，开发生产国防军工、石油、汽车、建筑、化工、电子仪表等行业用橡胶制品。1968年,企业精简至17家。上海胶鞋一厂建轮胎车间,生产拖拉机轮胎。上海胶鞋十厂转产工程橡胶,投产顺丁胶等。1979年、1984年,正泰橡胶厂和大中华橡胶厂引进联邦德国和美国无内胎子午线胎全钢线载重车子午线胎技术和装备,批量出口轮胎。1990年,大中华和正泰组成企业集团。1992年,按行业分类,组成上海轮胎橡胶(集团)公司、上海胶鞋公司、上海胶带股份有限公司、上海橡胶制品公司。下属企业25家,其中轮胎厂3家、力车胎厂1家、胶鞋厂7家、橡胶制品厂9家。1995年,全市企业205家,员工6.83万人,工业总产值63.7亿元。

各时期,主要产品,1935年大中华橡胶厂生产双钱牌汽车轮胎,正泰橡胶厂生产回力牌球鞋。1944年,企昌橡胶厂生产喜喜牌皮鞋底。1947年,正泰橡胶厂试制成功回力牌轿车轮胎。1952年,全市生产力车胎77.4万条、输送带2.58万平方米、胶鞋1559万双、汽车轮胎7.65万条。1995年,分别为341.2万条、335.3万平方米、1745.6万双、578.97万条。

六、涂料

1915年9月,阮霭南创办开林颜料油漆厂,生产厚漆和白铅粉。1916年,邵晋卿开办振华实业公司,生产双旗牌厚漆,1920年产品注册飞虎牌商标。1926年,陈广顺开办永固造漆股份有限公司,生产长城牌油漆。1931年,俄商中国维新油漆颜料厂生产干墙粉、红丹等。1932年,俄商敖利马化学品公司生产喷漆。1935年,英商永光油漆股份有限公司生产厚漆、熟油、调合漆等。1949年5月,有企业34家。1956年,43家私营企业公私合营,改组为振华、开林、永光等6家油漆厂和为油漆生产配套的5家颜料厂。到1966年,全市基本形成振华、开林、上海3家造漆厂和新华树脂厂4家油漆专业生产厂。1985年,建钢卷、汽车、船舶、出口等涂料和综合树脂生产车间,涂料年产能力近8万吨。1982年,华生化工合作社创办,研制成功腰果调合漆。1995年,企业11家,员工0.52万人,工业总产值8.68亿元。主要生产厂有振华、开林、上海造漆厂和新华树脂厂等。生产16大类、60小类、0.14万种产品5.13万吨。知名产品有飞虎、长城、上海等牌油漆。

第十四节 医药工业

一、中药

明万历三年(1575年),川沙堡长生药材工场自制紫金锭享誉江南。清康熙三十四年(1695 年),姜衍泽堂制作跌打损伤诸种膏药,以宝珍膏闻名。四十八年,童涵春堂制作饮片,销南洋。咸丰十年(1860 年),苏州雷允上诵芬堂到沪设分号,制作六神丸。光绪八年(1882 年),汉口蔡同德国药店迁沪,生产驴皮膏、虎骨木瓜酒。九年,郑福兰堂开设,生产玉树神油等。清末民初,郁良心等中型国药号设工场制作丸散膏丹、切制饮片。1916 年,杭州胡庆余堂设上海分号。1921～1924 年,粹华药厂用机械制炼药液,生产中成药 300 余种,未获顾客信任,终告失败。1929 年,佛慈大药厂股份有限公司创办,研制成功浓缩丸。是年,国民政府卫生署通过《废止旧医以扫除医事卫生障碍案》,此后无中药厂增设。1935 年,徐重道国药号设新药部,制售家用中成药。1952 年,蔡同德国药店开设蔡同德制药厂。1958 年,上海市药材公司制药厂创办,童涵春等国药号成药工场合并为公私合营上海中药联合制药厂。1959 年,建黄浦中药联合制药厂。1964 年,全市 10 区均建中药切制工场。1965 年、1967 年,上海市药材公司中药切制厂、黄浦中药联合制药厂先后改上海中药制药二、三厂。1995 年,有中成药厂 29 家、中药饮片厂 20 家、中药机械厂 2 家,员工 0.53 万人。主要企业有上海中药制药一、二、三厂,童涵春堂中药饮片厂,雷允上中药饮片厂。

1960 年,研制成功新剂型。至 1965 年,中成药生产采用蒸汽提取、水提醇沉、薄膜浓缩、减压蒸馏、真空干燥等设备和工艺。至 1977 年,开发新剂型合剂(口服液)。1980 年,中药二厂实现中药封闭提取、管道化生产。1981 年,中药一厂建成粉碎成套线和垂直提取、针剂、人工合成牛黄、糖浆、小丸、滴丸等生产线。1982 年,中药三厂采用电子遥控装置提取中药。80 年代,采用密闭粉碎、回流提取、沸腾制粒、一步造粒、混浆包衣等工艺设备。1985 年,中药饮片厂开始技术改造,至 1990 年基本实现机械化和半机械化生产。部分中药产品更新换代,研究成功新的原料药。1991 年以后,选出年产值在 1000 万元以上的主力中成药品种。1958 年,生产中成药 10 余个剂型 300 余种、中药饮片 900 余种,1990 年研制成功并投产麝香保心丸等 132 种新药,1995 年生产中成药 26 种剂型 508 种、中药饮片 969 种。

二、化学药品

清光绪十三年(1887 年),上海有英、法、德等商人开设的药房 12 家,配制化学成药。十四年,中西大药房制药部生产止泻药、止血药、疥疮药水等成药 70 种。至宣统二年(1910 年),美商燕医生父子药栈等 5 家外商企业开办。各药房、药厂均以进口原料配制成药。三年,华商黄楚九创办龙虎公司制药厂,生产龙虎牌人丹。第一次世界大战爆发,进口药减少,华商药厂得到发展,到 1918 年有 22 家。1919 年,项松茂创办五洲固本皂药厂,在上海最早用动力机械生产药品,1923年后发展制剂产品,1927年在沪首制原料药醚精。1925年,上海第一家针剂厂海普药厂和新亚药厂成立。1936年,药厂58家,生产针剂、酊剂、胶囊剂等以及原料药。1939～1943年,新开药厂90家,信谊药厂等生产消治龙原料药磺胺噻唑。1949年5月,有药厂130家,9月建国营化学制药第一、二厂和青霉素实验所。次年9月,试制成功青霉素,1953年在上海第三制药厂投产,结束中国抗生素依赖进口的历史。1955年12月,199家私营企业全部公私合营,片剂、针剂产量分别占全国36.2%和52%。1956年,上海市制药工业公司成立。1957年,建立53家中心厂和106家卫星厂或代管厂,成立上海医药工业研究所,中央化学工业部医药工业设计院从石家庄迁上海。1958年,105家厂并为53家,原料药生产能力大为提高。当年,试制成功并投产抗肿瘤药盐酸氮芥、甾体激素黄体酮、金霉素、四环素、链霉素、甲基睾丸素、可的松等。1960～1962年,14家制剂厂改产化学合成原料药,全行业形成原料药、制剂、制药机械及药用玻璃和包装材料4个产品门类。修订198种药品生产工艺规程。1968年,上海第九、二制药厂先后建避孕药、心血管药生产车间。1966～1976年,研制投产新品种原料药和气雾剂、纸式片等制剂。1979年,上海第十二制药厂定为甾体激素生产和科研基地。1981年,联合国人口活动基金会援助上海淮海制药厂建避孕药生产车间。1982年,中美上海施贵宝制药有限公司成立。1995年,全市生产厂187家,主要企业有先锋药业公司、信谊药厂、上海第一生化药业公司、上海第一制药厂、三维制药公司、四药股份有限公司、五洲药厂、上海第六制药厂、中西药业股份有限公司、新亚药业有限公司、中美上海施贵宝制药有限公司、上海玻璃厂。工业总产值60.66亿元。1936年,全市生产片剂28种、针剂120余种、原料药5种。1995年,生产原料药21类209种1.26万吨,制剂13类870种,针剂12.35亿支,片剂133亿片,大输液1841万瓶(袋)。

三、医疗器械

1914年,首家华商医疗器械行裕震兴齿科材料行开设。1916年,德兴五金工场创办,手工制作镊子、油膏刀、压舌板、消毒器等。1917年,大通药棉纱布厂开设。1918年,永兴昌医化器械厂生产医用电温箱等。1931年,懋昌医疗器械厂生产牛痘刀、假脚等。1942年,日商上海医疗器械制作所开设。1949年5月,全市有医械厂98家。解放初,上海医药器械修造厂和X线机修配所合建为国营医疗器械厂,1957年分设为上海医疗、精密医疗2家器械厂。1951年,因朝鲜战争,医械需求量增加,生产厂增至244家。1956年,全行业私营企业公私合营,611家企业按产品归类裁并为253家。"文化大革命"中,为全国农村县以下各级医疗卫生机构提供必备医械装备。1979～1982年建医用核子仪器厂等4厂,1984～1990年调整组成医用合成材料厂等5厂。1986年、1987年,上海医用核子仪器厂、上海医疗器械厂先后与联邦德国西门子公司合作组装医用电子直线加速器、索玛全身CT。1986年、1989年,先后开办中德合资上海齿科有限公司、中美合资上海强生有限公司。1995年,主要生产厂有上海医疗器械厂等6家,全市生产20个门类、0.16万种产品。

第十五节 石油化工业

1938年,日本丸善石油株式会社在浦东高桥天灯口建上海制油所,抗日战争胜利后为国民政府接管,筹建炼油厂,未果,1949年5月被上海市军管会接管。90年代,石油化工工业成为上海支柱产业之一。1995年,全市原油加工能力1260万吨,乙烯生产能力45万吨。是年,全市石油化工业固定资产原值171.48亿元、工业总产值105.55亿元、利税47.63亿元,分别占全市国有工业10.87%、8.3%、23.47%。

一、油品加工

1950年6月,建成上海第一家炼油企业上海炼油厂,有日炼原油350吨的常压蒸馏装置,加工汽油、柴油和灯用煤油,上海始有“三油”炼制加工。1952年,建成日处理7吨的小型润滑油设备,生产润滑油。1954年,建成国内首座年加工原油15万吨常减压蒸馏和年处理6.7万吨热裂化装置。70年代,建成年产60万吨硫化催化裂化、12万吨铂重整、15万吨丙烷脱沥青等装置。1979年,上海石油化工总厂化工一厂年加工原油250万吨常压装置建成投产。全市2家炼油企业原油年加工能力650万吨,乙烯生产能力12万吨。1990年后,上海炼油厂重点发展炼油,具备加工各种进口原油的能力。1995年,上海石化股份有限公司油品厂年加工80万吨重油催化裂化装置投产。是年,全市加工原油955万吨,生产汽、煤、柴和润滑油442.26万吨。

二、有机化工原料

20世纪50年代末,新一化工厂生产环氧乙烷、农药乳化剂和匀染剂,成为国内最早生产非离子表面活剂的专业厂之一。1960年,建成年产500吨聚苯乙烯工业试验装置。次年,高桥化工厂建成,为全市首家石油化工企业。1962年,建成国内第一套自行设计年产6750吨气体分离装置,生产乙烯和丙烯。1979年起,上海石化总厂化工一、二厂建成,可年产乙烯11.5万吨。1990年,建乙烯厂，装置可年产聚合级乙烯 30 万吨。引进日本年产 12 万吨环氧乙烷/乙二醇装置。1989 年，高桥石油化工公司年加工 20 万吨石油气分离装置建成投产。1995 年，企业 6 家，员工 1.2 万人，生产装置 27 套，生产乙烯 40.83 万吨、丙烯 25.6 万吨、芳烃系列中的纯苯 10.21 万吨、对二甲苯 19.18 万吨，其他有机化工原料 162.64 万吨。

三、合成纤维原料、合成纤维

1965 年，国内首家化纤企业上海第二人造纤维厂建成，有年产 2000 吨浆粕和 1600 吨粘胶短纤维 2 套装置，上海始有化纤生产。1969 年，引进国外腈纶成套技术设备，建国内第一座自行设计年产 2000 吨腈纶短纤维生产装置，始用石油化工原料生产合成纤维。1971 年，高桥化工厂丙烯腈装置投产。全市年合成纤维生产能力不足 1 万吨。1979 年起，上海石化一期工程引进日本年加工能力 2.2 万吨氧化装置和年产 2.5 万吨聚酯等装置共 10 套投产。全市年合成纤维生产能力提高至 21.57 万余吨。是年，涤纶厂、腈纶厂和维纶厂建成投产，80 年代建成涤纶二厂。1995 年，上海石化和高桥石化 2 公司有生产装置 30 套，生产企业 6 家，员工 1.9 万余人。生产合成纤维单体和合成纤维聚合物 59.64 万吨、合成纤维 24.9 万吨，合成纤维后加工 1.09 万吨，分别占全国 29.98％、39.46％和 13.99％。

四、塑料

1960 年，高桥化工厂第一套年产 500 吨苯乙烯工业试验装置建成投产，用酒精为原料生产聚苯乙烯。1965 年，建成年产 2000 吨聚苯乙烯装置，始用石油气为原料生产合成树脂。1976 年，上海石化塑料厂建成，引进日本年产 6 万吨高压聚乙烯生产装置。次年 10 月，国内第一套自行设计制造的年产薄膜 1.4 万吨的聚乙烯薄膜装置试生产。1983～1987 年，高桥石化引进年产 2000 吨 ABS 板材生产线和 1 万吨 ABS 树脂、1 万吨可发性聚苯乙烯树脂(EPS)等装置。建设上海 30 万吨乙烯工程，引进 5 套装置。1990 年起，引进 4 套装置。1995 年，全市石化行业有塑料厂 4 家，主要生产装置 13 套，生产能力近 60 万吨。是年，全市生产塑料树脂 32.31 万吨(不含上海氯碱总厂和吴泾化工厂)、塑料薄膜 2.73 万吨。

五、合成橡胶

1974 年 10 月，上海合成橡胶厂年产 1 万吨装置建成，生产顺丁橡胶，年产量数百吨。1981 年，生产厂并入高桥化工厂，次年生产丁苯胶乳。1984 年，建成第二套装置，投产羧基丁苯胶乳，上海始有铜版纸专用胶乳生产。1992 年，上海30万吨乙烯工程配套年产5万吨顺丁橡胶装置投产。1995年,全市企业2家,合成橡胶装置4套,年生产能力6.8万吨,产量7.77万吨。

第十六节 仪表、电子工业 >>

一、仪器仪表

清宣统三年(1911年),实学通艺馆开设,仿制、修理进口仪器。1925年,上海首家电表生产厂中华科学仪器馆创办。1933年,中央研究院物理研究所物理仪器工场建立,研制修理光学仪器。1937年,光华精密仪器公司等5厂建立,生产水表、指针式温度表等产品。1949年,有40余家企业,都为工商兼营。1952年,中国科学院实验工厂成立,1959年改为上海光学仪器厂。1954年,上海电表厂建立。1955～1957年,全市相关企业合并为35家中心厂、146家独立企业,形成精密电表、电度表、万用表、兆欧表、直流仪器和交流仪器等专业生产。60年代中期,上海成为全国最大的仪器仪表生产基地。1958年,漕河泾定为上海仪表工业区,并建上海仪表厂。此后,全市按6类专业调整企业。生产电工仪器仪表的企业有上海电表厂等21家,生产光学分析仪器的有上海光学仪器厂等19家企业,生产自动化仪表的有上海自动化仪表一至十一厂等19家,生产电子测量仪器的有上海无线电十五厂等10家。1978年,上海仪器仪表成套厂成立。80年代初,全行业引进国外新技术。1982年,中美合资企业上海·福克斯波罗有限公司成立。1995年,全市企业233家,员工13.06万人,工业总产值180.92亿元。主要企业有大华仪表厂,自动化仪表一、三、四、五厂,上海调节器厂,沪光仪器厂,电工仪器厂,中国电工厂,上海电表厂,上海电度表厂,上海微型电机厂,上海合金厂,上海光学仪器厂,上海分析仪器厂等。生产6类0.36万种产品。主要产品有自动化仪表138.97万台、电工仪器仪表260.72万台、成分分析仪器1.83万台、实验室仪器5.52万台、光学仪器2.69万台、微型电机4万台。

二、广播电视

1924年,北洋政府建设委员会上海无线电机制造厂创办,用进口零件组装7灯交流电收音机。同年,亚美无线电股份有限公司开设,组装矿石收音机,制造无线电零件,1935年设计制造亚美牌1651型5灯超外差式收音机。1937年,全市有企业30家。抗日战争胜利后,筹建政府办中央无线电器材有限公司,中央广播器材修造所迁上海,万利电机厂等一批无线电厂开办。1949年5

月，有企业7家。1952年，建立第一家国营无线电整机生产企业华东人民广播器材厂，次年改上海广播器材厂。私营无线电企业发展迅速，1956年有432家。1956年，私营企业公私合营，160家工厂改组成上海无线电器材厂等6家无线电整机厂。1960年，市轻工、纺织系统10家大厂转业改建成无线电业骨干企业上海无线电二、三、四、十八厂。1966年，有工厂18家。1969年，纺织系统一〇一厂改为无线电专业工厂，和上海无线电二、三、四厂同为上海收音机生产骨干专业厂。1970年，成立市电视会战办公室，全市9个工业局、100多个单位协作发展电视产品。上海国光口琴厂、上海玩具十四厂、上海金星金笔厂试制电视机。1978年，金星金笔厂更名为上海电视一厂。是年，电视机生产企业50家。1995年，上海电视一厂和上海无线电四、十八厂合并为金星电视机总厂。创办上海索广映像公司。是年，全市生产厂32家，工业总产值37.8亿元。主要企业有上海无线电三厂、上海录音器材厂、上海广播器材厂、中国唱片厂、上海电视十一厂、上海一〇一厂、金星电视机总厂等。

各时期，主要产品，1950年，生产收音机200台。1958年起，开发晶体管收音机，到1965年产量占全国40%。是年7月，试制成功上海牌101型黑白电视机。70年代初，生产晶体管彩色电视机，1973年600台。1980年起，形成C频段卫星地面接收站系列。1995年，16类26种产品，生产彩色、黑白电视机418.23万台，收录机49万台，收音机156万台。上海是全国重要的广播电视产品生产基地，沪产产品在全国长期供不应求。各时期知名产品，收音机有上海、美多、红灯、凯歌、海燕、飞跃等品牌，录音机有葵花牌，电视机有上海、凯歌、飞跃、金星等品牌。

三、电子元器件

上海电子元器件工业包括电子元件、半导体器件（包括集成电路）、真空电子器件行业。1995年，全市生产电子元件产品10类77.14亿只、集成电路2大类3种1.52亿块、灯泡2368.23万只、电子束管627.70万只、半导体分立器件15.08亿只、电子元件36.37亿只。

1924年，亚美无线电股份有限公司创办，在上海最早生产电子元件。1934～1946年，有信记储电器厂等5厂开办，生产纸介质电容、可变电容、管形电阻等电子元件。1949年5月，全市有电子元件生产厂90家，1955年288家。1956年，私营企业公私合营，改组为13家中心厂、5家独立厂和1家联管组，1958年改组为上海无线电元件一、二、九、十厂和天和电化厂等。1960～1965年，建上海无线电一、六、八、九、十一、十二、十六、二十八厂。1966年，有11家企业，形成阻容元件、电声器件、接插件、继电器、电感元件5个电子元件生产门类。80年代，全行业发展彩色电视机和高精密仪器仪表为主的配套元件。1980年，上海无线电十一厂、上海电子元件十厂和上海风雷广播器材厂组成上海飞乐电声总厂，1984 年试办为全国第一家股份制企业上海飞乐股份有限公司。1995 年，全市企业 26 家，员工 2.03 万人。

1941 年，一亚电工厂开办，生产氧化亚铜整流器。1958 年，发展半导体器件生产。成立上海半导体器件厂筹备处，改为上海元件五厂，上海第一家专业生产半导体器件。交直流电工厂、一亚电工厂等合并组成上海无线电十四厂，专业生产硒片、硒柱、硒整流器、氧化铜整流器。1966～1970 年，上海无线电七、十七、二十九、十九厂和上海半导体器件研究所成立，生产锗二极管、锗低频大功率管。70 年代，全市各业大办电子工业，新办 134 个半导体器件生产厂点。1988 年，中外合资企业上海贝岭微电子制造有限公司、上海飞利浦半导体公司创办，生产大规模集成电路。1995 年，全市企业 13 家，员工 0.41 万人。

1917 年 2 月，美商奇异安迪生电气股份有限公司在上海创办，生产白炽灯。1923 年，华商中国亚浦耳灯泡厂开办。1927 年，公明电珠泡厂开办，生产小电珠。1929 年，华德电光股份有限公司开办，生产霓虹灯、白炽灯。1931～1937 年，全市有电珠生产厂近百家。1949 年 5 月，有灯泡厂 24 家。1952 年，国家征用美商奇异公司，改上海灯泡厂。1953 年，奇特等 5 家灯泡厂合并组成上海联合灯泡厂。至此，全市灯泡业以上海、中国亚浦耳、华德和上海联合等 4 家灯泡厂为主。1958 年，华德工厂转产收讯放大管，1960 年改上海电子管厂。1961 年起，上海灯泡业以生产黑白投影管、磁控管、引燃管和大功率发射管、高压汞灯、激光器为主。70 年代初，全市进行电视生产会战，上海电珠一厂等 3 厂转产大小屏幕显像管。1980 年，上海显像管玻璃厂创办，专业生产显像管玻壳。1990 年，沪港合资企业上海永新彩色显像管有限公司投产。1981 年，上海亚明灯泡厂等 6 厂组成上海照明电器（亚字集团）公司。1986 年，上海灯泡厂等 6 厂组成上海真空电子器件股份有限公司。1995 年，全市企业 7 家，员工 1.6 万人。

第十七节 | 电子计算机工业 >>

1958 年 10 月，上海计算技术研究所建立，研制沪 1 型计算机，1959 年合作研制成功第一台上海产计算机 103 型电子管计算机。1966 年，上海无线电十三厂试制成功每秒运算 2.5 万次的 X-2 型晶体管数字计算机，1969 年，上海市计算中心筹建，1972 年改称上海市计算技术研究所。1971 年，研制成功运算速度为每秒 11 万次的 709 型集成电路数字计算机。1973 年，建立上海长江无线电厂，1984 年改上海微电脑厂。1978 年 6 月，成立上海市电子计算机工业公司，下属有上海无线电十三厂等 14 个单位，1984 年 3 月和上海市计算技术研究所合并成立上海市计算机公司，1987 年 3 月改制为长江计算机（集团）联合公司。1992 年，在浦东张江高科技园区，创建计算机软件专业开发小区，建立上海浦东软件园发展公司。1995 年，全市主要生产企业有上海电子计算机厂、上海长江计算机打印机厂等。1966～1981 年，全市电子计算机产量占全国 53.6%。1995 年，生产 22 种品种，产量 11 余万台。

1959 年 12 月，研制成功上海第一台每秒运算速度 30 次的 103 型电子管计算机。1975 年，DJS-131 型计算机设计定型，成为国内产量大、应用面广、系统稳定的国产数字电子计算机。1979 年，研制成功 905 甲大型电子计算机，整机运算速度每秒 600 万次。1975 年起，开始研制微型计算机。1980 年年底，研制成功字长 8 位的 DJS-051 型微型计算机，开发成功上海第一台国产微型计算机。1988 年，试制成功 CEC-I 中华学习机并定型生产，内存容量 64KB，配有二级汉字库。1985～1990 年，开发成功东海 0520、0530 和 0540 型 3 种型号、14 种品种的系列微型计算机。1987～1994 年，生产东海 0530B 各型号微型计算机 1.33 万台。1989～1995 年，生产东海 0540B 各型微型计算机 1.39 万台。1995 年，开发成功具有联网功能、可作服务器应用的东海 P5/C60-2 和 P5/C90-22 种微型计算机。1995 年生产 139 台。1990、1992 年，先后成功工发东海 WS-38632、东海 SPARC 微型工作站。1994 年、1995 年，上海电子计算机厂开发成功东海 386DX、486HV 多媒体家用微型计算机，1995 年生产 0.2 万台。1988～1990 年，开发成功 TQTX-1 第 1.0 版通信软件等。1995 年，有商务管理信息系统软件包、中小型宾馆和中小型企业管理信息系统、家政软件包。

第十八节 | 通信装备工业 >>

一、交换机

1920 年，中国电气股份有限公司上海分公司成立，生产仿德磁石式长途交换机。1933 年，上海新明电器厂试制 5～50 门磁石式交换机，一直生产到 50 年代。1949 年，全市有企业 2 家，生产交换机 0.16 万门。1952 年，上海有线电厂生产共电式交换机，1959 年试制成功长途电话人工交换机。1984 年，中比合资企业上海贝尔电话设备制造有限公司成立，次年 10 月生产世界领先的 S1240 数字程控电话交换机，1995 年单班年产 210 万线新工厂投产，规模居世界第二、亚太地区第一。是年，全市 7 家生产厂，员工 0.63 万人，工业总产值70亿元。主要生产厂有上海电话设备厂、上海新光电讯厂、上海贝尔电话设备制造有限公司、上海西门子数字程控设备有限公司等。生产程控交换机500万线。

二、光纤通信件

1976年、1978年，上海石英玻璃厂在国内首先研制成功多模梯度石英光纤。1978年，上海通信设备厂在国内首先试制成功实用化的光纤和光缆，1979年为国内第一条数字传输光纤通信试验公用网提供脉码调制设备及光端机。1982年，上海传输线研究所制成5公里波长光纤光缆。1985年、1987年，上海新沪玻璃厂和石英玻璃厂先后引进法、英等国公司生产线，形成年产2万公里的光纤生产能力。1991～1995年，合资组建一批国内规模最大、技术水准最高的通信合资企业，具有年产1.5万公里光缆和通信电缆能力。1993年，中法合资阿尔卡特公司专业生产海底光缆、特种光缆。同年，成立上海科学亚特兰大有限公司，可年产400套有线电视(CATV)传输设备。1995年，上海光通信公司等与美国AT&T公司合资，可年产50万公里光纤。中荷上海爱梯恩梯公司生产规模扩展到100万公里。是年，全市19家生产厂，工业总产值近20亿元。生产光纤12万公里、光缆900公里，光电端机8000端，数字环路1000系统。

三、无线通信件

1949年8月，空军通讯器材维修厂筹建，研制成功500瓦长波归航机、调幅超短波无线电台、短波双向通信机。1960年，上海人民广播器材厂试制成功一级超长波收信机。之后，各有关厂仿制苏联产品，专业生产短波收信机。1964年，中国自动通讯器材厂研制成功重叠式晶体管单路载波机。1973年，引进美国A型标准卫星地球站。是年，上海一〇一厂开始研制和生产彩色电视微波中继机。1991年，上海无线电二厂通信分厂年产900兆赫模拟制移动通信手机0.5万台。1994年，上海英立通信设备公司成立，具年产50万台手机能力。1995年，中德合资上海西门子移动通信有限公司投产，形成年产GSM900兆赫数字制移动通信手机30万台、基站500套的规模生产能力。1993年起，上海邮电通信股份有限公司批量生产二、三次群的数字微波通信设备。1994年，中美合资上海休斯网络系统有限公司成立，专业生产卫星通信地球站端站TES(数据)、PES(话音)设备。上海广播器材厂生产卫星通信天线。1995年，全市生产厂10家，生产通信导航定向设备12部、卫星应用产品0.19万部、移动通信设备4.21万部(信道)、微波通信设备0.36万部等。

四、通信终端设备

1920年，中美合资中国电气股份有限公司上海分公司成立，1930年开始生产磁石式共电式电话机。1938年，国际电话制造厂开设，研制成功上海第一部墙桌两用机。1945～1949年，有6家生产企业。1952年起，电话机主要由上海有线电厂生产，是年产量5.4万部。1960年，上海电讯器材厂建立，专业生产电话设备，1971年转由亭林联新五金合作工厂生产。1985年，上海无线电十八厂生产按键式双音频自动电话机。1995年，全市生产厂8家，产量239.22万部。

1959年，上海有线电厂试制成功ZTB-1型传真电报机。1984年，引进日本技术和装配线，具有年产0.72万台三类文字传真机的能力。1992年，与上海无线电十八厂、上海邮电工业公司等联建上海传真机公司，次年与日商合资建上海理光传真机有限公司。1995年，全市生产厂5家，产量3.03万台。

第十九节 航天工业

1958年8月，中国科学院在北京建第一设计院，11月迁上海，改称上海机电设计院，主要研制探空火箭。空军第十三修理厂、上海柴油机厂等10余家单位承担试制加工。1965年，上海机电设计院迁北京。

1959年，中共中央、国务院、中央军委决定在上海建立地空导弹试制技术基地，次年筹建。1961年，上海市第二机电工业局成立，负责导弹研制，第一批骨干工厂有上海有线电厂、上海广播器材厂等。至1964年，建成8家专业厂和1家研究所，形成上海导弹研制基地。1965年，第七机械工业部5个地空导弹设计所由北京迁沪，归市第二机电工业局。上海基地开始研制防空导弹。

1969年，中共中央、国务院、中央军委决定上海研制人造卫星和大型运载火箭。12月，上海市成立731办公室，总负责风暴一号运载火箭和技术试验卫星研制，上海市第二、第一机电工业局分别负责研制火箭、卫星。建立火箭与卫星的总体、总装单位，后分别发展为上海机电设备研究所、上海新中华机器厂与上海卫星工程研究所。全市有800多个单位参与，形成上海航天基地。1979年以后，研制多种型号运载火箭、人造卫星和防空导弹武器系统。1982年，上海机电二局亦称航天工业部上海航天局，1993年改为中国航天工业总公司上海航天技术研究院(第八研究院)，同时保留上海航天局名称。上海形成运载火箭、人造卫星、防空导弹科研、生产体系。1995年，研究院属有近40个单位，员工近3万人。主要研制单位有上海机电工程研究所、上海机电设备研究所、上海新中华机器厂、上海卫星工程研究所。

一、防空导弹

1961年，上海基地仿制红旗一号中高空地空导弹，1965年试飞成功，小批量生产后转入批量生产红旗二号导弹。1968年，生产出第一批战斗弹。1965年下半年起，研制红旗三号中高空防空导弹。60年代中期，研制红旗六十一号中低空防空导弹，1979年研制中低空地空导弹武器系统。1986年，舰空型和地空型导弹武器系统试飞成功，1988年定型。1975年，研制超低空便携式单兵肩射导弹武器系统红缨五号甲，1986年定型。至1995年，全面展开新型号防空导弹武器系统工程研制。

二、运载火箭

1958年，上海机电设计院开始研制有控制的探空五号火箭。1959年，研制无控制探空七号火箭，1960年2月19日第一枚模型火箭在上海市南汇县老港镇海滩发射成功，飞行高度0.8万米。9月13日，探空七号液体火箭发射成功，最大飞行高度6万米，成为中国液体燃料探空火箭的基本型。1963年12月，探空七号甲液体燃料气象火箭发射成功，中国探空火箭进入应用阶段。1964年7月，载有白鼠等试验动物的探空七号甲生物Ⅰ型试验火箭发射和回收成功。1969年，研制风暴一号二级大型运载火箭，1975年7月～1976年8月连续3次将重1吨以上的技术试验卫星送入预定轨道。至此，上海航天基地基本掌握大型运载火箭总体设计、总装和火箭动力、自动控制、安全、遥测、电源、地面设备等分系统的设计、制造技术。1981年9月20日，风暴一号火箭成功发射，送卫星进入预定轨道。1977年年底，上海和北京共同研制长征三号大型运载火箭，上海承担研制一、二级火箭及其他设备，1986年2月1日成功发射中国第一颗实用通信卫星，1990年4月7日成功发射美国休斯公司亚洲一号卫星。

1978年，上海航天基地开始设计研制长征四号三级大型运载火箭，1988年9月A型火箭成功发射风云一号气象卫星。1990年，研制长征二号丁二级液体运载火箭，1992年8月9日成功发射返回式科学探测与技术试验卫星。

三、人造卫星

1969年，上海组织力量研制技术试验卫星。1975年7月，第一颗重1.1吨的卫星在酒泉卫星发射中心发射成功。上海航天基地初步掌握人造卫星总体设计、总装、总测以及星载计算机、姿态控制、遥控、遥测、热控等各分系统研制技术。1974年起，进行太阳同步轨道气象卫星风云一号总体方案的预先研究和气象遥感仪器原理样机的设计，1977年开展型号研制。1988年9月7日，中国第一颗极地轨道气象卫星风云一号上天。1980年，开始静止轨道气象卫星风云二号的预先研究，1985年开展型号研制，1995年完成飞行试验前的各阶段研制工作。

第二十节 航空工业 >>

1927年，国民政府军事委员会航空处在虹桥机场建上海飞机修理工厂，次年改上海航空工厂，1932年一·二八事变毁于日机轰炸。1931年，海军制造飞机处从福建马尾迁上海，并入江南造船所。1950年9月，中国民航局上海办事处在龙华机场建飞机修理队，次年10月改军委民航局第二修理厂和民航第三学校。1954年起，中央航空工业部门先后在上海建立航空电器、航空测试设备、航空机械和航空电子设备等厂和研究所，研制航空无线电电子设备等飞机配套件。70年代初，上海试制生产运10飞机及其动力装置涡扇8发动机。在沪的空军第三机械工业部的飞机修理厂、航空发动机制造厂等划属上海市管理。上海成为国内主要的民用航空工业基地。1995年，中国航空工业总公司所属及上海航空工业(集团)公司所属25个企事业单位，员工1.3万余人。主要生产研制单位有上海飞机制造厂、上海航空发动机制造厂、上海飞机研究所等。

一、轻小型飞机

1928年，上海航空工厂仿制法国高德隆型单发双翼双座教练机，除发动机和部分成品进口外，均用国产零部件。飞机有效载重300公斤，最大时速169.8公里，续航时间2小时40分。1931年10月，海军制造飞机处试制成功2架水陆两栖教练兼侦察机江鹤号和江凤号。1932年起，又仿英美机制造教练机16架。1958年9月，空军十三厂制成飞龙一号水上飞机。1983年5月，上海航空工业公司用美国魁基公司散装件，组装2架Q2轻型飞机。

二、大型飞机

1970年8月，国家计划委员会、中央军事委员会国防工业领导小组要求上海制造大型喷气客机运10飞机。上海飞机研究所和上海飞机制造厂分别负责飞机设计和制造总装。1975年，完成总体设计方案。1976年9月、1979年12

月，先后制成2架，完成第三架2/3总工作量。第二架飞机从上海试飞北京、哈尔滨、广州、昆明、成都等地，并以110吨的最大起飞重量，直飞乌鲁木齐。之后，连续7次成功从成都货运西藏拉萨。共试飞121个起落、164小时。飞机可载客124～178人，可全天候起降和盲目着陆。总研制费用5亿多元。1981年6月，上海市政府和国家第三机械工业部上报国务院继续研制运10飞机的方案，未获批复，研制工作停顿。1985年2月，飞机停飞。

三、合作生产

根据1985年4月上海航空工业公司等与美国麦道公司协议，上海航空工业公司购买麦道公司配套件，上海飞机厂组装25架MD82飞机。1986年4月1日，首架竣工，1987年5月全部完成。1989年12月，续协合作生产MD82、MD83飞机各5架，至1994年10月全部完成。两项协议总值10亿美元。

第二十一节 建筑材料工业

一、水泥

1923年，华商刘鸿声建上海水泥股份有限公司投产，具年产象牌水泥10万吨能力，联合国内企业与日商竞争，国产水泥逐渐占领市场。1936年，上海水泥厂产量9.78万吨，1937年上海沦陷后，为日军军管。1940年，天祥水泥厂开办。1949年，有水泥厂5家，1954年剩上海水泥厂和天祥水泥厂，1956年并为上海水泥厂一家。1958年，吴淞、洋泾、红旗和上海白水泥等厂开办。各县建小水泥厂，1961年起大部分关闭，全市水泥产量减至一半。1970年，上海在安徽宁国县建年产30万吨的胜利水泥厂。1976年，全市有16家水泥厂。80年代后期，上海水泥生产工艺接近世界先进水平。1990年3月，发展散装水泥生产，1995年散装率84.7%。是年，全市生产厂28家，主要生产厂有上海水泥厂、吴淞水泥厂、上海白水泥厂等。员工1.47万人。生产10类水泥433.22万吨，销售收入13.91亿元。

二、玻璃

1947年，官商合办耀华玻璃公司上海工厂建立，购置美国成套平板玻璃生产设备，1952年9月3日投产，1954年7月，试制成钢化玻璃。1959年，引进联邦德国设备，为长春第一汽车厂红旗牌轿车配套生产磨光玻璃。80年代，上海引进英国皮尔金顿玻璃公司技术，生产浮法玻璃。1983年，中外合资上海耀华皮尔金顿玻璃有限公司成立，1987年投产。1989～1991年，上海耀华玻璃厂引进芬兰等国设备，形成年产10万辆轿车用玻璃的生产能力。1994年，与美国福特汽车公司合作建福华玻璃公司，可年产20万辆轿车用玻璃。1992年，全市生产厂18家，主要企业有上海耀华玻璃厂、上海耀华皮尔金顿玻璃股份有限公司、上海平板玻璃厂、上海棱光实业股份有限公司等。生产平板玻璃5种，产量634.62万重量箱。

三、墙体材料

上海砖瓦生产历史悠久。20世纪50年代，北京明陵出土标有“松江”字样印记的墓砖。清嘉庆、道光年间，青浦县商榻地区专业生产砖瓦，销江浙等地。光绪二十三年(1897年)，浦东机制砖瓦厂开办，机制砖瓦。二十六年，瑞和砖瓦厂创办，生产红平瓦和耐火砖。1918年，比利时商人开设义品砖瓦厂。1930年，全市有10家生产厂，所产机制砖、空心砖和轻质气砖为国际饭店、百老汇大厦和中国银行大楼等高层建筑选用。1952年，建国营华东一、二、三砖瓦厂。1954年，建青浦、崇明、松江、上海、川沙等砖瓦厂。1958年，建上海砖瓦四厂。1956年起，利用工业废渣，生产煤渣砖和粉煤灰建筑砌块等。60年代，生产240承重空心砖。1964年起，生产轻质墙体材料加气粉煤灰砌块、粉煤灰陶粒大板等产品。1983年，引进罗马尼亚和联邦德国设备，建成年产16万立方米加气砌块生产线。杨浦煤渣厂改建为年产5万立方米加气砌块厂。上海石棉水泥制品厂和上海新型建材厂扩建2条TK板生产线，生产高层建筑和旧建筑加层用轻质材料。1990年，常年生产的砖瓦厂150家，员工5.28万人，主要生产企业有振苏砖瓦厂、大中建筑材料总厂、川沙砖瓦厂、华东新型建材厂等。生产实心粘土砖24.84亿块、非承重空心砖190万标块。

四、装饰装修材料

20世纪20～30年代，意商培尔德、摩尔康和日商谈海等，华商中国天然、山海等大理石厂和中国石公司先后开业。1931年，中国石公司承接国际饭店石材装饰工程，底层至三层用青岛崂山黑花岗石饰面，室内地坪、柱子、墙面用大理石铺贴。1949年，全市有3家大理石厂。

1922年，中国制瓷公司创立，生产各色方形和六角形瓷砖。1926年，泰山砖瓦公司研制成泰山牌薄式外墙面砖，获专利权10年，产品用于锦江饭店、百老汇大厦、马勒公寓等建筑。30年代初，全市建筑陶瓷企业7家。1937年八一三事变后全部歇业。

1936年，建华油毡厂从天津迁上海，次年生产油毡。1949年，全市油毡厂5家。

解放初，有2家大理石厂、小型石作20多家，1956年公私合营，全部合并为上海大理石厂。1951年，有11家油毡厂，1956年合并为上海建筑防水材料厂，1964年生产氯乙烯内墙涂料。1975年起，市建筑科学研究所研制生产内墙、地面涂料。耀华玻璃厂研制、生产玻璃纤维贴墙布。1965年，上海陶瓷厂生产瓷砖、普及型卫生洁具。1989年、1990年，中美合资太平洋陶瓷公司、泰山陶瓷公司先后投产，生产墙地砖。1995年，全市生产花岗石板材0.49万平方米、卫生洁具136万套。

第二十二节｜乡镇村集体工业 >>

1955年，市郊部分初级农业生产合作社把社内的竹、木、泥等工匠组成副业组，为农业社整修农具。1956年，高级农业生产合作社集中副业组，办铁木、木器、缝纫等工场、作坊，承接加工业务或做成产品出售。1958年，人民公社大办工业，原高级农业生产合作社办的工场、作坊和大部分城镇手工业合作企业转为公社所有，同时又创办一批小厂和作坊。是年末，全市有公社办工业企业0.27万家、从业人员10.71万人，总产值8988万元。

60年代初，社办工业收缩，保留直接为农业生产和农民生活服务的生产企业。至1965年，有粮食加工、铁木竹农具、农机修理、民用建材、服装鞋帽、竹藤棕草手工艺制品等24个行业门类，有企业359家、从业人员2.25万人。总产值5800万元，直接为农业生产服务的占33.4%。70年代初，全国农村发展“五小”工业，集体工业规模扩大，上海市郊建立县、公社、大队3级农机修造网，兴办土化肥、土农药企业。同时，部分社、队企业承接市属工、商、物资等部门产品和零部件加工生产业务，开始形成为城市工业服务的行业门类。到1976年，全市有公社办企业0.11万家、生产大队办0.39万家，从业人员81.65万人，工业总产值120亿元。1979年后，社队工业发展迅速，形成13个行业门类。1980年，有社办企业0.16万家、队办企业0.36万家，从业人员69.93万人，总产值29.27亿元。1984年起，社队工业改称乡镇村工业。1985年，有乡镇办企业0.26万家、村办企业0.57万家，从业人员114.21万人，工业总产值84.25亿元。乡镇村工业成为有31个行业大类、340个小类的综合性地方工业。1979年，首家市属企业与市郊社队企业合作的工农联营企业南汇县大治河毛纺厂创办。此后，工农联营企业迅速发展，并成为乡镇村工业发展新途径。1990年增至0.23万家、92.88亿元，产值占全市乡镇村工业39.44%。1984年，全市乡镇村工业第一家中外合资企业松江县益联纺织有限公司创办，三资企业逐年增加。1990年有

247家，总投资4.99亿美元，其中吸收外资1.61亿美元。三资企业发展带动外贸出口产品生产。1990年，出口产品生产企业0.16万家，出口交货值占工业总产值21.09%。1984年，川沙县六团乡开辟第一个工业小区，乡镇村集体工业调整布局结构，开始统一规划，相对集中。1990年，全市建立乡、村两级工业小区(园区)280个。

至1990年，全市乡镇村工业大类增至33个、小类增至422个，主要行业纺织、机械、金属制品、缝纫、电器机械及器材制造、化学、塑料制品、文教体育用品、食品等13个行业门类产值占80%以上。90年代起，乡镇村工业上规模、上水平发展，建成五大纺织工业园区、汽车零部件工业城、精细化工工业园区、电子工业园区等城市大工业扩散基地。发展乡镇级和县区级工业小区，到1993年有规划的乡镇级工业小区196个(含3个私营经济工业区)、县区级工业小区16个。

1995年，全市乡镇村工业有企业1.68万家，其中乡镇属0.57万家、村属1.11万家。员工140.27万人，其中乡镇属76.36万人、村属63.91万人。行业大类31个、小类423个。工业总产值1378.94亿元，占全市工业总产值34.96%。税收45.84亿元，固定资产原值384.74亿元。完成出口交货值342.07亿元，占工业总产值24.8%。

第二十三节 郊县城镇集体工业 >>

上海市郊城镇集体工业，由20世纪50年代手工业合作化建立的县(区)属手工业集体企业(简称县属企业)，和1958年建立的各县属镇集体工业企业(简称镇属企业)两部分组成。

一、县区属集体工业

1958年8月，全市市郊有手工业合作社、组668家，从业人员4.7万人。年末，2万余人转入县属地方国营和合作工厂，2万余人转入人民公社办工厂，0.5万人仍在各手工业合作组织。1962年，恢复县手工业管理体制，有企业647家，从业人员2.38万人，工业总产值7739万元，人均劳动生产率0.33万元，生产小农具502.6万件。60年代，企业开始承接市工贸部门协作加工、配套和扩散产品生产业务。60年代后期起，为解决水稻生产“三弯腰”和“农机大修不出县”问题，各县重点建设农机修造企业，农机修造和修造企业成为主要产业和骨干企业。1979年后，调整产品和产业结构。企业转向适销对路、能耗较低、劳动密集的轻、纺、手工业和外贸出口产品生产。农机生产发展农、林、牧、渔业用产品。1980年，全市企业固定资产原值300万～540万元的有13家，约占企业总数4.4%，主要是农机修造企业。100万元以下的企业占67.7%，80余家企业以农机修造和中小农具生产为主。企业加强横向经济联合，与市属工业创办国集联营企业，引进技术和人才，开展“三来一补”补偿贸易。至80年代中期，城镇工业发生显著变化，发展生产环保设备、家用电器、轻工机械、家用灯具，有58个行业门类和市属工业有协作关系。1985年，县属工业总产值14.63亿元，其中轻工业占61.1%、外贸出口交货值占14.35%。1986年1月，全市城镇集体工业首家中外合资企业上海爱斯佩克试验仪器有限公司创办。1990年，有出口产品生产企业161家，占企业总数50.6%。出口交货值5.83亿元，年出口交货值550万元以上、创汇100万美元以上企业32家，其中2家创汇500万美元以上。有各种联营企业42家，产值占总产值22.8%。家用电器制造业生产下降，洗衣机、电冰箱、电风扇等全行业亏损。产业和产品结构矛盾突出，生产后劲不足，经济负担加重，负债率偏高，技术改造进展不大，利润下降。1990年起，进行一系列改革。至1996年，36.1%企业实行改制。其中，实行股份合作制26家，租赁制20家，企业兼并14家，公司化重组11家，整体或部分股权转让16家，关闭、破产、托管等84家。同时，投资近7亿元，对服装、皮革、纺织、纸制品等传统行业进行技术改造。发展化学及制品、普通机械、电器机械、交通运输设备等行业。发展大中型企业，有大中型企业18家。发展出口产品生产，从事外贸出口企业146家、三资企业35家，外贸出口交货值14.31亿元，占总产值1/3强。1996年，县区属集体工业有大、中专毕业生0.74万人，技校毕业生0.23万人。有技工2.6万人，其中中级工0.49万人、高级工365人。有中专以上学历的职工2.04万人。有工程技术人员及经济管理人员0.37万人，其中高级工程师112人、工程师0.36万人，工程技术人员和经济管理人员占职工总数9.5%。1995年，企业341家，员工7.48万人，工业总产值42.24亿元，利润总额8683万元，税收2.05亿元。职工报酬4.53亿元，年人均6062元。固定资产原值18.36亿元。有24个行业大类、151个小类。

二、城镇集体工业

1958年，城镇工业企业创办。有企业87家，从业人员0.15万人，工业总产值61万元。1980年，固定资产原值100万～200万元企业7家，约占全部企业4.3%。100万元以下的占95.7%。企业主要生产日用五金电器和轻工产品。1994年，有工业大类行业24个，小类行业121个。企业258家，固定资产原值5.78亿元。员工2.94万人，工业总产值18.88亿元，利润2592万元，税收7086万元。年人均收入4168元。

第二十四节 地区工业 >>

1958 年，在"大跃进"形势下，上海市区各街道利用社会劳动力和房屋，开办里弄生产组和里弄服务组。全市有 7667 个，29.9 万名家庭妇女参加，为大工业加工服装、纸盒等。开办 11927 个里弄食堂、托儿所、服务站，10.06 万人加入，为当地居民服务。1963 年，规模较大，业务稳定，有一定的固定资产和技术装备的 510 个里弄生产组，改组为 280 家工业企业，有员工 9.1 万人。并按行业归口，改变隶属关系，上升为市属集体工业企业。其中，197 家划归上海市手工业管理局管理，83 家划归上海市仪表电讯局。所剩 3178 个里弄生产组，从业人员 8.6 万人，由各区手工业局管理。1964 年、1965 年，里弄生产组吸收一批家庭妇女。1965 年，全市有里弄生产组 0.28 万个，从业人员 12.7 万人。1970 年，里弄生产组吸纳 3 万多名残疾、低能、精神病患者就业。

1978 年前后，接纳"文化大革命"期间上山下乡的返沪知识青年，17 万人被安置到里弄生产组就业。是年，里弄生产组改称街道工厂，全市有 0.28 万家。工业总产值 3.04 亿元，出口总产值 2900 万元，利润 1800 万元。1979 年，街道工厂改为地区工业。此后，地区工业迅速发展，企业规模扩大，从业人员文化程度提高，开始发展产品生产。1985 年，首家公司延中实业向社会公开发行股票。1990 年开始，在市郊建立工业小区，征地建厂房。1993 年，开始发展集团公司。生产经营的主要有服装、家用电器、日用五金等。1978～1995 年，为市场提供 250 亿元日用消费品，年均上缴利税 2.46 亿元，每年利润的 3.5%支持社区建设。1995 年，地区工业企业有 1078 户，员工 14.3 万人，固定资产原值 12 亿元，工业总产值 72.12 亿元，出口总产值 30.8 亿元，利润 3.5 亿元。

第二十章
商业、服务业

第一节 企业

一、批发商业

1949年5月，全市有专营批发业务的公司、商号、申庄等3万余家，物品交易所24个，茶楼交易市场30余个，菜市场、地货行300多个。从业人员近13万人，其中行商10.5万人、经纪人(掮客)2万余人。6月，成立上海市贸易总公司，经营、管理商品采购、批发、供应业务。至年底，建有粮食、油脂、盐业、日用品、花纱布、煤业、建筑器材等市专业公司。1949年10月，华东贸易部成立，上海各国营商业专业公司分别调整改组为华东区公司和上海市公司(上海分公司)，分别负责上海工业品收购及向全国批发供应，市内批发、市场安排和管理零售企业。1950年1月，成立上海市供销合作总社，经营全市农副产品收购和工业品下乡供应。上海形成国营商业和供销合作商业2个批发体系，1952年全面控制全市粮食、副食品市场交易，日用工业品收购、批发额占全市总量的56％，1953年升至70％。

1953年上半年，华东贸易部各华东区公司改组为各全国专业公司上海采购供应站(简称中央站或一级站)，另成立医药、交通电工器材、石油、专卖事业4个一级采购供应站。上海市专业公司调整和新设五金机械、专卖事业、化工原料、烟麻、百货、花纱布、盐业、煤业建筑器材、油脂、医药、贸易信托、土产12个市公司和零售、仓储2个公司。1954年下半年，对食糖、烟叶、棉布、土布、华洋杂货和煤业6个行业712户私营批发商，实行社会主义改造，涉及从业人员0.42万人。1955年，对药材、西药、呢绒、绸缎、五金、颜料、卷烟、皂烛、纸张、仪器文具、杂粮油饼、水果干货等42个行业0.36万户私营批发商，实行全行业社会主义改造，涉及从业人员2.08万人。1956年年初，所剩43个行业0.4万家私营批发商，全部完成社会主义改造，涉及从业人员约2万人。国营商业批发企业细划为针棉织品、纺织品、百货、化工原料、食品、五金机械、文化用品7个采购供应站，后新设鞋帽、钟表眼镜、文化用品、食品、纺织品、糖业糕点、食品杂货、蔬菜、交通电工器材、药材、石油11个市公司和贸易信托、综合贸易、木材3个市公司。

1956年，上海批发业务全部由国营商业经营，采购供应实行重大改变。(1)工商分工。工业专事生产，工厂不再经营销售，产品全部由商业收购，工商双方按计划生产和收购。(2)在全国实行计划分配。全国专业总公司一年召开两次供应会议，各省、市、地区公司提出要货计划，按分级管理对三类不同商品计划分配。(3)批、零分工。批发企业不经营零售，零售企业只能向批发部门进货，不能自行采购和经营批发业务。批发商业按固定供货地区、固定供应对象和固定作价扣率("三固定")经营。1957年，上海各批发公司与各地0.3万户客商建立批发网络，年调运工业品占全国埠际贸易30%。1958～1979年，从商业批发系统中划出化工、煤业、木材、化学试剂、医药等批发企业。1979年，全市商业系统批发机构986个，从业人员4.55万人，其中农副产品批发机构754个、工业品批发机构232个。

1984年10月，纺织品、针织品、百货、文化用品、五金、交电6个一级站下放上海市，与上海市对口的公司合并成立上海百货、纺织品、五金机械、文化用品、针织品、交电6个批发公司，另设上海市工业品贸易中心。此后，流通体制改革，批发多渠道经营，工业自销和零售企业自购发展，国有批发企业业务逐步缩减。1995年，全市各类批发商业机构0.84万个，从业人员33.3万人。

二、零售商业

1949年6月，全市有私营商业9.3万余家、行商1.5万个、摊贩16万余人。10月，上海首家国营零售商店上海日用品公司第一门市部(后改上海市第一百货商店)成立。1951年，上海市粮食零售公司成立，在全市设立10个中心站和90个营业所。1952年1月，成立上海市土产公司第一门市部(今上海市第一食品商店)。1951年、1952年，国营商业先后开设7家百货商店和24家棉布商店，上海市供销合作社在全市23个区建立消费合作社，在郊区建立供销合作社。1955年，全市零售商店8.58万家，其中国营零售商店(包括供销合作商店)0.1万家。1956年1月20日，全市96个行业、5.9万家私营零售店实行社会主义改造，公私合营，涉及从业人员21万人。年底，全市有国营、公私合营商店5.51万家，供销合作社商店981家，集体商店3.75万家，个体商贩3.6万家。14个市级专业公司和上海市蔬菜公司在各区设立391个区店(1958年改区公司)，对全市零售商业实行行政领导和行业管理。1958年，实行"市管批发，区管零售"，零售商业全部改由区管理。1963年，恢复市公司管理体制。1965年，全市有零售商店3.75万家。"文化大革命"中，大量撤并零售商业、饮食服务业网点，由 1965 年 3.75 万个减到 1978 年的 1.49 万个，个体商贩由 3.6 万个减到 0.83 万个，全市出现购物难、住宿难、做衣难、理发难、买菜难、沐浴难。1979 年，上海市国营农场商业服务公司成立，为上海首家非商业系统经营的商业企业，在上海市区开设零售店，到 1989 年开办 300 多家。1979 年，黄浦区广东路街道成立上海市第一个合作社，到 1989 年全市街道新办合作社或集体商业门点 0.5 万家。1979 年，全市个体商贩 0.95 万个。1995 年零售商店 12.85 万家（含个体商贩），营业面积 884 万平方米，从业人员 61.5 万人。

三、餐饮业

1950 年，全市餐饮业店摊 0.39 万家，以后逐年锐减。1955 年，闸北、黄浦两区 29 家酒菜馆率先公私合营。此后，有 28 家酒菜馆迁外地。1956 年 1 月，全市私营餐饮业全行业社会主义改造，涉及 0.24 万家餐饮店、4.99 万名从业人员。上海市公共饮食公司成立（后改名为上海市饮食服务公司），领导管理全市餐饮业。1958 年，全市餐饮店 0.4 万家。是年，市饮食服务公司撤销，酒菜饭店全部由区管理。1962 年，重建市饮食服务公司，各区建区饮食公司和区服务公司。1965 年，全市餐饮店 0.51 万家店。“文化大革命”中，饭店、点心店摊大量撤并，1978 年减至 0.27 万家。是年起，餐饮业大发展。1995 年，酒菜馆（店）1.52 万家、快餐连锁店 619 家、点心小吃店摊 1.07 万家。

四、服务业

服务行业有旅馆、沐浴、理发、洗染、照相、打字誊印和消费品维修等自然行业。

1949 年 5 月，全市服务业经营户 2 万多家、从业人员 4.56 万人。1956 年 1 月，私营服务业社会主义改造，0.79 万家私营店公私合营，涉及从业人员 5.3 万人。1965 年，全市服务业有馆、店 0.76 万家，从业人员 4.97 万人。“文化大革命”中，兼并服务业经营网点，限制个体店摊。1978 年，减至 0.24 万家、从业人员 3.35 万人。以后，服务业发展。1995 年，有馆、店 4.14 万家（含个体），从业人员 12.34 万人。

五、行业组织

上海开埠前，有商业行业公所 26 个，涉及布业、盐业、茶业、猪业、粮业、药材业等 20 多个行业，以维护同行业共同利益为宗旨。清光绪二十八年（1902 年），上海商业会议公所成立，次年改上海商务总会，宣统三年（1911 年）改上海总商会，有同业组织 87 个，为全市统一的工商业团体组织。1913 年，上海首家行业同业公会上海酱园业公会成立。此后，会馆、公所竞相改为行业同业公会，成立洋货商业、棉布、书业、出口业、五金业、铁业、纸业等30多个行业同业公会。1936年，全市有商业行业同业公会157个，1947年179个。1951年2月，上海市工商业联合会成立，行业同业公会159个。1956年1月，对私营商业实行社会主义改造，全市商业行业同业公会全部自行解体，行业管理由行政管理替代，各市商业专业公司兼有行业管理职能。1986年2月，上海百货商业行业协会成立。1992年12月，上海商业联合会成立。1995年，全市有63个商业行业（专业）协会。

第二节 经济成分

一、全民所有制商业

1950年，全市国营商业企业（1955年后含公私合营商业企业）129家、从业人员1.3万人。1995年，1.21万家、34.94万人。

二、集体所有制商业

1950年1月，上海市供销合作总社建立，各区设经营门店。各区组织合作商店小组333个，1954年700个，1957年有门店8.86万家、从业13.54万人，1995年3.65万家、从业55万人。

三、私营商业

1950年，全市私营商业企业（包括行商、个体商贩）14.87万家、从业38.54万人，1951年16.57万家、从业40.91万人，1955年14.88万家、从业30.40万人。1956年，对私营商业实行社会主义改造，划为私营资本主义商业企业的7.28万家，全部公私合营，从业22.32万人。另有因资不抵债等因素暂缓公私合营的私营企业0.21万家。1983年，重新出现私营企业。1995年，有499家、从业1.54万人。

四、个体商业

1951年，全市核发个体摊（商）贩经营许可证12.46万张，其中固定摊（商）贩9.36万张、流动摊（商）贩3.1万张。1954年，全市商贩分区组成400多个摊（商）贩委员会和0.65万个小组。1955年，核准经营的个体工商户2.01万人。1956年，经合作改组，1957年继续个体经营的商贩剩下2.22万家、从业3.11万人。1963年，减为1.39万户、从业1.59万人，1979年剩0.76万家、从业0.8万人，1995年有12.12万家、从业18.06万人。

五、其他商业

股份制商业企业 1987年6月，上海豫园商场股份制有限公司成立，1995年全市有商业股份制公司企业19家，其中上市公司14家。

中外合资合作商业企业 1986年，上海第一家中外合资旅馆上海扬子江大酒店建成开业。1995年，全国第一家中外合资零售企业上海第一八佰伴新世纪商厦开业。是年，全市有中外合资零售商业企业4家、中外合作零售商业企业36家。

第三节 | 经营总额 >>

一、购进、销售总额

清同治九年（1870年）至1930年，上海转销全国各地的进口货物占上海进口总值最高年份70%，最低约30%。供出口的土特产品占运入上海土特产品总值最高年份67%，最低45%。上海输往外地的进口商品货值由3468万海关两，升至20049万海关两。各地输入上海的出口土特产品货值，由1750万海关两升至14977万海关两。1936年，上海埠际贸易包括转口贸易总值8.91亿元，占全国各通商口岸埠际贸易值75%。1950年，上海国内纯购进13.49亿元，其中市外调入6.07亿元，占45.1%，1995年分别为593.54亿元、224.65亿元、37.8%。1950年，国内纯销售16.95亿元，其中调往市外5.43亿元，占32%，1995年分别为713.2亿元、181.04亿元、25.4%。

二、零售总额

1950年，全市社会商品零售总额14.76亿元，1957年26.17亿元，1995年970.04亿元。

第四节 | 商品购销 >>

一、农副产品购销

收购、批发 上海开埠前后，十六铺至董家渡一带开设粮行、油行、鱼行、鸡鸭行以及南北货、蔬菜、水果、地货行等批发行栈，出现豆市街、鱼行街、咸瓜街等农副产品批发集散地，形成广帮、闽帮、徽帮、宁绍帮、镇扬帮、苏北帮、本帮以及关货行、进出口行、内地行等帮别。19世纪后期，上海海运兴起，批发行栈向虹口、杨浦沿黄浦江及苏州河沿岸扩展。20世纪初，沪宁、沪杭铁路开通，闸北铁路站一带和苏州河乍浦路桥到新闸桥一段成为农副产品新的集散地，形成十六铺和苏州河沿岸南、北两大农副产品批发集散地。20～30年代，上海市场90%以上粮、油、鱼、肉、禽、蛋和水果，80%酒类，几乎全部的茶、糖、烟叶，70%的蔬菜靠外地供货。农副产品批发以代销为主，自营为辅，代客买卖，收取佣金。代销业务的货源，有近郊农民自行送货；各产区坐商或行商到货；产地农民或坐商推派代表，在沪设常驻行栈、申庄派货代销；米行、鱼行委托经纪人（掮客）进货；菜、水果行栈雇用接司，赴产区招揽货源，投售本行。自营业务的货源除等客上门收购外，派常驻采购人员（庄客）在产地坐庄收购。有的委托产地办庄代购、代储、代运，或在产品旺产与成熟期，临时派员赴产区衔接、处理结算调运事宜。19世纪中叶起，有农副产品批发商兼营进出口业务，向洋行订购或向进口商直接购进商品。同时，部分洋行和批发行栈收购内地农副产品如鲜蛋等销往国外。抗日战争期间，粮、油、猪、禽、蛋、菜等主要农副产品受日军统制，水产、蔬菜、果品等行业的批发交易采用日本通行的拍卖方式。解放初，保持原商品流转渠道和购销形式。1956年起，外省市进入上海的农副产品主要由国家计划调拨。其中，一类商品有粮油、食糖、生猪。二类商品有鲜蛋、茶叶和水产品，以及苹果、柑橘、红枣等果品。三类商品如东北土豆，山东大白菜，浙皖闽赣竹、毛笋等，通过全国三类物资交流会或省专管商品订货会，由上海国营专业公司与产区签订购销合同，协议计划调拨。上海市郊农副产品实行计划收购。1953年，粮油实行统购统销。1956年，蔬菜实行合同定购，1958年实行统购包销。是年，对国营渔轮捕捞水产品实行统购包销，对郊县产水产品实行收购。对生猪、家禽、蛋品实行派养派购，规定生产队和农民个人饲养指标或派留数量，采取预付定金、以料（平价饲料）换肉，或确定派留比例，超产奖励。1962年起，对市郊生产的粮油和各类副食品先后实行综合换购，对人民公社和生产队实行调市任务大包干，凡完成计划交售或超计划交售的，由国家发给农民"上海市日用工业品购货券"和"上海郊区专用商品购货券"，换购日用工业品和专用商品。1966年后，取消综合换购，统购包销和派购体制不变。农副产品进出口由外贸专业公司统一经营，内贸公司提供货源。进口粮食、食糖等商品，由商业部进口后统配。1979年，三类商品和完成计划收购后的二类商品，包括干鲜果品、干菜、小杂粮、部分水产品、肉食品腌腊和内脏等副产品、家禽、再制禽、再制蛋实行议购议销。蔬菜类中葱姜、生菜、香菜等50余种花色品种放开价格，放开经营。1985 年,农副产品购销政策进行重大调整,粮食取消统购改为合同定购,且限于稻谷、小麦、玉米 3 个品种,其他品种均自由购销。生猪、蛋品取消派购,商业部不再下达指令性调拨计划,代之以指导性计划。水产品全部放开。取消蔬菜统购包销,代之以“管八放二”,即管总量 80%的 22 种主要品种,放 20%其他品种。1991～1993 年,蔬菜、豆制品、猪肉、蛋品、食糖、粮油等先后放开经营。1979 年起,恢复市场交易。各专业公司试办农副产品贸易货栈,开展代购、代销、代储、代运业务,发展为交易市场,市场交易成为农副产品购销主要形式。对外省市和市郊生产与经营部门实行合同定购,开展收购或采购。发展联营,商业部门在外省市、市郊建立副食品供应基地,或实行农商、商商或农工(商办工业)商产加销一体化经营。扩大外贸渠道,部分农副产品企业开始有进出口自主权,外贸与内贸组建贸商、贸工(商办工业)与贸工商联合体。此外,农业生产部门和农副产品零售单位自办批发市场或经营批发业务,国营商业不再独揽批发业务。

购进值。1950 年,全市农副产品购进总值 5.06 亿元,占全市工农业消费品购进总值 25.8%,其中市外调入的占 81.4%。1993 年,分别为 91.56 亿元、12.81%。

购进量。1950 年,上海农副产品主要由外省调入。猪肉货源总计 4.94 万吨,其中外省调入 4.81 万吨、郊区调市 0.13 万吨。鲜蛋分别为 1.14 万吨、1.1 万吨、0.04 万吨,水产分别为 6.06 万吨、5.97 万吨、0.09 万吨。家禽总货源 9.66 万只,全部采自外省。1995 年,猪、禽、蛋、水产、蔬菜购进量分别为 30.63 万吨、4.05 万吨、7.32 万吨、38.34 万吨和 101.04 万吨,粮食购进总量 170.01 万吨,食用油、食糖分别为17.25 万吨和 12.8 万吨。

零售 上海开埠后,除零售大户直接从产地采购或与产地建立供货关系外,一般零售商和摊贩均通过批发进货。销货有 3 类。(1)米、油酱、腌腊、海味、干果、南北货等购销相对稳定,耐储或价格较高的主副食品,由米店、酱园(槽坊)、南北货字号、腌腊火腿庄等设铺面经营。(2)熟食、豆腐、酱菜、咸菜、豆芽等加工制品,一般前店后工场,或由作坊到菜场设摊直销。(3)鱼、肉、禽、蛋、菜、瓜果等鲜活副食品,主要在清晨集市(后为菜场)买卖,有的农民自产自销,小贩串街走巷叫卖。1953 年,粮、油、食糖实行统购统销,继而烟酒实行专卖,零售店逐步改造为国营批发部门的经销、代销或专卖店。1956 年,私营商业社会主义改造,1958 年菜场实行大合作,全市主副食品零售店摊基本成为国营、公私合营和集体企业或网点,归口相关专业公司管理,购销实行计划进货、计划供应、计划价格,不准自行外采。1959 年,肉食品、蔬菜、禽蛋、水产品先后实行计划供应,顾客凭“上海市副食品购货证(卡)”和有关票证计划购买。1960 年,计划供应范围扩大,粮油茶糖制品包括糖果、糕点(含面包)、饼干及部分罐头、糖奶制品、糖精，以及家禽、淡水鱼、干果等都凭票定量供应。1962 年起，部分商品敞开供应。90 年代初，绝大多数主副食品恢复敞开供应。主要有 1991 年 11 月，豆制品凭票供应 30 余年后敞开供应。1992 年 2 月，食糖凭票供应 28 年后敞开供应。1993 年 4 月，粮油凭票供应 40 余年后敞开供应。猪肉、鲜蛋凭票供应累计分别为 15 年 5 个月和 17 年，其间穿插凭票（证）不限量、凭票（证）控制供应及 1961 年的“以鱼代肉”供应。1961～1992 年，卷烟凭票供应，蔬菜凭票供应时断时续。有的物品淡季凭票，旺季敞开，如鲜蛋临时增加定量，或鸡蛋凭票、鸭蛋敞开。鲳鱼、带鱼等凭票，小杂鱼敞开。花色紧俏、优质蔬菜凭票，大路、滞销品种敞开。50 年代末，市第二商业局设特种供应站，对驻沪外国机构、外国人、外轮、民主党派领导人员、知名人士、高级知识分子，以及特殊工种（高温、水下作业）工人和幼儿园儿童、产妇等特别供应。对信奉伊斯兰教民族人员食用的清真牛羊肉发专门券定量供应。1979 年后，主副食品货源逐渐充足，国营、集体、私营、个体（个体摊贩、农民）等各种经济成分参与零售经营。粮、油、鱼、肉、禽、蛋、菜、豆制品等各类主副食品逐步放开价格，实行平价、议价两种价格零售。80 年代中后期，议购议销包括全部水果、水产品、家禽、小杂粮、肉食品中的腌腊、牛羊肉、猪内脏，蛋品中的再制蛋。以后开始供应议价粮油、鲜蛋、豆制品。1993 年，主副食品全部敞开供应。1995 年，全市集市、菜场和超市副食品零售额之比约为 6.5∶2.5∶1。

零售额。1950 年，全市食品类零售额 7.86 亿元，占全市消费品零售总额 53.7%。1995 年，分别为 384.08 亿元、39.5%。

零售量。1950 年，全市粮、油、肉、禽、蛋、鱼、菜和糖 8 种主副食品零售量 156.27 万吨，1961 年，肉禽蛋零售供应量均为历史的最低点，其中猪肉零售量 0.75 万吨、家禽 0.75 万吨、鲜蛋 0.42 万吨，分别为 1950 年的 1/8、40%和 37%。1995 年，粮食 209.44 万吨、食用植物油 16.93 万吨、肉 34.46 万吨、禽 11.81 万吨、蛋 9.62 万吨、水产 21.02 万吨、蔬菜 130.38 万吨、糖 4.72 万吨，总零售量 438.38 万吨。

二、日用工业品购销

采购批发　清道光二十四年（1844 年），英美等国 11 家洋行在上海开始直接向用户推销西药、百货、五金等商品。洋行利用中国买办向零售商店推销商品，资本雄厚的零售商店转向批发，成为批发商。大批发商向洋行和外国公司“包牌”经销，独家经销、总经销、总代理某品牌商品。第一次世界大战期间，国产日用工业品逐步替代洋货。上海商业出现行会、客帮和为客帮服务的商栈。20 世纪 20 年代，各地在沪设立办庄、申庄 0.2 万家。上海形成以做国外订货为主、向洋行“包牌”订货或向国内工厂投资、转批、小批发和零兼批、批兼零、歇壁字号(皮包公司)6种批发商。至20年代末,全市批发商号0.83万家,其中棉布批发商0.14万户。30年代初,洋货大量倾销,影响国货销售。1933年,上海机制国货工厂联合会成立,联合推销国货。是年,中国国货公司创办,向全国和海外推销国货。1949年6月,上海市军管会接管扬子建业公司等10余家商业、贸易机构。成立国营上海市贸易总公司以及日用品、花纱布、五金机械、交通电器等国营商业公司,掌握主要商品的货源。1950年3月,调整国营商业、贸易公司经营方向,由国营商业集中收购上海工业品,向全国调拨。1953年下半年起,国营商业扩大对私营工业加工订货,并发展为包销。1955年,国营商业委托加工、订货、收购、包销商品。1956年,对私营企业社会主义改造完成后,国营商业包销日用工业品,各级商业(批发)企业都有固定供货地区、固定供应对象和固定作价扣率("三固定")。1981年起,工业计划超产的商品和新产品直接向市内外批零企业销售。国营商业按需进货,自由选购,批量作价。各种企业均可经商,经营各种商品。商品价格逐步放开,凭票券供应的商品敞开供应。1981年,部分小商品放开价格。1982年,针棉织品提价,呢绒、化纤织品敞开供应。1983年,取消布票,纺织品全部敞开供应。1984年,国家商业部下放在上海市的6个一级站,与上海市各专业公司合并,上海商业两道批发环节变为一道。工业(工厂)自销扩大,自销量占工业产量从1981年5%,增至1995年75%。市外采购上升,市第一商业局批发企业向市外购进总额从1981年的1%,升到1995年28%。零售店向批发企业进货大幅度下降,大型零售店向批发企业进货从1981年占40%,降到1995年1%。打破批、零分工界限,国有、集体、个体零售兼营批发,批发商业兼营零售。原国有批发企业销售下降,其他企业批发大幅度增长。1995年,原国有批发企业收购值不到全市商业工业品购进值1/5。

购进值　1950年,全市工业品购进总值11.03亿元,占工农业消费品购进总值56.3%。1993年,分别为623.37亿元、87.19%。1995年,购进总值525.67亿元。

调市外　1957年,全市工业品调往市外45.73亿元,占全市工业品销售95%。1970～1980年,调市外约占全市工业品销售80%。1995年,调往市外181.04亿元,占全市工业品销售20%强。

零售额　1950年,日用工业品零售总额5.3亿元,占全市消费品零售总额36.21%。1980年,全市工业品销售46.13亿元,占全市社会商品零售总额的52.8%。其中,衣着类占42.81%、日用品类55.15%、燃料类2.04%。1995年,工业品585.90亿元,占全市社会商品零售总额64%。其中,衣着类占24.33%、日用品类74.18%、燃料类1.49%。

第五节 市场 >>

一、批发市场

清道光三十年(1850 年)后,上海县十六铺一带形成蔬菜、水果、水产、海味、禽蛋、粮油、南北货等临时和季节性以批发为主的集市。光绪六年(1880年)前后,出现福州路文化用品街、小花园(湖北路一带)女鞋街、兴圣街绒线街等专业街。各商号多为批兼零或零兼批户,零售店摊、长途贩运的小商贩、各地在沪的申庄一般向兼营批发业务的大店或直接向工厂批量采购进货。

20 世纪初,茶楼市场兴起,各业商人在茶馆店谈生意做批发交易,称茶会或茶楼市场。有青莲阁米茶市和棉纱业茶市,杏花楼茶楼杂粮油饼业茶市,仝羽春五金铜锡业茶市,一乐天板箱、旧货五金茶市等。1919 年 7 月,上海证券物品交易所成立,至 1921 年有商品交易所 140 多家,1933 年剩 5 家。1935 年,上海鱼市场开办。1941 年,建蔬菜地货中央市场。

1949 年 5 月,全市有 24 个物品交易所、30 余个茶楼茶会市场,分属 21 个批发行业。经常参加茶楼交易的有 0.56 万人。茶楼茶会市场分布在 27 家茶楼,21 家在黄浦区。1954 年,组成近 30 个茶市,参加者不到 0.5 万人,其中居间人约 0.35 万人。1957 年,对居间人登记,经清理,部分由专业公司重新安排就业,部分送外地就业或回乡,核准登记者不到 800 人。在青莲阁、仝羽春、一乐天茶楼建旧五金、废旧杂品交易市场,1960 年撤销。1954 年 3～5 月,粉麸、食油和米市场先后停业。1956 年,对私营商业改造完成,各类批发市场、批发企业分别归口国营食品、蔬菜、水产、烟糖、五金交电、百货、针棉织品等有关专业公司,改组为专业公司所属批发部(经营部)。之后,各归口商品均由专业公司对口向工厂、农村计划收购,重要商品由国家计划调拨,对零售实行计划分配。

50～60 年代初,在市郊设 20 多个蔬菜批发市场,实行计划分配货源下的进场交易、"三员"(市场业务员、菜区运销员、菜场采购员)议价成交制,"文化大革命"中改为购销站。1979 年 1 月,在上海市区和郊县结合地区恢复 22 个农副产品集市贸易市场。1980 年 11 月,市蔬菜公司第一经营部率先创办贸易货栈。此后,各国营专业公司恢复,开办交易市场和贸易货栈,进而发展部分农副产品批发集市和工业小商品市场。1995 年,全市有农副产品批发市场 250 多个。

1979 年、1984 年,先后建立上海生产资料市场、上海工业品贸易中心。1986 年 1 月,建立上海机动车市场。1987 年 3 月,建立上海市钢材市场。1993

年，商业储运公司开办大型工业品批发市场。90 年代初，相继开办文化用品、纸张和笔墨 3 个批发市场。

90 年代起，市郊开办占地上万平方米的超大型小商品综合市场和专业市场，有金山枫泾商场、南汇航头市场、川沙铁沙商场、青浦鞋城等。

粮食交易市场 南、北米市场。清光绪十二年(1886 年)起，湖北、江西、安徽等地经长江、黄浦江，船运至上海的米粮，多在南市丰记码头到王家码头间豆市街小涧泰、周义记等豆米行交易，称南市。苏州、无锡、常州等地从吴淞江船运抵沪的米粮，多集中在闸北新闸桥一带 10 余家米行交易，称北市。三十四年，形成南北两个米市场。1933 年，年成交量分别为 288.36 万石和 300.76 万石。1937 年八一三事变后，分别移址巨鹿路同义小学和厦门路同乐茶楼交易。1938 年 1 月，成立青莲阁米业茶会市场，交易大米等，1941 年停止。1945 年 11 月，在青莲阁重新成立上海市米业临时市场，恢复粮食交易，1946 年 6 月撤销。是年 7 月，重建南、北米市场。1950 年 5 月合并为上海市米市场。1953 年，成交大米 3.55 亿公斤。1954 年 5 月 23 日停业。

粉麸市场。清光绪三十年(1904 年)，阜丰等面粉厂参加棋盘街茶市交易。三十四年，成立首家面粉同业期货交易市场中国机制面粉贸易所。1920 年 3 月，中国机制面粉上海交易所开业，实行经纪人代客买卖，规定交易以茂新面粉厂绿兵船牌为标准，1922～1931 年成交 13.08 亿包，1937 年八一三事变后停市。1947 年 9 月，建粉麸市场，每天交易 3 万多包。1949 年 7 月～1950 年，成交面粉 80.79 万包(1777.38 万公斤)。1954 年停业。

上海粮油商品综合交易市场。1993 年 4 月，市粮食局、市粮食储运公司开办上海首家市级粮油交易市场。至 1995 年，成交粮油 28.99 万吨，粳米月均成交 0.1 万吨。

工业品市场 棉纱市场。清光绪末年，上海出现纱商公所。1920 年，上海证券物品交易所经营棉纱交易业务。是年 4 月，上海华商纱布交易所股份有限公司成立，交易棉花、棉纱、棉布 3 类。1939 年，上海棉纱市场成交价格影响全国棉纱、棉布、棉织品价格，全市有 72 家大小纱厂、483 家规模较大的复制工厂、635 家棉纱商店进场交易，日均成交 0.1 万件。1943 年，日伪统制棉纱，以市场原价 1/3 价格强行收购。1949 年 5 月，有纱商字号 580 家。1950 年，进场的有国营花纱布公司华东区公司，上海 87 家纱厂、109 家纱商，495 家染织、针织等棉复制品厂商，经纪人百余人。1951 年，国家对棉纱实行统购，11 月棉纱市场已无交易。

棉布市场。20 世纪 20 年代，上海棉布交易在盆汤弄洋布公会内进行，1930 年棉布同业公会设棉布市场。上海沦陷期间关闭，1946 年恢复交易，只经营中国纺织建设公司出品的棉布，买户有染织业商户、棉布商约 0.15 万家，日交易布0.6万匹。市场龙头细布、四君子元哔叽成交价成为全市布价的主要标价。1950年5月起，改由国营花纱布公司一家开售，1950年12月有会员793家。1954年9月15日，国家实行棉布统购统销，停止交易。

纸市场。1917年，机制纸商成立上海纸业公会，附设纸业茶会。1951年，上海市纸业交易所成立，1956年撤销。1995年，上海纸张交易市场建立。

工业品贸易中心。1984年10月，建立上海工业品贸易中心，1986年8月改上海日用工业品贸易中心。

原材料市场 木材市场。清咸丰八年(1858年)，上海木材市场领帖在董家渡路口一枝春茶馆开张。光绪二十四年(1898年)，建立上海木商会馆，和进口木材经营洋行形成对峙。抗日战争爆发，设专业茶会。1955年10月，市场撤销。

煤市场。1937年，在天津路405号成立煤市场，交易商品有燃煤、煤球、煤屑、柴炭等，日成交千吨以上。1949年5月，会员0.21万家，1953年结束。

钢材市场。1987年3月，上海市金属材料公司建上海钢材市场。1990年，上海市钢材市场管理委员会在全市设立16家钢材市场交易所。1987～1995年，鉴证成交钢材996万吨。

生产资料市场。1979年7月，上海生产资料交易市场在肇嘉浜路201号建立。1995年，总成交额20亿元。1987年，全市约有生产资料交易市场(贸易中心)30个。

二、期货市场

清光绪三十四年(1908年)，上海首家期货交易市场中国机制面粉贸易所成立，经办面粉、麸皮期货交易。1920年，为抗衡1919年日商在上海开设交易粉麸期货的取引所(交易所)，改组为中国机制面粉上海交易所。面粉以绿兵船牌为标准，交易以1000包为单位，叫价以1包为准。交易方法采取继续买卖制，1922～1934年成交面粉19.04亿包。1920年7月，上海证券物品交易所开业，期货业务有股票、棉纱、杂粮、面粉、皮毛，以股票、棉纱、棉花为主，棉纱以云鹤牌等16支纱为标准，1931年关闭。1921年2月，上海杂粮油饼交易所开业，交易品种有大豆、豆饼、豆油、小麦、红高粱和芝麻。是年，华商厂商为抗衡日商交易所，建立上海华商纱布交易所，经办棉纱期货交易。使用标准化合约，实行证据金制度。1930年，建立棉布交易市场，开办棉布期货交易。交易品种以龙头细布、四君子元哔叽和直贡呢等为主。抗日战争胜利后，重建粉麸市场，棉布交易市场恢复棉布期货交易。1953年11月、1954年9月，粉麸、棉布期货交易先后停止。1992年5月28日，上海金属交易所开业。1993年3～11月，开设上海粮油、石油、煤炭、化工、农资和建材6家交易所。1993年、1994年予以整顿，上海金属交易所和上海粮油交易所单位保留，煤炭交易所停止期货交易业务，农资、石油、化工、建材4家交易所合并成立上海商品交易所（1995年4月成立）。停止钢材、糖、煤炭、粳米、菜籽油合约交易，铝、铜、胶合板、绿豆、橡胶等9个品种可挂牌交易。至1995年，粮油、金属交易所交易额分别为7320.95亿、15756.4亿元。

三、集贸市场

集市贸易 清康熙、雍正年间，上海地区有82个集镇，各镇形成集市，有宝山花（棉花）市，嘉定布市，奉贤青村盐市，南桥海产市，松江泗泾、青浦朱家角米市等，各市成为江、浙、沪商品集散地。咸丰二年（1852年），上海县城内外、黄浦江沿岸、城隍庙周围、小东门、九亩田（今凝和路）一带，集市贸易兴旺。咸丰三年起，租界建集市菜场，当局规定商贩均须集中在场内买卖。1949年5月，全市有集市（露天菜场）300余处，专营肉类、家禽、蛋品的农副产品集市20余处，绝大部分分布在水陆码头附近，如大达码头毛鸡市场等。小商品市场散布全市，如满庭坊（广东路）小五金市场、大王庙（成都北路）鞋料市场、福民街（城隍庙）祭品市场等。1953年起，国家对粮、油、棉花、棉布实行统购统销，对蛋品、烟叶、皮革等实行计划收购，城乡集市贸易逐渐萎缩。1957年，市区开放2个蔬菜交易市场，建立4个副食品交易市场、1个药材市场，恢复22个禽蛋、南北货代理行。郊区恢复41个农贸集市，集市增至211个。全年市区集贸市场成交额2亿元，占市区零售总额9%。1958年人民公社化运动后，市区集贸市场再度关闭，郊县农贸市场大多被取消。1959年9月，恢复郊县集贸市场，至1960年4月建立苗禽、种子等专业性交易所36个，综合性副业、手工业产品交易市场146个，1961年2月有集贸市场235个。1961年1月，开放市区农副产品集贸市场16个。市区水陆码头附近和市郊接壤地区自发形成百余处集贸市场，最大的十六铺集市有300多个摊位。1961年2月、11月，中共上海市委两次发出通知，要求收缩市区全部集贸市场，进城的农副产品由国营商业收购站、代理行收购。1962年，全市城乡集市贸易市场43个，成交额11391.8万元。1963年3月，严格控制农民自产自销的活动范围，禁止商贩长途贩运，整顿清理商贩，集贸市场迅速缩小。1965年，市区在市、郊接壤地区保留17处集市。是年，市区集市成交额200.41万元，市郊1206.51万元。1966年，17处集市全部被取消，在菜场附近保留部分以卖葱姜、小水产为生计的摊贩，1975年全市有677户。郊县集市贸易严加限制。1979年1月，在浦东、南市、闵行、吴淞的市郊接壤地区恢复、建立22个农副产品集贸市场。9月起，在市中心区建立25个集贸市场，市、郊结合地区建立18个农副产品集散点。是年，全市城乡集贸市场328个。1980年，允许小杂粮、小油料、肉食品进入集市，商贩长途运销。

1981年4月,市蔬菜公司在十六铺开办贸易货栈,开始国营商业参与集市经营,禽蛋、食品、烟糖、果品、水产等市公司先后在市区建立17个贸易货栈(贸易中心)。1984年起,市区农副产品集贸市场经营批发交易。1995年,全市有农副产品市场420个,年成交额72.9亿元。工业消费品市场138个,年成交额56.9亿元。综合性市场164个,年成交额30.2亿元。其他市场3个,年成交额15.1亿元。总计年成交额175亿元。

交易市场 1995年,上海有知名交易市场12家,分别为安国路旧货市场(上海沦陷时期形成)、三官堂桥家禽批发市场(民国时期成市)、胶州路农副产品市场(1979年)、江阴路花鸟市场(1979年)、新永安路黄鳝批发市场(1979年)、七浦路服装市场(1979年)、柳林路小商品服装市场(1980年)、福民街小商品市场(1981年)、中山路笋市场(1982年)、华亭服装市场(1984年)、沪西综合市场(1985年)、浏河路花鸟工艺品市场(1985年)。

庙会 明清时期,上海各地区盛行庙会,1949年有130处,1959年有46处,“文化大革命”中全部停办。1980年,龙华庙会恢复。各地庙会以龙华庙会、静安寺庙会最知名。

龙华庙会。始于明末清初,农历三月半龙华寺有香火会,商贩纷至寺庙周围设摊,自然成市,成为上海地区规模最大的庙会。“文化大革命”中停办,1980年4月25日恢复,1990年500万人次参加。

静安寺庙会。亦称庙市,清光绪七年(1881年)四月初八浴佛节,香客众多,形成集市。后每年农历四月初七至初九或初十举行庙会3～4天,地域扩至华山路、南京西路、愚园路、胶州路、常德路。1961年,举办4天,400万人次参加,1963年停办。历史上共举办83期。

第六节 | 网点、商业中心、专业商业街 >>

一、网点

清咸丰五年(1855年)后,上海县城厢商业更趋繁荣,商店出县城厢由南向北发展。法租界公馆马路(现金陵东路),英租界宝善街(现广东路中段)、福州路、南京路、石路(现福建中路南段)等商店增多,上海商业遂分“南市”、“北市”。20世纪初,南市部分商店迁入租界或在租界开设分店。之后,南京路上先施、永安、新新、大新四大公司相继开业。上海商业重心移入租界,租界商店占市区总数47.2%。50年代,开设以上海市百货商店为总名,按序号命名的大中型百货商店,分布各区商业中心。形成曹杨新村曹杨商场等。1956年,私营商业社会主义改造后，统一规划全市商业网点布局。1957 年，在市中心区并网、拆网，有的商店移至市区边缘地区和外省市。各区、县都有一个或几个商业、饮食服务行业比较齐全的商业中心，居住小区基本配备居民“开门七件事”和相关生活需要的商业网点群。1978 年，全市商业网点营业面积 200 万平方米。1979 年后，对全市商业网点按“分级划片，成群配套，点面结合，以群为主，以点为辅”规划，网点布局分为市级、区级、居住小区、县级、乡镇等商业中心和村级商业点 6 类。1995 年，全市有 8 个市级商业中心，以大商场为“龙头”、中小商店配套的 32 个区、县级商业中心，65 个居住小区商业中心。零售商业、饮食服务网点营业面积 884 万平方米。1991～1995 年，投资 16 亿元，在 26 个省市开设 307 个商业网点(项目)。

1982 年，市政府规定新建居民住宅应按总建筑面积的 5.5%配建商业服务网点。80 年代，在市、区两级商业中心，建设和改造一批大中型百货商店和专业商店。1985 年，对南京路 20 多家商店投资 8.9 亿元进行改造。在市郊结合部、新工业区、新村居民住宅区，按 0.3 万人、1 万人、5 万人入住居民规模，兴建不同的商店群。在各县城建设和改造一个到数个综合商场，成为城镇购物中心。在乡镇建造和改造 202 个基层供销社及其网点，在行政村设置 0.2 万个代购代销店。1991～1995 年，全市商业建设年均投资近 100 亿元。改建南京路、淮海中路、四川路、西藏中路、豫园商场市级商业中心，建徐家汇商城、浦东新上海商业城、铁路上海站不夜城 3 个新的市级商业中心。

清光绪三十二年(1906 年)，上海有 60 个行业，0.32 万家商店(不含非行会会员和流动摊商)。1933 年，有 7.2 万家商店，其中华界 3.8 万家、公共租界 2.28 万家、法租界 1.12 万家。1937 年上海沦陷后，华界大批商店毁于战火，商店竞相迁入租界。1939 年、1949 年，零售商业、饮食服务业店摊 24.6 万户。50 年代初期，政府对零售业“取缔有害、淘汰多余、增补不足”，取缔赌具、典当、锡箔、神模等行业，减少旅店、酒菜、西菜、西服、洋货食物等行业的网点，在居民区增设行业网点。1956 年，全市私营零售商业和饮食服务业 96 个行业、13.57 万个网点。1957 年，裁并为 12.99 万个。1959 年 4.83 万个，1979 年 2.21 万个。80 年代后期，新行业增加，有家用电器、电子音响、电脑、美容、婚纱业等以及超市、专卖店。1995 年，全市网点 12.85 万个，市区、市郊分别占 44.92%和 55.08%。其中，食品、饮料、烟草行业占 63.12%，日用百货零售商业 10.37%，纺织品、服装、鞋帽 10.12%，日用杂品 2.3%，五金、交电、化工 6.05%，药品及医疗器械 0.59%，图书报刊零售 0.87%，其他零售业 6.57%。

二、商业中心

清道光年间，上海县城商业中心在十六铺、小东门一带(今中山南路、咸瓜街、东门路一带)。19 世纪 50 年代起北移,法租界公馆马路(今金陵东路)、天主堂街(今四川南路),英租界宝善街(今广东路中段)、布道街(今福州路)、麦家圈(今山东中路)、抛球场(今南京东路河南中路)一带,出现一批商店,形成商业区。1914 年后,以南京路为主的北市商业区和南市(上海县城厢内外)商业区,成为上海两个主要的商业中心。20 年代起,霞飞路(今淮海中路)、北四川路(今四川北路)、大世界、静安寺、曹家渡、徐家汇、提篮桥、大自鸣钟(今长寿路西康路)、北火车站(今天目路、宝山路)等处相继形成区域性商业中心。1937 年八一三事变后,日军侵占南市,霞飞路、北四川路成为上海新的商业中心。解放后,多次调整、改造、扩建、新建上海旧有商业街市。新建沪东工人文化宫、控江新村、五角场、彭浦新村、天山新村、沪西工人文化宫、曹杨新村、宜川新村、浦东上南新村、闵行一条街等区域性商业中心,发展各县城商业,形成新的地区商业中心。1990 年,市政府确认 8 个市级商业中心,简称"四街四城",分别为南京路、淮海中路、四川北路、西藏路 4 个商业街,豫园、徐家汇、新上海、不夜城 4 个商业城。

南京路商业街　全长 5.5 公里。上海开埠后一二年,在外滩一带怡和、仁记、宝顺等洋行在农田造屋开业。清咸丰十年(1860 年),老介福绸缎局开业。同治元年(1862 年),开设洋行 14 家、洋布庄 9 家、药房 1 家。此后同治年间,汇中饭店(今和平饭店南楼)、三阳南货店、杨庆和银楼等开业,商业向西延伸。光绪二十六年(1900 年)前后,外商开设福利、惠罗等百货公司,出现百货业。1917～1936 年,先施、永安、新新、大新等四大公司开业。30 年代,梅龙镇酒家、南京理发店、国际饭店开张。至此,有约 500 家店家。基本形成今南京路商业街格局。1949 年 10 月,上海首家国营百货商店今上海市第一百货商店开业。之后,今上海市第一食品商店、市花布公司、今上海市第一医药商店、上海金银饰品店(今老凤祥银楼)等商店开业。1956 年后,全路商店 400 家,社会商品零售额约占全市 14%。1995 年,有 600 多家商店、酒楼、宾馆。全路日均营业额约 4000 万元,日人流量 170 万～200 万人次。是年 7 月开始,周六傍晚南京东路(西藏路—河南路段)开放步行街。

淮海中路商业街　商业主要集中于东起龙门路西至常熟路约 2.5 公里的路段内。清光绪二十七年(1901 年),路筑成后八仙桥宝昌路东口开设泰昌祥洋服号等一二十家商铺。1920 年后,在今思南路至陕西南路段,白俄开设 60 多家商店,道路被称为罗宋马路。另有数十家华、洋商店,知名的有华商哈尔滨面包厂、捷商拔佳皮鞋公司、法俄希合资老大昌西式点心房等。1937 年后,创办于清光绪十三年(1887 年)的万金记西洋车料仪器店(今新光光学仪器商店)迁此,另有西门子钟表店(今上海钟表商店)等。全路店小而众,商品精良,环境幽雅,为上海高档商业区。1948 年,有商店 419 家、饮食服务店 62 家,其中西服店70家、时装店27家。1951年，开设上海市百货公司第二门市部、今长春食品商店、市贸易信托公司旧货商店（俗称淮国旧）等。1956年，连片的13家商店合并为国营上海市妇女用品商店，其他名店有益民百货商店、金龙绸缎店、黄山茶叶店、哈尔滨食品厂、上海食品厂、高桥食品厂、奇美皮鞋店等。90年代，大规模商业建设改造，建有华亭伊势丹、巴黎春天、太平洋百货、美美百货等大型综合性商店。

四川北路商业街 全长3.7公里。清光绪二十二年（1896年），和记洋服店开设。二十四年，道路西侧淞沪铁路通车，路两旁渐有店铺开设。大批广东人和日本人迁入，商店多广帮和日式店。20世纪一二十年代，有新亚酒店、利男居、广茂香烤鸭店、町田写真馆、米田理发店、内山书店等。30年代起，邮政大厦、凯福大楼等建成，月宫等戏院和歌舞厅开设，市面繁荣，成为上海主要商业街之一。上海沦陷期间，沿街90%的店铺为日本店。1947年，有商店500多家。1956年后，开设上海市第七百货商店、大祥食品店，扩大德昌西服店、凯福饭店等名特商店规模，迁入西湖饭店等老店。1994年，调整商店经营特色，形成南段、中段、北段3种不同风格的街市。1993年，有店家401个。

西藏路商业街 由西藏中路（南苏州路至延安东路）和西藏南路北端（延安东路至淮海东路）两段组成，全长1.5公里。路段先后建成于清同治四年（1865年）、光绪二十六年（1900年）。同治元年，建跑马厅后周边有零星小店开设。光绪九年，一品香旅社开业。1915年，南京路口新世界游乐场、1917年爱多亚路（今延安东路）口大世界游乐场先后开业。20～30年代，东方饭店等旅馆和大上海电影院、天蟾舞台等影剧场、书场建成。大新公司、米高梅等舞厅开张。相交的福州路、汕头路、广东路、北海路一带会乐里、群玉坊、三元里等处为上海妓院、向导社最为集中之地。福州路、广东路有报馆、书局群。形成以吃、住、玩为特色，文化发达的商业区。全路形成不同的商业街市。宁海路至金陵路段，以绸布业、鞋帽业为主。南京路至九江路段，以皮件箱包业、皮鞋业为主。北京路至厦门路段，以钢铁业、五金电料业为主。1947年，全街有商号233家。1951年、1953年，先后取缔妓院，取消舞厅。1951年，跑马厅改为人民公园、人民广场。50年代初，延安东路到厦门路段东侧有商店114家。1956年后，新开丰实果品店、川湘土产食品厂门市部、上海音乐书店等。1968年，开设上海首家24小时服务商店星火日夜商店。1979年，确定以大世界、新世界、星火日夜商店3个路段岔口为中心，发展旅游、餐饮、娱乐业，恢复吃住玩经营特色。1995年，全路段有店家214家。

豫园（老城隍庙）旅游商城 明末清初，出现上海县城隍庙庙市，清康熙年间形成固定庙市。咸丰年间，城隍庙大殿前西廊和附近街巷出现一批小店铺。同治至宣统年间增多，成为沪上热闹市场，有百余家店铺、茶楼和众多摊头。光绪三十三年(1907年),城隍庙前后的方浜、福佑浜填浜筑路,市场更为兴旺。1927年,小世界娱乐场,福佑、世界等商场和特色店开设。1937年八一三事变后,店铺大多歇业,迁吕宋路(今连云港路),称新城隍庙市场,原址称老城隍庙市场。1947年,老城隍庙市场有店铺276家、摊商300余个。解放初,淘汰、取缔香烛锡箔、测字算命等店摊,增设纸扇、筷子、南北土特产店,以及南翔小笼、面筋百页等小吃店。1956年,有263家店铺,其中餐饮店和茶馆32家。1973年8月,改名豫园商场,1992年5月名豫园旅游商城。1980年,恢复"小、特、优、全"经营特色,经营品种逾2万种。知名店有永青假发商店、上海筷子店、王大隆刀剪商店、五香豆商店,以及老饭店、绿波廊、湖心亭等菜馆茶楼。1994年,拆旧房,建成5幢商业楼。景容楼开设老庙黄金店。华宝楼摊位400多个,经营古董交易。

徐家汇商城 20世纪90年代形成,有大型商厦上海六百实业公司、东方商厦、太平洋百货公司、汇联商厦、港汇广场等。商店规模大,经营品种档次高。

新上海商业城 1992年始建,至1995年建成商业大厦18座,建筑面积80万平方米,有上海第一八佰伴新世纪商厦、新亚汤臣大酒店等。

不夜城 20世纪90年代建成,建有与上海火车站相配套商店群,大多昼夜营业,1995年建筑面积40万平方米。

三、专业商业街

清康熙年间,上海商业区主要在上海县城大东门、小东门、小南门一带,有大小街市60多个。广东、福建产品和转运的洋货店铺在洋行街(今阳朔路),蔬菜、瓜果、地货店铺在十六铺,米、麦、杂粮店铺在豆市街,棉布、棉花、线带店铺在花衣街,手工业品、竹藤器店铺在篾竹街,参燕药材店铺在咸瓜街,衣庄、鞋帽店铺在彩衣街(今复兴东路)。上海开埠前,上海县城东门一带有专门经营某类商品的街市。19世纪50年代,有豆市街、花衣街、彩衣街、鱼行街、蔓笠桥、香花桥、洋行街、篾竹街、硝皮弄、外咸瓜街。此后,在租界内形成专业街。20世纪20～50年代,棋盘街(今河南中路广东路)经营呢绒。兴圣街(今永胜路)经营绒线。北京路(今北京东路)经营五金,俗称五金街。福州路经营图书、文化用品,俗称文化街。同孚路(今石门一路)经营妇女服饰。昼锦里(今山西南路九江路)经营香粉绣品。石路(今福建中路南京东路南)经营典当期满服装,俗称估衣街。小花园(今浙江中路福州路、广东路间)经营各式女鞋。大新街(今湖北路)经营服装。宁波路经营装潢五金。威海卫路(今威海路)经营汽车配件。百老汇路(今东大名路)经营钢铁材料。虬江路经营旧机电旧五金。老闸桥南堍经营竹木柴炭。云南路(今云南南路)是小吃街。上海解放后,经公私合营及商业网点调整,除北京东路五金街、福州路文化街仍保持专业特色外,其余各街经营特色消失。80年代后，云南路、石门一路、威海路、宁波路等经营特色恢复，九江路、柳林路、乍浦路等形成新的经营专业街。1995年，全市有22条主要的商业专业街，主要有福州路文化街、北京路五金街、石门一路妇女服饰街、威海路汽车配件街、宁波路装潢五金街、云南路小吃街、乍浦路美食街等。

第七节 知名商店

一、百年老店

1995年，上海尚存的百年老店有雷允上国药店（1662年创办）、张小泉刀剪总店（1663年）、姜衍泽堂国药号（1697年）、吴良材眼镜店（1719年）、翁隆盛茶号（1738年）、王宝和酒家（1744年）、童涵春国药号（1783年）、王大隆刀剪商店（1798年）、阜昌参店（1838年）、鸿运楼酒家（清道光年间）、上海铜响器商店（1851年）、南洋衫袜商店（1851年）、万有全腌腊商店（1851年前后）、邵万生南货店（1852年）、豫园湖心亭茶室（1855年）、老介福绸缎呢绒商店（1860年）、杏花楼（1863年）、亨达利钟表店（1864年）、曹素功墨庄（1864年在上海设店）、老周虎臣笔墨庄（1866年在上海设店）、德昌参店（1868年在上海设号）、乐源昌铜锡号（1873年）、亨得利钟表店（1874年）、上海老饭店（1875年）、新光光学仪器商店（1878年）、黄浦纱绳五金商店（1888年）、老日昇织补店（1894年）。其他有京都达仁堂药店、余天成国药号、老人和饭店、鼎泰丰纸店、程裕新茶叶店、元利食品厂、德昌顺南货店、老凤祥银楼、王仁和食品厂、老大同油酱商店、梨膏糖商店、鼎日有福建土产食品商店、五芳斋点心店、葆大参行、南翔小笼包子馆、老正兴菜馆、广恒隆熟食店、老大房食品商店、乐添兴酒楼、采芝斋食品商店、三阳南货店、胡庆余堂国药号、王星记扇庄、一家春菜馆、永青假发店、光芒玻璃商店、汪怡记茶庄、沈大成点心店、大富贵酒楼、蔡同德堂药店、德兴馆、德大西菜社、老同盛南货店、丽云阁笺扇镜架商店、洪长兴羊肉馆、青春中药店、葛德和陶瓷商店、上海食品店、利男居食品店、铁画轩紫砂陶瓷商店、朵云轩书画社等。

二、大型商店

1995年，全市营业面积0.5万平方米以上或年销售额1亿元以上的大型商店有115家。

主要商店有豫园旅游商城（形成于清咸丰年间）、惠罗公司（1904年）、上海时装公司（原址为1914年创办的先施公司）、上海华联商厦（1918年）、宝大祥公司（1924年）、大不同商厦（1924年）、上海市第一食品商店（原址为1926年创办的新新公司)、丽华公司(1926 年)、培罗蒙西服公司(1928 年)、东海商都(1931 年)、上海市第一百货商店(1949 年创办,原址为 1934 年创办的大新公司)、新世界城(1945 年)、新凯福商厦(1945 年)、上海通利(万里)琴行有限公司(1949 年)、益民百货公司(1951 年)、上海友谊商店(1952 年)、上海电子商厦(1952 年)、上海市第一医药商店(1953 年)、上海工艺美术品服务部(1956 年)、上海不夜城股份有限公司(1985 年)、上海装潢总汇(1989 年)、东方商厦(1993 年)、长江口商城(1994 年)、上海服饰中心(1994 年)、上海巴黎春天百货(1995 年)、上海文化商厦(1995 年)、上海第一八佰伴新世纪商厦(1996 年)。

三、名特商店

1995 年,全市经区以上有关部门授予名特商店称号的商店共 427 家,其中经市商业一局、商业二局、供销合作社、新亚集团等有关部门确认或命名的,以及经国家商业部授予“中华老字号”称号的,除百年老店、大型商店外,共 212 家。主要商店乔家栅(1910 年开办)、上海体育用品总店(1910 年)、鸿翔时装公司(1917 年)、浴德池浴室(1917 年)、广茂香烤鸭店(1923 年)、王开摄影公司(1923 年)、正章洗染店(1923 年)、三阳盛南货店(1925 年)、上海古今胸罩公司(20 世纪 30 年代初)、上海全国土特产食品(集团)公司商场(1935 年)、中国照相馆(1937 年)、上海开开(集团)百货有限公司(1937 年)、梅龙镇酒家(1938 年)、盛锡福帽店(1939 年在上海设号)、小绍兴酒家(1943 年)、上海沪江美发厅(1946 年)、上海黄山茶叶公司(1951 年)、上海大千美食林(1994 年)。

第八节 | 粮食行业 >>

清嘉庆年间,上海县城豆市街有信祥等豆米字号(批发)。道光二年(1822 年),外地富商巨贾挟重资到上海小东门、十六铺一带开店设庄,经营粮食等农副产品埠际贸易。臼作碾米,粉坊(前店后工场)轧粉,门市零售。上海开埠后,臼作加工与门市分离,出现米店,经营零售。同治元年(1862 年)起,开设唐信昌等米店(号)40 多家及三泰等面粉麸皮店。五、七年,米行业(批发)、米号业(零售)先后设仁谷、嘉谷公所。光绪十二年(1886 年)起,鄂、赣、皖、浙省抵沪粮食,集中豆市街交易,江苏各地到沪粮食集中在吴淞江北岸新闸桥一带交易。三十一年,有米店 148 家。三十四年,形成南北两个米市场(现货交易市场)。设中国机制面粉贸易所,经营粉麦期货交易。1931 年、1933 年,先后建成上海第一个米业专用码头米行码头和第一座私营豆米专用仓库。1933 年,全市有米行169家，最大的年成交粮食20.43万石。米店0.15万家，年营业额5000余万元。切面店300多家。1947年9月，粉麸交易市场开业。1948年2月起，政府实行粮食全面配售和限价，粮价飞涨。1949年，米行353家、米店0.2万家、粮库7座。

1949年6月～1950年4月，上海粮价4次上涨。开设4个国营粮食营业所，委托94家私营粮店以低价代销大米，平抑粮价，确立国营粮食部门在粮食批发市场的主导地位。1950年，市粮食零售公司成立，开设国营粮店86家，粮食销量占全市50%。是年，限制私营大米批发商、经售商经营业务。1952年12月，有私营米店0.2万家、切面店0.19万家，国营粮店102家。1953年1月，禁止私商贩运粮食，米粮经售商停止经营。12月，0.15万家私营米店全部改为国营粮食公司代销店。1954年1月，上海市全面实行粮食统购统销，5月关闭米市场、粉麸市场，8月居民用粮开始实行定量供应。1956年1月，全市私营843家粮店、0.14万家切面店(厂、作坊)全行业公私合营。1963年起，开展粮食议价收购和销售。1972年，粮食减产，征购减少，收支出现大缺口，执行“四统一”(统一收购、销售、调拨、库存)高度集中的粮食管理体制。1974～1976年，每年收不抵支。1985年4月1日起，取消粮食统购，改为合同定购，实行平、议价“双轨制”，饭店、制酒、工业等行业用粮先后退出平价，改议价供应。1992年5月，金山县枫泾粮油交易市场开业，为上海市第一家县级粮油现货交易市场。1993年4月1日，取消粮票和平价粮食计划定量供应办法，敞开供应。4月28日，上海市粮油商品综合交易市场开业。6月30日，国家级上海粮油商品交易所(粮油期货交易市场)开始试营业。1993年，上海市建立地方粮食储备制度。1995年，全市国有粮食系统粮油收购点202家、粮油零售网点0.19万家、市级粮油批发市场3家、区(县)级粮油交易市场12家、粮油仓库239座、加工企业154家。粮油销售总额195.56亿元，粮油工业总产值25亿元。粮油现货交易成交1.49亿公斤。期货交易粮油675.21亿公斤，交易额1740.16亿元。

1956年，全市定征购公粮4.15亿公斤，实征4.53亿公斤。1984年，征购5.66亿公斤。1985年，改合同定购，实购2.83亿公斤。1995年，改市计划收购，收购2.14亿公斤。1952年，议价收购20498万公斤，占上市量82.72%。1995年3.76亿公斤。

1955年，全市统销粮食14.37亿公斤，1992年18.03亿公斤。1957年5月，全市城镇居民月均定量水平12.23公斤，1992年14.8公斤。

1979年，议销小杂粮、小油料和食油等20个品种粮油0.30亿公斤，1993年30.03亿公斤。

第九节 副食品行业

一、肉食品行业

清乾隆三十六年(1771 年),本帮鲜猪肉庄建同业行会香雪堂。1933 年,成立宰猪业同业公会。1937 年,全市有猪行 70 多家、专业宰作 24 家、肉庄千余家、肉摊 0.15 万家。抗日战争前,年销猪肉 80 万～100 万头。1949 年 5 月,猪肉批发商 125 家、肉庄 900 多家。

清光绪二十六年(1900 年),上海有顺兴等五六家牛肉店,1913 年有 140 多家。1919 年,建牛商业同业公会。1949 年,牛羊商业同业公会会员 500 余家,年经销活牛 6 万～7 万头、活羊 8 万～12 万只。

清道光十年(1830 年),浙江兰溪戴姓在上海县城内开设戴日涌火腿店。道光二十二年后,火腿开始出口,上海成为浙江、苏北火腿集散地。1937 年 7 月,全市有火腿行店 68 家,年销火腿 20 万只。1937 年,全市有腌腊行商 200 多家,年销咸肉 0.3 万吨(折猪 6 万头)。1949 年 5 月,火腿、腌腊业批发商 30 家、零售商 240 家。

1950 年,猪行、肉店 0.16 万家,火腿腌腊店 270 家,牛羊肉店 554 家。1954 年,上海市食品公司成立,经营肉类和禽蛋市销业务。1955 年,354 家私营批发商歇业或转业。1956 年,建立公私合营商店 334 家,私营肉店改为国营代销或经销店,摊贩以菜场为单位合作经营。1959 年,全市肉类供应网店分属 116 个中心菜场、726 个分菜场和肉店。1963 年,市食品公司组建猪肉经营部、牛羊肉经营部、熟肉经营部。1992 年,上海肉类商品批发市场开张。1993 年,上海市食品(集团)公司成立,1995 年销售总额 47.2 亿元。全市肉类供应网店分布在 224 家菜场、420 个农贸集市,另有 511 家肉店。

1950～1992 年,市内收购猪 8717.5 万头,1995 年 139.93 万头。上海市猪肉自给比重,50 年代 10%, 90 年代 30%。外省采购,1950 年 4.81 万吨,1995 年 10.7 万吨。

1950 年,全市零售肉食品 6.7 万吨,1995 年 28.26 万吨。1950 年,市区人均消费猪肉 9.83 公斤,1961 年 1.36 公斤,1995 年 29.5 公斤。

二、禽类蛋品行业

清光绪五年(1879 年),德昌鸡行开业,经营活鸡批发。1916 年,上海有鸡鸭行 13 户。1919 年,成立同业公所聚源堂。1927 年,有鸡鸭行 35 家,形成董家渡和十六铺南北两市。1921 年,有宰鸡摊五六十家。1929 年,成立鸡鸭业同业公会,鸡鸭业分出宰鸭业。1945 年抗日战争胜利后,鸡鸭行新设和复业共 27 家。1948 年,有鸡鸭行 98 家,年经销活禽 350 万~400 万只。

蛋品销售加工,初由咸鱼行或地货行兼营。清咸丰十年(1860 年),协记蛋行开业,开始专营加工、销售鸭蛋。三十一年,外商在沪设庄收购鸡蛋,1914~1918 年开设培林、怡和等 7 家蛋厂。华商蛋厂由 30 多家增至 100 多家。1916 年,郑源泰等 8 家蛋行合伙成立承余顺记蛋业公司,自营出口。1923 年,欧美各国限制进口中国蛋品,上海蛋厂减至 20 余家。1948 年,全市有蛋行 67 家。

1949 年 11 月,中国土产公司上海分公司经营蛋品内销业务。1950 年,接管、承购 6 家外商蛋厂。1954 年,上海市食品公司成立,设第四经营部专营禽蛋业务,销售禽蛋占全市 80%。1956 年年初,私营鸡鸭批发商 46 家除 1 户清产核资外,其余均歇业撤店。50 家宰鸭作坊撤销。孵坊业 10 家组成合营孵坊。蛋品 112 家批发商,80 余家批兼零转为零售户,5 户公私合营,其余歇业撤店。禽蛋零售业主要由菜场小商贩经销,家禽业有 820 家、956 人,蛋品业有 0.14 万家、0.15 万人,到 1958 年均转为合作菜场人员。1963 年,在各家禽批发部开设交易市场。1984 年起,开设光复等 6 个禽蛋贸易货栈。1985 年,开办市禽蛋公司贸易中心。1988 年后,市禽类蛋品公司先后建立肉鸭、家禽、蛋品、分割包装禽等 10 家联合分公司。

1954 年,国营公司市内收购家禽 35 万只、蛋类 36 万公斤,1995 年分别为 605 万只、4392 万公斤。1950 年,外省调沪家禽 966 万只、蛋类 1096 万公斤,1995 年分别为 70 万只、1923 万公斤。

1956 年,市区销售活禽 1640 万只,1961 年 421 万只,1992 年 1163 万只。1995 年,全市人均消费家禽 7.32 只。1953 年,市区销售蛋 1838 万公斤,1995 年 6496 万公斤。1950~1953 年,人均年消费鲜蛋 3~4 公斤,1960、1961 年不足 1 公斤,1995 年 13.66 公斤。

三、水产品行业

清代,水产品贸易有鱼行、海味行、鱼贩。鱼行有淡水、海水、咸干鱼行,集中在上海县城十六铺小东门大街(今方浜东路)。淡、海水鱼行都为牙行。咸干鱼行自购自销,间有代销。

清道光三年(1823 年),瞿长顺淡水鱼行开张。1948 年,市区有淡水鱼行 68 家。

清同治元年(1862 年),日本千岁丸轮船载水产品到沪贸易。此后上海进口咸干鱼和海味品等水产品日增,成为水产品进出口贸易大口岸。1912~1931 年,入超 3.61 亿多关银两。

清道光二十四年，兴号仁记海水鱼行开业，1936 年有鱼行 79 家，1948 年 137 家。

清咸丰五年（1855 年），福裕南海味洋货号开业，始有专营店号。初多属代销，因取二分佣金，称“九八”字号，后以自营为主。1936 年，全市有菜场鱼贩 0.33 万户，1949 年 5 月 0.8 万多户。

1936 年 5 月，上海鱼市场在定海岛（今复兴岛）开业，1937 年八一三事变后停业，1946 年复业。1938 年 8 月，日伪在齐物浦路（今江浦路）设华中水产股份有限公司上海鱼市场。

1950 年，国营上海鱼市场成立。1953 年 5 月，对 335 家私营商贩社会主义改造。1955～1959 年，0.67 万家鱼贩转入合作菜场。1956 年 2 月，成立中国水产供销公司上海市公司，统一经营上海水产品市场。1979 年起，个体鱼贩鱼摊迅速增加，1995 年 3 万余家。1995 年，全市水产批发市场 74 家，交易水产约 28 万吨。

1950 年，市外采购占上海货源 96.6％，1985 年起约占 40％。1961 年，有 3.73 万吨，1995 年 28 万吨。1958 年，市内收购海洋捕鱼 3.47 万吨，1995 年 21.1 万吨。

1952 年，全市零售鱼品 9.45 万吨，1995 年 21.02 万吨。

四、蔬菜行业

清道光三十年（1850 年），上海第一家蔬菜地货行唐恒泰号在大东门南油车街创立。以后，沿十六铺一批地货行相继开业。20 世纪初，沿苏州河乍浦路桥到新闸桥兴建一批地货行，上海形成十六铺、苏州河南北两个蔬菜集散地，同业公所时行堂（南市）、广厚堂（北市）建立。地货行代客买卖，收取佣金。1914 年，有地货行 58 家，1929 年 154 家。

清同治三年（1864 年），法租界外商按西欧样式，在菜市街（今宁海东路）搭棚建上海第一家菜场中央菜场，出租摊位。至 20 世纪 20 年代，上海建成大中型室内菜场 20 余个。同时，在集市地区划定地段建马路菜场。30 年代初，有菜场 49 个。1940 年，日军在西藏路桥堍划地 30 亩，建上海第一个蔬菜地货批发市场中央市场，1941 年又建南市分场，分别有 42 家、70 多家蔬菜地货行进场。抗日战争胜利后，22 个室内菜场改称市立菜场，允许在指定的 95 个马路地段由摊贩设摊。1949 年 5 月，市区有南北两大蔬菜批发市场，近郊有真如、大场、杨思、龙华等 30 多个蔬菜批发市场、集散地。全市有 500 余个蔬菜地货行、200 多个零售菜场，其中室内菜场 30 多个。1950 年，市郊供销合作社在市区建蔬菜营业所，郊区建蔬菜站。1954 年，私营地货行改为供销社代批。1955 年，对私营蔬菜地货行社会主义改造。1956 年 1 月，上海市蔬菜公司成立。是年，蔬菜批发企业全部转为国营。同时，有 274 个菜场、3.81 万个固定摊贩、4.34 万个从业人员，实行联购分销，组织各负盈亏的合作小组（称“小合作”）。1958 年，实行以菜场为单位，荤素统负盈亏（称“大合作”），摊贩都成为合作菜场人员。至此，全市蔬菜产供销完全纳入计划经济管理，购销的主要形式为计划上市、分配与价格。1985 年 5 月起，取消蔬菜统购包销制。1991 年 11 月起，市蔬菜公司除合同定购少量保淡保节的蔬菜外，实行生产部门自行种植、自行上市，价格放开。1990 年，各蔬菜购销站与市郊蔬菜生产队结束挂钩关系，全部办成以经营蔬菜为主的副食品交易市场。1992 年、1993 年，杨浦、虹口区副食品公司开办沪东、大柏树农副产品交易市场，经营蔬菜等批发，开零售办批发先例。1995 年，全市有零售菜场 235 个、集贸市场 200 个，经营净菜超市 149 家。市蔬菜总公司下属有 26 个批发市场，万吨蔬菜冷风库 5 座和万吨普通库 14 座。年经营量 100.1 万吨，金额 11.1 亿元，经销蔬菜占全市销量 70%。

民国时期，市区消费的蔬菜 1/3 产自市郊，2/3 产自外省。1949 年，分别为 12.64 万吨和 16.75 万吨，1995 年 66.8 万吨、33.14 万吨。

菜场零售，1950 年市区 30 万吨，居民人均日消费 180 克，1990 年分别为 57.3 万吨、210 克。集市贸易，1990 年市区 31.8 万吨，占市区总销量 1/3 以上，1995 年销售 60.58 万吨。

五、豆制品、筋粉制品行业

清光绪二十二年（1896 年），上海有豆腐作坊百数十家，建同业公所来仪堂。1937 年，全市有豆腐作坊四五百家，1949 年 5 月 880 余家。1956 年 1 月，豆腐作坊公私合营，归属市蔬菜公司。全市有 0.11 万户作坊。1971 年合并为 17 个厂。1995 年，有厂 25 家、个体生产户约 500 家。豆制品加工原料原本用黄豆，1954 年 9 月起改用豆片，1985 年起重新用黄豆。50 年代初，每年投料 3 万～4 万吨，1995 年 3.5 万吨。

第十节 油酱烟糖南北货行业

一、油酱行业

清乾隆元年（1736 年）起，上海县豆类、食油业分为批发和零售业。批发业有关货行、进出口包子行、内地行、本街批发行（亦称批发油行）。零售业主营食油，兼营酱油、食盐调料等。嘉庆年间，豆市交易扩大，东北、山东等地商人运大豆及豆油、豆饼到沪，开行设铺。豆市集中地称豆市街（今南市区小南门外）。

同治十三年(1874年),成立油酒公所。光绪中期,形成油豆饼市场,在采菽堂、同春芳茶楼洽谈交易,除现货外,还有“路货”(订立成交单,不预付定金)交易。宣统年间,有酱酒店100余家。1921年,建立上海杂粮油饼交易所,专做大豆、豆饼、豆油、小麦、高粱等期货交易。1933年,国内各地食油、大豆、豆饼通过上海集散,年转口及外运食油300万担以上。1947年,建立食油交易中心,亦称油业市场。1949年5月,油酱业同业公会有会员0.26万家,杂粮油饼业有私营批发商839家。1950年5月,油豆饼和油业两个市场合并。9月,中国油脂公司华东区公司上海市公司成立,1951年,全市批发、零售商0.23万家。1953年,食油货源全部由上海市油脂公司供应,核发购油证。1954年3月,食油实行统购统销,全市有食油经销店0.36万家。是年,油豆饼市场关闭。1956年1月,私营油酱店0.2万家全部公私合营。1958年,油酱摊贩986家,建区合作油酱店。1964年,市区有97个中心店,辖20个代批店、764家油酱店,油酱合作商店252家,个体代销摊贩406家。1995年,全市有粮油零售店0.19万家,销售食油16.8万吨。

1953年,收购油菜籽1298万公斤,1995年9965万公斤。1954年,调入外地食油8725万公斤、非食用油1619万公斤,1995年分别为10867万公斤、33万公斤。1954年,全市销售食油6246万公斤。1995年,销售食油1.69亿公斤,人均月消费0.8公斤。

二、食盐行业

唐贞元五年(789年),华亭县白砂乡(今奉贤县境内)有徐浦储盐场。五代后汉乾祐年间,建浦东、青墩(后改青村)盐场。南宋乾道、淳熙年间,华亭县有浦东等5个盐场,年产盐7万～12.8万袋(每袋150公斤)。元至元十五年(1278年),上海年产盐7.49万引(每引200公斤)。明末至清,因长江泥沙淤积和海水含盐度降低,裁并盐场。1912年,有青村等4个盐场,1933年剩袁浦一家。上海地区由浙江余姚、岱山等盐场供盐。抗日战争胜利后,改从福建、台湾等地调盐。1950年6月,盐运由国家统筹管理。1952年,袁浦盐场产盐1.89万吨,从外省调入3.66万吨。1979～1983年,调入外省盐占总盐源量93%。1983年、1984年,漕泾、袁浦盐场先后撤销,上海结束海盐生产。1986年起,用盐全部从外省调入,是年18.81万吨。1995年14.42万吨。1914年,销盐0.43万吨,1950年2.30万吨,1995年16.27万吨。

三、糖烟酒茶行业

糖商业 清道光元年(1821年),上海县城隍庙点春堂为糖商集议之所。1927年,糖商业分南市点春堂、北市集益堂两帮。1930年,两帮合并建上海市糖业同业公会。1946年5月,台湾糖业股份有限公司成立,对食糖实行垄断性配售。1951年,全市糖经营店家减为138家。1953年下半年,食糖实行统购统销。1954年,对85户糖业私营批发商社会主义改造。1956年,成立上海市茶食糖果公司,1958年改为上海市糖业烟酒公司,管理食糖经营业务至今。1951～1952年,购进食糖0.56万吨,1991年11月起上海可直接向产区采购食糖,1995年12.8万吨。1953年,全市销售食糖2.38万吨,1995年10.51万吨。

酒商业 清乾隆九年(1744年)后,绍兴王宝和店主王桂臣子王仁山在上海县城小东门开设王宝和绍酒店。同治九年(1870年),成立酒业四明敦厚堂。光绪年间,设酒业公所,宣统年间改土黄酒公所,1928年改酱酒号同业公会。清末,酒业以酒商籍贯、经营酒类分为汾酒业、绍酒业、粱烧酒业。1949年5月,三业分别有700多家、300多家、194家。1956年,有0.12万家经营户,其中夫妻店0.1万家。1953年,粮食实行统购统销,酒坊停业。1951年9月,成立市专卖事业公司,1952～1953年先后对啤酒、白酒、黄酒统购专卖。1985年,实行酒类经营许可证制度,全市核发酒类经营许可证批发企业242家、生产企业107户、零售店1.96万户。1995年,获准生产酒厂69家。民国时期,酒大多采自江浙。1936年,白、黄酒货源分别为1.5万、1.9万吨。1953年,市糖业烟酒公司采购3.12万吨,1995年4.31万吨。1953年,销酒3.23万吨,1995年4万余吨。

茶食糖果商业 清道光、咸丰年间,上海有元利、利男居等茶食店,自设工场或前店后场。上海市茶食商业同业公会成立,会员413家。1914年,马宝山食品厂附设门市部,销售糖果饼干。1922年,有糖果饼干店27户。1925年,成立上海市饼干面包糖果食品商业公会。1948年零售店830家。

上海开埠后,洋酒食品店在虹口等地开设。1920年,在霞飞路(今淮海中路)开设万兴食品店(今第二食品商店)。1928年,成立泰西食物公会。1939年,公会改为洋酒罐头食品同业公会,会员100余家。

1937年,全市专营汽水批发商4家,1946年22家。

1950年,全市茶食、糖果饼干、洋酒罐头3业经营户0.11万家。1956年年初,全市茶糖业经营店0.13万家。1956年1月,成立上海市茶食糖果公司,1958年与中国专卖事业公司上海采购站、上海市公司合并组成上海市糖业烟酒公司。

1934～1936年,每年进口饼干23.2万公斤,1947年15.6万公斤。1995年收购0.41万吨。20世纪50年代,年均收购市内糖果1.42万吨,1986年后每年约0.5万吨。

1953年,全市销售糖果0.56万吨、饼干0.55万吨,1995年分别为0.64万、0.39万吨。

四、茶叶业

约清乾隆二十五年(1760 年),在上海县外咸瓜街开设程裕和茶庄,是上海今存最早的茶叶店。道光十七年(1837 年),在老北门开设北裕泰茶庄,后改称汪裕泰,设 7 家连号店、3 处加工场、1 个驻摩洛哥外销办事处,民国时期为上海规模最大的茶叶店。上海开埠时,有茶叶店(茶庄)20 余家,1934 年 84 家。1950 年,有 327 家,其中零售 258 家、批发 69 家。1954 年,内销茶叶纳入统购统销。1955 年 7 月,29 家批发商除午昌公司专代国营公司加工外,均改营零售。1956 年 1 月,274 户茶叶私营零售店公私合营,合并为 137 家。1981 年,有专营店 37 家、兼营店 800 多家。1995 年,市区有茶叶专营店 0.14 万多家。知名茶叶店有翁隆盛、程裕新、汪怡记、黄山茶叶公司等。

1950～1953 年,全市年均收购茶叶 0.2 万吨,1988～1992 年,年均 0.25 万吨。1957～1992 年,专业公司年均批发销售茶叶 0.13 万吨,1995 年 504 吨。1957 年,全市专营零售店销茶叶 799 吨,1995 年0.32 万吨。

五、烟杂业

19 世纪末,卷烟输入上海,之后肥皂、矿烛、火柴、火油输入,出现烟杂店,形成烟杂业。清光绪二十八年(1902 年),上海租界有卷烟店五六十家,1938 年近千户。1950 年,烟杂店 0.88 万户,遍布大街小巷。1951 年,上海市专卖事业公司成立,1953 年 11 月,统购包销卷烟。1954 年 8 月,烟商进销卷烟纳入国家计划。1956 年年初,全市烟杂店 0.94 万家,其中 393 户公私合营,420 家组成合作商店,0.86 万家连家店组成合作小组。1955 年 5 月,有个体烟杂摊 0.71 万个,1956 年年底组成合作小组,1964 年有烟杂摊 0.24 万个。1992 年,全市卷烟经营户 3.23 万家。

1959 年 8 月起,卷烟实行凭券供应,1991 年 4 月起全部敞开。1957 年,全市销售 14.93 万箱,1993～1995 年 106.65 万箱。

六、南北货行业

南北货行业有海味、北货、桂圆檀香批发业和南货零售业。19 世纪初,吴淞北货交易商迁上海县城十六铺小东门。19 世纪 50 年代末,海味业与糖业分离,部分海味业客商在上海城隍庙点春堂内组成同业组织。清咸丰五年(1855 年),潮州人开设上海最早海味商号福裕南海味洋货号。90 年代中期,南市小东门洋行街(今阳朔路)、咸瓜街、新开河一带海味商号聚商成市。民国初,有坤元北货行等知名的北货行。20 世纪 30 年代初,有 50 余家北货行,大多集中南市小东门阳朔路一带,1937 年前各类批发行号 60 余家。清末民初,桂圆檀香业开设有大来等商行，集中在今金陵路、海宁路和小东门，南货零售业开设较早的有清道光三十年（1850年）公馆马路（今金陵东路）协源祥、咸丰三年花园弄（今南京东路）邵万生。1949年，全市约有店0.1万家。1956年，海北桂全行业公私合营，上海市食品杂货公司成立，各区建立区店或中心店。1979年，成立上海果品食杂代理行、货栈，产销直接交易，随行就市。1995年，全行业有批零企业492家。

1958年，采购南北货1.72万吨、1737万元，1995年分别为7.93万吨、7.89亿元。1958年，全市销售南北货1.86万吨、2332万元，1995年7.51万吨、8亿元。

七、果品行业

清道光三十年（1850年），上海首家行栈唐恒泰蔬菜地货行开业。咸丰十年（1860年）前后，以经营水果为主的行栈发展至20多家，成立水果同业公所时行堂。形成本地、宁波、潮州、广东和苏北5个帮别。20世纪初，出现拆摊，专营水果二手批发。上海成为南北水果集散地。1937年上海沦陷后，日伪在十六铺中央市场设立青果株式会社，垄断大宗水果的经营。抗日战争胜利后，美国花旗蜜橘、金山苹果大量涌入市场。水果零售，初以个体商贩沿街叫卖为主。清末民初，出现专业水果店。1920年后，有赵福兴等知名水果店。1949年，全市有水果行栈130家、零售店188家、摊贩0.7万家。1956年，13家私营水果批发商、47户从事水果批发的拆摊户公私合营。1958年，组成上海市果品杂货公司。次年起，市郊西、甜瓜生产纳入计划，苹果、柑橘作为二类商品，实行派购，1984年下半年取消果品统购包销。1988年，建上海果品（集团）联营公司。1990年起，形成十六铺、中山西路宜山路、曹杨路真如地区三大水果批发市场。1995年，全市有批发市场140多家、个体商贩1万余家。

1959年，全市收购苹果、生梨、柑橘、香蕉四大水果8.06万吨。1995年，水果货源逾55万吨，其中进口6万吨。1959年，销售四大水果6.97万吨。1995年，销售水果55万吨，全市居民人均消费40多公斤。

第十一节 | 日用工业品行业 >>

一、百货行业

上海开埠前，杂货店集中在上海县城小东门十六铺一带，经营棉纱线、腿带、板刷、草纸、旱烟、香烛、灯芯、灯油、扇子、日用小五金制品，兼营油盐酱醋及零星食品。清道光二十年(1840年)前后,部分杂货店转向经营苏州、杭州和北京手工业品和工艺品,新绣品、挂件、玩具、靴鞋,以及雕翎、朝珠、顶戴等朝服饰品,称京货店。出现香粉店和丝线店等专业店。三十年,上海首家广货店广兴祥开设,经营广货及洋袜等。其后,广东商人到上海开设广货店,大多在界路(今河南中路)棋盘街一带。咸丰十年(1860年)前后,京货店、广货店大户扩大经营范围,成为京广杂货店,营销京广等地商品,兼营洋货,扩大针棉织品和化妆品经营。叶振大京货店最早改为振大昌京广杂货店,并于清光绪六年(1880年)开始兼营批发业务。同治九年(1870年)前后,部分京货店、广货店扩大洋货经营,改称洋广杂货铺。出现专营欧美货物的西洋庄和专营日本货物的东洋庄。宣统三年(1911年)前后,成立洋广公所,1918年分立为东庄公所和西洋公所(华洋杂货联益会)。洋广杂货业分化为批发与零售两支,大户与洋行建立特约经销关系,中小户以经营零售为主,设立货品玻璃样柜。

1914年,上海有东、西洋庄一百四五十家,批发销往外地的商品占全部销售80%以上。1917年,大型批发商业年营业额100万~200万两白银,一般批发商业30万~50万两,获利颇丰。洋广杂货零售店,清光绪二十年(1894年)前有100多家,宣统二年(1910年)前后约200家。光绪十九年,老城隍庙修复后,汇集成市,成为日用小商品集散地。1921年,上海出现第一家标名"百货"的商店组美百货商店。1923年,洋广杂货店归并百货业,按经营品种分为大百货(钟表、缝纫机等)、小百货(针、带、线、扣、洗涤用品等)、硬百货(钢精、搪瓷制品等)、软百货(针棉织品等)等4类。1917年10月,旅澳华侨马应彪、黄焕南创办上海首家中国人办的集购物、餐饮、娱乐于一店的先施公司。1918年,旅澳华侨郭乐、郭泉建永安公司。以后,新新、大新公司先后开业,形成影响全国的上海百货业四大公司。

五四运动后,抵制日货,提倡国货,部分东洋庄大中型批发商开设棉织厂、制罐厂、肥皂厂、橡胶厂、针厂、钢精厂等,挂国货字号招牌。1932年,专营国货的中国国货公司诞生。1930年,上海有大型百货公司7家、中小型百货商店700家。是年5月31日,上海特别市百货商业同业公会成立,会员店号统一挂"百货"招牌。次年11月9日,主营批发的上海特别市华洋杂货号同业公会成立。1942年,以先施、永安、新新、大新、国货公司等为主体的环球货品同业公会成立。1945年,有百货业会员店0.26万家,其中批发商、零售商各为0.13万家,另有环球货品商25家。1949年,有百货批发商297家、零售商0.11万家、环球货品商12家。

1949年10月,成立国营上海市日用品公司,设立门市部。1950年5月,改组成中国百货公司华东区公司和中国百货公司上海市公司,分别负责华东区各省市公司收购沪产日用百货商品调拨全国,和市内百货商品批发、零售和行业管理。1952年11月，华东区公司的采购供应业务划出，建立中国百货公司上海采购供应站，负责沪产日用百货的采购和全国调拨业务。1950～1952年，上海调往全国日用百货4.35亿元，约占全国总调拨量60%。1952年起，国营百货商业对私营百货生产厂扩大加工、定货、包销，1955年掌握全市百货工业产值88%的货源。1954年9月，专营批发的华洋杂货业全行业改造，业务由国营百货公司代替。1955年，上海市百货公司在市区设8个专业批发部和39个批发所。1955年11月，永安公司公私合营。1956年年初，私营百货零售商全行业公私合营。钟表、眼镜、橡胶、搪瓷、钢精制品、刀剪、皮件、赛珍饰品、牙骨塑胶等13个行业，共0.22万家，从业人员0.72万人，合营后调整为0.15万家；摊贩0.67万家，组成398个合作小组。1965年，上海百货站收购商品8.28亿元，调拨供应全国占86.3%。市内批发销售3.94亿元。

1959年起至"文化大革命"期间，商品匮乏，肥皂、火柴、口杯、缝衣针等日用商品长期供应不足，全市有43种百货商品实行凭日用工业品购货券、购货证和布票供应。80年代起，百货商品实行多渠道批发。1978年，上海百货商业国营批发收购17.92亿元，调拨供应全国占90.55%；市内批发销售9.88亿元。1989年，全市日用百货批发经营单位增至0.13万家。商品工业自销与国营商业批发的比率从1982年1∶9.19，发展为1989年1∶0.9。百货商品批发由国营一、二、三级批发站层层分配的体制结束，上海市与重点主销地区建立多种联合。

1989年，全市有百货零售网点0.45万个，另有陶瓷、日杂、烟杂、鞋帽、五金、医药等店家兼营百货。1995年，有550家大中型零售企业兼营批发业务，占行业网点的50%。1991年5月，上海首家连锁超市联华超市曲阳店开业，全市开始发展超市业，1995年全市百货业系统有超市72家。1996年1月，上海开设全国首家中外合资百货店中日合资第一八佰伴新世纪商厦。1995年，全市有百货零售商店0.31万家，其中营业面积0.5万平方米以上的商厦64家，年销售额1亿元以上的百货商店49家。百货商业营业面积74.8万平方米，占全市商业营业面积8.5%。营业面积年平均每平方米营业额3.5万元。年销售额262亿元，占上海社会消费零售总额27%。零售业从业人员6.01万人，人均营业额43.6万元。

钢精搪瓷业 1955年，收购铝锅124.57万只，销售124.1万只，1995年商业收购844万元，销售908万元。1950年，购进搪瓷面盆76.81万只、口杯44.58万只，销售65.8万只、100.7万只，1995年收购搪瓷制品693万元，销售653万元。1952年，国营商业购销保温瓶275万多只，1979～1990年年均608.44万只。

胶鞋业 1952年，购销1522.60万双，1995年78万双。

缝纫机业 1952年，上海百货公司收购缝纫机200架，1985年213.99万架。上海百货站向全国200多个二级批发站和缝纫机专业店批发，1955～1984年销售家用机2855.69万架，占全国商业总销售37.77％。1985年起，生产厂自销产品，1995年约占全部产品98％。是年，国营批发商收购6.35万架。1985年，销售35.8万架，1995年1.66万架。

钟表业 1956年起，国产钟由上海百货站收购，是年收购104.65万只，1986年200万只。1986～1990年，收购657.63万只，以后生产厂扩大自销，1991～1995年商业年均收购20万只。1953～1983年，销售钟6773.19万只(不含外贸)，约占全国商业总销售40％。1986～1990年，销售667.96万只(包括调拨市外)，1995年22.65万只，其中市内销售3.45万只。1958年前，表全部依赖进口。1958年，上海开始生产手表，至1985年上海百货站收购1.02亿只。1985年，手表退出计划管理范围，生产厂自销增加。1991～1995年，商业收购1030万只。1949年，销售进口表7.1万只，1958～1985年销售国产表1.03亿只，约占全国总销售量1/3。1995年，上海百货总公司批发销售228.98万只，其中市内54万只。

洗涤用品业 1957年，收购肥皂330万箱，约占全国22％。1985年，收购271.31万箱。1959年，收购洗衣粉0.41万吨，1990年4.67万吨。1953年，收购牙膏7743万支，1991年3.43亿支。1957年，销售7661.3万支，1991年2999.98万支。销量历年占全国销量60％以上，1995年约20％。

化妆品业 1956年，购销5665万元，1990年7.2亿元，1991～1995年年均2.93亿元。

二、文化用品行业

清咸丰元年(1851年)，李鼎和笔庄在上海开设。同治元、三、九年(1862、1864、1870年)，苏州周虎臣笔墨庄、安徽歙县曹素功墨庄、毛载元笔庄先后到沪设店。此后，宣统元年(1909年)、1936年屯溪胡开文、湖州杨振华先后到沪设店。上海形成前店后工场、批零兼营的笔墨行业。1916年，有笔墨庄10余家。笔墨销国内各地及日本、朝鲜、南洋群岛。1948年，有商店185家。

清咸丰年间，有闽庄、浙庄、赣庄、川庄等土纸业帮庄，各帮庄有纸号一二十家。1912年，上海景纶堂纸业公所成立。清光绪年间，洋纸(机制纸)输入，多数纸号改营机制纸。1944年，纸业号0.1万家，投机盛行，多以“白报纸”(新闻纸)为筹码，操纵市场。1949年5月，全市有纸号789家。

清咸丰十年(1860年)，英商在沪开设伊文思书馆，推销文具、书籍。光绪四年(1878年)，德商礼和洋行推销印刷机、轧墨机并经营油墨。以后，英、德、日等商设10多家洋行销售文具、仪器。二十五年，华商钟氏等创立中国教育机械馆，为中国首家华商仪器文具专业店。宣统二年(1910年)，上海有仪器商店三四家、文具店四五家。1919年后，马利水彩颜料、民生墨水等国产文化用品问世。1949年5月，商店270家，有仪器、文具、金笔、油墨、打字机、纸制品、航模、渔猎用品等专业商店。

清光绪三十年(1904年)，法商路易开设良济药房，经销罗密照相材料。宣统二年(1910年)，日商千代洋行，稍后美国柯达公司、德商矮克发公司等在沪推销照相器材。20世纪30年代，周东绥开设首家华商照相材料专业店冠龙照相材料行。1949年5月，全市有专业商店30家。

清宣统元年(1909年)，连宏生创办连长记球拍号，1912年改连长记体育用品商店(今上海体育用品总店)，前店后工场。1948年，全市有专业店6家。

清道光三十年(1850年)，英商开设谋得利琴行。光绪二十一年(1895年)王阿毛创办祥兴琴行，为中国首家华商开设的西洋乐器商店。1949年5月，全市有西洋乐器店5家、民族乐器店1家。

1949年5月，全市文化用品行业有0.1万家商店和一批摊贩。10月起，国营上海市贸易总公司和中国百货公司华东区公司承担上海文化用品采购、市外调拨和对上海市场的供应，对重点商品如纸张、金笔等商品实行包销。1952年年初，全市有仪器、文具商店457家。1955年，中国文化用品公司上海采购供应站和上海市公司成立。是年，对纸张、仪器文具、照相器材行业私营批发商社会主义改造。1956年1月，私营商店0.1万户全行业公私合营。1958年仪器、文具零售店调整为309家，其中16家打字机号、店合并为上海唯一的打字机专业商店。是年，李鼎和、周虎臣、杨振华等8家笔庄，胡开文、曹素功等4家墨庄分别合并成立老周虎臣笔厂、上海墨厂。采购实行“就厂采购”制度，建立购销关系工厂775家。1979年，实行对市外供应和市内批发一条鞭专业经营。1990年，批发商业销售额13.52亿元，约占全国文化用品销售额20%，70%销市外。90年代，开设美术装潢、测绘仪器、健身器材、人体模特等专业商店。1995年，全市文化用品经营户378家，上海文化用品总公司销售总额16.23亿元，居全国行业首位。

仪器文具业 1953～1980年，上海生产的仪器文具由上海文化用品站统一收购，1978年7130万元，1990年4.36亿元。1955年，全市销售3.05亿元。1990年，上海文化用品批发公司销售4.57亿元。

笔墨砚业 1957年，收购钢笔3313万支、铅笔1.7618亿支，1984年分别为5500万支、3.59亿支。1956年，钢笔调拨市外2952.4万支、市内零售97.59万支，铅笔分别为1.5亿支、1604万支。1984年，钢笔调拨市外4889万支、市内零售246万支，铅笔分别为2.82亿支、5644万支。1953～1990年，销售钢笔16亿支、铅笔106.60亿支。

纸张业 1952年起，沪产纸张全部由市百货公司统一收购，1957年收购薄纸 7.18 万吨、版纸 8.47 万吨，1984 年分别为 6.81 万吨、11 万吨，1995 年收购 2.25 亿元。1957 年，调市外薄纸 6.14 万吨、版纸 2.81 万吨，市内销售分别为 2.85 万吨、5.87 万吨。1984 年，调市外薄纸 0.72 万吨、版纸 0.34 万吨，市内销售 6.76 万吨、14.15 万吨。1995 年，市内外销售版纸 2.79 万吨。

照相器材业 1953 年，上海百货站从苏联、东欧国家进口。1956 年后，照相器材批发业务均由国营商业经营。1980 年、1983 年、1985 年，商业部百货总公司分配给上海市日本相机 36 万架。1983 年，始进口富士、柯达等外国 135 彩色胶卷。1965 年，上海调拨市外照相机 6.39 万架、市内销售 1.06 万架，1995 年分别为 0.51 万架和 23.35 万架。1960 年，调往市外胶卷 262.28 万卷、市内销售 61.48 万卷，1984 年分别为 1266.27 万卷和 168.2 万卷。

三、纺织品行业

清代，形成布业（土布）、纱业、绸缎业、洋布业、棉布业、呢绒业等行业。民国时期，有夏布业、青蓝布业、纱布业、飞花业、弹花业、絮棉业、蚕丝业、人造丝业、零布业、里衬业、旧花布业、绸布染业、丝棉业、绫绢业、呢绒业、喜幛业等 20 余个行业。1948 年，全市有 17 个同业公会。土布、棉纱、棉布、绸缎和呢绒 5 个行业有批发、零售商号 0.34 万家，有纱、布、绸 3 个交易市场，以及众多的居间商和摊贩。

清初，上海县城内有布庄 70 多家。康熙年间，布庄主在豫园建造得月楼绮草堂为议事办公之所，民国初定名上海土布业公所。20 世纪二三十年代，手工织布业衰退，1949 年全市有土布庄 73 家，月销土布 3 万余匹。

清道光三十年（1850 年）前后，上海县城大东门出现第一家专销洋布的洋布店同春字号洋布抄庄。光绪十六年（1890 年），有同业一百三四十家。1914～1918 年，出现专做国产棉布生意的批发字号，洋布店兼营国产棉布。1912 年，协大祥棉布庄开办。1920 年，有棉布业批发字号 300 余家、零售店 142 家。1926 年前后，销量占上海全行业总量 70％～80％。1930 年，国产花色布问世，出现专营印染批发字号。1937 年，全行业有 800 余家。1937 年上海沦陷后，零售店减少 40％。1938 年起，内地口岸棉布需求转旺，棉布庄增加至太平洋战争前夕的 0.28 万家。1943 年，日伪统制纱布，强行低价收买商业棉布 340 余万匹，棉布零售商减至约 700 户。抗日战争胜利后，协大祥、宝大祥、信大祥“三大祥”成为上海三大棉布商号。1949 年 5 月，全市棉布商约 0.22 万家，70％为批发商，全业资产额合龙头细布 350 万匹价。居间商最多时有 0.12 万余人。

清光绪十六年（1890 年），洋纱大量输入上海，是年达 17.7 万件，出现专营棉纱商号。二十八年，上海纱业商会成立，之后外地坐庄开设，出现棉纱茶会市场。1931 年，全市有纱号 86 家、各省客帮 99 家，另有居间商 73 人。1939 年，设棉纱交易所，实行经纪人制度。上海沦陷期间，开设纱号161家，棉纱成为市场投机筹码。1943年1月，汪伪政府强制收买上海纱商棉纱3.1万件，约占纱业总出产3/4。1946年3月，成立上海棉纱商业同业公会，1949年会员586家，会外约300家，居间商440人。90%纱业店在今黄浦区。

上海开埠后，苏州绸商及其他产区绸商，到沪设庄经销绸缎。清道光二十七年(1847年)，创立同源亨绸庄。咸丰十年(1860年)，介福绸缎铺开业(后改老介福绸缎局)，上海有同业20余家，清末逾百家。1930年，上海市绸缎业同业公会成立。1948年，有批发绸庄370家、零售绸缎局186家。

19世纪50年代，上海县城京广杂货店开始经销外国呢绒。60年代初，虹口百老汇路(今大名路)始有人设摊卖呢绒。19世纪末，摊商扩充建立字号，上海有何锦丰等20多家。清光绪十六年(1890年)，成立呢绒行业同业组织崇义公所。民国初，呢绒业向英、法租界扩展，开设联兴等20余家，分成虹口西服拆货帮和棋盘街华服大路帮。1914年后，呢绒批发字号发展，主要分布在景行里等处，称"里弄字号"。外地客商始在沪设坐庄，地区帮口设在各商栈内。1923年，租界内呢绒商号成立同业组织同益会。1931年，全市有呢绒商号84家，大型百货店、绸布店、服装店兼营呢绒，棋盘街成为呢绒商业中心。1949年5月，有专业批发商78家、零售商41家。

1949年9月，建立国营上海市花纱布公司和中国蚕丝公司，后分别改称纺织品公司和丝绸公司。1950年，全市纱、布、呢、绸和土布5业，有私营商号0.15万家。1951年1月，国家对棉纱实行统购，上海棉纱均由花纱布公司收购。1953年，中国花纱布公司上海采购供应站和上海市公司成立。1954年，国家规定土布不得在市场自由买卖，土布业消失，私营棉布批发商减为224家。1955年11月、1956年1月，私营棉布业、呢绒业全行业先后公私合营，全市有私营棉布零售商349家、呢绒零售商11家。此后，棉布、绸缎、呢绒3业统一为纺织品行业。1956年9月，全行业有一级批发站(上海纺织品站)1个、二级批发站11个，国营零售店13家、公私合营零售店249家。1957年，全市有公私合营绸布商店233家。上海纺织品站向全国28个省、市、自治区256个二级站供货。1985年起，纺织品经营放开。1995年，全市有批发商16家、零售商340家，销售额8亿元。

机织棉布，1950～1990年上海纺织品站收购356.63亿元，年均8.7亿米。向全国批发销售356.42亿米。1970年11.86亿米，1990年降至1.57亿米。1953～1984年，销售棉布55.63亿米，年均1.74亿米。

化纤布，1958～1990年上海纺织品站收购55.42亿米，向全国批发销售55.39亿米。1961～1984年，上海市内批发销售15.912亿米，1990年1.29亿米。

绸缎，1966～1970年上海纺织品站收购1.65亿米，1976～1980年1.6亿米，1986～1990年1.15亿米。1966～1970年、1976～1980年、1986～1990年向全国分别批发销售为1.6亿米、1.59亿米、1.1亿米，占全国总销量17.6%、10.09%、2.54%。1980年，上海市内批发量3062万米，1995年1892万米。

呢绒，1915年国产呢绒上市，上海货成为主要货源。1952～1990年，上海纺织品站收购5.81亿米。1952～1990年，向全国批发销售5.79亿米，1990年744万米。1962年，上海市内零售108万米，1995年519万米。

土布，1914～1922年年均销2340余万匹，大多为南通土布和江西夏布，上海本地产占1/10。抗日战争胜利后，90%为南通、江阴、常熟等地条格布、线呢。

四、针织品行业

清道光三十年(1850年)，广东余乾初在棋盘街开设广兴祥洋广杂货店，经营洋巾、洋袜、洋纱团等。同治五年(1866年)，上海有10多家洋广货店，集中在棋盘街一带。

19世纪80年代，丝线店经营进口毛冷(后称毛绒线)，用作女性扎发辫，俗称头绳。80年代末，有洪顺裕等近20家丝线店。清光绪十一年(1885年)起，绒线用作编织衣帽，销量扩大。二十六年，兴圣街成为毛冷专卖街市，有店10多家。1934年，蜜蜂、皇后、将军等品牌沪产绒线、开司米等上市，羊毛制品销售扩大。

清宣统元年(1909年)，上海有32家店专营兼营纱线、巾、袜等。1921年后，针织品行业从百货行业中的软百货中分离。1925年，广昇祥开设南洋袜厂南号，成立六合公司，成为大型衫袜经销店。经营针棉织品的百货商店，都以经营的主要商品作店牌，如上海帐子公司、兄弟衬衫商店。用“袜厂”作店牌的最多，1934年有36家挂袜厂店牌，1943年增至104家。

1949年，全市有针织品批发商200多家、零售商360家。1955年，上海针织品采购供应站成立，统购包销上海产针棉织品，向全国调拨供应。1956年，全市批发商26家、零售商264家公私合营。工商归口管理。生产厂大部分归口工业部门。商业批零分工，批发由上海针织站统一经营，向全国调拨供货，向上海市场批发。零售由市百货公司管理。1994年，上海针棉织品公司申请破产。1991年，全市有针棉织品零售商店0.18万家。

1961年，收购汗衫背心71万打、棉毛衫裤8万打，1984年分别为1172万件、756万件。1957年，销售汗衫背心4758万件、棉毛衫裤596.88万件，1991年为1435.52万件、638.93万件。1952年，全市零售针织内衣455万件，1995年2148万件。

五、服装鞋帽行业

清乾隆六十年(1795年),上海县城出现苏广成衣铺,所做成衣采用苏州工艺、广州款式。嘉庆二十二年(1817年),有沪、苏、甬帮,至1920年又有常、锡、镇、扬、杭帮。道光二十八年(1848年),川沙赵春兰在美学艺回国后在上海县城设洋服铺,专做女式服装,女式洋服被称为"时装"。光绪二十二年(1896年),浙江奉化江良通在上海创设第一家西服店和昌西服店,形成专做西服的红帮裁缝。20世纪初,唐瑛等开设上海第一家华商时装店云裳时装公司。1917年,金鸿翔创设鸿翔西服公司,创作多种款式时装。1927年,时装业同业公会成立,会员70余家。

清嘉庆五年(1800年),上海县城内四牌楼有前店后作场的皮货店。1912年,上海有14户皮货店,形成裘皮商业。同治元年(1862年),包平和靴鞋庄由苏州迁上海,开设上海第一家鞋店,至光绪二十六年(1900年)广东路一带成为男鞋店集中地。同期,姚利成设计缎制尖口女鞋,畅销后改做绣花鞋,1930年形成小花园地区(今福州路、浙江路间)女鞋街市。光绪二年,沈永兴鞋作开设,制作皮鞋。十六年,广东人方其泰开设第一家皮鞋店泰昌皮鞋店。

清初,帽子由杂货店兼营。嘉庆十年(1805年),开设陈天一帽店,专卖瓜皮帽。道光三十年(1850年),苏州马敦和帽店迁(上海南京路),生产红缨官帽及瓜皮帽。1927年,全市有97家经营店,成为独立行业。

1948年,全市有西服、时装店993家,皮货店近百家,皮鞋店855家,布鞋店222家,帽子店和作坊91家。

1952年"三反"、"五反"后,全市993家西服店、时装店减少1/3,鞋帽店歇业200多家,估衣、裘皮业经营萧条,经营布服装和机缝行业则由848家增至0.2万家。1955年,全市服装摊0.61万个、皮革鞋料摊772个、皮匠摊(担)1.08万个,创历史最高。1956年,全行业公私合营。1958年,成立上海市服装鞋帽公司。服装鞋帽业2.35万户店、社、场、摊,分别归口市服装公司、鞋帽公司。摊贩组成249个合作社。服装鞋帽业产、供、销纳入计划。1956年,开设上海第一家国营时装商店南京路时装商店。1958年,全市有服装店0.41万家、鞋帽店摊1.01万家。1962年起,服装、鞋帽经营实行工商分工,商业经营服装商店及附属工场生产的服装。80年代,服装、鞋类放开经营。

1956年,上海服装业经营定制和来料加工占80%。1962年起,成衣销售比重扩大。1975年,市服装公司收购服装1374.18万件,发料加工1972.77万件。1995年,收购2406.34万件。1960年,全市零售服装431万件,1995年4449万件。1952年,全市销售皮鞋96万双,1995年1852万双。

六、自行车行业

清光绪十一年(1885年),英商怡和、德商禅臣等洋行将自行车及零件列为五金杂货类输入上海。二十三年,诸同生创办同昌车行,经营自行车零配件销售和自行车修理。1915年,上海有车行20余家。20年代,同昌车行、得利车行分别独家经营英商邓禄普洋行总代理的三枪、兰苓等牌号自行车。20年代末,上海始有飞马等8种牌号国产和进口件组装自行车上市。抗日战争胜利后,国产整车扳手牌自行车上市。1949年6月,有脚踏车商业户13家,借租商业555家,橡胶车料商业45家,小店、小摊约0.1万家。1955年,上海产自行车91%为国营公司收购,是年有自行车经营商0.11万家。1966年,有233家自行车及零配件商店、290多个体修理户。1980年,上海交电站向全国303家批发单位直接供货。1987年,有零售商店0.13万家。90年代,农工商新亚集团、闸北工贸、华兴和深圳嘉利成为上海自行车市场4大户。

清光绪三十四年至1937年,上海进口自行车及摩托车1534万两关银,1946~1949年1206.02万元。50年代中期至1979年,自行车由国营公司统购包销,1960年收购自行车78万辆,1985年456.9万辆,1995年97.10万辆。1958年,全市市内销售自行车4万余辆,1995年235.91万辆。1983年起,摩托车向个人销售,1986年销售8.40万辆,1995年10.60万辆。1990年,开始销售助动车,至1995年销售约38万辆。1956年起,上海交电站向全国各地批发销售自行车,1959年36.5万辆,1979年287.69万辆,1995年92.6万辆。

七、家用电器电料行业

清光绪二十年(1894年),上海电气公司电气处设样子间陈列电气材料,供用户选购租用,电气材料全部由英商怡和、美商西屋、德商禅臣等洋行经销。次年,第一家华商电料行陈森记电料行开办。20世纪初,上海有电料商店近10家,从业人员10余人。1922年冬,美国奥斯邦和张姓华侨,建国内第一家无线电收音机销售商中国无线电公司。1924年,美商开洛公司开业,上海福康、先施、永安销售开洛收音机。10月,亚美无线电股份有限公司开设。1914年,上海第一家唱机行宝芳百代公司开办。20年代,电唱机到沪,唱机商行与无线电商行始合为一体。1929年,上海电器行业会员增至100余家,鸿康等各大电料行及先施、永安等百货公司经营收音机,东新桥一带聚集一批无线电零配件专营商店。上海沦陷后,电器商店增至210户。1949年,全市有电器业会员750户,非会员249户。芝罘路成为无线电器材街。美国慎昌洋行、RCA胜利公司等独霸上海收音机、电器市场。1952年"三反"、"五反"运动,电器行业经营半停顿,营业额比上年下降36%。上海交电采购供应站成立,负责对上海地区交通电器商品的采购和全国调拨商品。1954 年 8 月，上海市交电公司成立，负责向上海市内市场供货。1956 年，全行业公私合营。767 家私营经营商 340 余家摊贩组成合作社和合作小组。1957 年，中国交通电工器材公司上海分公司成立零售业务部，各区成立区店或中心店，管理并向本区交电零售店批发商品，延续到 80 年代初。全市区、县基层店总数保持 100 家左右。自此，全市家电商业形成一级批发商上海交电站、二级批发商上海市五金交电公司和三级批发商各县五金交电公司。1978 年，家电生产厂设门市部扩大自销，各地大中型零售商店直接向生产厂进货。1988 年，上海交电家电商业(集团)公司成立。1992 年后，发展市内外和进口品牌产品总代理。1995 年，全市交电家电行业商店 0.44 万家，销售额约 25 亿元。

清光绪十六年(1890 年)，上海口岸进口电气材料 14 千两关银，1936 年 5350 千两关银。1978 年，上海交电向全国各地批发销售占上海销售总额 80%，1995 年 30%。1957 年向市外批发销售胶质电线 28098 万米、电灯泡 3281 万只、电风扇 1.98 万台，1986 年分别为 6443 万米、4315 万只、102.13 万台。1995 年电灯泡 622 万只、电风扇 3.71 万台。1963 年，调市外收音机 21.57 万台，1984 年 336.9 万台。1981 年，向市外批发销售电视机 103.08 万台、洗衣机 0.94 万台、电冰箱 0.4 万台，1987 年分别为 153.94 万台、46.5 万台、9.8 万台，1995 年 14.74 万台、2.95 万台、3.43 万台。

1922 年，中国无线电公司销售收音机 500 台。1963 年，全市市内零售 1.14 万台，1995 年 80.94 万台。50 年代初，国产录音机上市，1960 年半导体收音机上市，1963 年黑白电视机开始向个人销售，1982 年销售家用冰箱、洗衣机，1983 年彩色电视机向个人销售，1985 年始销摄像机，1989 年始销家用空调器。1995 年，全市零售电视机 47.14 万台、洗衣机 2.75 万台、电冰箱 4.63 万台、空调 4.63 万台。

八、金银饰品、珠宝玉器行业

清乾隆三十八年(1773 年)，杨庆和银楼在上海县城内小东门开设。嘉庆年间，老庆云姓记、裘天宝德记等银楼在上海县城内创设。道光年间，创设老凤祥裕记等银楼。光绪年间，银楼业向租界转移，光绪十二年(1886 年)老凤祥银楼迁南京路营业。三十二年，公共租界有银楼 65 家、法租界 10 家，金铺 15 家、银炉业 6 家均在公共租界内。1930 年，全市有银楼 65 家，1947 年 152 家。全行业分大同行(同义组)、新同行(凝仁组)、小同行(仁义组)。大同行始称于咸丰五年(1855 年)，行内各商号均开办于清，有杨庆和、庆云、景福、裘天宝、凤祥、费文元、庆福星、方九霞、宝成。光绪二十六年，规模较小的银楼开设，称新同行，1912 年始称小同行。1949 年 6 月 10 日，上海市军管会取缔金银外币投机活动，禁止黄金、银元流通，全市186家银楼全部歇业。1952年6月，中国人民银行华东区分行上海金银饰品店开业，以收购旧饰品为主，1971年起备制少量金银饰品供出口。1980年，恢复接受市民旧饰品加工。1982年，市政府允许金银饰品店黄金饰品限额内销，9月恢复对外营业。1989年，南京路老凤祥银楼恢复。1993年，全市经营店(含兼营)150余家，1995年300余家。

清康熙五十八年(1719年)，澄明斋珠宝玉器铺在庙前街(今方浜路)马姚弄口开设。至上海开埠，上海县城城隍庙罗神殿旁茶楼和香雪路、新北门一带成为珠宝玉器聚集地，业主苏州、南京人居多。太平军战争中，苏州、南京珠宝玉器商避难上海，在上海县城四牌楼和租界洋泾浜两岸设摊交易。同治八年(1869年)，珠宝商在侯家浜(今侯家浜路)建吴县珠玉公司仰止堂交易汇市。生意兴隆，吸收南京帮珠宝商人入市交易。十一年，祥顺泰珠玉铺在租界内二马路(今九江路)开张，珠玉业始转向租界。光绪三十二年(1906年)，公共租界内有27家，法租界有5家。1920年，上海有专营珠宝玉器56家，兼营古玩、钻石、珠花16家。1951年，有专营40家，兼营46家，其中五六家为白俄侨民小本经营。1956年，按区成立区店，归属上海市综合贸易公司。1966年，全市15家珠宝玉器店全部并入振昌珠宝玉器店，并改名上海珠宝玉器店。1981年后，珠宝玉器大多与金银饰品一起经营。1996年，在老城隍庙建珠宝玉器市场。

1982年8月，上海友谊商店古玩分店和豫园商场工艺品商店凭兑换券供应黄金饰品，年销0.4万克。1986年，实行定点公开销售，1988年，全市销量超过2吨。1995年，销售10吨，有6大类300多种品种。

九、家具行业

清乾嘉年间，上海县城内形成家具行业街。清后期，家具店扩展到城外，形成紫来街(今紫金路)的红木街和红庙弄(今石潭弄)的白木家具街。上海开埠后，西式家具进入上海市场，专营的有外商美艺公司、碧树公司等。同治十年(1871年)，泰昌木器公司、光绪十四年(1888年)毛全泰木器公司、1921年水明昌木器公司等知名华商西式家具专营公司开设，自设工场，生产经营成套西式家具。永安等四大百货公司设家具部，经营英、法、德、美等进口家具。上海家具业分成中式家具业和西式家具业，形成中式、西式和高、中、低档以及旧家具等7条家具商业街。1936年，有家具店83家。1941年，成立上海市西式木器商业同业公会，会员100余家。1946年，成立上海市中式木器商业同业公会，有商店260余家、木工作场0.1万家。1949年，经营店增至312家。解放初，高档家具、红木家具业萧条，作场停工歇业。1956年，全行业公私合营，全市有家具店 425 家，1966 年剩 53 家。同年，成立上海家具总店，下属专业家具店 37 家。1989 年 10 月起，家具放开经营。1995 年，全市有家具店 0.2 万家，全国各地 300 余家厂商、25 个国家和地区家具商设销售点。

1966 年，全市销售单件家具 16.9 万件、成套家具 866 套，销售金额 1360 万元。1990 年，上海家具公司系统家具店销售单件家具 3.12 万件、成套家具 1.69 万套，销售金额 1.06 亿元，占全市销售额 22%。1958 年，上海解放后第一批外销家具出口苏联，1990 年向各国出口 10.54 万件。

十、寄售、拍卖行业

上海旧货行业分为旧货买卖、寄售和拍卖 3 个行档。清光绪十三年(1887 年)，万金记旧货店在百老汇路(今大名路)开业。其后，估衣商业兴起，设店多在上海县城小东门和老西门一带。后大多迁石路(今福建中路)，1933 年全路有估衣铺 150 多家，称估衣街。北京路(河南路浙江路段)出现综合性旧货店铺。出现称为“交行”的流动转手商，业主不设铺面，专事搜罗旧货转卖给旧货店摊。出现经营旧货的掮客，在长乐、湖心亭等茶楼，批发交易旧缝纫机和皮货等物品。1941 年，上海首家寄售商店金刚公司寄售部在亚尔培路(今陕西南路)开业。1942 年，全市有旧货店 193 家。形成沪西、闸北、老西门、襄阳路等旧货交易市场。抗日战争胜利后，没收的日伪敌产物资和美国剩余物资大量涌入市场，店、摊剧增。虬江路一带旧货市场和北京东路旧生产资料市场规模扩大。中央路、新康路(今沙市一、二路)一带成为推销救济物资、美国剩余物资和走私洋百货的市场，称中央商场。旧货业务扩展到加工改制、修旧翻新等。业内形成木器等 22 个业别组。1949 年，有旧什货商业同业公会会员 372 家，此外还有衣庄(估衣业)300 家。1950 年 9 月，不少歇业当铺转业，开设旧货店和寄售店。1954 年，有旧货买卖 750 家、寄售店 74 家、拍卖行 13 家。9 月，上海首家国营旧货店淮海旧货商店(人称淮国旧)创办。1956 年 1 月，私营旧货业全行业公私合营，全市有旧货店 456 家、寄售店 63 家、拍卖行 9 家。另有摊商 112 家、摊贩市场 39 个、摊贩 0.91 万家。1958 年，经营生活资料的旧货店改日用品调剂商店，拍卖行业务基本停止。1965 年，全市有旧货店 203 家，“文化大革命”初，一度被封闭，1968 年后以处理查抄物资为主。1973 年，恢复旧货寄售，有旧货店 10 余家。80 年代起，旧货网点大量增加。1983 年，宜昌路和中华新路 2 个旧货市场开放。80 年代后期，旧货店转向销售新货。1995 年，全市有旧货店 40 余家、个体和合作经营的店摊 790 家。

清同治十三年(1874 年)，英商开设上海首家拍卖行鲁意斯摩拍卖公司。19 世纪末，首家华商拍卖行益中公证拍卖行开办。初拍卖商品主要是发生纠纷的进口商品，光绪十六年(1890 年)扩大到海关罚没物品、航运中水渍货、银行典押品、保险公司及法院裁决物品。19 世纪末，始有拍卖家具及贵重物品。1949 年，有拍卖行 25 家，1955 年 11 家，1956 年公私合营后并为 7 家，1958 年全部撤销。1990 年 7 月 22 日，上海拍卖行首次开拍。1995 年，全市有 24 家拍卖行，举行 206 场拍卖，拍卖总额 6.96 亿元。

第十二节 | 医药行业 >>

一、中药行业

元大德三年（1299 年），松江府官医提领所设惠民局，官营药物制作和销售。明万历三年（1575 年），奚述山在川沙开设长生药材店。清康熙三十四年（1695 年），姜衍泽堂药铺开业。乾隆四十八年（1783 年），童涵春堂中药店开业。嘉庆二十五年（1820 年），上海县城内有药号 20 余家。道光十八年（1838 年），阜昌参号开业，参茸业从中药店分出独立。咸丰十年（1860 年），苏州雷允上诵芬堂药号设分店。苏州宋公祠药店迁沪，制售青盐陈皮，为上海中成药咸制品之始。光绪元年（1875 年），广东药商设鹿芝馆，经营广帮中成药。八年，蔡同德堂从汉口迁沪。19 世纪末 20 世纪初，上海中药店有近百家。专业参号 15 家，后阜昌、德昌、葆大、元昌成为上海四大参店。1913 年，北京同仁堂开设京都达仁堂。1916 年，药材行 40 余家，上海成为全国中药材集散地之一。是年，杭州胡庆余堂设分号。上海中药行形成本帮（江南帮）、广帮和京帮，童涵春堂、雷允上诵芬堂、蔡同德堂和胡庆余堂为沪上四大中药店。1921 年，徐重道药号开设，广设分店，后至 16 家。1936 年，全市中药店约 500 家、药材行 108 家，年销售额银元 3000 万元，经营品种 0.1 万余种。1949 年 5 月，药材行 246 家、参茸店 75 家、中药店 778 家。1954 年，上海市药材交易所成立。1955 年，中国药材公司上海市公司（1958 年改上海市药材公司）成立，下半年取代私营药材行批发业务。1956 年 1 月，全行业公私合营，有药材行 146 家、参号 67 家、中药店 777 家。1958 年起，发展上海本地产中药材，成立制药厂。中药店前店与后场（生产工场）分设，市和各区以各药号后场为基础成立中药饮片切制工场（后改厂），供应区内中药零售店所接配方所需药材。上海市药材公司批发部成立，承担全市中药材、参茸和中成药的批发业务，实行按区销货，由区药材公司向区内零售药店分配货源。1965～1980 年，全市中药店稳定在 560 家左右。1995 年，批发机构 63 家、中药店 657 家、专业参店 25 家。

1952 年，国营土产公司收购中药材 105 种，1990 年市药材公司收购 858 种，1995 年收购金额 1.64 亿元。1955 年，市药材公司始向雷允上国药号收购六神丸、六味地黄丸2种中成药，1995年向全市中药厂收购中成药749种，总额5.87亿元。1955年，人参列为二类商品，统一收购与计划分配，野山人参自行采购。是年收购人参0.88万公斤，1990年10.78万公斤，1995年总额1.24亿元。

1955年下半年，上海始向全国批发销售中成药，是年药材560万元、成药25万元，1995年分别为3458万、1.2亿元，另参茸1482万元。1957年，上海市内零售2431万元，收受药帖1768万帖，1995年为18.4亿元、1995万帖。

二、西药行业

清道光二十三年(1843年)，英商怡和洋行开设，兼营西药。光绪十三年(1887年)，上海有8家洋行兼营西药、12家屈臣氏等外商药房。药房以经营欧美成药为主，兼营医疗器械、化妆品、烟、酒等，在市内和外地设分店或联号40余处。十四年，顾松泉在福州路创办上海第一家华商药房中西药房。此后，华商药房中法、五洲等开设。宣统三年(1911年)，有华商药房28家，经营药品200余种。外商药房24家，另有22家洋行兼营西药。1914年第一次世界大战爆发后，华商药厂发展，日商药房从6家增至15家。1936年，华商药房166家，外商药房75家。中西药房等4家在22个省113个城镇设立领牌联号187家，还在印度尼西亚、泰国、新加坡设立5家领牌联号。1937年上海沦陷后，出现大批药品摊贩，出售走私抗生素和维生素补药等。1947年，出现西药交易市场。1949年5月，西药商户636家，剩美商科发药房1家外商药房。1952年，成立中国医药公司上海分公司，经办上海市和邻近地区药品批发业务。成立中国医药公司上海采购供应站，负责收购国营药厂产品和私营药厂的加工订货、统购包销，接收国家计划进口西药和向全国调拨沪产医药产品。1953年，上海始向全国调拨沪产药品。同时，开始承办国内自然灾害、流行性传染病等急需药品供应，经常贮备急救药械，延续至今。1953年年末，有私营零售店301家、批发商89家。1955年，私营医药批发商全部歇业。1956年，全市296家私营药房全行业公私合营，撤并为242家。1965年，全市1239家农村合作商店兼营西药。1972年，出现中西药同营药店。1976年，全市药房减至143家，为解放后最少。1979年后，放开西药商业经营。90年代起，医院向药厂直接进货扩大，中国医药公司上海采购供应站业务收缩。1995年，全市有西药批发单位57家、零售商店210家。

1956年，向药厂收购药品2.11亿元，1990年4.68亿元。1956年4月起，上海负责华东六省一市二级批发站调拨业务，1958年调出4.55亿元，1990年5.19亿元。1953年，上海市内零售总额3671万元，1990年1.52亿元。

第十三节 生产资料行业

一、金属材料行业

上海开埠后，英商怡和、德商禅臣等洋行经销英、法、德等国五金商品及金属材料。清同治九年（1870 年），叶澄衷等经营上海首家华商钢铁原材料商店可炽铁号。19 世纪末，同顺昌铜锡号开设，是上海第一家有色金属材料经营商店。1914 年，成立铁业公会和铜锡公所。铜锡业分手工业作坊和有色金属材料商号两类。1918 年，有钢铁商号 33 家、铜锡号 100 家。1919～1932 年，5 家钢铁大商号倒闭，行业经营萧条，至 1937 年恢复。抗日战争胜利后，上海成为全国进口金属材料集散中心。1948 年，受国民政府强制限价影响，全行业几乎全部停止经营，年底全市有钢铁商号 330 家、铜锡商号 415 家。1951 年，国家对 8 种金属材料实行统筹分配。1955 年 5 月，272 家私营钢铁商号公私合营，批发零售业务全部由国营商业经营。1956 年 1 月，323 户私营铜锡商号公私合营。1957 年 5 月，上海市物资局成立，承担全市金属材料计划平衡分配和供应，部分供应委托市五金机械公司代理。1958 年 12 月起，商业部门不再经营金属原材料，1959 年建上海市金属材料供应公司，负责全市地方企业所需金属材料的统一订货和组织供应，不再供应民用金属材料。由此，商业部门加工销售的刀、剪、锁、钩、铁锅因原料中断而断档脱销或停产。是年，按国务院要求，恢复民用原材料经营。1979 年，开设 2 个民用钢材门市部，始向居民供应白铁管、小元钢等材料。1980 年 9 月起，优质钢材 9 大品种与金属制品和有色金属中的硬质合金、稀贵金属 18 种品种退出计划分配。1992 年起，所有钢材品种基本取消计划分配。至 1995 年，计划分配尚剩铜、铝。1980 年，上海市金属材料市场建立，1984 年扩展为金属材料贸易中心。1987 年，上海钢材市场成立。1992 年 5 月，上海市政府和国家物资部联合组办国内首家国家级期货交易市场上海金属交易所。1978 年，全市有金属材料经营户 1 家，1995 年 3.92 万家。

1959～1995 年，国家分配上海钢材 994.55 万吨。1980～1995 年，上海地方自筹 1389.78 万吨。其中 1980 年 2.82 万吨，1995 年 221.34 万吨。1979 年，销售钢材 67.65 万吨，全部为国家计划内供应。1995 年 193.36 万吨，全部为市场供应。1979～1995 年，销售钢材 2480.67 万吨，其中计划内占 47.34%。

二、石油行业

清同治二年（1863 年），外国石油（时称洋油）输入中国，供在华外国人点灯之用。九年，英商麦边洋行开办，最早经销煤油（时称火油）。光绪十九年（1893年），瑞记洋行在浦东陆家渡建上海第一个储油池库，煤油销售由按箱、听起售改为散装出售。此后，二十年美国美孚石油公司、三十三年英国亚细亚火油有限公司、1919年美国德士古煤油公司先后在上海设立经营机构，形成垄断上海石油商业的洋商三公司。初期，都以买油送灯推销煤油，1913年销量14万吨。此后，开始经销汽油、柴油和润滑油脂，在上海建油库、转运站、储油站和加油站。20年代初，华商光华火油公司开始经营煤油，1927年自建油池仓库，1930年专销苏联油遍地（U·P·T）石油产品，成为苏联石油在华经销商，产品商标定为光华牌。遭洋商公司联合降价挤压，财产为洋商公司收购，并改销三大油公司油品。

洋商三大油公司除自设机构营业外，还特约华商经销，俗称经理行。向烟杂店和五金店分销零售用的煤油、润滑油。设立汽车加油站，由华商承包。1940年前后，在北苏州路近河南路一带先后出现益泰等10余家华商机油行，向苏州河运船商贩供应煤油、机油，运销内地。太平洋战争爆发后，日军设军用燃料供应分社，管制石油产品。丸善石油、中华出光兴产、石油联合等3家株式会社控制上海石油市场，在浦东高桥建储油所。1946年6月，中国石油有限公司在上海成立，经营管理全国的石油及其产品的生产、储运和销售。7月，设上海营业所和杭州、南京2个营业分所，所辖营业区包括江苏、安徽、浙江、江西4省及南京、上海2市，经营的石油产品定名国光牌。1947年9月，上海营业所有中国石油有限公司第一、二储油所。洋商三公司扩大市场。德士古公司从高桥油栈建江底输油管直达江湾飞机场，管输油料。全国成品油销售由中国石油公司和洋商三大公司、光华公司共同组成油料分配委员会，对石油实行管制，负责安排，限额分配。后两者销售额占市场销售总额90%以上。

1949年5月，上海市军管会接收中国石油有限公司。9月，汽油、柴油定为统购统销商品，私商只可经营煤油、润滑油脂等产品。1951年，中国政府接管美商美孚和德士古石油公司，征用英商亚细亚石油公司，冻结三大洋公司库存石油，统一作价，分批收购。1953年4月，中国石油公司上海批发站成立，10月其市区批发部单独成立中国石油公司上海分公司，1958年合并为上海石油采购供应站。1962年，其市区业务部划出，成立中国石油公司上海市公司。1994年，转制成立上海石油（集团）有限公司。1995年，下属有全资企业23家、控股企业5家。有加油站155座、石油商店23家。成品油年销售占全市市场70%以上。

1950～1952年，全市收购成品油78.58万吨，1959年15万吨，1995年77.19万吨。1951年，销售成品油4.6万吨，1995年86.69万吨。

三、煤炭行业

清乾隆、嘉庆年间，上海用煤以湖南、江西产土煤为主，杭州为煤炭集散地。嘉兴、上海两地煤商集资，在杭州建嘉上煤炭公所，作为煤炭经营和中转场所。咸丰六年(1856 年)，英美始用兵舰从欧洲运煤炭至上海，后日本煤炭抵沪，上海成为外煤倾销口岸。进口煤炭主要用于汽轮机发电，少量供居民。七年，煤商郁复在上海煤炭弄口开设敦大成煤号，自办、自运、自销煤炭。光绪六年(1880 年)，上海有敦大成等 70 多家煤炭店。19 世纪末 20 世纪初，上海煤炭行业形成南、北两个市场，分别经营柴炭和煤炭。1937 年上海沦陷后，煤炭列为日军统制物资，并夺占全市煤商 19 万吨存煤。日军以日炭联合会控制上海煤炭运销业务，以"大中联煤号"对中国煤商严加管制。抗日战争胜利后，经济部上海区燃料管理委员会成立，对全国各矿烟煤实行管制。1949 年 5 月，有煤炭号店 0.22 万家。1952 年起，煤炭列为国家统配物资。5 月，中国煤业建筑公司上海公司成立，统配上海用煤。1954 年，对全市 330 多家私营煤炭批发商社会主义改造，煤炭市场结束。煤炭零售商全行业改与国营公司建立批购合约，业务经营纳入国家计划。1956 年 1 月，全市 0.29 万家私营煤炭、柴炭商(含 116 家摊贩)和 60 家煤球厂全行业公私合营。1958 年 10 月，上海市物资局统一组织全市生产用燃料供应。市场民用煤和煤制品由市第一商业局所属手工业品产销公司经营。1962 年 10 月，上海市石油煤炭公司、1978 年 8 月上海市燃料公司成立，先后统一经营市场民用煤和煤制品。

1949～1995 年，上海收购煤炭 4.04 亿吨，其中国家计划分配 3.44 亿吨。1950 年、1995 年分别收购 176 万、755 万吨。1951～1992 年，国家分配上海焦炭 5916 万吨。1949～1995 年，上海自筹煤 5981 万吨，占全部收购量 14.82%，1963 年、1995 年分别为 186 万吨、374 万吨。

20 世纪 20 年代～30 年代初，上海常年年销煤约 400 万吨，1949～1995 年 4.0042 亿吨，其中 1950 年 182.57 万吨、1995 年 1103 万吨。1951～1992 年，供应焦炭 5914 万吨。1952 年起，对工厂用煤实行计划供应。1962 年 3 月 1 日起，对市区和郊县城镇居民用煤球凭证供应。

四、化工轻工原料行业

明、清时期，上海从湘、闽输入靛蓝。清乾隆元年(1736 年)前后，输入栲皮和碱，输出明矾、砒霜、天然颜料等。咸丰五年(1855 年)，德商鲁麟洋行首先在上海经销化工产品。此后，又有德、英、美、丹麦、瑞士、荷兰、日等商多家洋行经营。1936 年，有 19 家华商、91 家外商，进口化工原料分别占上海总进口量 5% 和 95%。染料进口全部由 19 家外商洋行经办。1949 年，染料杂货业 33 家、化工原料行业341家、染料行业335家、油漆行业127家。1949年6月，上海市化工原料公司和中国染料公司建立。几经变化，1963年4月成立中国化工原料公司上海采购供应站，经办上海市化轻计划物资的申请、分配和管理，二、三类化轻物资市内采购供应，市外调入和向全国调拨供应。80年代起，放开经营。1992年5月，改为上海市化工轻工总公司。1953年，私营商号585家，1956年初38家油漆商组成公私合营商店，其余歇业、转业、合并。70年代，全市营业网点近30个。1995年经销店0.27万家。

1949年7月起，上海化工货源来自国家分配、市内采购、市外调入和国外进口4个方面，至1995年总货源2489万吨，价值596.4亿元。1949年7月～1995年，全市销售2482万吨，价值638.1亿元。

五、建材行业

上海开埠后，建筑业兴旺，江、浙等地商家贩运砖瓦、石灰等到沪，中间商“地老头”寻找客户，唱价成交。清光绪元年(1875年)，地老头领取牙行部帖，在码头设行开店，是年，上海有80余家建材店行。

清光绪五年(1879年)，国内第一家玻璃店蔡仁茂玻璃洋铁铺开业，从国外订货。1922年，国产玻璃问世，蔡仁茂等6家玻璃店组织六合公司，控制玻璃货源。1937年，全市有玻璃商店93家，玻璃外销南洋。20世纪30年代，全市有砖灰行280家、砂石行140家。抗日战争胜利后，有砖灰行500多家、砂石行187家、玻璃店354家、瓦筒作坊60家。1948年，20%砖灰行倒闭，半数玻璃店歇业。1950年6月，玻璃由市百货公司统一经销。7月，重建福州路青莲阁砖灰水泥杂料市场，取缔中间掮客，统一议价。1956年，全市473家私营砖灰行和209家私营砂石行公私合营，经改组成立15个区建材商店。1957年，全市砖瓦、黄沙、石料经营由上海市建筑工程局所属建筑材料公司统一组织货源，统一供应。1962年，建立中国建筑材料公司上海市公司，统一经营全市建材商店。1992年起，建材市场开放。1995年，全市经营商5.07万家。

1962～1995年，国家分配上海市水泥1104万吨、平板玻璃615.69万重量箱、石油沥青(至1991年)188.95万吨，分别占上海总收购量23.8%、35.4%、95.3%。1965～1991年，收购上海自产平板玻璃888.76万重量箱。1978～1991年，收购上海自产水泥668万吨。

1962～1991年，全市销售水泥1.14亿吨、平板玻璃1020.38万重量箱、石油沥青135.04万吨。

六、木材行业

清顺治、康熙年间，上海县、华亭县有徽商木行48家。道光、咸丰年间，安徽、浙江木商到上海县城沿黄浦江一带开设开泰等木行，形成木材市场，成为福建杉木转运江浙的集散地。咸丰八年（1858年），南市杉木行同业创设木商公所，形成木业南市帮（杉木业）。同治初年，十六铺洋行街（今阳朔路）开设南洋木材侨商代理行“九八”行（按代理进口货值收取佣金2%，故称）。光绪十年（1884年），德商开设祥泰木行，后开设木材厂、胶合板厂，垄断上海木材市场半个世纪。二十四年后，出现以经营香樟、麻栗、银杏、榉树为主的树木行。华商在吴淞江北设行建栈，经营进口洋松、硬木，形成专业经销进口木材的北市帮（洋松帮）。1925年，上海有华商进口木材批发商30家。1948年，全市有木材商0.11万家。1951年，木材列为国家分配物资。1953年，中国木材公司上海市分公司成立，对487家私营零售商实行配给销售，对胶合板、火柴、铅笔、板箱、寿器、机模等用材行业实行计划供应。1955年3月，全市62家私营木材批发商全部歇业或转业。1956年1月，全市有417家私营木材商（旧木材商95家），其中310家公私合营，撤并为141家建立16个区店。1965年，统一配售全市木材。80年代起，放开木材经营。1984年，建立上海木材交易市场，1995年，经营商2.02万家，木材计划销售占全部销售15%。

1950～1990年，上海共到货国内木材4325.31万立方米，其中国家物资局统一调拨材占83.56%。1950年、1990年，分别为1.79万、119.8万立方米。1950～1990年，全市销售4227.4万立方米，其中1950～1952年57.8万立方米、1986～1990年768.8万立方米。

七、机电设备行业

1913年，上海有兼营机电产品五金店号30家，1936年320家。1937年，有外商汽车商31家。哈克逊等6家外商汽车公司与华商利威汽车公司垄断上海汽车市场及大部分汽车配件市场。1949年5月，全市有五金机电兼营机电产品商0.1万家。1956年1月，0.22万户私营五金零售商和批发商全行业公私合营，1959年市区有五金店号241家。1958年起，统配机电产品由市物资局系统经营，二、三类产品由物资局系统和商业系统交叉经营。后几经变化。1980年，成立市汽车配件供应公司。1984年，成立上海市农机产品贸易中心。上海市机电产品贸易中心开业。1986年，上海第一家旧汽车交易市场开业。1992年起，除汽车外，全部取消计划分配，实行自由买卖。

清光绪二十七年（1901年），匈牙利人李恩时首次运入上海2辆美国福特公司奥尔治摩牌汽车。1945年后，进口的欧美各国机电五金商品占上海货源90%。1971年，国家分配资源6050万元，1990年5944万元，1971～1990年总值236.43亿元。1963年，全市销售机电产品4495万元，1995年30.02亿元。

八、农业生产资料行业

20世纪初，英、德洋行开始输入化肥。清宣统二年(1910年)，长顺杂粮行在吴淞开设，兼营化肥。30年代，南京永利宁化学工业公司三角牌肥田粉(硫酸铵)运沪销售。1937年，全市有化肥经营店30多家。1946年，成立上海市化学肥料商业同业公会，会员250家。抗日战争胜利后，工厂进口原料，加工生产DDT、六六六粉成药，自产自销。1951年，上海市合作社联合社设生产资料组，在上海最早专营批发农业生产资料。1953年，上海市郊区供销合作社生产资料供应站成立，市郊建立63个供应专柜、站，零售化肥、农药。1954年，由供销社农资部门统一经营化肥，1956年经营扩至全部农业生产资料。1963年，成立上海市供销合作社上海市农业生产资料公司。1986年，全市有209个基层供销社生产资料门市部。

1951年，收购化肥0.04万吨、农药37吨，1995年79.37万吨、0.32万吨。1950年，销售化肥0.34万吨，1995年76.44万吨。1953年，销农药0.33万吨，1995年0.33万吨。

九、再生资源物资利用行业

清同治七年(1868年)，上海县城厢出现旧花业，有同业组织清芬堂，收购旧棉、破布，转销洋行供出口，或销给造纸作坊作造纸原料。19世纪末到20世纪初，出现旧五金机电业、废纸业、旧杂铁业、旧油桶业等，后形成料瓶、碎玻璃、旧麻袋、废橡胶、废塑料、毛骨、废油脂等10多个自然行业。有青莲阁等6个交易场所，分别交易飞花下脚、废铜铅锡等。居间商近500人。抗日战争胜利后，全部改为茶会交易市场。少数大户联营到冲绳岛收购废钢铁。1949年，全市坐商有旧花业350家、旧五金机电业200余家、旧杂铁业170家、旧油桶业130家、废纸业300余家，从业人员近万人。

1923年，在新闸桥北堍形成旧货集市，称旧荒货市场，1949年全市有23处。

1950年，上海市手工业合作社联合社废品回收总站、全国供销合作总社上海废品经营处，分别以收购废钢铁、废杂品为主。上海市贸易信托公司旧机械业务部经营旧机械，中国五金机械公司上海分公司旧五金业务部经营旧五金。是年，上海市供销合作总社对杂铜实行统购统销，1953年扩至废钢铁。1954年，上海废品经营处对旧花布实行合约包销，1955年扩至旧棉絮、纱头、杂骨、废橡胶等。全市再生资源主要由供销合作社系统经营。1957年，上海经营处与废品回收总站合并为上海市废品公司，建立17个区商店。对全市0.2万户私商和个体商贩社会主义改造。1965年，旧荒货市场小贩转业，基本淘汰。全市各街道开办 605 个民办废品代购站。1988 年，上海市物资利用回收公司有 246 个经营企业、487 个收购网点、44 个加工厂及工场。郊县有 1966 个代购代销店。是年起，回收业务放开经营，1992 年 8、11 月，废纸和废旧金属市场经营先后全部放开。1995 年，有专业公司 43 家、兼营公司 28 家，回收网点 817 个、销售网点 267 个、加工网点 41 个。

1958 年，收购再生资源物资 55 万吨，1995 年 110.7 万吨。

第十四节 | 饮食服务行业 >>

一、酒菜行业

清初，十六铺洋行街（今阳朔路）有菜馆六七家。上海开埠后，徽、苏、锡、宁帮菜馆随商贾至沪设馆，由十六铺向宝善街（今广东路）、南京路发展。光绪二年（1876 年），小东门至南京路一带有酒菜馆一二百家。此后，川、扬、广、京、湘、闽、潮、杭、清真和素菜等菜系先后进入上海。20 世纪 20 年代，约有 300 家酒菜馆，1937 年后增至 700 多家。大店、名店集中在今西藏路、北京路、延安路范围内。1942 年 1 月，成立川帮菜馆同业会，两年后改名上海区酒菜馆同业公会。抗日战争胜利后，酒菜馆有 0.1 万家，分本、宁、徽、京、川、苏锡、镇扬、豫、鲁、湘、津、粤、闽、清真、素菜等 15 帮派。金门、南国、康乐、南华、新华、红棉、新都、大东、新雅、杏花楼称为十大酒家。新开酒店竞用“鸿运楼”、“状元楼”作店名。1950 年，市区有酒菜馆 640 家，经营困难。1952 年后，南华、东亚等 86 家饭店歇业。1953 年，酒菜业复苏。1956 年 1 月，全市员工 3 人以上的酒菜馆 778 家，从业人员 1.3 万余人，全行业公私合营，成立上海市公共饮食公司。经营困难的饭馆就地调整。29 家饭馆迁北京、洛阳等地。1958 年，业内抽调大批青壮年支工支农，平调厨师和房屋设备支援街道、公社食堂，酒菜馆减至 513 家。1962 年，全市有酒菜馆 744 家，实行分档经营。“文化大革命”中，取消经营特色，撤并饭店，顾客就餐难。1979 年起，允许个体、街道和各行业经营酒菜馆，市区有酒菜馆 753 家，1985 年起，上海市饮食服务公司及其 23 家直属企业、40 家联营企业改制为新亚（集团）联营公司。1988 年，黄浦区第一饮食公司改制为小绍兴饮食联营公司。1992 年，全市酒菜业价格放开。1995 年，市区有 2.65 万家（含个体），从业人员 8 万人，有特级厨师 160 人，营业额 30 亿元。

20 世纪 30 年代，厨房商业同业公会按规模大小，把菜馆分为甲乙丙丁戊 5 级。1950 年，有甲级菜馆 30 家、乙级 43 家、丙级 77 家、丁级 166 家、戊级 310 家。1962 年，分三个等级，一级 12 家、二级 63 家、三级 669 家，1983 年分别为

19 家、55 家、376 家。

菜系、菜馆 上海开埠后，全国主要菜系传入上海，加之本帮菜，形成各帮特色分明，又有海派特色的 16 种菜系，后因苏帮、锡帮合并为苏锡帮，成为 15 种菜系。

本帮。起源于本地家常菜。清嘉庆年间，人和馆在小东门开业，以糟醉为特色。20 世纪 30 年代发展至 40 余家，1949 年 5 月有 78 家。1995 年，名店有老饭店、德兴馆、老隆兴、一家春、老人和、同泰祥、金鸿运、聚兴园、吴淞饭店、迎春饭店等 10 余家。菜肴以“浓油赤酱”为特色。名菜有虾子大乌参、糟钵头、秃肺、扣三丝、八宝辣酱、红烧河鳗、清炒响鳝、炒圈子、乳腐肉、椒盐排骨、生煸草头、油爆虾等。

徽帮。19 世纪 40 年代中期，随茶商、纸商、墨商进沪，在小东门开设小饭店。清光绪七年(1881 年)，安徽邵运家等合伙开设丹凤楼。20 世纪 30 年代中期，多达百余家，1949 年 5 月有 21 家。1995 年，知名的有大富贵、逍遥楼、大中华等。名菜有炒鳝背、炒鳝丝、炒鳝糊、凤还巢、毛峰熏鸭、沙地鲫鱼等。

苏锡帮。又称膳本帮。清代，苏州人与无锡人在上海开设菜馆，形成苏帮、锡帮。两地菜肴口味相近，后统称苏锡帮。清同治元年(1862 年)，饭摊主祝正本、蔡仁兴开设正兴馆，同行竞相冒名，正兴馆多达 120 家。原正兴馆先后改名老正兴、同治老正兴。20 世纪 30 年代，苏锡菜馆占上海酒菜馆近半，1949 年 5 月有苏锡帮店 15 家。1995 年，名店有人民饭店、大鸿运、荣华楼、老正兴、东风饭店、无锡饭店、天山饭店、杨浦酒家、雪园老正兴、聚商老正兴、华德饭店、绮云馆、康乐酒家、上海松鹤楼、迎宾楼酒家等 10 余家。名菜有梁溪脆鳝、无锡香酥鸡、枇杷肉、太湖银鱼、松鼠鳜鱼、金镶豆腐等。

宁帮。清初有宁帮小菜馆，清道光二十年(1840 年)鸿运楼开业。1949 年 5 月，有宁帮店 25 家。1995 年，名店有甬江状元楼、沪东状元楼、沪西状元楼等。名菜有雪菜黄鱼汤、苔条拖黄鱼、乳腐大烤、黄鱼羹、面拖黄鱼、新风鳗鲞等。

广帮。1918 年，杏花楼兼营粤菜。1949 年 5 月，有广帮店 78 家。1995 年，名店有杏花楼、新雅、美心、珠江、大同、老广东、新亚、羊城、富丽华、南风、海上海、台莲园、巷子深、南园、大三元等。名菜有鲜滑大虾仁、脆皮乳猪、烟鲳鱼、蚝油牛肉、蛇羹、翠绿鸡牛柳、咕咾肉、龙虎斗、焗酿禾花雀等。

扬帮。清光绪三十一年(1905 年)，扬州半斋总会餐厅开办，经营扬式菜点。1949 年 5 月，有扬帮店 9 家。1995 年，名店有老半斋、扬州饭店、镇江酒家、申扬餐厅等。名菜有镇江肴肉、虾仁煮干丝、蟹粉狮子头、清蒸刀鱼、白汁鮰鱼、煨淮鱼、清蒸鲥鱼、拆烩鲢鱼头、松仁鱼米、蜜汁火方等。

川帮。1918 年起大雅楼等开业。1949 年，有川帮店 12 家。1995 年，名店有四川饭店、梅龙镇、洁而精、绿杨村、成都饭店、华山饭店、春园酒楼、绿野饭店等。名菜有宫保鸡丁、鱼香肉丝、麻婆豆腐、贵妃鸡、樟茶鸭、灯影牛肉、荷花鸡腿、干烧明虾、五柳鱼丝、一品豆腐、干煸牛肉丝等。

京帮。20世纪初进入上海，民国建立前后有泰丰楼等。1949年5月，有京帮店33家。1995年，名店有燕云楼、凯福饭店、北京饭店、燕京楼、美佳饭店、华联酒家、牡丹酒家、会宾楼等。名菜有北京烤鸭、糟油鱼片、酱爆鸡丁、油爆双脆、醋椒鱼、拔丝苹果、扒熊掌、猴头三白、三不沾等。

清真菜。清光绪十七年（1891年），马锡立京剧班开设伙房，引进涮锅，对外供应回族菜。1949年，有清真馆42家。1995年，名店有清真饭店、洪长兴羊肉馆、南来顺羊肉馆、回风楼、杨同兴清真馆、鸿宾楼、伊斯兰餐厅等。上海特色菜肴分南北风味，名菜有酱爆肉丁、水爆虾仁、炸羊尾、它似蜜、黄焖羊肉、盐水鸭、串烤羊肉、醋椒鱼、透味油鸡、京葱扒鸭等。

素菜。清宣统三年（1911年），春风松月楼开业，专营素食。1949年5月，有素菜馆8家。1995年，名店有功德林、春风松月楼、玉佛寺、觉林等。名菜有素料炒虾仁、炒蟹粉、炒鳝糊、八宝鸭、炸溜明虾、醋溜黄鱼、走油肉、鱼圆汤等。

闽帮。1918年，有小有天、别有天等闽菜馆。1949年，仅林依朋1家。1959年，闽江饭店开业，1995年名菜有佛跳墙、红糟鸡、七星鱼丸汤、闽生果、橘烧白菜等。

豫帮。1920年梁园致美楼开业，至1995年仅其1家，名菜有溜鱼焙面、扒猴头、锅烧八宝蛋、木樨肉、核桃腰花等。

杭帮。20世纪20年代末知味观开业。1949年，有杭帮店两三家。1995年，名店有知味观、西湖饭店等。名菜有龙井虾仁、西湖醋鱼、虾爆鳝、火腿酱鸭、东坡肉、宋嫂鱼羹等。

潮州菜。1935年大华潮州菜馆开业，至1995年就此一家。名菜有三丝鱼面、生炸虾枣、沙茶鸡片、水晶玻璃鱼、潮州鱼丸、鸳鸯蟹等。

湘菜。1936年九如食品公司开业，1957年改名岳阳楼。名菜有东安子鸡、狗肉火锅、腊味合蒸、大言殿臭豆腐、红煨三件等。

厨房、快餐业　1920年，九江路365号曹姓始创包饭业务，应客之招，送饭菜上门或带原料、调料、餐具上门烧菜，称厨房。1949年5月有248家，1956年行业消失。传统快餐有盖浇饭、蛋炒饭等。1984年，市饮食服务公司引进5套外国盖浇饭式快餐设备。1988年，美国肯德基家乡鸡连锁店在外滩东风饭店开设上海第一家西式快餐连锁店。1989年，上海荣华鸡、新亚快餐连锁店开业。1995年，美国麦当劳快餐店开设第一家连锁店。是年，全市有规模的快餐网点300多家。

二、西菜行业

上海开埠后，英、法、美、俄等国总会设餐厅、酒吧、茶室，供应本国菜肴。清道光三十年(1850年)，抛球场附近出现西式酒店和餐馆。咸丰十年(1860年)，美商在外白渡桥堍开设礼查饭店(今浦江饭店)。同治七年(1868年)，在徐家汇开设亨白花西菜馆。光绪元年(1875年)，开设汇中饭店。九年，南京路、宁波路、四川路、江西路、汉口路近外滩路段开设一批专供快餐的西餐馆，有水上饭店、沙利文等。中国人食西餐者日众。在外轮、洋行当过厨工的中国人开设迎合中国人口味的改良西餐馆，称番菜馆，有杏花楼等，1925年增至41家。1917年后，白俄在霞飞路(今淮海中路)开设俄式菜馆，至20年代后期有40余家。1931年，成立西菜业同业公会。是年，国际、沙逊、都城、百老汇等10余家大饭店开业。1935年，法式西餐罗威饭店(今红房子西菜馆)开业。1937年，全市有西餐馆200余家。抗日战争胜利后，西餐业盛极一时。解放初，顾客锐减。1950年有154家，1956年剩54家。1958年，业内抽调青壮年从业人员支工支农，撤店办食堂，西餐馆锐减。1960年起，副食品原料紧缺，西餐业萎缩，1963年剩21家。“文化大革命”开始后，减至13家，更换店名，改卖中菜。1971年，红房子西菜社恢复供应西菜。1978年后，西餐馆日增，1995年有西餐馆108家，从业人员0.27万人，营业额7285万元。

上海西菜，主要有法式、欧美式、意大利式、德式、俄式等，另有融入中国口味的西餐番菜。1995年，知名饭店有上海红房子西菜馆、上海西菜馆、天鹅阁、德大西菜社、东华饭店等。

三、点心行业

清康熙年间，十六铺、老闸桥、虹镇老街、徐家汇等地集聚点心店摊，出售糕团、盖浇面、馒头、馄饨、烧卖等。上海开埠后，弄口设摊、沿街叫卖者剧增。同治年间，上海县城隍庙周围有点心店摊百余个，并向租界发展。同治四年(1865年)，靖远街满庭芳戏园周围点心店摊聚集，通宵营业。1917年，大世界游乐场建成，云南南路、东新桥一带渐成小吃街。30年代，上海点心行业形成糕团、面团、油饼馒、粥店、西点5个自然行业。1937年上海沦陷后，上海点心业兴盛，今黄浦区范围内有店摊600余个。40年代中期，沙市路、曹家渡、长寿路、顺昌路太平桥、石门路等聚众成市，点心店摊集聚，生意兴旺。抗日战争胜利后，政府限制黄浦、老闸两区摊贩在8条马路经营。1946年，宣布禁止摊贩营业，遭1.5万名摊贩请愿反对，未能实施。1949年5月，上海市区有点心店摊1.1万余个。遍布大街小巷和菜场。1950年，有店摊1.09万个、从业人员2.2万人。高档点心生意清淡，大众点心旺销，其他行业失业人员转以做点心为生，点心店摊大增。1955年,市区有点心店摊2.3万户、从业人员5.63万人,其中坐商0.62万户、固定摊贩1.68万户、流动商贩0.61万人。1956年,坐商全部公私合营。1957年,摊贩组成153个合作食堂、378个合作小组。1958年,撤并网点,抽调青壮年职工支工支农,减少1万多个网点。大多数点心店由专营改为经营多种点心,专营店所存无几。1962年,发展点心业,石门路、华山路、西藏路、四川北路、长寿路等地段渐成点心街。1976年,市区有点心店0.14万家。1979年起,允许各行业开设点心店摊,出现大批无证点心店摊。1989～1992年,市、区饮食服务公司对596个点心店改造更新。80年代起,云南南路开设点心店20余家,称上海美食街。1988年起,各区建立点心联合组织,有小绍兴饮食总公司、光明村饮食联营公司、聚兴实业总公司、汇丰酒家经营公司、南风实业总公司、南市区实业总公司等。1995年,全市有点心店摊2.65万家、从业人员16.46万人,营业额约4.06亿元。同时,有大批无证摊贩,做卖大饼、油条、油饼等点心。

点心品种有千余种,分米面食品与小食两类。1994年,全市评选出名特点心428种。最为市民普遍食用的有大饼、油条、粢饭、豆浆,俗称"四大金刚"。另有粢饭糕、老虎脚爪、油撒子、馒头、生煎、锅贴、油墩子、糯米饺、麻球、葱油饼、糖三角等。应时品种有春节年糕、春卷,元宵汤团,清明青团,立夏酒酿,端午粽子,夏季冷面,中秋月饼,重阳米糕,冬至团等。月饼为糕饼业大宗。清道光年间,潮式月饼传入上海,源诚老婆饼闻名。光绪二十五年(1899年),老大房始营苏式月饼,20世纪20年代杏花楼始营广式月饼,1922年功德林始营净素月饼,1925年叶大昌始营宁式月饼,1930年宝兴斋始营京式月饼。

糕团业。清咸丰八年(1858年),苏州沈敬州在杨家坟山(今山西南路盆汤弄)开设姑苏五芳斋,专营五色糕团。1950年,有糕团店439家,1995年79家。名店五芳斋、沈大成、乐添兴、沧浪亭、鲜得来、鼎新园等。分苏、宁两帮。苏式常年有条头糕、定胜糕、寿桃糕、蜜糕、赤豆糕、糖年糕、猪油年糕、青团。宁式有包馅热年糕团、糖糕、冷麻团、松花金团、油氽细沙糯米饺等。

面团业。清道光八年(1828年),隆顺馆在上海县城隍庙大门旁开设。宣统元年(1909年),永茂昌汤团店(今乔家栅)开办,经营徽帮汤团、浇头面、馄饨。1950年年初,有400家,1995年0.35万家。名店有美新、森义兴、乔家栅、德兴、四如春、沁园春、又一村、成昌、万鑫斋、盛兴等。分3帮,徽帮有汤团、各色浇头面、汤炒面、馄饨等点心,湖北帮有汤团、阳春面、小馄饨、菜肉馄饨,宁帮有宁波汤团。

油饼馒业。清光绪八年(1882年),禄源斋豆浆店开业。二十六年,长兴楼开业,以南翔馒头闻名。1912年,兴隆记大饼油条店开业,1932年大壶春开业,1945年王家沙开业。1950年,有0.21万家。1995年,名店有大壶春、吴苑、王家沙、杨柳村、清真、友联点心店、南翔馒头店、白玉兰小笼馆、永和豆浆等。点心中，一类以生煎、蟹壳黄、小笼包、汤包、牛肉汤等为主，一类以大饼、油条、豆浆、粢饭糕、油饼、脆麻花、老虎脚爪等为主。做大饼有南京等7个帮别，品种近50种。小笼馒头、汤包、生煎馒头等为上海特色点心。

粥店业。清道光年间，张阿香在上海县城隍庙戏台下设固定摊位，卖桂花赤豆糖粥，成为名点。1916年，老公兴鸡粥店、1941年小绍兴鸡粥摊先后开业。1949年5月，有粥店300家，1991年8家。名店有小绍兴、老公兴、章氏鸡粥店等。主营白米粥、粥菜，花色粥有鸡汁粥、桂花赤豆粥、白糖莲心粥、鱼生粥、皮蛋粥等。

西点业。多由西菜馆、咖啡馆、食品店兼营。1928年开设凯司令酒吧，1938年有德商起士林。1995年，凯司令食品厂名点有系列卷筒蛋糕、栗子蛋糕、花生排、胡桃排、蝴蝶酥、咖喱角等，老大昌食品店以法式白脱蛋糕、巧克力朗姆蛋糕、奶油蛋糕为名品，喜来临食品厂有奶油咖啡糖、奶油裱花蛋糕、白脱饼干。

城隍庙小吃 民国时期，出名的有张阿香的桂花赤豆糖粥、郁品龚的面筋百页、华阿菊的鸡鸭血汤、过关秋的油氽鱿鱼、陆海金的重油煎馄饨、王有发的鸽蛋圆子、吴翔升的小笼馒头等。1956年后，小吃摊均进店。90年代，知名小吃有豫新点心店鸡鸭血汤，宁波汤团店汤团，绿波廊三丝眉毛酥，桂花厅鸽蛋圆子，松月楼净素菜包，南翔馒头店小笼馒头，湖滨美食楼面筋百页双档、油氽鱿鱼，和丰楼糟田螺、虾肉生煎。

四、茶楼、熟水、咖吧行业

茶楼业 清咸丰五年（1855年），上海城隍庙湖心亭开设也是轩茶楼，宣统年间改称宛在轩，俗称湖心亭。同治元年（1862年），松风阁在郑家木桥北堍开设，后"松风品茶"为沪北十景之一。光绪元年（1875年），知名茶馆有松风阁、宝善园、一壶春、渭园、桂芳阁等。二年，福州路开设三层楼高的阆苑第一楼，三十三年上海县城隍庙九曲桥旁开设春风得意楼，两处为沪地最大的茶楼，均可容客千人以上。光绪五年，青莲阁开业。1939年，组织茶楼业同业公会。上海沦陷期间，有茶馆800余家，分特、甲、乙、丙、丁5个等级。青莲阁、一乐天（1917年）、乐园（1932年）、长乐（1939年）、仝羽春（1941年）5家，茶桌超过50张，评为特级，称为上海茶馆业五大王。1949年5月，有茶馆0.12万家，其中附设书场者100家、附设剧场者5家。解放初，除仝羽春等大型茶楼外，中小茶馆多转业或停业。1956年，剩311家，全部公私合营。此后经营困难，大中型茶楼闭歇。1958年，5户特级户中有4家停业，所剩1家1966年停业。"文化大革命"中，除湖心亭外均停业，至1995年就此一家。

熟水业 清咸丰五年（1855年），吴二在上海县城护龙街开设龙凤阁熟水店，烧水灶灶形似虎，人称熟水店为“老虎灶”。洋布涌入上海市场，染坊生意清淡，有的转为熟水店。宣统二年(1910年)，上海有熟水店百余家。组织水炉业公所，规定新开熟水店，和原有熟水店的间隔起码要有40家门面。1950年，有0.25万家、从业人员0.4万人。同业公会等规定新开熟水店，和原有熟水店间距改为起码25个门面。1956年，有熟水店0.21万家，分别组成合作商店和合作小组。1979年842家、从业人员0.3万人，1995年剩50余家。1947年夏季起，有的熟水店始兼营清水盆汤。

咖吧业 20世纪20年代，俄国人楚后门开设马尔斯咖啡馆。抗日战争胜利后，南京路有30余家。1949年5月，全市有50多家，“文化大革命”中剩上海咖啡馆1家。1982年，涉外饭店恢复酒吧。1995年，全市有20多家，知名的有上海咖啡馆、东海咖啡馆等。

五、旅馆行业

清道光二十八年(1848年)前，英商在租界内开设维多利亚旅馆。咸丰元年(1851年)，京江栈在兴圣街(今永胜路)16号开业。十年，美商开设上海第一家西式旅馆礼查饭店(今浦江饭店)，床位近千只。同治五年(1866年)，同茂栈在法租界天一楼巷内开业，有瓦房15幢，能进出轿车、骡马。是年，上海最大的西式旅社汇中饭店(今和平饭店南楼)落成，专供外国人食宿。七年，日商田代原平开设日式田代屋。光绪二十六年，上海首家客栈老日昇栈开设，年底有客栈10多家。1912年，首家华商中西合璧的孟渊旅馆开设。是年，上海有中国式客栈275家、东洋式客栈9家、西洋式客栈6家。1914年，出现专供外地办货商膳宿的号栈，后称客庄。1917年、1918年，先施、永安公司附设东亚旅馆(今东亚饭店)、大东旅社。1924年，金门饭店开办。1928年，华懋饭店(今和平饭店)，1930～1936年大陆、东方(今上海市工人文化宫)、都城等大型旅馆开业。1934年，国际饭店开张，为远东第一高楼。上海旅馆业形成旅店、旅社、客庄3个自然行业。1937年7月，全市有旅馆300余家，1949年5月旅馆431家，房间1.34万间。1950～1952年，部分旅馆业主离沪，旅馆业经营困难，政府予以征用、包租，转为部队、机关招待所。全市有100间客房以上的旅社34家，其中15家歇业、转业，依附于不正当营业(宿娼、赌博等)的歇业。1953年，全市旅馆有近万间房间，高峰时卖铺率104%。1954年，专为外地客商服务的44家客庄70%以上经营困难，部分转为机关、宿舍、居民住宅用房。1951年起，中共上海市委接待处接管西郊、虹桥、瑞金、东湖、兴国等处别墅改作宾馆，有房间125间、床位234张，主要用作接待外宾和国家领导人。市政府机关事务管理局接管锦江宾馆、和平饭店、国际饭店、上海大厦、华侨饭店(今金门大酒店)、静安宾馆、衡山宾馆、达华宾馆，称“八大饭店”，客房0.12万间，床位0.24万张，接待党政机关来沪办事人员、外宾和入境旅游者。1956 年，雇工 3 人以上的旅馆全部公私合营，涉及旅馆 325 家、房间 1.03 万间。旅店、旅社、客庄 3 个自然行业统称为旅馆业，归属市福利事业公司。下半年，旅客激增，旅馆增加临时铺位，3 家浴室开放供宿，仍不敷宿客。1958 年起，恢复、新建部分旅馆。至 1961 年，恢复庐山饭店、淮海饭店、华山饭店、新城饭店。1959 年起，新建嵩山饭店、闵行饭店等。1966 年 6 月，全市有旅馆 233 家、房间 1.02 万间、床位 2.81 万张，日均接待 1.9 万人次。“文化大革命”初，外省市驻沪办事处撤销，办公人员包租旅馆为办公用房，旅馆日住 4 万余人，全市旅馆客满为患。为此，新建北站旅馆、健民旅馆，原有旅馆拆房间设统铺、双层铺，开放 70 家浴室供宿夜。全市最高接待 6 万人。1978 年，国务院决定 3 年内拨给上海基建投资 3.6 亿元建造旅游饭店。1983 年，建成解放后首家新建宾馆上海宾馆。1979 年，市人防办公室利用防空洞开设招待所。此后，各行各业办旅馆、招待所。1982 年，龙柏饭店开业。至 1985 年，程桥、樱花度假村等一批中档宾馆、旅馆开业。1987 年，全市首家五星级宾馆华亭宾馆开业。1989 年，市区旅馆 0.31 万家，旅客投宿不再困难。1984 年，锦江（集团）、华亭（集团）、东湖（集团）、新亚（集团）4 家联营公司成立。1988 年，衡山（集团）联营公司成立。由此上海旅馆业形成 5 大集团公司，下属宾馆基本涵盖全市知名宾馆。1995 年，全市有旅馆 0.39 万家、床位 24 万张、从业人员 7.07 万人，其中涉外旅游宾馆 137 家，五星级宾馆 7 家、四星级 11 家、三星级 34 家。五星级宾馆为花园、新锦江、波特曼香格里拉、静安希尔顿、锦沧文华、华亭、威斯汀太平洋等。

六、沐浴、理发行业

沐浴业 明洪武年间，上海县城内有 2 条“混堂街”，在今陆家浜路 278 弄和外仓桥街 26 弄。清同治年间，在租界盆汤弄建澡堂畅园，紫来街建亦园。光绪二年（1876 年），广东茶馆内设春园、怡园澡堂，分官盆和客盆。八年，开设新锦园盆汤澡堂，上海最闻名。三十四年，玉津池汽水盆汤浴室开业。宣统元年（1909 年），高档浴室有 16 家。是年，首家池浴浴室凤凰池维新盆汤卫生浴室开张，设暖房浴池、西式官房、红木坑榻。自此，上海澡堂有池汤、盆汤两种，盆汤分为洋盆、官盆、客盆 3 种。二年，双凤园改良新盆汤，引进美国淋浴设备。1912 年，德国女商人开办西洋盆汤澡堂，接待中外男女浴客。新沂园改造成东洋浴室。温泉浴室开创蒸汽浴、药浴，以硫磺水淋浴治疗皮肤病。1917 年，先施浴德池开业。1925 年，上海有浴室 39 家。1926 年，龙泉园澡堂增设龙泉家庭女子浴室。1931 年，土耳其浴室开业。1932 年，卡德池开张，规模居行业之冠。1937 年上海沦陷后，浴室增至 70 家。1944 年，伪市警察局取缔浴室敲腿、捏脚业务。1947 年，熟水店开始经营清水盆汤业务。1949 年，有浴室 150 家。

解放初,40多家浴室被法院宣布没收。1952年,工商行政管理部门停止核发新的营业执照,限制浴池业务发展。1953年,控江等工人新村浴室建成开业。1956年,全行业公私合私。有浴室242家,其中女浴室28家。1958年,抽调0.1万名从业人员支援工业生产,撤并浴室,全市剩184家。1978年,有108家。1980年起,在市区12个大住宅基地每处配套建造1个浴室。1983年,浴德池引进桑拿浴,1985年长治浴室引进蒸汽浴,1989年日新浴室引进脉冲按摩浴。是年,市区有浴室96家,1995年88家。1990年,有特级浴池浴德池1家,1991年、1992年增大观园、上海芬兰浴、卡德池。

理发业 清同治年间,畅园、亦园澡堂定点理发。光绪二年(1876年),江苏丹徒人在武昌路424号开设升发剃头店。十三年,法国人在南京路19号开设洋人剃头店。三十三年,英国人在汇中饭店内设理发室,均用进口设备。宣统二年(1910年),兴起男子剪辫运动,剃头店猛增。1915年,有高级理发店26家。1916年,出现普通理发店。五四运动后,女子剪发风行,理发店增设女子服务项目,浴室增辟女浴客理发室。1925年,欧洲电烫技术传入上海,有12家外商理发店经营电烫。1927年,唯一理发店聘请西洋女技师,安装铁盘大椅等设备,配用巴黎化妆用品。是年,开设北京、四育轩2家女子理发店。30年代,外商丽新美容修饰院、鲍罗美容院开业,意大利人开办上海第一家理发学校。全市理发店0.2万家,其中高级店200家。1939年,新新、华安美发厅引进欧美全部高档理发设备、用具,聘用名理发师,成为远东一流高级美发厅。是年,理发店开始用国产电烫药水散花牌电烫药水。1949年,全市有理发店、摊1万多个,从业人员近3万人。解放初,高中档消费者骤减,大批店摊歇业。1952年起,政府限制新开理发店、摊,调低理发服务价格。1955年,全市有理发店、摊0.39万家,从业人员1.38万人。1956年私营工商业社会主义改造后,全市有理发店0.4万家、从业人员1.34万人,撤、并、迁、歇中、小店摊,建集体理发店,动员人员回乡、支援外地。1958年,抽调中青年从业人员参加工业农业生产。1965年,全市有理发店、摊0.14万家、从业人员1.05万人。“文化大革命”中,取消烫发美容,统一发式,男女理发价格最高0.5元,最低0.3元。1966～1976年,全市理发业亏损911.78万元。80年代起,居民委员会开设理发店、个体理发摊。1981年、1985年,新新等4家特级理发店引进日本、联邦德国理发和美容设备。1994年,全市理发店摊0.5万家、从业人员1.69万人。20世纪20年代,上海理发业实行分档经营,理发业同业公会制定5等10级等级标准。1983年,分为6个等级,1995年有特级店36家。

七、洗染织补行业

明末,上海县城厢始有洗衣作和绍兴人经营的染坊,还有专为行旅客商洗衣的浣妇和肩挑染担串街走巷为民染衣的流动摊贩。清道光三十年(1850年)前后,外商在提篮桥附近开设洗衣作,专为外轮、兵舰、医院、外侨洗烫床上用品、窗帘、台布、服装等,称白衣作。嗣后,租界当局及徐家汇圣母院相继开设洗衣作。咸丰年间有洗衣作19户。同治十一年(1872年),华商在法大马路(今金陵东路)开设忠康复记洗衣作。光绪二十年(1894年),老日昇织补店开业。二十六年,英商雇土耳其人开干洗店,用汽油洗涤丝绸呢绒服装、呢帽等,称绒衣作。各种作坊都单一经营。20世纪初,出现综合经营的洗染店,1920年、1925年有中央洗染店、正章干洗商店。1930年,有洗染店100多家。1944年,洗染店增到465家,其中白衣作160家。抗日战争胜利后,形成一批特色名店,有正章干洗,王维新白衣,老日昇织补,乔克生洗地毯,上海清洁保管商店冷藏保管珍品、衣件等。1949年,全市有洗染店760家,其中白衣作300家。洗烫摊0.13万个。解放初,绒衣作经营困难,白衣作发展工厂、医院等衣服洗涤业务维持经营。1953年,全市洗染店0.11万家、摊贩0.1万家,经营困难。1956年,有0.1万家洗染店和0.13万个摊店。1957年,组成公私合营企业219家、合作商店7家、合作小组0.17万家。1958年,0.14万名从业人员改行。分散经营的洗染工场集中合并成大型工场,合作小组改为合作商店。前店后场快速方便的特色消失,业务锐减。1962年,洗染店比1957年减少72%。“文化大革命”中,工场再度集中,行业特色消失殆尽。职工骑自行车到农村招揽染纱、绒、织物业务。1975年,洗染店剩290家。1980年起,添置干洗机,新建、扩建洗衣工场,引进设备,白衣作实现由洗到折机械化生产流程。1995年,洗染店370家。1930年,上海洗衣业实行分类分等经营,1990年分特、等外及一至四等6级。

八、照相行业

清咸丰二年(1852年),外商哈斯本德在福州路隆泰洋行开设拍摄银版肖像的照相馆。咸丰七年前后,罗元祐在汉口路开设公泰照相馆,技术高于外商。同治九年(1870年),宜昌楼照相馆开业,店堂三上三下,规模宏大,与光绪二十六年(1900年)后开设的致真、耀华、保锠,被誉为上海照相业“四大天王”。1918年,上海有照相馆39家,1936年七八十家。抗日战争胜利后,美国照相材料进入市场。1948年,全市照相馆增至500余家,1950年年底460家。经营困难。1956年,全市有照相馆385家、技术人员0.14万人,全行业公私合营。1965年,减至185家。“文化大革命”中,停拍婚纱照、艺术照。上海摄影图片社、中国照相馆等7家印刷工场印刷毛泽东照片,1966年9月～1967年3月达2435万张。1983年起,彩色照相逐步取代黑白照相。1979年,首家个体户照相馆开业。1993年1、3月首家沪港合资梦露照相馆、沪台合资维纳斯照相馆先后开业,经办婚纱摄影。1995年,全市有照相馆0.1万家,婚纱照相店百余家。1941年，照相馆始分级经营，有甲、乙、丙、丁4个等级，1962年6月分为5个等级，其中特级4家。

九、广告行业

清同治元年(1862年)，《上海新报》刊登商业广告。以后，《新闻报》《申报》问世，报纸广告为商业广告主要形式。19世纪末，出现报纸广告掮客、跑街。光绪十九年(1893年)，王佑之开设胜华广告社。二十八年，闵泰广告社经营路牌广告。是年，上海商务印书馆设中国商务广告公司。三十年，《东方杂志》等承接外商广告。1915年，意大利人设贝美广告社，承揽洋货户外广告。1920年前后，中西、中法药房出现勒吐精奶粉的橱窗广告。1921年，英商灵登广告公司承包电话号码和电车、公共汽车广告。1923年1月24日，奥斯邦电台播出上海首个电台广告。1926年，南京路伊文思图书公司橱窗陈列上海首个霓虹灯箱广告打字机英文广告吊灯。1927年，掮客改称代理商，上海广告商业形成。1930年，交通广告公司投标承包铁路沪宁、沪杭甬沿线和月台路牌广告。太平洋战争爆发后，日商太平洋广告公司在上海路牌、车辆印刷翘胡须仁丹、若素等日货广告。霓虹灯广告基本消失。1948年，全市有广告商70余家。1954年年底，全市有私营广告商95户。1956年1月，全行业公私合营，成立中国广告公司上海市公司(后改上海市广告公司)，32家霓虹灯厂合并为14家。广告行业从业人员405人。是年，取消公交车广告。1958年，代理经营外地报纸、电台、杂志广告，试办港、澳地区与新加坡报纸广告业务，增加产品样本，在全国各地设置500多块路牌广告。1960年起，广告业务大量减少。"文化大革命"中，商业广告取消，上海市广告公司改名上海市美术公司。1979年1月28日(农历正月初一)，《解放日报》在全国率先恢复广告业务，上海电视台播映中国第一条电视广告参桂养荣酒。3月15日，《文汇报》刊登瑞士雷达表广告，为解放后国内媒体首次刊登外商广告。1984年，在20路电车车身恢复广告。1979年，全市有专业广告公司2家。1995年，广告单位0.26万家，营业总额44亿元，电视、电台、报纸、书刊广告经营额占35%。

第二十一章 对外贸易与经济合作

第一节 对外贸易

清道光二十三年(1843年)上海开埠前后,各国商船大批涌入上海,收购内地丝、茶。二十六年,上海出口生丝相当于广州4.27倍。二十五年起《上海土地章程》等约议签订,外商因此在上海比在广州获得更多的特权,上海对外贸易量急剧上升。咸丰三年(1853年),对英国进出口货值达1720万美元,超过广州670万美元。此后上海进出口货值一直在全国领先。上海开埠至光绪二十年(1894年)甲午战争爆发,上海年进出口贸易值占全国比重大多超过其半。道光二十五年,首次出现出超,出超12.06万英镑。此后至咸丰八年,常年出超,是年达1160.67万沪平银两。进口以鸦片为最大宗,上海成为全国最大的鸦片进口口岸。光绪二十年3.64万担,占全国进口量57.7%。甲午战争以后,外资大量输入上海,上海进出口总值大增。光绪三十年至1913年,为34.6368亿关两。1914~1933年,有较快增长,1931年高达11.0183亿关两。在全国的比重,光绪二十年至1932年年均超50%。1917年,鸦片进口基本结束。清光绪二十年至1932年,上海进出口年年入超。1933~1936年,进出口总值36.20615亿元,在全国的比重仍超50%。1936年,对美贸易已占主导地位,占上海进出口值27.8%。对英下降为11.5%。

上海沦陷至太平洋战争爆发前,公共租界、法租界成为“孤岛”,海运畅通,国际贸易继续进行。1937年,进出口总值9.13亿元,1941年2.83亿元,1937~1941年入超5.79亿元。

抗日战争胜利后,政府资本机构与企业垄断大宗出口商品货源及主要物资进口配额。1948年8月,实行币制改革,进出口业务全面停顿,贸易额大幅下降。是年,上海进出口总值从1946年6.68亿美元降为2.87亿美元。入超增加,1946~1948年达6.95亿美元,占全国入超额95%。1948年,华商增至0.16万户,进出口上升,洋商户大为减少。

解放后，国家长期实行外贸统制，上海出口以创汇为目标。1950年起，发展同苏联、东欧国家贸易，1952年出口总额1.19亿美元，对社会主义国家占55.45%。1953～1957年“一五”时期，出口值年均递增30.6%，在全国出口的比重从17.9%升至28.3%。1958～1962年“二五”和后之国民经济调整时期，扩大对西方国家出口。60年代起，对社会主义国家出口下降，1965年从1958年66.5%降到31.9%。1955年后，发展与发展中国家的经贸关系。1958年，有贸易往来的国家和地区增至90个，1965年121个。因“文化大革命”影响，1966～1971年年出口值维持在9亿美元上下。中美关系改善后，同西方国家贸易有较大发展，1972年出口值上升到13.3亿美元，1976年19.78亿美元。1980年起，外贸体制改革，国家对上海计划调拨的货源大量减少，内地省市竞相自营出口，1981年上海出口值比上年减少10.7%，并逐年下降。1981～1985年“六五”期间，4年负增长。1987年起，始有较大增长，1989年50.32亿美元，1995年190.56亿美元。上海对外贸易额占全国比重下降，1980年占11.91%，1995年6.79%。

解放后，上海进口严格按国家计划配额，数量很少。1949～1978年，进口值17.9亿美元，占同期出口值279.56亿美元的6.4%。1995年，进口值74.79亿美元，占进出口总值39.25%。

一、出口贸易

上海开埠后，出口商品以茶、丝为大宗。民国时期，茶、丝依然是出口大宗，所占比重下降。1913年，出口总值1.77亿关两，丝占27.7%、茶12.2%、皮及皮制品10.7%、籽仁籽饼8.6%、毛类3.5%、豆及豆饼3.1%、猪鬃2%、桐油1.6%、蛋品1.3%、羽毛0.5%、肠衣0.2%。清光绪三十四年(1908年)，开始出口针棉织品，1913年轻纺工业品占出口总值0.17%。1925年，有化妆品、皮件、电器用品、玻璃搪瓷以及成药、罐头食品等工业品出口。1931年，丝、茶占30%，1936年降至15%。是年，上海出口商品货值在千万美元以上的有8种，分别为丝、茶、桐油、皮革、芝麻、蛋制品、花边、猪鬃。草帽出口也颇具规模，1930年达535.11万关两。1936年，出口总值1.08亿美元，其中桐油占18.7%、生丝7.8%、茶叶6.9%、皮毛5.8%、蛋品5.3%、杂类及其制品4.7%、猪鬃4.3%、花边4.4%、棉纱2.9%、丝绸2.5%、其他36.7%。1937年上海沦陷至太平洋战争爆发，租界进出口自由，结汇无限制，有的商品进出口增加。1938年，出口值4686万美元。1941年1.08亿美元。太平洋战争爆发后，出口业务全部中断。抗日战争胜利后，连续3年上海出口贸易占全国半数以上，1946年占62%，1948年71.3%。纺织品占重要地位，1947年占总出口53.9%。1948年，上海主要出口商品金额及其占全国同类出口品比重，棉纱1473万美元，占97.6%；棉布4950万美元，占97.8%；猪鬃775万美元，占62.5%；蛋品353万美元，占68%；针棉织品127万美元，占79.1%；草帽139万美元，占98.4%；蚕丝147万美元，占80.7%。解放初，出口丝绸、粮油、食品、土产、茶叶、纺织品、轻工业品、畜产品等。1953年，出口值1.83亿美元，农副产品占63.92%，轻纺产品占35.17%，机电仪产品占0.91%。1958年，出口总值6.29亿美元，农副产品占44.58%，轻纺产品占49.99%，机电仪器产品占5.43%。1995年，上海出口产品有7大类、797种，出口总值115.77亿美元，出口额前10位的分别是钢坯、棉衬衫、中厚钢板、布绒玩具、棉色织布、棉汗衫背心、棉涤纶色布、棉花布、淡水珠、羊毛衫。其中，出口日本占出口总值30.44%、香港地区20.09%、美国16.73%、韩国4.47%、德国3.61%、新加坡3%、台湾地区2.44%。

二、进口贸易

上海开埠前夕，年进口货约5万吨，占港口吞吐量2.5%，主要有铜、糖、米、药材、鱼翅、燕窝和其他南北货。开埠后，上海商品进口发展迅速。清道光二十七年(1847年)，鸦片为第一大宗进口货物，占上海进口值49.6%，机织布占34%。煤油也为大宗进口货。同治二年(1863年)，进口值3405万英镑，领先国内各通商口岸，是广州的15倍。十年，鸦片和机织布占进口总额92%，其他有木材、棉花、糖、铁制品、铝、酒、玻璃器皿等。此后，进口机电设备增加，光绪二十年(1894年)占进口总值1.2%。1919年，进口的大类商品有54种。鸦片输入基本停止，机织布输入居首位，机器设备增加。1931年，纺织机进口值1118万关两，占全国81%，占上海进口值1.3%。清光绪二十五年，开始进口美国碾麦机器，以及发电机、锅炉及各类机器设备，1919年进口值1003万关两，占上海进口总值4.8%、全国同类商品进口总值40.28%。宣统二年(1910年)，开始进口交通工具，1931年1423万关两，占上海进口总值1.73%。甲午战争前夕，少量进口棉花，后为主要进口货物，1921年3277万关两，占上海进口值7.5%。1936年，进口总值1.65亿美元，主要货物有杂货(含日用百货)、金属和矿砂、汽油煤油、纸、金属制品、棉花、机器工具、化工用品等。

1937年上海沦陷后至1941年太平洋战争爆发，进口商品结构基本维持原状。1941年，进口货值1.97亿美元，居一、二位的粮食、棉花分别占22.41%和20.42%。抗日战争胜利后，国民政府鼓励输入，入超激增。1946年、1948年，上海进口总值分别为5.573亿美元、1.65亿美元，占全国进口总值85.3%、78.5%，主要货物有橡胶原料、钢铁五金、化学产品、棉花、汽油、煤油等。

解放初，美国等国对华封锁。上海开展易货贸易和连锁经营进口必需物资。1949年12月，用猪鬃、生丝同苏联易换卷筒纸和纸浆，成交上海解放后第一笔易货贸易。1950年，进口货物29种，总值1.17亿美元。其中，棉花占

50%、糖12.5%、橡胶8.7%、黄麻1.8%、钢板1.7%、紫铜1.4%、烧碱1.2%。进口青霉素21万支、链霉素30万支。1951年，联合国通过对华禁运案，上海进口下降为9584万美元，1953年6110万美元。1957年，巴黎统筹委员会宣布放宽对华禁运后，上海进口3758万美元，生产资料占80%。1959～1961年，粮食进口居各进口商品之首，1961～1963年进口392万吨。1965年，进口值恢复至6000万美元。“文化大革命”初进口下降，1969年1600万美元。1971～1975年，增加进口机电仪表，每年约1000万美元。80年代初，增加消费品进口。1982～1985年，年进口彩色胶卷400万～600万卷。1984年起，每年进口电视机、电冰箱等家电约2亿美元。1985年起，大规模引进技术设备。1990～1995年，机电仪器进口值居首，钢铁五金居次。1995年，进口值74.79亿美元，主要有技术成套设备、电子计算机和仪器、汽车、化工原料、钢材、矿砂等。进口商品来源地增至118个。进口值居前五位的国家和地区，日本31.07%，香港地区15.98%，美国10.22%，德国10.2%，韩国4.59%。

第二节 | 外贸企业 >>

一、洋行

清道光二十三年(1843年)，广州英商怡和、宝顺、仁记、义记、广源等洋行在上海设分行。咸丰二年(1852年)，洋行增至41家，其中英商27家、美商5家、法商1家、从属于英国的印度洋行8家。初以走私鸦片贸易为主，怡和走私规模最大，有12艘武装的走私船。后因金融业和交通电信业发展，大批新洋行开办。同治三年(1864年)，增至68家，光绪二十一年(1895年)增至116家，主要为英、美、德、法、日洋行。英商洋行占60%以上，有怡和等老牌及二十六年新设的卜内门洋行。其次美商洋行，琼记、同孚、同珍、哗地玛、旗昌等老牌洋行歇业，二十年有美孚新设。德商洋行，从同治十一年40家增至光绪二十年85家，有禅臣等。法商洋行不多，早期以经营生丝出口为主，19世纪90年代扩至30余家，知名的有永兴洋行、笔喇洋行、立兴洋行等。同治十年，始有日商洋行开设，19世纪90年代约增到30家，知名的有三井、三菱、岩井等。1936年，上海欧美洋行561家、日商洋行114家。抗日战争胜利后，洋行减少，1947年370家。日商洋行全部关歇，美商洋行增至182家。1949年6月，全市有376家。1950年6月，减至282家，其中英商60家、美商60家、法商18家、苏联商34家、德商2家、瑞士商22家、意商3家、荷商5家、其他78家。1956年年初，有怡和、信昌、太古等21家，年底全部关闭。1960年，法商永兴洋行结束在华业务。至此上海洋行业务全部结束。

洋行买办 广州开埠后，有行商、散商、通事等华人受雇于洋行，成为买办。鸦片战争后，有人随洋行迁上海。清道光二十四、二十六年(1844、1846年)，怡和洋行总行从广东先后派名叫阿三(ASAN)、阿陶(ATOW)的到沪任买办。至第二次鸦片战争前后，上海洋行的买办几乎全为广州香山帮。19世纪50年代，出现一批江、浙、皖籍上海买办。咸丰元年(1851年)，怡和洋行把鸦片从上海运到苏州产丝区推销，把所得款项用于购丝出口，委买办办理一切与购销有关的事务，买办权益扩大，70～80年代扩至管理洋行财务和银库。同治末年至光绪年间，中、小洋行大量增设，光绪十年(1884年)买办大量增加。19世纪末，除日商洋行外，英、德、法等老牌洋行内部各部门都设买办，上海有买办0.2万～0.25万人。第一次世界大战以后，美商美孚、德士古石油公司、英商亚细亚石油公司以及英美烟公司等到沪开设分支机构，直接推销本企业产品，聘用高级职员，有的洋行开始直接雇用华人高级职员代替买办，买办大为减少。1936年，约减至900人(含非进出口贸易洋行)，此后少数洋行维持买办制，到1949年上海解放结束。

洋庄商人、中介行栈 上海开埠前，有粤商与洋商随北上英军到上海。初到沪，洋商人地生疏，言语不通，迁沪粤商承包一切进出口货物买卖。清道光二十四年(1844年)，阿林等最早在上海开设洋庄义升行，二十五年其贸易额已至少占上海全部进出口贸易25%。潮州郭某于二十四年开设上海第一家从洋行贩卖鸦片的鸿泰商号。后上海出现为洋行买卖货物的行号，大多易货交易，兼营进出口商品。19世纪60～70年代，出现专营丝、茶的行栈，代理内地商贩向上海洋行销售丝、茶，收取佣金。知名的大行栈有咸丰年间的汪乾记茶号，同治年间和生祥茶栈，稍后之震泰丝栈等。19世纪末，洋布(称匹头洋货)、五金、洋杂货业迅猛发展，经营的洋庄占全部洋货业90%以上。清咸丰八年(1858年)，经销洋行洋布的零售商有十五六家，光绪十年(1884年)发展到62家。同治元年(1862年)，叶澄衷开设上海第一家五金店顺记号，销售洋行五金件，分店遍及汉口等城市。新顺记、南顺记率先与洋行签约，垄断进口煤油销售，推销网遍布长江口岸各城镇及天津等城市，年获利10万两银。洋杂货业成为上海新式商业中企业最多的行业。19世纪70年代初，洋杂货号销德商礼和、禅臣洋行小瓶颜料，80年代出现由洋杂货转业专营洋行颜料的商号，至光绪三十四年有16家颜料行。各品牌颜料都因洋庄经销成为市场名牌货，经销商洋庄获得暴利。

二、华商进出口行

按贸易地区和经营特点不同，形成南洋庄、东洋庄、西洋庄3类华商进出口行。

南洋庄　有以进口为主的“九八”行和以出口为主的两种。“九八”行经营者多为旅居上海的闽粤商人。第二次鸦片战争后，南洋华侨到沪经办以代理侨商进口贸易为主的进口行。19世纪60年代末，出现以中药材出口为专业的南洋办庄。70年代到20世纪初期，又形成丝绸匹头业、杂粮业和山地货业办庄。20世纪20年代，出现日用百货业、织布业办庄。1936年，南洋庄进口值487.9万关两、出口值1181.3万关两，分别占上海对南洋进口、出口总值6.59%和51.36%。1937年，有南洋庄113家。1946年，有160家。此后统称为华商进出口商。

东洋庄　清咸丰三年(1853年)，太平军进军江南，在浙江乍浦的对日贸易商移至上海，设行办号，或在日本设立办庄，成为东洋庄。咸丰五年后渐增，分为经营日本海产品为主的海味业和杂品为主的百货业两种。第一次世界大战期间，海味业东洋庄一度鼎盛，百货业东洋庄也开始兴盛，经营进口日本棉织品、皂烛等。1925年五卅运动后，均一蹶不振，1931年全部停业。

西洋庄　19世纪后期，参与洋行进出口贸易的华商以西方贸易“订货制度”，开始用“寄番”办法开展交易。不少洋庄商人和华商内贸商人直接从事西洋贸易活动，形成以经营西洋进出口贸易为主的西洋庄。1920年，上海有40余户。1925年五卅运动后，洋行受到打击，西洋庄得到发展。1936年，增到194户，进、出口值分别占上海7%、12%。此后，西洋庄统称为华商进出口商，1948年0.15万户，1946～1949年经营上海80%以上纱布、桐油类大宗出口商品业务。1949年，部分大户移至香港。

公私合营企业　1950年，全市有私营进出口商0.11万家，从业人员1万余人，分别占全国24.4%、28.6%。1954年下半年，出口私商组成丝绸、食品、药材等8家公私联营企业，172户私商参加。进口私商组成8个综合性私私联营企业，170户私商参加。1955年10月，组成花边等9家公私联营出口企业，有194户私商参加。组成4家进口私私联营企业，有108户私商参加。1956年1月，361户私营企业公私合营，合并组成公私合营上海市国际贸易进出口公司和土产、工艺品、食品、丝绸、畜产5家出口公司。1957年年初，与国营公司相对应成立土产等10个公司。1966年9月，全部分别并入国营外贸公司。

三、官办企业

抗日战争胜利后，华商进出口企业中出现官办企业，有中央信托局、中国纺织建设公司2家国家垄断资本企业，中国植物油料厂、中国茶业联营公司2家官商合办企业，孚中公司、扬子公司等11家官僚资本“民营企业”3种。1949年5月，全部被上海市军管会接收。

四、国营企业

1949 年 6 月，上海建立国营华东区国外贸易总公司和国营中国植物油料公司、中国蚕丝公司、中国石油运销公司、中国制鬃公司、中国染料公司、中国茶业公司、中国汽车公司、中国西药公司和中国纱布外销公司 9 家外贸企业。1952 年，整编为中国进出口和中国蚕丝、茶业、油脂、畜产、土产 6 家总公司所属华东区公司，管辖华东 6 省 1 市外贸业务。1955 年起，划出其他各省业务，各外贸总公司华东区公司改为上海分公司，有中国进出口和中国丝绸、茶叶、粮油、畜产、土产、食品、杂品、轻工业品 9 家上海分公司。1957 年，全市有国营外贸公司 11 家。1966 年 9 月，6 家公私合营进出口公司并入相关的国营外贸公司。1978 年，全市外贸企业增至 13 家。1988 年起，外贸体制实行重大变革，大部分上海分公司和总公司脱钩，成为地方专业外贸公司，1990 年全市有 15 家。同时，一批工贸公司成立，部分大中型工业企业开始自营进出口业务，国家工贸总公司成立一批上海分公司。1993 年起，组建企业集团。是年，上海文教体育用品进出口公司改制为上海兰生股份有限公司，在国内外贸企业中首家以经营者（张兰生）名字命名，1994 年组成兰生（集团）有限公司。是年，上海纺织、服装、丝绸、针织、家纺 5 家进出口公司联合组建东方国际（集团）有限公司，上海机械进出口公司改制为上海机械进出口（集团）有限公司，成立上海斯迈克有限公司、上海轻工国际（集团）有限公司。1995 年，全市外贸专业公司有上海市土产进出口公司等 14 家。对外贸易 48.38 亿美元，占全市外资总值 25.4%。此外还有有进出口经营权国有企业 577 家。

1981 年，上海第一家海外公司上海工艺品股份有限公司在瑞士日内瓦成立。到 1995 年，上海在海外企业 435 家，分布 80 余个国家与地区。知名企业有上海实业（集团）有限公司等。

第三节 | 对外经济合作 >>

一、劳务输出

民间劳务　契约劳工。清道光二十九年（1849 年），上海 200 名苦力到美国加利福尼亚。咸丰元年（1851 年），二三十人到澳大利亚。南非发现金矿后，从上海、天津招收华工近万人，经上海港出发。

欧战华工。1917 年 8 月，上海赴法 500 名机械工人，大多到兵工厂工作。720 名华工乘船赴法，500 人因乘船被德国潜艇击沉遇难。上海沦陷期间，上海有 1.25 万人被日伪强征或调遣至国外服役。

合作劳务。1987 年 3 月，市外经公司在全国率先承办民间劳务，第一批赵氏兄弟 2 人赴日本东京做冲床工。至 1995 年，全市输出 0.43 万人。

公派劳务 1984 年，上海市与外方签订对外劳务输出合同 19 份，合同额 328 万美元，输出人员 954 人次，年末在外 0.11 万人。1995 年，签订合同 419 份，合同额 1.49 亿美元，人员 0.67 万人次，年末在外人员 1.45 万人。

二、工程承包

建筑工程 本地外资工程。清同治二年(1863 年)，作头魏荣昌承接法租界公董局办公大楼。此后工程有汇中饭店、礼查饭店、公共租界工部局大厦、沙逊大厦、百老汇大厦、华懋公寓、东正教教堂等。1985 年，承包供涉外租住的高楼住宅雁荡大厦、商务办公楼联谊大厦，为 1949 年后首建的上海本地外资工程。1987 年，承包建成上海第一家外资五星级宾馆静安希尔顿酒店。至 1995 年，承包引进外资建筑工程有营业性综合大楼 210 幢、建筑面积 290 万平方米，商品性办公楼近 40 幢、建筑面积近 60 万平方米。

国(境)外工程。1931 年前后，余洪记营造厂承建马来西亚柔佛政府大厦。1937 年，陶记营造厂向婆罗洲、越南等地扩展业务。抗日战争胜利后，王荪记营造厂业务扩大到香港地区、新加坡。1950 年，保华建筑公司在香港承建包括地铁在内的政府工程。此后，上海停止境外业务。1984 年 11 月，市外经公司承建泰国军人宿舍项目。至 1995 年，上海承包、承建的主要境外工程项目 13 个，总承包价 1.26 亿美元。

工业工程 1992 年 12 月，上海电气(集团)总公司承建巴基斯坦扎法戈电厂扩建工程部分项目。1985～1995 年，上海外经公司承包境外 7 个项目，总价 5193 万美元。境内外资、中外合资工程 4 个，总价 2.22 亿美元。

园林工程 1985 年 8 月，中建上海园林公司承建上海第一个园林出口项目德国杜塞尔多夫巾帼园。至 1995 年，承建国外园林 20 多座，总额 900 多万美元。

三、技术贸易

技术引进 1952 年、1953 年，先后引进苏联磨床、捷克斯洛伐克发电设备制造技术。1957 年，引进苏联电动机制造技术。1958 年，吴泾第一热电厂引进苏联 2.5 万千瓦机组、望亭电厂引进捷克斯洛伐克 8.8 万千瓦机组、匈牙利 7.5 万千瓦机组等。1974 年、1978 年，上海石油化工总厂、上海宝山钢铁总厂先后建设，与日、德、美、英、比等国共签订成套设备合同 25 个，技术、设备引进费用合计 47.8 亿美元。引进物资总重 46.59 万吨、资料总重 560.47 吨。聘用外国专家0.36万人次。1983～1995年，除三资企业外全市引进技术0.74万项，总金额45.87亿美元(不含宝钢等中央重大项目)。引进日本设备11.61亿美元、德国8.77亿美元、美国7.2亿美元、香港地区4.79亿美元、意大利3.32亿美元。

技术出口 20世纪50～70年代，上海承担无偿援外项目。1985年，上海第二制药厂向瑞士罗氏公司出口独创的维生素C二步发酵法技术，为上海市第一个贸易性技术出口项目，出口额550万美元。1983～1995年，技术出口合同788份，出口金额14.95亿美元。

四、国际经济技术援助

对外援助 成套项目。1955年7月，上海轻工业局筹建越南统一火柴厂，为上海第一个成套援外项目。至1995年，上海援外项目291个，金额31.05亿元。受援项目金额最多的是阿尔巴尼亚，项目28个，金额13.88亿元。越南项目131个，金额5亿元。埃及1个，金额2.5亿元。朝鲜23个，金额2.19亿元。

培训人员。1953年，接受首批外国实习生8人到上海新中华刀剪厂等厂实习。至1995年共接受1.14万名实习生。

接受援助 1947年10月、1948年7月，美国在沪设立美国经济合作总署中国分署，1948年1月第一批美援面粉抵沪，1949年结束。1950年2月，上海开始接受苏联为主的技术援助，主要为专家技术指导、提供技术资料，重点为船舶、机电行业，1960年8月中止。1978～1995年，接受多边援助71项，受援金额6594.6万美元，主要有联合国和欧洲联盟的援助。1982～1995年，接受德国、日本、澳大利亚等11国双边援助项目36个，受援额5292.4万美元。

第四节 外国、境外投资 >>

一、直接投资

清道光二十三年(1843年)，英商在沪开设洋行。咸丰九年(1859年)，上海有外资工厂18家。光绪十七年(1891年)，在沪外商企业中英175家，占外商企业62.65%。其次分别为德、日、法、美商等。光绪二十一年至1913年，外资工业资本6346万银元，怡和、老公茂等10家外商纱厂有纱锭46.5万枚，约占全国纱锭总数一半。二十六年，在沪侨资约占全国侨资1/7。

第一次世界大战前，在沪英商资本2.61亿美元，约占上海全部外资90%。大战期间，日本、美国加大投资。1914～1919年，日商新设和收购7家纱厂，在沪日商棉纺厂纱锭由11.19万枚增至31.29万枚。英美烟草公司工厂由1家扩至4家，工人由百余人增至近万人，资本由1100万元增至3714万元，超过中国烟厂总资本7倍。第一次世界大战后，各国加大对华投资，至1936年外资工业资本增至4亿元。1930年，上海外资企业总额在全国外资企业所占比重从光绪二十八年21.7%提高到42.8%。1937年7月，上海各业外资企业资金额在全国的比重(不含东北地区)，银行业占79.2%，进出口业和商业占81.2%，工业占67.1%，房地产业占76.8%。抗日战争胜利后，美资迅速扩大。在沪最大的4家外国进出口商，美商有3家。其中中美实业公司，资本10亿元，垄断中国进出口贸易。美商上海电力公司，装机容量占全市81.5%。1945年12月～1949年3月，外商企业0.2万家。1948年开始，政局动荡，外资转往他国。是年，在沪外商企业0.13万家，上海解放时减至910家。1950年6月，外资企业684家，员工5万多人，资产总值估计1亿元。上海开埠后到解放前夕，到沪投资的国家、地区共36个。

1949年6月～1952年，新开设外商企业43家，主要是苏联、东欧和亚洲地区小型商贸企业。1949年后，上海市政府对外商企业采取征用、接管、代管、转让等方式清理整顿。1962年底，剩4家外资侨资银行和8家个体小户。是年，中波轮船航运公司从天津迁至上海，波方协议投资0.1亿美元。此后长期无外商投资。1979年后，外商投资迅速增加。1980～1983年，全市批准外商投资项目9个，投资9024万美元。1995年，批准外资项目1.36万个，协议外资341.99亿美元，实际投资114.11亿美元。实际投资中，香港地区居首，占49.18%，其次为美国占14.69%，其他依次为日本占8.61%、台湾地区5.03%、意大利2.9%。

1980～1995年，中外合资、中外合作、外商独资和股份制等在上海投资额分别占总额54.80%、20.80%、22.45%和1.95%。

二、间接投资

外国政府贷款 1982年，丹麦政府根据中丹政府双边协议，向上海市提供第一笔贷款，用于乳品厂改造。至1995年，上海市获得德国等16个国家政府贷款，总额7.46亿美元。以德国政府贷款最多，占43%。全部贷款用于市政交通、能源等分别占43.7%和15.7%。

国际金融组织贷款 1987～1995年，世界银行向上海市政府提供贷款12.7亿美元，主要用于市政建设。1991～1995年，亚洲开发银行向上海市政府提供贷款2.55亿美元，主要用于中小企业技术改造和兴建黄浦江南浦、杨浦大桥。

国际商业贷款 1984年，中国银行上海市分行与日本三井银行签订85亿日元(后增至100亿日元)贷款合同,贷款期限8年,用于建造瑞金大厦,为解放后上海金融界首例直接利用国际商业贷款。1986年9月4日,国务院批准上海市用自借自还的方式利用外资,上海市单项融资数百万至1亿美元。

第五节 | 海关、商检 >>

一、市舶司、海关

市舶司 北宋熙宁七年(1074年),在华亭县青龙镇(今青浦县境内)建市舶务。南宋绍兴二年(1132年),两浙路市舶司从临安移驻华亭。南宋咸淳三年(1267年),华亭县上海浦始设市舶分司。宋代,全国先后有11处设置市舶司、务、场,上海地区有3处,设4个市舶机构。元至元十四年(1277年),上海镇开设市舶司,为元7个市舶司之一。司署设今上海小东门光启路。大德二年(1298年),并入庆元(今浙江宁波)市舶司。明代开国前夕元至正二十七年(1367年),在太仓黄渡(今嘉定区内)设置市舶司。明洪武三年(1370年)罢废。此后,上海地区不再设市舶机构。

江海关、上海海关 清康熙二十四年(1685年),清廷开设江海关和闽海关、粤海关、浙海关,始有海关之名。江海关初设于松江府华亭县漴阙,二十七年迁至上海县城小东门。道光二十四年(1844年),增建新关署,称江海北关,俗称洋关,征收"夷税",专管外商船只货物和税收。原海关称江海大关,又称江海南关,专管中国船只和税收。咸丰三年(1853年)八月初五,英人借故捣毁北关大部建筑,英领事以武装占领。八月初七,英、美、法国领事分别宣布实行"领事代征制"。九月初八,上海道台吴健彰利用旧兵船,在黄浦江浦东陆家嘴组成临时水上海关,后又在吴淞江北岸设立海关办事处。六月初五,吴健彰与英、美、法3国领事签订《江海关征税规则》,规定由三国领馆各推一人帮办关务,称税务监督,由领事提名,道台选任。六月十二日,组成关税管理委员会。江海关行政管理权始由外国人执掌。咸丰九年,命英国人李泰国为总税务司。此后江海关的税务监督也改称税务司,并由总税务司委任,进而推行到全国各通商口岸,形成外籍税务司制。江海南关后改称常关,地位逐渐衰落。后所指江海关、海关,即江海北关。咸丰七年,江海关署在汉口路外滩重建,光绪年间又改建。1912年起,汇总全国各口岸海关税收。1941年,为日军接管。抗日战争胜利后,为国民政府接收。1949年5月30日,为上海市军管会接管。1950年2月,改为中华人民共和国上海海关。1841～1910年,有41个上海道台兼任江海关监督,1912～1938年有22人任。1854年～1949年5月,税务司共86任,其中英国人 56 任。

关税征收 清道光二十三年(1843 年),执行《江海关征税则例》,税则分列出口税和进口税。咸丰八年(1858 年)十一月,《海关税则》订立,确立进出口税值百抽五的税制,进口货物税率较前降低 13%～65%。同治元年(1862 年),关税 417.2 万关平银两,占全国关税 53.22%。四年起,进口关税每年超过出口税。光绪二十八年(1902 年),1081.41 万关平银两,占全国关税 36.04%。1927 年 9 月,国民政府宣布关税自主。1928 年 2 月,颁布《进出口税则》。是年,江海关征收关税 3365.93 万关平银两,占全国关税 40.88%。1947 年,16143.38 亿元法币,占全国关税 68.93%。1950 年,鼓励出口,只对几种出口商品征收出口关税,是年税收 3459.99 万元。1951 年 5 月～1984 年,实施《中华人民共和国海关进出口税则》,进口商品分为必需品、需要品、非必需品和奢侈品 4 类,征收不同税率。其间,对货名和税率作过 24 次调整和修改。1993 年 1 月起,废止集中纳税,所有进出口货物全部改为地方纳税。上海海关征收的税种主要有关税、代征税费以及附加税费等。1950 年,上海征收税款 3460 万元,1970 年 292.84 万元,为 1949 年后最低。1995 年,税款 153.97 亿元,占全国海关税收 22%。

二、商检

1927 年,上海特别市政府设上海市出口肉类检查所,是上海地方政府首设出口商品检验机构。1929 年 3 月,中央政府设置的第一个商品检验局工商部上海商品检验局成立。先后下设农作物、畜产品、蚕丝和化工品等检验处,并接收和收买上海出口肉类检查所、国立牲肠出口检验所、万国生丝检验所和农产物检查所内蚕种检查处。1937 年上海沦陷,日伪设上海商检局。抗日战争胜利后,上海商检局复局。1949 年为上海市军管会接管。1951 年 8 月起,全市外商、私商公证行停止营业,所有外贸公证鉴定由上海商检局办理。初负责华东地区进出口商品检验,1960 年 11 月起检验范围限于上海市。1981 年 2 月改为上海进出口商品检验局。

第二十二章
农　业

第一节 | 经营体制 >>

一、私有经营、土地改革

土地占有　1950年土地改革前夕，上海市郊与松江专区、崇明县有地主1.87万户，占总户数2.56%，人口占2.86%；占有土地230.63万亩，占土地总面积36.99%，户均123.36亩，人均27.34亩。贫农、雇农40.97万户，占总户数56.17%，人口占52.28%；占有土地100.91万亩，占总面积16.18%，户均2.46亩，人均0.65亩。1949年，全市有奶牛场130多个、农场80多个。

土地改革　松江专区、崇明县，1950年6、11月根据《中华人民共和国土地改革法》先后开始进行，次年3月完成。没收地主的耕畜0.38万头、农具20.19万件、多余的房屋11.88万间、多余的粮食2302.54万公斤，分给农民，归农民所有。上海市郊，根据《城市郊区土地改革工作条例》《上海市郊区土地改革实施办法》，1950年12月开始进行，次年11月完成。没收征收土地18.42万亩，归国家所有，分给农民耕种的14.65万亩，由政府发给土地使用证，分得土地的人口占市郊农业人口75.6%。

二、集体经营

互助组　1951年12月，建立30多个农业生产临时互助组。1953年有4.43万个，入组农户33.9万户，占总农户46.4%。

初级农业生产合作社　1952年8月，上海市郊试办新泾区诸翟乡南张村等3个初级农业生产合作社，入社农户38户。1955年年底，增至1万余个，入社农户31.16万户，占总农户41.7%。

高级农业生产合作社　1952年3月，真如区新港乡朱行村4户农民自发组建高级农业生产合作社。1956年，有0.21万个，入社农户占全部农户97.04%。

人民公社，乡、村集体经济组织　1958年9月21日，上海市郊区第一个政社合一、工农商学兵五位一体的人民公社上海县七一人民公社成立。至9月30日,市郊全部实现人民公社化。1983年春,实行政社分设。到1984年春,全市206个公社就社设乡,人民公社成为集体经济组织,1987年5月改为乡经济联合社。1987年,全市人民公社机构体制改革结束。公社改为乡经济联合社(也称农工商联社或者公司),下设工业、农业、副业等专业公司。生产大队改为村经济合作社或公司。

家庭联产承包责任制 1980年秋,嘉定县曹王公社和平大队张北生产队等率先实行全部作物联产到劳,即包产到户。1990年,粮棉生产队实行家庭联产承包责任制的占94%。蔬菜地区90%的生产队仍实行"两头统,中间包"、以联产联值到劳动者为主的生产责任制。1983年,开始出现规模经营户,1995年6月有0.69万个。

三、公营、国营农业企业

市、县良种繁育场 1928年,江苏省立棉作试验场在南汇县设立分场,从事棉种选育。1995年,有上海市农业实验场、上海市花卉良种试验场市级场。1951年,川沙、奉贤县建农业良种繁育场,1995年全市有12个县级场。

农场 1954年,江苏省松江专署在奉贤、南汇两县南部围垦滩涂,建奉贤农场(今五四农场)。1959年,上海市组织在崇明县围垦,建立新海农场、东平农场(今东风农场)。在奉贤县围垦,建立海滨农场(今星火农场)。1965年,接办安徽省太平县境内的黄山茶林场,1966年在安徽省歙县建立练江牧场,1973年在江苏省大丰县建海丰农场。1995年,全市有五四、新海、星火、东风、东海、跃进、红星、长征、长江、前卫、前进、前哨、芦潮港、燎原、朝阳、海丰农场和黄山茶林场、练江牧场等18个国营农场,耕地30.8万亩。员工11.1万人,其中农业从业人员1.85万人。

苗圃、林场 1928年,建上海市立园林场,1995年全市有6个市级苗圃,面积225亩。清光绪年间,宝山、南汇、崇明等县建县林业试验场,1959年沿海沿江各县围垦滩涂,建7个林场,1995年有金山、奉贤、南汇、川沙、松江、崇明等县6个林场,土地1.36万亩,林地0.95万亩。

畜禽企业 1956年,建立上海市牛奶公司,1985~1995年建立11家规模畜禽产加销企业。1995年,上海牛奶(集团)有限公司有16个牧场、员工0.65万人,奶牛1.08万头,生产光明牌系列乳制品百余种,产量4.64万吨。

水产企业 1949年5月,上海市军管会接管前国民政府善后救济总署渔业善后物资管理处和农林部中华水产公司,后历经变化,1992年为上海水产(集团)总公司。有下属企业8家,经营海洋捕捞、水产养殖、鱼品加工等,主要企业有上海海洋渔业发展公司、上海市水产供销公司、上海远洋渔业公司。

第二节 农用土地、劳力、产值

一、农用土地、养殖水面

农用土地 1951 年土地改革前夕，全市（含松江专区、崇明县，下同）有 623.5 万亩，1995 年 478.77 万亩。1949 年，耕地 562.5 万亩，市郊人均 1.75 亩，1995 年分别为 434.94 万亩、1.11 亩。1971 年，全市林地 1.66 万亩、果园 3.81 万亩，1995 年分别为 9.51 万亩、20.04 万亩。

养殖水面 1952 年，全市淡水养殖水面 2.85 万亩，1995 年 49.49 万亩，其中精养鱼塘 16.08 万亩。1983 年，海水养殖水面 0.33 万亩，1995 年 1.59 万亩。

二、农业劳动力

数量、业别 1949 年，全市农业劳动力 121.54 万人，1995 年 65.61 万人，占农村劳动力 28.5%。1995 年，种植业劳动力占农业劳动力 92.63%，饲养业占 2.88%，渔业占 4.2%，林业占 0.19%。

劳动生产率 1949 年，全市农业劳动力人均年生产总值 186 元，1995 年 1.93 万元。农业劳动力人均生产主要农产品，1952 年生产粮食 741.7 公斤、棉花（皮棉）29.5 公斤、油料 25 公斤、蔬菜 197.5 公斤、水产品 16 公斤，1995 年粮食 0.33 万公斤、油料 236 公斤、蔬菜 0.37 万公斤、肉类 227 公斤、家禽 225 羽、鲜蛋 227 公斤、牛奶 332 公斤、水产品 196 公斤。

三、农业总产值、产业

农业总产值 1949 年 2.27 亿元，1995 年 91.39 亿元。

产业 1949 年，种植面积 996.37 万亩，粮食占 57.9%，棉花占 13.9%，油菜籽占 5%，蔬菜占 5.7%，其他作物（包括绿肥）占 17.5%。种植业占农业总产值 76.5%，饲养业占 13%，渔业占 1.3%，林业占 0.4%，其他家庭副业占 8.8%。1990 年，饲养业产值首次超过种植业。1995 年，农作物播种总面积 813.23 万亩，其中粮食作物占 63.4%、棉花占 0.6%、油菜籽占 14.45%、蔬菜占 16.04%、其他作物占 5.51%。种植业占农业总产值 36.66%，饲养业占 47.86%，渔业占 15.2%，林业占 0.28%。农产品商品率为 76.9%。

资金投入 上海市财政用于农村生产和农、林、水利、气象等部门事业费，1950～1995 年 54.32 亿元。农业合作化后，农业生产合作社、人民公社集体提留公共积累投入农业生产。1957 年，全市提取 2838 万元，1986～1995 年 31.2

亿元，年均3.12亿元。

物耗、产出 1957年，种植业物耗占种植业总收入27.9%，每亩净收入48.9元，1995年分别为37.8%、621.49元。饲养业，每百元投入，1957年亏损22.4元，60年代转亏为盈，1995年净收入7元。

第三节 | 粮食、棉花、油料生产 >>

一、种植区划

纯粮区 为西部松江、金山、青浦3县。大部分为淀（山湖）泖（河）低地，历来以种植水稻为主。

沿海粮棉夹种区 包括川沙、南汇、奉贤、崇明4县。1949年，耕地236.35万亩，其中粮田占41.53%、棉田占32%、油菜田占5.84%。1995年，耕地183.05万亩，其中粮田占80.91%、棉田占1.85%、油菜田占12.75%。

近郊粮棉菜夹种区 包括上海、嘉定、宝山3县区。1995年，菜田6.32万亩，占全市蔬菜面积35.31%。1985年，减种棉花，1995年停种。

二、粮食生产

作物 有早稻、中稻、晚稻，小麦、元麦、大麦，大豆、蚕豆、绿豆、赤豆、玉米、高粱、甘薯等。水稻种植历史最久，青浦县崧泽文化遗址出土的人工栽培稻谷，为距今约6000年。水稻一直是上海地区的主要粮食作物，至20世纪80年代种植面积占粮食总面积65%。麦类，唐宋时期已有种植，20世纪80年代种植面积占粮食总面积35%。

水稻 宋绍熙年间，华亭县亩产稻谷2～3石。明代后期至20世纪30年代，大量种植棉花，水稻面积减少。1949年，全市面积279.37万亩，亩产185公斤。1956年，试种双季稻。1976年，水稻面积541.34万亩，早稻占41.96%，中稻占0.31%，单季晚稻占1.74%，后季稻占55.59%。1984年，基本停种双季稻。1995年，水稻面积315万亩，中晚稻占94.4%，后季稻占5.6%，平均亩产519公斤。

麦类 明清时期，小麦种植面积约占耕地10%。1920年前后，产量约占粮食总产1/4。1949年，全市种植156.82万亩，小麦占46.98%，大麦占16.5%，元麦占36.52%，平均亩产59.5公斤。1995年，种植170.5万亩，小麦占53.7%，大麦占46.2%，平均亩产270.5公斤，元麦基本不种。1954年，种荞麦5万亩，后很少种植。

其他作物 大豆。明正德《金山卫志》、嘉靖《嘉定县志》有种植记载。民国时期，各县均有种植。主要品种大粒黄、牛踏扁、大青豆、黄瓜青、七月白、八月白、稻熟黄、荚荚三、荚荚四、小油豆等。1949 年，全市种植 45.53 万亩，总产 2.54 万吨。1951 年起，种植面积持续下降，1995 年 9.89 万亩，大多为摘青作蔬菜。

蚕豆。明正德《松江府志》有种植记载。1930 年，种植 50 余万亩，品种有三白蚕豆、青皮蚕豆、大麦豆、石门豆、药用红皮豆。1949 年，种植 48.13 万亩，亩产 37 公斤。1995 年 6.20 万亩，大多摘青作蔬菜。

绿豆、赤豆。1955 年后，绿豆有零星种植，赤豆大多插种在玉米和棉田中。赤豆主要品种有大红赤、小红赤、蟹眼赤、饭赤、米赤等。崇明县大红袍赤豆是传统出口产品，1995 年全县约种植 5 万亩。

玉米。明万历三十二年(1604 年)，崇明县开始种植。1929 年，10 县种植 15.3 万亩，崇明县占 3/4。有大金黄、小金黄、青鱼牙、珠鱼牙、老人牙、百日早、秤砣黄、六叶头、五叶头、香橼黄等 30 余种品种。1949 年，全市种植 20.32 万亩，亩均 114 公斤。1995 年，种植 12.18 万亩。

甘薯。明万历三十七年，徐光启引种自福建，此后沿海沙土高地多有种植。1949 年，全市种植 10.27 万亩，亩产鲜薯 0.1 万公斤。1958 年，种植面积达历史最高，达 17 万亩。1964 年起，大幅减种，1984 年沿海地区尚有零星种植。

高粱。1930 年，崇明县种植 4.6 万亩，川沙、南汇、奉贤、嘉定等县沿海沙地和高亢地亦种，70 年代后全市基本不种。

三、棉花生产

明正德《松江府志》记载木棉“宋时乡人始传其种于乌泥泾，今沿海高乡多植之”。徐光启《农政全书》载万历年间松江府“官民军灶垦田凡二百万亩，大半植棉”。清初，上海、嘉定、宝山、南汇、奉贤、崇明县和川沙厅棉田面积约占耕地 7 成。1920 年，10 县种植 356.28 万亩。1936 年，291.03 万亩，总产皮棉 4.26 万吨。1937 年上海沦陷后，粮食短缺，减棉增粮。1952 年，种植 216.45 万亩，总产皮棉3.89 万吨。60 年代初粮食短缺，减棉增粮，1962 年减至 103.77 万亩。1985 年起，面积迅速减少，1990 年降至 19.43 万亩，1995 年为 4.97 万亩，总产皮棉 0.36 万吨，亩均 72.5 公斤。主要产在松江、奉贤 2 县。

四、油料生产

菜籽始种于元代，并和大豆同为主要油料作物。农民一般夏收后食菜油，秋收后食豆油。20 世纪 50 年代起，发展油菜种植，减少大豆。其他油料作物除蓖麻外，均作为副食品，种植面积不大。

油菜 明代，华亭、嘉定、青浦等县种植，至清代上海普遍种植。1949 年，全市种植 50.28 万亩，1981 年 108.61 万亩。1995 年，种植 117.53 万亩，总产 15.49 万吨，亩均 131.8 公斤。

其他作物 花生，明弘治《上海志》有种植的记载。1949 年，崇明、南汇、奉贤等县沿海地区均种，70 年代全市年种植 0.2 万～0.3 万亩，1995 年 1.5 万亩，总产 0.28 万吨。芝麻，插种于棉田。向日葵、蓖麻，均零星种植于十边地。

第四节 | 蔬菜生产 >>

一、菜区

清中叶，静安寺、法华镇、徐家汇等一带有“园地”，专门种植蔬菜，上市出售，逐渐成为菜区。上海开埠后，菜区逐渐扩大。1931 年，商品蔬菜种植 2.2 万亩。1935 年《上海市年鉴》载，“沿吴淞江畔之农家，皆以种植蔬菜为业。”1948 年，菜地面积 11.5 万亩。1953 年，常年菜地增加到 19.6 万亩，集中在新泾、龙华、真如、大场、杨思 5 区。1958 年，菜地扩大到 30 万亩。1959～1962 年，粮食供应紧张，“以菜代粮”，菜地增至 42 万亩。1963 年，市人民委员会按照市区人均 3 厘菜田的标准，计划安排 17 万亩常年菜地作为生产基地，常年菜田绝大部分安排在上海、嘉定、宝山、川沙 4 县，在崇明、青浦、南汇等县插种季节蔬菜作为补充。各县对城镇的蔬菜供应自行安排。以后，菜地种植面积基本稳定。到 70 年代末，形成常年菜、季节菜、出口菜 3 个生产基地。1978 年，常年菜地总面积 18.4 万亩。后因市区扩展，近郊菜地被征用 7 万亩，1993 年起在中、远郊建设新菜地，遍及市郊各区县和部分市属国有农场。1995 年，常年菜地 17.9 万亩。

另有出口菜生产基地，主要在嘉定、崇明、松江等县，种植面积变动大。葱头生产基地，在嘉定县南翔等乡镇，1995 年种植 0.17 万亩。大蒜生产基地，在嘉定县娄塘镇等一带，1995 年 1.6 万亩。青豌豆生产基地，原在上海县七宝镇一带，20 世纪 80 年代以松江县中、西部和川沙县部分地区为主，1990 年全市种植 2 万多亩，1995 年已不种植。芦笋生产基地，主要产区崇明、奉贤县，1995 年面积分别为 0.1 万、200 亩。甜玉米生产基地在崇明县，1995 年种植 800 亩。

二、品种

清同治《上海县志》载有蔬菜 45 种。上海开埠后，引进番茄、甜椒、洋葱、甘蓝、花椰菜、朝鲜蓟、马铃薯、石刁柏等洋菜品种。1936 年，上海蔬菜品种增至

76种。1954～1957年，市农业局征集到蔬菜品种82种、334个品种。50～70年代，从国内外引进和自育一批品种。自育的品种主要有矮抗青、冬常青、新选1号、七宝红明等青菜，四月慢、北杨、郊赛、夏光等甘蓝，慢慢种、早熟23号、申花3号等花椰菜，浦红系列番茄，上海甜椒，上海黄瓜等。70年代末，蔬菜有89种、400多个品种。80年代起，从外省、国外引入300多个品种。1995年，蔬菜品种有5大类113种716个品种。常年栽品种食叶类蔬菜品种最多，有青菜、塌菜等37个种类、60多个品种。特色品种主要有四月慢青菜、中八叶塌菜、板叶荠菜、上海甜椒、兰花小茄、小闸黄狼南瓜、崇明金瓜、鳗鲡豇豆、小青冬瓜、白扁豆、猪血扁豆、腊菜尖、嘉定白蒜、兰花笋等。

三、上市

1949年，上海市郊上市总量16万吨，1959年122.9万吨，1995年184.5万吨。

第五节 瓜、果、食用菌、花卉、蚕桑、其他作物生产 >>

一、西瓜、甜瓜

20世纪上半叶，上海西瓜甜瓜种植，以甜瓜为主，1959年起西瓜种植面积超过甜瓜。1982年，西瓜面积占西瓜甜瓜总面积的98%。90年代，甜瓜面积增加，1995年占31.4%。

西瓜 明正德年间有种。清叶梦珠《阅世编》载，“西瓜之产于吾郡者，向惟闵行、周浦称最美。顺治中南桥一种，两头锐而复（腹）圆，状类橄榄，名曰橄榄瓜，其味尤为鲜美，超出诸种之上。”清同治《上海县志》载，“沪郊西瓜以三林塘雪瓤瓜（又称崩瓜）为最，味甜、质脆、水多，为西瓜中上品。”民国时期，种植西瓜面积较大的金山县，以平湖瓜、马铃瓜居多。50年代初，从广东引进解放瓜种，1954年从香港引入台黑（蜜宝）瓜种，60年代起成为郊区主栽品种，1982年种植面积分别为30%、60%。1990年后，主种广东新澄，新疆伊选和台湾新红宝、金钟冠龙，新疆8424、8417。70年代，三林塘崩瓜绝产。50年代初，全市年种植西瓜1万～2万亩。1959年，种植5.52万亩，上市2.88万吨。1995年，种植12万亩。

甜瓜 明正德《松江府志》记载，甜瓜“有青、白、花斑三种，又一种大如鹅子皮黄如金，曰金瓜。亦有银色者。通谓之香瓜。”20世纪50年代，主栽品种十条筋黄金瓜、海冬青、蜜筒瓜、金鹅蛋、全黄、香瓜、绵瓜和崇明黑皮等薄皮甜瓜。1984年起，引进国外网纹甜瓜博鲁卡、伊丽莎白、西薄洛托等，成为主栽品种。

1954 年，种植甜瓜约 3.5 万亩，1995 年 5.49 万亩。

二、水果

南宋《云间志》载，上海地区果树有桃、李。明万历年间，上海出现成片水蜜桃园。清道光、咸丰年间，有桃、李、梅、杏、柿、梨、石榴、枇杷等。民国《上海县志》载，上海县有“桃、柿、杏、梅、李、橙、香橼、代橘、石榴、花红、葡萄、银杏、枣、菱、无花果、樱桃、郁李、橘、金橘、枸橘、梨、木瓜、胡桃、橄榄、香蕉、麦李”。梅、桃、枇杷等有出售，余多为自食。上海沦陷期间，果园被毁，只剩零星果树。1958 年，人民公社办有桃园等果园，全市果园面积 0.45 万亩，产量 450 吨。70 年代，发展上海蜜梨生产，产量占全市水果总产量 60.6%。80 年代，扩大柑橘、葡萄、草莓种植。1995 年，全市果园 20.04 万亩，主要种桃、柑橘、葡萄、梨。另有 3.11 万亩草莓。水果总产 21.7 万吨。

桃　以水蜜桃最著名，据传明徐光启之子徐龙自北方引入。明天启年间，王象晋《群芳谱》载，“水蜜桃独上海有之，而顾尚宝西园(露香园)所出尤佳。”清乾隆后期，栽种转移到上海县城南黄泥墙一带。同治年间，转到龙华一带，春天花景被誉为沪城八景之一。光绪十七年(1891 年)前后，江苏无锡、浙江奉化等地及英、美、日等国引种。20 世纪 20～30 年代，桃之栽种区移至龙华以南，被称为“龙华水蜜桃”。以后栽种区西移至莘庄一带。上海沦陷期间，大片桃林被毁，1988～1990 年在上海县莘庄乡陆昌庙发现遗存 10 余株。80 年代，南汇县大团乡选育出大团蜜露。1960 年，全市种植桃树 3 万亩，产量占全市水果总产量 58.06%。1995 年，种植 7.08 万亩，产量 7.46 万吨。主产区南汇县，面积占全市 40.58%。

梨　清代，松江府有种植。1970 年，全市产梨 0.56 万吨，1995 年 1.59 万吨。主要产区在南汇、青浦、闵行、松江等区县，主品种为新世纪。

柑橘　清代和民国时期，庭院有栽。1959 年，宝山县、上海县引种启东金柑苗、苏州橘苗，成片种植，均冻死。1977 年后，宝山县长兴、横沙岛和上海、南汇两县大治河南岸，成功引种温州蜜橘耐寒品种。1995 年，全市种植面积 7.59 万亩，产量 9.04 万吨。

葡萄　历史上大多为庭院栽培。20 世纪 60 年代始成片种植。1995 年，全市面积 2.62 万亩，产量 3.36 万吨。主产嘉定区，占全市总产量 76.3%。品种以巨峰为主。

三、食用菌

食用菌有蘑菇、香菇、平菇、草菇、金针菇和黑木耳、毛木耳，还有灵芝、猴头菇、安络小皮伞 3 种药用菌。

蘑菇 1935年，中美农场引进法国双孢蘑菇菌种生产。50年代初，有10个私营蘑菇场。1995年，全市种植110万平方米，年产鲜菇0.73万吨。主产嘉定、南汇、青浦、松江4县区。

香菇 1957～1960年，上海市农业试验站试验成功用木屑代替椴木栽培。1995年，全市栽培610万袋，每袋产量0.57公斤。主产嘉定、宝山、崇明3区县。

四、花卉

清乾隆三年（1738年），浦东龙王庙凌家花园始以艺花木为业。到咸丰年间，龙王庙一带有凌、罗、徐、金、沈5家经营花木，以种金桂为主，称为五大桂花园。乾隆年间，彭浦赵家花园开始花卉生产。上海开埠后，外来花卉品种增加，鲜切花生产迅速发展。至20世纪30年代，经营花卉的场圃有183家，花卉种植面积0.14万亩，另有崇明县水仙600余亩。形成4个主要生产区。上海县漕河泾、梅陇一带，以温室生产鲜切花、盆花为主，占上海市场销售量的大部分。宝山县赵家花园一带，以露地生产草本、木本鲜切花和盆花为主。浦东凌家花园一带，以生产木本树花、盆景、地栽秧苗为主。崇明县合兴、堡镇一带，生产水仙、球茎花卉。1949年年初，上海花树商业同业公会会员中，有花卉园艺场80家、花农575家，种植面积0.1万亩。1965年，花卉生产单位54个，种植面积0.15万亩，观赏苗木600多亩。1967年起“文化大革命”中，禁种花卉。1980年，有13个单位恢复生产，栽培面积282亩。1995年面积0.7万亩。

品种 明弘治《上海志》载，上海县有花卉45种。清同治、民国《上海县志》，分别载有78种和187种。1932年，有草花78种、温室花卉15种、木本花卉26种、观赏苗木60种。1986～1995年，从国外引进120种。

鲜切花 清光绪二十年（1894年），上海县梅陇乡牌楼艾家厍花农引种国外传入的康乃馨、大丽花、山草等成功。后又引进唐菖蒲、郁金香、波斯菊、马蹄莲、晚香玉、日本杜鹃、一串红、万寿菊等品种。1965年，全市鲜切花种植面积0.14万亩，上市鲜切花3070万支。主要产区在梅陇、漕河泾、龙华一带。1995年，全市种植0.55万亩，上市鲜切花2.4亿支。

盆花、观叶植物 明清时期，有菊花、海棠、杜鹃、万年青、铁树等。民国时期，增加茶花、石蜡红、仙客来、玫瑰、月季、龟背竹、橡皮树等。彭浦赵家花园、浦东凌家花园、真如黄园农场、漕河泾新康苗圃及其附近的小花圃有盆花种植、出售。1965年，全市上市44.6万盆，1995年350万盆。

盆景 明隆庆、万历年间，嘉定盆树闻名于天下。民国时期，名家苏州周瘦鹃、浙江黄德邻父子亦到沪经营。1954年，龙华苗圃开辟盆景园。1965年，全市出口0.1万盆。80年代，所有县级花木苗圃都有盆景栽培。有大型、微型（掌上）、挂壁等多类品种，树种120多个。1995年，全市生产330万盆。

五、其他作物

蚕桑　南宋绍熙年间，有华亭县种桑养蚕的文字记载。清同治十一年（1872 年），上海道台提倡蚕桑，购桑苗数万株，种植于徐家汇至龙华一带。光绪中期，嘉定县钱门塘乡一带一度家家种桑、养蚕。1956 年，全市桑园 80 亩，1957 年产茧 13 担。1995 年，桑园 4.8 万亩，产茧 0.27 万吨。主要产区有金山县朱行等乡。

药材　1970 年，上海地产常用中草药有 480 多种，收获面积 1.4 万亩，收购量 0.24 万吨。1995 年，人工种植生地等 32 种，面积 0.62 万亩，收购 517 吨。农村向有采集野生药材习惯。1960 年，全市收购野生药材 206 种、254 吨，1990 年 139 种、800.4 吨。

香料　民国初年，上海、宝山等县始种小叶留兰香，提取留兰香油。1965 年，全市香料计划种植面积 0.64 万亩，1995 年 915 亩。主产崇明县。有薄荷、留兰香、香叶天竹葵、薰衣草等。

编织用草　黄草。清康熙《嘉定县志》记载，嘉定徐行一带有种植，所做编织品，作为贡品。1922 年，徐行镇兴业草织厂的拖鞋等草织品，销往南洋和西欧。1934 年，嘉定县种植约 600 亩。60～70 年代，年约种植 0.1 万亩，约产草 250 吨。1995 年，种植 0.15 万亩，产草 400 吨。

席草。1956 年，松江县天马乡引种成功，1995 年嘉定区、奉贤县种植 735 亩。

蔺草。1982 年，青浦县练塘公社引种成功，1995 年全市种植 1 万亩。

麻　黄麻。明嘉靖《上海县志》载，“金山海滨之地即产黄麻。”1952 年到 70 年代中期，年约 0.1 万亩，亩产 200 公斤，主要产地是崇明县。80 年代停种。

苎麻。明正德金山有种植。1990 年，全市种植 0.18 万亩，1991 年停种。

其他　啤酒花。20 世纪 50 年代后期，上海县华漕公社建设大队等地始种，1973 年种植 567 亩，1985 年后停种。

烟草。1960 年，金山、奉贤等县引种近百亩，1985 年停种。

甜叶菊。1980 年，嘉定县引种，1987 年种植 0.3 万余亩，1990 年停种。

第六节 | 畜牧业 >>

青浦县崧泽文化遗址和上海县马桥文化遗址出土的猪骨表明，四五千年前上海地区已有畜牧养殖。传统饲养的畜禽，主要是猪、牛、羊和鸡、鸭。晚清开始饲养奶牛。20世纪80、90年代，引进饲养肉鸽、鹌鹑、火鸡、鸵鸟、水貂等畜禽。1952年，畜牧业产值4083万元，占农业总产值11.9%，1995年分别为814800万元、44.65%。1952年，畜牧业总产值中，生猪占53.5%，牛奶占25.2%，羊、兔等占17.7%，鲜蛋占2.2%，家禽占1.4%，1995年分别占23.4%、9.9%、2.5%、13.5%、51%。

一、生猪生产

品种 上海生猪地方良种有梅山猪、枫泾猪、沙乌头、浦东白猪。1963年，市农业科学院畜牧兽医研究所选种培育白猪，到1979年育成农系、上系、宝系3个品系的上海白猪。1980～1982年，以引进的种猪与上海白猪进行两元、多元杂交，生产杜上、杜长上、杜汉长上瘦肉商品猪。1995年，全市主养杂交瘦肉型猪，胴体瘦肉率55%以上。

饲养量、上市量 1957年，全市饲养175.71万头，上市63.64万头，1995年分别为660.97万头、452.55万头。

经营 农户饲养。1949年，全市46.46万头，户均圈存0.44头。1958年，取消农户饲养，1960年恢复。1995年，圈存48.82万头，饲养户户均135.46头。

集体饲养。1953年，新泾区小泾村农业生产互助组办集体养猪场，至1960年，全市农村始形成公社、生产大队、生产队3级养猪场，以生产队饲养为主。1971年，全市养猪实现“一亩地一头猪”(全市农村养猪数量达一亩耕地有一头猪)。1973年，新泾公社天山大队薛家厍生产队养猪场在全市首家常年养猪超千头。1995年，全市规模化养猪场463个，年饲养量234.26万头，其中万头以上猪场69个。

二、禽、蛋生产

饲养家禽是农家传统副业，主要用于自食。1949年年末，全市农村户均养鸡鸭3.1只。1958年，上海县新泾公社田杜生产队、周家塔生产队办集体鸭场，始有集体饲养，全市有0.7万个肉鸡场。1995年，全市有规模肉鸡场76个，其中10万羽以上的5个。蛋鸡场220个，其中万羽以上的186个。蛋鸭场483个，肉鸭场483个。

鸡 传统饲养的有浦东鸡、芦花鸡、狼山鸡、萧山鸡、乌骨鸡等，蛋肉兼用，20世纪60年代起，分蛋鸡、肉鸡。

蛋鸡。1924年，引进来克亨鸡，1981年后引进产褐壳蛋罗斯鸡、罗曼鸡等品种。1995年，罗曼鸡饲养量占全市蛋鸡饲养量83%，每羽年均产蛋15.06公斤。肉鸡，1965年，引进白洛克、迪高等黄鸡品种和安卡红系列。1981年，育成新浦东鸡。

浦东鸡。产于浦东地区，黄嘴、黄脚、黄羽，肉嫩，脂黄，肉质鲜美，公、母鸡分别可达4～5、3～4公斤。清道光十四年（1834年），始有出口欧美。20世纪70年代，应用纯种浦东鸡与白洛克、红考尼许杂交育成新浦东鸡。

鸭 传统蛋鸭以绍鸭为主，肉鸭以娄门鸭为主。20世纪50年代，引进北京白鸭。80年代，引进狄高鸭和瘦肉型樱桃谷鸭。1987年，上海市农科院畜牧兽医研究所育成芙蓉鸭。用北京白鸭与樱桃谷鸭杂交出青浦白鸭。

圈存量、上市量 1949年末，全市圈存家禽205.1万只。1971年，上市肉禽1298.6万只、鲜蛋428万公斤，年末存禽551万只，1995年分别为14882万只、14783万公斤、2269.8万只。

三、牛奶生产

清同治九年（1870年），英国侨民引进英国爱尔兰黄白奶牛。不久，法国人引进法国红白花奶牛。光绪十六年（1890年）前后，徐家汇天主堂修女院引进荷兰种黑白花奶牛。后各有一头英国黄白花、荷兰黑白花雏牛流入川沙县合庆乡农村，长成后与当地塘脚牛（黄牛）杂交，产出乳役两用牛，又经几代选优杂交，育成川沙黑白花奶牛，成为本地当家奶牛。20世纪40年代，川沙杂交牛约占全市奶牛头数70%。1957年开始，市牛奶公司育成上海荷斯坦（黑白花）奶牛品种，到80年代末更新全部奶牛群。

清光绪五年前后，有英商乔治、可的、模范，俄商华德，西班牙商派克等牛奶棚开办。十年，上海商人在殷行开办牧场，饲养奶牛约20头。1933年，中外商牧场90家，饲养奶牛0.27万头，1949年131家、0.41万头。1955年底，有牧场127家和英商可的牛奶公司，奶牛1.02万头。1956年1月，私营牧场公私合营，可的牛奶公司为政府接管，成立上海市牛奶公司。1959年，全市饲养1.93万头。1995年，6.13万头，其中市牛奶公司1.08万头、国有农场1.56万头、郊县3.48万头。

1933年，日产奶3万多磅。1949年，年产奶0.61万吨。1963年，年产奶3.06万吨，成乳牛头均产奶3500公斤，1995年分别为21.81万吨、0.59万公斤。

20世纪30年代起，市场销售的有2磅、1磅、半磅3种规格广口专用奶瓶装消毒牛奶，1956年统一为半磅瓶。1990年起，增用塑料袋装、小口瓶铝箔包装等。1949年，全市上市牛奶1.86万瓶（半磅瓶计），1995年180万瓶。

四、其他畜禽生产

羊 有山羊、湖羊。20世纪80年代前，农家多有饲养山羊，大多散放。崇明白山羊列为重点保护和发展品种。农家向有圈养湖羊习惯，用以积肥和剪毛。1949年，全市圈存羊23.04万头，其中山羊占65.19%。1995年，分别为

47.86 万头、79.13%。80 年代，年均出栏约 10 万头，1995 年 37.45 万头。小湖羊皮素负盛名，20 世纪 20 年代始有出口，1983 年全市收购 8.87 万张，盛产于上海县诸翟、纪王等地。

兔 有皮肉兼用兔和长毛兔。20 世纪 60 年代起，长毛兔养殖发展快，1978 年取代肉兔饲养，是年收购兔毛 3.05 万公斤。1980 年，外贸需求激增，兔毛价高涨，刺激农民养兔。1985 年，全市收购兔毛 128 万公斤，年末圈存 866.2 万只。1995 年 106.05 万只。

鹅 品种有本地鹅、太湖鹅、朗德鹅，1992 年全市饲养 20 万只。

特种畜、禽 1995 年，有水貂、鹿等和鹌鹑、肉鸽、七彩山鸡（环颈雉）、鹧鸪、珍珠鸡、火鸡、鸵鸟等。

第七节 | 渔业 >>

一、渔业资源

上海有鱼类 250 种，其中海洋鱼类 165 种、淡水鱼类 85 种。主要经济鱼类约 50 多种。20 世纪 70 年代前，资源丰富。此后产量逐年下降，长江口鲥鱼、银鱼、中华绒螯蟹资源严重衰退，90 年代无产量可计。内陆水域淡水水产品养殖产量迅速发展。

近海渔业资源 长江口浅海渔场和杭州湾渔场，水域 1.2 万平方公里，水产品 150 多种。

长江渔业资源 长江下游水域 20 万公顷，水产品 100 种以上。长江出海口、崇明岛、宝山、浦东新区沿江沿海，是中国主要的鳗苗、中华绒螯蟹苗产地。

内陆湖河渔业资源 内陆水面 24.8 万公顷，最大的湖泊淀山湖，有水产品 62 种。主要的经济品种有刀鲚、太湖短吻银鱼、鲶鱼、乌鳢、鲈、鲤、鲫、草、青、鲢、鳙、鳗鲡、黄鳝和河虾、河蟹等。四鳃鲈鱼，松江特产，被誉为中国四大名鱼之首，20 世纪 50 年代后期几近绝迹。

二、海洋捕捞

机轮捕捞 20 世纪 40 年代，渔轮作业渔场在东海花鸟山东北渔场、佘山岛东北渔场、海礁附近渔场、浪岗南方渔场、东亭岛东方渔场。1950 年，上海渔轮只能在长江口一带作业。到 50 年代末，正常作业的渔区有 60 多个，分属大沙、吕泗、长江口、舟山、鱼山等 5 个渔场。1963 年年初，开始开发东海中、北部外海渔场。1973 年起，开发东海中南部外海渔场。1979 年，拓展至对马、五岛渔场。1985年，始向白令海公海、北太平洋公海拓展，到西非、南美国家沿岸渔场合作底拖网捕捞。1995年，开展鱿钓生产。各时期主要渔业企业有，清光绪三十年(1904年)，张謇成立江浙渔业公司。1914年，又有浙海渔业公司成立。抗日战争胜利后，政府办中华水产公司。1948年，有民营渔业企业22家、手操网渔轮74艘，善后救济总署渔业物资管理处渔轮等118艘。1949年10月，成立国营企业，渔轮145艘，1995年年底渔轮198艘、总吨位6.15万吨。1950年，捕获量0.33万吨，1978年最高达19.59万吨，1995年4.6万吨。

机帆船捕捞 20世纪50年代前期，主要在长江口附近南北水域捕捞鳓鱼、大黄鱼和鲹、鲐等。60年代，春汛到吕泗及岱山洋渔场捕捞大黄鱼、小黄鱼等，冬汛到嵊山、舟山渔场捕捞带鱼等。70年代，部分渔船到闽东渔场捕捞大黄鱼，到石岛渔场捕捞鲱鱼。1979年后，大马力渔船(184千瓦以上)到外海、公海作业。1958年，崇明、宝山、川沙、南汇、奉贤、松江等县渔民分别组织人民公社海洋渔业大队，全市共有出海风帆渔船323艘，渔民0.35万人。1968年，海洋渔船基本实现机帆化。1995年，有渔船496艘，专业捕捞劳力0.38万人。1958年，捕捞0.72万吨，1995年4.48万吨。

远洋捕捞 1984年6月，上海海洋渔业公司等2艘拖网渔船赴鄂霍次克海西南部道北渔场作试捕调查。1995年，有4艘远洋拖网加工船和1艘运输船，64艘过洋性捕捞渔轮远洋捕捞。1986年，捕捞0.25万吨，1995年7.06万吨。

三、长江、内河捕捞

长江捕捞 是崇明、宝山、川沙等地传统渔业，渔船多为10吨以下的风帆船，1970年始用机帆船。1982年，沿江县有渔业大队14个、生产队32个，渔民0.18万户，专业捕捞劳动力0.27万人。有机帆船307艘、0.54万吨。1995年，有合作经营的渔业村8个、渔户0.17万家，专业捕捞劳力0.15万人，渔船418艘。历来春捕银鱼，夏捕凤鲚，秋捕梅童鱼和白虾，冬捕蟹。1969年，始捕捞蟹苗，1974年始捕捞鳗苗。1959年，总捕获量0.62万吨。1995年，0.45万吨，其中凤鲚0.13万吨、白虾105吨、蟹苗3.1吨、鳗苗5.21吨。

内河捕捞 1949年，全市渔民1.47万人。1960年冬，嘉定县城东公社连家船渔民始上陆定居，1978年全市定居0.77万户，基本实现渔民定居，亦捕亦养。青浦县解放乡为全市唯一的淡水渔业乡。1950年，全市捕捞量0.56万吨，1995年0.11万吨。

四、养殖

淡水养殖 南宋《云间志》有华亭县池塘养鱼的记载。1926年，嘉定县武村(今曹王村)戬浜桥陆家宅建立养鱼生产合作社，利用村、宅附近池塘养鱼。

50年代起，有6个县办淡水养殖场、繁殖场。70年代末，市水产局和国有农场亦办养殖场。1952年，全市养殖水面2.85万亩，1977年32.37万亩。1978年起，发展精养鱼塘，建立商品鱼生产基地。1995年，养殖水面49.49万亩，产量12.31万吨，其中精养鱼塘16.08万亩、8.4万吨。清光绪十一年（1885年），宝山县彭浦谈桥始有养殖金鱼出售。20世纪60年代，特种水产养殖有河蚌育珠和养鳗、蟹、鳖、虾、牛蛙等，1995年养殖面积约占精养鱼塘的10%。

海水养殖 1958年，市水产局在南汇县马滧港外滩涂围建鱼塘96亩，到1963年先后试养鲻、对虾20个品种，均告失败。1979年，市水产研究所等成功试养低盐度对虾，1983年在奉贤海水养殖场、柘林盐场和金山县漕泾盐场推广养殖0.33万亩，产虾216吨。1992年，全市养殖2万亩，总产0.52万吨。1995年，大多改养斑节对虾、锯缘青蟹、南美白对虾等。

第二十三章 交通运输

第一节 | 行业规模、运量、投资 >>

一、行业规模、地位

上海开埠前，在上海港谋生的约1万人。19世纪末，上海港码头工人增至2万多人。抗日战争爆发前夕，上海公路运输业规模及经营水平居全国之首。有汽车货运企业270余家、拥车700余辆，跨省公路客运企业8家，汽车修理企业近80家，营业人力货车2万余辆，经营货运代理的报关、转运商号240余家。水上运输，上海港码头从业人员3万人以上。报关行发展到近780家，从业人员0.4万人。海务部门约0.25万人。各驳船公司和驳船行从业人员约0.45万人。港口码头、航道、海务、驳运、代理、港警等各业从业人员5万人以上。1949年年初，上海港码头工人约2.8万人。1995年，全市交通行业从业人员约80万人。

上海开埠前，上海港是国内埠际贸易吞吐量最大的港口，也是国内航运枢纽，被誉为沙船之乡。清咸丰三年（1853年）起，上海港超过广州港成为全国最大、东南亚第二的外贸口岸。到光绪初，上海发展成为全国最大的轮船航运中心。光绪二年（1876年），上海境内建成全国第一条营业性铁路淞沪铁路，成为中国近代新兴运输方式的先导。二十七年，有2辆汽车从国外输入上海，上海成为中国近代汽车运输的发祥地。

1928年，上海港进出口船舶净吨位在世界大港中名列第十四位，1931年跃居第七位，超过香港港。1925～1935年，上海港进出口贸易额年平均占全国55%，国内贸易进出口货值年平均占全国港口38%。1929年，在全国上海首开中国民用航空运输，至1949年一直为全国最大的航空运输基地。抗日战争爆发前，上海汽车货运企业数、客运车辆数居全国之首。

1984年，上海港货物吞吐量在国内最早超过1亿吨，进入世界10大港口行列。上海远洋运输公司发展成为世界上第七家有能力开辟定期班轮的船公司，集装箱船艘数列世界第四位，载量列世界第九位。上海海运(集团)公司成为国内规模最大的海运企业。1993 年，上海港货物吞吐量跃居世界港口第三位。同年，成立国内最大的港口合资项目上海集装箱码头有限公司。

1995 年，上海港集装箱吞吐量为世界港口第十九位。上海铁路局辖下沪宁、沪杭两条铁路干线以占全国铁路营运 1/120 总里程，承担全国铁路 1/12 的客运量。上海水运船队有中国大陆最大的 12 万吨和 5 万吨的远洋散装货轮、3.5 万吨级浅吃水肥大型散货船、6.3 万吨级原油船。上海救捞局有远东地区最大的 20800HP 的救助拖轮和 2500 吨起重能力的大型浮吊。上海港水上交通管理系统(一期)是世界上最先进的 VTS 系统之一。港机生产基地、外轮代理公司、外轮理货公司、引航站规模均为全国最大。全国铁路危险品运量最大的专业站是桃浦站，华东地区最大的铁路零担货运站是北郊站。上海空港是全国三大国际航空枢纽之一，虹桥机场是全国三大国际机场之一。

1995 年，全市全社会货运量 3 亿吨，占全国 2.4%。全社会客运量 4766 万人次，占全国 0.4%。

二、运量

货运量 元代，漕米为上海海运最主要的货物。自至元二十年(1283 年)至天历二年(1329 年)，总计海运漕粮 8300 万石。明代，布、粮和盐成为上海水运主要货种，每年布运量近 2000 万匹，运入米粮约一二百万石，水运各地的盐约有 1000 万斤，经上海转运的苏杭丝织品约 5 万匹。清康熙年间，粮食成为最主要的货类。道光六年(1826 年)，上海沙船及浙江疍船和三不像船共承运漕粮 163 万余石。十一年，关东、山东运沪大豆 470 多万石、豆饼 950 万石。至鸦片战争前，水运进出上海港的货物吞吐量约 200 万吨。咸丰元年(1851 年)，有 227 艘外国商船进口，出口 228 艘商船。至甲午战争前后，上海年水运货运量 350 万～380 万吨。1925～1936 年，年均输沪 360 万石。1930～1936 年，年均水运到沪煤炭 350 万吨。1952 年，上海对外货运量 2420 万吨，其中铁路、公路、水运分别占 34.26%、43.22%、22.52%。1978 年，上海对外货运量 19646 万吨，铁路、公路、水路运输分别占 22.04%、36.56%和 41.39%。1984 年，上海港货物吞吐量首次超过 1 亿吨，跻身于世界亿吨大港的行列。1985 年，全市汽车年货运量首次突破 2 亿吨。1995 年，对外货运量 2.21 亿吨，其中铁路、公路、水路、航空运输分别占 18.81%、14%、67.03%、0.17%。上海货运年均增长率，第六个五年计划期间 21%，“七五”计划期间 25.2%，“八五”计划期间 23.9%。

客运量 1919 年，上海水路总客运量约 150 万人次，1936 年 200 万人次。清光绪三十四年(1908 年)，沪宁铁路运送旅客 323.88 万人次，1915 年 541.56 万人次。1929 年，上海航空运送旅客 0.12 万人次，1946 年 25.93 万人次，1953

年611人次。1947年，上海港客运吞吐量200万人次以上，1952年84万人次，1951年，上海铁路发送旅客795万人次。1978年，上海旅客对外发送量1764万人次，其中铁路、公路、港口、航空运输分别占72.15%、7.94%、18.72%和1.2%。1995年，对外发送量5348万人次，其中铁路、公路、水路、航空发送分别占54.77%、25.06%、9.57%和9.48%。

三、基本建设投资

1952～1995年，全市交通系统固定投资总额230.05亿元。其中，1949～1952年1800万元。第一、二个五年计划时期7.15亿元，1953年0.07亿元、1962年0.04亿元，分别占全国1.44%、2.06%。1963～1965年国民经济调整时期，投资0.44亿元，1965年0.12亿元。“三五”、“四五”计划时期分别为4.11亿元和8.99亿元。“五五”、“六五”计划时期分别为9.46亿元和13.41亿元，1976年1.39亿元，1985年4.24亿元，分别占全国投资5.51%和6.09%。“七五”计划时期46.38亿元。1986年6.48亿元，1990年9.76亿元，分别占全国投资6.09%和5.41%。“八五”计划时期，148.14亿元。1991年12.67亿元，1995年45.62亿元，分别占全国5.88%和4.06%。

第二节 港口 >>

一、港区

上海港港区 上海开埠前，上海港无明确范围界限。沿黄浦江水上货物装卸，主要集中于上海县城大、小东门和大、小南门外沿黄浦江的弧形圈内，即今南起南码头，北至十六铺的沿江地段。清道光二十三年(1843年)九月二十三日，英国驻沪首任领事巴富尔发布上海开埠的告示，第一次提出上海港港界。港界自上海县城临江起，沿江而下直至吴淞口宝山嘴之间的水域及江岸陆域。从李家庄沿浦(今北京东路外滩)到洋泾浜(今延安东路外滩)之间884.5米长的浦西一侧江面，宽度上下两端各为518.5米，专供外国商船和军舰抛锚、靠泊、装卸。二十五年，装卸区域从南市扩展到外滩。咸丰元年(1851年)八月，《上海港口管理章程》发布，章程规定外国商船在港内停泊的界限自苏州河南岸至洋泾浜的黄浦江面。五年，上海道宣布上海港港界上限为县城北端之江岸，下限为宝山嘴至黄浦江对岸炮台一线。九年，公布《黄浦江河泊章程》，洋船停泊界的上限扩展到天后宫(今十六铺小东门外)，下限扩展到虹口新船坞(今高阳港务公司处)。十年前后，装卸区域扩展至提篮桥附近沿江地段和浦东地区。

同治二年(1863年),《上海口理船厅章程》颁布,洋船停泊区的界限调整为以小东门外河口为上限,以新船坞下游的河泊所趸船(今公平路轮渡站附近)为下限。两限之间长4422.5米。光绪二年(1876年),《上海口吴淞泊船章程》公布,规定吴淞沿江成为大轮卸载驳运的装卸区域。并在吴淞开辟洋船泊区,范围从吴淞口内小河起,至兵营旁白色房屋面前止。九、二十二、二十六、三十二年,4次扩大洋船停泊区,以十六铺桥为上限,以毛家庄盐塘口对港为下限。上推展至白莲泾,向下延伸至东沟。1913年,《上海理船厅章程》颁布,规定洋船停泊区以江南制造局船坞为上限,美孚煤油公司码头(东沟处)为下限,长约8海里。同时规定吴淞洋船停泊场的范围为吴淞灯塔至吴淞湾或吴淞外沙。至1929年,洋船停泊区事实上扩展为龙华张家塘至吴淞,长约22海里,与上海港港界合二而一。1930年,江海关通告,上海港新港界上自龙华张家塘河口向黄浦江的直角线,下至吴淞口。1951年,上海市人民政府颁布上海港港埠区域,(1)黄浦江自吴淞口起,至闵行;(2)苏州河自黄浦江边起,至蟠龙港;(3)蕰藻浜自黄浦江边起,至陈家行。1962年,上海市人民委员会公布上海港务局管辖的港区范围,(1)长江口南水道;(2)黄浦江吴淞口导堤东端至闵行;(3)黄浦江两岸的支流,由港务局管到市内交通第一座公路桥为止,或以黄浦江驳岸线为分界线。上海港港区的上游以闵行镇对江市轮渡两码头间的连线为分界线,轮渡线以下列为港区,轮渡线(包括轮渡、车轮渡)以上为上海市交通运输二局辖区。1964年,《上海港港章》修订颁布,规定上海港港域,(1)长江口南水道,自牛皮礁灯浮标、航路灯浮标和南支1号灯浮标的连线,至宝山嘴和瑞丰沙西南端连线范围以内的水域;(2)黄浦江,自吴淞口导堤东端至闵行发电厂上游边界范围以内的水域,以及两岸的岸线、土地、滩地、码头、仓库、堆场、装卸作业区、油料存放区、船厂区、淡水供应基地、助航标志、港口工程建筑和其他应当划为港口应用的有关区域。1982年,至长江浏河口下游的浏黑屋与崇明施翘河下游的施信杆连线以内的水域归上海港管辖。1988年,对港区范围补充规定,(1)绿华山(岛)南侧海域的绿华山减载设施,(2)经批准的上海港发展规划中确定的其他水域和陆域。至此,规划中的杭州湾金山嘴新港区水陆域纳入上海港港区范围。1995年,上海港港区面积3618.3平方公里,其中水域3613平方公里(长江口水域3580平方公里,吴淞口内水域33平方公里);陆域5.3平方公里;黄浦江港区岸线长120公里,使用100.2公里,其中20.1公里由港务局使用。

上海内河港区 南宋末,上海港形成后,华亭、青龙等港遂变为内河港区。明代,有内河港16处,其中知名的有南翔、外冈、朱家角、罗店、娄塘、安亭等港。上海开埠前,增至40多处。1958年,规定上海市苏州河港区城东自外白渡桥,西至上海市与江苏省交界处。1990年,按“一城一港”的规划管理要求,上海内河港区以区、县为单位,归并为11个港。市区内河港由苏州河港区和市区内其他小港港区组成，港区陆域总面积300余平方公里，码头泊位468个，最大靠泊能力100吨级。西部市郊港有闵行港、松江港、金山港、青浦港和嘉定港。港区陆域面积4555平方公里，有码头泊位0.18万个，最大靠泊能力150吨级。东部市郊港有奉贤港、南汇港、浦东新区港。港区陆域面积152万平方米，有码头泊位814个，最大靠泊能力300吨级。北部市郊港有宝山港和崇明港。港区陆域面积44.8万平方米，有码头泊位722个，最大靠泊能力3000吨级船只。

航道 黄浦江航道。19世纪60～70年代起，大吨位船舶靠泊吴淞。1912年，吴淞外沙水深由整治前的4.7米增至6.7米，吴淞内沙清除。至1920年，3000吨级的船舶进出上海港不须候潮，万吨级船舶可乘潮驶入港内。60～70年代，航道保证水深8米，80年代后基本不需疏浚维护。1995年，上海港黄浦江航道，自闵行电厂西界至吴淞口101灯浮，长67.2公里。江面宽度自上游闸港附近300多米扩展至下游800多米。航道水深10米以上的占80%，8米以上的90%，其间从吴淞口至松浦大桥一段可通航万吨轮，从松浦大桥至竹港可航2000吨级船舶，分为吴淞口进港航道、高桥新航道、陈家嘴浅滩航道、定海港航道、汇山浅航道、吴泾航道。

长江口航道。长江口有4条通海水道，为北支、南支北港、南支南港南槽、南支南港北槽。近几个世纪，航道变化频繁。1975年，为适应2万吨级海轮通航，南槽疏浚深7米航槽，至此结束长江口南水道的自然形态。1984年起，南港北槽浚为水深7米的航槽，成为通海主航道。1989年，在南港下端开辟圆圆沙航槽，1990年4月启用，至1995年水深冲刷至10米。至1992年，长江口航道有长江口北支、南支、北港、南港、北槽、南槽、铜沙、江亚、南港、南支、宝山、宝山水道支、鸭窝沙和横沙通道。上海港长江口通海主航道，从长江口灯船至吴淞口河塘灯桩，全长93.5公里。其中北槽航道长15.7公里、鸭窝沙航道长2.8公里，系人工疏浚航槽，分别维护水深7和7.3米，底宽均为250米，年维护疏浚量1500万立方米，吃水在10米以下的船舶可乘潮通过。

杭州湾航道。1975年后，为上海石油化工总厂陈山原油码头进出2.5万吨级油轮而开辟。自绿华山经崎岖列岛东南转向西，包括杭州湾、石化和杭州湾北等3个航道段。长139公里，深9米浅段61公里，不足8米的18公里。

苏州河航道。今全长约53.1公里。航道成形于明正德十六年(1521年)。1925年以后，因架桥，梁底净空高度均不足5米，只能通航60～100吨级船。为上海内河最繁忙的航道，年货物量1400余万吨。

其他内河航道。市管航道5条，分别为蕰藻浜航道，长33.65公里，上海港往苏南、皖北，接通京杭大运河的干道之一，全线可通航300吨级船舶。苏申外港线航道，上海沟通江苏、安徽等省的主要干线，上海境内35公里，100吨级船队可候潮通过。长湖申线航道，境内17.6公里，100吨级船队可候潮通过，连通浙江湖州、长兴矿区建材基地的主要通道，每年有占上海1/3总用量的建材通过。杭申线航道，上海通往浙江嘉兴、杭州主要干线之一，境内8.6公里，通航100吨级船队。平申线航道，上海通往浙江平湖、乍浦的主要干线，境内19公里，通航100～300吨级船队。

锚地 黄浦江锚地。上海开埠前，黄浦江内龙华及张家塘一带已有沙船整修锚地。清道光二十三年（1843年）后，港内辟设洋船停泊区，装卸与锚地兼用。19世纪70年代初，吴淞口辟为大轮候潮或减载作业的锚地。1949年，黄浦江上段至张家塘一带锚地有56只锚位，1995年有14处锚地。

长江口锚地。清光绪二十五年（1899年），吴淞口外崇宝沙被指定为船舶检疫锚地，至1949年设有96只锚位。1995年，有锚地12处。

二、泊位、仓库、客运候船楼室

1995年，上海港有码头泊位近1000个，其中，生产用码头泊位275个。

公共码头、泊位 明永乐年间后，上海县城东门及南门外沿黄浦江设踏步码头，砖石堆砌伸于水中。至上海开埠前，从十六铺至南码头长二三公里的黄浦江西侧，有码头10余座，与自然滩岸交错。清道光二十五年（1845年），英商在黄浦江外滩建2座、虹口徐家滩建1座可供驳船靠泊码头。二十六年，建成4座英商驳船码头。咸丰三年（1853年），外滩黄浦江边有10余座外商驳船码头，知名的有怡和、宝顺、琼记、和记等码头。十一年，美商旗昌洋行、英商宝顺在虹口建旗昌码头、轮船码头。同治元年（1862年），美商同孚洋行在虹口建同孚码头，旗昌洋行在十六铺建金利源码头。四年，法国轮船公司在外滩洋泾浜（今延安东路）和新开河间，建上海最大的轮船码头，长502.6米。同治九年前后，虹口沿黄浦江建有汇源、怡和、旗昌、琼记等14个外商码头，法租界外滩从洋泾浜到新开河建有公正栈等4个外商码头，浦东沿江建有浦东和记等7个码头。至19世纪末，英商码头实力居上海港公用码头第一。

清同治初年，黄浦江十六铺向南依次有会馆码头等20余座。多属华商商行，建有盐码头、竹行码头、油车码头、码头接官处等。董家渡、杨家渡码头专泊过江来往船只。洞庭山码头停靠苏州洞庭山班船。光绪三十一年（1905年），大达轮步公司在十六铺建造上海港首座华商民营轮船码头。光绪三十四年及后，宁绍商轮股份有限公司借大达公司地建码头，统称为大达码头。第一次世界大战期间，三北轮船公司在浦东烂泥渡以南建造浦东首座华商民营码头鸿升轮船码头，可靠泊江海轮。1922年，中华码头公司建钢筋水泥结构周家渡码头，为上海港最大，唯一能与外商码头竞争的华商民营码头。

19世纪70年代起，出现专业码头公司。到19世纪末，轮船码头大部分归并于几家大轮船公司和专业码头公司。甲午战争后，日商在上海港大量购买、建造码头。1920年，日商码头12座，占上海港码头总长24%，次于英商名列第二。清光绪三十四年（1908年），蓝烟囱码头开建上海首座万吨级码头泊位。

1937年，主要码头有77座，总延长1.11万米。1937年上海沦陷后，中资码头几乎全被日军强行占用，太平洋战争爆发后欧美外商码头也被强行接管征用，日本控制和占用的主要码头61座。1948年2月，主要装卸作业码头55座，总延长1.24万米。其中，中资码头35座，长0.72万米，占港内码头总延长58.2%。英商码头17座，长0.42万米。美商码头801米。其他外商码头153米。招商局规模仅次于英商，有9座码头，岸线总长0.28万米。解放初，上海市军管会分系统接管前国民政府国营码头。1950年6月，黄浦江两岸有码头268座，其中国营码头169座、合营码头15座、民营码头57座、外商码头27座。1953～1954年，9座外商码头转让给中方。1954～1955年，48座民营小码头公私合营。1957年，港务局装卸生产用码头泊位69个，总延长0.84万米，其中万吨级泊位12个。1958年后，改造、扩建、提高旧码头等级，新辟张华浜等港区。1973年，根据国务院总理周恩来要求上海"三年改变港口面貌"，上海港进行大规模的基本建设。1978年，建成龙吴路、上海石油化工总厂内河和纪蕰路等码头。1979年后，码头逐年增加，部分单位专用码头对社会开放营业，扩大港口通过能力。上海港务局建成共青、宝山、关港、朱家门等码头。配合浦东开发开放，1991年始建外高桥一期码头。同时，在长江口南岸建罗泾码头。1995年，上海港务局公用码头生产泊位140个，总延长1.9万米，其中有万吨级泊位68个，固定码头泊位127个，总延长1.77万米。浮码头泊位13个，总延长0.13万米。

单位专用码头　清咸丰元年（1851年）起，外商在黄浦江两岸修造船厂，建设厂用船坞和码头。此后，大型机器缫丝厂、面粉厂、制药厂、铁器厂、木行等沿江建立，设码头自行装卸水运原料和成品，形成单位专用码头。同治四年（1865年），英商自来火行、光绪八年（1882年）美商电力公司、九年英商上海自来水公司开办，均建有专用码头。甲午战争后，在沪东、沪南沿江两侧，一批石油公司、大中型棉纺厂等企业开办，同时建专用码头。1947年，黄浦江有单位专用码头152个。其中，属石油企业的38个，属纱厂的19个，属船厂的16个，属军队的7个，属电厂、煤气厂、自来水厂的4个，规模较大的有复兴岛渔市场、杨树浦美商电力公司等码头13个。1975年、1983年，先后建成全市最大的单位专用码头上海石化总厂和宝山钢铁总厂2个码头。1985年起，部分专用码头对社会开放营业。1995年，上海港单位专用码头泊位130个，其中万吨级泊位21个。

浮筒泊位　第二次鸦片战争后，上海港码头泊位不敷使用，于江中设浮筒供系船。清光绪元年（1875年），有浮筒17只，多为洋行等各企业自有。1926年，江海关重新分配港内系船浮筒位置，增设首尾系船浮筒29只，禁止船舶自行抛锚。1927年，港内有浮筒泊位55只。1933年，增至133只。1947年设甲级浮筒3只。50～70年代，全港浮筒约90只，大多为清末、民国时期所设。1995年，有浮筒129只，其中浮筒泊位105个。

仓库、堆场　仓库。清道光年间，黄浦江两岸布有仓库。上海开埠初期，外商船只载运进港的大多是鸦片等违禁品，船多泊于吴淞口，建趸船临时储运鸦片。三十年，有10艘总载重约为0.23万吨的趸船，可堆鸦片数万箱。吴淞口有“水上仓库”之称。19世纪60年代后，趸船消失。此后，英商公正码头有容量2.5万吨船货的仓库。70年代后，招商局在招商南栈(金利源码头)等5个码头建72座仓库，可容货10.4万吨。清光绪十三年(1887年)，设立和管理关栈(即保税仓库)，中栈、北栈改关栈，十月十八日对外商开放。是年七月，创办上海浦东货栈公司，设立火油关栈，专门存放进口煤油。三十四年，蓝烟囱码头有仓库11座，可容货物5万吨，设有2台升降机，为上海港独有。1917年，大来码头建上海港首座危险品专用仓库。1920年，黄浦江两岸仓库总容量84.85万吨，其中外商占78.8%。1923年、1929年，英商其昌东、西栈等建立。1936年，上海港主要外商仓库堆栈容量，英商39万吨，日商233万吨，美商65万吨。太平洋战争爆发后，511座仓库被日军占用，可堆货275万吨。1948年2月，有仓库502座，总面积72.06万平方米，属中资的分别占53.98%和46.68%。1951～1952年，港务局从其他系统接收仓库33.34万平方米，1953年接收外商码头仓库24.27万平方米。1954年，私营码头仓库公私合营。港务局统一管理全部公用码头仓库。1995年，黄浦江码头作业区仓库71.8万平方米，全市内河码头作业区仓库228.6万平方米。

堆场。19世纪60年代起，上海港新建的轮船码头相应在码头后方辟建散货堆场。70年代后，出现大容量煤码头煤炭堆场。至19世纪末，全港堆场面积18.38万平方米。1936年，英、日、美码头堆场总容量423万吨。此后到50年代初，全港堆场未有大的发展。1951年、1953年，上海港务管理局先后接收各种堆场43.17万平方米、外商码头堆场19.27万平方米。1995年，黄浦江码头堆场194.8万平方米，内河港区堆场420.2万平方米。

客运候船楼室　抗日战争胜利后，招商局在第一(北栈)、二(中栈)、三(南栈)码头设置旅客候船室，面积分别约200、40、50平方米，可容纳1/10的乘客。1952年，公平路、十六铺、大达等码头用4座旧仓库改作候船室，面积0.24万平方米。1956年，用外虹桥码头旧仓库作候船室。1957年，改造十六铺码头候船室，可容纳0.2万人。1965年4月，在外虹桥建成国际客运站，面积0.18万平方米。1980～1982年，新建上海港十六铺客运站客运大楼，可容纳0.63万人。

三、港口装卸

货物吞吐量 上海港货物吞吐量。清咸丰二年(1852年),超过广州港而跃居全国第一。光绪二十一年(1895年),吞吐量约246万吨。光绪年间,内贸年吞吐量约300万吨,1913年653万吨。1931年,为1400万吨,创民国时期最高。1936年,为1060.8万吨,内、外贸约各占一半,国内埠际贸易吞吐量占全国各港约1/3。1946年后,吞吐量锐减,1949年减至149万吨。1949年、1950年,全港全部为内贸货物。1953年为657.7万吨,1957年跃至1649万吨。外贸吞吐量年有增长,1957年146.6万吨,1958年2738.6万吨,1962年降至2556万吨后,1965年又增至3183.9万吨。1966～1976年,全港货物吞吐量年均增长4.2%,为解放后增长最低。1977年起,吞吐量稳定回升,1984年,首次突破1亿吨,达1.01亿吨,进、出口分别占69.23%和30.73%,占全国吞吐量36.5%。1995年1.66亿吨,进、出口分别占73.02%和26.98%,占全国吞吐量21.5%。

内河港装卸作业量。1928年以前,不足100万吨,主要是苏州河作业量。1936年,增至194.7万吨,为民国时期最高。1965年,增至1536万吨。1995年,为6567.3万吨,其中单位货运码头装卸作业量约占70%。

国际集装箱运输。1973年9月,中日共同开辟上海与横滨等港间的国际集装箱捎带试运,由第十装卸作业区军工路码头装卸。1976年9月,上海至神户装载138标准箱。1978年9月,开辟中国第一条国际集装箱轮航线上海至澳大利亚,装运162标准箱。1978年,上海港集装箱吞吐0.8万标准箱,进、出口分别为0.42万、0.38万标准箱。1995年,吞吐152.7万标准箱,占全国26.4%。是年,国内集装箱运输吞吐量13.4万标准箱。

进出港船舶 国内船舶。1948年9月,招商局490艘进出上海港。1995年,中国商船50.28万艘次,占进出全港船只的98.5%;吨位3.21亿总吨,占95.6%。

外国(地区)籍船舶。清康熙二十四年(1685年),有少量外国商船出入,以日本、朝鲜船为主。道光二十三年(1843年)上海开埠,在6周内有7艘英国商船进入。二十四年,始有美国商船进入。次年,有西班牙、葡萄牙商船进入。同治元年(1862年),进口外国商船268艘,其中轮船34艘、船吨位570～1040吨,洋帆船234艘、每船吨位均100吨以上。五年,分别为0.2万艘和0.15万艘。19世纪末20世纪初,出现万吨级货轮。进出上海港的英国商船占首位,1919年0.46万艘次、702.12万总吨,占进出上海港船舶总吨位37.8%。30年代,外国船舶进出上海港数量达新高,上海港列入世界大港。1937年6月,运量75.3万吨,1938年6月降至45.7万吨,到1939年10月基本恢复到抗战前水平。是年,日本船舶艘数超出英国而居首位,1940年0.15万艘次、482万总吨。抗日战争胜利后,1945年11月美国商船第一批到达上海。1949年6月3日,上海解放后首艘外轮荷兰渣华公司芝巴德轮进港。1950 年，进出港外轮 56 艘次、11 万总吨，主要是英国船只。1952 年，经常有船到沪的国家扩大到 20 多个。1959 年起，进出港外轮减少。1962 年后，中国远洋船队组建，悬挂外国旗（主要是希腊和巴拿马旗）经营远洋运输，进出上海港外籍船舶增加。1995 年，船舶进出口艘次和总吨均创历史最高，达到 0.77 万艘次和 3512 万总吨。其中，巴拿马（0.41 万艘）、韩国（649 艘）、利比里亚（529 艘）的船舶艘数居前三位。

四、航道工程

黄浦江整治、疏浚　19 世纪 60 年代，黄浦江水情紊乱，有多处浅滩碍航，其中吴淞外沙、内沙淤沙尤为严重。清光绪九年（1883 年），清廷首次购买一艘挖泥船安定号，试挖吴淞内沙，首开上海港航道机船施工。三十一年，上海浚浦工程总局设立，专事整治黄浦江航道，聘荷兰人奈格为技术顾问、总营造司。三十二年起，开始整治。首先在河口段 31 公里内制定导治线（又称浚浦线）。导治线上游宽 365 米，河口宽 820 米，航道呈漏斗形，使上游束流水变急、变快，冲刷泥沙。至宣统三年（1911 年），先后完成吴淞左导堤、右顺坝、北港嘴至陈家嘴左右两岸大部堤坝工程，北支上口堵坝，南支新航道挖泥工程。吴淞外沙水深由整治前 4.6 米增至 6.4 米，吴淞内沙消失。1912～1920 年，浚浦局共挖河泥 600 多万立方米。黄浦江中浅滩处航行条件大为改善，1921 年 4 万吨级美国邮轮 Wenatchee 号顺利进港。1925～1935 年，实施复兴岛吹填工程，1931 年、1932 年实施陆家嘴锐湾深潭填底工程。至此，黄浦江航道经过近 30 年的治理，取得明显成效。1937 年，黄浦江航道南市以下段的 4 处浅段水深，吴淞外沙增至 9.61 米，高桥新航道 9.14 米，陈家嘴航道 7.93 米，汇山航道 8.54 米。1937 年上海沦陷后，疏浚工程全面停顿。1940 年年初，恢复部分疏浚工程，至 1945 年疏浚工程量 205 万立方米。抗日战争胜利后，浚浦局恢复航道和码头前沿的疏浚。1948 年 3 月测量，汇山航道段最浅水深不足 7.6 米，水深不足航道长 914 米。陈家嘴最浅水深约 7 米，水深不足航道长 1771 米。高桥新航道最浅水深 7.2 米，浅水航道长 1890 米。解放初期，对此 3 段常年疏浚。70 年代，整治高桥新航道。经疏浚，80 年代吴淞口航道段平均水深 9 米以上，最浅 8.5 米，基本不用疏浚维护。高桥航道段 1983～1986 年连续 4 年不需疏浚维护。陈家嘴航道段 20～50 号断面浦西侧 8 米长处深线变化较大，需每年疏浚。

长江口人工航槽整治　1912 年，上海外商轮船公司提出把上海港变为可容纳吃水 11 米轮船的世界大港。长江口航道水深不足，拦门沙浅滩淤沙日增。1921 年 11 月，上海浚浦局港口技术顾问委员会提出南水道南槽通过神滩滩顶，疏浚泥沙，以保持永久性航道水深。据此，1931 年浚浦局制定计划，提出挖槽底宽 180 米，挖深至少 2.7 米，挖槽总长 45 公里。1935 年 7 月，2 轮投入疏浚，至1937年八一三事变停工。挖成底宽180米的航槽5.5公里，为设计长度的12％，槽长不够，未能开放通行。1940年6月，浚浦局勘测，挖槽已无迹可寻。1968～1990年，上海港先后对北槽航道、南槽航道、鸭窝沙航槽等实施整治。1968年6月，决定开挖南港北槽。1971年9～11月，上海航道局2艘耙吸式挖泥船在北槽试挖，挖槽长7.5公里、宽160米，浚深至7米，挖泥144.9万立方米。事后即开始淤浅，上段形成新的浅滩，下段普遍淤浅1米。1973年，横沙东滩串沟冲开，致北槽水情急剧恶化，航槽缩窄。为此，是年12月国家交通部决定改挖南港南槽。1974年9月，上海航道局用6艘大型耙吸挖泥船分段施工，至1975年6月底按计划全线打通7米水深航道，槽宽400米。1975年6月、10～11月，又先后进行维护疏浚和验收前清淤，工程量675万和684万立方米。1976年6月5日零时全线开放。吃水9.5米船舶日均通过率由32.6％提高到97.8％，吃水10米船舶通过率从1.6％提高到72.1％。1979年后，因九段沙沙体不断南压，南槽的维护工程量不断上升，航道水深保证率逐年下降。1983年3月，上海航道局提出开挖北槽为深水航槽。1984年1月30日施工，用船只10艘、0.45万立方米耙吸式挖泥船到现场作业。至3月5日，挖通北槽航道，疏浚量260万立方米。4月25日，北槽航道开放。

鸭窝沙航槽。1979年4月开挖，成为人工航槽，维护水深7.4米，底宽250米，维护长度2.1公里。是年完工后即转入维护。1980～1982年，年均疏浚238万立方米。1983年1～9月疏浚330万立方米。此后3次改线，仍不能改变航槽形势恶化，鸭窝沙新航槽（即圆圆沙航道）开通后，1990年4月停止维护。

圆圆沙航槽。疏浚长度3.19公里，底宽250米，设计水深7.3米。1989年11月～1990年3月施工，4月通航。航槽经不断冲刷，水深趋向稳定。

五、救助打捞业务

沉船打捞 清同治十三年（1874年），上海地区始有沉船打捞业务，至1949年5月打捞沉船不足百艘，打捞船只40艘次，主要发生在黄浦江内。1949年6月1～4日，招商局海事课在黄浦江秦皇岛路水域捞起2720总吨的大生号轮，为上海解放后打捞的第一艘沉船。1949～1979年，上海打捞企业捞起江海沉海484艘，基本排除长江水域和全国沿海港口历史上的沉船障碍，江海航道通畅。1975年，上海救捞局拓展打捞近海大型沉船业务。到1995年，打捞沉船968艘。

救助 1954年冬，中国人民打捞公司赴秦皇岛北戴河海域拖救临城号货轮，为解放后上海救捞企业首次沿海救助。1958年9月起，上海打捞工程局负责从浙江温州至鸭绿江口海域的海难救护。1975年，调整为北起绣针河口南至福建省宫头口，方位线西至南通以下的长江下游水域。80年代起，扩大到远洋,90 年代延伸至印度洋、大西洋。1958～1995 年,救助船舶 0.13 万艘次,救生数万人。

六、港口管理

港政管理 清道光二十五年(1845 年),上海道颁布《上海土地章程》,外商在上海使用岸线建造码头取得法律依据。次年,英国居留地成立道路码头委员会,对租界内岸线建造码头实行管理,后转由公共租界工部局管理。19 世纪 70 年代以后,港务长开始管理洋船停泊区的岸线。上海浚浦工程总局成立后,执掌黄浦江两岸港界范围内的岸线。次年,大达轮步公司第一个向浚浦工程总局订约,承租十六铺至大关码头间沿浦岸线,建造轮船码头。1928 年 8 月,上海特别市土地局公布《上海特别市市民租用岸线规则》,规定市民使用岸线须向土地局租用,1929 年 3 月,上海特别市港务局接管岸线管理,管理范围黄浦江西岸十六铺至南码头一段岸线,及苏州河北岸新垃圾桥(今西藏路桥)至曹家渡一段岸线。毗连租界的岸线由公共租界工部局管理。浦东岸线,大多为英美等外商煤栈、油库、船厂等占用,由工部局越权管辖。1930～1949 年,华界岸线由上海市土地局管理。解放初,全部岸线由上海市地政局管理。1950 年,由上海区港务管理局接管。1988 年,为上海港港政管理处接管。1993 年,实施《上海港口岸线管理办法》。1992 年,上海市江海岸线总长 292.3 公里,岛屿(不含黄浦江内复兴岛)岸线(周长)总长 277.5 公里。黄浦江自吴淞口至上游边界闵行发电厂,两岸可用岸线长 120 公里,已用 100.2 公里。深水岸线长 36 公里,已用 35.4 公里。尚未利用的岸线分布闸港以上河段。长江口南岸自浏河口至南汇嘴,岸线长 103.7 公里,已用 21.6 公里。杭州湾北岸自南汇嘴至金丝娘桥,岸线长68.6 公里,已用 32.6 公里。岛屿岸线包括崇明、横沙、长兴、佘山、大金山、小金山、乌龟山等 7 岛。崇明岛岸线 186.3 公里,已用约 2 公里。长兴岛岸线 56 公里,横沙岛 30.4 公里,有几处客渡和货物装卸点。其余 4 岛岸线均未利用。

航道管理 浚浦线管理。清光绪三十二年(1906 年),上海浚浦局制定导治线,规定以黄浦江上端江南机器制造局处宽 365 米、河口处宽约 820 米,航行深度 6.1 米和以距河口 15.2 公里的陈家嘴天然优良河段的河宽为依据,并在近河口处逐渐放宽呈喇叭形。导治线向岸 5.4 米为驳岸线(东沟以下为 30.48 米)。导治线和驳岸线之间只能造桩架式码头或浮码头,导治线外禁造任何建筑。1917～1920 年、1949 年、1952 年,导治线 3 次修订,1972 年重新修订。吴淞口至高桥段规划线 540～700 米,高桥至陈家嘴段 500 米,复兴岛至陆家嘴段 440～480 米,陆家嘴至龙华段 300～420 米,龙华至华泾段 400～420 米,吴泾直段 450 米,闸港至渠槽港段 300～420 米。

航标管理。清道光二十六年(1846 年),上海道在上海港进出要道铜沙浅滩处设一艘灯船，在吴淞口外置备浮标、石桩等助航标志。次年八月，英国驻沪副领事在吴淞口外长江北岸，最易发生沉船事故的北滩树航标。咸丰五年(1855年)起，航标设置、管理及经费问题均由江海关税务司办理。同治元年(1862年)，在吴淞口建立一竿指示潮位的标杆，在吴淞内沙设置3个指示浅滩的灯标。次年，始在长江口设立航标。七年，海关总署海务处将中国海岸划为北、中、南3段辖区，段辖区巡工司分别设于烟台、上海和福州。上海巡工司管辖上海、宁波、镇江、九江、汉口等港。此后，开始大规模在中国沿海设置灯塔、航标。八年，在大戢山、九年在花鸟山、十年在佘山建立灯塔各1座，位置呈半环形，指示进出长江口的航道，是上海港灯塔航标系统中最主要的工程。十一年，在吴淞口左岸修建一座吴淞灯塔，指示进入吴淞口的航道。光绪二十四年(1898年)，在长江口九段沙设置灯船1艘。光绪七年后，在黄浦江港区内设立浮桩。至二十六年，上海港航道浮桩有39具。1950年，海区航标划分为青岛区、上海区、广州区，长江航标由长江航道局管理，自此海上、内河标志分开。1953年，上海区航标由海军东海舰队海道测量处负责。1958年，上海港务监督局接收上海港港界内航标72座、长江口北港航道设标20座。1975年，杭州湾油轮航道(至陈山码头)开辟，设灯桩5座、导标1对。长江口南水道铜沙、江亚浅段人工航槽开挖，设灯浮标27座。1977年，建鸡骨礁灯桩。1984年，长江北槽开挖，设灯浮标26座、灯船2艘。1983年，上海航道局航标处接管北起江苏连云港、南至福建东山湾海区的公用干线航标339座。1995年，东海海区航标800余座。

第三节 长江运输 >>

一、航运企业

清咸丰八年(1858年)，中英《天津条约》签订后，长江开埠通航。同治初年，英商宝顺洋行投入一艘轮船经营长江航运。同治五年(1866年)，英商怡和洋行航运长江。同治十年、光绪七年(1881年)，太古轮船公司和怡和轮船公司2家最大的英商长江航运轮船公司相继成立。先后有5家英商经营长江航运。

清咸丰十一年(1861年)，美商琼记洋行经营长江航运。同治元年(1862年)，旗昌轮船公司成立，长时期垄断长江航运。到1943年，先后有12家美商轮船公司经营长江航运。

清光绪二十一年(1895年)，日本最大的轮船航运企业日本邮船会社依据《马关条约》，用4艘轮船投运长江。三十三年，日清汽船株式会社投运，在长江沿江遍设办事机构，到1923年有19条航线，成为长江航运业最大的企业之一。

20世纪初，2家德商、1家法商航运企业投入航运，因竞争失利，随即退出。20年代后，3家意商企业投入航运。到1943年，英、美轮船企业先后关闭或撤出长江航运。抗日战争胜利后，日本航运企业退出长江航运。

清同治十一年十二月十九日，第一家中资轮船运输企业轮船招商局成立。后与太古、怡和洋行联合垄断长江航运。光绪三年(1877年)，华商宁波轮船公司建立，不到一年休业。十五年，叶澄衷等开办轮船公司，假英商产业附和兴洋行名下，十九年改名鸿安商轮公司。甲午战争以后，不准华商另设公司的禁令松弛，长江华商轮船运输业开始发展。二十七年，华商郑良裕建通裕航业公司。三十一年，张謇开办大达轮船公司。三十四年，虞洽卿等创办宁绍商轮公司，1914年、1917年先后开办三北轮埠公司、宁兴轮船公司，1918年收买鸿安商轮公司，后由三北公司统一经营，发展成为抗日战争前中国最大的华商航运企业。朱葆三也在1915年、1918年前后创立顺昌、镇昌、同益轮船公司。1919年，徐忠信设立达兴轮船公司。至1949年，先后在长江经营航运的私营轮船公司有445家，规模较大的轮船公司大多江海兼营。

1949年5月上海解放前夕，吨位大、性能好的轮船，大多离开上海到台湾、香港和国外。1950年8月，上海私营轮船留台的有45艘、总吨位8.97万吨，滞留香港和国外的113艘、总吨位36.97万吨。1949年8月～1950年3月，因国民党军空袭，私营轮驳被炸16艘、1.3万吨位，炸沉5艘、0.52万吨位。大陆航业公司因运力全部丧失而歇业，三北轮埠公司、鸿安商轮公司分别丧失运力76.66%和83%。有的企业转移资产，抽走资金，信中实业公司、大陆航业公司抽走资金137万元，聚丰宝记航业公司抽走资金11万元。有的把运力、资金全部转移到香港。全市经营航运企业营运能力削弱，收入减少，资金短缺。私营企业向政府贷款打捞沉船，抢修轮驳，不少企业债台高筑，1950年7月35家(不含民生公司)共负债371万余元。1953年，有私营企业34家，70%入不敷出。1954年9月，33家私营企业公私合营，成立上海轮船公司，1956年并入长江航运管理局上海分局，从此上海分局独家经营上海长江航运。1984年，政企分开，长航上海分局改组为上海长江轮船公司，是上海长江航运最大的轮船运输企业。

公营、国营、公私合营企业 轮船招商局。清同治十一年十二月十九日在上海县城永安街成立。次年八月，改称轮船招商总局。除上海总局及天津原有局栈外，另在牛庄(今营口)及外洋之长崎、吕宋等处共设19个分局。宣统元年(1909年)九月，局名定为商办轮船招商局股份有限公司，简称招商局。资本银840万两。1932年10月，为国民政府收归国营，设汉口、香港、广州、青岛、天津等18个分局及镇海支局，重庆、长沙办事处。抗日战争爆发后不久，总局迁香港。抗日战争胜利后，接收日本东亚海运株式会社。随后在重庆的总局员工全部返沪，各埠分支机构恢复，成立基隆分局。10 月 1 日，招商局轮船股份有限公司成立。1949 年 5 月 27 日，为上海市军管会接管。清同治十二年，有江海轮船 4 艘，总吨位 2319 吨。1912 年，投运江华号客货轮航行长江，总吨位 3693 吨，998 载客位。1921 年，添置江安、江顺等轮，是长江航运最大最好的客货轮。1937 年，有江海大轮 29 艘、6.96 万总吨，其中长江轮船 11 艘、2.83 万吨。1937 年八一三事变至 1939 年年底，局属轮船承运中国军队 53 万人、旅客难民 36 万人。1937 年 8 月 12 日，奉国民政府征用令，在长江江阴段要塞沉新铭等 7 船、1.37 万吨，以阻挡日军沿江溯上，约占江阴沉船总吨位 1/3、全局江海大轮总吨位1/4。至 1939 年年初，全局在各江河沉船 24 艘，占全局江海船舶总吨位 34%。1937 年八一三事变到 1943 年 9 月，连遭日机轰炸，损失船只 73 艘、8.9 万总吨。抗日战争胜利前夕，剩轮船 18 艘、2.38 万吨。抗日战争胜利后，接收日伪企业船只 2358 艘、24.41 万总吨。1946～1948 年 6 月，向美国、加拿大购买轮船 144 艘、30.22 万总吨。1948 年 6 月，有轮船 490 艘、40.92 万总吨，其中江轮 28 艘、5.62 万吨，创历年船只拥有量最高。1949 年上海解放时，留沪船只有 9 艘江轮、18 艘海轮、6 艘油轮和一批拖轮铁驳。清同治十二年(1873 年)七月，继辟近海航线，永宁号从上海开航到汉口，为中国商轮首航内河。为打破美商旗昌轮船公司称霸长江的局面，光绪元年(1875 年)增派汉阳轮等 3 船投航长江。四年，辟汉宜线，辟通长江中、下游全部航线。宣统三年(1911 年)，在长江航线配备船舶总吨，占长江四大轮船公司(太古、怡和、日清和招商局)全部吨位的 16.2%。1918 年，增至 1.96 万总吨，占 21.5%。1933 年，有申汉、汉宜、宜渝、汉湘等 4 线。到抗日战争爆发前夕，有汉宜、宜渝、申汉 3 线。抗日战争爆发后退居川江一隅，开辟新航线，继续营运。1945 年抗日战争胜利初，招商局大江轮率先安全出川，10 月恢复申汉线。1946 年年底，长江沿线包括至重庆及湘江流域长沙全部恢复营运。1947 年，客货运量分别达 204 万人次和 250 万吨，创历史最高。1948 年 9 月，主要航线有航班申汉、申湘、汉湘、汉宜、汉宜渝等线，营运江轮 14 艘。至 1949 年 4 月，长江全线业务告结束。

上海长江轮船公司。1954 年 9 月，公私合营上海轮船公司成立，有 40 家私营企业并入，并入船只 155 艘、总吨位 3.51 万吨。1956 年 1 月，和公私合营民生轮船公司上海办事处并入长江航运管理局上海分局。1984 年，改上海长江轮船公司。1995 年，运输船只 314 艘，货运量 2230.4 万吨、客运量 560.8 万人次。

私营企业　清光绪十六年(1890 年)，首家华商私营轮船公司鸿安商轮公司创办，至 1949 年上海先后有 445 家私营公司经营长江航运。1949 年，有 38 家。1953 年，33 家公私合营，加入公私合营上海轮船公司。其中，1946 年前成立的21家，分别为鸿安商轮（1890年创办）、大达轮船（1905年）、宁绍商轮（1908年）、平安轮船（1910年）、肇兴轮船（1913年）、三北轮埠股份（1914年）、达兴轮船（1919年）、永裕商轮（1921年）、上海拖船股份（1937年）、大通仁记航业（1924年）、大陆航业（1929年）、天津航业（1929年）、禄记船务行（1929年）、顺泰航运（20世纪20年代末）、聚丰宝记航业（1930年）、民新轮船（1931年）、三兴轮船行（1932年）、华胜轮船（1933年）、大达大通联营处（1933年）、中国运输有限（1934年）、上达实业（抗日战争期间）。1946年成立的有10家，分别为同兴航业、惠崇轮船有限、中一船务、华泰船务行、上海扬子江拖驳股份、安孚轮船、信中轮船、鸿利拖轮运输行、公益实业、安通运输。1947年有5家，分别为协成轮驳、联源轮驳行、诚鑫船务行、大康轮船、协新轮船行。1948年有华成船务1家。1949～1953年，有7家创办，1953年全部加入公私合营上海轮船公司。另外，在抗日战争初期，有9家公司12艘轮船被国民政府征用，沉塞长江江阴等地要塞，抗日战争胜利前后停业。分别为通裕航业（1901年创办）、安通轮船（1920年）、华通轮船（1926年）、中国合众航业（1928年）、中威轮船（1930年）、公济轮船（1931年）、中国合众码头仓库（1934年）、永安轮船行（1931年）、华宁轮船局（1931年）。

外商企业 清咸丰十一年（1861年）三月，美商琼记洋行火箭号木壳明轮驶入长江。此后，美商旗昌洋行和英商宝顺、广隆、吠礼查、轧拉弗等洋行竞相投资长江航运，竞争激烈。同治四年（1865年），吠礼查、广隆、丰裕洋行退出长江航运。五、六年，旗昌收买宝顺、怡和买琼记洋行的船只，独霸长江航运6年。光绪三年，旗昌船只、码头等为轮船招商局收购。太古、怡和和招商局4次签订齐价合同，联合垄断长江航运。甲午战争以后，日商大阪等4家公司，在日本政府资助下，进入长江航运，同三公司竞争。三十三年，四家日本轮船公司合并为日清汽船株式会社，以增强竞争实力。1943年1月11日，英、美放弃在华内河沿海的航行特权。抗日战争胜利后，中国轮船招商局接收日本东亚海运株式会社、中华轮船公司的船舶、码头、库栈等产业。至此，外商轮船公司全部退出长江航运。各时期，在长江营运的外商轮船公司有13家英商公司、14家美商公司、10家日商公司、3家意商公司、2家德商公司、1家法商公司。

二、船舶

木帆船 唐、宋时期，出现适应长江各航段行驶的专用木帆船。元代，出现江海两用的遮洋船。明清时期，主要船只有粮船、盐船、沙船、遮洋船等。鸦片战争前夕，长江及支流沿岸各城镇到上海的平底木帆船，载重600～1500石。鸦片战争以后，外国夹板船投入长江航运。用西式船体西式帆。铜铅板铺作船板，载重常达500吨。

货轮 19世纪末，长江客货轮以装货为主，兼载旅客，少有纯载货用的货轮。蒸汽机货轮，清末、民国时期长江干线主轮，大部分为海轮江用。代表船舶锦州轮，光绪二十八年（1902年）香港出厂，用至1984年，总吨位1012吨，载货量950吨。第二次世界大战后，有美国L.S.T.登陆艇改建成“中”字号登陆艇货轮，1944年出厂，3326总吨位，长江运输始有内燃机货轮，1984年停运。50年代起，以拖驳运输为主。80年代初期，始投运800吨级自航驳（简易货轮）。1989年，制造江海直达的散装货轮，4922总吨位。

客轮 清咸丰十一年（1861年），第一条长江客轮美商客货明轮火箭号进入长江。同治五年（1866年）五月初三，第一艘国产客轮黄鹄号木壳明轮投运长江，长17米，高压引擎，单汽缸。长江航运开始“以轮代帆”。木壳客船（如中五轮）、区间客船（如大豫轮）和汉申干线客船（如江华轮）在长江沿用近半个多世纪。20世纪20年代，上海至南通、高港、海门、启东有客轮18艘，代表轮大吉轮载客量1202人，载货量708吨。抗日战争爆发前申汉线客轮约10艘。1954年起，改造客船。70年代前后，3艘新船投运，代表轮江申107客货轮，载客量1226人，载货量200吨。

运输拖轮 拖驳运输由上海港内作业发展到长江运输。20世纪50年代，多小功率蒸汽机拖轮，有少数小功率柴油机拖轮。1935年，投运国强号蒸气拖轮，2200吨拖带量。1952年后，投运368千瓦蒸汽机船型船只，成为60年代拖驳运输的主力，代表轮长江708轮拖带重7000吨。70年代，全部停航。1956年以后，创造长江上特有的梭形顶推船队运输。70年代，发展大功率柴油机拖轮，功率1942千瓦。后又投运971千瓦、1500千瓦拖轮。柴油机拖轮替代蒸汽机拖轮。代表轮长江1015轮可拖6～9条驳船，驳船载重0.6万～1万吨。

驳船 靠拖轮推（拖）行驶，初多用于上海港内驳货，大多为小吨位舱口驳。抗日战争胜利以后，少数驳船进入长江航运，50年代起成为长江运输主要船只。船分舱口驳（货驳）、甲板驳、槽形驳。单船载货量由三四百吨，发展到1000、2000、3000、5000吨。

旅游船 1986年，投运长城号，套房87间，可乘旅客174人。

三、航线

清咸丰十一年（1861年）四月，美商琼记洋行火箭号率先开辟申汉客运航线。光绪十五年（1889年），中国轮船招商局开辟申宜线。二十六年后，苏北客运航线开通，有申扬（后改为申高线）、申通（南通）、申青（龙）启（东）、申崇（明）等航线。1930年，申渝（重庆）线开航。货运航线，先后有浦（南京浦口）申、申湘（长沙）、裕（芜湖裕溪口）申等。1935年，长江中外航业竞争激烈，经营申汉线运输有中外商6家轮船公司，运营轮船38艘，总吨11.08万吨，沿途停靠站增至14处。苏北客运的申扬线有大达、大通两公司9艘轮船，总吨1.22万吨；申青启线有7家公司8艘船，总吨位0.71万吨。1937年八一三事变后，长江航线断航。1938年10月25日武汉沦陷后，长江下游航线开航。抗日战争胜利后，军公运输繁忙，长江各航线十分繁忙。1948年年末、1949年年初，国民党军封锁长江航道。1949年6月3日，轮船招商局江陵轮率先恢复申汉线。50年代初开始，长江航运发展以拖驳运输为主，大力增加拖驳运力，辟申汉、裕申、浦申货运专线，到1990年先后有10条货运专线。客运，恢复和发展申汉、申渝、申高、申通、申青启客运专线，辟申浔(九江)快班旅游专线。

客运航线 申汉线。上海至汉口，清咸丰十一年(1861年)四月美商琼记洋行轮船火箭号首航。同治十二年(1873年)七月，轮船招商局永宁号轮，从上海经九江抵汉口，为中国商轮航行长江之始。1937年八一三事变，全航线断航。1945年10月之后，招商局江安等5轮行驶。1948年年底，全线停航。1949年6月3日，复航，1987年后每日上海、汉口两地各开2班。

申宜线。上海至宜昌线，清光绪十五年(1889年)英商怡和轮船公司同和、昌和2轮首航。1932年，华商民生实业公司民族轮、三北轮埠公司三北轮始航。抗日战争期间中断。1945年11月，复航，1956年起航班由汉宜线和申渝线班轮替代。

申渝线。上海至重庆，长江最长的直达航线。清光绪二十四年正月二十五日，英商立德罗用小轮利川轮，由宜昌出发首抵重庆。二十六年十二月，瑞生轮触礁沉没，此后外国商轮不入川江近10年。20世纪初复航，1932年民生实业公司投运4轮。1937年八一三事变停航，1945年10月复航。1983年，因客轮客源不足停航，1986年1月复航，至1990年运送旅客152万人。

申浔快班旅游线。上海至九江。1987年，上海长江轮船公司开辟，每年5月1日～10月31日4天一班。

申高线(原申扬线)。上海至高港航线(抗日战争前为上海至扬州)。清光绪二十八年前，英商祥茂轮船公司通宁轮、泰宁轮客货混装首航。1995年，全线客运量36.26万人。

申通线。上海直达南通。清光绪二十六年，南通大生轮船公司100吨木轮济安轮首航。1995年，客运147.37万人。

申青启线。上海至青龙港、启东2线。清光绪二十六年，英商祥茂轮船公司江宁、宁海2轮首航。1985年，申青、申启线客运量分别为152.7万、66万人。

申崇线。上海至崇明南门港。1918年，崇明轮船公司朝阳轮首航。

货运航线 申湘线。上海至长沙，清光绪三十年九月轮船招商局轮船首航。1963年，全线分上海汉口、汉口城陵矶、城陵矶长沙3段分区拖带。

申汉线。早期以货运为主，兼客运，后发展为客货并重，未形成货运专线。

1957 年，长江航运管理局试办汉申货运专线。1990 年，上海运至武汉金属矿石158.7 万吨。

申石线。上海至黄石。清光绪二十六年五月，日本轮船首次从大冶运矿砂到日本。1990 年，有石申黄沙专线，运输黄沙 42 万吨。

浔申线。九江至上海。清咸丰十一年，申汉客货运线开办，过境轮船停靠九江。1989 年，全线运输黄沙、煤炭 169.5 万吨。

皖申线。安庆至上海。清光绪二年后，美商旗昌轮船公司首投航。1990 年，运输货物 31.8 万吨，其中黄沙 18.2 万吨。

裕申线。芜湖裕溪口至上海。1934 年，辟货轮运煤。1990 年，总运量 136.7 万吨，其中煤炭 55.5 万吨。

马申线。马鞍山至上海。1917 年，华商和日商轮船首运矿石。1990 年，申运马矿石 44 万吨、钢铁 3.9 万吨，马运申钢铁 9.3 万吨。

浦申线。南京浦口至上海。1912 年，有货轮不定期行驶。1995 年，运煤195.3 万吨。

梅申线。1970 年，辟南京梅山到上海货运专线。1990 年，运矿石 250.4 万吨。

船宝矿石货运线。1986 年，辟江苏船山（属镇江港区）到上海宝山的石灰石运输线，1990 年运石灰 119 万吨。

四、客运

清咸丰十一年（1861 年）三月，美商琼记洋行火箭号轮载客，费时一月，完成上海到汉口的往返航程，一个往返航次载客 260 人。同治九年（1870 年），申汉航线客运 0.99 万人。1945 年抗日战争胜利后，招商局客运 191.89 万人，其中旅客 131.39 万人、军人 60.5 万人。1952 年，长江下游客运流量 248.3 万人，其中苏北线 106.12 万人。1959 年，分别为 268.98 万、119 万人。1957 年，申汉线客流 84.1 万人。1958 年以后，长江沿江城市人口大量增加。1959～1961 年，大批沿江农民向外地和城市流动，小商小贩长途贩运，客运量增加，1962 年申汉线客运 191.7 万人。1966 年“文化大革命”开始，大中学校学生、教职员工全国大串连，是年长江下游客运流量 738.4 万人。1975 年，有 1038 万人。1978 年，上海长江进出口旅客 414.09 万人，其中进出口南通 238.9 万人，1995 年分别为 503.41 万人、386.68 万人。

五、货运

清同治三年（1864 年）至五年，上海运汉口的洋货有棉布、呢绒、鸦片等，国货有原棉、糖、丝织品、铜币。汉口运上海的有米、桐油、烟草等。五年，上海运至九江的洋货有本色细布8.91万匹、哔叽1.6万匹、铅皮1.18万担、鸦片0.24万箱,九江至上海红、绿茶17.07万担。上海运至镇江红糖2.12万担、白糖1.78万担、花生油1.36万担、黑枣0.11万担,镇江运至上海麻0.61万担、桐油3万担、菜油0.84万担、烟叶0.18万担、烤烟0.27万担。1927年,申汉航线运量109.57万吨,1931年降至91.65万吨,1933年减至73.62万吨。1946年,上海进口的一半货物,约128.9万吨通过长江运往内地。民国时期,长江货运量占上海港吞吐量20%以上。1952年,上海长江货运174.6万吨,占上海港货物吞吐量37.9%。1995年,货运2523.9万吨。

第四节 沿海运输 >>

一、航运企业

公营、国营、公私合营企业 清同治十一年(1872年),首家官方运输企业轮船招商局成立。1945年,国民政府建立行政院善后救济总署水运大队,运输联合国善后救济总署援华物资。1946年,国民政府成立中国油轮股份有限公司,经营沿海、远洋等石油运输。1947年,台湾航业股份有限公司上海分公司成立。1949年上海解放,上述4家企业分别为上海市军管会接管。1950年4月,以轮船招商局为基础,设立国营轮船总公司,经演变,1993年为上海海运(集团)公司。1949年后,长期独家经营上海、长江以北沿海航区运输,1979年起有多家公司经营。是年,海兴轮船公司成立,此后中国扬子江轮船股份有限公司(1982年)、上海市锦江航运有限公司(1983年)、上海凯达航运公司(1986年)、鹭海船务企业有限公司(1987年)、金海船务贸易有限公司(1989年)成立。1995年,上海有上述7家国有企业,还有在上海市注册登记的兼江海河运输的上海市航运公司等8家企业。1953年、1956年,私营企业先后组成公私合营中兴海运公司、南洋轮船公司,1956年6月并入上海海运局。

轮船招商局。创办初购大英轮船公司等货轮,以福星轮往来上海及天津,永清轮往来上海、汕头、香港、广州,利运轮往来上海、厦门、汕头,伊敦轮往来上海、长崎、神户。至清光绪九年(1883年),有18艘海轮航行南北洋线,漕运业务置于重要地位。同治十二年(1873年)至光绪十年,漕运净收入260万两银,约占局总收入18%。甲午战争后,漕运连年巨额亏损。宣统二年(1910年),首次实行水路联运,开辟4条联运线路。至抗日战争爆发前夕,全局有江海轮船50余艘、8万余总吨,沿海航线有沪甬、沪瓯、沪榕、沪汕、沪港穗、沪烟津、沪青汕、沪穗、沪连(云港)等线。抗日战争胜利后,开辟青岛、天津、秦皇岛等沿海航线。复航沪甬、沪台等线。1946年、1947年，北洋航线有以上海为起点的8条航线和烟台—营口的航线，南洋航线有9条以上海为起点的航线和3条以广州为起点的航线。1947年起，相继开航加尔各答、关岛、狄宁岛、曼纳斯岛、新加坡、马尼拉、日本、古巴、阿根廷等地。1948年后，因内战航区萎缩。塘沽、天津解放后，大部分船只忙于抢运军公物资及部队，撤往台湾等地。

行政院善后救济总署水运大队。1946年4月建立，有办事人员（包括外籍人员）0.4万余人、江海艇轮350余艘，航线遍及国内各灾区口岸。1948年1月撤销，2月成立善后事业委员会保管委员会水运大队。1949年5月，被上海市军管会接管，8月并入招商局。

中国油轮股份有限公司。1947年2月成立，有甲、乙级油轮22艘，6万余总吨。为国内沿海各埠运输从国外输入的石油产品，从内地各埠输出桐油和其他油料。甲级油轮永洪号首航伊朗载运原油，为国内首次。上海解放前夕，4艘沉黄浦江。1949年5月上海解放，公司为上海市军管会接管，1950年4月并入国营轮船总公司，对外保留中国油轮股份公司名称。

台湾航业股份有限公司。1947年1月，台湾省行政长官公署与招商局合建。总公司设台北。1949年5月上海解放，上海分公司为上海市军管会接管，6月撤销，船只并入招商局。

交通部上海海运管理局。1950年4月，以轮船招商局为基础，在上海成立国营轮船总公司。1951年2月，改中国人民轮船总公司，迁址北京，设上海区公司。8月，上海区公司改华东区海运管理局，设厦门、宁波分局及海州、温州、海门办事处。1953年5月，和北洋海运管理局合并成立交通部上海海运管理局，统一经营管理长江口以北沿海航区的客货运输。9月，与上海区港务管理局合并成立交通部华东区海运管理局，次月改上海区海运管理局，经营福州以北全部沿海海上运输业务，管辖上海、宁波、温州、连云港4个港务局等。1958年4月，分设为上海海运管理局与上海港务管理局。前者管辖原区局所属运输船只等。1964年6月，上海海运管理局改上海轮船公司，专管北方航区的船舶运输业务。1968年4月，改为上海海运局，1993年改上海海运（集团）公司。1949年，接管招商局船只3.6万载重吨。1990年，员工近3万人，运输船只194艘、2.5万客位、255万总载重吨，客运370万人次，货运7000万吨，外贸货运700万吨。

上海海兴轮船有限公司。1979年9月成立，经办上海—香港定线定期客货班轮及远近洋外贸物资运输，1990年运量756万吨。

私营企业 明中叶后，始有沙船商（户）投入漕运。清嘉庆、道光年间，沙船商（户）和沙船（号）开办航运企业。上海开埠后，外国商船垄断沿海运输业，沙船运输衰败。清末民初，上海先后出现宁绍、三北、政记、肇兴等一批华商航运企业，1933年有200余家。1937年抗日战争初期，有的船只沉于长江及沿海要塞，有的船只被炸被劫，或撤离上海，或转入外籍。抗日战争胜利后，抗战中被国民政府征用船只沉塞江海航道要塞的华商航业公司，组成民营船舶战时损失要求赔偿委员会，向政府索赔。涉及船只61艘、总吨12.3万吨。国民政府同意赔付359.3万美元。1945年11月，由政府在向美国贷款洽购战时剩余船只中拨出船只12万总吨，作为赔偿款。1947年9月，向美国航务委员会购得货轮11艘，船价总值800余万美元。并要求以这些船只成立复兴航业股份有限公司。1948年6月公司成立，股东单位有中兴等24家轮船公司和银行，资本总额7216万元。1949年4月，成立香港复兴航业股份有限公司，1951年4月迁台湾。1957年3月，上海区海运管理局接收并代管公司在沪机构和人员。50年代中期，对私营航运企业社会主义改造，私营航运企业消失。1950年、1951年，中国人民轮船公司上海区公司、国营东升公司以私营名义分别成立茂林船务股份有限公司和华东利民运输公司，经营南洋航线。1956年、1954年结束。各时期，主要航运公司50余家。

政记轮船股份有限公司。清光绪三十一年(1905年)创办。实力在华商轮船公司中仅次于三北轮埠公司。1945年8月，有14轮被盟军飞机和潜艇击沉。

宁绍商轮股份有限公司。有宁绍轮，2600总吨位，航行上海—宁波间。载运客货，隔日往返，方便沪甬乘客，有民谣“宁绍斗太古，乘船不再苦”。1930年，在沪甬线航运业务居招商局、三北、太古公司之上。抗日战争胜利后，无力复业。

肇兴轮船股份有限公司。轮船8艘航行上海至香港、广州，上海至烟台、天津、营口，上海至龙口、营口，上海至旅顺、大连、秦皇岛及长江各埠。

平安轮船公司。有海轮5艘，1949年有2轮。

上海三北轮埠股份有限总公司。1918年，航线扩展到南北洋沿海和南洋群岛一带。1936年，有500吨级以上轮船33艘、拖船5艘、驳船12艘，6.19万总吨，规模仅次于招商局。1949年，有千吨以上船只8艘、1.69万总吨。

茂林船务股份有限公司。1950年9月成立，通过香港侨商三兴船务行等关系，租用经营或代理外籍轮船运输业务。主要航行南洋航线。1953年3月，和利民运输公司合并组成南洋运输部，对外仍用茂林名称。1954年2月撤销，成立南洋运输处，对外仍保留茂林名称。1956年1月，划归中国外轮代理公司上海分公司。

华东利民运输公司。1951年年初，东升公司所属海鸿、海鄂机帆船，配备武装航行上海至浙江海门，经营货运。9月，成立利民运输公司。1952年，与茂林船务有限公司合并成立南洋运输部。1954年2月，隶属于上海海运管理局。

外商企业 清同治元年(1862年)三月，美商旗昌轮船公司在上海成立，经营沿海运输。其后，英商3家、日商5家、法商2家轮船公司经营中国沿海运输。抗日战争胜利后，外商航运企业大部分退出，剩部分船只在中国沿海营运。

英商太古轮船公司。抗日战争胜利后，退出中国水上运输航线，部分船只营运沿海。50年代中，船只被华东区海运管理局茂林船务公司租用，航行上海—香港间，运输物资。

英商怡和轮船公司。清咸丰六年（1856年），怡和洋行赫尔斯庞特号轮（366总吨）行驶上海—香港。同治十一年（1872年），所属轮船改组为华海轮船公司，并向南洋沿海扩展。光绪七年，与怡和洋行扬子轮船公司合并，成立怡和轮船公司。总公司设伦敦，在上海、香港等地设分公司。20世纪30年代，有19轮航行中国沿海及远洋航线。太平洋战争爆发后，全部退出中国沿海航运。

日清汽船株式会社。1934年，辟华北、华南沿海航线，配有嵩山丸等4轮。1939年，与大阪商船株式会社、日本邮船株式会社等合组东亚海运株式会社。抗日战争胜利后，船只及码头仓栈等被中国政府没收。

日商大阪商船株式会社。清光绪三十三年（1907年），经营中国沿海运输，辟由台湾基隆经福州。1930年前后，有轮船140余艘、50余万总吨，辟有中国近海及沿海航线18条。

日本邮船株式会社。清光绪十五年，配有4艘海轮航行于天津、牛庄、上海一线。1930年前后，经营远洋和中国近海航线25条，有船只116艘、77.4万总吨。

日商东亚海运株式会社。1939年8月成立，中支总局设上海。抗日战争胜利后，126艘在华轮船被中国政府接收，其中98艘交招商局，28艘交其他单位或沉失。

日商大连汽船会社。1913年成立，辟大连至上海航线，1934年4艘3000～4000吨级轮船行驶。

法商东方轮船公司。清光绪二十八年成立，先后开设沿海沪甬航线，宣统三年（1911年）停业。

合资企业　1988年12月，上海海兴轮船有限公司和香港招商船务企业有限公司，联合在上海成立兴海船务企业有限公司，轮船2艘。

二、船舶

唐宋时期，青龙镇有本地或外地木帆船往来于北方和南方沿海。元代，有沙船专行北洋航线，并成为沿海运输主要船种。清代，沙船运输鼎盛。同治元年（1862年），上海出现外商轮船，是年有“轮船年”之称。此后，沙船运输渐为轮船运输替代。1937年年初，上海有沿海中资轮船124艘、20余万总吨，外轮220余艘、近50万总吨。1937年抗日战争爆发，中国轮船损失惨重。1948年年底，以上海为船籍港的海轮有290艘、37万余总吨。1949年4～5月，船龄短、技术性能高的船只，都到台湾，有的船只被凿沉或炸毁。1950 年，上海有海轮 40 艘、11.5 万总吨、0.24 万载客位。1990 年，以上海为船籍港的沿海轮船 272 艘、320 余万总重吨、2.6 万载客位(不含短途客运)。其中，上海海运管理局 194 艘、255 万载重吨、2.52 万载客位。木帆船、蒸汽机船先后在 20 世纪 70 年代中期和 80 年代后期淘汰，全部为内燃机船替代。

木帆船　元初，为海运漕粮，出现沙船。至鸦片战争前夕，沙船和龙华嘴船等为沪地主要木帆船。到沪的外地木帆主要有北方卫船和南方福船、鸟船、广船、蛋船、三不像船、钓船等。20 世纪 40 年代末，在上海港登记的 200 担以上的木帆船有 0.1 万条，70 年代起日趋少见，1976 年后无登记。

沙船。创始于元代。载重 1000 石，船体扁浅，平头、平底。船身长 8.1 丈，宽 1.5 丈，深 4.8 尺，共 16 舱。双桅，4 橹，12 篙，双铁锚。舵用铁力木。至元十九年(1282 年)，在上海造平底船(即遮洋船)60 艘，装粮 4.6 万石。明代，用逆风调戗(轮流换向)航行。明嘉靖后，航行沿海的平底船通称沙船，沙船之名也始见于顾炎武《天下郡国利病书》。清康熙二十三年(1684 年)海禁解除后，沙船运输迅速发展，改造船只结构，形成定式。大号船长 10 丈，宽 1.8 丈，容量 0.3 万石。中号、小号尺度为大号船七成和三成。多航行于水浅多碛的北方沿海航道，承担漕运和其他货运。嘉庆、道光年间，收泊于上海港的多时可达三千五六百条，年运量 60 万～70 万吨。道光二十九年(1849 年)，有一千二三百条，咸丰十一年(1861 年)减至 400 余艘，光绪十三年(1887 年)剩 200 余艘。至 19 世纪末，转入内河运输和捕鱼，海运结束。

龙华嘴船。上海本帮江海两用木船，明清以后盛行数百年。大号船双帆，载重 20～30 吨。小号单帆，载重 5～6 吨。20 世纪 50～60 年代少有投运。

客货轮　清道光三十年(1850 年)，上海首次出现航海客货轮英国籍轮船。此后，海轮渐成为沿海主要的运输船只，大多为外国制造。1921 年，上海投运国产新天号客轮，有 2326 载客位。1955 年，投运中国第一艘自己设计制造的国产客货轮民主 10 号。至 20 世纪 90 年代初，多为 3000 吨、7500 吨级船只，约有 900 载客位。1987 年，出现气垫船等。道光二十九年二月，英国大英轮船公司玛丽·伍德夫人号，为明轮船，载重量 650 吨，客货兼载。19 世纪 70 年代，太古轮船公司蓝烟囱轮船，多以中国城市命名，一般在数千吨。怡和轮船公司红烟囱轮船，以“升”字命名，每艘大多在 0.2 万总吨。招商局船只，清光绪二年(1876 年)江天轮航行申甬，0.2 万吨，载客 0.13 万人，国内最大客货轮。六年，投运英国新船图南轮，可装货 0.13 万吨，载客 596 人。二十三年至二十六年，添泰顺等 6 艘客货轮。1921 年，投运新江天等新轮。新江天轮 1921 年上海造，0.37 万总吨，载客 0.23 万人。1933 年 8 月，投运在英造海元等 4 轮。海元轮 0.32 万载重吨，可载甲板客 900 人。华商民营企业，1936 年有 22 艘、3.4 万余总吨，单轮总吨 919～439 吨，可载客数百人至 0.3 万人。30 年代后，投运的主要有通用型客货轮。1947 年，招商局 16 艘澳菲海货轮半数改装乘客设备，每轮可容旅客 430 人。50 年代后，主要船只有乙型、甲型客货轮。1955 年，投运江南造船厂造民主 10 号船，载客 500 人，载货 700 吨。1971 年，国内最大的甲型沿海客货轮长征号投运，载货量 0.8 万吨，载客量 856 人，至 1981 年投运 12 艘，船名均以“长”字为首。1977 年，投运“新”字型客货轮，船载货 140 吨，载客 915 人，至 1984 年投运 8 艘。1985 年 7 月，瑞新双体客货轮首航上海—温州，载客量 0.15 万人，载货量 140 吨。1985 年，投运客货滚装船海樱轮，载客量 980 人，载货 758 吨。1987 年 2 月，甬兴轮气垫船首航上海—宁波航线。船载客 320 人，航速 32 节。

货轮 19 世纪 70 年代初，进出上海港的沿海货轮一般为木壳或铁壳，数百至千余总吨。招商局货轮，清同治十一年（1872 年）有伊顿等 4 艘货轮。十一月三十日，悬挂清龙船旗，装载货物由沪航汕头，为第一艘行驶南洋航线的中国商轮。十二年二月，投运英造永清轮，驶天津，为第一艘航北洋线的中国商轮，载货 1.8 万石。光绪四年（1878 年）三月，投运江南制造局造“中国第一号战舰”惠吉轮（原名恬吉），载重 600 吨。九年，有 6 艘海运货轮。1937 年年初，有货轮 5 艘、1.05 万总吨，抗日战争爆发后全部丧失。民营轮船公司货轮，光绪十九年鸿安轮船公司有货船 11 艘、1.2 万总吨。20 世纪 30 年代前期，行驶北洋航线的有直东轮船公司 5 轮，毓大轮船股份有 3 轮。行驶南洋航线的有振兴轮船公司 6 公司 7 轮。抗日战争爆发后，全部丧失。1945 年后，各轮船公司有货轮自由型货轮。抗日战争胜利初，招商局接收敌伪船只 0.25 万艘、24 万余总吨，收购留用的船只 314 艘、8.1 万总吨。上海解放时，悉到台湾等地。1959 年、1960 年，上海海运局进口 13 艘美国、联邦德国、加拿大造同型轮，共 12.75 万载重吨，船载重吨 0.92 万～1 万吨，以“和平”命名。1967～1975 年，又投运 8 艘，以“战斗”命名。至 1983 年，上述自由型货船全部退役。1955～1958 年，投运和平型货轮，近 30 艘，8 万余载重吨。为上海海运局货运主力船只。1958 年，投运大连造船厂造 5000 吨级和平 25 型杂货船，为中国远洋运输的第一艘货轮，后投运同型船 8 艘。1959 年，投运 3000 吨级柴油机杂货船，沪东造船厂造，1972 年，投运 1.8 万吨级运煤散货船。1974 年起，投运 12 艘。船名均以“长”字为首。70 年代，投运 13 艘，多以“某某州”字作船名。为 70～80 年代上海沿海主要煤运船。1980 年起，投运 4 艘林海型铁木船。“六五”计划期间，投运进口外国货轮 76 艘、近 100 万总吨，船名以“华”字为首。1984 年、1985 年，投运 2 万吨级煤矿两用船 12 艘，1986 年投运南极洲轮 2.7 万吨级自卸船。1986 年，首次投运 3.5 万吨级安平型散货船、同型船共 9 艘。1990 年，投运 3.5 万吨级浅吃水肥大型散货船宁安 1、2 轮，后增 6 艘。

油轮 民国初,美孚石油公司油轮美宁号航运申甬间,上海始有油轮运输。嗣后美南(364 总吨)、美安(935 总吨)两油轮,航行上海—温州及长江。1935 年,英商亚细亚火油公司富光(1402 总吨)、海光(899 总吨)等投运。抗日战争胜利后,中国政府购入美国 4 艘万吨级旧油轮和 8 艘千吨级小油轮,成立中国油轮有限公司,至解放前夕有油轮 23 艘、5.7 万载重吨,大多到台湾,剩 7 艘小油船在大陆。上海解放后,为上海海运局接管,长期维持沿海油运。1963 年,上海海运局油轮船队成立。1990 年,有油轮 51 艘、65.9 万载重吨。

液体化学品专用船 1983～1985 年,上海海运局购日本造液体化学品专用船 5 艘,命名化运 1～5 号。每艘载重吨 0.39 万～0.77 万吨。

拖轮 清咸丰九年(1859 年)后,英国蓝烟囱公司拖轮首抵上海,上海始有以拖轮拖带无自航能力的载货驳船及船队。抗日战争胜利后,招商局接收日商拖轮,另购美国海洋拖轮 10 余条,上海解放时有 11 条。1979 年,上海海运局购 1974 年日本造生产 2 号拖轮。80 年代,全市有拖轮 13 艘。

三、航线

客运航线 清道光三十年(1850 年),大英轮船公司首辟上海首条沿海客运航线上海至香港客班。同治元年(1862 年),美商旗昌轮船公司始辟上海至宁波定期定班客运航线。十二年,招商局永宁号等 3 轮投运。清末民初,华商轮船公司介入沿海运输。1937 年八一三事变后,华商客运基本停止,航运为日本和欧美轮船垄断。1945 年 9 月,轮船招商局首先恢复上海—宁波线客运。次年,又恢复原沿海客运各线。1949 年 4 月,上海各轮船公司有沿海航线 16 条。50 年代初,限于上海至渤海湾沿线 10 条,南北各港间均不通航。1980 年,中断 30 多年的上海—香港线客班恢复通航。1982～1987 年,开辟上海—福州、上海—广州、上海—厦门等直达定期客运航班。1988 年,有以上海为起讫港的 8 条沿海客运干线。1990 年起,因陆运和空运发展,沿海客源开始明显减少,长航线客运量迅速萎缩。1995 年,有上海分别至厦门、温州、大连、福州、宁波、青岛、香港等 7 条客运干线。

上海—宁波航线。简称申甬线,清同治元年美商旗昌轮船公司投入湖北、江西 2 轮两地定班对开,每月各往返 3 个航次达 7 年。十二年,招商局永宁轮,旗昌公司舟山、徽州轮投入营运。光绪二年(1876 年),招商局与太古公司各开 1 轮,垄断申甬线定班客运。宣统元年(1909 年),宁绍轮船公司宁绍、甬兴轮投入营运,为华商公司首次投入申甬线营运。1913 年,申甬线客运量为沿海各线最大,1919 年接近 100 万人次。1948 年 12 月 3 日,招商局江亚轮由沪驶甬途中爆炸沉没。1949 年 5 月,江静轮专载蒋介石、蒋经国等到舟山。此后,申甬线客运有出无进,直至中断。1952 年 3 月 14 日,江泰号客货轮恢复申甬线客班航运，隔日往返，中国人民解放军华东军区海军护航，至年底运送 38 万余人。1954 年 12 月 1 日，上海海运局民主三号等 2 艘客货轮对班开航，改为日日班。1980 年、1981 年春运期间，两轮载客率分别达到 119.1%和 130.7%。1990 年，客运量 146.8 万人次。

上海—温州航线。简称申瓯线。清光绪三年(1877 年)四月，英商怡和洋行康克斯特号客货轮首航。五年四月，招商局永宁轮驶抵，为中国轮船首入温州港。1949 年 5 月，航运中断，1958 年 4 月复航。1990 年，客运 80 万人次。

上海—福州(马尾)航线。简称申榕线。清光绪元年，轮船招商局船只航行上海—福州—厦门，承运货物，兼营客运。二十七年，开辟上海—福州航线。上海解放后航线中断，1982 年 3 月复航。1990 年，客运 20 万人次。

上海—厦门航线。简称申厦线。清道光三十年(1850 年)，大英轮船公司玛丽·伍德夫人号轮首航香港至上海，弯靠厦门港。上海解放后客运中断。1984 年 6 月，上海—广州客货班轮弯靠厦门港。1987 年 12 月，辟直达航线。1990 年，客运 10.23 万人次。

上海—广州航线。简称申穗线。清同治十一年十二月，轮船招商局永清轮行驶上海—汕头、香港、广州线。光绪四年，辟申穗直达。上海解放后，客运中断，1983 年 11 月复航。1994 年 4 月停运。

上海—香港航线。简称申港线。清道光三十年，大英轮船公司玛丽·伍德夫人号轮首辟两港定期航班。上海解放前夕中断，1980 年 1 月复航。1990 年，客运 2.39 万人次。

上海—台湾(基隆、高雄)航线。简称申台线。中日甲午战争后，有舟山轮船公司等 5 家公司船只航运。1946 年起，定期客货班轮往返于上海—基隆，年客运量三四万人次。上海解放后停航。

上海—青岛航线。简称申青线。清光绪十三年，招商局广济轮航行上海—烟台—龙口，中途弯靠青岛。1937 年 8 月停航，1945 年 11 月复航，1949 年春客运中断。1956 年 6 月，恢复上海—青岛—大连客运航班，后开通申青直达。1990 年，客运 39.1 万人次。

上海—大连航线。简称申连线。清光绪三十四年八月，日本南满洲铁道株式会社首辟，1945 年 8 月停航。1956 年 6 月，上海海运局复航。1990 年，客运 58.67 万人次。

上海—天津航线。简称申津线。清同治七年，旗昌轮船公司山西等 3 轮、怡和洋行久绥等 4 轮首辟。抗日战争期间中断，1946 年 4 月复航。1949 年 1 月中断，此后未再恢复。

申—江、浙地方客运。清光绪元年夏，招商局大有轮行驶申—定(海)—甬航线，美商旗昌轮船公司湖北轮行驶申—普(陀山)航线，为上海舟山间首次通航客轮。三年，英商太古轮船公司轮船行驶申—沈（家门）—甬—定—温（州）航线。三十一年，辟有申—定航线、申—甬—普航线、申—定—石（浦）—海（门）航线、申—甬—定—温航线。宣统年间，辟申—穿（山）—定、申—石—定—海（门）航线。1923～1929 年，上海与舟山地区的沥港、定海、岱山、巨山、普陀山间均有客班轮航行。30 年代初，两地间客运更盛。1950 年 5 月 17 日，舟山与上海的客运中断。1964 年，定（海）—巨（山）—泗（礁）—申线通航。1980 年 10 月，辟沈家门、1983 年 7 月普陀山、1985 年定海至上海航线，1990 年辟上海芦潮港至普陀山旅游航线。

申、泗、巨、定线。上海弯泗礁、巨山至定海，1955 年 12 月营运，1990 年客运量 7.1 万人次。申椒线，上海—浙江海门客运航线，1960 年 3 月营运，1990 年客运量 14.5 万人次。

货运航线 北宋嘉祐年间，青龙镇港与福州、漳州、泉州、明州（今宁波）、温州、台州等诸港间木帆船往来频繁。元至元十九年（1282 年），辟上海至天津北洋漕运航线（北方沿海航线）。明永乐年间，漕运弃海路走内河，北洋航线几近湮废。清康熙年间开海禁后，重辟北洋航线，并由天津延至牛庄与辽河相沟通，成为清代航运最繁忙的一大干线。南洋航线，有宁波、定海、温州、台州、福州、泉州、厦门、台湾、潮州（汕头）、广州等诸多港口与上海通航贸易。至第一次世界大战爆发前夕，有 45 艘、8.4 万总吨轮船行驶于上海至北洋天津（寄港地威海卫、芝罘）、大连、秦皇岛、牛庄、青岛，至南洋宁波、香港、温州、福州、汕头、厦门等航线。至抗日战争爆发前，以上海为中心的北洋航线有 9 条干线，南洋航线有 7 条干线。1937 年八一三事变后，上海与南北洋港间货运一度中止。后欧美轮船短暂恢复航运，太平洋战争爆发后全部停止。1946 年年底，北洋线主要有至海州等 6 线，南洋线主要有至宁波等 10 线。天津等港解放后，北方沿海客货航线一度中断。上海解放初，南北沿海航线均不通航。1950 年 9 月，茂林船务有限公司始租用外轮，航行南洋航线。舟山解放后，沿海各货运航线陆续恢复通航。“一五”时期，上海海运局辟有上海—大连、秦皇岛、青岛、烟台—天津和燕尾港等 5 条定线、定船、定货种、定班运营的货运航线，并辟有从大连、营口、天津等港经长江直达汉口等港的海江直达航线。60 年代中期，辟通大连至南京的海江直达航线。70 年代，新辟由江苏仪征港经长江至浙江炼油厂和上海石化总厂的江出海货运航线。1990 年，有上海至大连等 16 条航线。

上海—大连航线。清光绪二十六年（1900 年），东清铁路分公司货轮开辟旅顺至上海定期航线，二十九年三月又辟连申定期航线。1919 年前后，华商三北轮船公司营运。1945 年 8 月～1951 年年初，苏联军队驻大连，航线停驶，1951 年恢复。“一五”计划时期，成为国内沿海“北煤南运”和“南粮北调”重要通道。1954 年，货运量 185 万吨，1990 年 32.1 万吨。

上海—营口航线。清同治元年外商轮运业开始参与牛庄等地至上海的大豆、沙石运输。十一、十二年，招商局福星轮投运。50年代前期，停航，1957年复航，1970年停运。

上海—秦皇岛航线。清咸丰年间通航，1949年年初停运，1954年复航，60年代中期停运。1973年10月，始向上海运输大庆原油，为上海市原油供应的主要运输通道。80年代后，承运上海和华东地区50%以上用煤，为“北煤南运”的4条海上主要通道之一，有上海经济的“生命线”之称。1990年，秦皇岛运申货物2276.5万吨。

上海—天津航线。清咸丰十年(1860年)，外商轮船始航。1948年年底，航运中断，1950年7月复航。1990年，上海运津货物近90万吨。

上海—龙口航线。1914年辟航。1990年，龙口运申货物37.2万余吨。

上海—烟台航线。清咸丰十一年始辟，1990年上海运烟台货物34.9万吨。

上海—威海航线。20世纪30年代前期，英商太古和怡和轮船公司申津线轮船均挂靠威海卫。1990年，威海运申货物15.9万吨。

上海—青岛航线。清光绪二十六年，进出胶州湾的上海木帆船有637条次，大多为载重0.26万担的大型沙船。1914年，德商汉美轮船公司辟过港航线。1919年前后，三北轮船公司辟直达航线。80年代，煤运线成为“北煤南运”4条主要海上通道之一。1990年，上海海运局运货326.1万吨。

上海—石臼航线。1917年始有小轮往返。1985年，开通石臼港—上海煤炭运输线，运煤200余万吨。成为“北煤南运”的重要海上通道。

上海—连云港航线。清光绪三十一年，有豆饼、杂粮及其他土特产由连云港运上海。1933年，陇海路局与招商局水陆联运，确立上海为联运口岸之一，连云港为接运地点，开创中国铁路界与航运界联络的纪录。80年代，成为“北煤南运”的4条主要海上通道之一，年运量约300万吨。1990年，上海海运局运申货物302.5万吨。

上海—宁波航线。清光绪元年，轮船招商局始辟定班航运。上海解放初中断，1950年7月复航。50～60年代，全线货运约占宁波港吞吐量50%。1990年，上海海运局货运207.65万吨。

上海—温州航线。清光绪三年，英商怡和洋行开辟上海—温州—福州航线。上海解放初停顿，50年代前期复航。1990年，上海海运局运货8.65万吨。

上海—福州航线。19世纪40年代，外商轮船公司运营。光绪二十七年，开辟福州至上海航线。50年代前期，由解放军武装护航。1990年，上海海运局运货5.59万吨。

上海—厦门航线。清道光三十年(1850年)，大英轮船公司开辟。上海解放后，航线中断，1982年9月复航。1990年，上海海运局运货7.26万吨。

上海—台湾航线。上海至台湾航线有基隆和高雄2线。清光绪十二年，台湾有2轮，往来于台湾与上海、香港、新加坡、西贡间。至抗日战争爆发前，有上海—宁波—基隆线和上海—高雄—基隆线。1949年4月，招商局轮自高雄向上海运输1.09万吨台糖。上海解放后航线中断。

上海—汕头航线。清同治十一年(1872年)十一月，招商局伊敦轮装载货物由申驶汕，是为中国商船首次行驶南洋、中国近海。上海解放后，少有往来。1990年，上海运至汕头货物3.54万吨。

上海—广州航线。19世纪60～70年代，德商禅臣洋行、美商琼记和同孚洋行、英商太古和怡和洋行有船只营运。1990年，上海航运局货运9.35万吨。

上海—香港航线。清道光三十年，大英轮船公司明轮玛丽·伍德夫人号，首次开辟定期班轮航线。上海解放后，航运断绝，1980年复航。1990年，上海海运局货运14.16万吨。

四、客运

1946年，日进出上海港的沿海旅客约万人次以上。1949年，进出19.64万人次。1953年，超过100万人次，达115.39万人次。此后，长期在100万人次以上。1961年，增至200万人次以上。1980年，超过300万人次，达382.39万人次。次年，又超过400万人次，达412.55万人次。90年代中期，因公路、铁路客运发展，水运旅客减少，1995年26.08万人次。

五、货运

货运量　1949年，沿海货运量48.59万吨。1951年243.6万吨，1958年1412.6万吨，1971年2037.3万吨，1975年3095.2万吨，1982年4060.2万吨，1986年5259.7万吨，1992年7331.6万吨，1995年6466.03万吨。运输以煤炭、石油、粮食为大宗，1995年分别为3709.9万吨、1390.38万吨、46.31万吨。

第五节 | 远洋运输 >>

一、航运企业

继清同治元年(1862年)三月，上海美商旗昌轮船公司成立后，英、德、法、日、俄商行在上海设立轮船代理行和轮船公司，经营远洋和中国沿海航运。规模较大的有英商太古轮船公司、怡和轮船公司，美商旗昌轮船公司、大来洋行和日商邮船会社、大阪商船会社等。辟有上海至东南亚、至美洲、至欧洲等远洋航线。同治十一年，轮船招商局在上海成立，初船航日本、东南亚和美洲，19世纪80年代初航英国伦敦和美国，引起外国航商的公开抵制及刁难，远洋航线被迫中断。1914年，首家华商轮企三北轮埠公司创办。此后，有鸿安商轮公司、宁兴轮船公司、民生实业公司等十几家经营远洋运输。一般有2～3艘千吨级远洋轮船，航行上海至东南亚各线。1937年上海沦陷后，外商远洋轮船公司为日军占用，船只被日军炸沉，远洋运输业近于瘫痪。抗日战争胜利后，运输为英美等商轮船公司垄断。招商局发展远洋航运。1949年5月后，上海远洋运输中止，1950年下半年恢复。1951年5月18日，西方国家对华禁运，上海远洋运输几乎停顿。为冲破封锁，6月15日中国、波兰两国政府联建中波轮船股份公司，1962年2月24日总公司从天津迁至上海。为解放后首家中国远洋运输企业。1964年4月1日，成立中国远洋运输公司上海分公司，经营中日、中朝航线，发展远洋运输。1979年，上海海兴轮船公司成立。此后，有上海市锦江航运有限公司、新海航业有限公司、中日国际轮渡有限公司、上海海华轮船公司等，经营远洋运输。1995年，上海有近20家远洋运输企业，300多艘远洋船、500多万载重吨。

公营、国营、公私合营企业　轮船招商局。清同治十二年(1873年)八月，伊敦轮开航上海—日本神户、长崎，是中国商船第一次开辟国外航线。光绪五年(1879年)，和众轮航行上海—檀香山。七年十月四日，美富轮运载茶叶至英国。到八年仅存上海—越南一条国际航线，九年剩致远、图南等轮行驶南洋、槟榔屿航线，亏损巨大。中法战争爆发后，外洋航线全被切断。1912年起，经营上海至日本，开辟烟台至海参崴航线，远洋运输兴旺。1946年内战爆发后，维持南中国海、印度洋及太平洋岛屿各航线为主，重点日本航线。下半年运输萎缩。1949年4月，航线缩至南洋一带，仅剩台糖、台盐对日运输。

中国油轮股份公司。有远洋油轮4艘运输石油原油，航行波斯湾至台湾高雄(高雄炼油厂)。1948年，运量40.30万吨。

中国远洋运输公司总公司。1964年4月，中国远洋运输公司上海分公司成立，有8艘杂货船、总载重量6.24万吨，员工488人。6月12日，和平六十号轮从上海港启航到朝鲜南浦港。后开辟欧洲、非洲、北美、地中海、东南亚、大洋洲和海湾等航线。1978年9月，开辟集装箱班轮航线。1979年5月，改上海远洋运输公司(简称上远公司)。有集装箱15.02万标准箱，集装箱船舶数量、可载箱位量分别居世界第四、九位，为世界上第七家有能力开辟星期班的船公司。1993年，中远(集团)总公司成立。1995年，有船舶137艘，总吨312.3万吨，员工1.4万人。运量2476.77万吨，其中集装箱142.18万标准箱、1471.99万吨。

私营企业　主要有3家。三北轮埠公司，1918年始经营上海—新加坡、仰光、日本远洋运输。民生轮船公司，1946年3轮航行上海至东南亚诸国和日本，美国、加拿大，1985 年 1 月成立上海分公司，1992 年上海分公司有远洋轮船 7 艘、8.2 万总吨，员工 200 人。中国航运公司，1946 年中国航运信托公司改为中国航运公司，上海解放前夕 7 艘海轮均被劫往台湾。

外商企业 太古轮船公司。清光绪二十九年(1903 年)，投入 4 轮，开辟香港—悉尼、墨尔本航线，至抗日战争爆发前。1949 年，撤离上海。

怡和轮船公司。20 世纪 30 年代，有甲谷陀—日本航线、上海—伦敦航线，以及上海—欧美、远东—纽约 2 条航线。1943 年 1 月起，公司全部退出中国领水，在上海先后充当 9 家外国远洋轮船公司在中国的代理人。1949 年，撤离上海。

大阪商船株式会社。1930 年，有上海分别至欧洲、西雅图，中国至非洲、澳洲航线。1945 年，撤离中国。

日本邮船会社。1930 年，主要有上海分别至欧洲、纽约、旧金山、西雅图、甲谷陀、孟买等航线。1945 年，撤离中国。

大来洋行。清光绪二十七年后，始营中美太平洋航线、远东航线。为美国在华最大的轮船公司。所经营的主要航线环行世界，有 8 轮营运。有上海分别至旧金山、西雅图、纽约航线。1949 年，撤离上海。

大英轮船公司。伦敦—上海，上海分别至孟买、澳洲航线。1949 年，撤离上海。

德国轮船公司，清光绪十二年七月三十日，第一艘船抵达上海，后有 3 家德国轮船公司，均以上海为基地开辟中德航线。解放前夕，撤离上海。

意大利轮船公司。清光绪十二年，运输线延至上海，1920 年在上海设立分公司，经营上海—的里雅斯特航线。上海解放前夕，撤离。

中外合资企业 中波轮船股份公司(简称中波公司)。1951 年 6 月 15 日成立。总公司设中国天津，1962 年 2 月迁上海。1995 年，货运量 148.37 万吨，运输集装箱 2.37 万标准箱。有船舶 21 艘、42.29 万总吨。员工 793 人。

中阿轮船股份公司(简称中阿公司)。1962 年 4 月 2 日成立，1975 年 4 月总公司从阿尔巴尼亚都拉斯市迁上海。12 月解散。

中日国际轮渡有限公司。1985 年 6 月成立，总公司设上海。

二、船舶

清道光二十二年(1842 年)，英国小型木壳轮船魔女号首次进入上海港。同治十一年(1872 年)，轮船招商局成立前夕，订购英国伊敦轮，中国人开始经营轮船运输。1921 年，上海华商企业远洋轮船 21 艘、9.76 万总吨。1947 年 6 月，上海航运企业有江海轮船 734 艘、95.2 万总吨。1949 年，大部分江海轮船驶往台湾，部分炸沉海底。上海解放初到 60 年代初，无远洋船。1962 年，始有远洋船只中波公司远洋轮。1964 年，上远公司成立，有远洋轮船 8 艘，全部为杂货船。1973 年，始投运散装船。1977 年，首次订购半集装箱船平乡城轮，次年又订购滚装船南口轮。1979 年后，有杂货船、客货船、散装船、集装箱船、滚装船、多用途船、油船和液化气船等。1992 年，船只 300 多艘、500 多万总吨，其中集装箱船和滚装船 65 艘，载箱能力 5.9 万标准箱。

木帆船 清道光元年(1821 年)至十年，从上海、宁波地区开出的中国远洋帆船约 100 艘。咸丰九年(1859 年)后，无船航行远洋。

杂货船 蒸汽机船。清道光二十二年，英国魔女号货船驶入上海港，装运鸦片和棉织品，上海首次出现轮船。同治十一年(1872 年)，招商局购英国、德国造 4 轮，507～704 载重吨，1948 年 6 月有船 490 艘、40.92 万总吨，上海解放前夕大部分驶台湾，留沪的多数沉没或毁于炮火。此后，上海无远洋船。1964 年，上远公司有 5 艘，1978 年全部淘汰。

汽轮机船。上远公司有大连船厂 1962 年、1964 年造 2 艘万吨级轮。第一艘跃进轮，1963 年 5 月 1 日首航日本途中触礁沉没于东海。另一艘红旗号轮 1983 年 9 月报废拆解。此后，上海未有投运。

内燃机船。1962 年中波公司有 20 轮，总吨 22.44 万吨。1964 年，上远公司有和平 60 号和真理轮 2 轮。此后，投运国产新船东风轮等类型船，载重吨 0.3 万～1.3 万吨。1970～1982 年，购外国旧船 49 艘、54.67 万载重吨。

客货船 清道光三十年，上海第一艘客货船为大英轮船公司明轮玛丽·伍德夫人号。同治十一年，轮船招商局购英国伊敦号等轮，货运兼客。20 世纪二三十年代，英美等商轮船公司投运数万吨位客船。1949 年后，上海无远洋客船。1977 年，上远公司购英国 1963 年造客货船清河城轮，作杂货班轮营运。1980 年，上海海兴轮船公司改装上海轮，可载货 0.25 万吨、载客 451 人，购 1958 年荷兰造海兴号远洋客货轮。两船均有酒吧、游泳池、小型医院、电影、舞厅等。1983 年，锦江航运公司购 1953 年美国造大型豪华国际邮轮锦江号，载货 0.5 万吨、载客 406 人。1985 年、1993 年，上海中日国际轮渡公司先后购日本造鉴真号、苏州号客货轮。

散装货船 1947 年 7 月，招商局购加拿大 1945 年造 3 艘货轮，上海解放前夕均驶台湾。1973 年，上远公司开始购旧船订新船。1992 年，上海远洋船队有 70 艘、224.82 万总吨。

集装箱船 1977 年，上远公司投运半集装箱船平乡城轮。1982 年，日本造集装箱船沭河轮，为上海第一艘全集装箱船。1995 年，上海远洋运输船队有 55 艘、139.52 万总吨，7.93 万标准箱位。

滚装船 1978 年 5 月，上远公司投运日本造南口轮。载重吨 0.57 万吨，舱容 1.42 万立方米，载箱量 304 标准箱。1992 年，上海远洋船队有滚装船 10 艘，总吨 10.28 万吨，总箱位 0.44 万标准箱。

多用途船　1977 年，上远公司投运 3 艘日本多用途船莲花城轮，总吨 1.03 万吨。中波公司投运联邦德国斯塔夫和永兴轮。1995 年，上海远洋船队有 17 艘、31.68 万总吨。

油船　1946 年 2～6 月，中国政府订购美国 4 艘万吨级和 18 艘 1000 吨级油轮投运。万吨船定名永洋、永洪、永澄、永清，投入中国—波斯湾航线。上海解放前夕驶台湾等地。1978 年起，上海海运局部分 2 万吨级沿海油轮用于远洋运油。1992 年，上海有远洋运输油轮 27 艘、44.6 万总吨，主要船只有大庆号型、胜利 1 型、建设 1 型等。

三、航线

清道光二十五年(1845 年)，美国商船巴拿马号驶入上海港，开辟美国—上海航线。三十年，美国罗素轮船公司开辟纽约至上海航线。咸丰五年(1855 年)，英国宝顺洋行和怡和洋行轮船加入上海至香港，上海经香港、加尔各答至欧洲和上海至纽约 3 条远洋航线。同治五年(1866 年)，美国太平洋邮轮公司船舶加入上海至日本濑户、横滨航线。八年，苏伊士运河通航后，法国邮船公司投入上海与欧洲航线 15 艘轮。后又有美国卡望尔等 8 家外轮公司开辟和加入到上海与各国、地区间远洋航线。十二年八月，轮船招商总局伊敦轮由上海港装货开往日本神户、长崎，开始中国商轮第一次远洋航行。光绪五年(1879 年)十月十九日，和众轮试航上海至美国檀香山。七年十月四日，美富轮驶英国。此后，招商总局开辟至东南亚安南、暹罗、槟榔屿、印度、英国等航线。到八年，剩上海至越南一线。第一次世界大战后，远洋运输主要由外国航运公司把持，以上海为中心的远洋航线分东、西、南和世界环行 4 条航线。东行线，自上海至南北美洲。西行线，自上海过苏伊士运河，出地中海，到欧洲和非洲。南行线。自上海至澳洲。世界环行线，从纽约出发，经巴拿马、洛杉矶、旧金山、横滨、上海、香港、小吕宋、南洋、科伦坡、苏伊士、意大利、法国、直布罗陀，出大西洋，返北美洲。此外，还有上海与日本、朝鲜、西伯利亚东部、南洋群岛各港口间短途海外航线。1937 年八一三事变后，所有中国轮船公司经营的航线均停航，美、英、日等国成立一批欧美轮船公司营运。抗日战争胜利后，招商局辟上海至美国及上海至东南亚等航线。上海解放初，远洋运输中断。1962 年，中波公司经营中国和波兰以及中国同其他欧洲国家港口之间的运输航线，恢复上海远洋运输。1964 年 4 月，上远公司辟上海—日本、上海—朝鲜航线。1965～1974 年，航线扩至西欧、北美加拿大、南美智利、非洲、波斯湾地区及东南亚诸国及香港地区。1975 年，中阿公司中国分公司辟上海至阿尔巴尼亚航线。1978 年 9 月，上远公司平乡城轮首辟上海至澳大利亚集装箱班轮航线。次年 3 月，柳林海轮从上海港驶美国西雅图港，恢复中断30年的中国大陆至美国海上航线。此后，经营的国际和地区间不定期杂货船运输航线改为定期班轮航线。1979年5月，上远公司江城轮第一次通过台湾海峡。1980年2月15日起，上海的远洋运输船舶南下北上均通过台湾海峡和金门以东海峡。1980年后，以开辟和发展国际和地区间集装箱运输班轮航线为主，开辟上海至大洋洲、至日本、至东南亚、至香港、至欧洲各国、至北美洲、至海湾地区的集装箱班轮运输航线7条、杂货班轮航线5条。还有从中国其他港口开往各国的不定期航线。同时，开辟不回中国的第三国航线，有日本至澳大利亚、新西兰，日本至泰国，新加坡至印度尼西亚、澳大利亚、新西兰等航线。1985年6月，开辟上海至香港和至日本神户、大阪等港定期客、货班轮航线。1995年，上海远洋运输企业船只航行至150多个国家和地区，驶抵1000多个港口。

上海—日本航线。(1)非班轮航线，清同治五年(1866年)美国太平洋邮轮公司辟上海经日本濑户至横滨航线。同治十二年八月，招商局伊敦轮始航上海至日本神户、长崎等港口。1949年上海解放初，航运停顿。1951～1963年，由外国航运公司经营上海—神户—横滨等航线。1963年4月，中国轮船跃进轮首辟中日航线。1964年，上远公司辟上海至日本门司、东京、神户港航线，到1990年船只停靠日本100多个港口。(2)杂货班轮航线，1977年上远公司辟。(3)集装箱班轮航线，1981年6月4日，抚顺城轮从上海港首航日本神户港。(4)客货班轮航线，清光绪元年(1875年)，美商轮船开辟上海—日本航线。上海解放后，偶有货轮捎带旅客。1985年6月，中日国际轮渡有限公司鉴真轮营运上海至神户、大阪中日客货班轮航线。1979年、1984年，始经营上海至日本的石油化工品、冷藏货物运输航线。

上海—朝鲜航线。1964年6月，上远公司和平60号首航。

上海—韩国航线。1989年，中波公司辟。

上海—东南亚航线。(1)非班轮航线，清道光二十年(1840年)上海辟至暹罗、越南、吕宋及其他东南亚国家和地区航线。招商局成立后，辟至东南亚诸国航线。上海解放后，各航线停顿。1968年10月，上远公司红旗轮第一次挂靠新加坡港口。1974年起，上海辟2条航线。1988年起，辟上海—香港—新加坡集装箱运输航线。(2)杂货班轮航线，1990年辟孟加拉、印度航线。1991年2月，辟印度尼西亚航线。

上海—香港航线。清道光三十年，首辟定期班轮航线。1951年，中波公司有船从上海出发中途挂靠香港，到1992年，有杂货班轮、集装箱运输班轮及客货班轮3种航线。客货班轮航线，1980年1月7日，海兴轮船有限公司上海号首航香港。

上海—澳门航线。1982年12月21日，上海救捞局沪救捞4号货轮首次装杂货抵澳门。1988 年 2 月,航线停运。

上海—香港—台湾集装箱运输航线。1989 年 1 月 18 日,锦江航运有限公司通顺轮悬挂巴拿马国旗,从上海港经香港换单后航抵基隆、高雄 2 港。1994 年停航。

上海—大洋洲航线。(1)散杂货运输航线,第一次世界大战以后为以上海港为中心的 4 条远洋航线之一。1973 年 12 月,上远公司静海轮首航澳大利亚。(2)集装箱班轮运输航线,1978 年 9 月上远公司平乡城轮从上海港至澳大利亚悉尼、墨尔本港。

上海—海湾(波斯湾)航线。1974 年 3 月辟。

上海—非洲、上海—地中海航线。1968 年 10 月 11 日、1970 年 7 月,上远公司先后辟。

上海—西欧、北欧航线。(1)非班轮航线,清道光二十二年(1842 年),英国商船魔女号随入侵英军进入上海港。光绪七年(1881 年),轮船招商局美富轮辟上海至英国航线。1949 年 5 月停航。1968 年 10 月,上远公司红旗轮由上海首航欧洲。(2)杂货班轮航线,1977 年 9 月天水号等辟上海—西欧定期航线。(3)集装箱班轮航线,1982 年下半年上海远洋运输公司开辟。

上海—波兰航线。1962 年,中波公司辟。

上海—美国航线。(1)非班轮航线,清道光二十五年三月美国商船巴拿马号首辟。光绪五年(1879 年)十月十九日,轮船招商局和众轮试航檀香山。至 1937 年,上海至美国有 5 条航线。1949 年 5 月停航。1979 年 3 月,上远公司柳林海轮从上海首航西雅图港。(2)杂货班轮航线,清光绪四年美国旗昌洋行 4 轮开辟,1949 年 5 月停航,1980 年 1 月荣城轮复航。(3)集装箱班轮航线,1981 年 2 月张家口轮从上海首航美国旧金山港。

上海—中、南美洲航线。1971 年 6 月,上远公司红旗轮从大连港直驶智利,1976 年 3 月辟至古巴、牙买加航线。

上海—加拿大温哥华航线。清光绪十三年,英国昌兴轮船公司开辟。1949 年 5 月中断,1960 年起复航。

四、客运

上海开埠后,外国人进入上海,中国人出国,大多经上海港进出。清光绪五年(1879 年)十月十九日,轮船招商局和众号试航檀香山,载客 400 余人,回程载客四五十人。1945 年抗日战争胜利后,在华日侨七八千人在上海乘船返国,为国际客运量批量人数最多的一次。1949 年 1～5 月,海运出入境 1.53 万和 0.29 万人。1949 年 5 月上海解放初,进出上海港的外国船舶运货不搭客,其间有三四艘船载运回国华侨 86 人。9 月、10 月,戈登将军、霞飞将军轮从上海撤走外国侨民 0.21 万人。1953 年,0.8 万名日侨乘日轮回国。此后,海上客运中断。70年代起，始有少量旅客随中外远洋货船到沪。1979年5月，中国访日代表团400余人，乘中国远洋客船明华轮从上海出发。1985年6月24日，上海中日国际轮渡有限公司鉴真轮载客从上海首航日本神户、大阪。是年，上海往日本发送0.29万人次、返回0.3万人次，1992年分别为0.97万、1.29万人次。

五、货运

清道光二十九年(1849年)，入上海港商船133艘、5.24万吨位。咸丰二年(1852年)，上海港成为中国第一大港，进口鸦片、棉织品和日用杂货等，出口生丝、茶叶，以及工艺品等杂货。1946年，开创中国水上石油运输业。1949年5月～1951年6月，远洋运输业停顿。此后，外贸运输依靠租船和外国班轮以及中波等合营公司船舶。1962年，中波公司运货62.44万吨。1964年，上远公司对朝、日货运28.6万吨，开始上海自有远洋运输，是年运输量108.95万吨。1995年，各公司合计运量4342.96万吨。运输历以钢铁、金属矿石、粮食、石油、煤炭为大宗，1995年分别为179.8万吨、394万吨、312.33万吨、715.91万吨、304.18万吨。

六、集装箱运输

1973年9月，中国远洋运输总公司等与日本新和海运公司等合作，用5吨小型集装箱船在上海港、天津新港与日本横滨、神户等港间进行集装箱试运。1978年9月26日，上远公司半集装箱船平乡城轮从上海装运162个标准箱至澳大利亚悉尼、墨尔本港，首开上海集装箱运输。80年代，开辟上海至美国西、东海岸及加拿大，上海至日本、香港地区及西欧等集装箱运输班轮航线。充实中—美、加及中—日—澳—新航线。以神户、香港两港作为货物主要集散点，进行分流倒载。开辟香港经日本神户到美国西海岸港口的集装箱班轮运输，组成环太平洋集装箱运输网络。1992年，上远公司等经营主要集装箱班轮航线38条，每月开出68个航班，有集装箱船65艘，占上海远洋运输船舶总数21.3%，有箱位5.91万标准箱。1974年，上海集装箱运输0.14万箱次，重量0.47万吨。1995年，上海远洋船队运输151.43万标准箱、重量1583.42万吨。

第六节 | 内河运输 >>

一、运输企业

上海地区内河运输向以行商运输为主，商航一体。清中期以后，有人开办专业运输企业。乾隆年间，沙船业以朱姓为首富，称朱半天。嘉庆、道光年间，郁、王、孙3家为最，王利川船行有沙船上百艘。拥船十数、数十艘者更多见。咸丰四年(1854年)，霍近拿洋行开创上海轮拖公司，随后有会德丰驳船行设立。19世纪60年代后，小轮拖驳企业上海拖驳公司、公和驳船公司和荣泰驳船行等开办。上海驳船渐形成各类行帮，有码头帮、百官帮及无衣帮、杂粮帮、木材帮等。90年代末，华商内河轮运企业兴起，经营上海至苏州、杭州航线的有8家。清光绪二十八年(1902年)，官督商办企业内河招商轮船局成立。至1912年，上海地区有轮运企业55家，1936年在上海登记的增至270家，大半客货兼营。1949年5月，有轮运企业100余家。1952年，成立上海市木帆船联合运输社，组织全市0.13万艘长途内河航运及砂石驳运等航船。1955年1月，39家私营驳运行公私合营，成立上海港内驳船运输公司。12月，私营轮船企业公私合营，成立上海内河航运公司。1956年7月，成立5个民船运输合作社。1957年，市区内河货运私营企业全部公私合营。1958年7月，经营长途货运的上海内河货运企业全部解散，所有航线、船舶、人员、设施分别划交江苏、浙江、安徽3省经营。不久，上海基本建设规模扩大，内河货运运量迅速增加，1959年1月成立上海市内河运输公司，经营长短途货物运输及港内驳运。此后，先后并入上海市内河航运公司、上海市内河航运局。1979年，出现运输个体户，后又出现承包户、联户等。此后，各种内河货运企业竞相建立。1995年，有经营性水运企业0.2万家，其中市、县主要企业37家，乡镇企业107家，厂矿企业兼营运输的118家，个体及联户0.18万家。

公营、国营企业 内河招商轮船局。清光绪二十八年成立，总局设上海，并在各客货航线的终点及沿线重要站点苏州等处设立分局。1927年，有小轮21艘，客班拖船及其他船舶22艘。1937年八一三事变，船只毁损，后未恢复。

上海市轮渡公司。1927年12月，成立浦东轮渡管理处。1947年2月，上海市轮渡股份有限公司成立，1954年改公私合营上海市轮渡公司，1966年5月撤销，并入上海市内河航运局，1986年8月恢复。

上海木帆船联合运输社。1951年8月，上海地区专业运输民船户成立砂石运输组，1953年扩为上海木帆船联合运输社。有基本船481艘、1.93万吨位，副业船840艘、2.22万吨位。是年，运量90万吨。1954年9月撤销。

公私合营上海内河航运公司。1955年12月，13家私营内河轮运企业公私合营，成立上海内河航运公司。有船32艘，员工463人。1957年，长途运量49.18万吨、市内驳运量57.41万吨。1958年7月撤销。

上海港驳船运输公司。1955年1月，39家私营驳船行公私合营，成立上海港内驳船运输公司。"文化大革命"中改今名。1990年，有拖轮45艘、功率1.22万千瓦，驳船461艘、8.73万吨位，员工0.66万人，运量928万吨。

上海市客运轮船公司。1987 年 1 月，上海市内河航运局客运业务部，改上海市内河航运局通茂客运轮船公司，1988 年 8 月 1 日改今名。1990 年，经营吴淞至崇明岛南门港、堡镇港，吴淞至长兴岛马家港，吴淞至横沙岛富民港及吴淞锚地等 5 条客运航线及浦江游览业务。有 7 艘轮船。

上海市航运公司。1959 年 1 月，上海市内河运输公司成立，1987 年改今名。经营内河长江沿海航线货运。下设 7 个船队，有运输船 264 艘。1990 年，员工 0.46 万人，运量 627 万吨。

县属水运企业。1951 年春，青浦县木帆船联营社成立。1956 年 1 月，松江县松江运输合作社成立。其后，市郊出现数十个县属运输合作社。1990 年，专业内河货运企业 43 家，船只 0.3 万余艘、16.62 万总吨位，运量 1452.44 万吨。

私营企业　19 世纪 90 年代，出现吴楚记等多家内河小轮企业，逐日或隔日来往于上海至苏州、杭州间，客商附拖雇搭，或拖带绅宦座船，载运信件、官钱等。此后，又有益利轮船局等。1912 年，内河轮运一般企业有 55 家，尚有大型企业上海大达等轮船公司。大多客货兼营。1936 年，在上海登记的企业 270 家，有轮船 314 艘、航线数十条。1937 年上海沦陷后，剩 13 家，航线区域被限制在本地区，以客运为主。1946 年，内河轮运企业 19 家，有轮船 59 艘。1949 年年末，内河轮运行号 119 家，大多为小型合伙企业。1952 年 4 月，淞沪拖轮行等 13 家小轮拖驳企业合并成立上海内河拖轮运输公司。1954 年，全市有私营轮运企业 40 家，经营内河长江客货运的 17 家、拖运的 12 家、内河货运的 5 家，余则经营客运。1955 年 12 月，13 家私营企业成立公私合营上海内河航运公司。1956 年 1 月，经全行业社会主义改造，尚剩的 24 家私营企业加入，私营企业全部消失。

外商企业　清光绪二十二年（1896 年）五月，日商白龙岩平创办大东新利洋行，九月经营上海—苏州航线运输。是年，美商汇利洋行设小轮航行于上海、苏州间。其后，英商怡和和俄国、丹麦、意大利、荷兰等国商人置小轮，航于上海、苏州、杭州间。二十四年，大东新利洋行改大东汽船合资会社，成为沪、苏、杭航线最大企业。同期，欧洲商人企业大多歇业，剩法商立兴洋行，为第二大外商小轮企业。1937 年上海沦陷后，外商内河轮运企业衰落。1947 年，尚有英商怡和、太古公司设小轮兼营拖驳业务，英商茂泰企业公司增设驳油业务，行驶上海、无锡、杭州等地。后经国民政府禁止，全部停业。

个体运输户　驳船户。上海开埠后驳船业渐兴。后有驳船行商、驳船行号，分花衣帮、杂粮帮、废铁帮、木材帮、土产帮等。煤石驳船，又以地域分有虹口帮和丰记码头帮、长乐帮、百官帮，至清同治年间丰记码头、百官发展为最大的两帮。尚有部分散户，或附行号内，或为行号临时装运，叫拆同行。19 世纪末，煤石驳船户大部分向船厂租赁船只，或合租，或独租，有的与厂家有固定的承运关系，宁波帮阮生记、徐玉荪分别包揽上海煤气厂、上海电灯厂煤炭驳运，兴记运输公司独揽杨树浦等电厂及煤气厂、自来水厂的煤炭驳运。1949 年 7 月，上海煤石驳船运输联营所成立，统一调度业务，联营不联产。有 57 家煤石驳运行加入，有 231 条木驳、1.48 万吨位。1952 年 4 月，成立私营驳船业联合组织码头船调配处，对驳船运输实行统一货源、统一运价、统一调配。1954 年下半年，40 家驳运行 211 条驳船，与港务局 47 条驳船实行合营。1955 年 1 月 1 日，公私合营上海港内驳船运输公司成立。12 月 20 日，实行全行业公私合营，驳船私营户全部消失。

民船户。大多为一船一户。1954 年 9 月，全市有专业运输民船 0.12 万艘、3.39 万吨位。1956 年初，成立 5 个合作社筹备委员会，船只折价入股。

个体户。1979 年，金山县 3 户农民分别购置 3 条 12～14 吨级水泥船营运。1990 年，全市有个体户 0.27 万家，船只 0.27 万条、总载重吨 6.09 万吨、功率 2.74 万千瓦，货运量 482.96 万吨。

非专业运输单位　20 世纪 30 年代，在沪美商德士古洋行、英商亚细亚洋行、上海石油公司、上海水泥厂大型企业自备船舶。解放初，大型国营企业建立企业自备船队。50 年代中期，各类私有内河船只实行归口管理，运力最大的上海市肥料公司属有十几个肥料船运输合作社。1961 年上半年，全市有 160 个厂矿企事业单位有自备运输船，计机动船(主要是拖轮)123 艘、功率 0.73 万千瓦，驳船 0.37 万艘、8.21 万总吨位。郊县各商业系统尚有自备船 452 艘。1995 年，118 家企业有船队，货运量 1606 万吨。

二、船舶

木帆船　1935 年，有 5.42 万艘，1954 年 1.56 万艘、16.36 万总吨。50 年代末起，水泥船、钢质船替代木船。1988 年，全市剩 1 艘，退出内河运输。各时期，主要船种有龙华嘴船、滩船、象牌船、码头船、绍兴船、米包子、芦墟船、蠡墅船、湖船、常熟船、阳澄湖船、椒湖船、出门船、松江航船、西漳船、苏北船、南湾子、鱼船、关驳子、无锡快、扬州船、江划子、鸭尾船、不像船、江西船、芜湖船、乌山船、野鸡旗、快口船、窑坯船、苏州船、荡桨划子、舢板、湖扁船、常州滩船以及号头船、乌潭船、兴化船、南海船、蹄带子船、海宁船、马鞍子船、巢湖船等。

驳船　木驳。清嘉庆、道光年间，出现专为各码头行号短途驳运货物的摇橹木船，称为码头船，上海开埠后为泊于黄浦江心的大型洋帆船驳运货物。至 20 世纪 30 年代，成为上海港港内运输的最重要的船只，约有 0.1 万条。1949 年，690 余条、3.01 万总吨。1995 年，65 条、801 总吨。

铁驳。清咸丰四年(1854 年)，霍近拿洋行开设上海轮拖公司，上海出现铁驳，由拖轮拖带在黄浦江外港作业，也有进长江。1933 年，在江海关登记的铁驳有240条，有汽油驳、石油驳，单船载重50～600吨。其后，铁驳成为黄浦江重要运输船只。1958年，上海市内河运输公司建造大批100和150吨级驳，1959年有100条。1961年，出现两种专运工业用油的60吨级钢质油驳，主要投运于苏州河。出现300吨级大型铁驳，航行于上海港区、内河及上海至崇明航线，驳运钢铁、煤炭、粮、棉、建筑材料等干货。1973年，投运1000吨级铁驳用于港内驳运和长江中、下游运输。1975年、1978年，先后投运300吨级油驳、90吨级铁驳，1990年，全市有铁驳0.46万条、39.65万吨总吨位，占驳船总吨位98.2%。

客驳。清光绪十六年(1890年)，吴楚记轮船局等4局用小轮船拖带客驳，往来于上海至苏州、杭州间。1916年，浦东洋泾港到浦西油车码头的摆渡由帆船改用轮拖，自此黄浦江济渡船大多改为轮拖，可载客30～100余人。1937年，全市有客驳近200艘。1950年，交通运输部门有客驳3条、201客位，黄浦江济渡业渡运客驳10条。1970年，有客驳0.16万客位。1985年，剩松江县1艘，100客位，次年退役。

客轮 客轮。清光绪八年，飞云号小轮定期往来于上海和吴淞间。十八年，在上海登记的内河小轮142艘。1929年，上海轮、平湖轮采用四汽缸柴油发动机，客位180个。1934年，新闵南轮投运，载客320人。1937年年初，定期航行申、江、浙的有234艘，1949年年末，上海交通运输部门有客轮45艘、客货轮100艘，1.04万客位。1970年，双体客轮投入申崇线营运，1978年增至4艘。1988年，气垫船投运。1990年，全市有客轮21艘、1.29万客位，其中1条为木船。

游览船。1979年5月，沪航客11号双体客轮改装为浦江号游览船，投运黄浦江游览，载客0.1万人。1984年，投入淀峰号、淀游号等7船，投运淀山湖水上游。1990年，全市有9艘。

货船 清咸丰六年(1856年)，美国人贝莱士雇用宁波木匠，用中国产柘木、樟木打造汽船先驱号，载重40吨，为上海地区第一条内河蒸汽货轮。19世纪末，朱葆三置轮船济安号，航于上海至崇明、南通。1937年年初，全市货船234艘、总吨位0.61万吨，客货轮和货轮各占半，73%为木壳船身，用蒸汽机和内燃机。1949年年末，全市交通部门有64艘、0.18万总吨。1967年，投运3艘300吨机动船。1971年，投运机动油船。1972年、1974年，1000吨级油轮、200吨级沪航驳(机)货轮先后投运。1979～1980年，投运300吨级船。80年代后期，大批大吨位驳船改装成自航的机动驳。1990年，全市有货轮(含机动驳、油轮)0.18万艘，总吨位12.96万吨。

拖轮 清咸丰四年，上海轮拖公司用小客货轮作拖轮，附拖客轮、货驳。同治六年(1867年)，50吨级飞云号拖轮投运。20世纪20年代，拖轮拖带能力可达300吨。1923年，汉容号蒸汽机拖轮投运，1926年、1927年又有2种15吨位蒸汽机船，成为上海内河运输的基本拖轮，拖带能力近300吨。30年代起，投运柴油拖轮。1949年5月，全市有拖轮132艘。1970年，沪航拖401轮投运，主机功率319.2千瓦，为内河营运的最大功率拖轮。1995年，全市拖轮526艘、功率6.87万千瓦。

渡船 津渡船。清嘉庆年间，吴淞江、黄浦江有百余渡口，每渡一般有渡船2条，每船额载20～25人，均为木船，摇橹或撑篙，还有拉渡。光绪初年，上海地区逾300艘。1916年，黄浦江济渡出现机动船。1929年，苏州河新式渡船投入营运，为摇橹木船，舱有座位。1956年5月，有30艘。1959年，电动渡船投运。70年代初，黄浦江、苏州河摇橹木渡船全部退役。

划舢。清咸丰年间，黄浦江出现福建舢舨，专事接送锚泊江心的外国军舰水手。载重1.5吨，用橹行船，可载6人，船中间架竹席棚，船体多涂红色，船头两侧画有鱼眼，俗称红头舢舨。同治年间，出现宁波舢舨载客。此后10余年，苏北泥塌子船到上海经营摆渡，改式后用双桨划水行进，载重2.5吨，称为苏北山东划子，亦称淌桨划子，与舢舨通称为划舢。业务多样，包接送外轮船员上下船舶，浮筒点灯、系缆，扎排，驳运水果、鱼鲜等。创设苏州河部分渡口和黄浦江吴淞、公平路等渡口。上海沦陷时期，黄浦江轮渡封锁，成为主要的摆渡船只。1949年5月，全市有0.2万条，主要出没于黄浦江苏州河口至十六铺。1956年，尚剩225条。1960年7月，剩划子15条、舢舨3条，用于白莲泾港、张家浜港内摆渡，或在兰州路码头驳运和包摇。1966年，成立浦江划舢生产队，70年代初划舢绝迹。

渡轮。清宣统二年十二月五日，浦东塘工善后局租赁安泰小轮行驶黄浦江浦东东沟至浦西南京路外滩铜人码头，酌收渡资，人称长渡。1914年，公益轮投运。至此，两处渡口木渡船均为俗称小火轮的小客轮代替。1929年，市公用局在浦西南京路外滩至浦西东沟长渡航线投运德造第一、二号渡轮，为上海航运专用渡轮之始。两轮均全钢质，总客位400个，分特等舱、头等舱、二等舱。1933年1月，第十四、十五号渡轮投运，轮可两头行驶，不需调头。1937年年初，市轮渡总管理处有渡轮14艘，总客位0.55万个。有华商洋商企业自备黄浦江渡轮25艘，接送企业内部职工上下班。1949年末，市轮渡公司有对江渡轮12艘，黄浦江济渡业有渡轮25艘。1960～1978年，先后有6艘500客位、10艘700客位、12艘1000客位渡轮投运。1990年，全市黄浦江渡轮68艘、总客位6.24万个，另有支流小港渡轮62艘、总客位0.19万个。

电动渡船。均用于苏州河渡运，1959年投运，每船核定载客63人。1995年，有3艘，总客位488个。

车辆渡轮。1932年10月，市轮渡公司柴油机钢壳车辆渡轮经航号，投入黄浦江西闵线车辆渡运，每渡可载2辆客车。为上海对江车辆渡轮之始。1947年，投运2艘。1958年，建成8车位车辆渡轮。1990年，全市有车辆渡轮23艘、298车位。

长江车客渡轮。1970年9月，上海大陆至崇明、长兴、横沙3岛车辆过长江，由双体客轮附载。1987年，车客渡轮崇渡3号投入申崇车客渡，为上海第一艘长江车客渡轮。可载5吨标准车8辆。1990年，投运日造海信一号车客渡轮，为上海最大的车客渡轮，可载5吨标准车30辆。是年，全市有车客渡轮5艘，94标准车位。

三、航线

19世纪末，上海内河轮运兴起，日商大东新利洋行投入2艘小轮，行驶上海—苏州、上海—杭州航线。到1936年，上海至外省市有定期航线13条，形成西北连江苏、东南接浙江的轮船货运网络。主干航线上海—平湖、湖州、杭州、苏州、无锡、常州、镇江、南通、海门、启东、扬州等。并延伸上海—湖州航线，辟申菱、申新、申盛线。上海—杭州航线，辟申硖线。上海—无锡航线，辟申琴、申库、申苏线。同期，辟有上海—安徽、江西、湖南、湖北诸省航线7条。木帆船也经营上述航线，辟有上海—梅溪、上海—新窑等线。1948年8月30日，国民党军淞沪警备区强行封锁通达解放区航线，限制长途航线，省市际航线大多中断。上海解放初，恢复申平（上海—平湖）线、申锡（上海—无锡）线、申杭（上海—杭州）线、申常（上海—常熟）线、申湖（上海—湖州、菱湖）线、申苏（上海—苏州）线。1955年10月，开辟申蚌（上海—蚌埠）货运航线。1959年，辟上海至苏州（包括横塘、花园山、枫桥、太湖山、浒关）、无锡、江阳、常熟、昆山、湖州、长兴（包括长风山、陈湾、梅溪）、平湖、杭州（包括嶂山）等航线。1966～1976年，江苏、浙江、安徽3省与上海间的省市航线有50余条，大多为不定期航线，主要定期航线有上海至苏州、无锡、常州、镇江、扬州、南通、南京、盐城、江阴、杭州、嘉兴、湖州、蚌埠、合肥。1979年，开辟上海—汉口航线。1988年，市属内河航运企业开辟长江航线27条。同期，内河定期定线班有苏州等江浙13条线，不定期直达航线班有徐州等41条。

四、客运

运量　1949年，上海内河旅客吞吐量174万人次，1975年533万人次。1995年，852万人次，创历史最高。

跨省市运输　沪—江、浙长途客运。19世纪60年代，上海车渡公司开辟上海首条长途内河客运定班航线上海至苏州航线，有新式车渡船14艘。走苏州河，全程24小时，每船载客60～70人，票价根据舱位分别为2元、1.2元、0.8

元。清光绪二十二年(1896 年),日商大东新利洋行经营上海—苏州客运。1956 年,上海内河长途客运由上海内河航运公司独家经营,1958 年 1 月,其所经营的江、浙两省业务,分别移交两省交通厅。向江苏省移交的有申荡等 9 条航线,移交拖轮 5 条,客驳 4 条、364 客位。向浙江省移交的有申平(湖)等 4 条航线,移交拖轮 9 条,客驳 4 条、300 客位,客轮 3 条、462 客位。自此,上海经营的沪江、沪浙间内河长途客运全部结束。

崇明—江苏短途客运。清光绪十二年(1886 年),崇明至启东始有载客轮船营运。此后,辟至南通、浏河、海门诸条客运航线。1956～1962 年,开辟牛棚港—海门青龙港等 6 条航线。1990 年,有南门—江苏浏河等 6 条专线,全年客运量 100 多万人次。

市内运输 三岛客运。清初,崇明与淞沪间始有专业内河客运,有新开河、二滧、当头沙 3 渡口。各置木帆船 2 条,昼夜通行。光绪初年,长兴、横沙两岛与淞沪间始有交通,舟楫候潮而行。二十二年,粤商置办客轮海珠号,开辟申崇内河轮船客运。三十三年,崇明轮船公司创办,以朝阳轮投运。1947 年,申崇航线有招商局大通大达联运处 5 家公司经营,12 条客轮。长兴、横沙两岛与上海之间,由民间 4～5 条帆船候潮航行,乘客须涉水上岸。1949 年 5 月 18 日,受战事影响,三岛航线全部停航。9 月 24 日,申崇线恢复。渡轮由上海北京东路外滩码头经堡镇到南门弯靠吴淞,全程 53.39 公里。长兴、横沙两岛同时恢复客运。1958 年,三岛客运归上海市轮渡公司经营。1965 年,吴淞客运码头兴建,10 月 25 日开辟吴淞—南门、吴淞—堡镇航线。1966 年,吴淞客运站成立,吴淞成为三岛航线始发港。至此,三岛客运初步形成淞南(吴淞—南门)、淞堡(吴淞—堡镇)、淞马(吴淞—长兴马家港)、淞横(吴淞—横沙富民港)、申崇(大达码头—崇明)的 3 岛客运干线,有 10 轮,全年客运量首次突破 100 万人次。1968 年,大批上海市区知识青年落户三岛农场,客流量骤增。是年,长兴、横沙取消候潮班,改为定期班。1970 年 9 月 27 日,双体客轮首航淞崇线。1980 年 3 月 21 日,申崇线上海港十六铺、大达码头泊位停航。1985 年 4 月,长兴岛—横沙岛客运航线开辟。1987 年,崇明县轮船公司投运鸿翔号气垫船,经营崇明—吴淞航线客运。1988 年,申崇线恢复。1990 年,三岛客运有淞南线、淞堡线、淞马线、淞横线、申崇线和气垫船申崇专线等干线以及其他若干支线,运营渡轮 7 艘。吴淞客运站为三岛客运中枢,全年客运量 674.8 万人次。

市郊各县内河客运。上海县客运,清光绪三十年(1904 年)辟闵行至上海专线,1982 年有闸港至闵行航班,1985 年 5 月停航,全县客运结束。嘉定县客运,清光绪三十年嘉定—上海开班,1961 年有县城—娄塘,至 1965 年停航。宝山县客运,光绪年间开办水上客运航班船,1937 年八一三事变后水上客运全部停航，之后除长兴、横沙等三岛客运外，未恢复。松江县内河客运，清光绪初年出现平头航船载客捎货，1937 年航线 28 条，1988 年客运停止。金山县客运，清光绪年间定班内河客运，1961 年有 2 条航线，1965 年全部停航。青浦县客运，清同治元年（1862 年），始有定期班船，1980 年有青浦—陈墓航线，1984 年 5 月停航。川沙县客运，清光绪中期有专业航班，1957 年客运结束。奉贤县客运，清光绪三十年前后绍兴脚划船经营客运，1956 年有 6 条航线，1958 年全部停航。南汇县客运，清光绪年间有绍兴船定线航运于周浦、大团间，1957 年 8 条航线，1971 年全部停航。

游览运输　清末民初，有人雇手摇木船、脚划船，走水路游览黄浦江、佘山、松江等。1931 年 7、8 月，市轮渡管理处用渡轮包租或自揽游客，开办黄浦江乘凉夜班业务，游客趋之若鹜。1936 年、1937 年，游船始发地点设北京东路外滩水上饭店，至吴淞口调头返回。1937 年八一三事变后停止。1953 年夏恢复，1957 年 4 月增设白天游览，1961 年游览停办。1979 年 5 月 4 日，浦江游览服务站恢复黄浦江游览，投运客位千余人的双体客轮。1984 年，青浦县内河运输公司投入 7 艘游轮，开辟淀山湖水上游览。

五、货运

1926 年，始有上海内河港口货物吞吐量统计记载。是年，货物吞吐量 88.4 万吨（包括长江三角洲其他小港），1949 年 194 万吨。1955 年，吞吐量 1082 万吨，其中粮食 238 万吨、煤炭 227 万吨、日用工业品 125 万吨。1958 年后，生产条件改善，机械装卸的比率逐年上升，盘湾里、蔡家浜及市郊 10 县港区改扩建作业区后，货物吞吐量迅速增长。至 1965 年，全市 1536.82 万吨。1978 年，宝山钢铁总厂基建用砂石料等土建材料大量到港，货物吞吐量剧增。1995 年，全市吞吐量 4413.6 万吨。运输历以煤炭、粮食、矿建材料、钢铁、化肥、木材等为主，1990 年分别为 493.74 万吨、421.64 万吨、417.46 万吨、169.92 万吨、85.66 万吨、30.19 万吨。

六、渡运

元、明时期，上海地区有渡运记载。清道光二十年（1840 年），黄浦江自闵行以下有越江渡口 20 多个。宣统二年（1910 年）九月，浦东塘工善后局租赁小轮附载旅客，首开机动船渡黄浦江业务。航线为黄浦江铜人码头（今南京路外滩附近）至浦东东沟，1917 年添驶西渡。1935 年，有钢质浮码头 9 座、木质码头 3 座，航线 6 条，渡客 1298.97 万人次，装运货物 47.53 万件。上海沦陷时期，有 3 条航线和民营济渡、手摇渡船维持渡运。1949 年 5 月，上海市轮渡公司有航线 6 条、钢质码头 13 座、木质码头 2 座。另有黄浦江、苏州河商办民渡 38 个。

1995 年，全市有对江客运航线 22 条、车辆渡航线 5 条，日均渡客 97.9 万人次、渡车 1.33 万辆。

客渡 黄浦江客渡。清代黄浦江形成 8 个长渡。1990 年，对江渡航线 21 条，渡客 3.71 亿人次，居世界第一。

苏州河客渡。16 世纪中叶，吴淞江出现义渡。清末民初，从河口至北新泾近 16 公里河道，设渡口 20 余个。上海解放初期，有客渡 22 个。1990 年，尚有潭子湾西渡船渡、强家角船渡和光复西路船渡等 3 个渡口，日均渡客近 0.9 万人次。

其他港客渡。白莲泾船渡，清同治年间设义渡，1956 年 4 月撤销。蕰藻浜船渡，1921 年设，1955 年 11 月撤销。

乡镇客渡。明、清时期，上海地区乡镇主要河道有固定的渡口，俗称古渡。1986 年，分布于 42 个乡镇，有 124 个渡口。是年撤并，剩分布于 27 个乡镇的 62 个渡口，钢质渡船 66 条。1990 年，嘉定县有渡口 44 个，青浦县 27 个，松江县 19 个，金山县 8 个，上海县 2 个，宝山区 1 个，日均渡客 2.12 万人次、渡车 120 车次。

车辆渡、车客渡 1932 年 10 月，辟上海第一条车辆过黄浦江航线闵行—西渡轮渡线。此后，有南陆（1947 年）、民丹（1958 年）、塘米（1963 年）、东嫩（1972 年）、三浦（1989 年）等 5 线开通。1990 年，6 线渡车 517.49 万车次。1986 年 7 月，长江第一个车客渡中棚港—青龙港线通航。此后有南浏（1987 年）、石新（1988 年）、新河—吴淞—马家港（1990 年）3 线开通。

第七节 | 公路运输 >>

一、汽车运输企业

1912 年，上海始有首批私营汽车货运企业。1921 年，首家经营跨省市班车客运的企业筹备设立。20 年代初，英、美等商人在沪开设首批外商独资汽车货运企业。30 年代中期，私营华商汽车货运企业和跨省市班车客运企业、外商独资汽车货运企业发展迅速。1937 年 7 月，全市有运输企业 270 余家。上海沦陷期间，私营华商跨省市班车客运企业全部停业，英、美汽车货运企业被日军接管，日商和日伪合办汽车货运企业垄断全部客货运市场。抗日战争胜利后，华商汽车货运企业迅速发展，外商企业衰落，出现公营企业。上海解放初，有华商企业 600 余家、外商企业 2 家、私营和公营跨省市班车客运企业 9 家。1955 年，全市企业 800 余家。1956 年 1 月，私营企业全部公私合营，合并为大型汽车运输场。1950年，上海首家地方国营公路运输企业建立，1956～1970年独家经营全市汽车货运业务。1968年，上海公用事业部门接办江苏省在沪长途汽车站，建立上海首家国营跨省市班车客运企业，此后10余年间独家经营全市长途客运业务。1970～1979年，成立区、县属汽车货运企业各20余家。1984年，出现首家私营运输企业。1995年，全市有汽车运输经营户4.14万家。

国营货运企业 1945年9月，国民政府接收日伪华中铁路股份有限公司公路客货运输机构(1939年成立)和华中运输股份有限公司(1942年成立)，成立上海首家政府办货运企业军事委员会战时运输管理局京沪区物资运输处，后又分别改为交通部公路总局第一运输处和上海分处。上海解放后，为上海市军管会接管，有汽车157辆。1954年1月，上海市首家国营公路运输专业企业上海市运输公司成立，建2个汽车运输场。1956年1月，经社会主义改造，私营汽车货运企业全部并入。6月，改上海市汽车运输公司，1958年2月公司撤销，所辖4个汽车运输场归上海市交通运输局(简称市交运局)。1961年9月，市交运局属下先后分设上海市外地运输公司、上海市地区运输公司、上海市运输公司等3个公司，1966年5月合并为上海市汽车运输公司(简称上运公司)。1983年，下设12个汽车运输场(后缩并为9个)，员工4万余人，营运货运汽车0.39万辆，年运量占全市汽车货运量40%以上。成为上海唯一的市属专业汽车货运企业。1984年9月，撤销下属9个汽车运输场，改组为7家独立核算的汽车货运企业。新建上海市钢铁汽车运输公司、上海市大型物件汽车运输公司、上海市化工物品汽车运输公司3家专营公司，按地域建沪东、沪西、沪南、浦东4个综合性物资汽车运输公司。此外，20世纪50年代，上海铁路局、市工务局、市卫生局等经办本系统内运输的运输企业。形成非交通部门的国营公路运输企业。1971～1979年，市郊各县建10个汽车运输公司。1995年，全市企业0.8万家，营运货车4.12万辆，计22.87万车吨。其中，经营集装箱货运的64家，有专用车0.11万辆；经营危险货物运输的959家，专用车0.41万辆。主要企业有上海市钢铁，沪东、浦东、沪南、沪西、化工物品汽车运输公司，国际集装箱汽车运输股份有限公司，大型物件汽车运输公司。

集体所有制货运企业 1956年，宝山、川沙等县办汽车货运企业，1960年虹口区副食品公司汽车运输队成立，先后出现县属、区属集体所有制运输企业。60年代末，全市有10余家。1970年、1971年，黄浦等9区以人力货运车队建汽车运输队。至1990年除闵行区外，全市各区、县都有汽运企业。1995年，全市企业2.53万家，营运货车5.2万辆，17.36万车吨。

私营货运企业 1912年，龚福记、华盛义、恒泰等3家私营汽车运输行在华界闸北地区北火车站附近开设，每家资金银元0.3万～0.6万元，员工8～25人。1937年7月，有250余家运输行，车600余辆，车辆占全市汽车货运企业

83.33%;拥车4辆以上的有50余家。规模最大的华富运输行,1931年拥车45辆,为沪上首家经营大件起重运输业务的华商汽运企业。20世纪20年代中期,出现首家专业运输企业中国搬场汽车公司。1949年4月,全市约有企业600家。1951年6月,发展至635家。1956年1月,有私营企业731家,全部公私合营,并入国营汽车货运企业,私营企业消亡。1984年6月,全市首家个体汽车货运企业金山县林华运输社创办,拥车1辆,员工3人。1995年,全市个体户0.25万家,营运货车0.25万辆、0.36万车吨。私营企业57家,营运货车413辆、0.4万车吨。共有员工0.11万人。

外商、中外合资、沪港合资货运企业 20世纪20年代初,英商英昌洋行在沪首家经办汽车货运。1925～1927年,续有英商隆茂等数家洋行经营。30年代初,美商瑞丰运输报关行、俄商密勒转运行、英商荣茂洋行等和一批日商独资企业投入营运。1937年7月,全市有汽车货运企业11家,拥车120余辆,分别占全市汽车货运企业4.23%、营运汽车16.67%。英商茂泰洋行拥车50辆,在全市规模最大。太平洋战争爆发后,英、美等商汽车货运企业被日军接管。日商独资汽车货运企业增至数十家,拥车近300辆。通运株式会社拥车百辆,为沪上规模最大的汽运企业。抗日战争胜利后,国民政府接收日商企业。外商企业大减,1949年5月尚剩茂泰、密勒2家。1955年,茂泰汽运部分并入国营汽车货运企业,在沪外商汽车货运企业结束。1984年11月,首家沪港合资汽车货运企业东华集装箱综合服务公司成立。1987年、1988年,先后有中英合资上海陆海英之杰国际集装箱货运公司及沪港合资上海华安集装箱储运有限公司在沪开业。1995年,全市沪港台合资、中外合资、外商独资运输企业0.46万家,营运货车1.33万辆、6.87万车吨。

跨省市客运企业 1921年2月,上海首家跨省市班车客运企业沪太公司筹备成立。此后,续有一批私营跨省市班车客运企业在闸北、南市,以及南汇、川沙、青浦、松江等处开业经营,至1949年5月有9家。均为华商民营公司,大多自筹款项购地自建公路设客运路线自营,或向政府垫付筑路款取得班车线路专营权,个别租赁路权。至1956年,各企业公私合营,或由国营企业收购兼并,个别被政府接管,各企业原经营班车客运线路由江苏省汽车运输总公司上海分公司接办。1968年,上海市公共交通公司第三场接办江苏省公路交通部门在沪的长途汽车站,建立长途客运公司,至1982年前独家经营全市跨省市班车客运。是年,设上海市长途汽车运输公司。80年代起,一批在上海注册非市属公路交通部门的企业获准经营或兼营跨省市班车客运业务,1995年有34家。各时期,主要企业有沪太长途(1922～1952年)、锡沪长途(1934～1953年)、上南交通(1921～1954年)、沪闵南柘长途(1921～1954年)、上川交通(1924～1954年)、宝山城淞杨刘长途(1927～1932年)、交通(1929～

1949年)、上松长途(1932～1951年)、青沪长途(1935～1956年)、浦东地方建设(1946～1954年)等汽车股份有限公司和苏南汽车运输总公司上海分公司(1949～1956年)。

上海市公共交通总公司长途客运公司。1968年,设立上海市公共交通公司第三场虬江路长途汽车站,辟上海至太仓等8条跨省市客运班车线。1970年,辟上海至黄山、屯溪2线。1988年,改今名。1995年,员工0.14万人,营运大客车167辆,经营、代办客运班线159条,日发班次190班。

上海市长途汽车运输公司(客运部分)。1979年5月,上海市汽车运输第十一场设立,1982年4月改今名。5月21日,首辟上海与杭州市的客运班车线。1995年,员工0.33万人,营运大客车115辆,经营、代办客运班线233条,日发班次360班。

二、车辆、装卸工具

19世纪50～60年代,马车、小车出现,用于城市客货运输。嗣后,榻车、老虎车等人力运输车辆也相继问世。19世纪末,人力车成为上海主要运输工具。20世纪初,汽车投入上海运输市场。20年代～50年代末,人力货车和汽车并为主要运输工具,分别用于市内短途货运和大宗货物运输、长途客运。1949年5月,全市有2.37万余辆营业人力货车和0.27万辆营业货运汽车。到50年代初期和中期,有营业人力货车万余辆。1976年,货运车3万辆,1990年7.92万辆。

长途客运汽车 1922年1月,沪太长途汽车股份有限公司投运4辆客车。用美国司蒂培克和纳喜载重汽车底盘,实心橡胶硬胎,全木结构车厢,沿窗装有统排木条硬凳,可坐乘客20～24人。1936年,全市有客车124辆。1957年,始用国产解放牌载重汽车底盘改装长途客车。后车型多有变化,发展至有上海牌等8种车。1995年,全市有客运车282辆。

货运汽车 普通载货汽车。1912年前后,上海出现货运车,车辆靠手摇起动磁电机点火启动,木制轮辋,实心橡胶硬胎。1918年,公共租界有40辆,主要为美国福特等车。20年代中期起,外商销无驾驶室和货厢的底盘车,华商运输行用以改装。因驾驶室外形如佛龛,人称财神堂。1933年,公共租界发照货运汽车0.19万辆,有138种厂牌。部分汽车载重2.7～6.4吨。1937年上海沦陷后,有日产尼桑、丰田和伊思子牌进入。1943年,全市登记车辆0.2万辆。1946年,大量进口货运汽车汇集上海,主要牌号美国司蒂培克等、英国培德福牌。1950年,全市有车0.35万辆,大部分用木炭、木柴和白煤作燃料。1957年1月24日,第一批国产汽车40辆解放牌载重车进入上海。1958年,沪产乘风牌三、四轮轻型载重汽车和交通牌58型中型载重汽车投入营运,成为上海主要货运车种。1960年，全市有车0.63万辆。60年代中期至70年代中期，主要有沪产交通牌SH141型等10种。上海牌SH130型、250H型汽车，取代三轮货运汽车。大庆牌195型汽车为各区区属运输企业广泛使用，取代劳动车等人力货车。飞跃牌汽车主要为纺织系统运输企业所使用。1983年起，大批更新旧车。1995年，全市有车11.94万辆，专业公路交通部门和非公路交通部门分别占7.53%和92.47%。

汽车列车。1930年前后，外商企业用汽车牵引平板挂车经营起重运输业务。嗣后，华商运输行有2辆平板挂车投入使用。全市有车3辆。40年代中期，始有半挂汽车列车投入使用。50年代，有33辆，有的用至70年代末。1956年，制成全挂车16辆，均用普通货运汽车作主车，挂车可挂可卸。1958年，有0.13万辆，竹木结构挂车占73.2%。1960年后，推广半挂车汽车列车运输，1981年上海市汽车运输公司有0.25万辆，约占全国公路交通部门50%。80年代起，用东风牌EQ140K型载重汽车底盘改制，成为主要车种。1995年，全市有载货挂车435辆。

罐式汽车。又称槽车、槽罐车、油罐车。20世纪20～30年代，公共租界内始用，车由普通载重汽车装置椭圆形木质或铁皮罐筒改装而成，主要用于运载大厦、高级住宅粪污。后又用于运输燃油。1957年，经改进始装运酸、碱等危险品。1966年，在国内首用玻璃钢槽罐。后历有改造。1995年，全市有0.26万辆。

厢形汽车。20世纪20年代初始用，用平台型普通载重汽车加装篷顶而成，后历有改造。1995年，全市有1.21万辆，其中冷藏车0.11万辆。

集装箱汽车。20世纪70年代末始用，1995年有平板车8.34万辆、超长平板车0.16万辆。

自卸汽车。1931年，公共租界始用美国雪佛兰牌后倾式自动卸货汽车装运垃圾，使用至50年代末。1995年，全市有自卸汽车0.97万辆。

超重型挂车。1930年前后，英商茂泰洋行首次用载重汽车改制的牵引车，拖挂自制的实心轮胎平板车运输大件。1958年，市运输部门投运国内第一辆载重60吨的平板挂车。1995年，全市有牵引车96辆。

装卸工具　向用传统人力用具。1958年，制成大批半机械化和机械化的装卸工具，至1990年装卸作业大多实行机械化、半机械化，人力装卸用具只在部分作业场所使用。人力用具，有杠棒、扁担、绳索、跳板、箩筐、掮肩布、手钩、铁锹、钉耙、夹具、轨道跳板和两用老虎车、滚动滑板。装卸机械，有小型起重机（少先吊）、随车起重机、汽车起重机（汽车吊）、输送机、装载机等。

三、人力货运

人、畜力车运输　19世纪50年代，上海有欧美客运马车输入，每车可乘

4～6人。70年代，出现专营出租的马车行。19世纪末，出现在街头揽客马车，往来于固定路线。清光绪三十一年（1905年），上海有车0.16万辆。20世纪20～30年代日益减少。1949年5月，剩63辆捐照车，1956年年初全部淘汰。19世纪60年代，上海出现货运马车，光绪二十四年公共租界有捐照车37辆。1947年，全市有15辆，不久全部淘汰。

人力扛挑 18世纪，商户常雇脚夫搬运货物。19世纪70～90年代，大多数脚夫变为码头工人，人力扛挑运输衰落。脚夫又称为脚班。20世纪上半叶，大批农民流入上海，自备扁担绳索，临时受雇于码头，挑运水果、鸡蛋、水产等至十六铺水果行、鱼行等。1938年，罗斯福码头（今十六铺码头）有矮子工（临时受雇于商行的挑夫）200人、搬运夫150人，太古码头分别有100人、150人。1952年，十六铺、龙潭路一带尚有227名流动小工。是年，政府予以安排转业、动员回乡，除轮船码头和铁路车站等少数地方外，上海市区的营业性人力扛挑基本消失。

小车运输 清同治初，苏北客货两用小车进入上海县城，迅速成为沪上居民喜用的代步工具。九年（1870年），公共租界开征小车执照捐，每车月捐200文。随后法租界也循此例。十三年，因日本黄包车输入，小车客运衰落，小车货运日见兴旺，零星发展为成批装运，光绪九年（1883年）起广泛使用于各业运输。二十四年，上海县开征车捐，每车月捐银200文。20世纪初，上海城市建设规模扩大，建筑材料主要由小车承运。20年代，上海有捐照车辆万辆以上。20年代初，租界禁止晨8时至晚8时装重货小车在南京路行驶，30年代扩大至白天闹市区，租界内小车不断减少。1936年，公共租界有捐照车0.58万辆。1937年八一三事变后，营业性运输衰微，仅作零星货物和行李运载，沪东、沪西和市区边缘一带工厂女工上下班雇乘。1949年5月，全市捐照车825辆，50年代淘汰。

榻虎车运输 榻车运输。19世纪80年代，上海小车工改小车独轮为双轮，轮间架1米宽木板作载货平台，形似卧榻，人称榻车。县城小东门外及十六铺一带有50余辆。公共租界核定载重1吨，实可载1.5吨。清光绪十五年（1889年），开征榻车车捐，宣统二年（1910年）有捐照车676辆。清末，出现第一批榻车行，大车行有车一二十辆。20世纪20年代初，榻车运输分布范围扩至太古码头、外虹桥、华记路（今永定路）、河间路、白克路（今凤阳路）及曹家渡等处。以承运洋行外贸物资为主，进口货有棉花等，出口货有茶叶、生丝等。1927年，公共租界有捐照车0.26万辆。20年代末30年代初，租界内大宗物资改用汽车运输，榻车运输减弱。华界榻车运输扩大，杨树浦平凉一带聚集10多家榻车行和众多个体车经营者。30年代初，参与国际饭店、百老汇大厦（今上海大厦）等工程建筑材料运输。1936年，公共租界、华界分别有捐照榻车0.21

万辆、1.41万辆。太平洋战争爆发后，因汽油供应中断，榻车运输重新兴旺。1942年，公共租界捐照榻车增至0.62万辆。日商定制大批橡胶轮榻车，开办榻车公司。榻车运输分布扩至南市地区和沪西地区麦根路、曹家渡三官堂桥等处。1946年8月，全市有近1.01万辆。是年，市公用局停止增发车照。1949年5月，全市捐照榻车有1.3万多辆，榻车行数百家。至1950年，以榻车为主的人力货车运量约占全市陆运60%。1951年，市搬运公司对人力货车等实行“三统”管理，纳入的榻车1.01万辆，从业人员2.21万人。1954年，市运输公司对人力货车运输业实行专业管理，近400个拖榻车站点合并至约240个，设立41个拖榻车运输营业站，统一承揽业务和结算运费。1955年，减少人力货车0.89万辆、从业人员1.31万人，其中榻车0.28万辆、从业人员0.65万人。1956年6月，市拖榻车管理处成立，设109个营业站，有人力货车1.3万辆，从业人员2.1万人，其中榻车0.74万辆、从业人员1.54万人。是年，货运量764.96万吨，约为市内货运总运量43%。1958年6月，榻车工人进国营运输企业当汽车装卸工，榻车从年初0.7万辆减至数十辆。1965年年初，原则停发榻车、劳动车营业新照。“文化大革命”中，榻车基本绝迹。

老虎车运输。19世纪末，老虎车出现。车轮小身矮，形似老虎，又借虎力大之意称之，载重250～400公斤。经营者绝大多数为南通农民，拉车时喊号子。清光绪二十九年(1903年)，公共租界有捐照车91辆，分布在码头、仓库、工厂较集中的地带。运货不论远近，每件计费200文。1928年，华界、公共租界分别有捐照车0.47万辆和0.48万辆，1936年增为1.41万辆和1.34万辆。1946年，市公用局停止增发车照。1949年下半年，老虎车经营户0.2万户，有车0.2万辆，次年均减半。1956年，大多数营业车淘汰。

拖车运输 1938年，上海鱼市场日商昶和洋行规定，拖车工人经登记纳“捐”后可承揽鱼市场运输业务，拖车运鱼由此兴起。车身多漆为黄色，俗称黄鱼车，后上海人把类似车辆均称为黄鱼车。初多用四轮，后为三轮车夫。核定载重250公斤，实际可载350～400公斤。车均车夫自有，一人一车。车夫受雇于鱼贩，往返鱼市场和菜场间。一两年后，拖车运输成为上海水产品短途运输的主要运力。抗日战争胜利以后，扩至蔬菜、水果、花纱布、百杂货等物资运输，承运于苏州河和其他内河沿岸码头。1946年，市公用局停止增发榻车、老虎车车照，拖车运输迅速发展。是年，全市有0.46万辆，1948年增至1.09万辆。1953年，有车0.58万辆、从业人员0.59万人，货运量112.70万吨。1959年，0.43万名从业人员连带0.43万辆车全部并入市汽车运输五场，组成8个车队，月运量约占全场46%。1961年，所剩6个车队941辆车和3个三轮汽车车队合并成6个三轮汽车、拖车混合车队，次年全部划归市汽车运输九场。1962年，有拖车0.12万辆，1963年运量67.90万吨。1963年起，淘汰拖车，1965年剩

427 辆。1970 年，市汽车运输部门拖车运输结束。此外，流散拖车车工于 1958 年大多加入区人力货运车队，至 1977 年剩 303 辆，基本淘汰。1980 年，各区劳动服务公司为安置回沪上山下乡知识青年就业，组织从事拖车运输。此后，各区成立运输服务队，全市设立 35 个营业站点，1983 年有 12 个车队，1995 年有车 0.21 万辆、从业人员 0.21 万人。

劳动车运输　最早出现于 1952 年前后，市郊农户用以装运饲料，贩运稻草、木柴、三合土等。车两轮，有木板载货平台，载重 250～500 公斤。嗣后，出现于上海市区，作零星物资短途驳运。1957 年，有车 0.13 万辆。1958 年，大批家庭妇女参加劳动车短途运输，全市货车 1.6 万余辆、从业人员 2.8 万余人。1962 年年初，有车 1.04 万辆、从业人员 2.08 万余人，精简 0.99 万人。1965 年年初，停发新车照，1966 年 6 月，全市剩 0.6 万辆。是年起，为大庆牌等机动车代替，1977 年全部淘汰。

四、长途客运

1922 年、1934 年，上海先后辟通与江苏、浙江两邻省间的公路客运交通，至抗日战争爆发前有多家公司从事跨省市公路客运。至上海解放前夕，剩 3 条客运线路，分别通江苏省浏河、无锡及浙江省乍浦，营运线路 300 公里。70 年代，因上海在安徽省南部建立后方战备工业基地，沪皖间开辟数条客运班车线。其间，沪苏、沪浙间客运也有发展。1979 年，上海与苏、浙、皖 3 省间有客运班车线路 15 条。80 年代，上海省间客运班车线路大量增加，延伸到苏北、浙东、浙西、浙南、皖北、皖中以及鲁、闽、赣、豫等省。1995 年，有 426 条线路，延伸至湘鄂冀等 3 省，其中 75％以上的线路通过苏浙皖 3 省。营运线路总长 1330 万公里，其中营运全程超过 1000 公里的客运班线有 26 条。年旅客发送量 743.5 万人次。

沪苏客运　1922 年 3 月 23 日，沪太长途汽车股份有限公司辟自上海闸北共和新路中兴路口，达江苏省太仓县浏河镇客运线路，全长 37.25 公里。1935 年 8 月 17 日，锡沪长途汽车股份有限公司辟驶上海市区与江苏省无锡县间客运班车，全长 140 公里。1922 年 9 月～1947 年 3 月，上海市与江苏省南汇、上海、川沙、松江、宝山、青浦等县间，先后辟有班车，1958 年随各县行政区划调整划归上海市，各县线路成为上海市郊公交客运线路，沪苏线路剩锡沪、沪太(浮)2 线，至 1967 年不变。1968 年，市公交长途公司恢复上海—太仓县班车，辟驶上海—常熟，上海—鹿河、沙洲、昆山、平望等地班车。是年年末，沪苏间班车线路增为 8 条。1981 年，江苏省汽车运输公司扬州、盐城、南通等 3 个分公司辟通 10 条苏北地区与上海间班车线路，通达扬州等 10 个市(县、镇)。上海与苏北地区间始有客运班车线。1983～1990 年，沪苏间客运线路，年均增加 17.5 条。

1990 年，共 168 条，营运线路总长 4.33 万公里。此外，1968～1989 年，市公交长途公司和江苏省汽车运输公司等先后辟上海青浦县青浦镇和金泽镇、松江县松江镇、嘉定县嘉定镇和安亭镇等地始发，终点站分别为江苏省平望等地的班车线路。1990 年，沪苏间各对发班车 1.29 万班，载客分别为 38.62 万和 35.38 万人次。

沪浙客运 1933 年 4 月，上海交通股份有限公司辟第一条上海至浙江省客运班车线路，自奉贤县西渡至浙江省境金丝娘桥，1934 年 4 月延伸至乍浦，称西乍线，1948 年前后缩至柘林，改为西柘线。1959 年 1 月，始由上海市公共交通公司延伸至金丝娘桥，恢复沪、浙间班车客运。1974 年，上海市公交长途公司始辟沪浙班车线路，有上海至南浔、湖州 2 线。1979 年，线路增至 5 条。1982 年 5 月 21 日，辟沪杭客运线路。1983 年、1984 年，每年增五六条，向浙东、浙中、浙西地区延伸。1985 年，浙江沿海温州等地市镇竞相辟驶客运班车通达上海。1986～1990 年，年均增 7.4 条路线，向浙南、浙东地区延伸。1990 年，沪浙客运班车线路有 80 条，营运线路 3.1 万公里。1970～1990 年，上海市公共交通总公司金山公交公司和浙江省汽车运输公司嘉兴、杭州等分公司以及平湖县汽车运输公司等，先后辟驶 12 条自上海郊县至浙江省邻近上海地区的线路或旅游专线。1990 年，沪浙间各对发班车 0.52 万个，载客分别为 15.53 万和 16.48 万人次。

沪皖客运 1970 年，上海市公交长途公司首辟 2 条沪皖间省际客运班车线路，为上海至屯溪、至黄山（茶林场）线，主要用于运送在皖南“小三线”工作的上海职工。1982 年、1983 年，上海市长途公司、上海市公交长途公司和安徽省汽车运输公司宣城、滁县、安庆等分公司辟通 10 条沪皖间客运班车线路，沪皖客运班车首通皖北东部和东南部、中部及西部。其中，1982 年首批通达皖东南部的有上海至宣州、白茅岭、郎溪、军天湖、宁国等 5 条线路。第一条通达安徽省沿长江地区的为上海至贵池线。1983 年，续辟 4 条。其中有首次通达皖北地区东部、中部的上海至天长线和上海至巢湖线。1985 年，辟上海至亳州、上海至安庆线，沪皖客运班车首次到皖东北部和西南境。1987 年，辟界首县线路，是沪皖间营运里程最长的班线。1990 年，总线路 28 条，营运里程 1.36 万公里，其中皖南北线线路群均占一半。80 年代，上海至黄山、九华山等 2 条线路成为重要的汽车旅游和包车客运热线。1990 年，沪皖间各对发班车 805 个，分别载客 1.9 万、2 万人次。

其他地区客运 1984 年 4 月沪闽、12 月沪鲁，1985 年 5 月沪豫、7 月沪赣，1992 年 9 月沪鄂，1994 年 4 月沪湘，1995 年 7 月沪冀公路客运先后辟通。

五、长途货运

1932年9月、1934年10月，沪杭、沪苏间始有零星长途汽车货运。上海沦陷期间，跨省市客运专营线路被日伪“合办”的华中铁道股份有限公司强占。因水路日伪设卡，运输困难，长途汽车货运有较快发展。至抗日战争胜利前，经营上海市与江苏省松江、青浦、嘉定、常熟等地间长途零担货运的沪、苏两地华商汽车货运企业，有施福记等数十余家。1948年，有30余家，货运汽车约110辆。经营沪至浙嘉兴、杭州、宁波等地货运企业发展整车货运。1949年8月，江苏省汽车运输总公司上海分公司，承接上海与江苏省苏州、松江、无锡、常熟等地间货运，1952年后逐渐停办。1956年6月，上海市汽车运输公司成立，至70年代末期承办大部分上海公路长途货运业务。1979年起，发展定线、定班货运。是年12月，首辟全市第一条长途零担货运班车线沪杭线。1982年，上海市长途汽车运输公司成立，经营上海长途整车货运。长途整车、零担货运逐渐发展专营运输。1990年，货运班车线路112条，线路营运总长8.6万公里。每月自沪发出897个零担货运定期班车。

各地区运输　(1)华东地区运输，1990年上海与苏浙皖鲁赣闽等6省之间辟有货运班车线路85条。总营运里程4.63万公里，运距超1000公里的有7条。月均发707.5班。(2)中南地区运输，1990年上海至鄂湘豫粤桂等4省1区有长途整车、零担货运班车线路19条，营运2.72万公里，运距超过1000公里的有17条。月均发156个车班。(3)华北地区运输，上海至内蒙古晋冀京津等1区2省2市有长途整车、零担货运班车线路6条。运距均千公里以上，营运里程0.88万公里。月发28班。(4)东北、西北地区运输，1990年上海与东北、西北地区分别有1条长途整车、零担货运班车线路。

外省市驻点运输　20世纪60年代初，为支援部分省市产煤区抢运存煤，增加上海煤炭调入量，上海市交运局在晋鲁豫等地驻点，投入人员、车辆等承运煤炭，是为上海首次至市境外驻点运输。1960～1990年，在苏浙皖鲁赣闽晋冀豫等省及广东省深圳市建立运输驻点40余个，承运外地调沪物资短途公路驳运，外地重点建设工程工地运输、驻点地区综合性物资。其中，驻山西省大同、阳泉、高平等煤矿401、402、403等汽车大队，驻点运输服务25～28年，驳运调沪煤炭2000多万吨。1995年，尚剩驻广东省深圳市运输点。

六、市内货运

1912年，首批3家运输行开办市内汽车货运。20年代中期，上海有货运汽车近800辆，汽车运输行增至约40家。30年代初，市内大宗物资运输逐渐由人、畜力货车转向汽车。1937年，公共租界有照货运汽车0.18万辆，其中营业汽车743辆、企业自用汽车0.11万辆,汽车货运行260多家。抗日战争胜利后,全市汽车运输行较30年代增加一倍,形成专业运输。1949年5月,全市有营业货运汽车0.26万辆、单位自用0.4万辆。货运量625万吨,占全市陆运52.52%。1950年,公路交通部门对市内货物运输实行"三统"管理。发展国营运输企业,改造私营运输企业,扩大汽车货运运力。1956年,由公路交通部门统一管理的货运汽车共0.23万辆,占全市货运汽车总数62.25%;年运量1019万吨,占全市汽车货运量63.1%。1958年起。上海市交运局直属汽车运输企业推行双班运输和拖挂运输,开展"一条龙"运输协作,在港区、车站及大型钢厂设立汽车运输联合调度站,建立钢铁、大件、煤炭、化工等专业运输场,保证运输干线畅通和钢铁等重点物资运输。1966年,全市有货运汽车0.74万辆,货运量5150万吨,货运量占全市陆运90.11%。70年代初,钢铁、基建物资和港区、车站集疏物资运量,有较大增长。大批运力投入上海石油化工总厂一期工程。1976年,全市市内汽车货运量1.18亿吨。1985年起,国营、集体、个体经营户大量发展。1995年,全市货运汽车11.94万辆、市内货运量2.46亿吨,其中公路交通部门0.9万辆、0.63亿吨,非公路交通部门11.04万辆、1.83亿吨。运输历以钢铁、化学、纺织、工业物资及煤炭、粮食为大宗。1995年,运输钢铁工业物资1005.8万吨、煤炭375万吨、学工物资267.7万吨。

七、搬场运输

20世纪20年代中期,英商马腾置搬场汽车,开设沪上第一家专业搬场汽车运输企业上海搬场公司。不久,首家华商搬场企业中国搬场汽车公司开设。30年代上半期,全市有10余家搬场公司、近百辆搬场汽车。解放初,近10户搬场车行组成搬场运输行业小组,统一经办搬场业务。1954年停办。1958年,市交运局所属运输企业中固定部分汽车及拖车、榻车,专门承办搬场业务。1961年,上运五场一车队建搬场小组,1964年成立上海搬场公司,"文化大革命"初期停办。1980年,10个区属运输公司恢复搬场业务,每家公司配备2辆汽车承担本区居民搬场运输。1989年1月,永安搬场运输行开设,恢复专业搬场运输。1995年,全市搬场企业19家、汽车424余辆。

第八节 | 铁路运输 >>

一、管理机构

清同治十一年(1872年),美国人组建吴淞道路公司,后转让英国人另组吴淞铁路公司,吴淞铁路投运后由其管理。次年,结束。光绪二十二年十二月,淞沪铁路总公司上海事务所设立,办理建造淞沪铁路事宜。三十一年,沪宁铁路开筑,设沪宁铁路总管理处管理筑路事宜,三十四年通车后改沪宁铁路管理局,局设上海。1916 年 12 月,沪杭甬铁路与沪宁铁路接轨通车,京沪沪杭甬铁路管理局成立。抗日战争胜利后,成立华中铁路管理委员会,1946 年 3 月改称京沪区铁路管理局,解放初为上海市军管会接管。6 月,成立江南铁路管理局,8 月改上海铁路管理局。1959 年 5 月,辖上海铁路办事处和蚌埠、南京、杭州 3 个铁路局。6 月,上海铁路总局成立,1963 年 4 月改称上海铁路局。1995 年,辖蚌埠、南京、上海、杭州、南昌、福州铁路分局,员工 29.5 万人。

二、线路

清光绪二年(1876 年),全国第一条营业性铁路吴淞铁路建成,次年拆除,二十四年再建。三十四年六月,沪宁铁路建成,为上海第一条通外省市的铁路。宣统元年(1909 年)六月,沪杭铁路建成。上海始完成通往外省市北向、南向的铁道干线。1949 年,上海市境内铁路有沪宁、沪杭 2 条干线,淞沪、新日、真西 3 条支线,线路总延长 120 余公里。1958 年起,新建、改建一批支线。至 1969 年,建南何、何杨、新闵、吴泾、吴周(已拆除)5 条支线。1970 年,南新环线投入运营。1975 年,金山卫支线建成。1985 年,北杨支线建成通车,枢纽铁路北环自北郊站延伸至长江南岸宝山钢铁总厂。1987 年,自真如至封浜与南新环线衔接的沪杭外环线建成。至此,上海铁路枢纽内的铁路干线、支线衔接联线,成环成网。范围包括沪宁线安亭站和沪杭线新桥站以东地区。在枢纽内,有 2 条干线、9 条支线和 32 个客货作业站。沪宁、沪杭 2 大干线在上海汇合,成为华东沿海地区铁路运输的主要通道。两条干线间,有西长支线(原真西支线)和沪杭外环线的联络线,形成环路。在沪宁线以北,从南翔经由南何支线、淞沪支线再回到上海站,组成市北的环路。又由 9 条支线分别与 81 条专用线相衔接,组成铁路网络。并在南翔站、新龙华站、何家湾站建成 3 个编组场,办理进入上海枢纽的货物列车到达、编解、出发等。线路总延长 670 公里,成为中国 10 大铁路枢纽之一。

干线 淞沪铁路。清同治十三年(1874 年)十一月,英商吴淞铁路公司(英商怡和洋行为在华代理公司)开建,光绪二年(1876 年)十月十六日全线通车。三年九月十四日,铁路为中国政府赎回,十一月十四日拆除全部路轨。二十三年一月重建,次年七月十六日通车营业。全线自闸北老靶子路(今武进路)上海站至吴淞炮台湾,全长 16.09 公里。设 5 个车站。三十年,改称淞沪支线。1963 年年初,客车全部停驶。其后,何家湾至宝山路区段改作货物运输线。

沪宁铁路。自上海火车站至南京西站。清光绪三十一年三月二十一日开建，三十四年六月竣工。1937 年八一三事变后，拆除上海、南翔间铁路约 30 公里(双线)。内战中线路又遭破坏。1949 年 5 月 27 日，全线恢复通车。1958 年，始建第二线，1986 年 6 月贯通。1995 年，全线设车站46 个。

沪杭铁路。清光绪三十二年九月开工。宣统元年，上海至枫泾段、杭州至枫泾段先后竣工，六月接轨，上海南站(设上海县城半淞园处)至杭州闸口沪杭全线投入营运。1916 年 11 月，与沪宁线接轨，12 月 12 日通车。往杭州方向的旅客可从上海北站或南站上车。南站开出的客车在新龙华站与北站开出的客车衔接，再开往杭州方向。杭州方向到上海的旅客，在北站、南站下车的分乘坐前、后段列车，到新龙华站后车分成 2 列，分别开抵北站和南站两个终点站。全长 200.3 公里，设有车站 33 个。

环线 南新环线。1960 年 2 月开工，1970 年 10 月全线运营。1986 年，封浜至春申段线路为沪杭外环线组成部分。

沪杭外环线。1986 年 12 月通车。

支线 1916 年，沪宁、沪杭两线接轨后，上海南站至新龙华站段改为上南支线，1937 年缩至日晖港站至新龙华站，称新日支线。1939 年，虬江支线建成，1959 年利用该线建成何杨支线(何家湾站—杨浦站)。1943 年，建真西线(真如—上海西站)。“二五”计划期间，修建南何、何杨、南新、新闵、吴泾和沪宁、沪杭干线相联通的 5 线，吴周支线和吴泾轮渡。七八十年代，修建金山支线和北杨支线。1921 年，建上川(沙)、上南(汇)2 条轻便铁路，1957 年、1971 年先后拆除。

专用线 清光绪三十三年(1907 年)，建成张华浜铁路吴淞机厂专用线，至 1934 年建成日晖港北票煤炭码头、麦根路福新面粉厂、沪宁线苏州中兴公司和戚墅堰发电厂等专用线。1935～1949 年，增建上海铁路材料厂、张华浜码头(今上港九区)以及铁路戚墅堰机车车辆工厂的专用线。建江湾火车站至江湾机场铁路专用线。1950 年，建大场、江湾、虹桥、龙华机场专用线。1990 年，全市有铁路专用线和专用铁道 81 条，总长 209.5 公里。是年，货物发送、到达装卸作业量 1952.27 万吨，占市境内铁路 55.14％。

三、车站

1995 年，上海市境内有 37 个车站，其中特等站 3 个，为上海、北郊、南翔。一等站 3 个，为上海西、新龙华、何家湾。二等站 4 个，为上海南、杨浦、桃浦、闵行。三等站 8 个，为安亭、江桥镇、张庙、长宁、新桥、松江、金山卫东、金山卫西。四等站 15 个，为黄渡、封浜、杨行、徐家汇、莘庄、春申、石湖荡、新浜、枫泾、七宝、闵行西、叶榭、山阳、江湾、殷行。五等站 4 个，为匡巷、光新路、星华、李家塘。

客运站 上海站。清光绪二年(1876年),吴淞铁路建成通车,在今河南北路塘沽路口设上海站。二十四年十一月建淞沪铁路,上海站设今东华路附近。三十四年三月,沪宁铁路建成,上海站建今天目东路、宝山路口。八月,沪杭铁路建成,在今南市区车站路出现另一个上海站。1916年12月,沪宁、沪杭铁路接轨,沪宁铁路上海站成为两路总站,改名上海北站,沪杭铁路上海站改名上海南站,习称南火车站。上海沦陷时期,北站改称"上海驿"。1947年4月,升为上海总站,1950年3月复名上海北站,8月1日改上海站,习称北站。1960年,零担货运业务移上海东站,成为特等客运站。1984年9月,以上海东站为基础建上海新客站。1987年12月28日通车。

上海南站。清光绪三十二年(1906年),沪杭甬铁路始建,上海站设上海县城南半淞园处,与沪宁线上海站(上海北火车站)相对,习称上海南火车站。1937年8月28日,遭多架日军飞机轰炸,主要楼房及行车设备被毁,铁路运输中断。1937年上海沦陷后,日本占领当局拆除残存铁轨,南站货运业务迁至日晖港站,客运业务迁上海北站。

货运站 北郊站。1975年8月,彭浦站改建,1978年10月营业,定今名。1982年,定为特等货运站,是上海铁路主要零担货运站,也是全国铁路零担货运中转组织站和零担货运量极大的车站之一。

南翔站。清光绪三十一年,沪宁铁路设站,1956～1970年扩建为上海地区的枢纽编组站。全国铁路特等编组站之一,上海铁路枢纽的心脏。

上海西站。清光绪三十三年,沪宁铁路设真如站,1982年定为一等站,1989年改今名。

新龙华站。清光绪三十三年,沪杭铁路建造,为路料转运站。1916年,沪宁、沪杭2路接轨通车,为沪杭线一个中间站,名为新龙华站。为编组货运兼容的一等站。

何家湾站。1943年,淞沪线建站,1990年后为上海枢纽内铁路疏港运输最大的一个站,列为一等货运站。

上海东站。1913年,建沪宁铁路麦根路(今康吉路)货站,1953年改上海东站。一等货运站。1978年撤销,站址作今上海新客站。

四、客运

客运列车 沪宁线,清光绪三十四年每日开行7对,1995年50对。沪杭线,清宣统元年(1909年)上海南站至杭州日开行3对,1995年29对。

运量 1951年,上海发送旅客795万人次,1995年2929.4万人次。

五、货运

1950年，上海到达422.5万吨，发送81.8万吨。1995年，分别为2789.6万吨、1376万吨。1952年，运输煤炭2万吨、石油4万吨、化肥1万吨。1995年，运输煤炭137万吨、焦炭84.8万吨、钢铁388.4万吨、化肥81.8万吨、工业机械102.2万吨、日用工业品133.5万吨。

第九节 | 航空运输 >>

一、运输企业、管理机构

1929年5月，沪蓉航空线管理处(简称沪蓉航)在南京成立，7月8日开航沪蓉航线上海—南京航段。1930年8月，中美合资中国航空公司(简称中航)在上海成立。1931年2月，中德合办欧亚航空公司(简称欧亚)在上海成立。1937年八一三事变后，两航空公司转移到大后方继续运营。1941年7月，中德绝交，国民政府交通部接收欧亚德方所有股权，公司成为中资企业。1943年3月1日，中央航空公司(简称央航)成立，接收欧亚一切财产。抗日战争胜利后，中航和央航迁回上海。1946年5月，民营大华航空公司在上海成立，不久即被勒令取缔。1948年5月，美国陈纳德领导的民航局直辖空运队在沪成立。因空难频仍，1947年1月20日交通部成立民用航空局，并在上海设办事处。至上海解放前夕，各航空机构撤至广州，后又迁香港。1949年11月9日，中航和央航在香港宣布起义，返回内地，归附中央人民政府。上海解放后，上海市军管会接收龙华机场及中航、央航等员工0.14万人。1950年4月，军委民航局上海办事处在北京成立。1951～1955年，军委民航局上海办事处先后改军委民航局华东办事处、华东管理处、华东分局和民航上海管理处，下属单位有龙华航站、上海营业处等。1953～1957年，军委民航局华东管理处及改称的民航上海管理处先后在华东地区建立安庆、徐州、南昌和杭州航空站。1959年，民航上海管理处扩编为民航上海管理局。1966年8月起，降落上海龙华机场的国内航班，都改在虹桥国际机场。1985年12月，上海航空公司成立(简称上航)。1988年6月，民航上海管理局组建民航华东管理局、中国东方航空公司(简称东航)和上海虹桥国际机场(简称虹桥机场)。1989年，中国国际航空公司在沪设营业部。1995年，有14家外地航空公司驻沪营业部。1990年、1995年，香港港龙、澳门航空公司先后设上海办事处。1974年，日本航空公司在沪设办事处，到1995年有14家外国航空公司在沪设办事处。

国营企业、管理机构　沪蓉航空线管理处。1929年5月18日，在南京成立，飞行站设上海虹桥机场、南京明故宫机场。7月8日上午，沪宁段开航，8月26日开始载客。1930年8月，并入中国航空公司。

中央航空公司。1943年3月1日，在重庆成立，1946年4月迁上海，1948年10月迁香港。有飞机42架，员工0.19万人。1949年11月9日，经策动飞离，总经理陈卓林率全体员工和中航在北京宣布起义，史称“两航”起义，归属中央人民政府。

民航华东管理局。1949年5月上海解放后，上海市军管会航空处接管前国民政府民航局和中航、央航留沪员工及资产。1950年6月，民航局上海办事处在北京成立，6月1日迁上海。1959年1月，改民航上海管理局。1986年，辖苏皖鲁浙赣闽6个省管理局，徐州、连云港、常州、屯溪、阜阳、青岛、烟台、宁波、赣州、景德镇、泉州、厦门等12个航空站。1988年6月，以局为基础建中国民用航空华东管理局(简称民航华东局)、中国东方航空公司、上海虹桥国际机场。

上海航空公司。1985年12月成立，为解放后全国首家地方投资航空公司。1995年，有8架飞机，国内航线35条。

中国东方航空公司。1988年6月成立。1993年，飞机63架，国内航线80条，国际航线11条。

民航上海龙华航空站。1929年6月，设立龙华水陆航空站，1947年7月成立龙华航空站，1952年成立上海民航站，1982年恢复龙华航空站。

民航上海虹桥航空站。1964年3月成立，1966年4月撤销。

中外合资航空公司　中国航空公司。1929年4月，国民政府铁道部所属中国航空公司在南京成立。规定所办航线均由美方筹款准备一切，并由美方自备飞机及人员负责飞航。因美方违规，1931年8月交通部与美商中国飞运公司合资在上海重组，中、美方分别占总资本55%、45%。仍以中国航空公司为名。1949年上海解放前夕，迁广州，10月迁香港。有飞机56架、员工0.37万人。1949年11月9日，总经理刘敬宜率全体员工举行“两航”起义，归附中央人民政府。

欧亚航空公司，1931年2月21日，中德合资成立。1941年7月2日，中国和德国断交，8月接收德方股权，公司成为中国独资企业，名称不变。1943年2月为央航接收。

交通部民航局直辖空运队。1946年10月，美国空军飞虎队领袖、美国陆军第14航空队少将司令陈纳德，美国人怀丁·魏劳尔和国民政府行政院善后救济总署，成立政务院善后救济总署空运队(简称行总空运队)，承运联合国善后救济总署在中国沿海港口的援华物资。总基地虹桥机场。空运物资超过0.8万吨。1948年5月，改为民航局直辖空运队，1949年4月，员工0.15万人。上海解放前夕，总部迁广州，10月又迁香港。

民营企业 抗日战争时期，吴世昌等在重庆成立西北航空服务公司，1945年8月登记为大华航空公司，1946年5月在上海正式成立，员工200余人。因违规，被禁止运营。1951年4月，公司财产为市军管会和市政府外事处处理。

国家、外省市、港澳、外国航空公司驻沪机构 国内各航空公司驻沪营业机构。1989年9月8日，中国国际航空公司上海营业部成立。1995年，有14家航空公司设上海营业部，分别为中国国际、中国西南、中国西北、海南、新疆、四川、中国南方、新华、中国北方、厦门、长城、武汉、深圳、山东等航空公司上海营业部。

香港、澳门地区航空公司驻沪办事处。1990年4月、1995年11月，香港港龙、澳门航空公司驻沪办事处先后成立。

外国航空公司驻沪机构。1974年日本航空公司、1984年美国西北航空公司驻沪办事处先后成立。到1995年，还有新加坡、美国联合、意大利、俄罗斯、全日空、泰国、德国汉莎、法国、尼泊尔、加拿大、韩亚、瑞士等航空公司驻沪办事处。

二、机场

虹桥机场 1921年1月24日，北洋政府航空事务处划定上海县民田240亩、青浦县民田26亩修建。1921年3～6月底基本完成。未能通航。1929年5月，为沪蓉上海航空站，7月8日开航。1931年2月～1934年12月，为欧亚飞行基地。1934年4月，第一次扩建。1946年12月7日，列为国际入境机场。1950年5～11月重建，列为军用机场。1964年2月，扩建为国际航线民用机场，跑道长0.32万米。4月29日，首架外国客运班机巴基斯坦航空公司巴基斯坦达卡—上海航线飞机抵达。1966年8月，移入龙华机场全部航班，成为上海唯一航空港。1972年2月17日，机场由军民合用改为民航专用，成为国家一级民用国际机场。1995年，国内航线97条、国际航线13条。1964年，旅客吞吐量2.07万人次，货邮吞吐量0.33万吨，1995年分别为1107.6万人次、36.63万吨。

龙华机场 1922年，北洋政府驻上海陆军第十师因军训，向国外订购6架飞机，在龙华大操场装配飞机，龙华大操场始称陆军机场。1930年8月后，作为中航飞行基地，同时利用黄浦江水面起降水陆两用飞机。1933年年末，建成水陆两用机场。1934年～1936年6月，第一次扩建，跑道长0.12万米，成为中国设施最为完备的民用航空机场。1934年12月，欧亚航空公司迁入。1945年年底，中航、央航先后迁入。跑道增长为0.18万米。1966年8月，航班全部移至虹桥机场，后主要供民航一〇二厂试飞飞机。1995年起，为小型固定翼和直升机通用航空机场。1930年,辟有1条国内航线,客运0.27万人次,货邮运9吨。1965年,22条航线,客运2.52万人次,货邮运0.38万吨。

三、航线

国内航线 中航干线。1929年10月21日,开航上海—汉口航线。重建后经营国内沪蓉、京平、沪粤3大航线。1948年12月,航线30条。至1949年10月,通航地点剩昆明、重庆、海口、台南、台北、香港等12处。

欧亚干线。1931年4月,首辟上海—满洲里航线。1942年6月,航线剩以重庆为始发站的4条航线。

央航干线。1943年3月～1945年8月,不定期飞行重庆、成都、哈密、迪化、昆明等站。1945年8～12月,开通上海至重庆、北平、昆明3条航线,以及重庆—迪化、成都—雅安、重庆—桂林航线。1946年,辟航线5条。1947年～1948年3月,辟上海—台北等航线3条。1949年7月,以广州为基地,剩西南和东南沿海地区航线。10月,以香港为基地,国内航线剩重庆—成都—汉中。

民航上海管理局、东航、外地航空公司至沪干线。1952～1988年,民航上海管理局辟有干线,1988年起由东航续运,并辟新航线。80年代起,少部分线路由外地航空公司营运。1952年8月23日,上海民航在龙华机场开通上海解放后第一条国内航线上海至重庆航线。1955年11月1日,辟上海—北京航线。1995年,经营航线88条,营运里程82.23万公里。

上航干线。1986年12月31日,首辟上海—北京航线,到1995年有35条。

地方支线。1958年起,民航上海管理处及所属各省机构在华东各省范围内,至1994年有20条。1995年,东方航空公司及分公司辟有13条。

香港、澳门地区航线 中航航线。1936年11月上海—广州航线延伸到香港,因1937年八一三事变停航。1945年10月16日复航。此后,上海—台北、上海—马尼拉等航线开通,经停香港,班次增加。1937～1948年,先后辟重庆—香港、南雄—香港、香港—榆林港、台北—香港等航线。

欧亚航线。1937年1月29日,北平—广州航线延伸到香港。7月30日,北平沦陷,改由汉口飞香港。1937～1941年,先后辟汉口—香港、重庆—香港、南雄—香港货运航线。

央航航线。1946年4月,首辟上海—香港航线。1949年10月后,经营香港—柳州—昆明、香港—台南—台北、香港—海口、香港—重庆4条航线。11月9日停航。

民航上海管理局、东航航线。1980年6月21日,首辟上海—香港航线。到1995年,有上海—香港、杭州—香港以及澳门—上海航线。

国际航线 1933年8月12日,中国航空公司试飞至马尼拉,再至旧金山航线，未正式开航。1946年9月8日，开通上海—厦门—香港—马尼拉航线，每周往返2班。其间，中航先后开辟昆明—河内(1939年)、重庆—仰光(1939年)以及驼峰运输线。1947年10月6日，开辟上海—关岛、威克岛、中途岛、檀香山至旧金山航线，全线13497公里，每2周往返1班，极大提高中国民航在国际航空界的地位。1948年6月、1949年1月又先后开通上海—仰光、上海—东京航线。1947年5月19日，中央航空公司开辟上海—曼谷航线。1948年1月、1949年年初，央航、中航先后停止上海的国际航线。

1964～1987年，民航上海管理局先后保障和开辟由上海至卡拉奇、巴黎、亚的斯亚贝巴、苏黎世、大阪、东京、长崎、福冈等8条国际航线。其中，1964年4月29日，解放后上海首条国际航线开辟，由巴基斯坦航空公司开辟达卡—广州—上海航线。此后，1966年9月19日法国航空公司辟巴黎—上海航线，1973年2月21日埃塞俄比亚航空公司辟亚的斯亚贝巴—上海航线，1975年4月6日瑞士航空公司辟苏黎世—上海航线，1974年9月29日中国民航局、日本航空公司互辟上海—东京航线。1987年4月，民航上海管理局辟上海—长崎、上海—福冈航线。

1988年，中国东方航空公司成立，继办民航上海管理局经营的从上海始发至日本东京、大阪、福冈和长崎的4条航线。1989年12月27日，辟上海—悉尼包机航线。1991年8月6日，辟上海至美国的第一条航线上海—洛杉矶航线。1992年4月5日，辟上海—西雅图—芝加哥货运航线，次年4月4日辟上海—北京—西雅图—芝加哥客运航线。1992年6月10日，辟上海至欧洲的第一条航线上海—北京—巴林—布鲁塞尔航线。1993年2月8日，辟上海—汉城航线。是年4月28日，辟上海—新加坡航线。是年9月24日，辟上海—曼谷航线。

四、运输

客运　沪蓉客运。1929年8月26日，上海—南京航段开始载客，不到一年载客0.12万多人次。

中航客运。1936年1.86万人次，1942～1945年12.36万人次，1946年21.04万人次，1948年37.76万人次。

欧亚客运。1931年5月31日，开通上海—满洲里航线，至6月底飞行8次，载运25人次。次年，载客589人次，1942年0.41万人次。

央航客运。1943年0.24万人次，1945年9月～1946年10月1.67万余人次，1946年4.89万人次，1949年1～8月10.63万人次。

民航上海管理局(处)。1952年8月22日，上海—汉口—重庆航线每航班平均乘客3人。1953年，客运611人次，私营工商业者乘客占61%以上。1954

年1～11月，客运426人次，私营工商业者乘客占16.2%，其他大多为党政机关、军事机关、文教部门和外国访华人员。1957年，0.62万人次，外宾和干部乘客比例为11∶1。1976年，22.16万人次，1987年262.05万人次。

东航客运。1988年，为271.8万人次，1995年657万人次。

上航客运。1987年，为7.21万人次，1995年159.66万多人次。

货(邮)运 沪蓉航货邮运。1929年7月8日，上海—南京段开航，只运邮件，7月15日～9月7日载运28.44公斤。

中航货邮运。1930年，运邮件9吨。1935年，开始运载货物。是年，运邮件52吨、货物27吨。1938年，货邮运量359吨，1942年0.47万吨，1948年4.38万吨。

欧亚货邮运。1931年5月31日，首航上海—满洲里，载38斤邮件。1942年200吨。

央航货邮运。1943年112吨，1948年1.86万吨，1949年1～8月1.2万余吨。

民航上海管理局(处)货邮运。1952年8～12月，货运40.2吨，邮运1.10吨。1987年，货邮运7.03万吨。

东航货邮运。1988年6.43万吨，1995年17.6万吨。

上航货邮运。1986年5～12月183.3吨，1995年2.95万吨。

第二十四章
邮　　电

第一节｜邮政、电信机构

一、邮政机构

驿站、铺递　驿站。南宋建炎二年(1128年),华亭县设云间驿。南宋年间,设有西湖驿和风泾驿。元至元十五年(1278年),松江府设水陆相兼的驿站。至元二十五年,在上海镇馆驿街设上海驿。清代,在松江设馆驿水云亭。同治年间,在青浦县青浦镇设置青溪驿。清末,逐渐为邮政机构所替代,至1912年全裁。

铺递。元至元二十五年(1288年),松江府设有专递普通官方文书的铺递14处,也称急递铺。明洪武二年(1369年),嘉定县置14处,每十里一铺。弘治十七年(1504年),上海县设14铺。正德八年(1513年),崇明县设4铺。十二年,今金山县境内设6铺。崇祯四年(1631年),松江府有35铺。雍正四年(1726年),南汇、奉贤建县,分设5铺、7铺。光绪五年(1879年),青浦县设8铺。清末,由邮局替代,至1913年全裁。

民信局、信客　民信局。明永乐年间,上海县有协兴昌等信局。清乾隆年间,较大的民信局有协昌记轮船信局。上海开埠后,浙江等地民信局在上海设总号,民信局兴盛。分别集中于上海县城陆家宅桥咸瓜街北市和英租界二马路(今九江路)一带,较大的有协兴昌信局、全盛信局等。主要经营传递信件、包裹、钱款及票据,兼营运货物。大型信局在近郊和外地开设分号。清道光年间,在金山县、青浦县设全盛分号,南汇县设日生盛和宝顺号,嘉定县设永义昶等信局分号。咸丰至同治年间,有宝山县宝顺局的分号。光绪年间,松江县协源号,川沙县日生盛,奉贤县方大成信局分号。全盛等在青浦设分号。光绪二十二年(1896年),全国登记民信局300余家,其中上海70家,居全国首位。二至八月,全泰盛信局一时代大清邮局投送中文信件。此后,上海官办邮政与民信局竞争。1934年,61家民信局接上海邮政管理局通告,大多停业。次年,再接通告,全部停业。

信客。上海开埠后，有人在民间通信传递，经营者多为宁波人，单干或二三人合伙。主要在沪、浙间传递书信和钱钞货物，有的到民信局顾及不到的荒僻村落。清光绪三十三年(1907年)，上海有信客320人。1934年，上海邮政管理局限令停业，至1958年绝迹。

外国邮局 客邮局。清道光二十三年(1843年)，驻沪英国领事馆指派一人兼办邮政。咸丰十一年(1861年)，英国擅自在上海英租界设立英国驿务署，清廷以客邮局称之。是年，法国客邮局设立。同治六年(1867年)，美国客邮局设立。光绪二、十二、二十三年(1876年、1886年、1897年)，日、德、俄客邮局先后设立。1917年、1920年，德、俄客邮局，1922年年底前英、法、美和日等客邮局先后关闭。

工部局书信馆。清同治二年(1863年)六月，上海英租界工部局书信馆设立。四年七月，发行大龙图案面值银元二分邮票，俗称商埠邮票。后先后发行小龙图案面值银元分、面值铜钱邮票。光绪二十三年(1897年)十月初六，为上海大清邮政局接管。

文报局 清光绪二年(1876年)十月二十七日，清廷在上海设中国驻英公使文报局，传递清廷与驻美公使公文及私人信、物件。三年，中国驻德、日等国公使也各在上海设局。四年，清廷成立上海文报总局，合并各局。宣统三年(1911年)年底总局裁撤。

海关邮政机构 清同治四年(1865年)，海关总税务司署从上海迁北京，江海关与北京海关总署间文书传递和使馆文件的传递由总理衙门办理。五年，改由海关总署受理，并于十一月初二向上海江海关发出第一批邮件。江海关邮运事务限于使馆文件和海关本身公私信件。十三年，成立邮务处。光绪四年(1878年)二月初六，江海关试办邮政。六月初，海关总署造册处印制第一套中国邮票大龙邮票。江海关邮务处改为江海关书信馆，投递委托工部局书信馆办理收寄外文信件。六月二十五日，委托民间代理机构上海华洋书信馆收寄、投递中文信件。十一月二十三日，对公众出售大龙邮票，开放邮寄业务。五年十一月三十日，江海关书信馆改称江海关拨驷达局。八年十一月三十日，接办上海华洋书信馆业务。

上海大清邮政局 清光绪二十二年(1896年)二月初七，清廷批准开办国家邮政。二十三年正月初一，江海关拨驷达局改为上海大清邮政局。以江海关管辖范围作为上海的邮界。在吴淞建立第一个邮政分局，又建高昌庙、松江邮政分局，并在青浦、松江、南汇、奉贤等地设置邮政代办所及信柜，十月初六，接管工部局书信馆。二十五年正月初六，更名为上海邮政总局。二十九年，被指定为国内经西伯利亚邮路通往欧洲的3个国际邮件交换局之一。宣统三年

(1911年)六月，上海邮政总局改称上海邮政局，辖支局13处、内地局4处、邮政分局12处和代办所42个，员工689人。

上海邮务(政)管理局　民国成立后，大清邮政转变为中华邮政。1913年11月，上海邮区范围除原来的崇明、太仓、昆山、嘉定、上海、南汇、川沙、奉贤、松江、金山、青浦、宝山和海门等县外，增启东地区。12月，上海邮政局改称上海邮务管理局，邮政支局改称邮务支局，内地局分二等局和三等局。1914年9月，上海邮务管理局被指定为国际邮件互换局，成为中国邮政国际通信主要进出口门户。1931年9月，局名改为上海邮政管理局。1932年10月～1933年，代管东北吉、黑地区绥芬河、虎林、密山、同江、抚远等18个邮局，邮件通过海参崴交接转运。1937年上海沦陷前，辖32个市区支局、52个内地局和支局，员工0.36万人。八一三事变，华界市区15个支局暂时撤离，33个内地局和78个邮政代办所暂时停闭，到12月先后复业。1940年2月，代管浙江邮区内沦陷的定海、岱山、沈家门邮局，1942年12月又代管福建邮区厦门、金门邮局，持续至抗日战争胜利后。其间，太平洋战争爆发后，上海邮政当局通过上海法国总会电台继续同重庆交通部邮政总局保持联系，维持局面，1943年6月中断。1949年1、5月，代管山东青岛等7个邮局、浙江鄞县等72个邮局。上海解放前夕，辖市区23个邮政支局、14个邮亭，市郊33个内地局、3个邮亭及1个邮政支局，员工0.37万人。

上海市邮政局　1951年9月，上海邮政管理局改称邮电部上海邮局，1955年8月改称上海市邮局。设市南、市西、市北、浦东、西郊、北郊等6个区邮电局。1958年5月，改组为上海市四川路桥邮电局、上海市报刊发行处、上海市邮件转运处及市南、市西、市北、浦东、西郊、北郊6个区邮电局。1970年1月，合并成立上海市邮政局，1973年12月撤销，1978年3月重建。1995年，辖市南区、市西区、市北区3个邮电局，报刊发行局，邮件运输局，邮件封发一、二局，国际、速递邮件局等二级通信单位，设有151处自办服务网点，员工1.16万人。

专业邮政机构　上海市集邮总公司。1955年10月，中国集邮公司上海市分公司成立，1969年撤销。1979年9月，中国邮票总公司上海市分公司成立，1982年改上海市邮票公司，1994年4月改上海市集邮总公司。

上海市邮政储汇局。1986年2月，上海邮政在静安、南市两个支局试办邮政储蓄。7月，成立上海市邮政储汇局。

中央驻沪邮政机构　邮政总局驻沪办事处。清光绪二十六年(1900年)义和团运动爆发后，大清邮政总局从北京暂迁上海，二十七年十一月返北京。1928年6月，国民政府裁撤北京邮政总局，公文、档案、人员等暂驻、暂存上海邮政管理局大楼，称为上海邮政总局办事处，1935年1月迁南京。抗日战争开始后，邮政总局迁重庆，无法直接管理沦陷区邮政事务，1939年3月在上海成立邮政总局上海办事处，主管上海、江苏、浙江、安徽等邮区事务，1946 年 3 月撤销。1949 年 2 月，邮政总局从南京撤沪。1949 年 5 月 28 日，被上海市军管会接管。

邮政储金汇业总局、上海邮政储金汇业局。1930 年 3 月，交通部邮政储金汇业总局在上海成立，接办原邮政总局邮政储金和汇兑业务。1931 年 2 月，附设上海邮政储金汇业局。1941 年 10 月，储汇局留沪部分改组为储汇局上海分局。1943 年 6 月，汪伪政府在南京建伪储汇局，1945 年 9 月为国民政府接收。此后，与中央银行、中国银行、交通银行、农民银行和中央信托局成为“四行二局”金融体系的组成部分。1949 年 2 月，储汇局由南京撤至上海，5 月 4 日撤至广州，20 日在上海另建局务委员会。1950 年 6 月，两局撤销。

二、电信机构

外商电信机构 丹麦商大北电报公司。清同治九年(1870 年)七月，在上海成立远东公司和上海站，为中国最早的外商电信机构。十年二月二十九日，敷设由香港至上海的电报水线，对外收发沪港及国际电报。六月，从日本长崎敷设水线至上海，形成以上海为中心的全国国际电报通信网。1961 年 12 月，为上海市邮电管理局接收。

太平洋商务水线电报公司。清光绪二十九年(1903 年)六月初二，马尼拉—上海电报水线登陆，通达上海租界水线电报公司报房，收发国际电报。太平洋战争爆发后停业。

大东电报公司。清光绪九年(1883 年)，英商大东电报公司敷设香港—上海电报水线登陆，与中国电报局淞沪陆线接通。太平洋战争爆发后停业。

德国电报公司。清光绪二十六年(1900 年)，延伸其青岛—烟台电报水线到上海，登陆后，敷设电缆，开设电报公司，公开收发中国国内电报。三十一年四月，上海水线延伸到太平洋德属耶普岛，收发国际电报。1918 年，由中国政府接管。

顾家宅电台。清宣统二年(1910 年)，法商在法租界顾家宅军营(今复兴公园)内私设电台，报告气象和报时。1945 年 9 月，由中国政府接收。

日本电信局。1915 年，公开营业，1931 年 2 月改为中国电报局沪崎水线收发处，抗日战争胜利后由上海电信局接收。

丹麦大北电报公司电话交换所。清光绪七年(1881 年)九月，取得公共租界、法租界内电话经营权。八年正月，成立上海第一个经营性电话交换所。九年，被英商中国东洋德律风公司接盘。

英商上海电话互助协会。清光绪八年(1882 年)三月成立，在公共租界和法租界内经营电话业务。九年，被英商中国东洋德律风公司接盘。

英商中国东洋德律风公司。清光绪九年(1883 年),上海分公司接盘大北公司电话交换所和电话互助协会,统一经营上海租界内的电话业务。二十六年二月,业务为英商上海华洋德律风公司取代。

英商上海华洋德律风公司。清光绪二十五年(1899 年)十一月成立。二十六年二月,接办上海租界电话业务。1930 年 8 月,停业,时有电话交换所 7 个、总容量 3.08 万门、用户 2.63 万线。

美商上海电话公司。1930 年 8 月,接盘英商上海华洋德律风公司产业,经营上海租界内全部电话业务。1944 年 7 月,归并于上海电话总局,经营全市电话业务。1949 年,有交换设备总容量 6.47 万门、用户 6.35 万线,自动电话分局 7 个,供电人工局、人工交换所各 1 个,员工 0.15 万人。1950 年 12 月,被上海市军管会军管。

中国电信机构 上海电报分局。清光绪六年(1880 年)十月,津沪电报总局在天津成立,次年二月上海电报分局成立。1916 年 8 月～1922 年 11 月,兼管辖江苏省 54 个电报局、5 个电话局,1934 年 5 月合并上海无线电总台,统一经营上海市区国内有线无线电报业务。抗日战争胜利后,并入上海电信局。

上海无线电报局。清光绪三十四年(1908 年)九月,吴淞和崇明无线电报局成立,收发商报,1929 年吴淞局改吴淞海岸电台。宣统元年(1909 年)八月,上海电政局设上海三等无线电报局,1928 年改上海海岸无线电台,也称黄浦滩电台,开办船舶电报业务。1929 年 9 月,两个电台合并为交通部上海海岸电台。1928～1929 年,交通部在上海设第一至第五 5 个电台。1928 年 8 月始,国民政府建设委员会在上海设立第一至第六 6 个电台,1929 年合并为上海无线电报局。1929 年 9 月,交通部所属电台合并成立上海无线电总台,习称老北门电台。1934 年 5 月,局、台合并为上海电报局,统一管理上海各无线电台。

国际、香港地区电台。1928 年 12 月,国民政府建设委员会成立国际无线大电台筹备处,在真如、枫林桥、刘行筹建收发信台。先建立中菲转报电台,1929 年 1 月 14 日与菲律宾马尼拉通报。4 月,国民政府交通部成立国际通信大电台筹备处。8 月,两个筹备处合并为国际通信大电台筹备处,实施建设委员会在建的国际电台。次年 11 月,真如发信台和刘行收信台竣工。12 月 6 日,首先开通中美电报电路,继而陆续开通中德、中法、中英、中日等国际电报电路,结束自清同治十年起外商对中国国际通信事业的垄断。1931 年 2 月,合并真如发信台、刘行收信台、枫林桥支台、中菲转报电台及中央控制室等单位,成立交通部国际电台。至年底,先后增开马尼拉、香港、巴达维亚(今雅加达)、旧金山、柏林、巴黎、西贡等电报电路。1937 年 12 月,改名上海国际无线电台,由 RCA 公司出面,维持上海的国际通信。1938 年 1 月,停业,1946 年 2 月复业。1949 年 5 月 28 日,被上海市军管会接管,改上海国际电台。有电报电路 30 条、电话电路 4 条、节目传递业务电路 1 条及相片电报电路 2 条，员工 0.1 万人。

上海电话局。清光绪三十三年(1907 年)九月，在南市成立，电话用户 97 家。宣统元年(1909 年)，开设上海电话局闸北分局。两局有电话用户 117 家。1945 年抗日战争胜利结束。

上海电信局。1946 年 2 月成立，统一经营国内有线、无线电报，长途电话及原上海电话局营业区域内的市内电话业务，并管理全市广播电台。恢复为国内长途通信中心。1949 年，员工 0.24 万人。

上海市长途电信局。1949 年 5 月 28 日，上海电信局为上海市军管会接管，1950 年 6 月改为上海电信管理局。后历经变化，1985 年 6 月，上海市无线通信局、上海市电报局、上海市长途电话局等合并为上海市长途电信局。1995 年，员工 0.45 万人。

上海市电话局。1954 年 3 月，上海市市内电话局建立，1994 年 4 月改今名。1995 年，员工 0.86 万人。

中央驻沪电信机构　中国电报总局。清光绪六年(1880 年)九月，在天津成立，十一月上海电报分局营业。十年春，总局迁沪，年底改中国电报总局，三十三年三月改组为上海电政局。

上海电政局。清光绪三十二年(1906 年)十月，邮传部在上海设电政公所。次年三月，和电政公所改组为上海电政局。管辖全国 257 处商办电报局。宣统三年(1911 年)九月，改名邮传部电政总局。1912 年裁撤。

交通部国际电信局。1928 年 7 月，国民政府建设委员会无线电管理处在南京成立，次年 1 月迁上海。1929 年 8 月，改为交通部无线电管理局。1931 年 2 月，改为国际电信局，管理全国国际、国内无线电业务。1936 年年初撤销。

第二节 | 邮政 >>

一、邮政枢纽、营业局所

邮政枢纽　江海关邮政邮件收寄和分发在一处。上海大清邮政局成立，始设专职机构分别处理函件和包裹的分拣封发。1914 年，中国加入万国邮政联盟，上海邮政成为国际邮件互换局，直接封发寄国外的邮件。1924 年，上海邮政大楼建成，设分拣封场地，按本埠、外埠和国际函件分拣封发分设，平常函件和给据函件分拣封发分设，轻件和重件分拣封发，分设分别设置处理部门。1985 年 5 月，建成邮政重件处理中心。日处理能力包裹 6.15 万件、印刷品 19.53 万件、期刊 110 万件、报纸 280 万份。1987 年 12 月，建成轻件处理中心转运楼，日处理能力信函 125 万件、封发 0.6 万袋、报纸 1160 万份、封袋 0.4 万袋、2.7 万捆，中转邮件 0.65 万袋，贮转容量 0.39 万袋、2.7 万捆。国际邮件处理部门仍在上海邮政大楼。至此，上海邮政形成有重件、轻件和国际邮件 3 个处理中心和海陆空邮运配套的邮政枢纽。

市区局所　清光绪四年(1878 年)，江海关试办上海邮政，设海关书信馆收寄邮件，未设邮政分支机构。二十三年正月，上海大清邮政局成立，设 4 个营业窗口，置落地木信箱。二十五年，局改称上海邮政总局(简称市局)。三十年四月初二、初三，先后开设福建路支局和南码头支局。宣统三年(1911 年)六月，局改上海邮政局，在上海县城厢和租界内设有支局 13 所。1912 年 2 月，局改上海邮务管理局，1924 年 12 月 1 日，迁入北苏州路 276 号上海邮政大楼。设有国内、国际包裹营业厅，函件、邮政汇兑和储金营业厅。1937 年 7 月，局设支局 32 所、邮亭 3 所。八一三事变后，以设在公共租界、法租界内支局维持营业。1945 年抗日战争胜利，有支局 20 所。1947 年 6 月，设汽车行动邮局 3 所。1949 年 5 月，有支局 23 所、邮亭 14 所，平均每一局所服务面积 3.69 平方公里，服务人口 9.74 万人。1951 年 7 月，吴淞等 5 所内地局改称郊区局并入市区。1952 年，办理对外营业和投递业务的仍称支局，只办理对外营业的局所改称营业处，邮亭改属支局管辖。1950 年 4 月，“邮发合一”后，筹建报刊门市部和报刊亭。1956 年 7 月，部分邮政局所收受电报、长途电话，改称邮电局和邮电所。1962 年，撤销部分营业局所，邮政支局统一改称邮电支局，邮政营业处和邮亭统一改称邮电所。1995 年，有支局 41 所、邮电所 93 所、营业处 18 所。每一局所平均服务面积 1.6 平方公里。

郊县局所　清光绪二十三年(1897 年)正月，上海大清邮政局在吴淞海关泊地办事处开设上海邮界范围内的第一个分局吴淞分局。其后，设在郊县轮船、火车通达的地方仍称分局，不通达的地方称内地局。至清宣统三年(1911 年)，在上海周边各县设邮政分局 12 所、内地局 4 所。1914 年，各县有自办局所 41 所。1928 年 1 月，松江局列为二等甲级局，其他局未分级。1937 年 7 月，上海邮政设内地局 52 所。1943 年，上海邮政各内地局全部分级。至抗日战争胜利有二等甲级局 1 所、乙级局 14 所，三等甲级局 11 所、乙级局 18 所，以及松江邮局所属支局 1 所。内战爆发后，长江以北的启东、海门两地解放，两地邮局不再由上海管辖。1949 年 5 月，有内地局 32 所、松江邮局所属支局 1 所和邮亭 2 所，共计自办营业点 35 处。同时，除吴淞、高桥等 5 所内地局外，其余内地局分别由苏北邮电管理局南通分局、苏南邮电管理局苏州分局和松江分局接管。1949 年 6 月、7 月又先后划归上海邮政。1951 年 7 月，根据邮电部邮政机构隶属关系须与省市行政区划一致的规定，松江、上海、崇明等 12 县 34 个内地局划属江苏省邮电管理局。1958 年，江苏省松江、上海、崇明等 10 县邮政机构随行政区划同时划属上海市。是年，全市郊县有县邮电局11所、支局56所、邮电所112所，自办营业点为179处，每一局所平均服务人口1.64万人，服务面积23.27平方公里。1995年，有支局160所、邮电所173所、报刊门市部(亭)34所。共有自办营业点368处。

代办机构 清光绪二十三年(1897年)九月，上海大清邮政局在上海县城厢内外和公共租界、法租界内择18家商铺，设店铺信箱，供公众投寄平常邮件。商铺代售邮票，邮局专人按时收取邮件。二十九年，在青浦县城厢、朱家角和泗泾等地选择殷实商铺代办邮政业务，收寄函件、包裹，办理汇兑，出售邮票，名为代办分局，后改称邮寄代办所。三十二年，设邮政信柜，出售邮票、收寄平常和挂号邮件，由邮局或信柜负责开启信箱收取邮件。宣统三年(1911年)六月初一起，取消店铺信箱名称，改为邮政信柜。1917年，委托商铺代售邮票，名为代售邮票处，在商铺附近设信箱。至此，邮政代办机构分为邮寄代办所、邮政信柜和代售邮票处3种。后邮寄代办所改称邮政代办所、代售邮票处改称邮票代售处。1934年，为取缔民信局，在市区开始设代办所。1949年5月，上海邮政代办机构有四等邮局1所、邮政代办所186所、邮政信柜292处、邮票代售处676处。1950年，取消邮政信柜，分别改设邮政代办所或邮票代售处。1955年，市区有邮政代办所21所，至次年，市区邮政代办所全部由邮政自办机构替代。1958年后，邮政代办所逐步为邮政机构所替代，增设邮票代售处。至1990年，全市有邮政代办所19所、邮票代售处0.33万处。

信筒信箱 清光绪二十三年(1897年)，上海大清邮政局设信筒、信箱20具，接收工部局书信馆11具。1913年，上海城乡有信筒159具、信箱129具。1936年，在南京路、静安寺等闹市地段设置蓝色专收航空邮件信筒10具，1947年7月改设置“赶班信筒”45具。1949年，有信筒、信箱0.13万具，1995年0.41万具。

邮政编码 1926年，上海邮务管理局将上海市区划分为中心1、2、3、4区，东区，西1、2、3、4区和闸北、南市、烂泥渡、龙华、高昌庙等14个投递区域，要求用户在信封收寄件人地址之前加注所属投递分区编号。1947年4月起，重新推行投递分区编号制，市区划分为18个投递区，以市区投递支局编号作为投递区域代号，1949年5月停止使用。1978年起，上海列为邮电部试行邮政编码地区。上海邮政先于1977年12月1日试行。上海市区各局邮编为“200×××”。郊区县局分甲乙2组，邮编分别为“201×××”、“202×××”。

二、邮件投递

城镇投递 江海关试办邮政时，委托工部局书信馆投递邮件。上海大清邮政局成立后，设专差投递洋文信件，中文信件委托全泰盛信局代送，半年后停止委托，自行投送。清光绪二十三年(1897 年)十月，工部局书信馆关闭，投递人员与邮局投递人员合并组成工部间，成为上海邮政最早的邮件投递部门。投送范围为上海县城厢、公共租界和法租界。上海大清邮政开办初期，邮件投递频次上海本地上下午各 1 次，内地局城镇每天 1 次。三十一年，开办快信业务，按址投送快信。三十三年，部分支局开办投递业务。投递邮件初为步行，后部分投递人员自备自行车代步，宣统三年(1911 年)全部使用局备自行车。1917 年，市区闹市中心地段每天投送信件 10 次，其他地段 4～6 次。30 年代起，原中山路以东地区调整为每天 5 次，星期日及其他假日 3 次，其他地区为 3 次、2 次。1947 年，规定 15 时前投入吴淞路、思南路等 12 个邮局门箱和 45 具赶班(白帽)信筒的本埠信件，以及各投递局门箱开出的就地投递邮件，须当天投递完毕。1949 年 5 月，市区设 450 个投递段，3 人合送一段，分早、中、晚 3 个班次，投送 5 个频次。50 年代初，始对棚户区住户实行按址投递。1954 年 11 月，函件投递上、下午各 2 次，1962 年上、下午各 1 次。1995 年，市区每天投递信函 2 次，特快专递 3 次。各县城厢投递信报 2 次，当天报纸和给据邮件投送到户，平信、报纸做到妥投。

乡村投递　上海大清邮政局成立后，在各县设立内地邮局地方的城镇，实行按址投递，乡村的邮件投递仍由民信局办理。清宣统三年(1911 年)，上海邮政开始组织部分乡村邮件的投递。1914 年，对各县各内地局邻近的 325 个村庄纳入投递范围。邮局雇用当地体健善走者为乡村投递人员，每条投递路线全程约 25 公里，按“排单”上规定的路线行走，排单规定的乡村信柜、邮站或商店为行走间歇点，不论有无信件均须依次到达。1950 年 3 月，在松江地区进行乡村投递整顿工作试点，信件当日到区，隔日到乡。1951 年，改为逐日到区，三日到乡。1956 年，改为邮件投递到乡，乡以下由乡政府派员负责传递。1958 年秋，由公社增派公社投递员义务为邮局投送信件和报纸，并全部使用自行车投递。1960 年，全市 166 个公社全部实行信报当天投讫。生产大队每天投送的有0.23 万个，隔天投送的有 224 个，生产队分别为 1.61 万个、0.3 万个。1963 年，乡村投递全部由邮局自办，并实行定路线、定班期、定人员、定接收点、定时间的“五定”制度。1964 年，由当地干部和农民转递信报。1965 年，邮局聘用“亦工亦农”半日制乡村投递员，每个投递员投递范围 3～4 个生产队。1971 年，在南汇、松江、青浦、金山、崇明县局组织大队发行员 0.11 万人，负责投送大队以下各生产队的信件和报刊。1974 年，除青浦县因属水网地区外，其他 9 个县推广摩托车投递，1980 年恢复自行车投递。1985 年，重新组划投递路线，规定投递路线行程每条不少于 35 公里，投递点 120 个以上。1986 年开始，实行当天报纸、给据邮件直接送到户，平信妥投。

三、业务量

函件 清光绪五年(1879年),江海关书信馆日均收寄函件7.5件。三十年,上海邮政收寄函件545.45万件。至宣统三年(1911年),收寄1.29亿件,占全国25.41%(以上都不包括本地投递的数字)。1933年,收寄2.16亿件。1937年,降至7796.77万件,为上年的38.3%。1943年,再降至3960.56万件,为1913年后最低。1947年,收寄2.12亿件。1949年,收寄数比1947年减少一半,为全国收寄总数的18.5%。1950年起,报刊逐步由邮局发行,不再作为函件交寄,函件下降。1987年,收寄2.38亿件,1995年5.67亿件。

包裹 1912年,上海邮政收寄包裹21.91万件,1936年268.58万件,1943年35.21万件,1953年301.65万件,1966年209.14万件,为60年代至1995年最低。1969年起,因大批知识青年上山下乡和干部下放包裹大增,是年达346.24万件,1970年381.59万件。1995年,953.01万件。

汇兑 国内汇兑。清光绪二十三年十二月初九,上海邮政开办国内普通汇款。1933年2月,开办电报汇款业务,解放后不久停办。1988年5月,开办快件汇款业务。

国际(境外)汇兑。1918年1月1日,上海邮政开办国际、港澳汇兑,首通澳门地区。1919年、1920年,先后与荷属东印度(今印度尼西亚)和英国、香港地区通汇。至1925年,通达32个国家和地区,太平洋战争爆发后停顿。1947年12月1日,与美国恢复通汇。1949年5月后,所有业务停止。1992年,首先与美国和日本通汇,1995年扩至10国。

报刊发行 清、民国时期,出版机构、报馆自行发行书报。报馆并向报贩、报童批发报纸,有的报馆在外埠设分馆或代派处。期刊零售由出版单位自设门市部或委托书店,书报摊销售。1912年,有一捷音公所,有报童报贩100余人,经办零售和承接订户。1949年5月上海解放时,约有报头100人、报童报贩0.34万人。1949年12月,实行“邮发合一”,报刊全部由邮局发行。1950年4月1日、5月1日,上海邮政先后接收《人民日报》《解放日报》等发行。1951年4月,发行《文汇报》《新闻日报》《新民晚报》。1953年1月1日,接收新华书店华东总分店发行的全部期刊。1985年开始,上海版报刊实行多渠道发行。1990年,有报刊603种,90%由上海邮政发行。1950年,上海邮政发行报纸4种、发行量3056万份,发行期刊2种、发行量23万份,1995年分别为95种、15.26亿份,223种、1.15亿份。

集邮 清光绪四年(1878年),上海印制第一批发行邮票大龙邮票,七月江海关向集邮者欧瓦尔出售三分银大龙邮票1675枚和五分银625枚,为上海最早成交的集邮业务。1933年,上海邮政开始经营普通邮票、纪念邮票、加字邮票、航空邮票和欠资邮票等品种。1955 年 10 月，开始发售人民邮政纪念邮票、特种邮票和普通邮票，老解放区邮票，社会主义国家等邮票。是年，全市营业额 2.83 万元，1995 年 2452 万元。

储蓄 1919 年 7 月 1 日，中华邮政开办邮政储金业务，上海邮政为第一批经办单位。1933 年，收储存款金额银元 243 万元。解放初停办。1949 年 9 月，恢复存簿、支票和定期储金 3 种储蓄。1951 年 1 月，改代理人民银行储蓄业务，1953 年 3 月停办。1986 年 2 月起，重新代理银行储蓄业务，是年存款余额 1346 万元，1995 年 77.77 亿元。

第三节 | 本地电话 >>

一、电话业务

市区营业电话 外商电话公司营业电话。清光绪八年（1882 年），丹麦大北电报公司第一个电话交换所设立，第一批电话用户有外商银行、饭店、洋行等 10 户。上海电话互助协会电话交换所，安装电话 30 多线。中国东洋德律风公司接盘后，至光绪二十六年二月实装电话用户约 360 线。上海华洋德律风公司电话交换所，初期开放通话电话用户 107 线，三十三年十月在开利大楼装置 15 门自动电话交换机，在上海首开用户交换机业务，容量 3～100 线共 12 种。1922 年，公司实装用户 1.56 万线。1926 年 2 月 1 日，租界与华界始互通电话，电话用户大量发展。1930 年，全市用户 2.63 万线，其中营业电话 1.66 万线。各电话公司各有营业范围，或有交叉。1930 年 8 月，美商上海电话公司接办英商华洋德律风公司 7 个电话局所和 6 个自动交换所局房，成为上海营业范围最大的电话公司。经营范围，东至定海桥、黎平路，东北至周家嘴路，南至人民路、肇嘉浜路，西至纪念碑路（今牌坊路），西南至虹桥路，西北至长宁路，北至天目路。1934 年用户 3.79 万线。1945 年，号线 5.89 万线，其中营业电话 3.64 万门。抗日战争胜利后，号线供不应求。1946 年 4 月，规定申请电话者以重要政府机关、市政机关、重要军事及航空机关等 12 种为限。1949 年，实装用户 6.35 万线，其中营业电话约 3.91 万线，有待装用户 2.97 万户。1954 年 3 月，营业区与上海电信局营业区合一。

上海电话局营业电话。清光绪二十八年（1902 年），在华界地区南市新码头里街开设商办电话交换所，用户约 100 多线，1922 年 5 月 681 线。1926 年起，华界与租界电话互通，申请装电话者大增。1929 年，实装用户号线 0.22 万线，绝大多数是营业电话。1933 年 4 月，完成南市和闸北两个电话分局的自动电话改装工程,增加通向美商上海电话公司的互通出入中继线。1937年8月,用户0.48万线。因八一三事变,1939年剩0.17万线。1946年,恢复至0.22万线。上海解放初期,上海电信局、上海电话公司分别有用户0.88万户、1.59万户。优先照顾医院、工厂、学校、团体、医师及各类新兴企业、商号申请号线。1950年年末,上海市内电话实装营业电话4.48万线,其中商业企业户占36.38%、工业户占12.82%,机关事业单位户占14.34%。1952年"三反""五反"运动后,减少营业与住宅电话0.65万部。1954年3月,营业区与上海电话公司营业区合一,1955年对私营工商业社会主义改造,减少私营工商业电话0.36万线,增加机关和国营、公私合营工商业等用户0.25万线。是年,营业电话4.34万线。1957年9月,除偏远地区外,100人以上工厂都装有用户交换机。1958年,在彭浦等10多个新工业区新增0.3万门。是年1月,调整市话资费,净减用户0.62万线,1961年净减0.21万线。1965年,营业电话5.09万线。1975年,实装营业用户5.82万户。1981年后,待装户登记逐年增加。1995年,实装营业户52.19万户,待装户44.78万户。

市区住宅电话 清光绪二十六年(1900年),英商上海华洋德律风公司装有私人住宅电话6线,1912年942线,1930年0.96万线,占实装用户号线总数36.7%。美商上海电话公司,1932年新装住宅电话0.3万多线。1937年上海沦陷后,租界繁荣,私人住宅电话剧增,1938年增至2.01万线。1949年,有2.43万线,占实装用户号线38.5%。1949～1977年,住宅电话减少。1950年,2.52万线,占实装用户号线总数35.80%。1952年后,拆除一批私人住宅电话。1954年、1958年,市话资费2次调整,住宅电话先后减482线、0.37万线,1958年减至1.69万线。1965年,减至1.44万线,占实装用户总数21.01%。"文化大革命"中,1966～1969年拆除1.33万线,1970年剩960线,为1930年后最低。1977年后,始对部分教授、医生、画家、民主人士、侨眷、工技人员和知名演员等开放新装私人住宅电话。1979年后,私人住宅电话发展纳入市话发展计划。1980年,实行收取安装电话初装费,对住宅电话收保证金60元。是年,有私人住宅电话0.27万线。1981年12月16日～1982年1月15日,市话局在《解放日报》《文汇报》刊登《本市部分敞开登记个人用户》公告,自1966年后首次敞开受理私人住宅电话的申请。局部地区话线供不应求。1985年起,申请住宅电话大增,1990年超10万户,达14.57万户。1995年,住宅电话130.74万户,占实装电话总数69.3%。有待装户44.78万户。

郊县电话 民国时期,上海周边松江、上海等10县城乡电话,县与县、县与乡、乡与乡均为长途电话。1949年后,各县县内城乡电话统称县内电话。1952年,10县县城厢市内电话用户646户,农村电话用户0.11万户,1958年分别增至0.29万户、0.3万户。1978年,0.67万户、1.91万户。1979年,开放市县直拨电话,1988 年有 204 户。1989 年,全市自动电话实行七位号码制,郊县电话增加,1995 年用户 34.63 万户。

公用电话 清光绪八年(1882 年),大北电报公司在公司所在地安装一部电话,向公众开放,付费即可通话。上海华洋德律风公司认可酒菜馆、旅馆、茶馆与夜总会等处电话可供他人借打,并收取费用,一批电话逐步成为公众电话。1930 年末,上海电话局奉令设立公用电话。次年元旦起,在闸北、南市与江湾等电话局所装公用电话 4 部,委托上海商业储蓄银行在小东门、老西门两分所代办公用电话 2 部。1931 年后,上海电话局规定电报局与邮局均须设置公用电话。1932 年,《上海市代管公用电话办法》实施,社会各界可代管公用电话业务。1934 年,华界地区局办与代管公用电话 120 余部。1933 年,上海电话公司在租界设置公用电话 17 部,并于 1935 年设"纳费柜式"(人工投币式)公用电话机。1936 年,华界地区公用电话 124 部、租界 213 部。1941 年起,上海电话公司普遍采用人工投币式公用电话机,至 1945 年有 192 部。1946～1948 年,上海电信局在大场等市郊装设一批公用电话。1949 年,市区公用电话 436 部。1952 年 8 月 1 日起,虹口地区 62 处代办公用电话站试办传呼服务,1953 年年底在全市推行,全市始有公用传呼电话。1965 年,全市有公用传呼电话 0.32 万部,通话 2510 万次。1969 年 10 月,公用电话取消个体代办,改由街道里弄集体代办。1976 年,全市有 0.36 万部。1978 年,恢复个体户与合作商店等代办公用电话。1979 年,在上海火车站、十六铺码头等处安装电子投币式公用电话机 50 部。1981 年开始,加快发展公用电话。1982 年,市区公用电话服务点 0.3 万处、电话 0.51 万部,其中传呼服务站 0.2 万处、电话 0.41 万部,市区 0.17 万个居民委员会代办传呼业务。1984 年 9 月 19 日,在金陵东路开放使用 7 座投币式公用电话亭,24 小时服务。1985 年 6 月,始设夜间紧急公用电话服务点 0.1 万处。1985 年,有 0.33 万个公用电话服务站,以退休工人为主的服务员 1 万余人。1986 年,市政府把"在新居住区增加公用电话 50 处与市中心增设投币公用电话 50 处"列为当年 5 件实事之一。1990 年,公用电话服务点 0.39 万处,其中传呼服务点0.27 万处。1995 年,公用电话 3.2 万号线,通话次数 5.08 亿次。

二、电话号码制

清光绪二十六年(1900 年)后,上海华洋德律风公司用户电话号码均为不等位的一位数至三位数,三十年,用户电话号码为不等位的一位数至四位数。宣统元年(1909 年),出现多局制后,用户呼叫电话时也须在电话号码前报出相关局区名。1912 年后,华洋德律风公司用户呼叫电话在电话号码前须冠局区名。1924 年 3 月,华洋德律风公司电话号码首先改用五位数。租界电话号码出现不等位的一位数至五位数。上海电话局经营的华界电话,号码为不等位的一位数至四位数。1928年，华洋德律风公司的电话号码实行统一、等位的五位号码制。第一位数字是局号。1933年后，上海电话局的大多数用户使用五位数号码，1942年6月28日全部实行。至1957年8月31日，上海电话公司和上海电话局使用两套号码重复的五位号码制。1957年9月1日0时01分，升位割接成功，全市电话网实现统一、等位的六位号码制。1989年11月12日0时02分，首先在全国实现七位号码制。1995年11月25日零点，实现八位号码制。

第四节 长途电话 >>

一、电路

国内电路 1923年3月，上海与嘉定县南翔间开通上海第一条长途电话电路。1925年，上海、南京间电报线路(沿铁路)悬挂长途电话铜线。1936年9月、12月，先后开通至武汉、广州无线电话电路，为上海最早开通的国内无线长途电话电路。1937年2月、4月，先后开通至苏州、南京载波电话电路，为上海最早开通的载波电路。11月上海沦陷后，长话电路全部停通。1946年1月，开通长途电话电路29路，对重要城市主要增加载波电路和短波无线电路。1949年5月上海解放，至南京、杭州沿线长途电路开通，通北方的无线电路大部分保持开放。1956年9月，上海成为华东区网路中心。1970年，开通长途电话电路318路。1976年3月，上海与北京、天津、济南间试开放长途自动电话。80年代，发展长途电话半自动接续和全自动直拨。1982年、1983年，微波电路扩容240路。1990年，北京至上海数字微波干线工程竣工试运转。1994年，上海七宝国内卫星通信地球站建成开通电路，上海至台湾开通固定中转长话业务电路。1995年，上海国内长话电路3.93万路。

国际、港澳电路 1936年2月15日，上海电话局开通上海至东京短波无线电话电路，为上海开通的第一条国际电话电路。1937年5月19日，开通至旧金山短波无线电话电路。11月上海沦陷，国际无线电话电路全部停闭。1949年5月上海解放时，伦敦电路中断，维持上海至旧金山、马尼拉、香港3条线路。1950年4月29日、1951年7月16日，先后开通至莫斯科、伯尔尼短波无线电话电路，2条电路成为上海至欧洲地区主要通信通道。1972年2月24日22时，虹桥机场移动式卫星通信地球站与美国詹姆斯地球站开通，有电话电路24路。1973年8月22日，莘庄固定式卫星通信地球站启用。1992年3月，国际通信卫星商用业务(IBS)卫星通信地球站启用。1976年10月25日,中日海缆启用,有电话电路480路。1993年12月,中日海底光缆投产。1980年,上海国际及香港电话电路38路,1995年0.7万路。

二、业务量

国内业务 1923年,开放长途电话业务,1926年1.85万次,1948年302.09万次,1957年60.45万次,1978年1335.67万次,1995年7.23亿次。

国际、港澳业务 1936年2月15日,上海与日本间开放国际电话业务,2月通话14天,去话26次、来话38次。1948年,电话总交换量6.51万分钟。1949年,总交换量1.36万张,1952年2.2万张,1970年0.24万张,1980年39.92万张,1995年2.02亿张。

第五节 电报 >>

一、电路

国内电路 清同治十二年(1873年)正月二十五日,大北电报公司敷设的沪港水线上海与厦门站间通报,为中国第一条国内公众有线电报电路。光绪七年(1881年)十一月初八,清廷筹建的津沪电报陆线2条建成,分别供上海与天津开通直达电报电路,上海至紫竹林、大沽、临清、济宁、清江浦、镇江、苏州开通同线电报电路。至1937年7月,上海局通报的电路25条,八一三事变后全部中断。1945年8月,上海有南京等6条报路。1949年5月,维持宝山、吴淞和浦东3线。沪宁、沪杭电路修复通报。1950～1953年,通北京等14地。1990年,除西藏、宁夏2个自治区未建立直达电路外,各省市均有直达。1995年,有电路89条。

国际、港澳电路 水线电路。清同治九年(1870年)四月十三日,丹麦大北电报公司擅将香港水线在长江口外大戢山岛登陆设水线房,再沿黄浦江至公共租界旗昌洋行码头附近上岸,引至南京路5号公司报房,开通电路。次年二月二十九日,公开营业收发电报。四月十六日起,上海拍往欧美电报可经此电路传至伦敦并转往欧美各地。六月二十六日,敷设日本长崎到上海的水线,再次擅自在上海登陆开通电路。1943年后,上海地区无水线。1976年10月,上海—东京电报电路改用中日海底海缆通信,至1995年畅通。

无线电路。1918年9月25日起,法租界顾家宅电台接收法国里昂发来的新闻电。1926年,法国政府于上海法租界建2个新台,先后与西贡、马尼拉通报。1929年1月14日，国民政府建设委员会国际无线大电台筹备处开通上海至马尼拉电路。1949年年初，上海有国际电路32条。1950年3月1日，汉城电路停通。1957年6月，按邮电部分工，上海主要承担全国对资本主义国家和地区的电报通信。1957年6月，有电路25条。1968年11月15日，至马尼拉和旧金山电路停闭。1971年9月16日，至旧金山恢复。1990年，上海有14条电路。1992年9月1日，关闭上海至巴黎、罗马、斯德哥尔摩、开罗、仰光和平壤电路。1994年11月1日，关闭至香港、新加坡、曼谷、悉尼电路。12月1日，关闭最后2条上海至东京电报电路，国际电报全部改由北京经转。至此，上海结束作为中国国际电报出口局的历史。

二、电报业务

国内电报　清光绪七年(1881年)十一月，上海电报开局，头一个月不收报费，发出电报0.4万份。三十三年九月，发出电报1.3万份、21.61万字。1935年，收发344.17万份，创历史最高。1946年，收发286.65万份，1949年407.54万份，1960年1066.30万份，1995年1008.85万份。

国际、港澳电报　清同治十年(1871年)二月二十九日，大北电报公司上海至香港水线开通，是日往来电报70份。光绪二十五年(1899年)，交换量171.08万字。1937年，交换量139.91万份、2146.38万字。1949年5月上海解放至1950年，上海是国内唯一的国际及港澳通信出入口局，业务交换量激增。1949年，交换量84.13万份，1950年95.19万份。至1964年，每年约50万份。1965年开始，全国国内与国外来往电报均集中上海交换，1972年121.12万份。1981年188.09万份，创历史最高。此后大幅度下降。1990年约及1949年的1/2。1995年，交换量2万份。

第六节 | 其他电信 >>

一、移动通信

移动电话　公众网。1982年7月，上海地区移动电话公众网建成，有1个基站，容量20户。1988年3月，引进美国摩托罗拉公司TACS制式900兆赫蜂窝状模拟移动电话系统(简称A网)，建立1个基站。采用大区制设计，容量300多户，以雁荡大楼移动电话交换机房为中心，服务半径车载式移动机大于30公里，手持机室外约20公里，手持机市区室内10公里，郊区室内15公里，固定台配天线40～60公里。1990年11月20日，另1套瑞典爱立信公司900兆赫蜂窝状模拟移动电话系统(简称B网)投产使用。具有5个基站,容量约0.3万户。A、B两网移动电话交换机与本地网、长途网间均由中继线联网互通。至1993年,A、B网手持机基本覆盖全部上海地区。1994年,安装1套德国西门子公司数字移动电话系统(GSM),建上海第三个移动电话网—C网(1995年初改称G网),在浦东新区建13个基站,容量1.28万户。C网与模拟A、B两网、本地网、长途网间均有直达中继链路相互贯通,上海地区移动电话形成数、模并存网络。

漫游业务。1990年3月1日,上海与香港电讯通信服务有限公司(CSL)开放移动电话人工漫游业务。到1994年,上海与国内28个省、市、自治区和香港地区、澳门地区、新加坡设有人工漫游业务。1995年1月1日,A、B两网移动电话自动漫游业务向用户开放,可分别通达17个和11个省市自治区。是年,G网连14个省市自治区。1995年7月,中国联合通信公司在上海建立数字移动电话通信网,与本地网、长途网都有直达中继链路连通。与A、B、G三网可通过本地市话网互通。形成覆盖全市并与26个省、市、自治区联网及与新加坡和香港、澳门地区开放漫游业务的移动通信网。

用户。1982年7月1日,移动电话用户20个。初装用户除收初装费外,再按汽车用户、船舶用户、远地固定用户、特准用户分别收月租费。1988年3月,A网开通使用,至年底用户214户。每一用户包括购机、初装、入网和开户等费,总费2.7万元。10月,对用户开放国内国际长途电话直拨业务。1989年12月20日,沪港实现双向移动电话人工漫游,年末有用户650户。1995年12月4日起,A、B、G 3网实现用户"即要即开"。是年,全市用户17.80万户,移动电话持有率每百人1.37部。

无线寻呼 1982年7月,上海市邮电管理局建传呼中心,设3个基站,寻呼台设8个座席。有香港星光传呼机公司提供的60～80瓦高频发信机5部、传呼器100只。1984年1月,对外营业。1993年,无线寻呼市场向社会开放。1995年,经营单位71家,基站248个,容量150万户,用户161.7万户。

二、增值电信

电子信箱(MHS或E-Mail) 1992年6月,上海市长途电信局的电子信箱系统试运行。1993年4月,与福州等地联通。1994年,开通与北京、美国(Telemail)、日本(ATI)、新加坡(stems)和意大利(omega400)的X.400网络互联,并与韩国等国及国内青岛等地联通测试成功。1995年,联通长沙、台湾和挪威、瑞典。是年7月,加入全国联网,和北京等9城市同为子系统,和北京互为国际出口备分路由。自此,建成中国电子信箱系统(chinamail)。是年,用户0.13万户。

国际互联网(INTERNET)　1995年年初,中国公用计算机互联网上海节点建成,专线经美国 Sprint 公司 Sprintlink 与国际 Internet 互联。是年5月17日,上海节点开放国际互联网业务。是年,用户0.11万户。

三、有线电视传输

1992年,上海市邮电管理局和上海市广播电视局提供电路,分别开通长宁、徐汇区的有线电视网,入网用户10万户。到1994年年底,全市14个区全部联网。次年,用户150万余户。

第二十五章
土地、房地产

第一节 土地 >>

一、土地状况

土地分布 元至元二十九年(1292年),上海县立,土地约2000平方公里,合300万亩。清嘉庆十年(1805年),600平方公里,合90万亩。道光二十三年(1843年)上海开埠。二十五年划地840亩(830老亩)为英侨居留地。二十八年,划虹口为美侨居留地,界址未定;同治二年(1863年)、光绪十九年(1893年)两次强自划定界地0.79万亩。道光二十九年,划定土地998市亩为法侨居留地。租界当局越界筑路占地4.81万亩。1927年,上海特别市成立,面积74.2万亩。公共租界、法租界租界地4.92万亩,越界筑路地区4.81万亩。抗日战争胜利后,全市面积86.91万亩。1951年,上海市土地面积92.64万亩,其中市区12.95万亩、郊区79.7万亩。1958年,划入江苏省10县,面积大增。1995年,全市土地951.07万亩,其中耕地553.19万亩。

使用分类 1981～1984年全市土壤普查和1992年、1993年市中心区土地进行登记后,始有全面资料。1995年,全市各类用地,农业占62.08%、水域13.90%、住宅11.49%、工业和仓储4.77%、交通3.99%、公共建筑1.01%、公用设施及绿化0.51%、特种0.49%、商业0.31%、其他1.44%。

土地占有、人均用地 1950年底,上海市区土地,公有土地占12.4%,私人土地占74%,外国人土地占13.6%。到1984年,私有土地0.68万亩,业主2.1万户,上述土地是年全部收归国有。1995年,全市土地356.69万亩,国有占22.69%、集体占77.31%。

人均占地。1981年,全市0.818亩,1995年0.736亩。

耕地。1981年,全市人均0.5市亩,农村人均1.2市亩。1995年,全市耕地553.19万亩,占上海土地总面积57.82%。人均0.43亩。

居住用地。1981年,全市127.24万亩,其中农村宅基地用地84.87万亩。

全市人均居住用地 0.11 亩，其中农村人均宅基地 0.175 市亩，超过市规定的农村宅基地标准(人均 0.09 市亩)约 1 倍。1995 年，全市 109.97 万亩，其中农民住宅用地 87.9 万亩。全市人均住宅用地 56.33 平方米，其中中心城区人均 9.41 平方米、近郊区人均 89.3 平方米、远郊人均 112.38 平方米。

二、土地管理

产权产籍 明、清时期，上海县地籍沿用元代华亭县规定，分为保、区、图、圩、号 5 级，每一号内分户发产证。清咸丰三年(1853 年)，上海小刀会起事，上海县衙册籍被焚。咸丰五年(1855 年)重理田粮，仍沿用旧地籍，造图册，核发“执业田单”。1924 年，上海县清丈，至 1927 年 6 月测户地 13.3 万亩。公共、法两租界范围均在上海县境。清道光二十四年(1844 年)，英商租地造房。二十七年，外商所用土地始由上海道印发道契，请领道契的有英、美、法等 17 国。1927 年上海特别市成立，接收上海县 11 个市乡和宝山县 6 个乡。1937 年 4 月，上海市开办“土地所有权状”，到八一三事变发生发状 762 份。1937 年上海沦陷，图籍档案寄存公共租界工部局内，1940 年 7 月被迫移交给汪伪政府，伪市政府土地局据此开办土地登记等业务，发“土地执业证”1.85 万份。抗日战争胜利后，上海市政府宣布一律无效。同时开办土地所有权登记和公地嘱托登记。共有土地 23.63 万丘，登记 17.18 万丘，发“土地所有权状”10.76 万丘(份)、“公地所有权状”142 份。1947 年 11 月，规定外人既得之土地经登记后发给所有权状。1950 年，市政府地政局对 20 个市区约 10 万丘土地资料加以整理，统一绘制市区 1/500 地形图 0.23 万幅。6 月核发“土地所有权状”、“公地所有证”，至 1955 年 5 月分别核发 3 万份、0.14 万份。1984 年 4 月，根据 1982 年宪法，市政府规定全市城市土地全部归国家所有，私有土地产权证件一律作废，原私地租赁关系自然终止。进行土地使用权登记。市区私地业主总户数 2.1 万户、面积 0.68 万亩。办理国有土地使用登记 1.49 万户，未经登记内部办理接管 0.61 万户。1985 年 7 月，恢复地籍管理制度。1988 年 1 月 15 日，颁发“上海市国有土地使用证”，始发 650 本。1992 年年底，开始全面发放，到 1995 年全市发放国有土地使用证 27.81 万本、集体土地建设用地使用证(含“上海市农村宅基地土地使用证”)113.12 万本，发证率分别为 95%和 99%。

农村土改后地籍。1950 年冬，郊区实行土地改革，1951 年 3 月市政府公布土地证实施办法。凡农民分配得到的没收征收的土地及原来的国有土地，发给国有土地使用证，共 5.6 万余份。其他各阶层人民私有的土地和房产及农民原有的土地房屋，发给土地房产所有证，共 10.6 万余份。

土地估价 全市估价。清咸丰四年(1854 年)，英租界工部局第一次董事会要求各租地人限期自报地价，否则工部局派公正人估价。同治元年起，工部局设估价委员会，编造估价册。公共租界估价平均每亩从1865年银0.13万两升至1933年银3.39万两，其中以中区平均价每亩银13.25万两、南京路外滩每亩银36万两为最高。所估地价，同治九年（1870年）约为市场买卖价75%，光绪三十三年（1907年）为80%。1928年，上海特别市政府令各区查报地价。市区土地亩均0.14万元，沪南最高达0.83万元，闸北其次在0.61万元，杨思、高桥最低，分别为336元和312元。1933年后，因局势影响，地价回落，估价未作调整。1944年7月，中、西区和东、北区以原估价5倍和3倍增算。次年7月，又分别提价10倍和6倍。1948年，地价比上年涨15～25倍。1950年起，改用地价基数全面估价，以上海地价最高的南京东路外滩土地定为基数1000，其余依次降低，最低基数为2.5。不再全面评估地价。1988年，市土地局对第一幅批租土地（外销地块土地使用权出让）按国际通用办法进行评估，评估价格作为批租的底价。1995年，对全市0.47万个国有企业按清产核资的土地价格，评估9989.7万平方米用地，总估值347.36亿元。

外国（境外）人用地估价。清咸丰六年（1856年），外国人在法租界外滩一带占地185亩，平均每亩估价868银元。同治六年（1867年），法公董局对法租界土地分别以每亩银0.2万两、0.1万两、300两分段估价。光绪三年（1877年），又分作5等，1930年估价1.2万亩，总值3.23亿元，平均每亩2.7万元。洋泾浜外滩地价最高，1862～1933年地价上涨92.5倍。1940年，东区以原估价较高未作变动，中、西区分别增加2～7成。1988～1995年，上海外销地块，综合用地每平方米最高价0.84万美元，最低价0.13万美元。住宅用地最高价0.29万美元，最低价383美元。工业用地最高价110美元，最低价30美元。

土地征用　清末民初，政府筑路征用民地、收用洋商租界外道契地，均不作赔偿。租界筑路、办公益事业用地早期以收购方式取得。清同治八年（1869年），五国公使暂行批准《上海洋泾浜北首租界章程》，规定在租界内租界当局可强制征地，清政府大批征地，专案定价。光绪二十三年（1897年），筑修吴淞铁路，规定每亩最高地价银200两，最低20两。次年，辟吴淞商埠，筑路征地分每亩银160两、120两、80两3等给价。1929年4月，上海特别市政府规定对路旁土地征收受益费。1927～1935年，全市征地1.02万亩，1947～1948年4月0.4万亩。1950～1957年6月，全市政府征地9.46万亩，1958年3.88多万亩。1992年，国家计划委员会和国家土地管理局下达上海市建设用地指标为6.49万亩，当年市、区、县审批建设用地27.07万亩。1995年，为8.94万亩。1950～1995年，全市批准建设用地138.75万亩。其间，1950年0.41万亩，1969年645亩创历年最低，1992年30.9万亩创历年最高。

第二节 房屋 >>

一、房屋占有

公有房屋 民国时期，公有房屋主要有党政军、学校、医院等用房。解放后，接管没收敌伪房地产，处理外国人房地产，对私营房地产进行社会主义改造，政府和各系统单位投资建造，形成公有房屋。1958 年，市区公有房屋 4184.7 万平方米，占房屋总量 78%，其中直管公房 2582.9 万平方米、系统公房 1601.8 万平方米。1979 年，市区公有房屋占全市房屋 89.1%，为历史最高。1995 年，全市公有房屋 17947 万平方米，占全市房屋 81.2%，其中直管公房占 31%、系统公房占 69%。城市土地属国家所有，公有房地产在上海房地产业的发展中，一直居主导地位。

私有房产 民国时期，上海房产基本为私有房地产。1955 年，市区有房屋 4581 万平方米(不含棚户简屋和浦东市区部分房屋)，其中私房 2751 万平方米(不包括外国人房产)，占 60%。私房出租 1935 万平方米，占私房 70%，占市区房屋 42%。有二、三房东 8.76 万余户，部分仍收取顶费、小费。1956 年，对私营房地产、私营出租大业主以及私营工商业以公私合营形式进行社会主义改造。1958 年，又对私房出租小业主以国家经租形式进行社会主义改造。是年，市区私有房屋 1177.5 万平方米，其中居住房屋占 89.6%。此后，私有房屋逐年减少。1979 年，市区私有房屋 960.1 万平方米，为历年最低，其中居住房屋占 98.9%。1979 年，开发侨汇商品住宅，允许归侨、侨眷购买，私有房产开始增加。1981 年后，允许有常住户口的市民购买商品住宅，私有房产迅速增加。1992 年，允许外销商品房向境内外的单位和个人出售。1994 年，实施出售公有住房，向租住职工出售成套独用的公有住房。私有房产迅速增加。1982 年，市区私有房产 1112.7 万平方米，1995 年 4147 万平方米，占市区房屋总量 18.8%。

二、房屋管理

产权产籍 清代、民国时期，房屋作为土地定着物(附着物)，不另登记发证。土地登记所颁发的“土地所有权状”，有“定着物情形和现值”栏目，不作为房屋权证的确认。解放初，上海市地政局办理土地登记案件时，地上有房屋的同时办理房屋所有权登记，发给收件收据。1988 年 4 月，全市房产总登记全面展开，1992 年 7 月结束。共核发所有权证 22.23 万本，房屋确权面积 19954.2 万平方米。其中直管公房、系统公房发证率 95%以上。到 1993 年，私房发证率

92.7%。是年起，对房屋产权纳入产权登记管理，单位和个人房屋凭证管业，凭证出售、出租房屋，凭证办理房屋买卖、继承、赠与、交换、分析、合并、调拨等转移变更手续，凭证申请房屋的扩建、改建，凭证办理拆迁补偿手续。1994 年起，办理公有住房出售事宜，至 1995 年发放房屋所有权证 60.6 万本，涉及房屋面积 3208 万平方米。1995 年 4 月，市房地产登记中心成立，实行土地、房产登记发证统一管理。1995 年 11 月，《上海市房地产登记条例》颁布，规定 1996 年 3 月 1 日起实行房屋、土地两证合一，颁发统一的房地产权证书。

房屋拆迁管理 民国时期，征用土地拆迁房屋，房屋作价赔偿。1956 年，上海市人民委员会规定凡拆迁户数较多，迁建基地由市房地局另行觅地统一安排，零星分散户区政府指定迁建附近村落。1950～1956 年，全市因征地收购房屋 123 幢、564 间，拆迁房屋 236 幢、1.7 万间。1958 年，拆迁房屋约 26 万平方米，对原房主予以补偿。有分配现成房屋给拆迁户，原房作价补偿；代业主原房原拆原建。建造统一规格的农民新村供分配使用。1982 年，规定新建房屋安置原住棚户、简屋或旧式里弄内的被拆迁户，按人均 4～7 平方米分配。用新建房安置原住老宅基的拆迁户，原人均面积在 13～20 平方米和 20 平方米以上的分配 9 和 12 平方米。迁至郊区的每人增配 1 平方米。1992～1995 年，拆迁面积 1582.6 万平方米，动迁居民 30 万户，25 万户动迁居民迁入新居，人均居住面积由 6.9 平方米增至 7.5 平方米。

住房调配 1952 年 4 月，首次分配租赁全市第一个工人新村曹杨新村住宅 167 幢，每幢上下两层各 3 户，分配 0.1 万户。1953 年 8 月，向纺织、重工、轻工、市政、建工、军需等系统职工 1.97 万户，分配新建的称作“两万户”的 17 个工人新村 55.53 万平方米工房。1953 年、1954 年，建干部住房 9.4 万平方米分配给干部。1956 年，市房地局把市级机关让出的 28 幢、126 组公寓、花园住宅，分配给 10 个系统(单位)351 名高级知识分子。1957 年以后，全市住宅建设实行统一计划、投资、设计、施工、分配、管理等“六统一”。新建住宅由市统一分配，分配给住宅建设和市政建设单位用于动迁居民；分配给市、区机关事业单位，用于单位职工；分配给房管部门用于居民，重要统战对象、专家、知名人士、归国华侨及到沪定居的港澳台同胞、外籍华人。1958 年、1959 年，在闵行、吴淞等新工业区新建住宅，分给当地工厂职工，集体宿舍每人 3～4 平方米，眷属宿舍平均每人 3～5 平方米。1967～1971 年，市革命委员会用“文化大革命”中抢占的公私房屋 65 万平方米分配给最困难的居住户。同时，市房地局革委会为约 500 户抢占房屋的“造反派”用户补办配房手续，使非法居住变为合法居住。1982 年，市政府要求住房由国家统筹统建统分为主逐步过渡到单位自筹自建自分为主。1985 年起，政府房管部门只负责分配市政府批办的特需用房，不再向居民配房。1953～1994 年，市区直管公房居住房屋分配 229.42 万户，其中困难户占 44.96%。

第三节 | 房地产业 >>

一、私营房地产

外商 清咸丰三年(1853 年),老沙逊、怡和、仁记等洋行开始投资上海房地产,在英租界建木板房 800 余幢。19 世纪 70 年代以后,老沙逊、新沙逊、怡和等洋行经营房地产,拆除木板房,翻造和兴建两层砖木石库门楼房。同治九年(1870 年),上海首家外商房地产专业公司德和洋行创办。光绪十四年(1888 年),英商业广地产公司创办,始出现标有中文"地产公司"的专业外国房地产商。光绪二十二年(1896 年)至 1918 年,英商泰利洋行、哈同洋行等 30 家房地产公司开办。宣统元年(1909 年)至 1918 年,公共租界工部局核准建房 4.3 万幢,年均 0.4 万幢以上。20～30 年代,房地产业发展出现高峰。公共租界新建房屋 8 万余幢,年均 0.6 万余幢。法租界新建中西住宅 3 万多幢。1921 年,公共租界房捐地税占租界财政收入一半以上。1931 年,房地产交易总额 1.83 亿银元,工部局房捐地税收入 1412 万银元。1930 年 4 月,上海房产业主公会有外商会员 140 家。1932 年一·二八事变,大批房屋毁于战火,损失 2 亿银元以上,经济萧条,公共租界空置房 0.5 万余幢,全市房屋开工量骤减 50%,房地产交易额仅及上年 13%。1934 年,受世界经济影响,上海房地产业出现严重危机。1936 年,公共租界空置房 0.9 万幢,占全部房屋 10%以上。地价暴跌,房价只及战前十分之二三,房地产交易量下降,外国房地产公司的股票上市价跌至面值1/10,银行停止抵押贷款,房地产抵押业务停滞,多数房地产商负债,经营困难。1937 年八一三事变,闸北、南市部分地区成为废墟。租界东区、北区烧毁住房 1.3 万余幢,占地区房屋总数 1/3。英、美等房地产商抛售房地产,资金转移国外。抗日战争胜利后,英、美等房地产商或迁香港,或把独资洋行改成中外合资,有的大量出售产业。1946 年,地价上涨指数远低于米价,1948 年 6 月房租指数是物价指数 10%。1950 年,有外国房地产商 74 家,其中有房地产的自产商 37 家,占有土地 0.38 万亩、房屋 227 万平方米,土地、房屋分别占外国人在沪房地产总数 14.7%和 29.7%。大多企业业务收缩、负债,以产抵债而歇业。

华商 房地产商。清同治九年(1870 年)后,官僚、买办、地主、富商在租界内外大量置产,出租牟利。较大的业主有南浔"四象"之称的张、刘、邢、庞 4 家和宁波李家、方家。光绪二十六年(1900 年)前后,刘家在租界中心地段建造会乐里、会香里等多处里弄房屋。各业主设经租账房,管理房产。二十四年,叶澄衷开设上海最早的华商房地产公司之一树德房地产公司。1927 年,全市有华商房地产公司约10家。1927～1931年，上海房地产交易活跃，1930年上海房产业主公会有华商会员60家。浙江兴业、浙江实业、大陆、上海商业储蓄等银行都设立房地产部经营房地产。1932年一·二八事变以后，锦兴等10多家公司均因巨额负债破产倒闭。1937年八一三事变至太平洋战争爆发，外国房地产商业务收缩。1938年1月～1941年，华商新开设房地产公司约30家。1937年，全市房地产交易627万元、1940年1.01亿元。太平洋战争爆发后，房地产在日军统制的产业之外，众多商人投资于房地产。1944年，市房地产业同业公会会员175家，其中新加入的约50家。新建房地产公司大多以房地产作筹码进行投机，未建新房。后因市内地价直升，且不易买到，房地产商经营转向市郊，各类土地交易兴旺。抗日战争胜利后，再度出现抢购房地产热潮。1948年3月，参加上海市房地产商业同业公会的房地产商117家，大部分是经租商和介绍商。1949年6月，全市有自产的华商房地产公司49家，有土地656亩，房屋0.24万幢、建筑面积49万平方米。1954年，月收租金9.5万余元。1956年1月，全行业实行社会主义改造。

经租处。主要为房地产商所设管理房产的账房。1949年6月，有73家，1955年增至99家，经租房屋2.82万幢、建筑面积363万平方米，每月租金81.24万元。1956年，实行私营工商业社会主义改造，经租房消失。另有房主自设的经租账房，不办工商登记，不参加同业公会，1953年全市有215户，管理房屋面积180万平方米，月收租金40万元。

私人大业主房产。业主以工商业者为主，大多兼营房地产出租、买卖。拥有的房产数量、质量都超过专业华商房地产公司。1955年6月，全市占有房屋0.1万平方米以上的业主0.32万户，有房屋7.78万幢，建筑面积1085万平方米，占全市房屋总面积23.2％。1956年，全部房产实行社会主义改造。

二、公有房地产

公有房产来源、数量　1949年上海解放后至50年代，上海通过接管公产、敌产，接管、代管外商房产，对私营房地产实行社会主义改造，收归公私合营的原私营工商业的房产，形成公有房产。公有房产分为直管房产和系统管理房产两部分。房产来源，(1)1949年6月，上海市军管会规定“国民政府所属各级党、政、军、团、特、财、教等机关部门之房地产，统归本会各有关部门依照系统接收，各接管系统以外之公共房地产，概由房地产管理处接收之”。市军管会房地产管理处接收并统一管理的产业，成为第一批直管公房。接管土地0.89万亩、房屋250万平方米，至1955年有房0.9万幢。(2)1950年，上海市军管会征用美国政府在抗日战争胜利后利用“援华”物资同国民政府签约取得的21处房地产。到1964年，全市接管、代管外商土地2.59万亩、房屋765万平方米。

(3)1956 年,上海市对私营房地产企业和占有出租房屋 1000 平方米以上私人业主实行社会主义改造。其中,202 家房产企业公私合营,另 2700 家业主房产也实行社会主义改造。1958 年,对出租私房 150 平方米以上(郊县城镇 70 平方米以上)、不足 1000 平方米的业主实行社会主义改造,3.97 万户私房由国家经租。通过两次对私改造,市区有 1403.5 万平方米私房纳入直管公房管理,其中公私合营 856 万平方米、国家经租 547.5 万平方米,约占全市房屋 30.64%,占私有房屋 51.02%,占私人出租房屋 72.53%。(4)1956 年,对私营工商业社会主义改造,私营工商业主的私有房地产归入公私合营工商企业,纳入系统公房管理。50 年代因私营工商业社会主义改造,各部门按系统接收私营工商企业并自行管理的房产,成为第一批系统公房,至 1957 年 3 月有 990 万平方米,约占全市房屋 18.9%。其中自管数量较大的有市纺织局等系统单位。系统公房主要是经营性非居住用房,居住房大部分出租给单位职工。(5)1951 年起,新建大批公房,并成为公有房产主要来源。新建公房实行"三统",统建统配统管,由财政拨款建造的房屋和各系统单位投资计划建造的职工住宅统一划归市房地局管理;各系统单位按固定资产投资建造的生产经营用房由系统单位自管。至 1978 年,全市建成 220 个新村。市区有房屋 8652.9 万平方米,其中公有房屋占 88.8%。公有房屋中直管公房与系统公房各占一半,公有居住用房 95%是直管公房。(6)1980 年,改革住房"三统"制度。实行职工住宅由单位自建自配自管,各单位自建的办公营业用房不再移交市房地局统一管理,各系统房地产开发公司开发的商品房除出售给私人以外的也属系统单位产权。直管公房除少量特需用房外,面积不再增加。1993 年,实行公有住房出售,直管公房减少。1995 年,市区有房屋 2.21 亿平方米,公有房屋占 81.2%。建成居住新村 358 个,其中高层建筑 0.14 万幢。1949～1995 年,拆除公有旧房 2571.9 万平方米。

市区直管公房租金收入。1951 年,全市 0.05 亿元,1995 年 4.68 亿元。1949 年 5 月～1995 年,资金总收入 74.21 亿元,总支出 74.51 亿元。

住房制度改革 公积金制度。1991 年 5 月 1 日,实施《上海市住房制度改革实施方案》,推行公积金制度。职工本人和单位分别按职工基本工资的 5% 向上海市公积金管理中心缴公积金。至 1995 年,全市参加公积金制度的单位 3.36 万个、职工 463 万人,占全市职工 98%。累计归集公积金 77.18 亿元,发放单位建房贷款 40.99 亿元、职工购房贷款 6.61 亿元,直接投资建造住房开工 21.9 万平方米。

出售公有住房。1994 年 5 月,市政府颁发《关于出售公有住房的暂行办法》。规定成套独用公房可以出售。房屋售价以售房基价、房屋所处地段等级、房屋折旧等组成,并予购房者工龄优惠。房价基价建筑面积每平方米 902 元。全市划分 6 个等级地段,每等级地段房价级差 10%。房屋折旧以房屋竣工验收后计，每年折旧2%。工龄每年优惠1.2%。给予买主以10%优惠降低售价。所售房屋称为“售后公房”。1994年7月，售房方案实施，1995年6月30日结束。全市出售公有住房60.8万套、建筑面积3153.97万平方米，售房款68.64亿元。售出住房约占可出售公有住房50%，全市居民住房自有率从1993年的21%提高到1995年的35%。

三、房地产市场

土地使用制度 1986年，开征三资企业土地使用费，到1995年全市实行开征三资企业土地使用费、土地批租、内资六类用地使用权转让。

三资企业土地使用费。1986年10月，市政府颁布规定中外合资企业使用国有土地必须缴纳土地使用费。收费标准按土地的用途和位置分为6类10级，每年每平方米最高为100元，最低0.5元。1991年9月和1995年7月，两次调整收费标准。调整后的用地性质分为5类，土地等级分为10级，最高标准年平方米170元，最低标准0.5元。1995年，缴付土地使用费企业0.12万家，用地面积1063.7万平方米，征收金额1.1亿元。1986～1995年，共征收2.8亿元。

外销地块土地使用权出让（土地批租）。1987年11月，市政府规定出让的最高年限为居住用地70年，商业、旅馆、娱乐用地40年，工业、科教、文体、卫生、综合或其他用地50年。1988年8月，上海第一幅批租地块虹桥经济技术开发区的26号地块出让签约。面积1.29公顷，每平方米土地出让金0.22万美元。至1995年，全市批租土地0.12万幅，1.02万公顷土地进入土地一级市场。批租土地受让人为“三资”企业，批租地块（不包括成片出让）可建外销商品房建筑面积3521万平方米，获得土地出让金86.2亿美元和102.5亿元人民币。市中心城区批租的熟地价每平方米2000～7000美元，最高的黄浦区140街坊A地块达8400美元。1992年，首幅旧区改造批租地块卢湾区打浦桥“斜三”基地批租成功。至1995年，批租地块拆除危房、棚户、简屋107万平方米，占地块旧住房拆除总量的46%。加上外资内销地块共拆除危棚简屋119万平方米。

内资六类用地使用权出让。1994年2月，全市经营性用地全部转为有偿使用。1995年，市区共出让用地87幅、面积69.97公顷，收取出让金7.36亿元人民币、247万美元。

开发 开发企业。1979年8月，经办外资、侨汇房的公司中华企业公司重新开业。9月，工商业者集资组建上海爱国建设公司。1981年以后，各区、县、局和部分大型企事业单位成立住宅建设办公室或房地产开发经营公司。1985年2月，上海最早登记注册的中外合资房地产发展公司虹桥联合发展有限公司和闵行联合发展有限公司成立。1993年8月，上海首家私营房地产企业上海明道房地产发展有限公司成立。1995年，全市有房地产开发公司0.26万家，其中内资企业 0.22 万家、外商投资企业 392 家。

开发投资。1986～1995 年,全市商品房投资内销 537.08 亿元、外销 204.98 亿美元。新开工面积分别为 3709.22 万和 1038.6 万平方米,竣工面积分别为 1880.41 万和 113.68 万平方米。

交易 高标准内销商品住宅。1979 年,开始开发侨汇商品房,落实侨务政策和市内归侨、归眷,1992 年改称高标准内销商品住宅。1988 年,销售 3.47 万平方米,1995 年 9.5 万平方米。1979～1995 年,销售住宅 58.19 万平方米。1987 年,高层房屋房价每平方米 0.2 万元,多层房屋 0.18 万元,1995 年分别为 1.1 万、1 万元。

一般标准内销商品住宅。1988 年,销售 67.98 万平方米,1995 年 507.65 万平方米。1979～1995 年,1209.29 万平方米,其中个人购买占 32.2%。全市平均成交价,1992 年每平方米建筑面积 1635 元,1995 年 2476 元。是年,中山环路以内 4000～6000 元,宝山、花木、莘庄等地区 1900～2100 元。

外销商品房。1992 年,始有出售,售出 4.2 万平方米,至 1995 年售出 18.9 万平方米。综合楼每平方米平均售价,1992 年 1850 美元,1995 年 996～4900 美元。公寓分别为 1200、455～3270 美元。

私房买卖。上海解放后,私房买卖由各区房管所办理,价格由买卖双方协商。1987 年,市、区房地产交易所成立,受理私房买卖。是年成交 0.39 万笔、金额 1821 万元,建筑面积 10.68 万平方米。1995 年,分别为 0.39 万笔、4.47 亿元、20.5 万平方米。1987～1995 年,成交 4.37 万起,其中居住用房占 97.3%、非居住用房占 2.7%,建筑面积 144.89 万平方米,成交金额 13.52 亿元。平均每平方米成交价,1988 年 262.2 元,1995 年 1530.8 元。

营业性办公综合楼。1983 年 5 月,全市第一处营业性办公楼锦江俱乐部外商办公楼 2 号楼竣工。1985 年 9 月,第一幢中外合资营业性办公楼联谊大厦竣工。1990 年,第一幢中外合作营业性办公楼上海商城竣工。至 1995 年,全市累计供应量 25.16 万平方米,当年新增 10.16 万平方米,可供应 10.21 万平方米,占用量 8.95 万平方米。每月每平方米租金,1986～1995 年锦江俱乐部 3 号楼 108～348.6 元,联谊大厦 104～448.2 元。1989～1995 年,上海商城 148.8～747 元。

外资出租公寓。1985 年前,有龙柏饭店,房 71 套,每套日租金近 200 美元。1995 年,全市有外资出租公寓 8 处,房 0.11 万套,面积 15.42 万平方米。

营业性标准厂房。1984～1989 年,闵行经济技术开发区和漕河泾新兴技术开发区内投资建造通用厂房 14.47 万平方米,至 1995 年全市有 66.07 万平方米,出租出售 47.54 万平方米。1989 年,闵行开发区通用厂房每平方米年租金 23.6～29.5 美元、售价 167.8～214.5 美元,漕河泾开发区分别为 60、217 美元。

到1995年，全市投资建造通用厂房66.07万平方米，出售、出租47.54万平方米。其中，闵行开发区年租金每平方米约40美元，售价230～240美元，漕河泾开发区分别为54美元、300～325美元。

物业管理 1991年11月，上海第一家专业物业公司沪港合资上海安居乐物业管理公司成立。1995年，全市有物业管理公司867家，管理房屋6197万平方米，占全市房屋的28%。成立0.12万个业主管理委员会、2.13万个业主管房小组。

第二十六章
旅　　游

第一节 | 旅行社 >>

一、旅行社

国际旅行社　清宣统三年(1911 年),英商旅行社通济隆旅行公司在福州路 2～3 号设办公室,开展旅游业务,提供铁路售票、代理各国邮轮公司在华业务等服务。美国运通银行在上海出售旅行支票。1923 年 8 月,陈光甫创办上海商务储蓄银行旅行部,经营国际、国内旅游业务,1927 年旅行部改中国旅行社。1953 年 7 月,中国国际旅行社上海分社(简称国旅上海分社)成立。1954～1965 年,主要业务是协助安排应邀到沪外宾的食、住、行。1956 年,开始接待自费的外国旅游团体、国内居民出国旅游等业务。1956 年,上海华侨服务社成立,1957 年改上海华侨旅行服务社。1958 年、1963 年,两次与国旅上海分社合并。1973 年,重新成立上海市华侨旅行社,1974 年改上海市中国旅行社(简称上海中旅)。1979 年底,共青团上海市委员会筹建青年联合会旅游部,1983 年改上海中国青年旅行社(简称上海青旅)。1981 年,上海春秋旅行社成立。1992 年,上述 4 家旅行社核定为一类旅行社。1995 年,全市有旅行社 35 家。

国内旅行社　1915 年,汇丰银行外汇部主任姚元和黄其等 4 人发起创办娱乐性的俱乐部上海友声旅行团。1923 年,上海商务储蓄银行旅行部创办,1927 年改中国旅行社。30～40 年代成立二三十家。知名的有 1932 年外商银行的高级华人职员与纺织厂、商店高级职员组织的友声旅游团,1946 年上海基督教青年会青年旅行团,1947 年化工与医药界工商者、高级职员创建的绿洲旅游团,还有太平洋旅行社、国泰旅行社等。有的组织内部员工外出旅游,不以赢利为目的,不向社会招客。1954 年,国营上海出租汽车公司开始经营苏州、杭州等地的旅游业务。1958 年 4 月 1 日,全国第一家经营国内旅游业务的旅行社上海旅行服务社成立,1966～1979 年停止经营,1979 年恢复。此后,经营国内旅游业务的三类旅行社激增，1995 年，有三类社 223 家，组织国内旅游人数 202.7 万人次，营业收入 8.28 亿元。1993 年，16 家旅行社进入全国“三类旅行社 30 强”，营业额在全国排名第一至第七位。

二、从业人员

1995 年，全市旅行社从业人员 0.48 万人，国内、国际业务分别为 0.3 万、0.18 万人。业余导游近 1 万人。旅游车船从业人员 0.64 万人。

第二节 旅游节庆、特色旅游项目 >>

一、旅游节庆

迎新春撞龙华晚钟，始于 1990 年，每年公历元旦前夕举行。豫园元宵灯会，始于 1995 年。龙华庙会，始于明代，每年农历三月三举办。南汇桃花节，始于 1991 年。上海国际茶文化节，始于 1994 年。上海桂花节，始于 1988 年。黄浦旅游节，始于 1990 年，被国家旅游局列为全国 41 个重大节庆活动之一。长兴岛柑橘节，始于 1989 年。

二、特色旅游项目

特色旅游项目，主要有做一天上海市民游，1971 年起组织。黄浦江游览，上海旅游的传统节目。修学旅游，20 世纪 80 年代起日本、香港等地青少年修学旅游团到沪活动。工业、农业观光游，20 世纪 50～60 年代经常安排外国游客参观上海地毯总厂、上海玉石雕刻厂等，80 年代起有宝山钢铁公司等。1994 年起组织休闲农业观光，有做一天上海郊区农民、参观蔬菜园艺场等活动。万国建筑博览之旅，博览区主要在外滩，以及黄浦区、卢湾区、徐汇区。名人故居游，有孙中山、宋庆龄、鲁迅等名人故居。上海民间收藏之旅，家庭陈列室有数十家。上海穆斯林之旅，参加穆斯林岁时、节庆（开斋节和古尔邦节）、婚嫁、丧葬等活动，参观回民公墓、清真寺、清真女寺。古玩收藏之旅，游玩上海文物商店、东台路古董市场、浏河路古玩市场、福佑路古玩市场、肇嘉浜路古币、集邮市场、华宝楼。日本女青年上海之旅，20 世纪 90 年代初起开展。犹太人在上海寻踪之旅，20 世纪 80 年代开展，有西摩路犹太会堂、埃利嘉道理爵士及夫人墓、河滨大楼、虹口区犹太难民重要居住地等旧迹。

第三节｜经营 >>

一、入境旅游

业务 1949年1～5月，海运入境旅客0.29万人，出境外籍旅客1.53万人。解放初，入境旅游者主要是政府部门和群众团体邀请的外宾、侨胞，外宾90%以上是苏联与东欧社会主义国家援华专家。1954年国旅上海分社成立后，负责接待访沪境外旅游者。1956年，国旅上海分社率先开办入境外轮登记游览业务。10月，上海华侨服务社成立后，负责接待华侨旅游者，1957年4月起对自费回国者实行收费服务，不以赢利为目的，不计成本，注重政治效益。1957～1970年，均亏损，1971～1973年略有赢利。1956年，开始接待自费旅游者，下半年用另纸签证，开办过境外轮旅客登陆游览业务，全年接待0.14万人，1960年0.54万人。1961～1963年，国家经济困难，中苏关系恶化，外国旅游者减少，1963年接待0.17万人。1964年，中法建交和中国与巴基斯坦通航，国旅总社委托巴航代理组织各国旅游者到华旅游，上海为中巴航线的入境口岸，国旅上海分社接待0.26万人次，1965年0.58万人次。受“文化大革命”影响，1967～1970年游客大幅下降，接待0.42万人次，营业收入外汇人民币3.4万元，为1965年的20.2%。1971年3月后，美国游客迅速增加。1974年1月，调整到华自费旅游者综合服务费标准。当年，国旅上海分社首次扭亏为盈，赢利9.03万元。1975年，营业收入146.85万元，赢利11.1万元。1973年，上海华侨旅行社成立，办理境外游客旅游业务。1975年，国旅上海分社获外交部授权，承办组团业务，始自行与海外旅游机构和华侨社团联系，组织从上海入境的华侨、港澳等4种人员的旅行团。1979年，上海青旅开办入境旅游业务。1980年3月，上海旅游公司向国外旅游组织发布开业通告，上海开始自主外联。1985年起，与世界各地100多家旅行社建立组团业务关系。1988年，入境游客91.06万人，1995年136.79万人。是年，入境旅客外国人占78.62%、华侨占1.85%、港澳地区人员占11.34%、台湾地区人员占8.18%。1976～1995年，接待欧美邮轮457艘，游客近15万人。1979年，全市旅游外汇收入5384.67万美元，1995年9.44亿美元，旅客人均消费分别为252美元和690美元，在上海停留时间分别为3.91天和3.81天。

二、出境旅游

1923年，上海商务储蓄银行旅行部开办国际旅游和组织中国留学生出国业务。1926年春,中国旅行社在国内第一次组织出国旅游团赴日观樱花,共20余人,在日两周。次年续办。此后至50年代初,基本无旅行社组织出境旅游业务。1954年起,国旅上海分社每年组团到苏联、东欧各国、蒙古、朝鲜等国参观访问,参加者主要为劳动模范、高级知识分子、原工商业者与外事干部,由对方负责接待,互相交换组团。1957年6月,首次组织自费旅游者赴苏联旅行,旋停办。1984年7月,上海中旅开办上海居民赴香港探亲旅游业务,后增澳门及港澳两地游。是年,出境、出国游人数0.12万人次。1992年起,国旅上海分社、上海中旅、上海青旅等6社开始办理泰国游、新加坡游和马来西亚游。1995年,全市旅行社组织出境游1.86万人次。出境游线路有香港一地游(以探亲为主),香港、澳门二地游,新加坡一地游,泰国一地游,新加坡、马来西亚、泰国三地游,香港、新加坡、马来西亚、泰国四地游等。

三、国内旅游

1915年,上海友声旅行团组织洋行、银行、钱庄高级职员外出旅游。20年代初,中国旅行社为扩大影响,提供经费,在上海组织郁达夫等名流到浙东旅游,嗣后旅游者撰文介绍所到各地风景名胜。30～40年代,一批旅行社组织国内旅游。1949年,有中国旅行社、上海基督教青年会旅行团等办理国内旅游,也组织散客旅游苏州、北京、广州等地。解放初国内旅游业务停办。1958年,上海旅行社始开办国内旅游业务,服务对象主要是原工商业者及其家属、教授、医生与原银行、洋行高级职员等,旅游线路有宁波、杭州、苏州、无锡、南京、北京等常规线路,还组织市民参观市郊农业建设新景点、人民公社。是年,组织出游约0.6万人次,营业收入20余万元,赢利2万余元。1959年秋,组织0.86万名市民骑自行车参观闵行一条街,每人收2角钱保证金。是年,全社营业额17.21万元。"文化大革命"中停业,1979年后恢复。1995年,全市旅行社组织出游202.7万人次,营业收入8.28亿元。

第二十七章 科学技术

第一节 科研机构、学术团体、活动场所

一、科研机构

清同治四年(1865年),法国天主教会在上海县董家渡建立气象观测站,进行气象研究。十一年,又在徐家汇设立天文台,进行气象等观测、研究。1927年,上海市卫生试验所成立,进行细菌、病原体、病理研究和制造牛痘菌。1928年,中央研究院理化实业研究所、地质调查所、植物研究所等成立。次年,上海工业试验所成立,从事国煤的分析、油的氢化研究等。1934年,成立兽疫防治所,进行病理、防疫等研究。以后,又设立中华农学会上海农学研究所、法医研究所、上海社会局度量衡检定所、国民政府资源委员会上海材料供应事务所材料试验室等。1949年5月,全市有科研机构15家、科研人员283人,大部分是国民政府和上海市政府所办。1949年6月,均为上海市军管会接管。之后,中国科学院又接管原属中央研究院和北平研究院的9家研究机构和佘山、徐家汇观象台。这11家研究机构几经演变,成为中国科学院上海分院直属单位。同时,国务院各部门和上海市各系统新建一些研究机构。至1956年,全市有科研机构38家、科研人员0.19万人。此后,又创办上海钢铁研究所等7家研究所。至1966年,全市有182家科研机构、科研人员2.35万人,高级、中级、初级科研人员比例1∶3∶15。“文化大革命”中,21家研究所被撤销、合并、他迁,40%的厂办研究所和厂属中心试验室被撤销。1979年后,大部分原有机构恢复工作,并创办新的科研机构。新办的有上海脑研究所等。1985～1986年,出现集体、个体、民办科技机构。1987～1995年,科研机构进入企业或企业集团,向行业技术开发中心发展。1987年7月,上海科学院实行独立建制。1995年,有国有独立科技机构289家,其中隶属于中国科学院16家、国务院各部38家、上海市182家,其他30家。有附属于高等院校的研究开发机构387家,大中型工厂办技术开发机构590家。民营科技企业0.71万家。

国家科研机构 中央研究院。1928 年 4 月 10 日，中华民国大学院中央研究院改为国立中央研究院，中央研究院脱离大学院成为独立的学术机关。6 月 9 日，蔡元培在上海宣布中央研究院成立，在上海设总办事处。1930 年，全院设 10 个研究机构。1945 年 9 月，在上海设有数学、物理、化学、动物、植物、医学、心理学、工学等 8 个研究所。

上海自然科学研究所。1931 年 4 月，日本政府用庚子赔款等项目设立，成立中日两国委员联合大会，1945 年 9 月为中央研究院接办。

上海天文台。清同治四年(1865 年)，法国天主教会在董家渡设立气象站，记录每天的气温、气压和湿度等。十一年，在徐家汇建立天文台，光绪八年(1882 年)起在上海报纸发布天气预报。二十六年，佘山天文台建立。1962 年，两台合并为上海天文台，隶属于中国科学院。

中国科学院上海分院。1949 年 11 月，中国科学院上海办事处设立，1953 年 3 月改为中国科学院华东办事处，兼管在南京的院属研究机构，1955 年恢复旧名，1958 年 10 月成立中国科学院上海分院。1995 年，有冶金、硅酸盐、药物、植物生理、生理、细胞生物学、有机化学、生物化学、技术物理、昆虫、原子核、光学精密机械、脑、生物工程 14 个研究所和东海研究站，及文献情报中心。

地方、国家部属科研机构 1995 年，有上海科学院(1977 年 11 月成立)、上海市农业科学院(1959 年 7 月成立)等 27 个研究院所。设 7 个研究所、1 个农业试验场。主要有上海建筑设计研究院(1953 年成立)、国家医药管理局上海医药设计院(1953 年)、华东电力设计院(1953 年)、上海市机电设计研究院(1953 年)、上海市纺织科学研究院(1956 年)、化学工业部上海化工研究院(1956 年)、上海冶金设计研究院(1958 年)、上海内燃机研究所(1956 年)、邮电部第一研究所(1957 年)、上海市肿瘤研究所(1958 年)、上海钢铁研究所(1960 年)、上海市有机氟材料研究所(1960 年)、上海汽车研究所(1973 年)、上海飞机研究所(1973 年)、上海模具技术研究所(1983 年)、上海市应用数学和力学研究所(1984 年)。

外国人办科研机构 雷士德医学研究院，1932 年以英建筑师亨利雷士德的遗产建立并命名，1957 年改名上海医药工业研究院。上海巴斯德研究院，1938 年 1 月建立，法国巴黎巴斯德研究院在上海的分院，1951 年 8 月并入解放军军事医学科学院。

二、学术团体

清光绪十二年(1886 年)六月，英、美等教会医师约 150 人在上海成立中华博医会。次年十一月，英美传教士、外交人员，公共租界工部局官员，社会名流等建广学会。二十一年十一月，康有为等组织上海强学会等，除政治活动外，以切磋科学技术为活动内容。至民国，上海可考的科技社团有17个，其中医科社团8个。1915年，中国科学社在美国成立，1918年迁上海，以英国皇家学会为楷模，创办《科学》杂志，设立国内第一个生物研究所，召开分科年会和联合年会。到1937年八一三事变前，上海的社团数在全国领先，综合科技性社团有中国科学社、中国工程师学会、中国技术协会、上海纺织学会、上海染化工程学会、中华化学化工学会、上海制革技术协会、上海市医师公会、上海药剂师会、中国电机工程师学会、上海建筑师学会等。在后期出现与社会科学相渗透的社团，如中国市政协会、管理学会等。众多全国性学会总会也设在上海，有中华医学会、中华医药学会、中华化学化工学会、中国数学会等。大多以学术交流为主，出版杂志、举行年会等。中国数学会学术杂志以多种外文发表，有的以推动技术普及为宗旨，进行技术培训。1949年6月，27个学会联合成立上海市科学技术学会联合会。1950年，解散中华学艺社、中国技术协会等综合性社团，除中华化学化工学会外，全国性学会迁北京。1952年1月，上海科学技术普及协会（简称上海科普）成立。1954年4月，全国科联上海分会（简称上海科联）成立。经过整顿，医科方面有中华全国医学会上海分会、中国药学会上海分会、中国防痨协会上海分会等，基础科学方面有上海数学会、上海物理学会、中华化学化工学会、上海气象学会、上海地理学会等，生物方面有上海植物学会、上海动物学会、上海昆虫学会、上海畜牧兽医学会等，工程技术方面有上海造船工程学会、上海电机工程学会、上海纺织工程学会、上海机械工程学会、上海建筑学会等。1958年11月，上海科联和上海科普合并为上海市科学技术协会。1995年，技术协会所属市级学会163个，个人会员21.94万人、团体会员0.61万个。厂矿科协38个，会员4万人。乡镇科普协会130个。郊县专业技术研究会178个、会员0.44万人。

三、科普活动场所

市科普活动场所 上海科学会堂。1958年1月，上海市人民委员会根据第一届人民代表大会科学家代表任鸿隽等的建议案设立。

上海市青少年科学技术活动指导站。1957年6月建立，开设模型、电子、气象、生物、化学等14个科技项目。

区县科普场所 1979年，金山县第一个建科技馆，1995年全市建有12个区县科技馆。

博物馆、动物园、植物园 清同治七年（1868年），法国神父韩伯禄创立徐家汇博物馆，展出徐家汇天主教堂中原藏的生物标本和其他私人搜集的动物标本。十三年，亚洲文会博物院成立，展出动物、飞禽、昆虫和水族标本。1928年，中国科学社筹备自然历史博物馆，展出植物、鸟兽标本和猿人头骨模型。1934年，徐家汇博物院落成，改名为震旦博物院，陈列中国古代铜器、瓷器、玉器等及动物、昆虫标本。1935年，上海市立博物馆成立，展出盐场模型、纺织过程、渔船舰轮、水产标本等。1936年5月，中国航空协会陈列馆落成，辟航空陈列室。1938年7月，中国唯一的医史博物馆中华医学博物馆开放，陈列品0.5万件。1939年，震旦博物院新辟陈列室，陈列鸟类标本0.34万件、动物标本0.64万件、植物标本5万余件、昆虫标本20万件、蚌类标本0.13万件，其他龟类及动物骷髅各有二三千件。解放后，建有上海自然博物馆、上海动物园、上海植物园、上海航宇科普中心等。

上海自然博物馆。1956年11月成立，常设无脊椎动物、鱼类、两栖动物、爬行动物、鸟类、哺乳动物6个展览厅，以及古动物厅和从猿到人厅。

上海动物园。1954年5月建，展出中国珍稀动物大熊猫、金丝猴、黑颈鹤、扬子鳄、华南虎、白唇鹿，以及世界各地的代表性动物黑猩猩、河马、加州海狮、长颈鹿等。

上海植物园。1974年3月建，展区有以亚纲和目为基本单位排列的植物进化区、环境保护展览区、展览温室、草药园、盆景园等。收集和选育菊花、杜鹃、兰花等花卉和其他园林植物的优良品种、变种0.2万种。

四、期刊

清咸丰七年(1857年)，科技期刊《六合丛谈》创刊。至1984年，上海约出版过60余种科技期刊。

第二节 | 科技服务 >>

一、星火计划、火炬计划、高新技术园区

星火计划 1986年下半年，上海市实施国家星火计划，以一批“短、平、快”科技项目，促进地方经济振兴。是年，安排国家级项目7项、市级项目16项。1994年、1995年，项目464项，其中国家级25项、市级439项，总投资14.7亿元。年产值超千万元项目有253项。

火炬计划 1989年，为促进高、新技术成果产业化，实施火炬计划。是年，安排项目21项，其中国家级11项，总投资0.28亿元。1990年，46项，其中国家级项目9项，总投资0.66亿元。1991年，建立科技成果产业化贷款基金，制定鼓励、扶持的优惠政策，低息贷款、所得税、产品税与海关税的减免等。1991～1995年，项目373项，投资14.33亿元。主要在新材料、电子信息、机电一体化、生物技术等领域，改造传统产业，促进产品升级换代，提高产品档次，增强出口

创汇能力。1995 年，安排项目 94 项，总投资 7 亿元。

高新技术园区 1991 年，国务院批准上海市建立高新技术产业开发区。到 1995 年，形成嘉定民营技术密集区、中国纺织国际科技产业城、漕河泾新技术开发区、上海大学科技园、金桥现代科技园、张江高科技园区。规划面积 22.1 平方公里，开发 13.05 平方公里。1995 年，园区内有企业 137 个。

专利申请 清光绪七年(1881 年)，郑观应上书北洋大臣李鸿章，要求给予上海机器织布局织布工艺 10 年专利，是为上海第一件专利申请。1987～1990 年，举办中国首次大型专利技术交易会。成立中国专利局上海代办处。1984 年，上海市专利管理局成立。是年，成立第一家专利代理机构，1986 年增至 36 家。是年，全市专利申请 0.18 万件，向国外递交 45 件。1995 年，全市专利申请 0.25 万件，专利授权 0.14 万件。

二、技术市场

1977 年，上海激光技术研究所等 7 家实行预算包干科研单位，试点实行科研经济合同制，自主承接委托的科研项目。1983 年 5 月，上海科学技术开发交流中心成立。1985 年，全市有技术市场 10 家。1989 年 9 月，上海市技术市场管理办公室成立，统一管理全市技术市场。1993 年 10、12 月，上海技术经纪人事务所、上海技术交易所先后成立。1994 年 4 月，上海科华无形资产评估事务所成立。1995 年，全市技术市场 10 家，交易量 22 亿元。

三、科技创业

1988 年、1989 年，上海市科技创业公司、上海市科技创业服务中心建立，1989 年合并为上海科技创业中心，推进全市高新技术科研成果产业化，偏重对创业者及其企业的培育和孵化，又称为孵化器。1990～1992 年，在漕河泾开发区建立多个培育企业及项目的孵化基地，筹建全国第一家高等学校科学园区上海工业大学科学园区，投资建立集技术开发、投资、生产、销售为一体的上海创新科技公司。1993～1995 年，投资、控股、参股等参与高新技术产业化，建立一批先导型企业和科技实体。

第三节 | 国际学术交流、科普 >>

一、国际学术交流

清末起，上海科技界和外国科技界开始广泛接触和交往。至抗日战争爆发前，重要的交流有清宣统元年(1909年)六月，丁福保等考察日本帝国医科大学等，是中国科技界出访的最早记载。1920年9月10日，法国前总理班东乐在上海演讲《科学与教育之问题》，10月12日英国学者罗素演讲《中国宜保存国有之国粹》。1922年11月，奥国维也纳大学教授、眼科专家福克斯博斯讲学《虹彩膜炎与绿内障之诊断》，12月31日德国物理学家爱因斯坦抵沪后作相对论讲演。1923年9月1日，美国麻风救济会总干事柯尔作《世界麻风问题》报告，11月柏林大学汤姆松作《药物对于化学与生理学之检定法及研究法》《今日中国最主要的化学工业》报告。1926年，美国康乃尔大学农作物学教授马雅讲《科学研究与中国农业之关系》，11月日本医生三宅远作《胃癌切除论》报告。1937年5月21日，丹麦物理学家波尔讲演《原子核》。1929年5月，竺可桢在印度尼西亚爪哇泛太平洋会议学术会议第四届会议发表《中国气候区域论》，首创中国气候分类。10月，中国中华化学工业会吴承洛、中国科学社竺可桢等出席日本东京万国工业会议。1930年9月，中国科学社刘咸参加国际人类学会。1933年，中央研究院派竺可桢、沈宗瀚等出席在加拿大举行的第五届太平洋会议。50年代初，上海药理学专家、教授张昌绍作为中国药理卫生界的首批代表之一，出席布拉格世界科协第二届大会。苏联多批医学专家到上海举办生理学和流行病学等师资进修班或开学术交流会。之后，对外学术交流中断，70年代起恢复。1995年，与60多个国家和地区进行科技往来，数十个国际科技组织建立关系，20多个友好城市开展科技项目交流合作。

二、科普

演讲 清光绪二年(1876年)，格致书院按期延请中外名人学士讲格致学理。三年，北美长老会传教士狄考文讲解化学。十六年夏，格致书院教习白尔敦拟定公讲格致学大纲。三十二年，基督教青年会讲演部成立，举行各种通俗报告。宣统三年(1911年)前后，成立多种演讲组织，有公忠演说会等。1912年，中华民国工业建设会请人演讲《炸弹制造改良》等。1918年，中国科学社杨杏佛等讲演《效率主义》等。1920年，晏阳初讲《建设新中国之具体办法》。1922年，中国科学社举办18讲，内容有自然科学、化学常识、工业问题等，配用幻灯或图表。1923年，中华化学工业会举行一系列化工讲座。1934年，上海市防痨协会利用广播电台进行防痨宣传。1941年，沈信卿等发起学术讲座。1945～1947年，中国技术协会举办6期工业讲座，茅以升等担任义务讲演。1946年，举行中国工业化问题讲座。1951年，上海市科普协会开展以五金工人为主要对象的生产技术知识讲座。举办高速切削表演展览会和讲座。中华学艺社上海办事处向纺织工人讲演纺织理论和郝建秀工作法。1952年，介绍苏联工业和科学技术成就。1952～1953年，组织卫生知识讲座，听众100万人以上。1953年，举办基本建设与国家工业化、地质与地层构造、基本建设等讲座。举办米丘林讲座、农业经济讲座。1954年、1955年，在全市21个区举办安全用电讲座。1955年，以市、郊二级农业干部为主要对象举办农业机械，粮、棉、蔬菜等选种等27个农业生产知识讲座。组织大学教师为干部介绍原子能知识。1957年，举办苏联科学技术新成就讲座。1960年，举行运筹学报告会。60年代，着重举办计划生育以及有关常见病、多发病、流行病、传染病的卫生知识讲座。配合知识青年支农支边，举办数理化生物基础知识在农业中应用等讲座。普及人造纤维、日用塑料制品知识讲座。1962年、1963年，举办现代科学技术成就讲座10讲。1963年，各级科协举办世界上有没有鬼神、有关风雷电的几种迷信说法等专题讲座。1964年、1965年，各区科协技术革新和技术革命活动。1966年2～3月，数学家华罗庚作统筹方法报告，1970年8月又作优选法、统筹法科普报告。1978年，市科协举办8个带头学科和十大会战项目科普讲座18讲。1979年，举办5次党政领导干部科普报告会。1984年，市科协举办新技术革命知识讲座。1986年，市各级领导干部参加新技术、新知识、新观念系列讲座。1987年，谢希德、洪国藩等数十人到农村、街道作报告。1990年，松江县科协科技兴农讲师团到农村演讲。

展览　1920年7月，女青年会等举行卫生展览会。1921年、1922年，东南大学农科举办2届棉作展览会。1923年，联合华商纱厂举办棉作展览会。1930年，中华医学会举办科学用品展览和卫生教育展览。1931年，中央大学农学院等举办棉作展览会，提倡改良棉作。1933年，上海市农学会在江湾、龙华等7区举行农产流动展览会。1935年，中国防痨协会举办防痨展览会。中国航空协会举办展览会。1936年，上海市博物馆组织中国建筑展览会。1937年，中华医学会设医史文献展览会，上海市博物馆与东吴大学合办淡水生物展览。1940年，上海儿童图书馆举办儿童科学作品展览会。1942年，震旦博物院举办中国药物展览会，展出中国道家炼丹药物、中国贵重细药标本等。1946年，工余联谊社举办上海工业品展览会。1947年，中国科学期刊协会举办中国科学刊物展览会，中国农业科学研究社举办农业展览会，中国工程师学会与中国无线电协会举办中国电信展览会。1949年，中国技术协会举办工业技术展览会。1951～1956年，上海市科普协会举办小型巡回展览500多次。1952～1953年，在全市举行3次爱国卫生宣传活动。1956年，市科普协会及杨浦等区创建科普画廊。1954年，首次举办中国科学史料展览。1958年，举办苏联和平利用原子能科学技术展览会。1960年，举办上海市运筹学线性规划展览会、上海市物资综合利用展览会。1968年下半年，在各县巡展稻螟虫、棉铃虫、菜蚜虫防治技术与常用农药使用知识的图片。是年，举办学科学、破迷信、破旧俗、立新风展览。1982年，举办上海市中小学生科技活动成果展览。1984年，举办优生优育展览会。1986年举办人工授精婴儿、仪表仪器智能化、昆虫性信息素在农业和林业上的应用等50多项展览。1988年,举办航天展览会。1990年,举办首次科技兴农展览会。

电影宣传 清光绪三十三年(1907年),教育研究会会长袁希涛创设通俗教育社,购备电光活动写真,放映军事、卫生、教育等影片。陈奎堂赴内地开演,随演随讲,相机指点。1920年,青年会放映《美国的西方电气厂》和《各种电话机发明之程序及功用》影片。1923年,同济医大放映德国科学影片《相对论》等,是年,上海电影院公开放映科教电影。11月,宝山县第一农场与中央大学农学院在农场拍摄农作、棉作、蚕桑等电影。1932年,大夏大学开设电影教育课。1933年,中国教育电影协会上海分会成立。全国教育电影推广处在上海成立,向国际教育电影协会、美国柯达公司等购买、租借200部农业、工业、自然地理等科教影片。1934年,有电影院放映生理卫生教育片。1935年,各校普遍放映教育电影。1936年,中国教育电影协会选物理、化学、生物3类影片各20部,每学期3次到学校放映。1945年,上海民众教育馆和市教育局电影队联合每周六、日下午各放映2场教育片。次年,请美国新闻处每周放映2场教育电影。1948年,上海商会放映2场世界上第一部介绍原子能的影片《原子物理学》。50年代,市科普协会配合爱国卫生、用电安全等宣传活动,放映科教电影。1968年,举办2次科技电影周活动。1964年,市科协建科教电影放映队。是年,市郊10县放映科教电影117场。1978～1979年,全市各区县成立科教电影专职放映队。1983年,美国国际科学文教服务中心举办美国科教电影放映会。1986年,举办卫生、优生优育科教电影展览周。1987年,举办农村科教电影汇映月。1989年,举办“生命的科学”国际科教电影节。

第四节 数学、物理学、化学、生物学

一、数学

基础数学 明万历三十五年(1607年),徐光启与利玛窦合译《几何原本》前6卷付刻。清代,屠文漪撰写《九章录要》12卷,徐朝俊、贾步纬等对传统数学整理、注释。咸丰六年(1856年),李善兰与伟烈亚力合译《几何原本》后9卷。九年,合译棣麽甘《代数学》、罗密士《代微积拾级》。两书分别是中国第一部符号代数学读本和第一部传入中国的有关解析几何、微积分学的著作。李善兰翻译数学著作,引进×、÷、()、$\sqrt{\ }$、<、>等数学符号。同治七年(1868年),江南制造局翻译馆翻译算学著作。十二年,翻译第一部中译概率论著作《决疑

数学》及《代数术》等。著述《开方别术》等，19 世纪末，编译成中文并为各学校采用的《代数备旨》等。20 世纪初，天主教士编译铅印数学教课书《数学问答》等。1926～1928 年，苏步青注力于欧氏平面曲线整体几何研究。1929 年，陈建功与黎期等完成世界上最早的三角级数论专著之一《三角级数论》。1932～1945 年，苏步青对射影曲面论等进行研究。1934 年，朱公瑾系统介绍数理逻辑。1935 年 7 月，中国数学会成立，创刊英文会刊《中国数学会学报》、中文普及性刊物《数学杂志》。1947 年，上海数学研究所成立。1954 年，谷超豪发表《二阶非线性方程稳定性问题的解》。1959～1966 年，苏步青创造仿射不变量理论。90 年代，数学界重点研究微分几何等。复旦大学承担国家重点项目《非线性科学》等。

应用数学　20 世纪 50 年代，郑绍濂进行随机过程研究，发表《线性可移算子与可调和的随机过程》。1965 年，蒋尔雄对数值逼近提出设计通风管道中函数 D(a, b)计算尺的新方法。1980 年，李大潜等为各种电阻率测井方法建立统一的数学模型。1988 年，杨忠华研究全局收敛的有效算法，成功解决化学热反应中的引燃问题。90 年代，研究成果主要有李训经关于炼油厂常压蒸馏航空煤油质量控制的数学模型，吴立德地下水水量、水位与地面沉降之间关系的定量分析，刘鼎元汽车车身曲面 CAD 等研究。

二、物理学

光学　清咸丰二年(1852 年)，张福僖与英国传教士艾约瑟合译《光论》，首次把有关光的直线传播的概念、反射和折射定律等光学知识引入中国。光绪二年(1876 年)，中译本丁铎尔《光学》刊印，首次在中国系统引入波动光学。二十五年，刊出《通物电光》一书，距 X 射线发现仅 4 年。1926 年，吴有训证明康普顿效应。1933 年，顾静徽和潘德钦测定轻元素 X 射线波长。1938 年、1939 年，龚祖同制成第一台军事双目望远镜和机枪瞄准镜，成为中国光学设计的开始。1953 年，汤定元开创中国红外技术研究。1955 年，复旦大学研制国内第一根 X 光管。1959 年，王之江试制成国内第一台红宝石激光器。1964 年，上海光学精密机械研究所试制出国内第一台半导体(GaAs)激光器。上海技术物理所研究成热压光学材料系列，用于中国第一颗人造卫星、导弹和其他红外仪器。王润文等试制成中国第一台 CO_2 分子激光器。1965 年后，技物所制成宽带等用于人造地球卫星。1977 年，研制成浸没式热敏电阻红外探测器，应用于风云一号等卫星姿态控制。1988 年，技物所研制成功三元阵列硅探测器，用于风云一号气象卫星扫描辐射计。1992 年，完成风云一号气象卫星遥感仪器，1994 年在国际上首次提出并实现高压下调制吸收谱方法，1995 年制成可直接重写 10 万次的新型相变可擦写记录光盘。

力学 清咸丰九年(1859年),英国惠尉尔《初等力学》中译本始印,为中国第一部力学译著。十年,江南制造局翻译馆出版英国奈端(即牛顿)《自然哲学的数学原理》中译本。1929年,丁燮林自制新式"浮秤"测量,可测到小数点后第二位数值。1940年,李国豪发表论文《悬索桥按二次理论的实用计算》等论文10多篇,李被称为"悬索桥李"。1966～1975年,提出桁梁桥空间挠曲扭转理论。1987年,上海应用数学和力学所求得具有离散性支承的连续梁、圆顶梁结构的固有频率计算公式。1989年,钱伟长建立有效模型拟裂纹扩展的数值模型。20世纪90年代初,上海工业大学提出薄壳抗扭刚度主要部分来源薄膜应力。复旦大学讨论深水中浮体的突然起动问题。

声学 清同治十三年(1874年),江南制造局刊出英丁铎尔《声学》中译本,是国内第一本声学译著。20世纪20年代,叶企孙测定清华大学礼堂音质,为国内最早的声学研究。40年代前后,周同庆用声波技术测量长江航道的深度与距离。1950年,卢鹤绂修改推广纳威尔—斯托克斯非线性方程,弛豫压缩基本方程被称为卢鹤绂不可逆方程。1960年,中国科学院声学所东海研究站(简称东海站)提出浅海中简正波群速与指数衰减的普遍公式。70年代初,出版国内唯一的《中国浅海水声数据表册》。1977年,研制成中国第一代多波束渔用声呐,装备围网渔船。1982年,同济大学在国内最早提出声速精测定时测量方法,1983年试制成功城市交通噪声大屏幕数字显示自动监测仪,1985年编制国家标准《建筑隔声测量规范》。1986年,东海站建成亚洲唯一的自动化、高精度非线性声学实验室。90年代初,同济大学完成环境噪声预测治理方面的研究。

核物理学 1915年,中国科学社《科学》第1卷第7期刊出谢家荣《质射性元素概论》,介绍α、β、γ射线等。1940年,卢鹤绂发明能产生硼离子的强源,1947年在国际上第一个研究出估算铀-235原子弹及费米型原子堆临界体积的简易方法,1949年提出质子壳中子心模型。60年代,上海建立加速器生产点。中国科学院上海冶金研究所完成对甲种分离膜的实验室研制,保证浓缩铀顺利生产。1962年,卢鹤绂等《受控热核反应》出版。1964年,复旦大学试制出第一台静电加速器。以后,上海试制成质子加速器等。1969年起,中国科学院上海原子核研究所在国内首次制备近百毫克铀-238产品。1976年,建立测量系统和真空系统,被国家计量局确认为国家基准。1992年,原子核所首次合成新核素^{202}Pt。完成秦山核电站反应堆水力、控制等试验研究。1993年,研制成功世界上最小、倍频次数最高的新型回旋加速器超灵敏小型回旋加速器质谱计。

固体物理学 1928年,严济慈、胡刚复研究石英晶体在电路中的颤动情况,以及对晶体光学性质的影响。1936年,陆学善首次提出完整的Cr—Al二元合金系相平衡图。1945年,创立提高测定点阵间隔精密度的新的图解法。

1953年，复旦大学研制成硫化镉单晶体。1956年，上海灯泡厂等生产国内第一批半导体热敏电阻。1957年，汤定元阐明半导体载流子表面复合速度对光导频谱响应的影响，指导研制多种半导体器件。1958年，技物所研制出第一块锗单晶和锗晶体管；上海无线电技术所试制出半导体样管。60年代，邹元爔研制出高纯金属镓、磷、砷等元素材料。1960年起，中国科学院上海硅酸盐研究所（简称硅酸盐所）进行大面积人工合成氟金云母单晶的生产工艺技术研究。1965年，上海工业开始生产甲种分离膜元件。60年代初，干福熹建立无机玻璃性质计算体系，1974年推导出各种无机玻璃的11种物理性质的计算。1978年起，冶金所采用高压温度梯度凝固法合成InP多晶。1981～1984年，研制出国内第一台反应离子束与离子束镀膜装置。1983～1988年，冶金所等研制出Nb_3Sn芯磁体高场。1989年，复旦大学研究研究气体分子吸附或凝聚固体表面，获得"清洁真空"。90年代初，雷啸霖与美国丁秦生合作创立半导体热载流子输运的平衡方程理论（雷—丁理论）。1995年，冶金所完成砷化镓材料等研究。

三、化学

无机化学 1946年起，顾翼东从事钨矿等矿物分析，50年代初提出黄钨酸络合均相沉淀制备法。50年代，元曾笃和英国T.Evans报道金刚石中氮存在状态的转变。1958年，上海化工研究院制取钾盐和钾肥。1965年，首创合成氨法制碳酸氢铵工艺，开创中国小氮肥工业。1986年，复旦大学研究抗癌药物氮乙三酰肼和生命必需元素。1991年，硅酸盐所为风云二号卫星试制成钛合金等的电镀黑镍涂层、天线保护罩隔热温控涂层。1994年、1995年，试制成用于汽车陶瓷发动机氮化硅陶瓷组合活塞等。

有机化学 1926年，赵承嘏发表关于麻黄素的论文，是中国用近代科学方法研究中草药的最早论文。1941年，和朱子清等从浙贝母中分离、提取新的生物碱结晶。1932～1936年，庄长恭首次在国内建立有机微量分析。1946年，黄鸣龙改进开息纳-武尔夫还原法，被国际上称为黄鸣龙还原法。1947～1951年，汪猷等从桔霉菌发酵液中分离出桔霉素。1951年，中国科学院上海药物研究所发现常山含有生物碱常山碱，效力超过奎宁148倍。1955年后，中国科学院上海有机化学研究所（简称有机所）在世界上首次提出变型甾族生物碱。1959年，有机所通过7步反应合成可的松。60年代，进行甾族口服避孕药物的合成。70年代，药物所发现11-甲氧基喜树碱及11-羟基喜树碱都能抗癌。1979～1989年，首创合成抗疟新药蒿甲醚。1988年，汪猷等报道青蒿素生物合成的研究。1993年，研制合成氟利昂代用品（HFC-134A），中国的氟利昂代用品开发因此达到国际先进水平。

四、生物学

植物生理学 20世纪50年代，发现在光合作用中，光合磷酸化是光能转变为化学能的重要反应。1953～1955年，中国科学院上海植物生理研究所等进行棉花蕾铃脱落生理课题研究。1973～1976年，获得钼铁蛋白结晶。1978～1985年，使用动态植物人工熏气装置测定130多种植物对SO_2的抗性，编写国内第一种《大气污染伤害植物症状图谱》。1992年，植生所在国际上首次成功将桑树叶肉原生质体培养再生成植株。

生理学 1927年，中国第一部生理学教科书蔡翘《人类生理学》出版。1930～1933年，冯德培发现静息肌肉拉长时产热增加，发现被命名为冯氏效应。50年代，张香桐等利用电生理方法对中枢神经系统进行研究。60年代初，华东师范大学对针刺镇痛进行研究。中国科学院生理生化研究所与美国学者在国际上第一个发表心血管中枢神经原电活动的报告。1975～1979年，完成中国人标准观察者数据系列测定。1976年后，论证脑脊液的氧离子浓度增加不是低氧下推动通气增强的必要条件，澄清国际上多年争论。80年代，生理所解决国际上长期争论未决的瞳孔对光反应是线性还是非线性的问题。1995年，脑研所完成兔呼吸运动的神经控制研究。

胚胎学 1936年，朱洗和助手培育出2只人工单性生殖的青蛙。1950～1963年，进行卵母细胞的成熟、受精和人工单性生殖研究，提出受精三元论，繁殖出第一批“没有外祖父的癞蛤蟆”。1958年，中国科学院上海实验生物研究所等在国际上首次用绒毛膜促性腺激素（HCG）催产池养鲢、鳙鱼获得成功，提出鱼类生殖生物学理论创见。1974年，上海水产学院等孵出中国第一批人工繁殖的鳗鱼苗。1981～1982年，中国科学院上海细胞生物研究所等在国际上首次肯定两栖类胚胎表皮刺激传导现象。80年代中期起，华东师范大学研究中华绒螯蟹生殖细胞。

生物化学 20世纪30年代，侯祥川进行食物维生素分布研究，发现食品中的维生素C和胡萝卜素含量与品种、产地、食用部位和处理方法都有关系。进行营养缺乏病研究。1939年、1940年，杨恩孚等测定59种常用治疗软骨病的国产药用植物的维生素B_1含量。1950年，王应睐等首次发现以共价键结合的异咯嗪蛋白质，酶学研究达世界先进水平。1958～1965年，中国科学院上海生物化学研究所等完成结晶牛胰岛素的人工合成。王应睐、曹天钦等首先提出人工合成胰岛素设想，1965年9月17日生化所获得全合成的胰岛素结晶，是世界上第一个具有全部生物活性的蛋白质的人工合成。1981年11月20日，王应睐等人工合成酵母丙氨酸转移核糖核酸成功，是世界上第一个人工合成的核糖核酸。1986年起，生化所在国际上首次报道发现寡核苷酸受体。1990年，技物所研制空间蛋白晶体生长设备 KEJ5-1 搭载 JB-JB 卫星，首次成功在宇宙空间生长蛋白质结晶。1991 年，生化所在国际上首创高温 DNA 顺序测定系统。

遗传学 1913 年，上海广学会出版《格致概论》，在国内首次介绍奥地利遗传学家孟德尔遗传学说。1919 年，陈寿凡《人种改良学》出版。1923 年，李积编、胡先骕校，中国第一部《遗传学》著作出版。1934 年，谈家桢《异色瓢虫鞘翅斑的遗传》论文在国外杂志发表，1962 年《基因与遗传》出版。1961 年，复旦大学成立遗传学研究所。1974 年，生化所提出染色体水平以下 DNA 的片段杂交的假设。1978 年，制备 10 几种工具酶进行真核基因的克隆、Southern 杂交、DNA 顺序分析等研究。1982～1986 年，植生所进行大豆种子贮藏蛋白基因的克隆和结构分析研究。1982～1988 年，复旦大学成功进行人和鼠体细胞杂交，精密定位人 ADH 基因。80 年代中期，进行中国少数民族 mtDAN 多态性及其突变机制研究，算出中国维、哈、回和汉族 4 个民族的遗传距离。1986～1989 年，细胞所等获得转基因兔子一代和子二代。1992 年，中国科学院国家基因研究中心在上海成立，1994 年率先在国际上建成第一个完整的大基因组人造细菌染色体(BAC)库、水稻基因组 BAC 全库。1995 年，建立世界上最先进的指纹图谱数据计算机处理系统软件。完成水稻基因组全部克隆的分析处理。

细胞生物学 20 世纪 50 年代中期起，植生所等论证原生质细胞间运动是植物界广泛存在的正常现象。1960 年，实生所在离体条件下首次从 7 例人肝癌标本中建立 3 个肝癌细胞系，被国内外广泛应用于肿瘤生物学的基础研究。1976～1981 年，细胞所证实人肝癌细胞表面具有一种新的癌胚抗原。1994 年，上海第二医科大学建立 ES 细胞系和有关转基因研究技术。1995 年，制备基因工程人生长激素、抗人免疫缺陷病毒Ⅰ型和Ⅱ型抗体免疫测试试剂盒。

第五节 天文学、地球科学 >>

一、天文学

基本天体测量 清光绪十年(1884 年)，始用 Gautier 中星仪测时。此后，主要用 Prin 和 Zeiss 中星仪测定世界时。1959 年，建立中国的世界时服务。1963 年，建立以测定世界时、提高测时精度和国内世界时服务为主的时间纬度研究。1977 年起，主要从事天文地球动力学，地球自转参数服务，世界时测定以及星表、天文常数等研究。

天体物理、恒星天文 佘山观象台早期主要从事照相天体测量。20 世纪 50 年代初，有小行星照相定位和轨道计算等。1963 年后，开展星团、星协自行、天琴 RR 变星自行以及恒星绝对自行观测、双星观测等。80 年代，进行恒星、星团、星系团及宇宙学领域内实测和理论天体物理研究。

射电天文　1979 年，研究甚长基线干涉测量技术及在天体物理学、天体测量学及地球动力学等的应用。

卫星动力学　1957 年、1958 年，上海徐家汇观象台和佘山观象台先后建立人造卫星光学观测站，与全国 20 个站加入苏联人造卫星观测系统，开始人造卫星跟踪观测研究。1994 年，在佘山建成全球 GPS 基准站，上海天文台在国内最早建立 GPS 卫星的精密定轨软件系统。

时间频率　1914 年，徐家汇天文台开始无线电报时。1958 年、1970 年，先后进行氨分子钟氢原子钟研制工作。此后，开展无源电视同步、建立单台原子时、实验室铯束频标、接收 GMS 信号时间比对等研究。

二、地球科学

自然地理学　地貌学。1947 年，葛绥成《地形学》出版。1957 年，陈吉余第一次提出长江三角洲碟形洼地的基本特征和潟湖成因。60 年代初，华师大开展坡地发育研究。1979 年，编制上海地区地貌图。90 年代初，许世远等开创地貌学与沉积学相结合的研究方向。沈焕庭等将中国河口分为钱塘江口型、过渡型（射阳河口型、长江口型）、珠江口型、黄河口型。

水文学。1934 年，李长傅《中国湖泊的研究》论文发表。1956 年，胡焕庸《淮河的改造》出版，是国内最早全面论述淮河的著作。1985 年、1986 年，华师大提出潮汐河口风浪要素计算的经验公式、治理长江河口南支河段的意见。1988 年，提出长江口北槽分水分沙增加，南槽分水分沙减少的变化规律。上海市气象科学研究所完成上海港可能最大台风风暴潮的估算研究，计算出可能出现的最高潮位，以此作为黄浦江防汛墙设计标准。1989 年，上海自来水公司等完成三峡工程对上海供水水质的影响专题研究，建议长江安徽大通站流量控制在 1.1 万立方米/秒以上。90 年代初，市环境地质站等完成对上海市区及近郊区 585 平方公里范围内的第二、三、四承压含水层的地下水位预报。

人文地理学　经济地理。1933 年，《地学季刊》发表盛叙功译文《科学的经济地理学》等。1987～1989 年，华师大等进行沪宁杭地区钢铁工业合理布局、上海市乡镇企业区划、上海化学工业布局、上海工业结构调整、合理布局等研究。90 年代初，提出上海的工业布局应由中心城市向南北延展，建设杭州湾北岸及长江口南岸（含外高桥）滨海工业区。

城市地理。20 世纪 50 年代末，严重敏进行县区规划和苏（州）、（无）锡地区、赣东北地区小城镇的调查研究。1986 年，提出上海今后的发展应向浦东地区拓展，建议在浦东划出地域作为自由港。1987 年，王桂新提出上海郊区城镇化应是接受中心城市人口扩散、郊区农村人口转移集聚的综合模式。1989年，严重敏、汤建中提出城乡一体化的大上海发展战略，建立由中心城、副城、卫星城、县属城、集镇5个不同层次组成的城镇体系。90年代初，论述港口决定上海城市轴向发展的地域形态。

测绘　清光绪二十六年(1900年)，根据前30年黄浦江验潮记录资料，以吴淞张华浜附近最低水位之平均值为零点，设置上海第一个水准点，即吴淞零点。清代、民国时期，进行地籍测量、户地测量、清丈测量，把地块权属境界线以地形和地物标记地图。1950年，建立全市统一的平面控制网，控制面积600多平方公里，开创中国城市测量的先例。1964年起，改建城市平面控制网，控制面积0.87万平方公里。同年，首次进行大陆与崇明岛、横沙岛、长兴岛高程连测，完成上海—长兴、崇明—长兴—崇明多次越江水准测量。至此，上海有完整统一的高程控制网。

地质学　清同治九年(1870年)至光绪二十九年(1903年)，江南制造总局翻译出版多种国外地质著作，有《金石识别》(1872年)、《探矿取金》(1903年)等。光绪三十二年，顾朗和周树人合著《中国矿产志》出版，为国内出版的第一种地质学著作。1928年，中央研究院地质学研究所在上海创立，开展地质学研究。1930年，有李四光《古生代以后大陆海水进退规程》(1928年)等论文，奠定地质力学理论基础。1930年、1936年，《地质矿物学大辞典》《矿物学名词》出版，均为国内首种地质学专著。50～70年代，进行全市矿产普查和勘探、水文地质和工程地质研究。1984年，华师大对上海及邻近地区初步划分地震带，90年代初，研究长江口现代沉积物物质组成，划分7个沉积相。上海勘察院、同济大学完成《上海市桩基工程地质图集》(浦东陆家嘴为试点小区)。

地球物理　1958～1962年，华东石油物探大队等进行地面重磁普查。1960年，上海石油普查大队在坦直等地区开展地震勘探。1972年，上海水文地质大队发现张堰铜铁矿。1978年，上海海洋地质调查局论证东海油气远景。1989年，马在田提出地震勘探中的高阶方程分裂法理论，被称为"马氏方法"。90年代初，地矿部物化探研究所提出以上海为中心的300公里范围内大型工程可按Ⅶ度设防的意见进行场地土分类，预测今后100年内可能发生的地震强度。

大气科学　明崇祯十三年(1640年)，天主教传教士潘国光在上海敬一堂侧设观星台。清道光二十八年(1848年)，英国医生洛克哈德在上海仁济医院(今山东路145号)，用雨量器进行雨量观测。同治四年，巴黎耶稣会神父刘德耀在上海董家渡建立气象观测站，在国内最早进行气象观测。十一年，法籍传教士高盘龙建立徐家汇天文台。光绪八年(1882年)正月初一起，徐家汇天文台在上海报纸刊载上海和中国沿海天气预报。九年，在上海外滩法兰西码头

(今金陵东路外滩)设置气象信号台,十年九月初一起每日定时悬挂反映天气变化的气象标志,1945年改组为上海气象台。此间,徐家汇天文台第一任台长能恩斯撰《1879年7月31日的台风》一文,是上海最早研究台风的论文。二十一年,第三任台长劳积勋根据10多个主要城市气象观测资料,绘制第一张东亚地面天气图,二十六年著《远东大气》一书出版,成为法国航海部指定远东海军军官必读之书。1920年,劳积勋《1893～1918年620个台风路经图》发表,将1893～1918年经过上海和西北太平洋的620次台风的移动路径绘制成图,为远东航海家所必备,劳氏被称为"台风之父"。1946年,上海气象台发布黄海、东海的天气预报。并于1954年改建上海中心气象台。1956年11月,建立龙华气象站,进行日射观测。1959年6月,建成气象雷达站,开始探测半径400公里范围内的雨情、雷暴雨、冰雹、龙卷风等。1970年,在南汇建立探测台风雷达站,探测半径600公里范围内的台风活动,编发台风探测报告。1972年7月,开始接收美国ESSA-8极轨气象卫星的APT云图资料。1976年,研究制订国内最早的台风路径数值预报正压模式并用于实报。90年代初,市气象局完成上海地区短时灾害性天气监测、预报、服务系统。

海洋科学　1974年、1980年,海上钻井浮船勘探1号、2号,先后在南黄海钻探油气,在东海进行石油普查探井。1982年,国内第一种海洋地质学著作严钦尚《海洋地质学》出版。同济大学研究发现东海、黄海近7万年间两次出露为东黄海平原。1983年,上海海洋地质调查局第一次在东海油气勘探中发现油气。1986年,华师大等完成《上海市海岸带海洋水文调查》。调查历时5年,是上海市有史以来规模最大、内容最多的一次海洋调查。1987年、1988年,完成《上海市海洋牧场预可行性研究》《上海市海岸带和海涂资源综合调查》。1989年,进行近百年海平面变化趋势及其对长江三角洲影响的研究。90年代初,建立水槽,为上海中心气象台开展气象导航、上海海洋环境预报区台发布海浪预报。上海海洋地质调查局承担东海陆架盆地油气富集条件及资源评价。

第六节 | 医学 >>

一、中医学

唐贞元年间,华亭陆贽抄编《陆氏集验方》。元华亭徐枢著《脉诀辨明》。明代,上海县李中梓著《内经知要》。脉学著作《诊家正眼》(1624年),是最早的四诊研究总结。清代,雷大升(六神丸创始者)撰有《金匮辨证》等。咸丰二年(1852年),王士雄提出新感、伏邪两大辨证纲领。宣统年间,陈莲舫著《御医清脉评志》等行世。20世纪30年代，曹炳章主纂《中国医学大成》，选书365种。40年代，丁福保译著编著10类93种。50年代起，邝安坤等应用现代科学方法进行中医研究。上海针灸经络研究所研制8代针灸经络穴位人体模型，开始经络穴位研究。1955年，姜春华提出中医治病着重整体，从人的本质作基本处理，是中医突出的地方。1958年，上海市第一人民医院尹慧珠在扁桃腺手术中，施行针刺麻醉获得成功，为国内首例以针刺麻醉命名的手术。1963年，上海第二医学院开始中医实验动物模型研究。1964年，从内分泌角度研究中医阴阳学说。60年代中期，进行中医治疗肿瘤尝试。1974年，龙华医院提出肿瘤的中医治疗，不仅是扶正，还应祛邪。1965年，华山医院首创针刺麻醉下开颅手术获得成功。1975～1982年，组织全国24个单位协作开展针刺麻醉下前颅窝手术的研究。1973年，张香桐提出针刺镇痛是针刺与镇痛两种不同传入冲动在神经系统各级水平上相互作用的假说。1974年，用复方丹参注射液治疗冠心病、心绞痛。1978年，上海高血压研究所提出，高血压发病机理是阴阳动态平衡失调。1981年，上海中医学院发现肾虚症与内分泌免疫系统密切相关。1990年，上海中医药研究院研究出具有强烈选择性杀伤作用的抗癌制剂，经动物实验抑癌率90％。1991年，开展中药农药残留、中药胆宁治疗气郁型胆石病研究。1994年，曙光医院在国内首创运用“补肾为主”治疗慢性乙肝。1995年，龙华医院研制成功中药胆宁片，是上海第一个获国家批准的国家级三类新药，总有效率90％。

二、西医学

上海开埠后，仁济医馆、江南制造局翻译馆以及中华医学会出版译著和专著《医学辞汇》《路氏组织学》等。民国期间，主要用科学实验方法诊治流行疾病，并结合临床开展医学研究。临床研究，1928年上海特别市卫生局试验所等设立病理诊断部，研究肿疡、内脏寄生虫等病理标本。1932年，在上海召开第一次全国麻风会议，上海介绍应用大枫子油、矾类药物治疗麻风的新疗法。30年代末40年代初，上海雷士德研究院实验证明补充维生素A可防治尿石症，维生素B_2可治愈脚气病。1940年，对中国人心脏及主动脉进行X光测量研究，初步确定正常人心脏的大小。1948年，中山医院在国内首先进行胸膜全肺切除术。流行病学研究，1924年，美国学者在上海市郊开展血吸虫病调查，1930年、1934年陈方之等报道上海地区血吸虫病流行范围和程度。1931年，周诚浒等对数万名小学生开展沙眼流行病学调查，发现患病率53.5％。1935年，程慕姬研制狂犬病疫苗获得成功，研制的牛痘疫苗行销全国。1937年，上海巴斯德研究院在国内首制成功卡介苗。同期，上海研制和生产霍乱、伤寒、脑膜炎疫苗、伤寒和痢疾噬菌体口服液以及破伤风类毒素和抗毒素。1940年，首创骨髓培养法以诊断伤寒、副伤寒、葡萄球菌败血症及其他全身性细菌感染。40年代初，在国内首次分离和鉴定出C、D、E、F、G等型副伤寒菌。1948年，从人体首次检出副伤寒J型新菌，被国际医学界命名为“上海”沙门氏菌。1958年，广慈医院抢救成功烧伤总面积89%、三度烧伤面积达23%的大面积烧伤病人。换置二尖瓣手术成功。1963年，市第六医院成功施行世界上第一例断肢再植。1960年，有关医院、研究所制定大气污染有害物质卫生标准。1960年、1961年，先后培养出肝癌细胞株，分离出多瘤病毒株。1971年，研制成功抗癌新药羟基喜树碱和高三尖杉脂碱。1972年，在国内首创乙型肝炎的免疫学诊断方法。1977～1984年，进行子宫颈癌综合防治研究。1984年，首次在人体和肝癌细胞株中发现人原发性肝癌基因N—ras。研制成功测定乙型肝炎表面抗原、酶联免疫试剂盒等。自制分型血清盘，应用于器官移植配型、相关疾病和亲子鉴定。1985～1986年，开展肝癌阳性扫描与导向治疗研究。首次证实蚶类可以传播甲型肝炎。用显微外科技术进行面部整复矫形、阴茎再造。成功研究用猪皮和自体皮混合移植治疗重烧伤等。研制成功免疫微球和试剂。1987年，国内外首次研制成功内窥镜激光自体荧光与图像快速诊断胃癌装置。1988年，用全反式维甲酸治疗急性早幼粒性白血病有效率80%。1990年，进行激光消除冠状动脉粥样斑块课题、脑肽与缺血性中风发病机理、人胃癌细胞恶性逆转实验、新型抗早孕药Ru486研制。1991年起，进行人肝癌癌基因谱及癌基因靶向治疗的研究、小肝癌诊断与治疗。首次揭示Ⅱ型糖尿病的遗传标志。1993年，进行全国中风高发区、低发区对比性研究。1995年，对原发性骨质疏松的发生机理进行研究。

第七节 | 重要科技成果 >>

1952～1995年，上海重要科技成果有甾体激素合成甾体反应研究（1952～1980年），人工全合成牛胰岛素研究（1958～1965年），中国世界时系统建立（1959～1965年），非线性双曲型方程组、多元混合型偏微分方程研究（1960～1980年），向阳红10号科学考察船（1975～1979年），1.56米天体测量望远镜（1974～1989年），150自交系育成和高产优质玉米新品种选育（1976～1991年），严重颅颌面畸形的外科治疗研究（1977～1994年），手或全手指缺失再造技术（1978～1985年），千吨级四氟乙烯生产技术（1979～1986年），双波长高功率锁模激光系统（1982～1990年），埃及开罗国际会议中心设计（1983～1986年），中国人HLA—Dw研究（1983～1988年），甲肝减毒活疫苗研究（1986～

1990年)，延安东路黄浦江隧道施工技术(1986～1989年)，2700箱多用途集装箱船研制(1987～1990年)，SH—1型裂解炉技术开发(1987～1988年)，抗鸡传染性法氏囊病毒单克隆抗体(1987～1989年)，上海市黄浦江大桥主桥结构设计技术(1988～1992年)，Ph1染色体相关白血病细胞、分子生物学研究(1988～1993年)，大麦抗黄花叶病遗传、利用研究(1989～1992年)，现代技术改造修理万吨水压机科研(1990～1992年)。

第二十八章
哲学、社会科学

第一节 | 科研机构、学术团体 >>

一、科研机构

1928年3月,上海地区首家社会科学专门研究机构中央研究院社会科学研究所经济组创建。是年,国际编译馆创办,从事国际问题研究,出版《综合杂志》《国际新闻周报》等刊物。1934年,社会粮食调查所成立,编纂出版《社会经济调查所丛书》和《社会经济月报》《粮食调查丛刊》等刊物。1945年,中国经济研究所成立,编有国内经济学权威刊物《经济评论》周刊,定期调查发表上海物价与金融状况,编制上海物价指数。少数高等院校也设有专门的社会科学研究所。50年代起,社会科学研究机构主要分布在上海社科院、各高等学校、政府研究部门、各级党校以及在沪军事院校。1956年,中国科学院上海经济研究所、上海历史研究所成立,是解放后上海最早建立的社会科学专门研究机构。1958年9月,全国首家社会科学院上海社会科学院成立。1987年,出现民间研究机构。

市级研究机构 上海社会科学院。1958年9月建立。1995年,辖历史、经济、哲学、法学、部门经济、世界经济、信息、社会学、文学、新闻、亚洲太平洋、东欧西亚、宗教、青少年、人口与发展、和平与发展等16个研究所和邓小平理论研究等5个研究中心。

上海国际问题研究所。1960年建立。设美国、日本、亚太、欧洲和综合5个研究室。

高校系统研究机构 清光绪五年(1879年),圣约翰大学在上海各校中最早设有社会科学专业和院系。至清末,有多所高等院校设社会科学专业。民国时期,上海先后设有社会科学专业的高等院校有28所,少数院校建有专业研究所。其中东吴大学建有法学研究所,复旦大学有经济研究所,均以培养硕士研究生为主,兼及研究。暨南大学海外文化事业部设研究、调查、编辑3股。解放初期,全市高校有文科研究所8个,其中,中国文学、人类学、经济、法律、教育、社会福利行政各1个，农业经济2个。1979年，复旦大学、华东师范大学各有1个研究所和少数几个研究室。1995年，高校设有的研究所主要有复旦大学世界经济、中国语言文学、中国历史地理、古籍整理、人口等研究所，以及经济、美国、马克思主义等研究中心，发展研究院。华东师范大学哲学、教育科学、自然辩证法暨自然科学史、西欧北美地理、国际与比较教育、心理学、古籍、中国史学、文学、人口和国际金融等研究所。上海师范大学中国近代社会、教育科学、古籍整理、学科教育和语言研究所。上海财经大学财经科学、亚洲经济和数量经济研究室。华东政法学院青少年犯罪、国际经济法、立法、法律文化和法律古籍整理研究所。上海大学社会学和司法研究所。上海交通大学系统工程和社会科学与工程研究所。同济大学可持续发展研究中心。上海外国语大学外国语言文学研究所。

中共上海市委党校系统研究机构　20世纪90年代初，中共上海市委党校设战略研究所。1995年，设中国特色的社会主义理论、中国区域行政管理、党的建设与历史、社会主义精神文明建设、现代企业建设等5个研究中心。

部门研究机构　1949年，上海市人民检察院建研究科。1956年，中国人民银行上海分行成立金融研究室。1963年，上海市计划委员会建立调查研究室。1978年后，中共上海市委有关部门、上海市政府等职能部门建立一批与职能和工作方向有关的专门研究机构。1995年，政府和其他部门研究机构主要有市政府系统的市政府研究室、市政府经济研究中心、市体改委体制改革研究所、市教卫办智力开发研究所、市计委经济研究所、市外经贸委国际经济贸易研究所、市科委科学研究所、中国人民银行上海市分行金融研究所、中国人民建设银行上海市分行固定资产投资研究所、中国银行上海市分行国际金融研究所、市人事局公共行政与人力资源研究所、市财政局财政科学研究所、市统计局统计经济研究室、市高级人民法院研究室、市检察院研究室、市公安局政策研究室、中国农业银行上海市分行金融研究室、市教育局成人教育研究室、市人事局研究室等。中共上海市委系统有市委研究室、市委党史研究室(1981年)、市委组织部研究室、市委宣传部调研室、市委统战部研究室等。市群众团体系统有市总工会工运研究室、市妇联研究室、团市委研究室等。

民间研究机构　1987年10月，中国管理科学院上海分院成立。此后，成立有国际合作与中小型企业振兴研究所、和平与发展研究所、国际科技进步研究所、上海经济发展研究所、亚洲研究所、上海浦东开发研究所、台湾研究所、上海通俗文学研究所等。

二、学术团体

清咸丰七年(1857年)，英国传教士伟烈亚力在上海创办上海文理学会，次年改亚洲文会北中国支会，成为英国皇家亚洲文会的上海分会。光绪十三年(1887年)，英国传教士威廉臣在上海创建同文书会，十八年改广学会。成立后40余年中，编辑出版包括神学、哲学、法律、政治、教育、实业等各方面书籍0.2万种。二十一年，康有为建立强学会上海分会，倡导输入西方科学技术和社会科学，是上海较早由中国人创办的民间团体。二十三年，董康等组成译书公会。三十四年，群学会成立。此外，还有中华美学会及灵学组织。1912年，上海法文协会及孔学会成立。1920年5月，陈独秀等发起组织马克思主义研究会，是上海第一个马克思主义研究组织。1921年，文学研究会上海分会、创造社成立。1926年，上海艺术学会、中国著作者协会成立。1929年，中国学会成立。1930年3、5月，中国左翼作家联盟(简称左联)、中国社会科学家联盟(简称中国社联)先后在上海成立。10月，左联、中国社联、美术家联盟等联合组成中国左翼文化总同盟。1931～1935年，成立各种社团，主要有中华地学会、新中国建设学会、中国语言文学学会、中国著作家抗日会、国际问题研究会、银行学会、上海国际教育社、生活教育社、中国农村经济研究会、世界文化合作中国协会、中庸学社、东北协会、中国统计学社、中国国学研究会、中华职业教育社、中国合作学社、上海回教学会、中华法学会、中国国学研究会、西北问题研究会、上海图书馆会、中文拉丁化研究会、中国文化建设学会、中南文化协会、微风文艺社、中国语言学会等。1935年，上海文化界救国会成立。1936年，中国文艺家协会成立。1938～1945年，成立中国新文学研究会、上海语文学会、中国学术工作者协会上海分会等。50年代初，新文字工作者协会、中国新哲学学会上海分会、中国新经济学会上海分会、中国历史学会上海分会等先后成立。1956年9月～1958年2月，撤销除中国历史学会上海分会外的上海全部学术性群众团体，成立上海语文学会、哲学学会、法学学会、经济学会、教育学会、外文学会、国际关系学会等7个学会，全市有8个学会。1958年3月9日，上海市哲学社会科学联合会成立，是全国第一个学会联合体，由上述8个学会和中华全国新闻工作者协会上海分会联合组成。1979年开始，大批应用学科、新兴学科、边缘学科学会(研究会)建立，1995年发展到159个。

第二节 学术交流 >>

一、国际学术交流

1918年12月～1920年初，梁启超和蒋百里等7人出访欧洲，这是20世纪初至20年代上海最大的一次组团出访，与英、法、荷、意、德、瑞士等国知名哲学家、文学家会晤，介绍中国文艺复兴情况。1919 年 5 月 1 日，美国哲学家杜威在上海作《平民主义教育》讲演。1920 年 9 月，英国哲学家罗素在上海讲演政治学、教育学、社会学、逻辑实证主义等。上海的刊物载文评介罗素学说，发起"社会主义能不能实行于现在的中国"的讨论。是年，蔡元培赴欧洲和美国考察教育改革。1921 年 10 月，4 名上海代表加入中国代表团，出席檀香山世界报界大会。1922 年 12 月，德国物理学家爱因斯坦抵沪，与张君劢交流心灵学问题。1924 年 4 月 12 日，印度诗人泰戈尔抵沪。1927 年，戈公振代表上海报业公会赴日内瓦出席国联新闻工作者会议，并考察欧洲、苏联等国新闻事业。1933 年 2 月 17 日，英国文学家萧伯纳访沪，与上海 50 多名各派作家会晤。1945 年 6 月，郭沫若赴苏参加苏联科学院 220 周年纪念大会。1950 年，苏联哲学博士尤金在沪作《苏联从资本主义到社会主义》等报告，是上海解放后最早与国外的学术交流。1958 年 9 月～1960 年 10 月，上海社科院接待外国学者 52 批、118 人，大多来自苏联和东欧国家，另有印度等国学者，进行哲学、历史学、法学、文学、语言学等学术交流。1959 年 6 月，上海外文学会和中国作协上海分会举行纪念会，纪念苏格兰诗人罗伯特·彭斯（1759～1796 年）诞生 200 周年，犹太作家肖洛姆·阿莱汉姆（1859～1916 年）诞生 100 周年、巴西作家欧克利斯·达库尼亚（1866～1909 年）逝世 50 周年。"文化大革命"中，对外学术交流活动基本停止。1978 年 11 月，南斯拉夫经济考察团访沪。1979 年，有日、美、英等 9 个代表团访沪。80 年代以后，出现由上海学者提出课题，与国外学者合作研究，或由中外学者共同拟定课题进行合作研究的学术交流。同期，围绕社会、经济、文化领域中有关问题，上海学者与国外学者多次举行双边或多边学术讨论会。80 年代后期至 90 年代初期，开拓以色列·犹太学和韩国研究。上海的中国文化、妇女、青年、教育、婚姻家庭、集团犯罪等问题的研究，成为中外学术交流的重要内容。开发浦东，振兴上海，为 90 年代上海对外学术交流最活跃的方面。1989 年，成立上海市市长国际企业家咨询会，聘请 10 多个国家的知名学者和企业家为上海市市长的国际智囊团成员，每年定期召开一次咨询会议。1992 年，召开浦东开发开放的国际环境国际学术讨论会。

二、国内学术活动

清光绪二十一年（1895 年），强学会上海分会每 10 天集会一次，有演讲等内容，是近代上海最早的学术活动。19 世纪末 20 世纪初，洋务派和维新派围绕中西之争在《时务报》等报刊论战，至光绪二十四年戊戌政变而结束。1919～1921 年，进行两次关于社会主义的大论战。1922 年 1 月，上海社会主义研究会等团体在上海召开纪念李卜克内西大会。9 月，上海青年演讲会特邀北京大学教授李大钊演讲青年问题。11 月，章太炎在上海就国学问题发表演讲，呼吁挽救“国学之衰微”。1924 年，瞿秋白演讲《社会科学概论》。1925 年 4 月，梁启超发表演说，提出建设“中国图书馆学”。1928～1930 年，3 种重要杂志在上海创刊，有 1928 年陶希圣主编《新生命》，代表国民党右派学术观点，被称为“新生命派”。1929 年创造社主办《新思潮》，称以马克思主义指导其学术思想，被称为“新思潮派”。1930 年严灵峰主编《动力》，鼓吹托派观点，被称为“动力派”。20 年代后半期和 30 年代前半期，各学派围绕社会主义问题、马克思主义与无政府主义、马克思主义与国家主义、科学与玄学、无神论与有神论、中国社会性质与社会史等问题展开一系列论战。1933 年 3 月 14 日，上海学术界举行马克思逝世 50 周年纪念会，蔡元培发表《科学的社会主义概论》讲演。1935 年 6 月 5 日，文学社等 17 个团体及艾思奇等 148 人联合发表《我们对文化运动的意见》，强烈反对“复古读经以救国”论。1938 年 6、12 月，上海新文字研讨会先后举行两次演讲。1940 年，周建人、郑易里等组织召开哲学座谈会，后出版《哲学杂志》。

50 年代前半期，批判电影《武训传》、批判“胡适的唯心主义哲学思想”、“胡风的唯心主义文艺思想”的运动。1956 年 12 月，围绕毛泽东提出的“百家争鸣”方针，中共上海市委高教部召开关于社会主义阶段国内主要矛盾问题的座谈会。有人提出中共八大提出的“先进的社会主义制度与落后的生产力之间的矛盾”是当前的主要矛盾，另有人认为生产关系不可能走在生产力前面，其一切进步只能是生产力发展的客观要求。1957 年 6 月，上海法学会和市政协政法组召开会议，批判王造时和杨兆龙的“右派”言行。

50 年代末至 60 年代前半期，举办一系列学术活动。1958 年 4 月，复旦大学等院校多次开会，讨论厚今薄古问题。10 月，上海市哲学社会科学学会联合会（简称市社联）就 8 月发表的张春桥《关于破除资产阶级法权》一文，召开座谈会讨论，随后又召开 5 次。讨论中观点不一。12 月，上海市法学会召开座谈会，讨论《关于人民公社若干问题的决议》，有人提出“国家对内职能逐步缩小，以至消灭”。1959 年 4 月，中共上海市委宣传部等联合召开第一次全国经济理论讨论会，与会者 245 人，重点讨论社会主义制度下的商品生产、价值规律和计件工资以及它们在社会主义社会中存在的意义和作用。对“大跃进”中一度出现的消灭商品、破除资产阶级法权、否定价值规律等观点提出批评。1959 年 6～10 月，上海学术界就生产力性质问题展开讨论和批判。李平心发表《论生产力性质》，认为生产力具有物质技术属性和社会属性的两重性，使生产力成为最活跃的因素并不断向上发展。就此市社联组织 4 次大型讨论会和 3 次小型讨论会，300 多人次参加。同期，重要的争鸣及批判还有批判周谷城的“无差别境界”与“时代精神汇合论”，批判王中对新闻学提出的新闻的“社会需要”和“读者需要”论的争鸣，批判钱谷融“文学是人学”论等。1960 年 2 月，批判马寅初的“团团转”理论和“新人口论”。1960 年下半年，市社联连续召开 7 次“神仙会”，邀请哲学社会科学界人士座谈百家争鸣的方针。与会者提出，不要把学术问题和政治问题相混淆，讨论学术问题不要戴政治帽子。还提出对李平心的批判不利于学术繁荣等。11月起，《文汇报》辟设学术版，作为理论争鸣园地。1961年6月，上海市历史学会召开中国历史的若干问题学术讨论会，对中国古代史的分期、农民战争、封建社会专制主义与中央集权、历史人物评价、资本主义萌芽、洋务运动、群众反对外国侵略斗争的规律等问题讨论。1962年6月，召开关于孔子评价的座谈会。其间，重要的学术讨论还有矛盾的同一性与斗争性的关系、道德的阶级性与继承性问题等。1962年底，中共上海市委召开思想工作会议，批判陈其五、罗竹风。上海学术界就“合二而一论”，批判李佐长和姚伯茂。1965年11月10日，姚文元《评新编历史剧〈海瑞罢官〉》一文在《文汇报》发表。月底，市社联和上海史学会就姚文连续召开座谈会，不少学者对姚文提出不同意见。1966年1月，市社联还就“清官”问题进行座谈。“文化大革命”开始后正常的学术活动停止。1978年下半年，在全国“实践是检验真理的唯一标准”讨论中，市社联、科研院所、高等院校冲破限制，举办多次研讨活动。1979年初，召开全市理论务虚会，以澄清林彪、江青反革命集团造成的理论混乱。6月，市社联召开座谈会，与会者认为，上海对真理标准问题的讨论“要补课”，才能切实贯彻党的十一届三中全会精神。

1980年3月，市社联召开会议，恢复李平心、周谷城、李佐长等一批在60年代受到错误批判的学者的学术名誉。1983年3月，市社联召开纪念马克思逝世100周年座谈会。8月，举行近代中国资产阶级研究学术讨论会。11月28日，市社联举行大型座谈会，400余人出席，就理论界如何贯彻不搞“精神污染”问题进行讨论。1984年4、9月，两次召开上海经济发展战略讨论会，先后有300余人和500多人出席，中心议题是在新的经济形势下上海经济发展面临的新任务。1985年5月，市社联60多个学会举行纪念中国社会科学家联盟成立55周年大会，近万名学员参加，18名老盟员联名向中共中央建议尽快建立全国社联。6月，上海社会科学院为主召开振兴第三产业研讨会，是上海第一次举行的第三产业大型理论研讨活动。1986年5月，召开上海文化发展战略研讨会。召开上海城市建设总体规划研讨会。1987年，中共上海市委宣传部等召开社会主义商品经济研讨会。上海国际关系学会等8个单位举办解放以来国内首次国际关系理论研讨会。1988年，上海各界举行一系列中共十一届三中全会召开10周年理论讨论会。是年7月，召开经济体制改革理论讨论会。上海社会科学院召开《易经》文化讨论会，复旦大学召开儒家思想与未来社会国际学术讨论会。市社联召开缓和形势下两种制度国家间关系新特点讨论会，上海社会科学院召开苏联东欧改革问题研讨会等。1990年，市社联召开社会主义初级阶段与改革实践等讨论会。华东师范大学和同济大学联合召开全国地学哲学学术讨论会。国务院发展研究中心国际技术经济研究所上海分所等举办90年代中国企业跨国经营研讨会。11月,华东师范大学心理学系等举办研讨会,研讨安乐死。1992年,市社联举行邓小平理论思想系列研讨会。1994年,上海国际关系学会举办冷战后世界格局与国际秩序大型讨论会。

第三节 | 马克思主义、毛泽东思想、邓小平理论研究 >>

一、马克思主义研究

清光绪四年(1878年),江南制造局翻译馆译《西国近事汇编》,书中第一次出现"康密民人"、"康密民党"的"共产主义者"、"共产党"音译。二十四年夏,胡贻谷译英国柯卡普《社会主义史》,以《泰西民法志》为书名出版,专辟马克思一章,首次在中文出版物中提及和介绍马克思、恩格斯及其生平和思想。二十八年,上海《翻译世界》杂志编译村井知至《社会主义》,是中国第一种系统介绍马克思生平和学说的译著。1912年,《新世界》刊登蛰伸全译《共产党宣言》10项纲领。1918年,李大钊在《新青年》发表《布尔什维克的胜利》。1919年3月号《新青年》刊出马克思主义专号。陈独秀发表《马克思学说》等文。1919~1921年,上海出现两次关于社会主义的大论战,报刊杂志发表300多篇文章。1920年8月,陈望道根据日文本和英文本,翻译《共产党宣言》第一个中文全译本。1927年后,上海开始翻译出版马克思主义经典著作全译本。1938年8~9月,郭大力、王亚南完译《资本论》第一、二、三卷,为第一种《资本论》中文全译本。解放初期,各高等学校开设《联共(布)党史简明教程》、中共党史、政治经济学、马克思主义哲学等4门政治理论课。1957年,复旦大学、华东师范大学组织编写《社会主义概论》和《马克思主义政治学》。60年代中期,主要围绕"反修、防修"、无产阶级革命和无产阶级专政、战争与和平、社会主义建设、民族解放运动等问题进行讨论,一批文章、论著及教材问世。1978年后,开展科学社会主义、马列主义体系、马克思列宁主义的东方社会理论、列宁关于社会主义建设的思想、斯大林模式、《联共(布)党史简明教程》等方面的研究。80年代初,对列宁、斯大林及苏联早期政策展开研究。1980年,开展对斯大林模式的探讨。开展对国外社会主义思潮和流派的研究。80年代中后期,一批关于科学社会主义基本原理方面的论著出版。再次重新评价《联共(布)党史简明教程》,1989年,中共上海市委宣传部组织"挑战与回答"丛书的编写和出版,集中批判社会主义"空想论"等观点。80年代末以后,出版一批社会主义理论与实践论著。研讨亚细亚生产方式的含义、“五形态论”和超越“卡夫丁峡谷”的论断、东方专制主义、东方社会的文化背景等。1994 年，有人提出上海在 19 世纪末 20 世纪初，是马克思主义被介绍到中国来的窗口，在十月革命和五四运动后成为传播马克思主义的中心。

二、毛泽东思想研究

1938 年 8 月 23 日起，《每日译报》和《导报》全文连载毛泽东《论持久战》，并于 9 月出版发行。12 月 10 日，《文献》全文刊载毛泽东《抗日民族战争与抗日民族统一战线发展的新阶段》。1940 年 1 月，北社出版陈公琪等著《新民主主义的理论与实践》。4 月，李平心《中国宪政运动史》阐明中国必须走新民主主义革命道路。1941 年 6 月，《北斗》杂志刊载毛泽东《辩证唯物论》。1952 年 3 月，冯定发表《学习毛泽东思想进行斗争》。1958 年，严北溟发表《从社会主义建设总路线中学习毛泽东哲学思想》。1965 年，周信礼发表《谈谈大城市卖西瓜的哲学问题》等。1979 年，胡曲园发表《学习毛泽东思想，坚持实事求是》。有学者对毛泽东关于世界观的提法等问题展开讨论。1980 年 1 月，张天飞对毛泽东所提中国社会主义社会里只有无产阶级世界观和资产阶级世界观两家的观点提出不同意见。1986 年，李君如《中国的社会变革和毛泽东的方法论思想》发表，认为毛泽东哲学思想主要是方法论。1993 年前后，纪念毛泽东诞辰 100 周年之际，再次出现毛泽东思想研究高潮。是年，出版有关专著 20 多种，发表论文数百篇，多次召开全市性学术研讨会。1993 年，巢峰主编《毛泽东思想大词典》出版。学术界加强对国外毛泽东研究的述评，开展对毛泽东晚年思想和实践、毛泽东与毛泽东思想的历史地位、毛泽东思想的科学体系的研究。李君如首次提出毛泽东思想的三大来源。1995 年，苏开华发文，分析斯大林路线和毛泽东路线的主要分歧等。

三、邓小平理论研究

1978 年 6 月，市社联围绕 5 月 10 日《光明日报》刊载的《实践是检验真理的唯一标准》一文展开讨论。9 月 16 日，《文汇报》刊发虞丹关于真理标准问题的文章及复旦大学讨论真理标准问题的报道。1979 年底，市社联、中共上海市委党校分别召开讨论会，提出上海必须补上真理标准讨论这一课。1983 年，林子力《论联产承包制　　兼论具有中国特色社会主义农业发展道路》发表。1988 年 12 月，丁祯彦等主编《中国特色社会主义概论》出版，在上海最早完整论述中国特色社会主义理论。1991 年 2 月 15 日和 3 月 2、22 日，《解放日报》连续发表署名皇甫平《做改革开放的带头羊》等 3 篇文章，透露邓小平在上海讲话的精神，强调要以改革开放总揽全局，计划和市场不是划分社会主义和资本主义的标志，在全国产生较大影响。1992年春，针对邓小平“南方谈话”要点，《解放日报》《文汇报》接连刊登《改革也是解放生产力》等学习谈话的理论文章。1992年7、8月起，社会主义市场经济成为关注的热点。《文汇报》发表评论员文章《建立社会主义市场经济》。《解放日报》连载吴敬琏长篇论文《社会主义市场经济的历史沿革和现实意义》。1993年，上海社科院邓小平理论研究中心设立。1993年6月，中共中央宣传部在上海召开第一次全国性邓小平建设有中国特色社会主义理论研讨会。1993年，奚洁人主编的教材《中国特色社会主义教程》出版，为全国第一种邓小平理论的高校政治理论课教材。1994年，《毛泽东邓小平理论研究》（双月刊）创刊，上海市邓小平理论研究会成立，举行邓小平的理论与中国的现代化国际学术交流会。1995年，上海市高校通用教材王邦佐主编《邓小平理论教程》出版。

第四节 哲学 >>

一、中国哲学

清光绪二十四年（1898年），康有为《孔子改制考》《春秋董氏学》出版，是上海近代最早出版的中国哲学史研究著作。1912年，陈焕章、沈曾植等发起成立孔教会。五四时期，周易学社建立。1916年，谢无量《中国哲学史》系统研究中国哲学史的发展脉络，突出儒家思想。1917年，康有为《春秋笔削大义微言考》出版。康氏3部著作，提出以“元（气）”为世界源的“博爱”哲学观，以“公羊三世”说和古代“大同”“小康”思想为基础，吸取西方空想社会主义、社会进化论学说的君主立宪、变法维新的改良主义政治思想。胡适完成《中国哲学史大纲》。1919年，康有为《大同书》出版，成为中国哲学史研究代表作。20年代，张东荪《新哲学论丛》出版。30年代后，有张东荪《科学与哲学》、方东美《科学哲学与人生》、梁漱溟《东西文化及哲学》、范寿康《认识论》、李参史《意识论》、李石岑《中国哲学十讲》、陈立夫《唯生论》等。其中，李石岑《中国哲学十讲》（1935年）认为儒家是十足的唯心论。“文化大革命”中，上海市委写作组发表“尊法（家）”、“批孔”、“批儒（家）”等文章。1979年，上海社会科学院哲学研究所成立中国哲学史研究室。上海学者对先秦诸子哲学到近代中国各学派均展开全面研究，出现一批断代哲学史研究成果。80年代以后，出版一批综合性论著。冯契《中国古代哲学的逻辑发展》三卷本（1983～1985年出版）。1985年，严北溟主编《哲学大辞典·中国哲学史卷》出版。80年代，出现一批中国古代宇宙观、文化哲学等研究成果，其中李志林《气论与传统思维方式》（1990年出版），全面分析“气”概念的演化及对中国人思维方式的影响。

二、外国哲学

清末，最早引进叔本华与尼采的唯意志论、斯宾塞的实证论以及现代西方的社会哲学。民国时期出版一批重点介绍与研究杜威的实用主义、罗素的逻辑学说与政治学说以及唯意志论、生命哲学的代表柏格森与杜里舒的著作。1931年，李石岑《现代哲学小引》指出，现代西方哲学是实证主义的反动，实证主义重研究生命的实现，现代哲学则重促进生命本身的表现。前者以科学为中心，后者以艺术为中心。1934年，张东荪《现代哲学》出版，认为现代思想唯其不统一，新说层出。50～70年代末，现代西方哲学研究成为学术禁区。80年代初，上海学者在国内最先展开研究。1981年，刘放桐编《现代西方哲学》出版，是解放后国内第一种现代西方哲学的高等学校教材。80年代开始，介绍与研究面更广，以存在主义、西方马克思主义为重点，涉及实用主义、唯意志论、生命哲学、分析哲学和语言哲学等研究。

三、逻辑学、科学哲学

清光绪二十六年(1900年)，严复到上海演讲名学，开始使用“逻辑”一词，并翻译《穆勒名学》。二十八年，田光炤译日本十时弥著《论理学纲要》出版，是国内最早系统介绍西方逻辑体系的译著之一。次年，杨荫杭《名学教科书》出版，为上海出版的国内学者首部逻辑学著作。此后，严复翻译英国穆勒《穆勒名学》(1905年)等。1917年，胡适完成英文《先秦名学史》。20年代，有蒋维乔《论理学讲义》、牟宗三《逻辑典范》等出版。1923年，发生“科学与玄学”的大论战。1927年、1937年，汪奠基先后完成国内最早介绍与研究数理逻辑的权威著作《逻辑与数学逻辑论》和《现代逻辑》。1937年，金岳霖完成《逻辑》，被认为是国内最具权威的逻辑学著作。还有对中国名辩学与因明学进行研究。50年代起，逻辑学被列为高校文科院系必修课。1956年，周谷城发表《形式逻辑与辩证法》，引起持续6年的全国大讨论。是解放后上海发起的第一次影响全国的哲学学科大讨论。1960年，上海自然辩证法研究会成立。是年9月，《哲学研究》编辑部组织编译、内部出版8个专辑。1962年起，《文汇报》开辟学习自然辩证法笔记专栏。1976年后，研究主题扩展到数理逻辑、模态逻辑、哲学逻辑和逻辑史等方面。

四、美学

清光绪三十年(1904年)，王国维发表《论哲学家与美学家之天职》等文章，最早将西方美学概念引入中国。三十四年至宣统元年(1909年)，完成《人间词话》，提出"境界"说等美学观点，奠定中国近代美学的研究基础。1912年，蔡元培倡导把美育教育列入教育体系。1915年，徐大纯发表《论美学》，开创中国现代美学研究的先河。1920年，中华美育会在上海成立，创刊《美育月刊》。20～40年代，大批美学著作出版，重要的有吕澄《美学概论》(1924年)、张竞生《美的社会组织法》(1926年)、朱光潜《文艺心理学》(1936年)等。翻译出版一批西方美学著作。1956年开始，《文汇报》等发表多篇文章，参加全国美学讨论，对朱光潜提出的"美是主客观统一"的观点提出商榷。蒋孔阳发文提出美学的社会本质力量化的观点。50年代，巴人《文学论稿》出版，提出存在人类一般的"共同美"问题。1981年，上海美学研究会等建立。1979年，《美学》丛刊等创刊。70年代末，讨论"共同美"的问题。80年代初至90年代，形成对马克思《巴黎手稿》研究的热潮。开展美学基本原理的研究和介绍，进行中外美学史以及中西美学比较研究。

五、伦理学

清末，郑观应将"先贤格言"汇编成《训俗良规》。光绪十九年(1890年)，又编成《盛世危言》，企图促使政界知爱国保民之道。二十二年前后，梁启超始提出国民道德改造思想。唐才常提出中国人只有合群、破私，团结互助，国家才能保种图存。光绪三十二年，章太炎提出人必须"知耻"、"重厚"、"耿介"、"必信"，反对轻小行、轻私德。是年，秋瑾创办《中国女报》，批判男尊女卑。宣统元年，蔡元培译德国泡尔生《伦理学原理》，是第一种西方伦理学译著。二年，蔡元培撰《中国伦理学史》，是中国近代第一种中国伦理学史专著。1912年，蔡元培提出德育是5种教育的中坚和根本。1915年，陈独秀提出"伦理的觉悟为吾人最后觉悟之最后觉悟"。1923年，发生"科学与玄学"论战。30年代，张东荪出版《人生观ABC》等4种专著，主张从"自我"出发实现"真我"的人生观。40年代，上海伦理学研究趋向系统化，黄建中《比较伦理学》(1944年)认为伦理学归根到底是对最高善的研究。熊十力《十力语要》(1947年)主张灭一已之私。1949～1959年，主要为介绍、探究共产主义道德及培养。80年代初，主要是介绍基本知识方面，后研究改革开放形势下如何继续发扬共产主义道德的问题。1979年，"文化大革命"结束后国内第一种伦理学专著李奇《道德科学初学集》出版。1985年，沈松勤等《共产主义道德》一书被作为青年工人共产主义道德教育的轮训教材。1988年，吕俊华著作《自尊论》，呼吁新人生的价值和尊严。1991～1995年，主要探讨社会主义市场经济条件下经济伦理建构问题。

第五节 | 政治学 >>

一、基本理论

19世纪后期,墨海书馆、江南制造局翻译馆等翻译出版西方政治学著作,所出译著占全国同类出版物的80%。清光绪十一年(1885年),傅兰雅和应祖锡译述《佐治刍言》出版。三十二年,陆绍明《政学原理》发表,涉及政治学基本理论。五四运动后,报刊杂志发表多篇政治学理论的著述、译述,出现中国"政治学"。1919年8月~1920年5月,《建设》杂志连载廖仲恺译威尔确斯《全民政治论》,阐述民主思想。1923年,《民国日报》发表邓初民《近代政治与政党》。1929~1949年,上海出版6种著作,基本奠定政治学研究体系。1952年,高校取消政治学学科,保留相关研究。研究以苏联的研究体系为蓝本,大多为马克思主义政治学理论的译述,对西方政治学和政治制度进行批判。1954~1956年,徐盼秋《什么是国家》等3种政治学论著出版,试图以马克思主义方法论述政治学重大主题。1956年,吴恩裕《中国国家起源的问题》出版,是国内政治学理论研究的代表作,围绕人民民主政权的建设展开研究。1961年,复旦大学建立政治学系,恢复政治学研究和教学。1981年,上海政治学学会成立。是年,复旦大学举办全国第一期政治学讲习班,奠定上海政治学研究在全国的地位。80年代前5年,主要探讨政治学的对象、研究体系、研究方法、西方政治学和中国政治学的发展沿革等。1986年,王邦佐等《政治学概要》中提出政治学是研究"社会公共权力"的学科。1987年,严家其《首脑论》出版。王沪宁著《比较政治分析》,提出政治活动和政治关系处于一个"势态系统之中"。80年代后期,对初期改革的成功和中期改革遇到的问题进行反思。上海和北京发起关于新权威主义的讨论。

二、行政学

上海的行政学研究起于20世纪20~30年代,同时产生"行政学"这一术语。1933年11月,民智书局出版江康梁《行政学原理》,是国内最早论述行政学原理的著作。1935年,张金鉴《行政学之原理与实际》出版,是国内第一种系统论述行政学专著。80年代末,研究试图重建行政学新的研究体系。代表作有王沪宁《行政生态分析》(1989年)。

第六节 | 经济学 >>

一、理论经济学

清光绪八年(1882 年),国内最早的西方经济学译著英国经济学家 H.福西特《政治经济学指南》以《富国策》书名出版。二十八年,严复译亚当·斯密《国民财富的性质和原因的研究》以《原富》书名出版,并通过按语对各经济学范畴作广泛的分析,对中国思想界产生深远影响。20 世纪初至 20 年代,国内学者撰述经济学著作,出版译著、著作约 40 种。民国建立前主要是西方经济学著作译本,民国建立后多数为国内学者的著作。光绪二十九年,赵必振译日本福井准造《近世社会主义》,在国内最早介绍马克思主义经济学。出版一批西方经济学代表作译作,有 1934 年萨伊的《政治经济学概论》等。20～40 年代,中国学者著述一批经济学基本理论著作,商务印书馆出版有 30 种以上。影响较大的有刘秉麟《经济学》、赵兰坪《经济学》、马寅初《经济学概论》。1938 年,郭大力、王亚南首次译《资本论》全书出版。1949 年,郭大力译《剩余价值学说史》。至此,马克思的主要经济学著作几乎都有中译本。

20 年代末～30 年代初,发生关于中国社会性质问题的论战。1930 年 4 月上海《新思潮》月刊刊出《中国经济研究专号》,王学文、吴黎平等提出中国是半殖民地半封建社会,引起争论。1934 年秋冬,开展关于中国农村社会性质的论战。解放初期,斯大林《苏联社会主义经济问题》和苏联科学院经济研究所《政治经济学教科书》对中国经济学界产生极大的影响。50 年代下半期至 60 年代初,对有关社会主义经济的一系列重大理论问题展开讨论。1959 年,探讨社会主义条件下的商品生产和价值规律问题。至 1961 年,平心发表系列论文,认为政治经济学同时需要研究社会生产力的变化与发展规律。在全国经济学界引起激烈论争。1961 年,出版姚耐等主编《政治经济学教材:社会主义部分》,产生影响。70 年代末～80 年代初,研讨主要集中于社会主义生产的目的、社会主义条件下生产力的发展等问题。80 年代中期～90 年代上半期,研讨主要集中于社会主义商品经济和社会主义市场经济等,以及社会主义经济的对外开放等问题。蒋学模主编《政治经济学教材》(1980 年),广为流传。

二、应用经济学

20 世纪 20 年代以前,上海出版财政学、货币银行学等著作 20 余种。20～40 年代,形成各分支学科研究,有财政学、货币银行学、新拓工业经济、农业经济、贸易经济、统计学、会计学、人口学和经济地理等学科研究领域。主要有李权时《财政学原理》(1935年)等。潘序伦会计学著作最为流行。50和60年代上半期，各分支学科发展分为两类。一是民国时期从欧、美、日引入的各学科，改从苏联引入学科体系和基本理论框架。另外从苏联引入学科体系和基本理论框架，形成新的学科，有国民经济计划学等。1959年，上海社会科学院编印《中国工业管理讲义》，1962年上海财经学院编印《商业经济》。1979年后，形成城市、消费等经济学新学科。主要著作有王文彬等《审计学》(1984年)、张薰华等《土地经济学》(1987年)、汤云为《重置成本会计论》(1989年)等。80年代初开始，对国家和上海一系列重大的发展、改革和开放问题进行研究，在三方面产生影响。(1)1983年、1984年进行的上海经济发展战略研究，(2)1993年、1994年进行的迈向21世纪的上海课题研究，(3)90年代上半期进行的对浦东的基础开发和功能开发等问题的研究。

第七节｜历史学 >>

一、史学理论

清光绪二十七年(1901年)，梁启超发表《新史学》，次年邓实发表《史学通论》，提倡"新史学理论"。二十九年，马君武发表《社会主义与进化论之比较》，提及马克司(马克思)历史唯物论和阶级竞争是历史发展关键学说。其间，《国粹学报》发表鼓吹民族主义的"国粹派"史学论文，有《黄史总叙》(黄节)等。传统史学理论重要论文有张尔田《史微·历史·史学》等。20世纪20年代起，多种专著出版，涉及史观、史法、史的作用与目的、史的资料与编纂、史家的修养等课题。最早成果有1923年4月李大钊《史学与哲学》。其他代表性论著主要有朱谦之《历史哲学》等。主要流派有以陶希圣《历史的法则可否成立》为代表的新生命派，以朱谦之《历史哲学》为代表的生物史观派，以陈易《历史动力论》为代表的动力派，以柳诒徵《国史要义》为代表的传统派。其他重要著作有周谷城《历史完形论》等。解放后到70年代，研究进展不大。1983年，谭其骧发表《对今后历史研究工作的四点意见》，倡导重视史学理论系统研究。1985年，姜义华发表《从〈史学要论〉到〈史学概论〉》，强调重视史学理论体系的建构。

二、中国历史

古代史，1929年起史学界展开中国社会性质和中国革命前途问题的论战，持续到30年代中期。内容涉及亚细亚生产方式、中国有无奴隶制社会、中国封建社会的特点以及秦汉以后的中国社会性质等。20～40年代，出版《中国文化史丛书》，有2辑40种，包括中国田赋史等。断代历史及专史研究重要著作有吕思勉《先秦史》(1941年)，瞿兑之等《两汉县政考》(1944年)、汤用彤《汉魏两晋南北朝佛教史》(1938年)、陈寅恪《唐代政治史述论稿》(1947年)等。通史类著作主要有周谷城《中国通史》(1939年)、吕思勉《中国通史》(1946年)、翦伯赞《中国史纲(第二卷)》(1947年)等。50～60年代初，研究重点为中国古代史分期、中国封建土地所有制形式、中国封建社会农民战争、中国资本主义萌芽、汉民族形成及民族关系等。又对亚细亚生产方式、中国封建社会长期延续的原因、历史人物的评价等问题进行探讨。自先秦至明清各个断代历史、各类专史的研究也有新的成果。代表作论文李亚农《中国的奴隶制与封建制》(1954年)、周予同《"厚今薄古"与历史科学大跃进》(1958年)。专史有杨宽《战国史》(1955年)，汤用彤、任继愈《魏晋玄学中的社会政治思想略论》(1956年)。60年代起，上海史学界参加《永乐大典》《太平御览》《二十四史》等古籍的标点校勘。1964年上半年起，对清代乾嘉考据学派展开讨论。同时，对周谷城史观进行批判，《解放日报》发表罗思鼎《周谷城历史观的面面观》。1965年11月10日，《文汇报》发表姚文元《评新编历史剧〈海瑞罢官〉》，揭开"文化大革命"序幕。上海史学界从学术上对海瑞罢官问题进行讨论。12月10日《学术月刊》发表魏建猷等关于"海瑞罢官"的笔谈，对清官贪官问题进行评述。1966年1月8日，市社联举行"清官"问题座谈会。2月后，正常的学术研究停止。1971年，上海市承担点校二十四史中《新唐书》《旧唐书》《新五代史》《旧五代史》《宋史》和清史稿。1973～1976年"文化大革命"中，中共上海市委写作组炮制一百五六十篇文章，制造"影射史学"，任意篡改历史，影响较大的有《孔子是造反派还是保守派》《论尊儒反法》等。1980年，刘昶发表《试论中国封建社会长期延续的原因》，引起全国史学界的讨论。1982年后，一批史学名著重印和再版，有顾颉刚《古史辨》(1982年)等。新成果有童书业《春秋左传研究》(1980年)，上海博物馆《商周青铜器纹饰》(1984年)，马长寿《氐与羌》(1984年)，王仲荦《魏晋南北朝史(上、下)》(1980年)，朱东润《张居正大传》(1982年)，樊树志《明清江南市镇探微》(1990年)，朱维铮《未定音调的传统》(1995年)等。1987年，谢维扬《中国国家形成过程中的酋邦》最早提出中国国家起源的"酋邦"说。

近代史，清光绪二十二年广学会出版美国传教士林乐知与蔡尔康编《中东战纪本末》，汇编有关中日甲午战争的谕旨等。梁启超著《李鸿章》(即《中国四十年大事记》)。辛亥革命前后，一批有关戊戌变法和民族革命的史实和人物传记出版，有苏生《中国革命史》(1911年)等。20年代，出版的史料有邹鲁编《广州三月二十九日革命史》(1926年)等。20年代末，史学界出现讨论中国社会的性质和中国革命的前途问题研究热潮，三派主要论文1937年由何干之集为《中国社会性质问题的论战》《中国社会史问题论战》两书。1933年，李鼎声《中国近代史》出版，提出应将鸦片战争作为中国近代史的开端，指明其半封建半殖民地的社会性质。30～40年代，有关近代史方面的著作还有李剑农的《最近三十年中国政治史》(1930年)，蒋廷黻的《中国近代史》(1938年)，冯自由的《革命逸史》(1938年)、《中国革命运动二十六年组织史》(1948年)等。50年代，出版中国近代史资料丛刊，集有翦伯赞等编《义和团》4册(1951年)等11种。主要研究成果有胡绳武、金冲及《论清末的立宪运动》(1959年)等。1961年，上海史学界举办纪念太平天国金田起义110周年活动。出版上海社会科学院《上海小刀会起义史料汇编》等。陶翊之《忠王李秀成的评价问题》(1964年)，在全国引发对李秀成评价问题的讨论。1981年，陈旭麓《中国近代史上的革命与改良》，认为洋务运动、戊戌变法、辛亥革命彼此有一个扬弃和吸收的复杂过程。沈渭滨等《论近代中国的时代中心》一文探索重构近代史脉络。1980年代中期以后，有汤志钧《戊戌变法史》(1984年)、熊月之《西学东渐与晚清社会》(1994年)等专著出版。陈旭麓《近代中国社会的新陈代谢》(1992年)提出把1840～1949年作为一个完整的历史时期进行考察。

现代史，1927年恽代英《中华民族革命运动史》出版，是上海最早的现代史研究。20～40年代，主要有《中国全面抗战大事记》(1938年)等。1939年，朱邦兴《上海产业与上海职工》出版，收集上海产业工人的调查资料。50年代中叶，就历史研究如何贯彻“厚今薄古”问题展开讨论。1958年，出版《南洋兄弟烟草公司史料》等经济类史料。1960年，上海卷烟一厂编《战斗的五十年——上海卷烟一厂工人斗争史话》，是上海出版的第一种厂史。50年代末，讨论现代史的年限、研究内容问题。1959年，宗震益等《中国现代史的基本线索和教学重点》，认为中国现代史应以“党的建设、统一战线、武装斗争”为纲，以革命与反革命两种力量斗争为基本线索。吴杰《中国现代经济史的研究和教学问题》提出中国现代经济史应以1919年为起点，引起争论。是年，蔡尚思、陈旭麓参与主编《中国新民主主义革命时期通史》4卷本开始出版。80年代末至90年代上半叶，有陈旭麓主编《五四后三十年》(1989年)等。80年代后对民国史的研究发展较快，研究领域涉及国民党及其统治、军阀、抗日战争时期伪政权、侵华日军、帮会、中外关系等。主要成果有徐矛《中华民国政治制度史》(1992年)等。

中共党史研究，1927年上海社会科学研究会编印出版《中国共产党的历史与策略——讨论大纲》，是最早的中共党史研究著作。1937年，出版有《毛泽东自传》等。1938年，出版斯诺《西行漫记》。解放初期，出版通俗读物《中共组织与简史》(1949年)等。后有王实等编《中国共产党历史简编》(1958年)等。“文化大革命”中上海市委写作组编写《中国共产党党史讲义(上下册)》。1979年上海市高校编写组编《中国共产党历史讲义》。80年代起，党史研究广泛展开。

主要成果有许玉芳《试评第二条战线》(1982 年)、孙道同《社会主义时期党内长期存在“左”倾错误的原因试析》(1983 年)等。90 年代,刘吉主编《中国共产党 70 年》、上海市委党史办主编《中国共产党在上海(1921～1991)》等。

三、世界史

清道光二十三年(1843 年)起,墨海书馆译述西书中包括零星史书。此后,世界史研究长期为翻译外国史著作。咸丰六年(1856 年),慕维廉译《大英国志》出版。光绪二十六年至宣统三年,翻译出版世界历史著作 40 余种,通史类、文化史类约占 1/4,主要有光绪二十八年邹弢编著《万国近政考略》等。1912～1948 年,出版著译 300 余种,编、译著各占一半。代表著译有陈翰笙编著《人类的历史》(1921 年)、李季谷编著《西洋史纲》(1935 年),强调世界历史的整体性。世界文化史,1932 年张仁国《世界文化史大纲》,以中国文化为主体。断代史有易家钺著《西洋氏族制度研究》(1920 年)、焦敏之编著《古代世界史纲》(1948 年)等。译著有美国摩尔根《古代社会》(1930 年)等。同期商务印书馆出版一批有关中西交通史、中亚史方面的史料。解放初期,研究基本中断,译书以资料编辑为主。1949 年,周谷城《世界通史》提出欧洲通史不是世界通史的中心所在,世界历史的演进是从氏族社会、奴隶制时代、封建时代、资本主义时代向社会主义时代的发展。1956 年,郭圣铭编著《世界古代史简编》。1961 年,耿淡如译美国汤普逊《中世纪经济社会史》。1975 年,余开祥等主编《战后世界历史长编》等。80～90 年代中期,开辟西方史学史、战后世界史、世界当代史等新领域。出版著译 60 多种。1990 年,陆庭恩等《非洲史教程》出版,为国内第一种通史性非洲史教材。

四、上海史

清光绪十五年(1889 年),英国人麦克伦撰《上海史话》,为第一种简述上海开埠与租界的通史著作。宣统元年,特瑞修著《上海史》问世。1921 年,兰宁、柯林著《上海史》(第一卷),研究范围扩至外贸、金融、交通、宗教、教育、社会生活等方面。1923 年,柯林著《上海史》(第二卷),论述租界机关制度、城市设施、经济状况、外国人等情况。1929 年,梅朋、傅立德合著《上海法租界史》(1983 年出版倪静兰中译本)。是年,南非人费唐《费唐法官研究上海公共租界报告》4 卷出版。30～40 年代,中国学者为收回租界,对相关的法理进行研究,成果有夏晋麟《上海租界问题》(1932 年)等。1933～1935 年,上海市通志馆编纂《公共租界编》和《法租界编》。其间,《上海市通志馆期刊》刊蒋慎吾《上海县在元明时代》《上海县在清代》等文。1936 年,上海通社编印《上海掌故丛书》。1947 年,上海市文献委员会出版《上海文献丛刊》6 种。50～60 年代,上海史研究侧重于人民革命斗争史研究和行业性史料整理。有《上海小刀会起义史料汇编》(1958年)、《上海地方物产资料汇辑》(1961年)、《永安纺织印染公司》(1966年)等。1961年，黄苇发表《上海开埠初期对外贸易研究》。1965年，《学术月刊》等发文，编写“四史”(社史、村史、厂史、行业史)，有《上海外贸史话》(1976年)、《近代上海金融市场》(1989年)、《近代上海五金商业史》(1990年)等成果。1980年起，上海市文史研究馆等编辑《上海史资料丛刊》《上海地方史资料》《上海文史资料选辑》等系列史料。1981年，上海市郊10县开始新编县志，至1993年10种县志全部出齐。1987年，上海市地方志编纂委员会及办公室成立，部署全市地方志编纂。1984年，郑祖安发表《上海旧县城》等。1985年，刘惠吾编著《上海近代史》上册，是中国人编撰的第一部上海断代史。1987年，熊月之《论上海租界的双重影响》，肯定租界对上海城市发展的作用。汤志钧主编《近代上海大事记》出版。唐振常主编《上海史》出版，为第一种中国人撰写的上海地方通史。1990年，上海研究中心成立，出版《上海研究论丛》。是年，张仲礼主编《近代上海城市研究》出版。1992～1995年，有顾炳权《上海风俗古迹考》、潘光等《关于旧上海犹太人复国活动的历史考察》等。1991年7月3日，周振鹤在《文汇报》发表《明年是上海建城700周年》，认为上海设县的年代是上海建城的标志，引起讨论。

1958年，上海地区的成陆过程成为上海学术界关注的问题。1960年，谭其骧发表《关于上海地区的成陆年代》，丘祖铭发文商榷。1962年，《文汇报》发文集中讨论上海设镇、建县问题。谭其骧认为只能笼统说上海建镇于宋末，而得名则在北宋初年或五代时期。1976年，黄宣佩、吴贵芳等认为北起盛桥南经北蔡抵航头一线，包括市区(除杨浦区东端以外)大部分在内，于唐时已成陆，至南宋时上海全区已基本形成。

五、中国历史地理

南宋绍熙四年(1193年)，杨潜《云间志》成书，是今存有关上海地区历史地理的最早记载。清钱大昕《廿二史考异》等著作中对历代沿革地理有见解。1956年，顾颉刚、顾巽编《中国历史地图集》出版。复旦大学建立历史地理专业和研究室。1957年，由谭其骧负总责，编绘自原始社会至清代疆域政区地图集《中国历史地图集》。1974年，内部本第八册(清代)出版，到1979年出齐一至七册，1982～1988年公开出版。1986年，葛剑雄《西汉人口地理》出版，是中国第一种断代历史人口地理专著。1986年、1990年，《中国历史地震图集》明、清时期两集出版。周振鹤《西汉政区地理》出版，是中国第一种断代历史政区地理专著。祝鹏论文集《上海地理沿革》出版。1994年，葛剑雄等《中国移民史》出版。

第八节 | 法学 >>

一、法学理论

中日甲午战争后，严复等译卢梭《民约论》、孟德斯鸠《法意》等，先后于清光绪二十四年(1898 年)、三十年在上海出版。三十四年，第一种中国人撰写的法理著作杨廷栋《法律学》出版。20 年代，法学理论 11 种著作出版。20～40 年代，出版一批西方名著。1926 年 11 月，陆鼎揆译美国庞德《社会法理学论略》，是上海最早出版的具有现代意义的法理学著作。同年，李鹤鸣译日本穗积重远《法理学大纲》，在国内产生很大影响。1937 年，吴经熊著《法律哲学研究》，探讨中国旧法制的哲学背景，包括息事宁人的人生观等问题。1946 年，居正《为甚么要重建中国法系》提出重建中国法系的 4 个要求。1956 年，《华东政法学报》就法律的阶级性与继承性问题展开讨论。1962 年，上海政法学会讨论社会主义阶段法的性质和表述、法对人民内部强制作用等问题。1964 年，对法理研究对象问题开展讨论。70 年代末及 80～90 年代，讨论关于法的阶级性与社会性、法律面前人人平等、人与法治等近 20 个专题。1979 年 1 月 16 日，《解放日报》发表李海庆《人民在自己的法律面前人人平等》，引起讨论。1980 年，潘念之、齐乃宽发表《关于"法律面前人人平等"问题》等文。1982 年，《法学》编辑部发出"关于加强法学基础理论研究的倡议"。1983 年，上海召开全国性法理讨论会，讨论建设具有中国特色的"社会主义法律体系与法学体系"。1984 年，上海社科院召开关于法的本质属性问题讨论会，引起全国对法的本质的讨论。80 年代末至 90 年代中期，主要研究课题有权利、义务、价值的讨论和反腐倡廉等。80～90 年代，加强西方法学思想的介绍。

二、国际法

19 世纪末 20 世纪初，上海始有国际法研究，翻译、出版一批西方著作。清光绪二十四年(1898 年)，傅兰雅口译、俞世爵笔述英国罗伯德《各国交涉公法论》共 16 册。光绪二十八年至 1949 年，国际法研究主要涉及 7 个方面。(1)租界问题研究，有《上海公共租界土地章程》(1926 年)、楼桐孙《租界问题》(1933 年)等。(2)华侨与中国海外移民法研究，重要的有 1946 年陈里特编《中国海外移民史》。(3)治外法权研究，有吴颂皋《治外法权》(1929 年)等。(4)条约研究，有 1914 年商务印书馆编《国际条约大全》等。(5)国际组织研究，有王宠惠《国际法庭》(1925 年)等。(6)国际私法研究，有梅仲协编《国际私法新论》

(1946年)等。(7)海商法研究,有魏文翰《共同海损论》(1943年)等。50年代,宣传社会主义国际法,批判资本主义国际法。1958年,有张汇文《现在只有社会主义国际法体系》等文。60～70年代上半期,国际法研究停止。此后,重要著作有周子亚主编《国际公法》(1981年)、戚维新主编《国际私法》(1982年)论文集等。70年代后期至80年代,研究涉及海洋法、空间法律制度等新领域,以1981年卢绳祖《关于海洋法的几个问题》为最早。90年代,出现一批国际私法研究专著。

三、部门法

宪法,中日甲午战争后维新派提出君主立宪的主张。后至辛亥革命前,上海出版宪法研究著、译作约50种,大多是译著,日本著作影响最大。重要译著有光绪二十八年作新社编辑出版《各国宪法大纲》等。著作主要有袁嘉猷《中外宪法比较》(1907年)等。20世纪20年代,注重孙中山五权宪法,有研究著作6种。20～30年代,注重各国宪法比较研究,有1927年王世杰《比较宪法》等。20～40年代,出现社会主义宪法研究,有郑斌《社会主义的新宪法》等。30～40年代,有罗志渊编《各国宪法分类汇编》(1946年),上海时代出版社译《苏联宪法》(1948年)等。20世纪初,出现地方自治和省宪研究,有江亢虎《省宪草案》(1924年)等。40年代,有孔繁霖《五五宪草之评议》(1946年)等。50年代,主要集中宣传《中华人民共和国宪法》。1982年,华东政法学院编写大学教材《中华人民共和国宪法讲义》。1992年,上海市人民代表大会编辑《宪法十年理论与实践》。1995年,殷啸虎发表《关于台湾现行"宪法"的定性与定位》。

刑法,清光绪三十二年(1906年)上海丙午社出版日本冈田朝太郎《刑法总论》等中译本。三十四年,沈精编《大清刑律草案》3册出版。1914年,萧山葛著《中华民国新刑律集解》。1925年,郭卫编著《刑法学总论》出版,是上海出版的最早刑法学专著。30年代,出版刑法学原理研究著作5种。1930年,赵琛《新刑法原理》论述犯罪因果关系、共犯构成、死刑存废。犯罪学研究著作有7种,主要有1931年吴景鸿《犯罪心理学》等。刑法研究,对《中华民国刑法》有较多评论。50年代初,主要是宣传学习惩治反革命条例和介绍苏联刑法,1956年、1957年,《华东政法学报》开展刑法因果关系讨论。1958年,上海法学界讨论犯罪与两类矛盾性质的问题。80年代中期至90年代中期,出版刑法学研究专著13种,以犯罪学、罪与罚为研究重点。量刑问题研究,有顾肖荣等主编《量刑的原理与操作》(1991年)等。90年代,加强对经济犯罪的研究。

民法研究,清光绪十七年周仪君译英学者《版权考》。20世纪初,著译作17种。有戴成祥《现行民法新论》(1915年)等。20～30年代,始行分类研究。胡长清《中国民法总论》(1933年)等。40年代,著作有1941年朱承勋《亲属法论》

(1941年)等。50年代初，学习宣传婚姻法和介绍苏联婚姻家庭关系。50年代中后期，主要讨论民法与无产阶级专政的关系及法定继承人范围和顺序问题。1982年、1985年，徐开墅对《中华人民共和国继承法草案》提出侄子女、外甥、外甥女不宜规定为法定继承人等修改意见。90年代，研究涉及财产所有权、涉外民事管辖、民事法律关系、民事责任和赔偿。著作有郑幸福等《侵权赔偿法》等。妇女、家庭、婚姻问题研究有王玉洁等《涉外婚姻家庭与法》等。

经济法，清末、民国时期研究主要涉及商法、合同契约法、公司法、破产法、票据法、保险法、银行法等。光绪三十四年(1908年)，上海预备立宪公会再版秦瑞玠等编《商法调查案理由书》。上海总商会延请秦瑞玠、孟森合编商法草案，由两江总督交法律馆参考。20世纪初至40年代，主要有秦瑞玠译《商务论》(1913年)、赵修鼎《契约法论》(1927年)、王孝通《中国公司法论》(1932年)、张知本《破产法论》(1932年)、陈无表《票据通论》(1937年)、陈顾达《保险法规论》(1946年)等。解放初到70年代，研究基本停止。80年代，有潘念之等《中国经济法理论探索》(1987年)等著作。80年代末至90年代，理论研究形成体系，研究重点上海地区经济法，探讨土地批租、转让、有偿使用等。1987年，沈国明发文肯定土地批租的意义，徐开墅受上海市政府法制办公室委托主持起草《上海市财产拍卖规定》，顾肖荣主编《证券管理与证券违规违法》。

行政法，20世纪初著译作17种。清光绪二十七年(1901年)，江南制造局翻译出版《德国陆军参考》4册。三十二年，梁继栋等编译日本织田万《清国行政法》等。宣统二年(1910年)至1929年，行政法著作25种，涉及行政法总论、行政法各论、中央行政法、地方行政法、比较行政法、外国行政法等。1934年，出版《上海市政法规汇编》6集等。1951年，出版中译苏联科托克《苏维埃行政法概论》。1961～1966年1月，上海工商行政管理局编《上海市工商行政管理工作手册》4册，1981年续编第5册。80年代初、中期，行政法研究趋热。著作有王健刚《行政管理学基础》(1985年)等。王沪宁、竺乾威《行政学导论》(1988年)涉及行政用人、行政心理、行政工艺等方面。80年代末至90年代初，《行政法概论》等出版。1991年，上海政治学会编印《国家公务员制度解析》。1980年代后半期，上海学者在国内较早开始研究土地批租问题。有沈国明著述《土地使用权研究》(1994年)。

诉讼法。19世纪末上海始有研究。清光绪九年(1883年)，朱梅臣辑《驳案汇编》41卷出版。三十三年，程树德等译日本半岛直通《刑事诉讼法新论》。20世纪20年代，研究趋热。主要有1924年聋公编《民刑诉讼大规》等。30年代著作27种，40年代4种。民事诉讼研究，主要有陈承泽《中国现行民事诉讼法要义》(1913年)。30年代著译作32种，40年代10种。刑事诉讼法研究，主要有徐福基著《刑事诉讼法纲要》(1929年)等。1947年、1949年，上海新华书店出版苏联司法人民委员会编《苏联刑事诉讼法》等。行政诉讼法著译始于30年代，主要有邓定人译日本美浓部达吉《行政裁判法》(1933年)等。刑事诉讼法研究，50年代主要集中在"无罪推定"，1957年黄道《略论刑事诉讼法的无罪推定原则》等提出刑事诉讼应实行无罪推定。70年代末至80年代中期，主要议题有刑事诉讼法指导思想和基本原则、刑事补偿法等。民事诉讼法研究，80年代初、中期的讨论研究涉及民事诉讼参与人等14个方面。90年代，重视证据证权研究，开始研究股票、期货方面的诉讼，有1992年黄双全《中国民事诉讼法学》等出版。

第九节 | 社会学 >>

一、普通社会学

19世纪末，西方社会学从上海开始传入全国。社会学初被译作"人群学"或"群学"。清光绪二十二年(1896年)，谭嗣同《仁学》由上海文明书局出版，首提"社会学"名称。二十四年，中国报刊首次刊载社会学译文。二十八年，章炳麟译日本岸本能武太原《社会学》，是国内第一种社会学完整译著。次年，严复译英国斯宾塞《社会学研究》一书，以《群学肄言》名出版，是第一种西方社会学原著中译本。至民国建立，出版7种译著。1912～1930年，出版著、译作67种。1920年，赵祥雄译美国爱尔华特《社会学及现代社会问题》，风行一时。出现国内学者著述。1928年，曹聚仁编著《社会学大纲》。朱亦松著《社会学原理》，提出"社会学是研究人们结合所产生的一切社会现象的科学"。1924年，瞿秋白编著《现代社会学》。同期，沪江、复旦、大夏3所大学设立专系，《社会学刊》(季刊)等杂志创刊。1930年2月，第一个全国性社会学组织社会学社在上海成立，提出社会学中国化的问题。30年代，出版10种著作、10种译作。应成一《社会学原理》(1933年)强调社会意识是研究社会现象的关键，1940年被列为部定大学用书。1952年，大学社会学专业被撤销，社会学研究停止。1979年，上海市社会学学会成立，上海社会科学院筹建社会学研究所。1980年，复旦大学分校建立全国第一个高校社会学系。1981年，《社会》杂志创刊。1979年，《解放日报》等报发表袁缉辉《谈谈无产阶级社会学的内容和方法》等3文，认为社会学是在唯物史观指导下研究社会现象的一门科学。1986年起，一批学术专著出版，主要有吴铎《简明社会学》(1986年)等。90年代，研究转向专题性研究，尤为关注现代化中国社会转型等专题。1991～1995年，有乐正《近代上海人社会心态》等出版。

二、分支社会学

社会学各个分支学科传入中国，以社会心理学出现最早，以后为农村社会学、都市社会学以及其他分支社会学。社会心理学，20 年代出版译著 7 种。1920 年，吴旭初译法国黎朋《群众心理》出版，是国内最早出现的社会心理学译著。1924 年，顾复著《农村社会学》，提出农村社会学研究可分为农村状况的研究、农村改良的办法、农村的问题 3 部分。城市社会学，有 1929 年吴景超《都市社会学》，20 年代，注重人口、家庭、劳动等领域研究，出版 4 种译著和 23 种著作。1918 年，陈长衡《中国人口论》出版，是国内第一种用统计图表研究人口问题的专著，主张采取自然节育法节制人口增长。其他有 1928 年潘光旦《中国之家庭问题》、马超俊《中国劳工问题》，均为中国有关研究的最早论著。30～40 年代，重点在社会心理学、农村社会学、人口、家庭、劳动问题等研究，引进文化社会学、两性社会学、知识社会学、教育社会学等分支学科。社会心理学，1948 年孙本文《社会心理学》是中国第一种系统的社会心理学专著。农村社会学研究，1931 年冯和法《农村社会学大纲》认为革命的中心问题是土地问题，被多所大学用作教本。人口问题研究，主要有许仕廉《中国人口问题》(1930 年)。解放初至 70 年代研究停止。1979 年后，注重社会实际问题的调查和研究。1982 年，邓伟志、刘达临《家庭社会学讲话》首开分支社会学研究。其间，引发家庭的本质和社会主义家庭的职能两个问题的讨论。1989～1990 年，上海性社会学研究中心在全国 15 个省市 24 个地区开展"性文明"调查，首次从整体上勾勒出中国人的性观念和性行为现状，研究成果由刘达临主编为《中国当代性文化》。

第十节｜国际政治学 >>

一、基本理论

1924 年 1 月，钟建闳翻译英国蒲莱士《国际关系论》由商务印书馆出版，是上海最早的外国国际关系理论译著。1925 年，张奚若撰写《主权论》。20 年代，开始外交学研究，30 年代有廖德珍《外交学》等 4 种著述。同时开展对法西斯主义研究，著译主要有蒋学模《法西斯主义》等 7 种。解放初至 70 年代，国际关系理论研究无明显进展。80 年代初，上海学术界率先在国内开展国际政治理论研究，刘星汉《关于国际人权保障——〈世界人权宣言〉和〈国际人权公约〉初探》一文，首开国际人权研究。1993年，赖彭城等著有《国际人权论》，是上海第一种国际人权专著。1994年，陈其人《南北经济关系研究》出版。其间，黄仁伟发表《世界经济一体化是全球化的基础和动因》等文。80年代末，开始探讨中国特色国际关系理论，研究国际政治基础理论。1995年，倪世雄等提出创立国际关系理论新学科的构想。

二、国际时政

清道光二十二年（1842年），曹晟撰《夷患备尝记》出版，记述英军进犯上海后焚掠残杀事实。同治七年（1868年），上海江南制造局翻译馆发行《西国近事汇编》。光绪二十八年（1902年）至宣统三年（1911年），《外交报》出版300期，论及国际法、上海租界和上海领事裁判制度等问题。光绪九年，王韬提出倡导洋务，博采西学，结好英日，全力防俄。二十一年，魏源《海国图志》出版，把中国视为世界的中心。综合性国际问题研究，20～40年代论题有世界现状与中国等问题。谢乃壬、戴季陶、黄郛、陈翰笙、乔冠华等数十人参与研究。综合性国际政治研究，围绕国际政治概况、第一次世界大战对国际政治的影响、第二次世界大战爆发的可能性等展开。张明养《国际政治讲话》首次提出国际学。外交、国际关系研究，1919年起有《国民外交常识》等普及读物，《外交大辞典》等工具书。中国外交研究，1918年有黄攻素《外交危言》。30年代中期至40年代初研究成为热点，1934年国内第一种《中国外交年鉴》出版。中外关系研究，1918年黄郛《欧战之教训与中国之将来》两度出版。30年代，多边性国际关系研究出现一批成果，专著有丁立三《国际现势与中国革命》等。中日关系研究有左舜生等各家论述。其他有中苏（俄）、中蒙、中美、中德、中法、中葡、中比、中荷关系研究。租界问题研究，20年代金保康、王世杰等研究，30年代楼桐孙等。论著有《上海公共租界收回问题》等。不平等条约问题研究，主要集中在20年代，有著作《中外订约失权论》等近20种。50～60年代，中外关系主要研究课题是帝国主义对华侵略。60～70年代，有研究苏联的蜕变、苏联社会帝国主义、苏联与战争，主要著述有《苏联是怎样蜕变为社会帝国主义国家的》等。70年代起，对主权国家的研究。中美关系研究因尼克松访华而恢复。80年代起，有国际关系主体、全球国际关系、地区国际关系、专题国际关系等研究。苏联东欧、美国、日本、韩国、以色列等研究各有侧重。对关贸总协定研究，有汪尧田和周汉民《关税与贸易总协定》等。全球国际关系研究，有上海国际问题研究所《国际形势年鉴》等。华东师范大学研究冷战后的世界政治。90年代，研究的重点涉及国际军事关系、国际共运、民族主义、中国外交与中外关系、国际区域关系等。

第十一节 文学 >>

一、文学理论

清光绪二年(1876 年),刘熙载完成今存上海最早的文艺理论著作《艺概》《昨非集》。主张文章以明理为要,不拘泥古人经典,要有新的扩展的观点。王国维第一个把西方美学理论运用于中国近代文学批评,在中国小说理论批评史上首开先例。光绪三十四年至宣统元年(1909 年),王国维《人间词话》出版,构筑成打通中西诗学的新诗学理论体系,开启西方美学及文艺理论与中国古典批评传统相结合的新途径,开创"境界"理论。二十一年,有旧文体诗人主张诗作以古为雅,超脱功利,远离现实,养性自娱。二十五年,康有为、黄遵宪等发起"诗界革命"。梁启超等发起"文界革命",提出"言文合一",开创以报刊为载体的报章文体。二十八年,发表《论小说与群治之关系》,发起"小说界革命",得到广泛响应,影响超过诗界革命、文界革命。辛亥革命后同光体主导诗坛。20 年代初期,文学研究会宣扬写实主义文学,主张"为人生而艺术"。创造社最早系统提出中国的浪漫主义文学理论。1922 年,沈泽民提出"无产阶级艺术",1924 年提出革命文学。1926 年,郭沫若发表《革命与文学》,提出无产阶级的社会主义的写实主义的文学的口号。1928 年,冯乃超发表《艺术与社会生活》,否定五四新文学。李初梨发表《怎样地建设革命文学》,认为文学是阶级的武器。茅盾认为标语口号不是文学。1930 年 3 月 2 日,中国左翼作家联盟(简称左联)成立,通过左联理论纲领。1937 年上海沦陷后至 1941 年 12 月,宣传"文艺为抗战服务",研讨"抗战文艺"的理论。1938 年,王任叔发表《建议废除"抗战八股"一词》,认为不能要求抗战中诞生的文艺在短期内就与完善的艺术形式相结合,主张废除"抗战八股"一词,得到全国文艺界广泛响应。1940 年,又出版《文学读本》,是国内第一种有自己体系的文学理论著作。1942 年,陈蝶衣发表《通俗文学运动》,引发沦陷时期上海文学批评界唯一一次关于文学理论的讨论。1949～1998 年,文学理论主要集中在 14 方面,其中 5 个方面为 1928～1937 年最早提出而延续到 50～90 年代的。(1)文学的阶级性问题的论争。(2)文学的真实性。(3)典型人物的塑造。(4)文艺与政治的关系。(5)关于独抒性灵和提倡幽默。(6)国防文学与民族革命战争的大众文学。(7)创作方法问题的探讨。(8)关于通俗文学的讨论。(9)现实主义的问题的论争。(10)关于革命的现实主义和革命的浪漫主义相结合的讨论。(11)对"中间人物"论的批判。(12)关于文学与生活的关系问题。(13)文学批评问题。(14)形象思维问题的讨论。

二、文学史

中国文学通史研究，清宣统二年（1910年）至1937年，上海出版文学史著作近40种。主要有清宣统二年，林传甲著《中国文学史》，是第一种中国人撰写的文学史。此后有刘贞晦、沈雁冰《中国文学变迁史》（1921年）、郑振铎《文学大纲》（1927年）、胡云翼《新著中国文学史》（1932年）、陈子展《中国文学史讲话》（1933年）等。1934年，郭绍虞《中国文学批评史》印行，体例异于其他文学史，是中国文学批评史独立成学科的标志。1936年，赵景深《中国文学史新编》、1937年阿英《晚清小说史》出版。1937～1941年，出版著作4种。有刘大杰《中国文学发展史》等。抗日战争胜利后到1949年，出版10种。1955年，郭绍虞修订《中国文学批评史》，列为高等学校文科教材。1957年，刘大杰《中国文学发展史》（修改本）出版上下两册，中册未出，“文化大革命”中修订后作为全国唯一的文学史著作重新出版。1988年起，王运熙、顾易生主编《中国文学批评通史》七卷本出版。1994年，章培恒、骆玉明《中国文学史》出版。

断代文学史研究，1920年张静庐著《中国小说史大纲》。1924年，胡适著《五十年来之中国文学》，论述桐城派古文的衰亡，革命文学运动的兴起。此后有陈钟凡《汉魏六朝文学》（1931年）、钱基博《明代文学》（1934年）、阿英《晚清小说史》（1937年）。抗日战争时期，研究停止。1947年，有罗根泽《魏晋六朝文学批评史》、蓝海《中国抗战文艺史》等。解放初至50年代末，研究基本停止。1960年，复旦大学中文系56级编《中国近代文学史》。1986～1991年，王永生主编《中国现代文学理论批评史》出版。1986年，上海社科院编《“孤岛”文学回忆录》。1988年，王晓明发表《重写文学史》，提出“重写文学史”。陈思和发表《要有个人写的文学史》。论文有戴光中《关于赵树理方向的再认识》《“柳青现象”的启示》等。1993年，陈伯海等《上海近代文学史》出版，第一次系统反映近代上海文学发展。1995年，孙琴安《中国性文学史》出版。

三、外国文学

清咸丰七年（1857年），英国传教士麦都思创办上海第一种中文杂志，最早在中国系统介绍外国文学。创刊号登载艾约瑟《希腊为西国文学之祖》，介绍荷马两大史诗、希腊三大悲剧作家作品及阿里斯托芬的喜剧。1915年，陈独秀在《青年杂志》发表《现代欧洲文艺史谈》，介绍西方现代文艺思潮。1921年，鲁迅译《近代捷克文学概况》《小俄罗斯文学略说》等，介绍东欧、北欧文学概况。1922年，《小说月报》设专号，介绍俄、法文学研究。1928年，嘉生译列宁《托尔斯泰——俄国革命的明镜》。1929年，鲁迅主编《科学的艺术论丛书》，翻译出版普列汉诺夫《艺术论》和卢那察尔斯基《艺术论》。1928 年，刘大杰著《法国文学概论》。此后有胡仲持译美国约翰·玛西《世界文学史话》(1931 年)、夏光德《法兰西文学史》(1936 年)。1941 年，时代出版社大量译介苏联文艺作品。解放初，主要译介俄苏文学及文学论著。影响广泛的有满涛译别林斯基和果戈理的作品，辛未艾所译车尔尼雪夫斯基、杜勃留波夫和赫尔岑等的作品。“文化大革命”中，《摘译》杂志选载配合国内政治斗争的有关外国文艺新思潮的译文。1988 年，有陈挺编著《比较文学简编》、贾植芳主编《早期比较文学论文选》等。90 年代以后，大量译介外国各种思潮流派的理论，进行国别文学史和专题研究。有伍蠡甫《欧洲文学思潮简史》、智量主编《外国文学史纲》、倪蕊琴《列夫·托尔斯泰比较研究》等著作。

第二十九章
教　育

第一节 | 旧学

一、镇学、县学、府学

镇学 南宋嘉定十五年(1222 年),监嘉兴府青龙镇税赵彦敔创建青龙镇学。咸淳五年(1269 年),唐时措建上海镇学。

县学 宋元祐年间,华亭县学建立。嘉定十二年(1219 年),嘉定县、明洪武二年(1369 年)崇明县建县学。元至元三十一年(1294 年),上海镇学升为上海县学。明清时期,金山卫学、青浦县学、宝山庙学、南汇县学(建于奉贤)等县学相继建立。光绪三十一年(1905 年),废科举兴学堂,县学终结。

府学 元至元十五年(1278 年),置松江府,华亭县学升为府学,清光绪三十一年(1905 年)终结。

二、书院

宋淳祐四年(1244 年),崇明建天赐书堂,为上海地区书院之始。宋代,先后又有九峰(在今松江县)、北府(在今嘉定区)、白社(在今青浦县)。元诏立书院。元贞初,华亭县建西湖书院。此后,建清忠、三沙、石洞、燕居等书院。明正统九年(1444 年)起,上海地区先后建书院 8 所。清顺治九年(1652 年),顺治诏禁别创书院,各地书院式微,唯上海地区仍有发展,历有修建。乾隆十三年(1748 年),上海县建申江书院,作为"举贡生童月课会之所",三十五年改名敬业书院。上海开埠后,西学东渐,有的书院开始教授新学,设英语、几何等课,与旧学有别,惟书院名称仍沿用至清末。咸丰十年(1860 年),美国基督教长老会设清心书院,同治四年(1865 年)巡道丁日昌设龙门书院。十三年,徐寿与英国传教士傅兰雅创立格致书院(一说由英国驻沪领事麦华伦创立),为近代中国第一所研习自然科学的新式书院。光绪二年,求志书院创办,算学、舆地首次列为独立课目。二十六年,日本东京同文书院迁上海,改为东亚同文书院。清代,上海地区建有书院51所，加外国人所办约计60余所。光绪二十四年，清廷废书院，各书院均改学堂。

三、学塾

社学 元至正初年，上海县设社学161所。三月，松江府华亭、上海两县城市乡村皆设社学。天顺元年(1457年)，提学御史晓谕松江府于城市设社学1所，乡村每区各设1所。七年，华亭县各乡置60所。弘治初，毁“淫祠”和无敕额庵院，祠院改为社学。正德末年，上海县有96所。嘉靖十六年(1537年)，嘉定县建16所。清顺治九年(1652年)，清廷明令每乡置社学1所。雍正六年(1728年)，定各州县设立社学、义学之例。光绪三十一年(1905年)八月，社学被学堂所代替。

义学 又称义塾。元至元九年(1273年)，松江府有璜溪义塾。皇庆二年(1313年)，上海县建鹤沙义塾。元统二年(1334年)，华亭县建邵氏义塾。延祐二年(1315年)，嘉定县建东阳5个义塾。元代，青浦设有横溪等3所义塾。康熙至光绪年间，今上海地区先后共设义学125所。光绪三十一年(1905年)，停办义学，部分改为小学。

四、私塾

清道光三十年(1850年)，英国圣公会在沪设英华学塾。次年，美国圣公会设文纪女塾，初有学生8人。光绪十二年(1886年)，法租界公董局开设法华书塾，授以法语。十八年，美国基督教卫理公创建中西女塾，后改中西女中。二十二年，上海县邑人王维泰开办学塾。二十八年，吴馨设务本女塾，有维新人家二三十岁女子入塾。民国时期，广设小学，政府限制、改造私塾，私塾大为减少。至1951年，全市尚有私塾693所、在塾学生2.15万人、塾师783人。1956年，分别为247所、1.02万人、486人。是年，为市教育局接办，上海私塾结束。

第二节 幼儿园、学校 >>

一、幼儿园

清光绪十五年(1889年)，美国安息浸礼会于惠中学塾附设幼稚园，为上海首家幼儿园。十九年，法国天主教会创办仁善学校附属幼稚园。三十年，务本女塾附设幼稚舍，为上海第一所国人创办的幼儿园。民国建立后，幼儿教育渐受重视。1918年，上海有蒙养园12所，其中6所为教会所设。到1935年，上海有幼儿园168所。1945年抗日战争胜利后，原公共租界工部局所办5所全部改市立。1946年，全市有幼稚园285所，其中省立1所、市立42所、私立242所。1949年，有485所。1950年底，市政府接管接收教会办幼稚园。是年7月，宋庆龄在上海创建中国福利基金会托儿所，1953年改办幼儿园。1952年，曹杨新村创办上海市第一所工人新村独立幼儿园。1956年，私立幼儿园全部改为公立。1957年，全市幼儿园0.15万所。1958年，农村人民公社大部分生产队和市区工厂、街道兴办幼儿园(班)。是年，全市幼儿园0.43万所，1960年0.8万所。1961年，经整顿大部分解散，至次年减至0.16万所。1976年，有0.35万所。1979年，上海市革命委员会提出“两条腿走路”发展幼儿教育，非教育部门包括全市街道等普遍开办幼儿园(班)，扩大招生。1982年，全市增加325班。1977年，加快发展市郊幼儿教育。1986年，全市563家千人大厂和机关、部队、大专院校办园。1993年，全市1956年后首家私立幼儿园小白鸽幼儿园创办。1993年，市政府提出办好示范幼儿园、实验性幼儿园和特色幼儿园。1994年下半年起，全市有23所幼儿园列入国家教育委员会幼儿园工程规程试点。1995年，全市公办独立幼儿园0.1万所、中小学附设262个、托儿所附设0.18万个，民办独立幼儿园15所、中小学附设2个、托儿所附设14个。

二、小学

清道光二十七年(1847年)，美国基督教怀恩堂附设学塾，后改为怀恩中小学。三十年，美国基督教圣公会传教士裨治文夫人创办裨文女塾，后改裨文女校。咸丰二年(1852年)，法国天主教会设启蒙学堂(后改仿德小学)，五年设徐汇女子学堂，七年在张楼设男女童校各一所。光绪四年(1878年)，张焕纶创办正蒙书院，二十八年改梅溪学堂，1912年改梅溪小学，为中国人用近代西方班级授课制办学的第一所小学。是年，盛宣怀开办南洋公学，内设外院，为师范院附属小学，后演变为私立南洋模范中小学，为中国新式公立小学之始。二十四年，经元善在沪南高昌庙桂墅里设经正女校，为国人自办女子学堂之始。二十九年，清廷公布《奏定学堂章程》，此后上海各书院改小学。其间，敬业书院改官立敬业学堂，中西启蒙学堂改官立养正学堂。上海县马桥强恕学堂、松江华娄官立第一高等小学等一批小学先后创办。三十年，浦东杨斯盛开办广明小学。其间，各行业公会相继兴办小学，有成衣业的衣业小学堂、水果业的华实小学堂、茶馆业的先春义务小学堂等。同时，各同乡会馆兴办同乡子女小学，有湖州旅沪公学、泉漳公学、广志公学等。此外，梨园业有梨园子弟学堂，佛教公会有同苓小学堂，商务印书馆有尚公小学校等。三十三年，清廷颁布《女子小学堂章程》，有陈婉衍在大南门设宗孟女学堂，到宣统三年(1911年)有女子学堂18所。民国初年，上海有小学203所。1927年，全市有小学942所，其中市立183

所、私立759所。1934年，旅日华侨叶鸿英捐资，兴办鸿英乡村教育区（又称中华职业教育社沪郊农村实验区），在上海县颛桥等农村10平方公里内设鸿英小学及分校。至1936年，全市有小学871所。1946年，国民政府推行国民教育，全市公立小学改称国民学校，每一行政区设立中心国民学校。1948年，有国民学校294所、国民教育班439个班，立案私立小学458所（含教会办88所），未立案小学100余所。1949年5月，上海市军管会接管全市公立小学。1951年4月～1953年7月，市政府接收全市71所接受外国经费津贴的小学。1956年1月，市政府接办全市全部私立小学，改为公立。1953年起，入学人数倍增，采用两部制教学，一个教室上下午两个班级学生轮流上课。1957年，有870所小学实行两部制，占全市小学24.86%。1958年，贯彻中央"两条腿走路"办学方针，非教育部门工厂企业、人民公社等开办民办小学，同时新建、扩建学校384所。是年，全市小学增至0.59万所。市区基本普及初等教育，并陆续取消两部制。1963年1月，市人民委员会决定民办小学改为公办。1964年，农村创办一批耕读小学。1965年，全市有小学0.52万所，其中耕读小学0.13万所、班级0.2万个。"文化大革命"中，提出"学校办到家门口"，以生产大队为范围，办村校，几乎一个大队有一所小学。农村大部分初级小学改为完全小学，完全小学纷设初中班，成为"戴帽中学"。全市小学分别下放到城市街道和农村生产大队管理，直至"文化大革命"结束。1978年，市教育局调整农村小学的规模和布局，压缩完全小学，撤销附设初中班。全市小学有0.36万所。1983年，市郊基本普及初等教育。1992年，《上海市市区小学办学标准》颁布，提出小学以国家办学为主，民间和私人办学为辅。1979年后，首批民办小学长宁区新世纪小学等3校创办。1995年，建义务教育九年一贯制试点学校21所。是年，全市有小学0.18万所，总计2.54万班。

三、中学

清道光二十九年（1849年），法国天主教耶稣会在徐家汇创办圣依纳爵公学，1927年改名徐汇公学（今徐汇中学）。三十年，美国基督教圣公会传教士裨治文夫人开设裨文女塾（今市九中学）。咸丰十年（1860年），基督教长老会创设娄离华学堂，即清心男塾，后改为清心中学。光绪十八年（1892年），美国基督教卫理公会创办中西女塾，1930年改中西女中（今市三女中）。

清同治十三年（1874年），徐寿等创办格致书院（今格致中学）。光绪二十二年，南洋公学开办，内设中院。是年，育材书塾创办，三十年改私立南洋中学堂（今南洋中学），为上海民间人士最早创办的中学堂之一。二十八年，务本女塾创设，后改为务本女中（今市二中学），为上海民间最早创办的女子中学之一。二十九年，在澄衷蒙学堂内增设中学部（今澄衷中学）。是年，民立中学创建，三十二年民立女子中学成立。三十三年杨斯盛创办浦东中学，与澄衷、民立并称为上海“中学三鼎足”，均为男子中学。宣统三年（1911 年），上海有中学 37 所，其中外国教会、租界当局设立的 25 所，其余均为私立中学。1913 年，敬业学堂转上海县立，1924 年改为县立初级中学，始出现公立中学。1915 年，务本女塾后改县立第一女子中学。1927 年，江苏省立第二师范学校改省立上海中学。1929 年，全市中等学校（包括初中、高中、中等师范、中等职业学校）123 所，1936 年 153 所。其间，私立中学发展迅速，女子中学增加。1937 年八一三事变后，大批难民涌入上海租界，不少外地学校迁入上海，租界内私立中学骤增。1940 年，全市 265 所。其中，有苏州中学等外地迁沪的 10 所知名学校。1945 年抗日战争胜利后，全市中学 226 所。1945 年起，复兴等 8 所市立和省吾等 22 所私立中学开办。此外，回教组织设立敦化初级中学，佛教组织设立兴慈中学。1948 年 7 月，全市有中学 218 所，其中市立 18 所、私立 200 所（含教会办 38 所）。另有江苏省立上海中学。1949 年 7 月上旬，上海市军管会接管全部公立中学，停办中正中学等 3 校。是年，全市有中学 305 所。1951 年 4 月～1953 年 7 月，市政府接管全部接受外国经费津贴的学校，计普通中学 34 所、职业学校 6 所。1953 年、1954 年，在工人居住区建上海解放后首批新建的中学有控江、曹杨等 10 个学校。1956 年 1 月 19 日，市人民委员会宣布接办全部私立中小学校，改为公办。是年，全市中学 269 所，1958 年增至 417 所。1969 年，实行中小学九年普及教育，小学五年，中学四年。市郊小学加办初中，成为“小学戴帽”的五七学校（学制小学五年，初中二年）。1978 年下半年，调整中小学布局。一批完全中学恢复为初级中学。1982 年，全市中学 916 所，其中完全中学 374 所。1980 年，部分中学改为职业学校或附设职业班，1986 年有 100 所中学改为中等职业学校，249 所附设职业班。之后，附设职业班取消。1992 年，试办 3 所民办中学。1995 年，全市有公办中学 756 所，其中高级中学 32 所、完中 226 所、初中 498 所。班级 1.5 万班，其中初中1.22 万班、高中 0.28 万班。民办中学 29 所，其中完中 11 所、高级中学 11 所、初级中学 7 所。

1954 年，市政府首批市东等 10 校为市重点中学，1959 年扩至 23 所，1960 年 41 所。1963 年，市教育局确定育才等 13 校为首批办好学校。“文化大革命”中，重点中学名称无形取消。1978 年，重定市重点中学 26 所、区县重点 50 所。1995 年，分别为 26 所、53 所。

四、高等学校

清同治二年（1863 年）到 1949 年上海解放前夕，上海高等学校有政府办学（国立、省立和市立）、私人办学、外国教会在沪办学等。其中政府办学，自同治二年创办上海同文馆起，至 1949 年 4 月 16 所，前后累计 43 所。私人办学，光绪二十六年(1900年)创办中西大学堂(未办成),1949年4月有26所,累计总数43所。外国教会在沪办学,自光绪二十二年圣约翰书院成立大学部,1949年4月有6所,累计总数有10所。境外合作办学,从光绪二十六年日本人创办的同文书院从南京迁上海,改名东亚同文书院,1949年有11所,累计14所。到1949年,上海约办过高校110所。50年代起,高校全部转为国家公办。至80年代,又出现私人办学和境外合作办学。到1995年,全市普通高校45所。

政府办学校 清同治二年(1863年)三月二十八日,江苏巡抚李鸿章奏请允准,在上海县城内淘沙场设上海学习外国语言文字同文馆(简称上海同文馆),六年十一月改为上海广方言馆。光绪二十二年(1896年),南洋公学在徐家汇创办,宣统三年(1911年)船政科独立改设邮传部高等商船学堂,1912年改为吴淞商船专科学校。同年,张謇等发起建江苏省水产专科学校。1920年12月,上海商科大学创办。1923年,购私立中国公学,建立自治学院,1925年改国立政治大学。1926年,南洋大学成立第一个研究所。1927年,上海新设、改设国立大学5所。年中,有6月私立暨南学校改国立暨南大学,8月私立同济医工专门学校改为国立同济大学,9月国立劳动大学、第四中山大学医学院和11月国立音乐院成立。1930年2月,北京关务署专门学校在上海设第一、二分校。1936年,上海体育专科学校成立,为上海市政府首办高等学校。1937年抗日战争爆发前,全市有政府办大学11所,即国立交通大学、交通部吴淞商船专科学校、上海商科大学、暨南大学、劳动大学、同济大学、第四中山大学医学院、国立音乐专科学校、关务署专门学校第一和二分校、体育专科学校。八一三事变后,有的停办,有的内迁。其中,1941年,私立复旦大学大部迁渝,改国立,1946年和留沪部分合并,全部改国立。1941年,汪伪国民政府教育部建上海大学。抗日战争胜利后,国立大学均返沪复校。1945年,上海市立实验戏剧学校创办。1946年春,国立幼稚师范专科学校由江西迁上海。9月,上海市立师范专科学校开办。1949年,南京工业专科学校迁上海。至1949年,全市有政府办专科以上学校16所,占全市高校1/3。其中国立9所,为交通大学、复旦大学、同济大学、上海商学院、暨南大学、上海医学院、音乐专科学校、上海幼稚师范专科学校、上海税务专门学校。市立4所,为上海工业专科学校、上海师范专科学校、戏剧专科学校、上海体育专科学校。中央政府部门办3所,为吴淞商船专科学校、吴淞水产专科学校、南京工业专科学校。

1949年5月,上海市军管会接管前国民政府所办高等院校。同时,调整部分学校,成立新校。其中,国立幼稚师范专科学校、市立体育专科学校和师范专科学校并入南京大学师范学院。新创办华东新闻学院和华东人民革命大学上海俄文学校。1950年,吴淞商船专科学校与交通大学航务管理系合为上海航务学院。1951年,以大夏大学、光华大学、东亚体育专科学校等3所私立大学文、理、体育科为基础，创办华东师范大学。私立上海纺织工学院、交通大学纺织系和市立上海工业专科学校纺织系合并成立华东纺织工学院。改办华东交通专科学校。同济大学医学院独立建制，成立同济医学院。华东新闻学院停办。是年，全市有公立大学 15 所。1952 年，全市有 25 所院校参加全国高校院系调整。保留 11 所，为复旦大学、交通大学、同济大学、华东纺织工学院、华东师范大学、上海第一医学院、上海水产学院、上海财经学院、上海俄语专科学校(1956 年改上海外国语学院)、中央音乐学院华东分院(1956 年改上海音乐学院)、中央戏剧学院华东分院(1956 年改上海戏剧学院)。新办上海第二医学院、华东政法学院、华东化工学院、华东体育学院(1956 年改上海体育学院)4 所。调整后和新办院校合计 15 所。1953 年，上海航务学院迁大连，华东交通专科学校停办，院系调整结束。

1955 年，国务院为改变高校过于集中沿海状况，决定交通大学迁西安，上海留部分系、专业另筹建南洋工学院，后又改为上海造船学院。为加强上海地方高等师范教育，1954 年 10 月建上海师范专科学校，1956 年发展为上海第一、第二师范学院。1956 年，卫生部决定上海第一医学院迁重庆。1957 年，国务院决定交通大学分设西安分部和上海分部，行政统一管理。上海造船学院连同南洋工学院并入交大上海分部。上海第一医学院留上海不迁。到 1957 年，全市有高等院校 18 所。

1958～1960 年，上海提出“以十五年左右时间普及高等教育”的要求。先后成立上海科技大学、工学院、铁道学院、铁道医学院、海运学院、机械学院、对外贸易学院、农学院等 8 所本科院校。1959 年，交通大学上海分部定名上海交通大学。其间，国务院有关部委和上海地方工业局、公司及大型企事业单位将所属中等专科学校、高等专科学校先后升格，成立上海纺织工业专科学校、机械工业专科学校、冶金工业专科学校、化学工业专科学校、轻工业专科学校、海关专科学校、电力工业专科学校、仪表电讯工业专科学校等 8 校，又创办上海电影专科学校。1958 年，上海财经学院、华东政法学院撤销，并入上海社会科学院，1960 年恢复上海财经学院。是年，全市高校 39 所，形成中央部委、上海市地方政府、地方工业局和国家大型企业的“条块结合”办学体制。

1961～1965 年，调整市属高校，停办上海农学院、美术专科学校等 15 校。1962 年，上海电影专科学校并入北京电影学院。为配合国家内陆省市“大小三线”建设，1965 年华东化工学院迁四川省自贡市，上海科技大学、上海师范学院和上海工学院 3 所地方院校在安徽省歙县分别筹建一所分校和理工科大学，后因办学条件不足而停办。

1966 年，全市有高校 24 所。“文化大革命”中，1972 年上海工学院并入上海机械学院，华东师范大学、上海师范学院、上海半工半读师范学院，上海体育学院和上海教育学院等5校合并为上海师范大学，上海水产学院迁福建厦门，上海铁道医学院迁宁夏。1976年，全市尚存高校16所。1977年，华东师范大学、上海师范学院、上海体育学院、上海半工半读师范学院、上海教育学院、上海工业大学、上海机械学院恢复原建制。1978年，上海财经学院、上海对外贸易学院、上海农学院复校。1979年华东政法学院复校。1980年，上海水产学院迁回上海。1978年起，上海高等专科学校全面复校，另于1980年起重建立信会计专科学校，新建上海旅游专科学校等11所专科学校。1978年10月～1979年2月，创办复旦大学分校等13所分校。其中，复旦大学、华东师范大学、上海科技大学、上海机械学院、上海外国语学院的5所分校1983年组成上海大学，上海交通大学、华东纺织工学院、华东化工学院的3所分校(1986年)组成上海工程技术大学，同济大学分校改为上海城建学院，其他5所停办。1985年，上海一医、二医、财经、水产以及华纺，1983年化工，1994年上外等7所学院改为大学。1993年，复旦大学、上海外国语大学、上海交通大学3校实行国家教委与上海市共建。上海大学、上海工业大学、上海科技大学、上海科技专科学校合建新上海大学。上海师范大学、上海技术师范学院合建新上海师范大学。1994年，上海铁道学院和上海铁道医学院合并组建上海铁道大学。是年，全市有高等院校46所，其中本科院校27所、专科学校19所，部委属高校26所、市属高校20所。本科院校有复旦大学、上海交通大学、同济大学、华东师范大学、中国纺织大学、华东理工大学、上海医科大学、上海外国语大学、上海铁道大学、华东工业大学、上海财经大学、上海大学、上海第二医科大学、上海中医药大学、上海师范大学、上海海运学院、上海工程技术大学、上海水产大学、上海音乐学院、上海戏剧学院、上海体育学院、上海对外贸易学院、华东政法学院、上海电力学院、上海农学院、上海建材学院、上海城建学院。

私人办学校　清光绪二十六年(1900年)，马相伯向天主教耶稣会江南司教捐田3000亩、银洋4万元，创办中西大学堂，未成。二十八年，马相伯建震旦学院，接纳南洋公学退学学生，三十一年，学校管理权被法国教会攫取，马相伯另创复旦公学，1917年改为复旦大学。三十二年，姚宏业等在吴淞创办中国公学，接纳因抗议日本文部省退学回国学生。至此，上海有3所私立大学。1912年，南京临时政府教育部颁《大学令》，允许私人开办大学和专门学校，至1920年上海每年有大学开设，计有南洋路矿学校等14校。1922年，北洋政府颁布《壬戌学制》，推动民间办学。是年10月，国共两党共同改组东南高等专科师范学校，创建上海大学。1924年，因学潮，厦门大学329名师生到上海另办大学，以厦大倒之取名“大厦大学”，后又寓光大华夏之意改大夏大学。1925年，圣约翰大学华籍学生因参加五卅运动，遭校方反对离校，以学生家长王省三捐地60亩建光华大学。至1929年，全市正规、有影响的私立大学16所，计有震旦大学、复旦大学、中国公学、上海大学、大夏大学、大同大学、光华大学、东南医学院、同德医学院、上海法学院、上海法政学院、上海美术专科学校、上海会计专科学校、民治新闻专科学校、东亚体育专科学校、诚明文学院，其中立案的专科以上私立院校9所，占全国私立专科以上院校42.9%，占全市专科以上院校64.2%。1930年，国民政府限期私立大学立案，私立大学减少。计清光绪二十八年至1933年，上海停办立案、未立案的公私立大学共89所。1937年上海沦陷，大同大学、光华大学被日军炸毁，沪江大学迁入租界，复旦大学部分迁渝。因租界庇护，有新的私立大学创办，同时江浙等沦陷区部分大学流亡上海，坚持办学。至1945年，新办私立大学13所。同时，1937年后先后迁至上海办学的有私立苏州美术专科学校、南通学院、无锡国学专修学校等3校。1940年，上海有大学58所。1949年，全市有私立院校26所，占全市高校63.4%，其中私立大学3所，即大同大学、大夏大学、光华大学。私立学院9所，即上海法政学院、上海法学院、诚明文学院、新中国法商学院、东吴法学院、同德医学院、东南医学院、中国纺织工学院、三江大学沪校。专科学校15所，即立信会计专科学校、上海美术专科学校、中华工商专科学校、中国新闻专科学校、民治新闻专科学校、上海牙医专科学校、中法医药专科学校、诚孚纺织专科学校、上海纺织专科学校、上海商业专科学校、光夏商业专科学校、东亚体育专科学校、苏州美术专科学校沪校、无锡国学专修学校沪校、南京工业专科学校沪校。是年5月，经上海市军管会接管调整，新民学院、中国新闻专科学校停办，民治新闻专科学校改中专。1950年，上海纺织工学院、上海纺织专科学校、诚孚纺织专科学校3校同江苏省文绮印染学校合并成立私立上海纺织工学院，东南医学院迁安徽。1951年，上海法学院、诚明文学院、上海法政学院、新中国学院、新中国法商学院、光夏商业专科学校等6校合并为私立上海学院。1952～1953年，上海高等院校院系调整，所有私立大学全部并入政府办院校，私立大学结束。1985年，民主建国会上海市委和上海工商联合会创办民办上海工商学院。1994年，上海交通大学部分教授联合清华大学、北京大学部分教授，建民办杉达学院。1993年，民办中华侨光职业学校、东海学院、济光学院、中侨学院、东方文化学院、申大学院筹建。1995年，全市有私立大学9所(含筹建中)。

教会办学校　清光绪五年(1879年)，美国圣公会中国布道区主教施约瑟将培雅、度恩两书院合并改建圣约翰书院，称以训练中国“未来领袖和司令官”为任务，初设国文、神学2部。二十二年，成立大学部，为外国教会在上海首家高等教育机构。三十一年，改名圣约翰大学，设文、理、医、神4院。次年，在美国注册，另设研究院。二十九年，马相伯创办震旦学院。三十四年，美国传教士在上海建浸会大学，1914年改沪江大学。1915年9月，美国基督教卫理公会苏州东吴大学在上海另设东吴大学法学院。光绪三十一年起，4校先后在美国和罗马教廷注册。1925～1932年,沪江、东吴、震旦向中国政府注册立案,中国人分任院校长,1928年中国人任圣约翰大学代理校长。1937年,天主教圣心会修道院设独立震旦女子文理学院。同年,教会学校南京金陵大学、金陵女子文理学院和浙江之江大学迁沪避乱。1941年,全市共8所教会大学。1947年,圣约翰大学向中国政府立案。1949年,上海有大学6所,占全国教会大学的26.1%,为圣约翰大学、沪江大学、震旦大学、震旦女子文理学院、东吴大学法学院、之江大学。1949年5月,均为上海市军管会接办。1950年,震旦女子文理学院并入震旦大学。1952年,院系调整,圣约翰大学、沪江大学、震旦大学、东吴大学法学院停办,有关系科分别并入复旦大学、华东师范大学、华东政法学院、上海财经学院等校。外国教会在沪办学结束。

中外(境外)合作办学校 清光绪二十六年(1900年),日本东亚同文会在南京设南京同文书院,同年迁上海,改名东亚同文书院,以招收日本本国大学生为主,二十八年起招收部分中国学生,1937年迁回日本。光绪三十三年,德国同济德文医学堂成立,宣统二年(1910年)德国工艺界与银行界领袖合作设立工业学堂,后两校合并成立同济德文医工学堂,1912年改同济医工学堂。光绪三十四年,中日私人合办中日医学校。1925年,英国人办华英邮务海关商业专门学校。1929年,中法政府合办中法大学药学院。是年,上海有境外办学和中外联合办学11所,其中美国4所、日本3所、法国2所、英国和德国各1所。1926年、1929年,北洋政府、国民政府颁文对各类大学实行严格规范。受此影响,到1930年除中法国立工业专门学校、东亚同文书院、华夏大学续办外,其余学校改组、停办或合并。1934年,以英国工程师亨利·雷士德遗产1434万两银开办雷士德工学院,向中国政府注册,1942年被日军接管,日本投降后未复校。至1949年,全市中外(境外)合作办学结束。1994年,上海大学与澳大利亚合办上海大学悉尼工商学院。是年,有中国纺织大学——拉萨尔国际设计学院、中欧国际工商学院和筹备中的同济大学中德学院。

五、实业、职业技术学校

实业技术学校 清道光二十五年(1845年),英国基督教仁济医院设馆,招收生徒,为上海最早的实业技术学校。咸丰元年(1851年),美国基督教圣公会虹口礼拜堂创办文纪女塾,设纺织、园艺科目。同治六年(1867年),上海江南制造局设机器学堂,培养外文翻译人才和军事工业技术人员。光绪八年(1882年),上海电报学堂创办,为上海最早电讯技术学校。九年,美国基督教上海同仁医院设护士训练学校。二十四年,上海江南制造局设工艺学堂。三十年,上海渔业公司渔业学堂、上海女子蚕桑学堂创办。三十二年,实业学堂、上海金业公所商业学堂兴办。三十四年,中国体操学堂创办。上海通鉴学校创办,为近代中国最早的戏剧学校。宣统元年(1909年),豆米业初等商业学堂创办。1918年,清心书院内设实业科,改为清心实业学校。1922年,按北洋《学校系统改革案》,全部改为职业学校。

职业技术学校 1912年3月,女子看护学校在公共租界创办。11月,上海图画美术院创办,1921年改为上海美术专门学校。1917年5月,中华职业教育社成立,为第一个推广职业教育的全国性机构,提出把实业教育改为职业教育。1918年,中华职业学校创办,为中国第一所以"职业"命名的学校。1920年,伯特利医院设伯特利高级护士职业学校,1924年又设产科学校,后两校合并为护士产科学校。1922年,北洋政府公布《学校系统改革案》,确立职业教育在学制中的地位,由此上海出现职业科、师范科纳入普通中学的综合学校,实业学校改成的职业学校两种并行的办学制度。1928年,立信会计高级职业补习学校创办。1932年,广慈医院内设广慈高级护士职业学校。1933年,国民政府颁布《职业学校法》《职业学校规程》。依此,上海独立设置的职业学校又有发展。到1937年7月,全市职业学校14所。1946年、1947年,华东农业职业学校、市立七宝农业职业学校、高行农业职业学校、水产学校创办。1948年,全市有职校45所。解放初,全部为上海市军管会接办。1952年,新办上海工业学校、纺织工业学校和电力工业学校3校,调整全市学校设置。接管教会办职校并并入其他学校。1960年,有中等专业学校147所,其中卫校47所、农业类学校12所、工业类学校28所。1964年,上海开始实行半工(农)半读教育制度,至1965年有9校试行。是年,全市调整为46所。"文化大革命"中,全部停课。1977年冬,12所复校。1978年,有66所,新办上海石油化工总厂中等专业学校。1980年,上海机器制造学校、化工学校、港湾学校、农业学校、第二医学院新华医院附属卫生学校、银行学校、商业学校7校确定为全国重点中专。1985年,郊县创办13所中专校。1985年,联邦德国援助成立上海电子职业学校,1987年改上海电子工业学校。1994年,9所中专校列为国家级重点中专校。1995年,全市中专校89所,其中工业类38所、卫生类23所,财经类12所、艺术类6所、农林类4所、司法类和体育类各3所,在校学生8.32万人。

六、师范学校

清光绪二十三年(1897年),南洋公学内设师范院(师范学堂),为中国近代师范教育开端。二十四年,经正女学(又称中国女学堂)开办。二十九年,清廷规定每州县必设一所初级师范学堂。三十年秋,上海龙门书院改为苏松太道龙门师范学堂,为上海第一所独立正规的初等师范学堂,宣统二年(1910年)改称江苏省立第二师范学校,1922年设黄渡农村分校,1932年分校改江苏省立黄渡乡村师范学校。此后,各县相继设女子师范或保姆讲习所。1912年,南洋女子师范学校成立，为上海第一所正规女师。1922年，北洋政府规定高中设师范科。是年，上海速成女工师范传习所创办。1938年，全市有师范学校14所。1940年，市立师范学校开办。1943年，建上海市立特区师范，后改上海第二师范学校。抗日战争胜利后，市政府接管日本第四国民学校，改办市立新陆师范学校。1947年，市立幼稚师范学校改市立女子师范学校，1949年8月和新陆师范学校合并为上海市立师范学校。1952年，建上海幼儿师范学校。1953～1958年，先后建上海市第二至六师范学校，第一、二速成师范。1958年，18个区县各建一所师范，1962年全部停办。市第二、三、五师范学校改变办学性质或撤并。1963年，剩市第一、四、六师范和安亭师范、幼儿师范等5校。"文化大革命"中，停止招生。1981年起，恢复第一、二师范和松江师范，开办崇明师范。1985年，建立行知艺术师范和体育师范。第四、幼儿师范学校升为上海师范、幼儿师范高等专科学校。1993年起，第一、三、六3所中师和师高专、幼师高专开始招收五年制新生，全市中师向师范专科过渡。1995年，有中师15所。是年，全市普师学校全部并入上海师范大学，建立初等教育学院。幼师和特殊师范学校全部并入华东师范大学，建立学前教育与特殊教育学院。全市独立建制师范学校结束。

技工学校　解放初期，为帮助失业工人就业，举办机电、建筑、财会、驾驶、护士等多种短期技训班。1953年，华东工业部第一、第二艺徒学校改为一机部上海第一、二技工学校，后改为上海汽轮机厂技校和上海机床厂技校。此后，部分办学基础较好的技训班艺徒学校先后改办技工学校。1958年后，发展到52所，在校学生近1.9万人。1965年，全市有27所技工学校。"文化大革命"开始，绝大多数改为工厂。1972年，有的工厂复办技校，全市有96所，招生1万余人。开办卫生学校及医训班57所(个)，招生0.8万人。1978年，发展到592所。1995年，有154所，在校学生4.57万人。

职业高中　1958年，贯彻中央"两种教育制度"方针，宝山县创办农业中学。此后，市郊各地竞相办校。1960年起，各企事业单位办工业和财贸中学。1964年，再度掀起大办半工(农)半读学校。全市有学校232所，在校学生2万余人。1962年起，企业创办一批招收初中毕业生的半工半读职业学校，1965年全市有124所、在校学生1.2万余人。1964年，开始试办半工半读中等技术学校，全市有31所、在校学生0.41万人。1964年、1965年，机电、化工、仪表等12个行业试办半工半读工读训练班，全市有440个班、在校学生1.9万人。1966年，全市有半工半读中等学校565所、在校学生8万余人。"文化大革命"中，基本停办。1978年，发展职业高中。1981年，静安、黄浦、闸北区8所普通中学附设职业班，卢湾区设卢湾区职业中学，上海等4县各有1所中学改为职业中学。183个公司、企事业单位办校。1995年，20校、7校被分别认定为市、级国家级重点职业高中。是年，全市有职业中学76所，附设办学点113个。

七、成人教育学校

扫盲、识字学校 清宣统二年(1910年),《上海城区公立简易识字学塾章程》颁布，至三年上海城自治公所和各县劝学所开办简易识字学塾24所。民国成立，提倡非学校式的成人教育，成立通俗教育研究会，开展以宣讲活动为主的成人社会教育。1916年，上海通俗教育馆开办。1919年起，开展平民教育运动，1927年全市有工人补习学校近百所。1928年，上海市民众学校成立，1930年全市设2所中心学校，区校50所。1932年，市立民众教育馆开馆，之后周边各县通俗教育馆改为民众教育馆。对粗识文字和已受旧学者补习近代科学基础知识。1929年，市教育局组织实施识字教育。至1934年，市立民众学校52所，补习学校17所，民众学校学员0.24万人，1937年上海沦陷后全部停办。1949年6月，全市民众学校合并成64所，改为市立工人夜校，1951年又改职工业余学校，至1956年调整合并为654所，有学员20.6万人。1962年，恢复1958年停办的职工业余学校，停办各种识字班和直升初中班，1964年学员增至8.8万人。

业余中学 1949年11月，市教育局在格致等6所中学及上海师范学校试办夜中学，至1951年发展到14所、148班。1951年下半年，试办农民业余中学，在郊区6所市立农民业余学校内试办6个初中一年级班。1954年，全市有职工业余中学43所。是年2月，市立高级职工业余学校、业余高级技术学校、市立中等补习学校均改业余中学，1960年0.24万所。1958年起，黄浦等区调整部分职工业余中学，建8所业余工业专科学校。1962年，有职工业余中专校83所。“文化大革命”中，业余学校停办。1976年恢复，并对在“文化大革命”中没有达到规定学历的职工开展文化补习。1978年，市区的地区职工业余中学25所，企业、单位办293所，学员42.23万人。1990年，全市575.5万人次参加职工中等教育全市统一考试，49万人初中毕业。1980年，全市有农民业余中学765班，学员2.86万人。1985～1987年，全面开展青年农民文化补习。

业余中专 1974年，试办业余中专班，到1990年1月全市有地区性职工中专11所。1987年，各郊县乡镇建成人中等文化技术学校。1983年，市政府统一全市区办成人高校，校名均为区业余大学，有11所。1995年，全市有成人学历教育学校302所，其中成人高校102所、成人中专119所、成人中学81所，非学历成人教育学校0.13万所。

成人高校 行业办高校。1956年5月，国家第一机械工业部在上海开办部属企业机关联合大学上海市业余机电学院。此后，有4所业余学院开办。1957年，均并入其他学校。1958年，工厂、车间办业余大学，是年有400余所，次年减至60所。1968年9月26日，上海机床厂开办全国第一所七二一大学。1971年，全市同类大学36所。1976年，全市有七二一大学0.21万所。1980年，经验收，合格者改为职工大学，1982年有56所。1995年，有28所。

政府办高校。1958年起，黄浦等5区以职工业余中学为基础兴建8所工业专科学校。1960年4月，上海市业余工业大学建立。1983年，市政府决定市区办成人高校名均改为区业余大学，1995年有11所。1984年，上海市业余工业大学改为上海第二工业大学。

函授学校 清光绪二十三年(1897年)，《通学报》以英语和世界语按期发表历史、地理、物理、化学等学科知识，为上海最早的函授讲义。三十四年，世界语学会附设世界语函授学校。至1949年，上海先后成立函授学校34所。1955年5月，教育部确定上海华东师范大学等5校开办函授教育，培养目标与全日制四年制学校专业相同，学制6年。到1965年增至15校，在学学生0.31万人。"文化大革命"开始，函授教育全部停办。1974年，复旦大学等3校恢复，设25门科目。1995年，全市函授教育单位34个，在校本科生1.17万人、专科生3.85万人。

广播学校 1924年5月，美商开洛公司和日本《每日新闻》开设广播电台，举办广播常识讲座。1928年起，开辟社会教育广播节目。1929年，华商亚美广播电台广播教学国语、文艺2科。1933年3月，市教育局举办无线电广播文化补习班，设公民、国文、英文3科。1952年8月，上海人民广播电台举办半年制妇女广播簿记学习班。1954年，又成立俄语广播学校。1955年下半年，举办自学广播讲座，开设高小和初中班，学员1.03万人和2.87万人。1981年，中央农业广播学校上海市办公室成立，1988年改上海市农业广播电视学校，至1990年0.46万人毕业。

电视学校 1960年4月，上海电视大学成立，建28个辅导站，设数学、物理、化学3个系，至1965年两届学员毕业0.94万人。"文化大革命"中停办，1978年4月复校。1979年起，开设中央广播电视大学的全部专业。1980年起，试办高等教育自学考试，至1990年开设50个专业、200多门课程。1978～1995年，大专毕业生6.3万人。开设岗位培训和继续教育等非学历教育项目160多项，结业生200多万人。

八、特殊学校

盲童学校 1912年春，美籍英国人傅兰雅在虹桥路创办上海盲童学校。学校招收7～12岁的盲童入学，后放宽到20岁。设幼稚班、初级小学(4年制)、高级小学(2年)，初中(3年)。另设有手工艺部(3年)、音乐部(3年)。到1949年，招收学生300多人。1952年6月，为市政府接办。80年代开始，设学前班、小学、初中、高中。学前班为全国仅有。1991 年，设上海市低视力学校。1995 年，附设职业技术学校。

聋哑学校 1926 年，美籍英国人傅兰雅创办傅兰雅聋哑学校。1938 年，中华聋哑协会建附属聋哑学校。1947 年，陈鹤琴创办上海特殊儿童辅导院。1949 年，全市有聋哑学校 7 所，学生 300 余人。1952 年，上海特殊儿童辅导院设初中文化补习班，1956 年改上海市聋哑青年技术学校，学制 3 年。1965 年，有聋哑学校 13 所。1978～1981 年，各区县均设聋哑学校。1986 年起，实行九年制义务教育。1988 年，市区适龄聋哑儿童入学率 100%，市郊约 90%。1995 年，有学校 19 所。

辅读学校 1979 年，上海市第二聋哑学校设弱智儿童辅读班，招收轻度智力残疾儿童 24 人，1980 年改附设辅读学校。1981 年，市区 10 区均成立辅读班，至 1984 年有 58 个。1995 年，有学校 18 所。

九、工读学校

1959 年，长宁区创办全市第一所工读学校，吸收未成年轻微违法犯罪青少年入学。1962 年，全市有 10 所工读学校，在校学生 544 人。经约一年教育，大部分学生重回原所在学校就读，部分就业。1979 年起，学校由所在区县教育局和公安分局联办，实行半工半读。1981 年，全市有学校 26 所、学生 0.24 万人。1978～1988 年，全市吸收 1.7 万多人，结业 1.57 万人，其中 0.34 万人升入高中学习、19 人考上大学、13 人参军，离校后三年重新犯罪的占 10%。90 年代，成为普通教育中的特殊教育，主要是接受家长委托，收心理和行为有偏常的学生。1995 年，有学校 15 所、学生 0.24 万人。

第三节 高等、中专学校专业 >>

一、高等学校专业

清同治九年(1870 年)，上海广方言馆分上下两班，上班设冶金、铸造、制造、设计及操作、航海、军事、外文 7 科。光绪十二年(1886 年)起，圣约翰书院先后开设神学、医学、人文科学 3 系科。二十二年，南洋公学上院先后设置工程班、电机专科。清末，上海高校共设 29 个学科，其中工科 6 个，文科 5 个，理科、医科各 3 个，政治、师范、神学 3 科各 2 个，军事、商务、工农、航海、兽医、特别等 6 科各设 1 个。1949 年，设有 102 个系科，其中文法商类 52 个、理工类 22 个、医学类 8 个、农科类 5 个、艺术类 10 个、体育类 3 个、其他 2 个。1952 年，全市高校院系调整，设专业78个，其中文法商类专业17个、理工类35个、医科类3个、农科类6个、艺术类5个、体育类1个、师范类11个。1965年全市专业从1960年404个减至214个。1972年，全市专业117个。1991年，专业730个，其中工科364个、农科16个、林科1个、医科28个、理科52个、师范76个、政法21个、财经71个、文科66个、体育5个、艺术30个。1995年，专业863个。

二、研究生教育

1913年，圣约翰大学开设大学院，招文科研究生，1920年3月授首批文科硕士学位。1926年，交通部南洋大学成立工业研究所，主要从事物理、化学、机械、材料和电机等方面的研究。1930年，交通大学成立科学学院。抗日战争期间，复旦大学设中国生理心理研究所，招收硕士研究生。1948年，国立上海医学院招收研究生。1949年4月，交通大学电信研究所16名毕业生获硕士学位，占是年获全国工程硕士学位总数41%。1949年9月，复旦大学经济研究所率先公开招考研究生。1953年，交通大学恢复招收研究生。1956年，华东化工学院招收副博士研究生。"文化大革命"开始后，研究生教育中断。1972～1975年，办研究生试点班，招收"工农兵研究生"。1981年，国家实行学位制，交通大学等校为首获硕士、博士授予点。1984年，复旦大学、交通大学和上海医科大学，1986年同济大学和华东师范大学先后建立研究生院。1985年，设立18个博士后流动站。1995年，有38个博士学位授予单位、344个博士点，59个硕士学位授予单位、904个硕士点。

三、中等技术学校专业

职业学校，19世纪40年代起，外国传教士在上海办职业学校，一般单设一科，有外国语，军事工程技术、化学工艺、机器制造工艺、电报、测量、商船驾驶技术等技术科目。清光绪二十四年，上海经正女学，开设算学科、医学科、法学科、师范科，学生专修一科。三十二年起，商业学堂设商业科，后成衣业、银业、水木业、花衣业、水炉业、商务印书馆以及伶界、佛教僧界等所办学堂各按行业分类设科，进行职业教育(培训)。1918年，中华职业学校先后设置铁工、木工、纽扣等科。1948年，设置专业有9大类38个科目。

中等专业学校，1953年采用苏联专业目录设置专业，有机械等30多个专业。1995年，有9科39大类223个科目，其中工科107个、农科9个、林科1个、医药卫生科23个、财经科20个、管理科30个、政法科6个、艺术科26个、体育科1个。

技工学校，初创时工种设置以生产工作母机的五金技工和车、钳、刨、磨、铸、锻、电、木模等为主体。1955年、1956年，全市设置39个工种，扩至船舶的轮机等。1987年,设置142个工种。

第四节 识字扫盲教育 >>

清宣统二年(1910年),《上海城区公立简易识字学塾简章》颁布,规定以识600字为标准,所设课程有文字训练和公民训练两种。1919年起,实施4个月识1000字的识字教育。平民识字教育以《千字课》作为标准。1927年起,以识千字或600字为标准。1935年,以识600字作为标准,或采用陶行知《老少通千字课》识千字作标准。1949年5月后,教育部门和各部门协作,开办民校、夜校、识字班(组),动员文盲入学,要求文盲识2000个常用字。1981年,上海市教育局提出扫盲年龄上限提高到45岁,非文盲率男女均达95%,脱盲标准农民要识1500字,职工、城镇居民识2000字。1991年,全市15～45岁男性、15～40岁女性非文盲率95%。1994年,国家教育督导团宣布上海市区郊县基本扫除青壮年文盲。

第五节 教师、学生 >>

一、教师

幼儿园教师 清末,幼儿园教师称为保姆,大多由女校毕业生担任。清光绪三十三年(1907年),公立上海幼稚舍创办保姆养成所,招收学生36人,培养幼稚园教师。1929年,全市幼稚园教职工59人,1936年304人。1949年5月,全市幼儿园教师700人,大多为上海女子师范、国立幼儿师范专科学校(大专)以及苏州景海师范毕业生。1957年,全市幼儿园教师0.56万人,约一半毕业于幼儿师范,1995年分别为1.98万人、76.44%。

中小学教师 数量、资格、录用。1929年,全市有中学教师0.24万人、小学教师0.53万人。1945年,中学教师0.43万人,其中大学教育系或高等师范毕业生占13.3%、大学其他院系本专科毕业生占61.7%、师范毕业生占6.6%、高中毕业生占12.4%,其他占6%。小学教师0.67万人,其中大学教育系或高等师范毕业生占5.2%、大学其他院系本专科毕业生占13.4%、大学肄业占0.8%、师范毕业生占29.8%、高中毕业生占39.6%,其他占11.2%。1949年,全市有中学教师0.52万人、小学教师1.7万人。1953～1957年,吸收社会人员充实教师队伍，录用中、小学教师0.5万和1.11万人，接受全国近30所大专院校0.25万名毕业生。1957年、1958年，全市教育系统(含高校)0.5万名教师、干部被错划为右派分子，大部分被调离原岗位。1962年，因国家经济困难，精减中小学学校、师范学校、业余学校教师。1965年，中小学教师8.48万人。“文化大革命”中，1.89万人被审查和批斗，占全部教师21.7%，550人被迫害致死。1987年起，进行中小学、幼儿园教师教材教法合格证书和专业合格证书考试。1994年，全市小学、初中、高中教师达标率分别提高到83.9%、84.57%、75.15%。1995年，全市中、小学教师4.65万、5.45万人。

职称。1988年，全市评聘中小学高级职务教师0.29万人、中级职务教师3.54万人、初级职务教师8.03万人，其中包括1.05万名有资格评职称的离退休和调离工作岗位教师。高级职称占教师总数29.46%。1995年，中学高级教师占全部教师的7%，一级教师占45%，二级教师占24%，三级教师占1.6%，未评职称占22.4%。小学中有中学高级教师职称的占全部教师0.07%，小学高级教师占31.21%，一级教师占46.71%，二级教师占14.46%，三级教师占0.18%，无职称占7.37%。

特级教师。1978年，开始评定特级教师，全市评定21人，至1994年有247人。

高等学校教师　数量、资格、录用。清同治二年(1863年)创办的广方言馆沿袭“官学”惯例，监督(校长)历来由上海道台兼任，总办由江南制造局总办兼任，首任监院冯桂芬为道光进士、授翰林院编修。教员50名，具官衔者或专家名人充任。首创聘用外籍教习，有8席。光绪三十三年，中国公学有23名教员，其中日籍教员2人。邮传部上海高等实业学堂(今交通大学)外籍教师约占一半。外籍教师初多为传教士，后多为有专长的非教会人士。民国初年，大学首先聘用学成归国的留学生。此后，大批留学生学成归国，具有外国大学文凭的学者专家，成为高校教师的重要来源。圣约翰大学教师主要由美国差会选派外籍教员担任。1927年以后，国民政府规定高校教师基本任职资格。1935年，全市高校教职员工0.23万人，有国内外大学学位证书者0.17万人，其中留学国外获学位者905人。1945年抗日战争胜利后，教师数量质量均难恢复战前水平。1946年，全市高校教职工0.14万人。1949年5月上海解放，绝大多数教师留用，并有大批南下干部充实教师队伍。是年，全市高校有专任教师0.19万人、兼职教师千余人。1951年，教会大学外籍教师开始离职回国。1952年，全市专任教师0.26万人。1953～1958年，聘请苏联专家、教授123人。1956年起，高校应届毕业生成为师资主要来源。1956年，面向全市招聘教师，录用0.16万人。1957年，全市教师0.66万人。1958年，教育大发展，到1960年增至0.83万人。“文化大革命”中，85名工人和贫下中农到复旦大学、上海交通大学等8校任教。1977～1979年，一批工农兵学员毕业留校任教。80年代初，教师青黄不接，聘任散失在其他行业的原教师归队，选留大批应届毕业生和接纳留学归国人员任教。1981～1983年，选留毕业生0.58万人。1981年～1983年1月，接纳496名回国留学人员。1977年5月，英国教授到沪讲学，各校始聘外籍教师，1995年有外籍教师280人。是年，全市高校教师2.15万人。

职称。清光绪五年(1879年)，圣约翰书院始设教授教席，英国文学兼伦理哲学教授、历史学宗教学教授等各一名。1922年，交通大学始定教授、讲师和助教3级，1928年分4级，增副教授档。1949年，全市0.19万名专任教师，其中教授925人、副教授213人、讲师255人、助教496人。解放初，职称制度实行技术职务任命制和职务等级制，基本保留民国时期获得的技术职务。1952年7月，中央政务院公布《技术职务暂行工资》后，均按中央统一规定实行。"文化大革命"结束后，上海先后于1978年、1980年、1981年施行正副教授职称提升。1982年，全市提升教授315人、副教授0.23万人，研究员3人、副研究员58人，高级工程师11人，讲师0.95万人，大部分为因"文化大革命"而中断正常晋升的人员。专任教师中高级职称比重从1977年的4.3%提高到1983年的11.3%。1987年，开展新的职务评聘。1995年，全市普通高校有正高级职称0.19万人、占教师总数8.95%；副高级职称0.6万人，占27.79%；中级职称0.92万人，占42.94%。博士生导师783人，中国科学院院士42人。

二、学生

幼儿园在园幼儿　1918年，上海在园幼儿439人，1926年约851人，1936年0.63万人，1949年约2.32万人，1995年30.77万人。

小学、中学学生　在校小学生。清光绪四年(1878年)，正蒙书院创办，有师员40余人，到八年增至近百人。二十三年，南洋公学外院招收小学生120人。1912年，上海有公立小学在校学生1.59万人(不含租界)。1936年，全市18.18万人，1949年48.17万人，1969年169.86万人，1995年109.78万人。1929年，学龄儿童入学率42.28%，1952年95%，1983年99.21%。1959年，高小毕业生升学率88%，1985年74.7%，1995年96%。

在校中学生。1927年，全市有2.53万人，1949年9.73万人，1969年77.21万人，1995年72.40万人。

高等学校学生　在校学生。1949年解放初2万余人，1952年2.23万人，1965年5.2万人，1995年14.40万人。解放初，全市在校研究生122人，1965年522人，1995年1.34万人。1978年，研究生、本科生、专科生比例1∶26.97∶13.40，1990年1∶10.72∶3.49。

招生数。1951年，全市0.58万人，1965年1.17万多人，1995年4.43万人。

1995年，招收研究生0.53万人，1978～1995年共4.85万人。

毕业生数。1950年，全市0.44万人，1965年1.2万多人，1995年3.96万人。1950～1995年共65.1万余人。1979～1995年，毕业研究生3.23万人，其中1995年0.3万人。

学位。1981年开始授予，至1993年22.48万人获学士学位。1981年，首批0.12万人获硕士学位，1991～1997年，4万人获得。1982年，首批5人获博士学位，1995年有0.32万人获得。

职业技术学校学生 1936年，全市职业学校（不包括劳工学校）学生0.49万人，师范学校学生0.16万人。1949年，中等技术专业学校学生0.68万人，中等师范学校学生420人。1958年，中专校学生2.93万人，中师0.78万人，职校0.17万人，农业中学3.07万人。1980年，中专学生2.56万人，中师学生0.25万人，职业中学0.29万人。1995年，分别为9.96万、0.89万、8.64万人，另有技工学校生4.57万人。

外国在沪留学生 1954年，华东纺织工学院、上海铁道学院、上海机械专科学校和复旦大学4所高校首先接受朝鲜、越南和日本学生留学。到1966年，先后有华东纺织工学院等13所高校和上海造船专科学校3所中等专科学校以及5所科学研究机构接受越南、朝鲜、蒙古、阿尔巴尼亚、罗马尼亚、苏联、尼泊尔、喀麦隆及日本等国家留学生、研究生和进修生共0.13万人。1965年，越南战争爆发，中国政府应越南政府要求，接受越方转移至中国学习的大中学生0.28万人，其中505人在复旦大学、华东师范大学和上海师范学院学习。所学专业50多个。1966年"文化大革命"开始后停学。1974年，恢复接受外国留学生，到1978年46个国家和地区560名留学生就学，所学专业46个。复旦大学开始接受日本及欧美、大洋洲国家留学生，多为研究生、进修生。80年代中期以后，留学生增多，以自费入学者为主。1954～1993年，30多所高校、社科院和研究所先后接受120多个国家和地区留学生、进修生0.97万人，学习专业200多个。1995年，上海19所高校接受99个国家留学生0.23万人、进修生0.2万人。

第六节 | 招生、毕业、就业 >>

一、小学中学招生、毕业

招生 1949年，全市小学招生6.42万人，初中招生2.14万人，高中招生1.05万人。1964年，分别为40.6万、20.17万、3.3万人，1995年17.09万、21.09万、4.73万人。

毕业 1950年，全市小学毕业生3万人，初中毕业生1.49万人，高中毕业生7600人。1964年，分别为26.89万、9.04万、2.77万人，1995年21.02万、21.09万、4.75万人。

二、高校招生、毕业生就业

招生 清光绪二十三年(1897年)春，南洋公学师范院举行第一次招生考试，招收年龄20～30岁，录取师范学生40人。1939年，国立大学实行统一招生。1946年6月，上海列为全国专科以上学校24个招生中心区之一。1949年7月31日～10月4日，全市9所国立(公立)专科以上学校第一次实行统一招生。1952年，改为全国统一招生。1966～1968年停止招生。1970年10月，9所高校首批招收工农兵学员0.3万人，至1976年共招生4.89万人。1977年，全国高等学校恢复统一文化考试招生制度。10月，全市11万人参加高校招生文化考试，录取1.4万人。1987年，上海在全国率先实行招生考试单独命题。1983年5月，上海大学首先开始招收收费生，每学期文科收费20元、工科收费25元。1992年，全市招收自费生0.4万人，占全市招生人数的21.8%。1995年，除师范、农林院学校和专业外，其他全部市属高校和大部分国家部委属高校实行学生交费上学。1951年，招收本科生0.58万人。1965年招收研究生159人、本科生1.16万人、专科生159人，1995年分别为0.53万人、2.82万人和1.61万人。

毕业生就业 1950年前，大多自谋职业。1951年10月起，就业由政府全国统一分配，延续30余年。1984年，上海工业大学提出毕业生分配采用供需见面、双向选择办法。少数毕业生由国家安排、多数自主择业。1993年1月，举办首届高校毕业生的就业市场。1951年，毕业研究生6人、本科生0.28万人、专科生0.1万人。1982年，分别为105人、2.25万人、0.41万人，1995年0.34万、2.09万、1.87万人。

第七节 教育经费 >>

一、基础教育经费

1950年，上海地方财政用于普通教育0.1亿元，占市财政支出12.1%，中小学生人均事业费分别为106元和42元。1966年，总额1.09亿元，占财政支出15%，中小学学生人均事业费108元、28元。1995年，总额31.67亿元，占财政支出14.8%，中小学学生人均事业费1718元和1217元。

二、高等教育经费

1949 年 5 月后，全市公立高校经费由市人民政府拨款。1950 年 3 月，按政务院《关于统一管理一九五〇年度财政收支的决定》，教育经费按学校直接领导关系分别列入中央、大行政区、省（市）预算。1952 年，院系调整后，所有高校经费均由政府从财政预算中支付。1949 年 6 月～1952 年，预算内事业费 0.2 亿元，1953～1957 年 1.38 亿元，1958～1990 年 41.77 亿元，1991～1995 年 41.8 亿元。

第三十章 卫 生

第一节 | 机构、网络、人员 >>

一、机构

上海开埠前,中医医病有医寓、药号店堂等。清道光二十四年(1844 年)正月,首设西医院中国医院。二十八年,开设首家西医诊所。光绪六年(1880年),圣约翰书院增设医科。八年,同仁医院开办首家护士训练学校。宣统二年(1910 年),上海有中西医寓诊所 400～500 家、医院 19 所、医学院校 5 所。1936年,医院 108 所、高等医学院校 18 所。1949 年,全市卫生事业机构 358 个,1965年 0.3 万个,1995 年 0.53 万个。

综合医院 清道光二十四年(1844 年),英国传教士医师洛克哈脱在上海县城大东门外首设中国医院(今仁济医院)。至清宣统二年,公济、同仁、宝隆、广慈等 14 所综合医院先后开设。1936 年,上海综合医院增至 62 所。1949 年,全市有综合医院 102 所。1965 年,全市有县及县以上综合医院 77 所。1995年,有 118 所,其中医科大学附属医院 9 所、市卫生局所属 3 所、区县卫生局所属 57 所、工业及其他部门所属 49 所。主要医院,有仁济医院。上海市第一人民医院,清同治三年(1864 年)由天主教江南教区创办,名公济医院,1953 年改今名,1981 年兼称上海市红十字医院。上海市第六人民医院,清光绪三十年(1904 年)公共租界工部局建西人隔离医院,1949 年 5 月定今名。瑞金医院,清光绪三十三年由天主教江南教区创办,名广慈医院,1985 年改今名。华山医院,清宣统元年(1909 年)由中国红十字会筹建,名中国红十字会总医院,1956年定名华山医院,1991 年命名为中国红十字会医院。上海铁路局中心医院,清宣统二年由沪宁铁路局创办,名上海沪宁铁路医院,1950 年定今名,为铁道部四大医疗中心之一。第九人民医院,1920 年由美国伯特利教会创办,名伯特利医院,1952 年改今名。中山医院,1935 年颜福庆等兴建。长海医院、华东医院,1926 年由无名氏西侨建宏恩医院,1951 年改今名。长征医院,1956 年开办。

新华医院，1958 年建。

专科医院 清同治十一年（1872 年），一广东富商盲女捐款创办上海首家专科医院体仁医院，专治眼病。光绪十一至三十三年（1885—1907 年），西门妇孺医院、西人隔离医院、中国防疫医院、精神病医院开设，均为上海各医科首家专科医院。1948 年，全市登记在册的专科医院共 47 所，其中妇产科 30 所，传染病 7 所，中医 3 所，肺病 2 所，精神病、肿瘤、儿科、眼科、牙科各 1 所。解放后，澄衷肺病疗养院、中华麻风疗养院、普慈疗养院改建为结核病、麻风病、精神病专科防治院。1965 年，全市有专科医院 31 所。1995 年，有 85 所，其中中医院、精神病院各 20 所，妇幼保健院 13 所，传染病院 9 所，结核病院 6 所，肿瘤病院、康复医院各 3 所，儿童医院、麻风病院各 2 所，胸科院、眼科医院各 1 所，其他 5 所。主要医院，上海市胸科医院，前身为清同治五年、光绪二十七年，美国圣公会先后所建同仁医院、广仁医院，1942 年合并为宏仁医院，1957 年改今名。专科有心脏复杂畸形诊断和矫治、冠状动脉造影和搭桥术、心脏双单瓣膜置换术等。上海医科大学附属妇产科医院，前身为清光绪十一年（1885 年）美国基督教妇女传道会服务团创办的西门妇孺医院，俗称红房子医院，1955 年定今名。专科有生殖内分泌、妇科肿瘤治疗和围产医学等。曙光医院，光绪三十二年由宁波旅沪同乡会开设小诊所，1960 年组成曙光医院，专科有肝病、甲状腺亢进、血液病、慢性支气管炎等。上海市传染病医院，前身为 1914 年公共租界工部局创办华人隔离医院，1955 年改今名。专科有肝炎、中枢神经系统感染性疾病、流行性出血热和肠道传染病等。上海医科大学附属肿瘤医院，前身为 1931 年中比（比利时）庚子赔款委员会用部分庚子赔款所建中比镭锭治疗院，为中国最早的肿瘤专科医院，1954 年定今名。上海市第一肺科医院，前身为 1933 年颜福庆以叶子衡所捐江湾叶家花园所创建的澄衷肺病疗养院，1989 年定今名。上海市精神卫生中心，前身为 1935 年天主教公教进行会所建普慈疗养院，1952 年改为上海市立精神病院，1985 年改今名。上海市儿童医院，前身为 1937 年国际红十字会所创办的临时婴儿医院，上海沦陷初期难童医院开办，1939 年两院合并为上海儿童医院，1953 年定今名。上海市第一妇婴保健院，前身为 1947 年建上海市立妇婴保健院，1952 年改今名。上海医科大学附属儿科医院，1952 年创办，专科有小儿心脏瓣膜置换术、女童性早熟治疗等。上海眼耳鼻喉科医院，1952 年成立，专科视网膜剥离、角膜移植、新喉再造、头颅显微外科等负盛名。中国福利会国际和平妇幼保健院，1952 年宋庆龄捐赠斯大林国际和平奖金创办。龙华医院，1960 年建，肝病、肾炎等专科具特色。

防疫、检疫机构 防疫机构。在租界，清同治二年（1863 年），公共租界工部局设除秽组，负责界内环境卫生。光绪二十四年（1898 年），工部局成立卫生处，设化验室、环境卫生等部门。同治三年，法租界公董局筹建公共卫生处，专管界内清洁、防疫、违规处罚和公共救济等事宜，设有施医、施种（痘）等机构。1943 年 8 月，两租界防疫机构全部并入伪上海市卫生局。在华界，清光绪三十一年起，上海沪南、闸北历届地方自治机关设卫生处（科），负责清道、清洁。1926 年，市卫生试验所成立，办理华界一切卫生化验事项。1927 年，上海特别市政府卫生局掌管华界防疫事宜。抗日战争胜利后，市卫生局设环境卫生处、防疫处。各区设区卫生事务所，1950 年，改组为区政府卫生科、卫生防疫站和诊疗站。1953 年，建上海市卫生防疫站。1958 年，市郊 10 县血吸虫病防治站改组为县卫生防疫站，上海铁路局、港务局、海运局、长江航运局、民用航空管理局分别成立卫生防疫站。50 年代末～60 年代初，各地段（街道）医院、公社（镇）卫生院增设预防保健组。全市基本形成市、区县、基层 3 级卫生防疫管理。1995 年，全市街道办事处、乡镇政府设立卫生监督科。

国境卫生检疫机构。清光绪二十年（1894 年），在杨树浦设临时检疫机关，于港外 2 公里处设临时检疫所，后又于吴淞口崇宝沙设置华洋公共验疫所，查验来自疫区的船舶。三十年，另建中国防疫医院，负责船舶检疫查验。1912 年，在吴淞设临时卫生处（海关检疫处）。1930 年，国民政府卫生署在上海成立全国海港检疫管理处，接收厦门、天津等 10 余所海港检疫所，由国人主权掌理全国海港检疫。同时，成立上海海港检疫所。1950～1957 年，先后改上海检疫所、上海交通检疫所、上海卫生检疫所。1991 年，改国家上海卫生检疫局。1980 年，设吴淞、机场 2 个检疫站。1995 年，设浦江等 7 个卫生检疫所和传染病监测处。

二、人员

1927 年 7 月，上海特别市卫生局先后颁布、实施管理医师（西医）和管理医士（中医）两个暂行章程。次年，上海（含租界）登记开业中医 0.14 万人、西医师 397 人，约占医生总数 95%。1948 年，执业医事人员 0.77 万人，其中西医师 0.11 万人、中医 0.31 万人、牙医师 315 人、镶牙生 205 人、助产士 0.11 万人、护士 687 人、药剂师 509 人、药剂士 771 人、兽医 11 人。1965 年，卫技人员 4.9 万人，1995 年，有 11.06 万人，其中中医占 5.53%、西医师 35.13%、医士 7.87%、护师 17.3%、护士 13.44%、助产士 1.23%、药剂人员 6.47%、检验员 4.75%。

全市每千人口卫技人员，1949 年 2.6 人，1995 年 8.5 人。其中中西医师从 1.6 人增至 4.1 人，护士助产士从 0.6 人增至 2.8 人。

1950 年，实行卫技干部审核晋升任命制。1953 年，全市正、副科主任（相当于正、副主任医师）126 人，主治医师 224 人。1954～1984 年，有一等一级专家 45 人、一等二级专家 79 人、一等三级专家 111 人。1986 年，实行技术职务聘任制。1995 年，正高 0.16 万人、副高 0.42 万人、中级 2.03 万人，分别占医师级卫技人员总数的 2.1%、5.5%、27.0%。有中国科学院院士 4 人，分别为陈中伟、吴孟超、陈竺、陈宜张。有中国工程院院士 7 人，分别为王振义、汤钊猷、顾玉东、顾健人、曾溢滔、胡之璧、张涤生。

第二节 医疗制度 >>

一、自费医疗

民国时期，除公职人员外，治病均自费。50 年代末，自费医疗约占全市人口 70%强。1970 年，农村全部实行合作医疗，自费医疗者比重降低。1980 年，自费医疗者市区约占市区总人口 6%，1986 年郊县约占农业总人口 5%。同年，对 12 所市、区、地段(街道)医院和职工医院抽样调查，门诊自费医疗者占4.6%，自费住院医疗占 6.8%。80 年代后期起，自费医疗者占全市总人口近 10%。

二、劳保医疗

1951 年 2 月，上海市国营交通运输、邮电、财贸商业和工厂企业单位全部实施职工劳动保险医疗制度，简称“劳保”，企业职工供养的直系亲属享受半费医疗待遇。1965 年，全市享受劳保医疗职工 237 万人，占全市人口 21.7%。1978 年，地区集体企业职工列入劳保医疗范围，是年全市享受劳保 357.8 万人，占全市总人口 32.6%。1978 年，全市医疗费总支出 1.2 亿元，人均 55 元。1983 年分别为 2.9 亿元、69 元。1984 年 6 月，进行劳保医疗制度改革试点。1993 年，享受劳保医疗的职工 579 万人，占全市人口 44.7%，享受半费医疗的亲属 130 多万人。经费总支出 45.2 亿元，人均 781 元。1995 年，试行城镇职工医疗保险制度。

三、公费医疗

1928 年 2 月，上海特别市政府规定凡员役有病可至特约医院就诊，全行免费。1948 年 1 月起，国立院校教职员因公伤病者，医药费列入公费支出。此外，不少医疗机构对本单位职工及其亲属治病，实行减免费办法。解放初，党政机关等供给制人员医药费实行统筹统支，1952 年 7 月 21 日，上海市实行公费医疗制度。简称“公费”医疗。不久，范围扩大至私立中小学校教职员工、乡干部和大专院校在校学生。享受公费医疗者，门诊挂号费自付，其他医疗费用均予免除。1979 年 9 月起，公费医疗享受者直系供养亲属医疗费用，由职工所在单位在职工福利费中补贴一半。1952 年,全市享受公费医疗 9.8 万人、占全市人口 1.7%,总支出 108.1 万元,人均 22 元。1995 年,为 90 万人,占全市人口 6.9%,总支出 7.71 亿元,人均 857 元。

四、农村合作医疗

1958 年 10 月,川沙县张桥公社施行农民集体医疗保健,生产大队设卫生室,集体和个人出资作为社员免费门诊医疗保健基金,每人每月 0.03~0.07 元,药费及住院费自理。1960 年,市郊 29%公社实行。1967 年 12 月,川沙县在全国最早称实行农村合作医疗,1970 年扩大到全市全部 0.27 万个生产大队。合作医疗基金来源,社员个人和生产大队各出 2 元。医药费一般报销 50%。1995 年,有 0.28 万个村实行,占全市总数 96.3%。参加合作医疗 263.6 万人,占农业人口 80.1%。人均合作医疗基金 35 元,其中个人、村委会分别缴 18、12 元,乡镇财政、村企业分别出 1.6、3 元。

第三节 | 医疗 >>

一、医疗水平

科室设置 清光绪二十年(1894 年),仁济医馆临床设内、外科。20 世纪 20 年代,一般小型医院设置内、外科,规模较大的加设小儿、妇产、口腔、眼、耳鼻喉科,少数加设骨、神经、传染病、肺痨、泌尿、皮肤花柳科。医技部门一般设药房、化验室、X 光室,少数医院加设电疗、病理科(室)。1945 年,市卫生局《市立医院组织通则》规定,普通医院(综合性医院)分设内、外、妇产、小儿、皮肤花柳、眼、耳鼻喉、牙、肺痨、骨科和 X 光、检验、药剂、物理治疗室,专科医院以不分科为原则。1949 年,多数小型医院临床分设 2~4 科,医技分设 2~3 室(科),有的不分科。部分医院临床分设 4~8 科,医技分设 3~5 室(科)。少数大型医院临床分设 8~12 科,医技分设 4~6 室(科)。50 年代,综合医院建立护理部、门诊部、急诊室,增设中医、麻醉、理疗、保健等科和手术、营养、供应室。市级综合医院和部分区、县中心医院设内、外、中医科专病组。60 年代,有的医院增设灼伤、伤骨、高血压、整形、职业病、传染病、病理、中西医结合等科,心脑电图、超声、内窥镜、同位素和多种功能检查室及血库。有的专病组扩展为独立的专科,形成专科特色。80 年代,专业分科进一步细化。市级综合医院和部分区、县中心医院基本实行二级分科。内科分设心血管、消化、呼吸、内分泌、神经、肾病等专科(专业),外科分设普外、胸外、骨外、神经、泌尿外科,有的医院加设心血管、显微、肝胆、颌面、肛肠、手外科。区、县级医院内、外、中医科也分设相应的专科或专业组。医技部门增设激光、放射、免疫、CT、血液透析、核医学、电脑室等。1995年，市级综合医院临床设20～30科，医技设10～20室(科)。区县级医院临床设10～15科，医技设8～12室(科)。社区医院临床设5～8科，医技设3～6室(科)。

重点学科 20世纪60年代，对心血管、灼伤、针麻及断肢再植等专科，扶持为重点专科。80年代，开始建设、评审重点学科。至1990年，全市全国重点学科、市重点学科各13个。1994年，评出医学领先专业第一周期第一批14个重点学科、22个医疗特色专科、18个初级卫生特色项目。1995年，分别评出第二批12个、20个、13个。

医疗技术 心血管疾病。1953年，中山医院成功施行体—肺分流术治疗法乐氏四联症。1957年，施行国内首例心房间隔缺损缝合术。1958年，施行首例体外循环心内直视手术。次年，创制真丝人造血管、针织涤纶人造血管用以置换主动脉，施行国内首例法乐氏四联症根治术。1965年，研制笼架硅球人工瓣置换二尖瓣获成功。此后，用猪主动脉瓣等应用于临床。1966～1988年，施行法乐氏四联症完全纠治术，在国内率先将手术死亡率降到2%。70年代初，研制丹参制剂、麝香保心丸等中成药，中西医结合治疗冠心病、抢救心肌梗塞。麝香保心丸在全国推广应用。1979年，用球囊房隔造口术治疗多种先天性心脏病，1岁前患儿存活率从10%提高到87.7%。1981年，进行冠状动脉旁路移植术(又称“搭桥”)。90年代中期，用病人自身桡动脉及乳内动脉施行心脏搭桥术。施行三尖瓣下移纠治、三尖瓣置换及冠状动脉搭桥术。

四肢显微外科。1955年，施行背小皮瓣携带拇趾再造手拇指。1958年至80年代，进行异体指骨、关节、肌腱综合组织移植210例，成功率94.3%。1963年1月，为完全截断右前臂再植成功，并恢复功能，为世界医学史创举。1978年，用患者两脚的第二足趾游离移植到前臂残端，作再造手成功，被国际医学界誉为“中国手”。80年代后，断肢断指再植手术施行普及到市级综合医院和少数区中心医院。

大面积灼伤。1958年5月，抢救成功灼伤面积89.3%、三度灼伤23%的病人，打破国际定论。1988年，创造4种皮块培养方法。80年代起，各区中心医院市级综合医院可分别收治灼伤面积30%和50%及以上的病人。

针刺麻醉。1958年，首例针刺麻醉(简称针麻)施行扁桃体摘除术，1960年用以肺叶切除术。至1983年，全市施行针麻手术25万余例，优良级成功率60%以上。80年代后，推行针麻、药麻结合手术。

器官、组织移植。1954年，首例同种异体股动脉移植成功。1957年，首例同种异体肾移植和自体肾移植均获成功。1981年，首例胎儿胰腺胰岛组织移植治疗胰岛素依赖型糖尿病获成功，在全国推广。其后，施行骨髓、自体牙、自体神经原位、角膜移植。

整复外科。初以矫治兔唇、腭裂等先天畸形为主。50年代中期，始有创伤植皮修复、皮瓣修补等。60年代后，重点转向灼伤后的疤痕挛缩、颈颌黏连、组织缺损等功能恢复。1977年，以胸大肌移植修复前臂严重缺血性挛缩，游离腓骨移植治疗先天性胫骨假关节。90年代，调制出复合型可塑性人工骨，对颅面部各类畸形进行外形重建和功能修复。1994年、1995年，成功施行国内首例男变女、女变男变性手术。

肝胆外科。20世纪50年代初，进行胰腺癌根治术。1957年，施行左肝叶切除。1958年，提出国人肝脏解剖分为5叶4段新见解。两年后，首创常温麻醉下施行间歇肝门阻断切肝术。1971～1984年，开展选择性肝动脉造影、B超定位。1975年，施行切除海绵状血管瘤手术278例，全部成功。1984年，开展介入疗法，1990年起推广至全市。1991年，肝癌抗体的临床规律和双功能与基因工程抗体的研究成果应用于临床。

胃癌。20世纪50年代中期，施行扩大性根治术，患者5年生存率列世界先进水平。1968年，应用保留胰实质清除脾动脉干淋巴结作胃癌根治术。1977年，制成彩色电视纤维胃镜，可查出1毫米微小胃癌病灶。80年代，改进胃癌根治术，患者5年生存率提高到74%。

肺癌。20世纪70年代，开展伴肺功能减弱、未分化小细胞型肺癌的手术治疗，患者5年生存率提高到31.2%。80年代初，首创右径全肺全隆凸切除重建手术。1986年，对局限期小细胞肺癌采用化疗加手术，患者5年生存率提高到39.8%。1987年，研制成氨甲蝶呤、阿霉素两种单抗生物导弹导向等药物。

乳腺癌。1952年，开展手术治疗。1958年，开展术前放疗，Ⅲ期患者5年生存率达37%。1961年，开展术前动脉插管化疗，至1990年0.25万例，Ⅰ期患者5年生存率达93.9%。

肠癌。1954年，对直肠下段癌倡用改良Bacon式拉出切除术。1982年，对直肠癌距肛缘5～8厘米患者，采取经耻骨入路低位前切除，避免患者作永久人工肛门。80年代起，对大于70岁的患者进行大肠癌手术切除。至1989年手术0.25万例，患者5年生存率达69.3%。

白血病。1986年，为一急性早幼粒细胞白血病患儿施行首例全反式维甲酸诱导分化治疗，至1995年治疗0.2万例，完全缓解率达80%～90%。发现早幼粒白血病的特异标志，建立这标志的逆转录/聚合酶链反应技术。

二、医疗救护、医疗用血

医疗救护　1922年10月，中国红十字会组织上海马路急救队，常驻会中，备有机动救护车。1928年，公共租界工部局巡捕房消防处设立救护站，备有救护车，配合救火使用。1931年，成立紧急救护车队，备车6辆。1947年，市卫生局成立急症电话调度站，置救护车1辆。1948年3月，市警察局消防处成立“上海护士”市民紧急救护站，下设3个分站，置车7辆、护士10人、救护警员40人。9月，上海市救护委员会成立，下设救护大队，统一调度所属担架队、救护车队等。1950年，市人民政府巡回医疗队成立，备车5辆。1951年，改称市卫生局医疗救护大队，有救护车15辆。1983年，改称上海市医疗救护中心站。1990年，设20个分站，有救护车196辆。另有医院救护车179辆、工矿企业系统救护车428辆。全市共有救护车803辆。每个分站急救半径市区4.5公里，反应时间8分钟左右。郊县急救半径19公里，反应时间30分钟左右。1990年12月6日零点，“120”急救专线电话开通。1995年，约急救10万人次。

医疗用血　20世纪30年代前，病人医疗用血，临时征募供血者。30年代初，陈广和输血社成立，嗣后有输血社、助血团。血头垄断血源，操纵血价。卖血者称助血员，卖血钱和血头以三七、四六，或倒三七分成，延续至1953年。1954年，取缔输血社。1956年，全市有36家私人助血社(团)，1959年并为5家，改名献血服务站，工作人员报酬实行工资制，助血员改称献血员。1961年，有4家献血服务站，服务全市，实行统一组织血源，统一采血，统一供血。1964年11月，全市有献血员3.55万人，全市有6万余人献过血。1969年6月，撤销献血服务站。1965年9月，上海市外地运输公司修理厂和上海第二医学院在全市最早试行义务献血。次年6月，上海市献血领导小组成立，1967年6月，按行业、系统分批组织职工义务献血。1978年，上海市中心血站成立。1979年，全市121.6万人献血，总采血量147.2万袋(每袋200毫升，下同)。1979年起，在江苏如皋县开辟采血点，在沙洲、常熟等县建立长期固定采血点，在安徽旌德、浙江平湖、江苏昆山等地不定期采血。1985年后，每年在外省采血约占上海市总采血量一半。1987年起，在市内道路等公共场所设立无偿献血流动站(车)。1988年5月4日，举行首次无偿献血周。1989年7月1日，实施《上海市公民义务献血条例》。1990年，南汇县老港乡率先试行家庭储血制。1995年，281.4万人献血，总采血量365.9万袋。上海市获全国无偿献血先进城市奖。

三、门急诊

门诊　清道光二十四年(1844年)，英人洛克哈脱设中国医院开办门诊医疗。1946年，市立医院门诊30.76万人次、公立医院69.87万人次、私立医院4.48万人次。1950年，全市门诊(含急诊，下同)量405.2万人次，1995年5932.7万人次。

急诊 20世纪30年代前后，中国红十字会第一医院、宝隆、仁济、中山、广慈医院等设急诊室(部)。50年代初，区级以上医院均开设急诊业务。1981年、1984年，黄浦区浦东中心医院、瑞金医院先后成立急诊科。后推广到各级医院。1995年，全市区县及以上医院急诊410万人次，抢救5.34万人次，抢救成功率88.6%。

四、住院治疗

清光绪三十三年(1907年)，广慈医院设病房，病房分6等。1932年，仁济医院设病床250张，分3等。抗日战争胜利后，综合医院一般设内、外科病房，有的加设妇、儿、肺痨、传染病等病房。1946～1948年，全市市立、公立、私立医院收住病人60.3万人次。1949年，全市医院病床达1万张，1995年达6.69万张。1953年，区县及以上医院收治病人30.79万人次，病人平均住院13.1天，1995年分别为59.44万人、24.6天。

五、巡回医疗、医疗队

巡回医疗 清光绪七年(1881年)，同仁医院院长为传教布道，每于夏秋两季携带药品到附近村镇巡回诊视。1928年，上海特别市卫生局设巡回诊疗所。1947年，市卫生局设立名为“巡回医疗车”的直属单位。同年起，公济医院开设巡回诊疗车至市郊及苏、杭等地巡回医疗，每期一周。中国劳动协会等和市卫生局合办巡回诊疗站8所，为工人免费治疗。1956年开始，组织16批牙病防治小分队到农村，数百个防治小组到工厂，查治牙病近百万人次。1960年，全市医院抽调约1/3医务人员到农村、工厂、地段，防治寄生虫病、职业病、病毒性肝炎、麻疹、妇女病等常见病和多发病以及儿童营养不良症。1965～1967年，派出4批卫生工作队1.17万余人分赴农村、工厂。

医疗队 血吸虫病防治医疗队。1950年春至6月，市卫生局抽调0.14万人组成上海血防大队，分两批赴部队驻地，为部队粪检609万余人次，治愈病人1.8万余人。1953～1965年，组织近300个血防队、0.2万人到市郊疫区救治病人，培训血防专业人员。1970年后，每年组织医疗队，直至各县消灭血吸虫病。

抗美援朝志愿医疗手术队。1950年11月，第二军医大学53人参加抗美援朝医疗队。1951年1月，上海医务界首批抗美援朝志愿医疗手术队321人，分赴长春、齐齐哈尔、通化。市卫生局派出医务人员785人，施行手术1.3万人次，收转伤病员3.76万人次。

防汛抗震救灾医疗队。1950年，市卫生局组织70余人医疗队赴皖北防汛救灾。1954年，12批医疗队603人分赴安徽芜湖专区防汛救灾，治病36万余人次。1970年，抗震救灾医疗队260人赴云南潞西震区。1976年7～8月、

1976年9月～1978年2月,抗震救灾医疗队先后0.21万、0.14万人到河北唐山地震灾区施诊63万余人次。1991年8月起,3批13支医疗队154人赴安徽巢湖地区和颍上县参加灾区疫病防治。

支内支边医疗队。1962～1973年,7批医疗队397人赴江西井冈山、宜春等地区协助开展流行病防治;40批0.12万人赴浙江等9省区协助防治疾病。此后,1968～1973年有4批632人赴安徽宁国等县。1975～1978年,3批医疗队赴安徽休宁等县,1971年医疗队18人赴黑龙江呼玛县。1973年、1977年,先后有医疗队110人和500余人至黑龙江黑河地区。1973～1977年,有3批医疗队182人赴藏协助卫生工作。

援外医疗队。1963～1995年,派出71批医疗队805人,赴阿尔及利亚、索马里、柬埔寨等9国,诊治病人311.1万人次。

第四节 | 中医、中西医结合 >>

一、中医

医师 1929年,全市有中医师约0.3万人,1949年0.34万人,1965年0.54万人,1995年0.61万人。

名家、流派 南宋时期,上海有何氏行医,后形成何氏医学世系。元代有名医何天祥、徐复。明代有陈常、何全、徐枢、徐彪、吴中秀、顾定芳、李中梓、郁士魁、沈惠、秦昌遇等。清代有李延星等25人。民国时期有丁甘仁等30人。1949～1995年有陆渊雷等67人。20世纪以来,形成众多名家流派,各派传人至今仍为上海中医界骨干。主要有何氏医学世系、李士材学派、孟河丁氏学派、新安王氏学派、浙江范氏学派、张氏内科、夏氏内科、夏氏外科、顾氏外科、蔡氏妇科、朱氏妇科、徐氏儿科、魏氏伤科、石氏伤科、杨氏针灸、陆氏针灸、朱氏推拿、姚氏眼科、陆氏眼科、朱氏喉科、张氏喉科。

二、师承、文献整理

师承 中医习医传统靠祖传、师承,从师3～5年,出师挂牌行医。20世纪50年代中期起,组织学员或中青年医师拜老中医为师,"个别带、集体教"。1957年7月,市卫生局规定带徒班学制5年,培养相当于大专毕业的中医师,学员和业师建立固定的师徒关系。至1966年共8届,毕业0.11万人。1960年,组织199名中青年中医和西学中医师拜140名老中医为师。1961年,确定程门雪等83人为继承名医,组织中青年中西医师从师学医。1962年,又组织700多名老中医带徒0.13万人。1980年，举办老中医子女班，招收61人。1981年起，举办中医研究班，招收具有15年以上临床实践的中青年中医，至1989年办班5届，结业147人。1991年，举办首届老中医药专家学术经验继承班，确定张镜人、裘沛然等26名中医药专家为指导老师，47名主治医师（主管药师）以上的中青年中医药师为学术继承人。1993年，确定施杞等39名中医、中西医结合专家为指导老师，43名中青年中医药师为学术继承人。

文献整理　1954年，成立上海市中医药学术研究委员会，开展中医文献整理研究工作，编写《中国医史文献索引》。1956年，上海市中医文献研究馆（后改名上海市中医文献馆）成立，聘56名老中医为馆员，整理总结老中医临床经验，有《张氏外科秘方》《温热性哮喘》和《导邪外达法》等。1959年起，编辑出版《包氏喉症家宝》等中医药专辑数十种，建立有近8万条题录的中医药文献检查数据库。整理出版《程门雪医案》等医案、医话和其他医学论著50多种。20世纪80年代，上海中医学院中医文献研究所完成《中国医史文献索引》《中国医籍字典》等数十种医著，校勘影印《中国医学珍本丛书》27种、《历代中医珍本集成》103种、《中国医学大成》136种。全市整理出版《上海老中医经验汇编》等。1984年，上海中医学院将张羹梅治疗胃脘痛经验纳入计算机模拟系统。发掘、收集民间秘方、单方、验方，1958年收集100多万张，整理编辑成《单方、验方汇编》20多辑。1989年，上海近百名中医师合作编纂出版《中国中医秘方大全》。

三、中西医结合

清光绪三十年（1904年），周雪樵创办《医学报》，介绍西医，研究中西医学，主张中西医结合，临诊应用体温表、听诊器，用药中西并施，不拘一格，务求实效。清宣统元年夏，上海医院创办，上午中医诊病，下午西医诊病，为上海最早实行中西医并治的医院。二年，中西医学研究会创办，主张中医科学化，形成中国新医学。20世纪20年代，恽铁樵所著《保赤新书》，运用中西医理论分析儿科诸病。1954年起，部分西医与老中医建立教学关系，学习研究中医。1955年，部分医院开设中医、中西医结合病房（床）住院医疗和门诊业务，1956年起，开展西医学习中医活动，举办离职或在职西医师学习中医研究班。50年代后期，上海第二医学院、华山医院从内分泌、生化角度对中医"阴阳学说"与"肾本质"进行研究，用中西医结合治疗甲亢、甲减及气功防治高血压、中风等。60年代，针刺麻醉等应用于多种外科手术。70年代末80年代初，各级中医医院综合性医院、专科医院设立中西医结合门诊、病房，治疗肿瘤等疾病。1985年，确定虹口区中心医院为中西医结合试点医院。1992年起，建立中西医结合类风关病和脉管病2个协作中心，至1995年增至9个。

第五节 | 卫生防疫 >>

一、传染病防治

清康熙元年(1662年)至宣统二年(1910年),上海地区见诸文献的大疫流行有44次。1912年,霍乱大流行,至1948年共流行12次,其中6次大流行。1938～1940年,霍乱、天花、白喉、伤寒、猩红热、疟疾、痢疾相继流行,麻疹、回归热、狂犬病、斑疹伤寒等同时散在发生,为民国时期流行病种最多、发病率最高的年段。1930年起,上海始有12种传染病发病、死亡统计资料。是年,发病0.48万人,发病率476.6/10万,死亡0.17万人,死亡率170.5/10万。1938年,发病2.74万人、发病率2121.6/10万、死亡0.73万人、死亡率565/10万。1950年,发病1.64万人、发病率323/10万、死亡0.31万人、死亡率60.9/10万。1951年7月,消灭天花。1958年,消灭回归热。1965年,消灭恙虫病。1967年,消灭炭疽。20世纪60年代,基本消灭性病,麻疹、脊髓灰质炎、疟疾、乙型脑炎、百日咳得到有效控制。80年代,相继消灭白喉、森林脑炎、血吸虫病、斑疹伤寒、布鲁氏杆菌病、脊髓灰质炎,基本消灭狂犬病、疟疾、丝虫病、麻风病,除病毒性肝炎、性病外的其他传染病都得到有效的控制。90年代上半期,消灭钩端螺旋体、丝虫病、麻风病,基本消灭流行性脑炎、乙型脑炎、麻疹,累计18种传染病。全市甲、乙类传染病总发病率,从1980年1719.8/10万下降到1995年227.2/10万,死亡率4.1/10万下降到0.4/10万。70年代末期,性病死灰复燃。

二、血吸虫病防治

1924年,美国法司脱和曼莱尼《日本血吸虫病研究》记载上海市郊有血吸虫病流行。1930年、1934年,陈方之、李赋京相继报道上海地区钉螺分布情况,青浦、嘉定县为"浓厚地",上海、松江、金山、奉贤、南汇县为"稀薄地",川沙、宝山县为"最稀薄地",崇明县为"免患地",黄浦江周围未查见钉螺。1937年、1938年,安德鲁斯、吴光先后报道上海地区发现家畜血吸虫病。1941年,吴光、许邦宪调查上海郊区血吸虫病保虫宿主,认为血吸虫病是影响农村经济、威胁农民健康的重要疾患。

上海疫区是全国血吸虫病严重流行地区之一。1958年,全市市郊除崇明县外,9县159个公社(镇)、1558个生产大队流行血吸虫病,分别占社、队总数74.5%、81.4%。1956～1958年,对流行区3岁以上居民作粪便检查,平均阳性率20.5%,水上运输船民和重流行区分别占33.7%、80%以上,青浦县最高,达

40.4%。1956～1984年，全市逐年普查，累计查出患者75.9万人，占流行区人口24.7%。1956～1960年，流行区内2.8万头耕牛感染，粪便检查阳性率平均14.9%。1956～1984年，全市159个公社（乡）、镇、3个机场及西、北郊少数企事业机构场地发现钉螺。全市累计发现有螺面积1.7亿平方米，占有螺区土地总面积5.9%。

1949年12月，上海市郊区血吸虫病防治委员会成立。1956年，上海市血吸虫病防治所成立。1956年、1957年，开始消灭河沟钉螺。1975年，全市基本消灭钉螺。50年代初，开始查病治病，1956～1984年全市累计查病2934万人次，查出病人75.93万人，其中晚期病人2万人。治病186万多人次，99.9%治愈。累计检查耕牛55.6万头次，治疗病牛2.5万多头次。1985年12月10日，中共上海市委、市政府宣布全市消灭血吸虫病。

第六节 妇幼卫生 >>

一、妇女保健

接生 妇女生育向由产婆（稳婆）接生。清光绪三年（1877年），《申报》最早报道始有上海新法接生。19世纪末，教会医院及一些留学回沪的西医设立产科或出诊接产。以后，有私人开办产科医院，助产士开业。1927年，市卫生局颁布《管理助产女士（产婆）暂行章程》。1937年，提出取缔产婆。1946年，调查嵩山区614名产妇，77.2%在家接生，41.7%未作产前检查，因产而亡的产妇主要死因为产褥热、难产。1950年，市卫生局在真如区进行产婆改造试点。1951年，市区新法接生率55.9%，1958年98.8%，新生儿破伤风死亡率降为1.2/10万。1977年，市郊老法接生占1.3%。1979年，各县取缔老法接生，至80年代初老法接生绝迹。1995年，全市城乡住院分娩率99.8%。

妇女病防治 1990年，全市妇女病普查50.46万人，受检率82.4%，患病率41.2%，治疗率84.8%。1995年，普查48.79万人，受检率82.2%，患病率32.4%，治疗率94.6%。

性病。1951年起，对患病妓女集中检查治疗，其中梅毒患病率58.2%、淋病78.1%。是年，市民中孕妇梅毒患病率15%。血清华—康氏梅毒试验始列为产前检查常规。此后，孕产妇血清梅毒阳性率逐年下降，1960年为1%。1962年后，梅毒、淋病基本消灭。1979年，上海又发现性病患者，1985年有57人，其中女性35人。1987年，建立三级性病防治网和监测小组。1988年起，梅毒筛查列入婚前检查内容。1995年，女性性病患者0.31万人，发现艾滋病毒感染者4人。

子宫脱垂。1960年,对市郊(不含崇明县)62万名18岁以上女性,发现患病率3.8%。至1962年9月,全市免费治疗1.68万例。1995年,患病率0.02%,治疗率87.1%。

子宫颈癌。1958年起,市纺织工业管理局所属3所医院对42家纺织厂女工每年一次普查,女工发病率从1958～1960年91.5/10万降到1970～1972年34.3/10万。1973年,全市妇女病普查普治,检查126.28万人,患病率129.3/10万。80年代,平均每年检查20万人次。1995年,市区患者检出率1/10万。

二、计划生育技术指导、优生优育

计划生育技术指导 1926年,颜福庆等发起成立上海节育会,进行节育研究和指导。1931年,中华妇女节制协会在沪成立。1934年,上海节育研究指导所设立。1952年9月,市政府发布《上海市绝育手术办法》。1956年,在159所医疗机构设立节育指导门诊。1963年,市计划生育工作委员会成立,医院普遍开设计划生育指导门诊,动员多子女夫妇绝育和人工流产。1974年,全市实行免费发放避孕药具,后又推广以安放宫内节育器为主的综合节育措施,指导口服避孕药、延长生育间隔。80年代初,指导挑选药具,减少人工流产。1981年起,区县妇幼保健所设立计划生育门诊,1983年,发展专科咨询门诊。1971年,全市节育率72.3%,1995年92.7%。20世纪50年代初,开始施行输卵(精)管结扎等手术。1995年,全市女性节育手术总数40.91万例。

优生优育 婚前保健。清光绪二十四年(1898年)五月二十日,《申报》载文首次介绍法国的婚前检查。1948年,市卫生局制定《上海市市民婚前健康检查实施办法》,提倡优生。次年1月,发出第1号市民结婚健康证书。1952～1953年,试行《上海市婚前检查暂行办法(草案)》。1980年,提倡和开展婚前检查,是年受检率12.4%。1988年4月,实施《上海市婚前健康检查暂行办法》,婚前检查列为上海市办理结婚登记法定程序。1995年,婚前检查15.9万人,受检率96.1%,影响婚育的疾病患者占6.8/万。

疾病筛查。1981年,市儿科医学研究所首先开展对新生儿缺陷性疾病先天性甲状腺功能减退的筛查。1995年,全市查出甲状腺功能低下20例、苯丙酮尿症4例。

出生缺陷监测。1986年10月～1987年9月,29所医院对7.58万例围产儿进行监测,发现出生缺陷儿发生率13.3‰,35岁以上产妇所产缺陷儿发生率明显增高。出生缺陷前五位的为唇腭裂、指趾畸形、先天性心脏病、神经管缺陷和足月儿睾丸未降。1990年7月,全市采用"上海市围产儿死亡、出生缺陷登记表",建立个案报告制度。1995年,出生缺陷儿发生率8‰。

母乳喂养。20世纪60年代起，上海母乳喂养逐步被人工喂养或混合喂养所替代。1980年，市区母乳喂养率降至24.8%。1982年起，提倡母乳喂养，1995年全市母乳喂养率提高至58%。

三、儿童保健

民国时期，儿童传染病主要有白喉、结核病、麻疹等。1956年起，婴幼儿各项预防接种形成制度。1958年1月，实行系统预防接种一人一卡制。1972年，预防接种卡介苗等疫苗8种。1988年，增加乙肝疫苗。婴幼儿从出生至15岁按免疫程序有计划接种有关疫苗。50年代初，传染病死亡占婴儿死亡原因首位，1955年降为第三位，1990年起为非主要原因。

第七节 | 居民死因、预期寿命、青少年体质 >>

一、死因

平均死亡年龄 1930年，公共租界中国人平均死亡年龄22.7岁。1951年，全市平均死亡年龄31.5岁，1995年70.8岁。

死亡率 普通死亡率。清光绪二十八年（1902年），公共租界中国居民死亡率30.9‰，1926～1936年为12.3‰～17.7‰。1934年，法租界中国居民死亡率为11.1‰，1942年为24.2‰。1946年6月，上海市卫生局开始办理生死登记，1947年全市居民登记死亡率6.3‰。1951年，全市人口死亡率14.1‰，1995年7.5‰。1969年起，市郊年死亡率均低于市区。

婴儿死亡率。1938年，法租界调查，婴儿死亡率为141‰。1951年，市区婴儿死亡率79.9‰。1973年，始有市郊婴儿死亡率统计。是年，全市婴儿死亡率11.5‰，1995年10.1‰。

死亡原因顺位 1933～1936年，公共租界中国人死亡原因（简称死因）统计分18大类59种，死因顺位依次是传染病、老衰、呼吸系病、横死暴卒、循环系病、消化系病，前五位死因死者约占全部死亡76%，肿瘤死亡比为1.5%左右，列第九位。1951年，市区居民死因顺位，首位是传染病（含寄生虫病，下同），占全部死亡人口50.4%。其下依次为循环系病、损伤及中毒、呼吸系病等。1975～1995年，前五位死因顺位稳定为循环系病、肿瘤、呼吸系病、损伤及中毒、消化系病。1973年，全市循环系病患者死亡率164.5‰，占死亡人数30.1%，1995年分别为250.4/10万、33.3%。1973年，全市肿瘤病患者死亡率130.2‰，占死亡人员23.8%，1995年分别为183‰、24.3%。

二、平均预期寿命

1951 年,上海市区居民平均预期寿命男性 42 岁,女性 45.6 岁。1973 年,始有市郊居民平均预期寿命统计。是年,全市居民平均预期寿命男性 70.3 岁,女性 74.9 岁,1995 年分别为 74.1 岁、78.0 岁。

三、青少年体质

1955 年开始,每隔 5 年对学生进行 1 次以形态指标为主的发育调查。7～18 岁各年龄学生,1979 年比 1955 年每 10 年男、女生平均身高分别增长 2.3 和 2.1 厘米,体重分别增加 1.4 和 0.9 公斤,增幅均高于世界近百年来每 10 年平均增幅。男女青少年性成熟的时间提前。1985 年比 1955 年,每 10 年身高平均分别增 3.1 和 3.0 厘米,体重分别增加 1.7 和 1.5 公斤,胸围均增 1 厘米,坐高分别增 0.9 和 0.8 厘米。1989 年,上海市与其他省市相比,身高比全国高 1 厘米,体重低 0.5 公斤,胸围、臂围、骨盆宽等均列全国最后一、二名。健康素质水平,7～12 岁(小学)为下中等,13～17 岁(中学)为下等,18～25 岁(大学)所有指标均列全国最后一名。

第三十一章
体　育

第一节 机构、人员、设施 >>

一、体育组织

19世纪50年代，上海公共租界、法租界侨民组织跑马总会，成立划船总会、上海运动事业基金会、板球总会、草地滚球会、棒球总会、游泳总会、网球联合会、足球联合会等组织。20世纪初，华商建上海华商体操会、士商体育会、上海体操研究会、上海体育会等社团，以训练兵式操为主，兼备维持地方治安。辛亥革命前夕，有一部分汇入商团等武装力量。清宣统二年(1910年)，霍元甲等创立中国精武体操会(精武体育会)。1919年，吴志青等组成中华武术会。1924年，中华全国体育协进会成立，总部设在上海，成为上海社会体育的协调机构。此后，各种民间体育团体竞相成立，知名的有三育、乐华、东华、联谊、丽都等体育会。1935年6月，教育界及体育界发起成立上海市体育协进会。1946年12月，成立上海市体育协会，下设田径、足球、篮球、排球、垒球、网球、国术等单项协会。1949年10月，成立上海体育会筹备会，接管上海市体育协会，设置14个单项技术委员会。1956年10月，成立上海市国防体育协会筹委会。1957年，中华全国体育总会上海市分会成立，下设全市性单项体育协会，1990年改称上海市体育总会。1980年，恢复东华体育会。20世纪90年代，跨行业、跨地区体育协会和体育俱乐部成立。1995年，全市有各类体育俱乐部80余个。

各时期，知名的体育组织中华全国体育协进会，1924年7月4日成立，组成上海中华足球联合会、篮球联合会、网球联合会、棒球联合会、中华运动裁判会等，发布规则及全国最高纪录，解放后在北京改组为中华全国体育总会。上海市体育总会，1957年下属54个单项体育协会。

其他组织，主要有上海运动事业基金会(1862～1951年)、上海跑马总会(1850～1951年)、上海足球联合会(1902～1943年)、上海划船总会(1859～

1953年)、西侨青年会(20世纪20年代建,解放初结束)、上海基督教青年会(1900年成立)、精武体育会(1911年成立)、中华武术会(1912年成立)、三育、优游体育会(1923～1947年)、乐群足球组、乐华足球队(1912～1930年)、东华体育会(1931年成立)、丽都体育会(1938～1941年)、百乐门体育会(1938～1943年)、上海市国防体育协会(1960～1966年)等。

二、人员

运动员 数量。19世纪下半叶,上海租界举办的各种体育比赛,参赛者都为在沪侨民。20世纪初,体育比赛在华人社会中兴起,参赛者多为学生。20年代后,职工运动队增多。各种比赛,运动员都为体育业余人员,赛前临时组队。1936年,上海有24名运动员被选入中国体育代表团,参加第十一届奥运会。40年代,在拳击运动项目中出现上海最早的职业运动员。民国时期,上海市组队参加第一届至第七届全国运动会,总计有千余名运动员出席。1953年9月,中华全国体育总会华东总分会体育训练班成立,始对运动员进行系统专业训练。1958年,为参加第一届全国运动会,临时从工厂、学校抽调0.11万人脱产训练,组成上海市代表团。全运会结束后,留711人分26个项目组成市代表队,长期集训。1972年,有14个运动项目、专业运动员240人,1995年分别为28个、0.1万人。

等级制。1956年9月,市体委在田径、游泳等项目的运动员中试行,按成绩分成健将、一级、二级、三级、少年级5等。1963年,全市有等级运动员21.52万人,其中运动健将309人、一级运动员0.22万人。"文化大革命"中等级制停止,1979年恢复。1984年,国家体委增设国际级运动健将等级,上海首批有4人取得资格。1995年,全市有等级运动员0.1万人,其中国际级健将12人,国家级健将39人,一、二、三级运动员分别为175人、602人、187人。

教练员 专职教练员始于1954年。是年,市体委办短期教练培训班,0.24万人接受培训后到市队、区县运动队担任教练。1966年,有教练99人,1995年0.1万人,其中市队187人。1981年,开始评定技术职称,1994年有高级教练307人,其中有9人取得国家级资格。

裁判员 20世纪初,校间体育比赛的裁判称"公正人",竞赛规则用语都用英语。1915年,上海基督教青年会翻译出版一批中文本规则。日常比赛中仍习用英语,重大体育比赛,都请懂英语者任裁判。1926年,上海体育界乐秀荣、吴邦伟等组成中华运动裁判会,成员80余人,下设篮球、足球、棒球、田径、游泳等裁判组。此后,上海各项重大比赛,该会均派员担任裁判。1943年,分成足球裁判会和篮球裁判会,1949年结束。1956年,市体委在田径、游泳、举重等10个项目中试行裁判员等级制,至1965年在所有项目中实行。1978～1995

年，有裁判员1.92万人，其中国际级裁判37人、国家级裁判489人。有7人参加第二十三、二十五届奥运会裁判工作。

三、体育场所

清道光三十年(1850年)，英租界建赛马场。以后，公共租界、法租界先后建西侨公共体育场、虹口公园、回力球场、逸园、凡尔登公园、胶州公园、汇山公园等运动场所。基督教青年会也建有体育场和体育馆。侨民还越界圈地建万国体育场、虹桥高尔夫球场等。1929年，建回力球场。至30年代，侨民共建高尔夫球场4片、游泳池8处，另有足球场、篮球场、网球场等多处，多数建公园内，冬作足球场，夏为网球场。

1917年，华人建成市立公共体育场(今沪南体育场)。1926年，中华全国体育协进会租借137亩土地，建中华运动场，作为第八届远东运动会赛场。30年代，设高桥海滨浴场。1935年，建设市体育场(今江湾体育场)。

1949年，全市有体育场所100余处。1951年，建成虹口体育场，后又建造山东路、静安、沪西、沪东等体育场和卢湾、南市、虹口3个工人体育场。1955～1959年，建静安、黄浦、徐汇、杨浦4座工人体育场和长宁网球场、普陀体育馆、风雨操场、划船俱乐部和国防体育训练用的航空机场、射击场、摩托场等设施，建金山、松江、青浦、嘉定、川沙等县体育场和南汇县游泳池。1959年，全市体育场所有800处。60年代初，在闵行、闸北、长宁等地建造10多处游泳池，建成上海市跳水池。1972年后，建造静安区、上海县、南汇县体育馆和光新体育场。1975年，投资3000余万元，建成上海体育馆，为上海规模最大的体育设施之一。80年代起，建水上运动场、上海游泳馆、上海自行车赛车场、黄浦体育馆等一批场馆，改造虹口等30多个体育场馆。建成上海体育运动技术学院梅陇基地、上海武术馆等竞技体育训练基地。1988年，在青浦县建上海首个标准高尔夫球场国际高尔夫球乡村俱乐部。1994年，建可容8万观众的上海体育场，风雨操场改建为国际网球中心，形成以徐家汇为中心的体育场馆群。1995年，建成中原游泳馆、上海射击运动中心、上海马术运动场。是年，全市有体育场所0.48万个，建筑面积228.84万平方米，体育场地面积689.69万平方米。

各时期，主要体育场馆有跑马厅、西侨公共体育场(先后建于1850年、1862年)、虹口公园(1895年)、上海市体育俱乐部(1928年)、逸园(1928年)、卢湾体育馆(1929年)、沪南体育场(1917年)、江湾体育场(1935年)、虹口体育场(1951年)、上海市风雨操场(1954年)、上海市体育宫(1956年)、上海市划船俱乐部(1957年)、上海市射击场(1957年)、上海市航空运动学校(1958年)、上海市跳水池(1964年)、上海市宝山滨海游泳场(1965年)、上海体育馆(1975年)、上海市军事体育俱乐部(1956年)、上海水上运动场(1983年)、上海游泳馆(1983

年)、上海武术院(1984 年)、上海市自行车赛场(1987 年)、上海国际高尔夫球乡村俱乐部(1988 年)。

第二节 | 群众体育 >>

一、学校体育

课外体育活动 上海开埠后,西式学校设课外体育活动,有田径、球类、体操等活动。19 世纪末,有 40 余所学校开展体育活动,占上海新式学校 80%以上。圣约翰书院、徐汇公学等教会学校尤为活跃。光绪八年,梅溪书院在上海传统书院中率先实行学生分日体育锻炼。20 世纪初,扩展至中国人办的学校。主要是兵式操,田径、球类等在南洋公学、浦东中学等校开展。民国初年,推广竞技体育运动,1922 年后田径、球类、体操等运动成为学校主要体育项目。1914 年,上海圣约翰、南洋、沪江大学和南京金陵大学、苏州东吴大学、杭州之江大学组成华东大学体育联合会,是上海 20 年代最重要的学生体育组织,每年田径、足球、棒球、网球赛,成为华东地区最高水平的赛事之一。1926 年,江南大学体育协会成立,每年举行篮球、足球、网球、棒球、游泳、排球、越野跑等及田径赛,到 1936 年停止。1927 年,部分中学与小学分别组成体育联合会,每年组织全市中小学体育比赛。1954 年,全市 80%学生参加广播操、准备劳动和卫国体育制度("劳卫制")活动锻炼,1972 年中小学开展体育锻炼标准达标考核,1995 年全市中小学生及格率 89.09%。1955 年,市体委与市教育局提出在学校成立运动队,中学有田径运动队、篮球队、排球队、足球队、乒乓球队。大学建立运动队,加强复旦大学排球队、交通大学篮球队、同济大学足球队等传统项目的学校运动队。1958 年,中、小学普遍建立业余少体校,替代学校运动队。1962 年后办体育班,对有培养前途的学生,在中学招生时分运动项目集中在一所学校同一个班。60 年代,各中小学始培育传统性体育项目,1984 年后重点布局学校(点)约 700 所,3 万～5 万人参加系统体育训练。1984～1995 年,36 所学校成为全国先进传统体育项目学校。80 年代,各高校形成传统体育项目。1987 年,华东化工学院举办首届体育节。

学校运动会 大学生运动会。清光绪十六年(1890 年),上海圣约翰书院举行学校田径运动会。二十四年,南洋公学举办运动会。二十八年,圣约翰书院和南洋公学举办足球对抗赛,该足球对抗赛每年举行,一直持续至 1914 年。光绪三十年至宣统元年,大学体育联合会每年组织春秋两季四校田径运动会。1914～1926 年,华东大学体育联合会每年组织田径、足球等比赛。1926～1936

年，江南大学体育协会每年组织比赛。大学生运动会体现上海最高运动水平，历届全国运动会上海选手多数为大学生。1956 年，举办全市第一届大学生运动会，1959 年举办第四届后中断。1981 年恢复，每隔 4 年举办一届，比赛项目有田径、球类、游泳等。

中小学运动会。1928～1948 年举办 12 届上海市小学联合运动会，主要为田径赛。1928～1935 年，举行 6 届上海市中学联合运动会。1953～1966 年，全市性中小学体育竞赛 173 次。1967～1970 年，各种比赛全部停止。80 年代，举办 3 次中学生、4 次小学生全市运动会。1985 年起，每年举办中小学足球、篮球、排球、田径、游泳 5 项大奖赛。

二、职工体育

活动　清光绪三十一年(1905 年)至宣统二年(1910 年)，上海出现以职工为主体的商余学会体育部、沪学会体育部、商业补习会体育部、商业体操会、士商体操会等体育团体。宣统二年，精武体操会成立，发展为中国南方最大的体育团体。1920 年代，有职工开展田径、足球、乒乓球等近代体育项目。1924 年，有足球队 4 支，3 年后增至近 30 支。乒乓球每年有各种杯赛。出现职工体育社团三育体育会等。1925 年，邮电业工会组织足球队、篮球队、乒乓球队、国术队等。30 年代，银钱业、邮电业、烟草业职工体育活动最活跃。1939 年，银行、钱庄界举行篮球、乒乓球联赛。1950 年，全市举行 41 次职工体育比赛，1.5 万人参加。50 年代，各厂普遍开展广播操和球类活动，1954 年有 46 万人做广播操。1955 年，全市有足球队 0.19 万支、篮球队 0.5 万支。1956 年，全市建 7 个产业体协、0.34 万个企业体协。1963 年后，部分企业体协按地域组成协作区，经常进行厂际、车间际体育友谊赛。广泛开展军事体育，部分工厂开展射击、摩托车、航海运动。1963 年，20 万人参加军事野营。1965 年，数十万职工参加横渡江河活动。五六十年代，涌现中国纺织机械厂、上海肉类联合加工厂等一批体育先进单位。1979 年后，台球、桥牌、棋类、钓鱼、保健气功、网球、保龄球、健美操等活动普及，长跑、拳操、气功活动活跃。80 年代后期，健身舞蹈活动广泛开展。90 年代，全市有太极拳、舞蹈活动等辅导站千余处。1990 年，有跨行业的体育协会 117 个。1995 年，全市工矿系统有体育场地 244 片。

工人运动会　民国时期，举行过 2 届上海市工人运动会。第一届于 1934 年 5 月举行，比赛项目有篮球、网球、足球，表演项目有国术、自行车、乒乓球。第二届于 1947 年 9 月举行，增加了田径项目。1951～1994 年，举办 6 届上海市工人运动会。第一届名为体育舞蹈大会，1951 年 12 月 2～3 日举办，设田径及拔河赛，另有舞蹈大会操、团体舞及摔跤、举重表演。此后第二届(1954 年举行)、第三届(1956 年)、第四届(1960 年)、第五届(1981 年)先后举行。市第六届职工运动会，于1994年9月举行，设足球、篮球、乒乓球、田径、象棋等18个比赛项目，88个代表团0.52万人参赛。此外，1981年起，每年举办陈毅杯足球赛，年均0.12万支球队参赛。

三、农村体育

活动 上海农村流传武术、象棋、围棋、拳船、滚灯、钓鱼、龙舟、舞龙、舞狮、鹞子、石担石锁等传统体育活动。宋代，青龙镇吴淞江中有龙舟活动。清代，松江、青浦一带船民举行祭神和庙会活动，在河上表演打拳船、摇快船。松江、奉贤一带盛行滚灯活动，武术在上海沿海农村流传很广。清代，形成浦东拳术。光绪三十二年（1906年），南汇周浦镇建立绅商体育会，两年后在城中等地成立14个，练习兵操。20世纪20年代，各大集镇出现体育会，开展田径、球类等活动。40年代，各大镇大多有足球队。1953年，龙华、新泾、真如、洋泾等郊区组队参加上海第一届人民体育大会比赛。1957年，上海、宝山、嘉定3县0.28万人参加劳卫制锻炼。1963年，举办市郊丰收杯篮球赛，成为郊县农村秋收后的一项传统赛事。1969年，开展射击、武装泅渡、田径、爬越障碍等活动。1976年，按照市体委部署，各县发展重点体育项目，形成传统项目。上海县、崇明县有田径，川沙县有足球，南汇县、金山县有排球。涌现一批传统项目先进乡镇和传统项目学校。80年代，各县先后建成游泳池、综合性体育场、体育馆（称一场一池一馆）。有的乡村自筹资金，建造体育设施。上海县马桥乡旗忠村所建网球中心，1993年成为第一届东亚运动会软式网球赛场所。1987年，上海县、崇明县在全市各县中首获全国体育先进县称号，1988～1990年其他8县也获得称号。1990年，上海县、嘉定县分别被国家体委命名为全国田径之乡、围棋之乡。1994年，闵行区被评为全国田径之乡。1991年，上海市举办全国体育先进县田径赛。

农民运动会 1958～1992年，共举行3届全市农民运动会。第一届，1958年12月举行，上海县等4县23个公社0.19万人参赛，设田径、自行车、射击、举重、拔河5个比赛项目。第二届，1988年4月举行。第三届，1992年5月举行，9县1区798人参赛，设田径、篮球等10个比赛项目。

第三节 竞技体育 >>

一、田径

清光绪十六年（1890年）五月，圣约翰书院举行运动会，田径为主要比赛项目。三十年起，租界侨民每年举办万国竞走赛、万国越野赛，先后于1933年、1937年终止。宣统二年(1910年)，圣约翰大学、南洋公学参加第一届全国运动会田径赛，分获学校组冠、亚军。澄衷、浦东等中学在上海各中学中首先建田径运动场。1922年、1927年，华人先后首次参加租界万国竞走赛和越野赛，从此几乎包揽每年冠军。1933年，第五届全国运动会上，上海田径代表队47人次打破21项全国纪录，获总锦标。1935年，在第六届全运会上，上海代表队打破11项全国纪录，获男、女团体总分第一。1948年，在第七届全运会上，上海队获2枚金牌。1949年，全国24项田径纪录，有16项为上海运动员创造。1936年、1948年，先后有6人和1人加入中国田径队，参加第十一、十四届奥运会。1950年，举办上海市第一届田径运动会。1954年，上海市田径队成立，至1958年全部刷新民国时期创造的上海市田径纪录。1959年，在第一届全国运动会上，上海队获1枚金牌。1963年，刘庆封、胡祖荣分获第一届新兴力量运动会男子百米、撑竿跳金牌。1965年，旋晓梅破女子跳高全国纪录，成绩列世界第二。1965年，在第二届全运会上，上海田径队获男子100米、200米、跳远、撑竿跳4枚金牌。1983年6月～1984年4月，朱建华3次打破男子跳高世界纪录。1985年，杨文琴3破女子跳高亚洲纪录，朱红扬破女子标枪亚洲纪录。1987年，王智慧破女子跳远亚洲纪录。第六、七届全运会，上海选手获男子跳高、110米栏金牌。1990年，隋新梅获第十一届亚运会女子铅球冠军，次年获世界室内锦标赛女子铅球冠军。

90年代初，除链球、3000米障碍、女子撑竿跳项目外，上海田径队开展所有田径单项训练，共30多个小项。

二、球类

足球　男足。清同治六年(1867年)，租界侨民开始组织足球会。光绪二十一年(1895年)，圣约翰书院成立足球队，始有华人参加足球运动。二十八年，租界侨民成立上海足球联合会，亦称西联会，组织国际杯、史考托杯、甲组联赛等系列赛，1943年终止。二十八年，南洋公学足球队成立，与圣约翰足球队每年举行主客场两场比赛，1914年终止。稍后，足球运动在学校传播，徐汇公学等聘请英国教师兼教练。1912年，共和、乐群、博爱3支华人社会足球队成立。1924年，中华足球联合会成立，举办上海中华足球联赛，至1937年止，共举办13届，为全国第一个国人自办的足球组织和足球联赛。1930年，东华队成立，成为上海最强的华人足球队，1933年获西联会史考杯赛和甲组联赛冠军。抗日战争胜利后，上海体育协会足球委员会成立，组织联赛与市长杯等赛事。东华、联谊、青白等队为沪上强旅。1910～1948年，上海足球队共参加7届全国运动会，有4届获得第一名。50年代初，足球运动在工厂企业、学校普及。1954 年,全市有足球队 0.22 万支、队员 1.87 万人。1951 年,市足球集训队组成,1954 年上海市队成立。1960 年,市足球协会成立。1960～1964 年,上海有 4 队参加全国甲级联赛,1961 年、1962 年蝉联冠军。1993 年,申花足球俱乐部成立,1995 年获全国甲级 A 组联赛冠军。80 年代起,全市每年举办成年组市足球锦标赛和市等级联赛,以及陈毅杯职工赛、雷锋杯小学生赛等。

女足。20 世纪 30 年代,首先在两江女子体育专科学校开展,未能普及。1979 年,普陀、杨浦等区建立女子足球队。1982 年,川沙县队代表上海参加全国首届女子足球邀请赛。1984 年,上海女子足球队成立,1995 年获全国联赛和全国锦标赛冠军。

篮球 清光绪三十四年(1908 年),基督教青年会开展篮球教学,组织篮球队,宣统二年(1910 年)代表上海参加第一届全国运动会,获亚军。1914 年,圣约翰大学组织篮球运动,后各大学相继开展。1916 年,上海女青年会体育师范等校开展上海篮球运动。爱国女校参加江苏省运动会篮球表演赛,为上海女篮首次正式比赛。1924 年,上海篮球联合会成立,举办全市性比赛,参赛队多为大学队,另有三育、乐群等社会球队。1928 年始,每年举办西青篮球邀请赛,延续至 1949 年。1936 年,4 名上海男篮队员入选第十一届奥运会中国代表团。1934 年,两江女子体育专科学校篮球队应邀赴日本、朝鲜访问,是中国女篮首次出访外国。以两江队为基础组成上海女篮,连获第五、六届全运会和 1934～1937 年 4 届上海“万国”篮球赛冠军。1939 年,基督教青年会举办中青邀请赛,1945 年止。上海知名男子球队有百乐门队、华联队,女子有绿队。1946 年,组织市联赛。1948 年,5 名上海男篮队员入选第十四届奥运会中国代表团。解放后,篮球运动在学校、工厂普及。1955 年,全市有工人球队 0.5 万支、学生球队 0.34 万支。1954 年,组成男、女一队、二队 4 支市队,1958 年均为全国甲级队。1982 年,男篮获全国甲级联赛冠军。1992 年后,男女队相继降为乙级队。80 年代,群众性篮球活动萎缩。

排球 清光绪三十四年,基督教青年会举办体育训练班,宣统三年首次在青年会运动场组织两场排球表演赛。1926～1937 年,江南大学体育协会将排球列为竞赛项目,每年组织比赛,复旦大学包揽各届冠军。1937 年 6 月,排球运动列为华东公开运动会表演项目,民立、裨文两女校组队参加。1928～1941 年,西侨青年会每年举办西青排球公开赛。1939～1949 年,基督教青年会组织中青排球赛。1924 年,上海首次组队参加第三届全国运动会。1924 年、1948 年第三、第七届全运会,男、女排各获 1 次和 3 次冠军。解放后,排球运动主要在学校中开展。1955 年,全市有基层排球队 0.26 万支。1959 年,市男队获第一届全运会冠军。1960 年,男、女队双获全国甲级联赛及全国锦标赛冠军。

手球 1957 年 4 月,上海体育学院开始手球训练,7 月组男队参加全国邀请赛。1958年，市男、女手球队成立。1973年，女队获全国手球邀请赛冠军。80年代在全国8次夺冠。1989年、1990年，男队获全国联赛冠军。1984年，女队教练及4名运动员入选国家队参加奥运会。

乒乓球 上海是中国乒乓球运动发祥地。清光绪三十年(1904年)，合记文具店销售日本产乒乓球器材，店主组织表演吸引顾客。1916年，基督教青年会体育部设乒乓室。1918年，上海中华乒乓球联合会成立，1924年举办上海第一届乒乓球团体锦标赛，次年举办首次国际比赛中日秋山杯赛。1923年，交通大学等校举办国内第一次乒乓球联赛。二三十年代，各厂商竞相成立球队，全市有杯赛数十种，通商银行通商杯赛举行7届，影响较大。1948年，薛绪初、孙梅英分获第七届全运会男、女单打亚军。解放后，乒乓球运动在全市普及。1955年，有球队0.73万支、球台0.87万张，5万余人参加。有10多家私营乒乓球房。1958年，成立市乒乓球队，1959年男队获第一届全运会团体冠军。是年，举办百万人乒乓球竞赛，乒乓球运动迅速普及。1961年第二十六届、1965年第二十八届世界乒乓球锦标赛，先后有上海选手徐寅生、李富荣为男子团体冠军中国队主力，徐寅生、李富荣、张燮林、林慧卿、李赫男、郑敏之获冠军。1975年第三十三届世界乒乓球锦标赛，上海选手陆元盛是男子团体冠军队主力。80年代，曹燕华7次、何智丽2次获世界冠军。1995年，上海选手丁松为第四十三届世界乒乓球锦标赛男子团体冠军队主力。1992年，上海队获全国乒协杯赛女子团体、单打冠军，1995年获男子单打冠军。

羽毛球 20世纪20年代，上海租界定期组织羽毛球比赛，有莱盾国际羽毛球赛(万国羽毛球赛)等。1936年，圣约翰大学开展羽毛球运动。1957年，受国家体委委托，上海组建羽毛球队。1976年，上海女队获全国羽毛球赛团体冠军。80年代，张爱玲6次，王朋仁、史方静3次，刘霞2次获世界冠军。

网球 清同治十三年(1874年)，上海租界设拍球(网球)总会。宣统三年(1911年)，租界侨民组成上海草地网球联合会。赛事频繁，网球成为租界侨民最主要的运动项目。20世纪30年代，虹口公园有草地网球场80片、硬地网球场6片，仍不敷使用。赛马闲季，跑马厅辟网球场百片。斜桥总会、法国总会等设有网球场。清光绪二十二年(1896年)起，网球运动在圣约翰大学等校流行，华人始有加入。1925年，上海网球联合会成立，主办华人网球赛。50年代，上海网球运动代表全国最高水平，国家网球集训队主力均为上海选手。50、60年代，上海队包揽男女单打和男子双打全国冠军。1973年，获全国赛男、女团体和3个单项冠军。1979年，获第四届全运会男子团体、男单、混双冠军。1980～1990年，参加全国甲组联赛，男、女队分获5次、2次冠军。1994年，获全国联赛男子团体和混双冠军。

棒球、垒球 棒球。清光绪二年(1876年)八月，公共租界美侨举行棒球赛。次年，成立棒球俱乐部，此后每年夏季美侨、美国海军等进行比赛。三十一年四月，基督教青年会队和圣约翰大学队举行华人棒球赛。1914年，棒球运动被列为华东大学体育联合会的比赛项目。1921年，美侨建先锋棒球场。1924年，上海队获第三届全运会棒球赛冠军。解放初，垒球队员常在垒球赛后举行棒球赛。1954年，组成市棒球集训队。1959年，上海第一医学院以垒、棒球为重点项目，集训市高校队队员，1962年起，全市有组织的棒球活动基本停止。市集训队撤销，1972年重组。80年代，主要在上海医科大学、华东化工学院、上海体育学院开展。

垒球。1915年，菲律宾女子垒球队到沪参加第二届远东运动会表演，此后上海爱国女校体育科和上海女青年会体育师范开展垒球活动。1919年，活动扩大至圣约翰大学附中、中西女中、工部局女中等。1933年、1948年，上海女子垒球队先后获第五、七届全运会亚军。1940年，垒球爱好者组成熊猫队，1944年后发展为男子甲、乙、丙和女子4个队。1952年，有35队参加举办全市联赛。1974年，组市队，至1995年7次获全国冠军，有15人入选国家队。史闽越、柳絮青先后获第六、第七届世界女垒锦标赛亚军，柳絮青获第四届亚洲女垒锦标赛冠军，陶桦获十二届亚运会垒球冠军。

三、水上、船艇运动

游泳 清光绪十八年(1892年)，公共租界游泳总会在跑马厅建造上海第一个游泳池，限租界侨民使用。1919年，圣约翰大学建游泳池，组队与青年会进行对抗赛。1922年、1928年，沪江大学、清心中学等校建游泳池，组队参加校际比赛。1929年，中国游泳会成立，会员500余人。30年代，全市有游泳池20余个。1932年起，高桥海滨浴场每年举办“渡海”比赛。1931～1941年，西侨青年会、中国游泳会等每年组织“万国”游泳赛。1935年，中国青年会成立中青游泳会，次年至1949年每年夏季举办千人游泳大召集活动，以学会游泳为目标。民国时期，上海组织游泳队参加历届全运会。1950～1952年，基督教青年会每年举办各种游泳训练班，培养游泳人才。1953年，上海市游泳队(华东体训班游泳队)建立，1955年获全国游泳竞赛4项冠军，1956年获第十六届奥运会选拔赛4项冠军，1957年获全国游泳、跳水锦标赛7项冠军，1959年获全运会9项冠军。此后，获全运会第三届男子3项，第四届2项，第五届5项，第六届男子9项、女子6项，第七届男子8项、女子5项冠军。1995年，获19项全国锦标赛冠军。80～90年代，涌现一批世界级优秀选手。沈坚强获第十一届亚运会5枚金牌。杨文意1988年破女子50米自由泳世界纪录，为中国女子首破世界游泳纪录。庄泳获第六届世界游泳锦标赛女子50米自由泳冠军。杨文意、庄泳分获第二十五届奥运会女子50米和100米自由泳冠军。乐靖宜1994年参加第七届世界游泳锦标赛，破女子 50 米、100 米自由泳世界纪录并获冠军，1995 年获世界短池游泳赛 3 项冠军。

花样游泳 1983 年，上海跳水池举办业余花样游泳训练班。1984 年，市花样游泳队成立，1989 年获全国冠军赛集体项目冠军，后连续 5 次夺冠。

跳水 1915 年、1927 年第二、八届远东运动会在上海举行，分别设入水比远竞赛、跳水表演项目。1930～1948 年，第四至第七届全运会在上海召开，均设入水表演项目。表演者多为水上救生员。1952 年，上海选手代表华东区参加全国跳水比赛，获男子跳板第一名。1958 年，建市跳水集训队。1965 年，全市有 3 个业余训练点，1991 年成立上海第一、二跳水学校。1965 年，王人智获第二届全运会跳台冠军。尤建莉 1976 年、1977 年、1978 年获全国跳水赛女子跳板、跳台冠军。史美琴获 1979 年第四届全运会女子、1981 年第二届世界杯跳水赛女子跳板冠军。王毅杰获 1991 年、1993 年世界杯跳水赛一米板冠军、亚军，1993 年与王天凌获混合团体冠军。

水球 1921 年第五届远东运动会和 1948 年第七届全运会在上海举行，水球运动被列为表演项目。1955 年，上海组队参加全国游泳大会。1958 年，建市集训队。1971～1973 年，获全国水球赛冠军。1973 年，市水球队员 6 人入选国家队。1989 年、1990 年，市成年队 4 次获全国冠军。

其他项目 赛艇，最早出现于清咸丰二年（1852 年）。皮划艇运动，1958 年，始有训练。帆船运动，最早出现于清同治十三年（1874 年）。帆板，1981 年始有训练。

四、体操、技巧、武术

体操 清光绪二十九年，体操被列为学校必修课，并推行兵式操。三十一年，娄县劝学会附设体操传习所，商业体操会、沪西士商体操会成立。三十三年，中国体操学校成立，以徒手体操、器械体操为重点课程，培养学员 0.3 万人。1922 年，上海学校体操课改为体育课，废除兵式操。此后，学校盛行以表演为主的基本体操。1948 年，第七届全运会首次设体操表演赛，有单杠、双杠 2 项，上海有 5 队 8 人参赛。1953 年，华东体训班体操队成立，苏联体操队访沪，推动上海体操运动。1956 年，市体操队开始系统训练，1957 年男、女队分获全国体操锦标赛和健将级团体冠军。1962 年，于烈峰获第十五届世界体操锦标赛鞍马第三名。朱政获第八届亚运会平衡木冠军。1981 年第二十一届世界体操锦标赛、1982 年第九届亚运会上李小平获鞍马冠军。朱政、吴佳妮获第二十一届世界体操锦标赛女子团体亚军、第九届亚运会女子体操团体冠军的中国队主力队员。吴佳妮获第九届亚运会高低杠、平衡木冠军。樊迪获 1989 年世界体操锦标赛高低杠冠军。

艺术体操 1980年，上海体育学院组织艺术体操队，与到访的西班牙、日本大学艺术体操队同场表演。1982年，上海市大学生队参加第一次全国艺术体操邀请赛。是年，市艺术体操集训队组成。1987年，获第十三届世界艺术体操锦标赛团体第三。1988年，获第六届全运会团体第一名。1987年、1988年、1991年，先后获全国艺术体操锦标赛集体全能第一名。1986年，举办上海杯国际艺术体操邀请赛，有10个国家11支队参赛。

技巧 民国时期，学校体育课有叠罗汉、跟斗等技巧活动，统称体操。1956年，技巧运动成为独立体育项目。1958年，市技巧队成立，参加第一届全运会。曹中英获1974～1984年全国比赛女子单人全能大多数冠军，获1981～1983年3次世界比赛2枚银牌。俞萍、方伯生混双获1983年第四届世界技巧锦标赛3枚银牌。女子三人获1991年世界杯赛亚军，1992年第十届世界技巧锦标赛冠军。女子双人获1989年第七届世界杯、1992年第十届世界技巧锦标赛冠军。

武术 清末民初，上海成为全国重要的习武和擂台之地，至1984年流行过82种拳种、5种掌术、12种太极拳，有4种门派。20世纪20年代前，上海有人打擂，竞技武艺高低。以后，始在运动会上表演，作为竞赛，30年代形成武术竞赛规则，1931年被列为上海市运动会比赛项目。1933年，上海有18名选手参加第五届全运会拳术等7门武术赛。1936年，郑怀贤入选中国武术队，参加第十一届奥运会表演。1958年，市武术队成立，次年参加第一届全运会，获长拳、太极拳冠军。1958～1964年，参加全国武术运动会等比赛，获9项冠军。1974年，获全国武术比赛2项冠军。1975年、1979年，分获第三、四届全运会1项冠军。1986年、1988年、1989年，先后获全国女子太极拳、太极剑金牌。1957年春，顾留馨赴越南向领导人胡志明教授太极拳。1992年，上海举办首届国际武术博览会，有21个国家和地区41个队参加。

五、举重、摔跤、拳击、柔道

举重 民间流传用石担、石锁练习举重。19世纪末，租界侨民用杠铃开展活动，设台表演。20世纪40年代，上海健美学院、精武体育会等设举重项目。1935年，有2名选手参加第六届全运会举重表演赛。1936年，由3名选手组成的中国举重队（其中2名是上海选手）参加第十一届奥运会。1950年，举行第一届市举重比赛，陈刚创造次重量级推举90公斤全国纪录。1956年，市举重集训队成立，2月破6项全国纪录。1959年，获第一届全运会举重1项冠军。此后组成市专业队。常冠群在1955～1958年，破重量级4项全国纪录，1955～1960年获10次全国冠军，获第二届全运会1项冠军。1984年，闸北区设女子举重训练点，女子举重兴起。1987～1989年，市女子举重队韩长美8次获82.5公斤以上级世界冠军，6次破世界纪录。1992年，苏园红破60公斤级世界纪录。

摔跤 中国式摔跤。20世纪30年代，上海国术馆等开设10余个摔跤训练班。中国摔跤社、造币厂摔跤队、美商电车公司摔跤队等专门开展摔跤活动。1935年，上海队获第六届全运会摔跤比赛女子冠军，获1948年第七届全运会3项女子冠军。1953年、1956年，宋保生两次获全国摔跤比赛冠军。1958年，市集训队成立，1959年全运会后下放到市公交公司电车一场，1962年解散，逢全国比赛临时组队参加。基层摔跤队以精武体育会及公安、警备区等系统水平为高。"文化大革命"中，普陀公园成为上海摔跤爱好者主要会合地。1981年、1987年，郑敦发、盛其山先后获全国锦标赛48公斤级比赛冠军。1985年，上海体育运动技术学院组队。

国际式摔跤。1936年，旅美华侨、职业摔跤手黄伯长定居上海，常作摔跤表演。1957年，市体育宫开设训练班，700余人参加。杨志祺获第一、二届全运会自由式次轻量级冠军，黄彬获第六届全运会古典式68公斤级冠军。上海运动基地在上海体育学院。

拳击 19世纪末，拳击运动传入上海，沪人称西洋拳。斜桥总会、法国总会常有小型拳击赛。20世纪30年代，回力球场、西侨青年会经常举办比赛。参赛者多为外国士兵、水手、商人。20年代后期，华人始有参加。精武体育会聘华侨、澳洲拳击冠军陈汉强任拳击班教练。1940年，基督教青年会举办拳击训练班。1948年第七届全运会，上海6名选手获3项冠军。解放初，拳击运动活跃，活动中心设在基督教青年会。1956年，获全国拳击表演赛轻量级冠军。1957年，市拳击代表队成立。1958年，工厂、学校竞相组队。后因第一届全运会取消拳击赛训练基本停止。1976年，精武体育会恢复训练班，1979年举办华东地区拳击邀请赛。1985年，美国"拳王"阿里访沪举行表演赛。1986年，每年组织业余队参加全国比赛，1989年获2枚金牌。

柔道 20世纪30年代初，日本侨民在东方书院开展柔道活动。1937年上海沦陷后，精武会堂被日军改为柔道场地，学员全为日本人，40年代中期始有华人入会练习，在中西女中设柔道分场。1946年，精武体育会开设训练班，解放初续办，1962年停办。1980年，市业余柔道队成立，9月参加第一届全国柔道锦标赛。1984年9月，开设市第二体育运动学校柔道班。1982年，开展女子柔道活动，杨浦区设女子班。1984年6月，上海首次举办双钱杯女子柔道邀请赛。1985年，市女子柔道队成立。茅秋萍获1988年全国冠军赛、1989年全国锦标赛女子56公斤级冠军。

六、射击、射箭、击剑

射击 19世纪末，公共租界万国商团设靶场。清光绪二十六年，组织万国赛枪会，按英国比赛方法和规则，每年举行1次年赛、数次杯赛。1917年，华人组成中华义勇军射击队，参加万国赛枪会比赛，名次居第七名之后。1920年，中华总商会设中华杯射击赛。1957年，市射击俱乐部成立，训练1.5万余人。1958年后，全市762个单位开展活动，年训练4万～10万人。1958年，市射击队成立。1965年，徐惠敏获第二届全运会大口径步枪跪射金牌，成绩破世界纪录。1978～1983年，在中学和小学高年级学生中开展训练，年训练3万～4万人。1981年，刘正宏成绩破男子气手枪40发世界纪录。1984年，王银珍成绩破女子手枪世界纪录。1988年获大洋洲射击锦标赛气枪40发金牌，入选中国队参加第二十四届奥运会。

射箭　民国时期，上海武术团体开展弓矢训练。1948年第七届全运会，上海队获射箭男、女各1项冠军。1958年，市射箭集训队成立。参加第一届全运会，姚水泉获男子90米双轮冠军，赵素霞获女子双轮全能60米、30米双轮冠军。1961年、1963年，赵素霞先后破女子单轮50米、双轮70米世界纪录，为上海第一个破世界纪录女选手。1965年，孙春兰连破女子70米和60米双轮世界纪录。王文娟1974年、1976年先后破女子30米、70米单轮世界纪录。1980年、1985年、1990年，国家级比赛中上海队获4项冠军。

击剑　1936年，圣约翰大学11名学生自发练习击剑。1955年，击剑被列入上海市中学体育教学大纲，部分中学开展活动，时代中学最为知名。1957年初，基督教青年会和市体育宫先后举办击剑训练班。9月，举行第一次上海市击剑锦标赛，建市击剑集训队。1958年第一届全运会上，上海队获重剑冠军。1970年代中期，7个区建立击剑业余训练基地。1985年，虹口区击剑学校成立，学生叶冲获1994年第四十届世界青年击剑锦标赛个人花剑冠军。击剑运动成为上海体育强项。1980～1995年，在全国击剑赛、全国击剑锦标赛等单项赛中，上海队共获冠军40余次。在历届全运会比赛中，上海队有8人分获个人冠军，获9个团体冠军。

七、棋、牌运动

象棋　象棋在民间流传久远。清嘉庆年间，华亭棋手薛丙著《心武残编》，增订古谱《梅花泉》。清末，上海象棋高手云集。20世纪20年代，大学组织棋社，办校际象棋赛。商务印书馆、烟草公司等成立棋队。1925年，谢侠逊创造挂式大棋坪。30年代，天蟾茶楼、大沪花园为棋迷集中地。1921年，谢侠逊出版200万字《象棋谱大全》，至1930年再版9次。1930年、1931年，进行华东与华南、华北大区赛，周德裕夺冠，被誉为“七省棋王”。1938年起，租界内华联同乐会等组织棋队，在天蟾等茶楼比赛。抗日战争胜利后，凌云阁茶楼、南市文庙棋客云集。解放初，凌云阁茶楼、青年会本部等处成为棋迷活动集中地，各区文化馆、工人俱乐部周末举行象棋活动。1949～1957年，基督教青年会组成沪青棋社。1961年，静安区体育俱乐部设棋室，为全市棋迷活动中心。举办市级比赛、全国比赛、港澳棋队访沪赛。1985年，举办谢侠逊百岁寿辰象棋大师邀请赛。1980年代起，区、县少体校每年培养专攻象棋学生约百名，有象棋传统项目学校近10所。1956年，举办首届全市象棋比赛，除1967～1973年停赛，至1995年每年1届。1962年开始增设女子组。1958年，市象棋集训队成立，1960年上海棋社成立，为市队活动训练基地。胡荣华1960～1979年蝉联11届全国象棋个人锦标赛冠军(1967～1973年停赛)，获第三、四届全运会象棋个人冠军，1990年世界象棋锦标赛亚军。1980年、1984年，单霞丽获女子象棋全国个人赛冠军。1960～1994年，上海男队6次获全国象棋赛团体冠军。1983～1993年，女队2次获全国象棋赛团体冠军。1960～1990年，上海队获74枚全国象棋赛金牌，占全国赛金牌总数的43%。

国际象棋 清光绪二十九年，公共租界侨民组织万国象棋会，每周活动3次。1957～1966年，上海选手参加全国国际象棋个人赛，徐天利获1960年、1962年冠军，黄鑫斋获1965年冠军。1960年，上海棋社组建市国际象棋队，市青少年体校和闸北、静安业余体校设国际象棋班。1963年，黄鑫斋战胜访沪苏联国际大师扎戈罗夫斯基，为中国人首次战胜国际大师。戚惊萱1975年、1978年获全国比赛冠军，1982年获南斯拉夫国际公开赛并列冠军，1979年获全国比赛冠军。1981年，戚惊萱被国际棋联评为国际大师。1977～1995年，上海男队13次、女队5次获全国赛团体冠军。

围棋 明洪武年间，华亭相子先棋艺超群，应朱元璋召与燕王朱棣对弈，被刘基称为“人无与敌”。清康熙年间，张吕陈、雍正年间周浦人姚斌均为国手。乾隆中期，钱长泽编《弈理指归图》。清末，围棋活动地以上海县城隍庙为中心，有乐圃廊等茶楼。民国初，广东路一带有西园、文明雅集，康定路一带有徐园等茶楼。20世纪20、30年代，有泥城桥龙园茶社、福州路天蟾茶楼等。是时，自发的棋会和棋社有上海围棋研究会、豳风棋社等。松江枫泾顾水如为一代名家。1935年，举办(南)京沪埠际杯赛，规模最大。50年代，有襄阳公园等棋迷集中地。1957～1960年，市体育宫设上海围棋会，举办初级围棋讲座，组织巡回表演和竞赛。1957年8月，刘棣怀在第一届全市围棋赛上夺冠，1958年、1959年又获全国锦标赛、第一届全运会个人冠军。1959年，市集训队建立，后改围棋队。1964年、1966年、1974年，陈祖德获全国围棋赛个人冠军。1987年，曹大元获新体育杯冠军。1988年，钱宇平获全国个人赛冠军，1989年在首届棋王赛夺魁，获“棋王”称号。1992年、1994年、1995年，邵炜刚、曹大元、常昊先后获全国个人赛冠军。1980～1982年、1985年、1991年，杨晖获全国女子围棋个人赛冠军。1986～1989年，芮乃伟4次获全国女子个人赛冠军。1975～

1995年，上海男队12次、女队10次获全国团体冠军。1979年，陈祖德获第一届世界业余围棋锦标赛亚军，1982年曹大元获第四届冠军，1990年常昊获第十二届冠军。1993年，芮乃伟获首届世界女子围棋赛冠军。1990年，上海有20余名棋手获国家段位，其中九段5人。272人获地方业余段位。

桥牌　20世纪30年代，始有开展，1979～1995年多次获全国冠军，王俊人、陆玉麟、唐后祖、唐继祖获世界大师称号。

八、其他运动

蹼泳，1981年开展。1989年，谢芳获第三届世界运动会100米冠军。1990年，顾雁菱获第五届世界蹼泳锦标赛1枚金牌。1992年，金凡获第六届世界蹼泳锦标赛2项冠军。1993年，上海队破一项蹼泳世界纪录。1994年，金凡获第七届世界蹼泳锦标赛女子400米器泳冠军，破2项世界纪录。摩托艇运动，1957年始开展，1965～1990年，市队获11次全国赛冠军。滑水运动，1976年始开展。1986年，张军获亚洲滑水锦标赛男子花样滑水冠军。1990年和张国文获亚洲滑水锦标赛4枚金牌。自行车运动，清光绪二十八年始开展，上海队1973年获全国比赛女子2项团体冠军。1978年获全国公路自行车女子50公里团体赛冠军。吕玉娥、邬伟培分别参加第二十三、二十四届奥运会。橄榄球，20世纪30年代始开展，解放后停止活动。90年代恢复。台球，19世纪末始开展，1995年全市有台球房112家、600多张球台。保龄球，19世纪末始开展。1995年，上海队获全国锦标赛男子单人赛冠军。现代五项，1991年上海市队获全国锦标赛男子团体冠军，1992年获男女团体冠军，1993年获第七届全运会男子团体冠军，个人赛冠军。航空模型运动，1913年始有开展，1960～1990年上海队多次获个人和团体世界冠军。航海模型运动，1933年始有开展，1981～1995年上海队获世界冠军29次、打破世界纪录15次，周建明6次蝉联F1V3.5项目世界冠军，成绩6次被列为世界纪录。摩托车运动，1954～1982年开展。伞塔跳伞，1956～1989年开展。飞机跳伞运动，1958～1985年开展。滑翔运动，1959～1980年开展。航海多航运动，1955～1983年开展。

第四节 竞赛 >>

一、举办、承办运动会

举办市运动会　民国时期，共举办3届全市运动会。分别于1930年3月12～17日、1931年9月12～19日、1933年9月21～23日举行。1953～1995

年，共举办10届市运动会。第一届运动会，又称首届人民体育大会，1953年5月30～6月7日举行，比赛设4个大项49个小项，10余个表演项目。此后有第二届（1959年5月10日～6月7日）、第三届（1960年9月24日～10月31日）、第四届（1964年9月13日～11月8日）、第五届（1974年9月1日～10月26日）、第六届（1978年9月3日～10月8日）、第七届（1982年8月10日～10月21日）、第八届（1986年7月17日～10月21日）、第九届（1990年5月6日～5月26日）、第十届（1995年5月14日～6月3日）上海市运动会举行。

承办全国运动会 民国期间，上海共承办2次全国运动会。第六届全国运动会，1935年10月10～20日举行，34个省市及香港、菲律宾、马来西亚、荷属东印度华侨代表38队0.27万人参赛，设10项比赛。第七届全国运动会，1948年5月5～15日举行，32个省市、军队和华侨共58个代表团0.27万人参赛，设11项比赛。解放后，上海承办1次全国运动会，即第五届全国运动会。运动会于1983年9月18日～10月1日举行。29个省、市、自治区及解放军体协、火车头体协31个代表团0.89万人参赛，设25个比赛大项。

承办国际比赛 民国时期，上海承办3次远东运动会。1993年，承办东亚运动会。

远东运动会。第二届于1915年5月15～22日举行。为首次在中国举行的国际综合性运动会。第五届于1921年5月30日～6月4日举行。第八届于1927年8月27日～9月3日举行。3届参赛国均为中、日、菲3国。

第一届东亚运动会。1993年5月9～18日在上海举行。中、日、蒙、朝、韩国及香港、澳门、台北和关岛等4个地区9个代表队0.13万人参赛。国家主席江泽民和国际奥委会主席萨马兰奇出席开幕式。

二、参加运动会

全国运动会 清宣统二年（1910年），上海组团参加第一届全国运动会，有40人参赛。民国时期，第二、三届全运会上海运动员代表华东区出席，其他5届上海市直接组队参赛。1959～1993年，上海7次组团参加7届全国运动会。

奥运会 1932年，中国代表团出席第十届奥运会，领队及会议代表由在上海的中华全国体育协进会选派。1936年第十一届、1948年第十四届奥运会，分别有24名、9名上海选手加入中国队，参加田径、篮球、足球、举重比赛。1952年第十五届奥运会，上海有7名选手入选中国代表团。1984年第二十三届奥运会，中国队有27名上海选手参加4项比赛，体操获1枚银牌，田径、女子篮球、女子体操、女子手球共7人获铜牌。1988年第二十四届奥运会，中国队有30名上海选手参加15个项目比赛，获游泳2枚银牌。1992年第二十五届奥运会，中国队有20名上海选手参加10项比赛，获2枚游泳金牌，5人次在游泳、女篮等项目中获银牌。

亚洲运动会 1974～1994年，上海选手222人次入选中国队，参加6届亚洲运动会，113人次获金牌，78人次获银牌。

世界锦标赛、世界杯赛 1953～1995年，上海选手360余人次作为中国队成员参加24个大项比赛。其中，50～60年代有9次，90年代49次。114人次获金牌，59人次获银牌。

三、世界纪录、世界冠军

20世纪60年代，上海乒乓球等单项运动接近世界水平。1961年，徐寅生、李富荣成为上海首批世界冠军。到1995年，全市有52人113次获世界冠军，占全国获世界冠军总次数12.6%。项目涉及乒乓球、排球、羽毛球、体操、游泳、跳水、田径、划船、技巧、女子举重、围棋、象棋、航空模型、航海模型、蹼泳等15个大项。其中，16次为1979年以前获得，98次为1980～1995年获得。1960年，航空模型、射箭等大项中部分单项破世界纪录，至1995年全市有40人84次打破或超过世界纪录，占全国破世界纪录总次数9.8%。项目涉及田径、游泳、射箭、射击、跳伞、航空模型、航海模型、蹼泳、女子举重等9个大项。其中，16次为1979年以前所破，70次为1980～1995年所破。

田径世界纪录，男子跳高运动员朱建华1983～1984年3次打破世界纪录，最高成绩2.39米。游泳世界纪录，杨文意1988年、1992年2次打破女子50米自由泳纪录，最高成绩24″79。乐靖宜4次打破女子100米、50米自由泳纪录，最高成绩100米53″01、50米24″51。

第三十二章
文 化 艺 术

第一节 | 话剧 >>

清道光三十年(1850 年),英租界外侨第一个业余剧团演出《势均力敌》等。此后,有教会学校学生用英语搬演西方名剧片断,开始编排时事新戏。光绪二十五年(1899 年)圣诞节,上海圣约翰书院中国学生演出《官场丑史》,演员穿时装,演时事,无唱工、做工。三十二年,民立中学组织文友会,首次向社会介绍时事新戏演出。三十三年秋,受东京春柳社影响,春阳社在上海兰心剧场演出用布景、灯光和有整齐分幕的《黑奴吁天录》。三十四年,排演《迦茵小传》,为早期文明新戏。此后,春柳社成员陆镜若、欧阳予倩等从日本归国,投入上海新剧活动,成立进化团、新剧同志会等社团,编演《黄金赤血》等剧目,宣传民主革命思想,文明新戏蓬勃发展,有的社团成为职业演出团体。尔后以政治宣传为特点的文明新戏观众日减。1913 年,郑正秋以新民社演出连台本戏 10 本《恶家庭》,一时轰动,众多剧团竞相编演《情海波》等大批言情戏、家庭戏,舞台又掀新剧热,出现 1914 年的繁荣景象,称"甲寅中兴"。因大多数演出粗糙,流于低级趣味,逐渐衰落。有的剧团和艺人,保留较多文明戏的特点和风格,积累一批传统剧目,用上海方言演出,变为方言话剧。1919 年五四运动开始,《新青年》杂志批判旧戏,提倡反映现实的新戏,介绍欧洲现实主义戏剧家易卜生。汪仲贤、陈大悲等反对戏剧商业化,提出"爱美的"即非营业性质的戏剧运动。后又"提倡职业的戏剧"。欧阳予倩等组织上海戏剧协社、辛酉学社、南国社等,排演《终身大事》《少奶奶的扇子》《文舅舅》《获虎之夜》《名优之死》,主张反帝、反封建,完整引入西方现代话剧艺术的形式和创作理论。

1929 年,夏衍、郑伯奇等创办上海艺术剧社。1930 年,戏剧协社、南国社、辛酉剧社等联合成立上海戏剧运动联合会,后改为"中国左翼戏剧家联盟",广泛开展革命演剧活动,演出《洪水》《卡门》等剧作。1931 年九一八事变后,中国旅行剧团等演出田汉、夏衍、曹禺、阿英、陈白尘等作品《回春之曲》《上海屋檐下》《雷雨》《日出》《群莺乱飞》《太平天国》和欧洲名剧《娜拉》《钦差大臣》《大雷雨》《罗密欧与朱丽叶》等。1935 年，出现“国防戏剧”运动。1931 年夏，演出街头剧《放下你的鞭子》。1937 年 8 月 7 日，上海话剧团体联合演出集体创作的《保卫卢沟桥》，在全国迅速流传。1937 年八一三事变后，组织 13 个救亡演剧队，到前线慰问抗日战士。

上海沦陷后，戏剧创作、演出活跃，演出于伶《夜上海》、阿英《葛嫩娘》、吴祖光《正气歌》、姚克《清宫怨》等。1941 年太平洋战争爆发，上海剧艺社等被迫停止演出。三四十年代，出现一批知名编剧、导演、演员。

抗日战争胜利后，上海剧艺社、上海艺术剧团、苦干剧团等恢复活动，创排新戏，后又有上海观众戏剧演出公司、抗敌演剧九队、新中国剧社等移上海，演出《戏剧春秋》《自由万岁》《蜕变》《孔雀胆》《桃花扇》等。1946 年，上海剧艺社首演陈白尘编剧、黄佐临导演的《升官图》。1947 年，演剧九队演出田汉新作《丽人行》，反映强烈，连演数月。全面内战爆发以后，有的剧团被解散或停止活动，一批知名编导、演员转移到解放区，或分散到电影界、戏曲界，从事电影创作、戏曲改革，话剧舞台沉寂。

1950 年 8 月，建上海人民艺术剧院。1952 年，成立中央戏剧学院华东分院，1956 年改名上海戏剧学院。1957 年，以历届优秀毕业生为班底建立实验剧团(后改上海青年话剧团)。至此，全市有 2 家话剧演出团体。50～60 年代，话剧界学习斯坦尼斯拉夫斯基体系，聘请苏联专家执教执导。60 年代初，黄佐临发表《漫谈戏剧观》，提出博采斯坦尼斯拉夫斯基、梅兰芳、布莱希特戏剧理论精华的写意戏剧观。杨村彬、田稼等提出向民族艺术学习，从传统戏曲中吸取养料。创作演出《抗美援朝大活报》《初开的花朵》《考验》《枯木逢春》《年青一代》《上海战歌》《战斗的青春》《激流勇进》《一家人》和方言话剧《三个母亲》等反映现实生活的作品，排演《曙光照耀着莫斯科》《无事生非》等外国名剧。

“文化大革命”开始后，话剧创作、演出几乎停止，上海人民艺术剧院和上海青年话剧团合并为上海话剧团，1976 年 1 月、5 月先后演出《战船台》《盛大的节日》等剧目。

1976 年，上海工人文化宫创作排演《于无声处》，全国引起轰动。上海人民艺术剧院、上海青年话剧团复原建制，复排上演《无事生非》《吝啬鬼》等。1980～1995 年，创作排演《陈毅市长》《秦王李世民》等。上海工人文化宫群众业余话剧队伍，编演《大桥》《血总是热的》等。出现《假如我是真的》等有争议的作品。表演、导演和舞美出现写实、写意、现代派、间离效果、民族化等多种艺术风格。《家》等到日本和香港地区演出。《孔子·耶稣·披头士列农》由加拿大多伦多演艺话剧团用英语演出 30 余场。

1995 年，上海人民艺术剧院和上海青年话剧团合并为上海话剧艺术中心。

创作演出《陪读夫人》等大小剧目12台，到德国、新加坡、韩国演出。

清光绪三十二年(1906年)至1949年，主要剧社有春柳社、春阳社、通鉴学校、进化团、新剧同志会、新民社、民鸣社、民众戏剧社、上海戏剧协社、辛酉剧社、南国社、上海艺术剧社、中国左翼戏剧家联盟、大道剧社、中国旅行剧团、上海业余剧人协会、上海剧作者协会、上海话剧界救亡协会、救亡演剧队、上海业余戏剧交谊社、上海剧艺社、上海艺术剧团、苦干剧团、上海观众演出公司等。1949～1995年，有上海人民艺术剧院、上海青年话剧团、上海话剧艺术中心、中国福利会儿童艺术剧院等。

各时期，主要剧目有《官场丑史》《黑奴吁天录》《张汶祥刺马》《家庭恩怨记》《黄金赤血》《共和万岁》《恶家庭》《西太后》《华伦夫人之职业》《实身大事》《赵阎王》《泼妇》《获虎之夜》《少奶奶的扇子》《聂嫈》《名优之死》《威尼斯商人》《赛金花》《五奎桥》《娜拉》《回春之曲》《雷雨》《上海屋檐下》《日出》《原野》《放下你的鞭子》《保卫卢沟桥》《正气歌》《清宫怨》《秋海棠》《夜店》《升官图》《丽人行》《布谷鸟又叫了》《枯木逢春》《战斗的青春》《大雷雨》《吝啬鬼》《无事生非》《杜鹃山》《年青一代》《战船台》《盛大的节日》《于无声处》《假如我是真的》《陈毅市长》《血总是热的》《大桥》等。

第二节 | 昆剧 >>

昆剧，又称昆(山)腔、昆曲，上海地区明万历前松江一带开始传唱。明万历六年(1578年)，青浦演出《浣纱记》，为上海昆剧演出的最早记录。其间，上海地区有众多的家庭戏班家乐和民间班社。万历十六年至十九年，豫园潘允端家乐演出《琵琶记》等20余种传奇杂剧。徐霖、沈采、沈龄、陈继儒、王玉峰、徐于室等创作编写剧本，青浦县知县屠隆、苏松巡抚祁彪佳、上海县丞凌蒙初推崇昆剧。昆剧取代弋阳、海盐、太平诸腔戏，成为上海地区主要演出剧种。清康熙四十三年(1704年)，松江演出在北京遭禁的《长生殿》，产生重大影响。乾隆年间，松江人、刑部尚书张照，奉旨写《劝善金科》等宫廷大戏570出，在清宫内经常演出。乾隆四十八年(1783年)，戏班上海局成立。乾嘉年间，昆剧竞演折子戏，剧目得到流传。

清咸丰元年(1851年)，上海县城开设上海地区最早的戏园三雅园，昆剧演出进入戏园。苏州鸿福、大章、大雅、全福4大老班昆剧的重心由苏州转移上海县城，同治二年(1863年)、三年向租界发展。光绪元年(1875年)，在上海演出的苏、沪两地艺人有100余人。同时，徽班、京班、梆子进入上海，昆剧急剧衰落。三雅园坚持出演昆剧，至光绪十六年关闭。光绪后期，昆班依附京班合班演出，1922 年 10 月最后一老班全福班解散。此后，沪上唯有苏州昆剧传习所学员时续时断演出。1927 年秋，新乐府成立，以传字辈艺人 40 余人为班底演出，1931 年散班。1938 年秋，郑传茎、沈传芷等 10 余人重新聚合演出折子戏和小武戏。1942 年 2 月，最后一家昆剧社团仙霓社解散。1949 年 11 月，徐凌云与传字辈 10 余人组成新乐府昆剧团，与业余昆剧社曲友演出《长生殿》。1951 年，方传芸、汪传钤整理改编折子戏《挡马》，参加 1954 年华东戏曲观摩演出，被中央文化部作为优秀节目向全国推广。1956 年 11 月，举办昆剧观摩演出，上海昆剧艺人和北方昆剧代表团等约 150 人参加演出。历时 26 天，是历史上第一次南北昆剧大规模同台演出。1954 年 3 月，华东戏曲研究院举办戏曲训练班，演员学员 60 人，学制 8 年另有昆曲音乐学员 10 人。国务院发文调集沈传芷、朱传茗等 10 余名传字辈老演员主教。一年后，训练班改上海市戏曲学校。1961 年夏，以第一班毕业生与同届京剧等班学生为班底建上海市戏曲学校京昆实验剧团。年底，到香港演出，剧目有京昆混演大戏《白蛇传》，俞振飞、言慧珠演昆剧折子戏《贩马记》等，均获成功。1962 年，成立上海青年京昆剧团，演出《白罗衫》《红楼梦》等一批折子戏。1964 年，根据电影《红色娘子军》改编为《琼花》，连演 3 个月，客满 108 场。“文化大革命”开始，昆剧停止演出。1978 年 2 月，以上海市戏曲学校一、二届毕业生为主体，成立上海昆剧团，排演《白蛇传》，为“文化大革命”结束后上海戏曲舞台首先复演的传统剧目。其后，上演一批传统折子戏、整理改编的传统戏和新编历史故事剧等三类剧目。1981 年 12 月、1986 年 1 月，国家文化部先后在沪召开浙江、江苏和上海两省一市昆剧继承革新座谈会、保护和振兴昆剧会议，确定重点抢救一批优秀折子戏。有代表作《牡丹亭》《长生殿》等。1995 年，上海昆剧团应邀赴台湾演出 12 场。

昆曲向以“雅集”会友，票友参加各种曲社，业余清唱和串彩。清道光年间，上海出现近代最早的曲社赓扬集、姜局、吴局，因有俞粟庐、程藕卿、张少琴参与，影响较大。百余年间，上海曲社数十家，赓春曲社、平声曲社延续到上海解放初。清末民初，松江清曲家俞粟庐被奉为度曲的典范。20 世纪 20 年代起，俞粟庐和徐凌云、穆藕初主持昆剧保存社，多方扶植昆剧。1957 年，赵景深、徐凌云等发起成立上海昆曲研习社，成员最多有 188 人。出版表演、音乐、剧目专著。1986 年，成立昆剧联谊会，华东师范大学、同济大学、宜川中学、长宁实验小学等建昆剧演出班，开设昆剧课。

昆曲传字辈艺人郑传鉴、周传瑛、华传浩、方传芸、周传沧、王传渠、倪传钺等长期在沪演出或研究、执教，成为昆曲传人。俞振飞继承其父俞粟庐的演唱艺术，20 年代进入上海曲艺界，成为知名京昆小生演员。演出的代表剧目有《太白醉写》等。60 年代起，出现一批有影响的演员，小生蔡正仁、岳美缇，旦角华文漪、梁谷音、张静娴，老生计镇华，武旦王芝泉，丑角刘异龙、张铭荣等。1994 年，以上海市戏曲学校第三届昆剧音乐班、演员班毕业生成立上海昆剧团青年队，1995 年演出改编和新创作《司马相如》等 3 台新戏，整理、复排《墙头马上》等传统保留剧目。

各时期，主要班社、剧团有大章班、大雅班、全福班、洪福班、新乐府、仙霓社、上海昆剧团。

各时期，主要剧目有《十五贯》《千钟禄》《义侠记》《长生殿》《惊鸿记》《挡马》《玉簪记》《占花魁》《雷峰塔》《烂柯山》《唐太宗》《还魂记》《白兔记》《西厢记》《西游记》《墙头马上》《蔡文姬》《琼花》等。

第三节 京剧 >>

清同治五年(1866 年)，英籍华人罗逸卿建仿皮簧(二黄)戏园满庭芳，次年委人赴天津邀名角到沪演出。六年，刘维忠建丹桂茶园，邀北京三庆、四喜等班来沪演出。之后，杨月楼、孙菊仙等皮簧名角到沪，演出《四郎探母》等戏目。十一年，上海出现连台本戏，光绪二年(1876 年)二月初七，《申报》首次出现“京剧”一词，由此“京剧”一名通行全国，作为皮簧正式名称。一时上海成为南方京剧演出中心，众多名角竞相到沪，或定居沪上演出。徽班、梆子、昆班等艺人为争一席之地，常与京剧艺人同台演出。光绪初年，徽班王鸿寿(三麻子)等知名艺人改唱京剧，对上海京剧艺术产生重要影响。昆剧完整的程式化表演，丰富上海京剧演出的剧目和表演艺术，形成南派(海派)京剧。京戏班实行戏班、戏园一体和股东制，大多用名角挑班。到光绪年间，京剧成为上海独尊的剧种。二十六年后，京津名角竞相南下，促进上海京剧演出市场繁荣。光绪末年，以演京戏为主的茶园增至近 20 家。上海京剧，出现异于京津之处，出现话剧的写实风格，京剧艺人和歌舞、马戏艺人，男女艺人同台演出。注重灯光布景。内容反映时政。二十七年，汪笑侬愤慨戊戌变法失败，将这一事件改编成《党人碑》剧本在上海演出。建新式剧场，三十四年首建新舞台，后又有文明大舞台等新式剧场。冯子和、周信芳、盖叫天、林树森、欧阳予倩等革新京剧。艺人表演强调“唱、做、念、打”声情并茂，文戏“唱得激情”，武戏“打得火爆”。人物造型改良化妆、服装、头饰等。1913 年、1914 年，梅兰芳两次到沪演出，受上海京剧时事新戏、古装新戏影响和启发，在京编《孽海波澜》《黛玉葬花》等新戏。

连台本戏演出繁荣，成为上海京剧重要演出形式。清同治年间，京津名艺人铜骡子、夏奎章等在上海演出第一出连台本戏 10 本新排《五彩舆》。42 本

《西游记》，从1936年连演到1940年。海派京剧流派及代表人物和一批名角出现。到20世纪30年代后期，形成以须生麒麟童（周信芳）为代表的麒派，以武生盖叫天（张英杰）为代表的盖派，成为上海京剧两大支柱。大批票友出现。上海京剧从清光绪末年第一家票房"盛世元音"出现，到20世纪20年代经常活动的达百余家。创办一批科班。清同治末年，李毛儿女伶科班开办。之后有小金台科班等。30年代初厉家班开办，30年代末40年代初，上海戏剧学校、中华国剧学校创办。上海戏剧学校正字辈演员顾正秋、关正明、张正娟、陈正薇、王正屏、孙正阳、施正泉等成为京剧台柱。1937年八一三事变，10月7日周信芳和欧阳予倩发起成立上海戏剧界救亡协会。同时，周信芳重组移风社，上演《明末遗恨》。欧阳予倩组织中华剧团，编演《梁红玉》《桃花扇》。吕君樵等组织艺友座谈会，改良平（京）剧。其时，舞台大多演出《大战泗州城》等传统戏目。赵如泉等演出《家》，时装登台，不打锣鼓。1942年，梅兰芳定居上海，蓄须不为日伪演出。1943年10月，《万象》杂志出版戏剧专号，发表《平剧与话剧的交流》一文。1946年，成立平剧改革座谈会，提出"提倡和发展民族健康、进步的戏曲"。1947年2月，在天蟾舞台举行第四届戏剧节观摩公演，梅兰芳、周信芳合演《打渔杀家》，轰动申城。是年10月，天蟾等五大剧场举行为改善班底待遇的罢工。1946～1949年5月，程砚秋的秋声社、梅兰芳剧团、言慧珠剧团等剧社到沪演出。

1949年5月上海解放，公演新编剧目《人民英雄传》。1950年，建立上海首家国营剧团华东实验京剧团和上海市人民京剧团，并于1955年合并为上海京剧院。1951年3月，周信芳主演《信陵君》。整理改编《徐策跑城》《乌龙院》等一批麒派代表剧目，推动《武松》等一批剧目的整理演出。1953年，共舞台、天蟾舞台中国大戏剧院等剧场公私合营，实行前后台分开管理，后台分别组成共舞台京剧团、天蟾实验京剧团、新中国京剧团，1956年前两剧团分别改为新华、新民京剧团。50年代中期，全市先后有11个京剧团。1956年，上海戏曲学校开办京剧演员训练班。1956年，全市各剧团在剧场、文化宫（馆）、工厂、农村、部队演出200多场，观众达百万人次。1958年，上海京剧院京剧《智取威虎山》、1959年《海瑞上疏》演出，引起轰动。1966年，全市有上海京剧院（一团、二团、三团）、上海市青年京昆剧团、新华京剧团、黄浦京剧团4家京剧团，主要演员有周信芳、俞振飞、李玉茹、童芷苓、言慧珠、刘斌昆、王少楼、黄桂秋、李瑞来、李仲林、孙鹏志、张美娟、王正屏、孙正阳等。1965年，江青、张春桥插手上海京剧界及《智取威虎山》《龙江颂》《海港》等排演。"文化大革命"中《智取威虎山》《龙江颂》《海港》被列为全国八个革命样板戏的3个样板。"文化大革命"开始后，上海京剧院等4家上海剧团解散，大部分人员到工厂和"五七干校"劳动。部分人员分别参加《智取威虎山》《海港》样板戏剧组及《龙江颂》剧组。1973

年，成立上海京剧团。1977 年后，传统剧目恢复上演，上海京剧院、上海市戏曲学校恢复。1977～1995 年，创作、改编、整理剧目近 100 余出，知名的有《曹操与杨修》《盘丝洞》等。知名演员有李玉茹、童祥苓、李丽芳、李炳淑、尚长荣、方小亚、言兴朋、奚中路、李军、史敏、关怀、唐元才、陈少云、赵国华、胡璇等。

各时期，主要班社有剧团大舞台(班底团)、新舞台(班底团)、天蟾舞台(班底团)、游乐场大小京班、共舞台(班底团)、移风社、中华剧团、华东京剧实验剧团、华东京剧团、新民京剧团、上海市人民京剧团、新华京剧团、黄浦京剧团、上海青年京昆剧团。上海京剧院。

各时期，主要剧目有《打严嵩》《铁公鸡》《贩马记》《宏碧缘》《七侠五义》《贵妃醉酒》《博浪椎》《瓜种兰因》《张汶祥刺马》《潘烈士投海》《黑籍冤魂》《纺棉花》《宋士杰》《走麦城》《徐策跑城》《劈山救母》《枪毙阎瑞生》《石头人招亲》《徽钦二帝》《盘丝洞》《汉刘邦统一灭秦楚》《西游记》《武松与潘金莲》《黄慧如》《开天辟地》《武松》《白蛇传》《文天祥》《文素臣》《信义村》《东郭先生》《水泊梁山》《太平天国》《春秋配》《黑旋风李逵》《红色风暴》《赵一曼》《义责王魁》《淝水之战》《海瑞上疏》《战海浪》《乌龙院》《梅妃》《尤三姐》《澶渊之盟》《审椅子》《智取威虎山》《龙江颂》《海港》《南海长城》《曹操与杨修》等。

第四节 越剧 >>

浙江嵊县一带流行落地唱书。清光绪三十二年(1906 年)春，出现小歌班、的笃班，在农村搭台演出。艺人多是农、艺相兼的男性农民，人称男班。1917 年 5 月 13 日，小歌班初次进上海，在十六铺新化园演出，演艺粗糙，无观众。后梅朵阿顺班等吸收绍兴大班和京剧的表演技巧加以改进，1919 年始在上海立足。1920 年起，集中一批知名演员，编演《梁山伯与祝英台》等剧目。之后，嵊县戏客班 3 名乐师组成第一支越剧专业伴奏乐队，用丝弦演奏取代人声帮腔接调，1、5(do、slo)两音定弦，“丝弦正调”成为主腔，建立板腔音乐调式架。1921 年 9 月～1922 年，剧种改称绍兴文戏，上海人称“绍兴戏”。绍兴文戏吸收京剧、绍剧表演程式，始排演古装大戏。主要编演 8 本《玉连环》等连台本戏，在大世界等游乐场以及茶楼演出。主要艺人有王永春、卫梅朵等。

1923 年 7 月，嵊县开办第一个女班，招收 13 岁以下的女孩 20 余人，次年 1 月 14 日，演出于上海，人称髦儿小歌班。1929 年及后，续有举办。1925 年 9 月 17 日，上海《新闻报》演出广告中首次出现“越剧”名，小歌班的演出始称“越剧”。1928 年起，女班蜂拥到沪，到 1941 年增至 36 个，女子越剧的所有知名艺人几乎都荟萃于上海。男班因艺人后继无人，全部被女班取代。

1937年起，姚水娟等改良文戏。各剧团、班社竞相编演新剧目，4年间编演的新剧目超过400出。名角有旦角"三花一娟"施银花、赵瑞花、王杏花、姚水娟，小生屠杏花、竺素娥、马樟花。40年代，袁雪芬等崭露头角。1942年10月，袁雪芬以话剧为榜样开始越剧改革。1942年、1943年于吟等编导，进行"新越剧"改革。1944年9月初，尹桂芳、竺水招首演新越剧《破镜重圆》。此后，主要越剧团都投入改革，编演新剧目，废除幕表制，建立剧本制。1946年6月，雪声剧团演出根据鲁迅小说《祝福》改编的越剧《祥林嫂》，9月周恩来观看演出。1947年8月19日，尹桂芳、徐玉兰、竺水招、筱丹桂、袁雪芬、张桂凤、吴小楼、傅全香、徐天红、范瑞娟等越剧"十姐妹"于黄金大戏院联合公演"历史宫闱巨献"《山河恋》，"越剧十姐妹"由此传遍上海。10月13日，筱丹桂因受戏霸迫害自尽。文艺界、新闻界为其申冤。

1949年，云华以及少壮等主要剧团，改革越剧，建立正规的编、导、演、音、美的艺术制度。1949年5月上海解放，7月举办以越剧界人员为主的第一届地方戏剧研究班。1950年4月，成立上海第一个国家剧团华东越剧实验剧团。1955年3月，上海越剧院成立。50年代，全市有越剧团38家。50～60年代前期，创作《梁山伯与祝英台》等一批精品剧目，在国内获得巨大声誉。1953年，袁雪芬、范瑞娟主演《梁山伯与祝英台》，是解放后拍摄的中国第一部彩色戏曲片。1958年，上海越剧院徐玉兰、王文娟等主演《红楼梦》，1962年拍摄成彩色影片，创造中国电影全国放映场次、观众最高纪录。上海越剧影响扩至全国。50年代，吸取男班艺人紫金香的唱法，创造新的曲调"男调"。1958年、1959年，傅全香、袁雪芬先后创造新的唱腔"六字调"。1954年秋，华东戏曲研究院演员训练班招收越剧男女学员60人，并于1959年建上海越剧实验剧团，实行男女合演。男演员史济华等得到观众认可。1956年，上海市戏曲学校开办越剧音乐班。1959年，有的剧团合并，有的迁外地，有的撤销，全市有上海越剧院和合作等11家越剧院团。到60年代初，上海越剧影响扩至20多个省市。"文化大革命"中，越剧停演。1979年，上海越剧院恢复，创作演出《忠魂曲》。静安、卢湾、虹口区越剧团重建，演出《汉文皇后》等。70年代末，钱惠丽、单仰萍、赵志刚、方亚芬、萧雅、陈颖、韩婷婷、华怡菁、胡敏华、章瑞虹等脱颖而出，成为沪上知名的青年演员。1993年9月起，上海越剧院创作排练新编《梁祝》等，1994年演出289场。

各时期，主要班社、剧团有梅朵阿顺班、鸿福堂、四季春班、第一舞台、水云越剧团、丹桂剧团、雪声剧团、芳华剧团、东山越艺社、云华剧团、玉兰剧团、合作越剧团、新新剧团、上海越剧院、振奋越剧团、卢湾越剧团、虹口越剧团、静安越剧团等。

各时期，主要剧目有《借红灯》《血手印》《孟丽君》《何文秀》《花木兰》《盘妻索妻》《凄凉辽宫月》《浪荡子》《泪洒相思地》《香妃》《沙漠王子》《山河恋》《祥林嫂》《孔雀东南飞》《信陵公子》《梁山伯与祝英台》《屈原》《箍桶记》《西厢记》《碧玉簪》《春香传》《盘夫索夫》《打金枝》《追鱼》《北地王》《情探》《王老虎抢亲》《红楼梦》《李翠英》《李娃传》《三看御妹》《秋瑾》《十一郎》等。

第五节 沪剧

沪剧是上海地方戏曲剧种。清嘉庆年间，吴淞江和黄浦江两岸农村有山歌，又称东乡调。以后出现滩簧，又称花鼓戏。到同治光绪年间，表演演员有上、下手，成为自奏自唱“对子戏”。以唱为主，表演摹仿一般日常生活，剧情大多取材于农村乡镇生活，剧目有《女看灯》《卖红菱》等。之后，戏中角色增加到3个以上，并设专人操奏音乐，剧目有《打花包》《借黄糠》《阿必大弹棉花》等120多出，习称“老滩簧戏”。同治七年（1881年），遭江苏巡抚严禁。光绪五年，滩簧艺人许阿方等在上海各县乡镇上海县城新北门、十六铺一带卖艺。光绪二十五年（1899年），许阿方、庄羽生等8人在公共租界升平茶楼登台坐唱演出。滩簧有别于在上海演唱的苏滩等，称本地滩簧，简称本滩或申滩。1914年，演员施兰亭、邵文滨、丁少兰等发起组织振兴集，将本滩易名为申曲。1915年后，申曲进入游乐场演出。1918年起，施兰亭等率班巡回演出于天津、北京、武汉等地，扩大申曲影响。1925年，文明戏演员范志良等转入申曲班子，导入文明戏剧目，演出实行幕表制。编排反映上海现实生活的《离婚怨》，开创申曲演时装戏的先例。1930年初，又演出大量取材于时事新闻和电影故事的时装戏《黄慧如与陆根荣》等。主要演员有邵文滨、丁少兰、刘子云、王筱新、施春轩、筱月珍、筱文滨、丁婉娥等。1934年11月，上海申曲歌剧研究会成立。1937年上海沦陷后，申曲演出一时繁荣，观众骤增。不久，文月社改为文滨剧团，各商业电台竞相邀沪剧班社播唱特别节目，上海街头巷尾终日有申曲播唱。1941年1月9日，上海沪剧社成立，在演出广告上标明“过去的本滩叫做申曲，今天的申曲改称沪剧”，首次为“沪剧”剧种定名。同时，根据美国电影《魂断蓝桥》改编成同名沪剧，演出用固定剧本，舞台软景改为立体布景，化妆改水粉为油彩，用灯光效果。此后各个剧团相继效仿。演出的新剧，有《秋海棠》《啼笑因缘》等。40年代，主要演员有解洪元、赵云鸣、王雅琴、邵滨孙、卫鸣岐、顾月珍、丁是娥、石筱英、王盘声、夏福麟、小筱月珍、汪秀英、杨飞飞、赵春芳、筱爱琴等。40年代初，《贤慧媳妇》《恨海难填》《阎瑞生》拍摄成沪剧电影。因剧目多悲剧，沪剧音乐主要唱腔“长腔长板”节奏缓慢，行腔婉转，产生“慢中板”及“慢板”。伴奏以二胡、扬琴、三弦、琵琶“四大件”为主。1949年5月上海解放初，全市有13家沪剧团。8月，沪剧界几乎所有主要演员参加演出《白毛女》。举办3届戏曲研究班和2届春节演唱竞赛。1952年，上海沪剧团在第一届全国戏曲观摩演出大会演出新创作剧目《罗汉钱》，获剧本奖。1953年2月，上海市人民沪剧团成立。1953年，各剧团进行“民主改革”，上海沪剧团改制为由国家主办的上海市人民沪剧团，各民办沪剧团改集体所有制。创作演出《星星之火》《为奴隶的母亲》《芦荡火种》《鸡毛飞上天》《红灯记》等现代剧，整理《女看灯》《庵堂相会》等一批传统剧目，新编改编清装历史剧《陈化成》等。后《罗汉钱》《星星之火》被拍成电影。60年代，全市有上海人民沪剧团、艺华、爱华、长江、努力、勤艺等6家沪剧团，知名演员有丁是娥、解洪元、邵滨孙、石筱英、筱爱琴、王雅琴、王盘声、顾月珍、凌爱珍、袁滨忠、汪秀英等。“文化大革命”中，《芦荡火种》《自有后来人》等剧目被改编为京剧样板戏。沪剧演出停止，剧团解散。“文化大革命”结束后，建立新的上海沪剧团，重建宝山、长宁、徐汇、上海、崇明、新艺华等区县沪剧团。创作演出《金绣娘》等。1981～1995年，创作演出《一个明星的遭遇》等新剧目。主要演员有邵滨孙、丁是娥、石筱英、王盘声、杨飞飞、韩玉敏、许帼华、张清、沈仁伟、诸惠琴、沈惠中、张杏声、陈瑜、马莉莉、汪华忠、刘银发、陈甦萍、茅善玉、孙徐春等。1982～1991年，连续10年每逢春节前下乡联合“回娘家”慰问演出。1987年11月，一批年逾花甲的知名演员，联袂演出《陆雅臣卖娘子》，时称“千岁老人演百年老戏”。1987～1995年举办14场老中青演员和个人演唱专场。1990年10月，上海沪剧院“六代同堂”会串暨部分优秀剧目展演月首演。1991年2月，第十次沪剧界“回娘家”到青浦县演出。9月，上海沪剧院吸收由上海市戏曲学校38名沪剧毕业生组成青年演出队。1994年，长宁沪剧团新编《情深缘浅》演出300场。

各时期主要班社、剧团有许阿方班、大阿宝班、少兰社、子云社、福英社、新雅社、婉社儿童申曲班、中山社、施家剧团、文滨剧团、上海沪剧社、中艺剧团、上艺沪剧团、努力沪剧团、长宁沪剧团、勤艺沪剧团、宝山沪剧团、艺华沪剧团、新艺华沪剧团、爱华沪剧团、长江沪剧团、徐汇沪剧团、上海沪剧院等。

各时期，主要剧目有《陆雅臣》《卖红菱》《十不许》《小分理》《捉牙虫》《阿必大回娘家》《女看灯》《庵堂相会》《顾鼎臣》《杨乃武与小白菜》《啼笑因缘》《阮玲玉自杀》《空谷兰》《冰娘惨史》《雷雨》《魂断蓝桥》《叛逆的女性》《碧落黄泉》《铁骨红梅》《大雷雨》《蝴蝶夫人》《罗汉钱》《为奴隶的母亲》《少奶奶的扇子》《星星之火》《芦荡火种》《红灯记》《张志新之死》《一个明星的遭遇》《明月照母心》《今日梦圆》等。

第六节 | 淮剧 >>

清代中期，江苏盐城、阜宁、淮阴等地区，有农民半农半艺，唱田歌、民谣，说唱民间故事。农村在庆丰收和祭神庙会上有香火僮子，做香火戏。还有专门打响板挨户卖唱的，人称“门叹词”（一说“门弹词”）在各乡镇演唱卖艺谋生。有些盐阜艺人、香火僮子与淮口（淮阴、淮安）艺人联合演出，形成“三可子”。后徽戏流传到盐阜地区，“三可子”逐渐吸收徽戏剧目和表演技艺，剧目日丰，形成淮戏。清光绪三十二年（1906年），淮河洪水泛滥，淮戏艺人逃荒到上海，在码头扛大包和拉黄包车维持生活。民国初年，在太阳庙路（今汉阳路）、太平桥、定海路等一带街头，先后出现三五人组合的“搭墩子”（四面无阻隔的露天土台）和“拉围子”（用芦席围成的演唱场地）坐唱淮戏。1912年后，淮戏开始简单化妆表演，逐渐在上海站住脚跟，韩太和建韩家班，何明珍等建淮戏班。1916年，陈小六子在闸北搭建群乐戏园，上海始有淮剧戏园。后有南市、虹口等地三义戏园、义乐戏园开业。20年代末，工厂集中地区杨浦、普陀、闸北和虹口、南市等出现演淮戏的二三百人座位的戏园、茶园、戏院21家。知名的有江北大世界等。除《丁黄氏》等传统剧外，还演出“皮夹可”（徽剧夹淮剧）的《富贵图》等剧。传统剧目有22出，称“九莲十三英”，还有“七十二记”的《荆钗记》等。20年代末，出现淮剧与京剧演员同台演出，淮、京各演各的折子戏，形成“京夹淮”（京剧夹淮剧）演出。30年代起上演《封神榜》等连台本戏。到20年代末，生、旦、净、丑行当齐全。

早期音乐曲调，主要有“淮调”（主要声腔），1927年创造“拉调”，1939年试唱“自由调”，成为淮剧3大主要声腔。

1937年八一三事变后，淮戏演出场所大部停业，有的艺人回苏北原籍，或留沪另谋生计，有时短期演出。抗日战争胜利后，艺人重返上海组班演出。1946年，成立上海江淮戏公会。1949年5月，全市有联谊等14家江淮戏剧团。7月，上海江淮戏公会改为上海市淮剧改进协会，剧种定名“淮剧”。1951年，各剧团参加“改戏、改人、改制”的戏曲改革。联谊剧团和麟童剧团合并为淮光淮剧团，1953年改上海市人民淮剧团。1951年起，一批新文艺编、导、音、美人员加入淮剧剧团。1952年，排演现代戏《王贵与李香香》及传统戏《千里送京娘》等。1954年，排演现代戏《不能走那条路》、传统戏《五台山》。50至60年代初，《蓝桥会》和《女审》摄成戏曲影片。知名演员有马麟童、筱文艳、何叫天、杨占魁、徐桂芳、何益山、筱惠春、周筱芳等。1956年，人民淮剧团创办首家随团学馆。1956年、1960年，上海市戏曲学校开设2届淮剧班。1964年，上海市人民淮剧团创作编排《海港的早晨》，上海京剧团将之改编为京剧《海港》，“文化大革命”中被定为“革命样板戏”。“文化大革命”中，志成、烽火、浦光3个区属淮剧团解散。1970年，上海市人民淮剧团进行“文艺革命”，创作《拣煤渣》等小戏。1971年，学习移植革命样板戏，全团投入移植京剧《海港》。80年代，上海淮剧团重演传统剧目《探寒窑》等，创作《爱情的审判》等，重新编演濒临失传的传统剧《哑女告状》，被全国各地数十个剧种、100多个剧团移植演出。新编《金龙与蜉蝣》，获全国文华新剧目奖和6个单项奖。1995年，创作、排练、演出革命现代剧《八女投江》。

各时期，主要班社、剧团有谢家班、韩家班、武家班、马家班、志成淮剧团、淮光淮剧团、上海淮剧团、浦光淮剧团、烽火淮剧团等。

第七节｜扬剧、锡剧、甬剧、绍剧、粤剧 >>

一、扬剧

清光绪年间，扬州地区农民、工匠到浦东、杨树浦、闸北一带定居，沿家乡习俗，祭祀和庆贺时，请称为大开口的香火艺人做太平会、七公会。之后，香火艺人到上海在浦东、闸北、南市做会，搭台化装演出。1922年，崔少华等组班演出于齐云楼茶馆，茶馆改为喜云楼戏院，成为上海首家扬剧固定演出场地。剧种改维扬大班。1922年，臧雪梅等率班进入大世界登台演出。从此，称为“小开口”的扬州清曲进入闹市，以各大公司游乐场为演出基地，称为维扬文戏。维扬大班、维扬文戏演员全是男性。1925年，维扬文戏首先开办女子科班，维扬大班招收女艺徒，实行男女合演。1927年，维扬大班、维扬文戏改称为“维扬戏”和“扬州戏”。30年代初，演出场所有专演扬剧的维扬大舞台及各大公司游乐场等三四十处，常有10多个班社同时上演，扬剧成为上海一个重要的剧种。1949年5月，全市有勇敢等8个维扬剧团，1958年有华联、友谊、艺宣3个扬剧团。1971年，剧团全部撤销。1979年后，原演职人员组织业余演出。

二、锡剧

苏南各地区民间有经山歌、说唱、对子戏表演，到清乾隆、嘉庆年间形成无锡滩簧和常州滩簧。辛亥革命前后，不少班子开始进入无锡、常州市区。清末，锡帮艺人袁仁仪和常帮艺人卞和尚等到上海街头卖艺。锡帮李廷秀等建立无锡滩簧龙凤班。常帮孙玉翠等也到沪，以常州古曲为招牌。20年代，常、锡两帮请人排演大戏《珍珠塔》，袁仁仪与李廷秀合灌唱片，为解放前唯一的锡剧唱片。不久，剧种定名"常锡文戏"。抗日战争胜利后，从业人员千人。1949 年 5 月，全市有汉清王记等 6 个剧团。不久建全市第一家民营公助锡剧团红星锡剧团。1952 年，江苏省对整个锡剧界进行"苏南集训"，在沪所有锡剧团均返江苏，包括青浦、金山、嘉定 3 个锡剧团和 1 个散班民艺剧团。不久，部分留沪人员合成红旗锡剧团。1958 年，青浦、金山、嘉定等锡剧团随县行政区划归上海市，上海有红旗、金山、青浦、嘉定等 4 个锡剧团。1971 年，各团解散，1976 年后重建，1986 年后复解散。

三、甬剧

清光绪六年，宁波串客艺人邬拾来、杜通尧等在上海县城小东门凤凰台、白鹤台等茶楼演出"串客"戏。光绪二十六年(1900 年)，李阿集等艺人参加徐庆堂滩簧班，在上海演出《卖青炭》等戏。1923 年，浙江舟山地区女艺人筱爱春等在上海公馆马路(今金陵东路)乐意楼茶馆演出《打窗楼》等剧目。"宁波滩簧"实行男女合演，改称"四明文戏"和"甬江古曲"，1936 年又改称"改良甬剧"。1949 年 10 月，张家班改立群甬剧团。1950 年 4 月，甬剧改进协会成立创办正风甬剧研究社，培训 24 名甬剧演员。12 月，堇风、凤仙、群力 3 个甬剧团汇演现代剧《小二黑结婚》。1952 年、1953 年，生生甬剧团(后与凤仙剧团合并改名为凤笙)、众议(原名众艺)、立艺、新艺、合作等甬剧团成立。1958 年，新艺甬剧团解散，众议甬剧团迁甘肃省，星光等 6 个剧团主要演职人员并入堇风甬剧团，1960 年开设甬剧班。1972 年 1 月解散。

四、绍剧

俗称绍兴大班。20 世纪 20 年代，有绍剧班社进入上海大世界游乐场短期演出。30 年代，老闸大戏院邀绍剧班社同春舞台演出。1948 年，同兴舞台成立，解放初，分别改名同春绍剧团、同兴绍剧团，1953 年返浙江，自此上海无绍剧剧团。

五、粤剧

上海人习称"广东戏"。清同治十二年(1873 年)八月初一，高升部在大马路攀桂轩演出《封相》。20 世纪初至 1949 年上海解放，几乎每年都有广东知名粤剧演员率领粤剧团到沪演出。演出的剧目有《六国大封相》等。解放初，广东大前程、永光明、胜寿年等粤剧团先后到沪连续演出达 4 年。之后，知名粤剧演员廖侠怀、马师曾、红线女等先后率团到沪演出，到"文化大革命"中止。1982 年，广东深圳粤剧团到沪演出《宝玉祭潇湘》等，此后又有剧团到沪演出《昭君出关》。

第八节｜滑稽戏 >>

约民国初期，苏州文明新剧艺人王无能融合各种方言、戏曲、市声杂唱作滑稽化的独立表演，人称“独脚戏”、“老牌滑稽”。1927 年，受杭州卖梨膏糖艺人“小热昏”杜宝林影响，江笑笑到沪演出，因擅长说有社会意义的曲目，人称“社会滑稽”。1928 年，刘春山演出及时反映时事新闻的滑稽，人称“潮流滑稽”。王、江、刘 3 家在沪三足鼎立，开创独脚戏。其后，仿效者群起，赵希希、丁怪怪、陆希希等一度成为知名滑稽艺人，大多二人拼一档，至 30 年代上海有近百档。组成班社的有五档 10 人的五福团等。各档演出于广播电台、游乐场以及堂会。清末民初，新剧出现，演出整本大戏，通例加演一出小喜剧，通称“趣剧”，有“马褂滑稽”和“马甲滑稽”两行。20 年代，独脚戏兴起，有的组团专演趣剧，有精神团、星期团等。演出的新剧因有喜剧色彩，被报刊、广播称为“滑稽戏”。20 年代，演出剧目有《滑稽游码头》《三本铁公鸡》《十大教歌》《五更相思》等。1932 年，一·二八事变后，江笑笑演出《一·二八大鼓》。刘春山晚上现编现唱上午见报的抗日新闻《闸北丢炸弹》等。同时，出现“滑稽大会串”戏。1941 年 10 月，江笑笑、刘春山等和程笑亭等，以滑稽大会串为基础，演出整本大戏《一碗饭》，参加演出的艺人达 100 多人，几乎包括全市所有滑稽艺人，引起轰动，成为滑稽戏雏形剧目。天宝剧团在沪宁线流动演出，滑稽戏的影响扩大。笑笑剧团演出《荒乎其唐》等剧。滑稽戏得到社会认可。1947 年，越剧名伶筱丹桂自杀后，迅即编演新戏《越剧明星自杀记》。40 年代后期，滑稽剧团和班社迅速发展，大世界游乐场最多时每天有十几档南北滑稽，永安、先施、大新游乐场每天也有七八档滑稽节目，聚散无常。所演剧目，均以幕表排戏。1949 年解放初，姚慕双、周柏春等上演大型滑稽戏《天亮了》。1950 年，杨华生、张樵侬、笑嘻嘻等演出大型滑稽戏《活菩萨》。滑稽剧团一度发展到近 30 个，后稳定在 10 个。改幕表制为剧本制和导演制，创作演出《老账房》等。1959 年，全市有大公、大众、蜜蜂、海燕 4 个剧团，主要演员杨华生、张樵侬、笑嘻嘻、沈一乐、绿杨、文彬彬、范哈哈、嫩娘、田丽丽等。编排演出《三毛学生意》《七十二家房客》《阿 Q 正传》《不夜的村庄》《女理发师》等剧目。1960 年，蜜蜂滑稽剧团改为上海人民艺术剧院滑稽剧团，编导和舞美等人员学习话剧表演艺术，创作演出《满园春色》等剧目。“文化大革命”中，剧团全部撤销。1978 年，上海滑稽剧团、人民滑稽剧团、青年滑稽剧团重建。创作演出《出色的答案》《性命交关》《路灯下的宝贝》《阿混新传》《七十二家房客》《假夫假妻》《世界真奇妙》等。80 年代后期，出现顾竹君、周庆阳、姚祺儿、王汝刚、胡晴云、钱程、秦雷等青年骨干演员。1994年、1995年，上海滑稽剧团创作、演出《刀枪不入》《OK股票》《三约牡丹亭》《特别的爱》。上海市人民滑稽剧团创作演出《搬家好辛苦》《爱心》《海上风采》。上海青年滑稽剧团创作演出《把微笑留下》《臂膊朝里弯》等剧目。

各时期，主要剧团有笑笑剧团、华亭剧团、筱快乐剧团、合作滑稽剧团、大公滑稽剧团、大众滑稽团、海燕滑稽剧团、上海人民艺术剧院滑稽剧团、上海市人民滑稽剧团、青艺滑稽剧团。

第九节｜评弹 >>

清嘉庆、道光年间，评弹从苏州传入上海。其间，宝山县毛菖佩演唱弹词《白蛇传》，自成一格，成为“弹词前四家”。金山县吴毓昌以弹唱著称，并有唱本刊行。20世纪三四十年代，评弹进入鼎盛时期，重心由苏州移至上海，涌现大批响档。评话有黄兆麟、许继祥、汪云峰、程鸿飞、杨莲青、吴均安等，弹词有夏荷生、蒋如庭、朱介生、沈俭安、薛筱卿、周玉泉、徐云志、祁连芳等。继起的有张鸿声、顾宏伯、严雪亭、姚荫梅、刘天韵、杨仁麟、蒋月泉、李伯康、张鉴庭、杨振雄、范雪君等。出现有海派特色和近代色彩的新书目《张汶祥刺马》等，以及蒋调、沈薛调、徐调、张调等流派唱腔。1951年，建立上海市人民评弹工作团(今上海评弹团)。1959年前后，成立长征、星火、先锋、凌霄、江南等评弹团。整理《玉蜻蜓》《白蛇传》等传统书目，创作、改编一批中长篇新书目。形成丽调、琴调等新的流派唱腔。出现朱慧珍、徐丽仙、朱雪琴、余红仙、赵开生、吴君玉等名家。

主要班社、团体有上海评弹团、长征(新长征)评弹团。

各时期，主要曲(书)目有《白蛇传》《玉蜻蜓》《英烈》《三国》《描金凤》《西厢记》《杨乃武》《刺马》《啼笑因缘》《再生缘》《三笑》《十美图》《玄都求雨》《武松》《隋唐》《新木兰辞》《老地保》《一定要把淮河修好》《王孝和》《江南春潮》《蝶恋花·答李淑一》《万水千花》《芦苇青青》《林海雪原》《真情假意》等。

第十节｜上海说唱、钹子书、锣鼓书 >>

一、上海说唱

20世纪50年代，上海工人文化宫编演用沪剧等曲调演唱说唱节目，有《三把刀》等，上海人民广播电台常播放类似的节目，用“沪剧说唱”、“什锦说唱”、“方言说唱”等名称。60年代，黄永生等以说、表、唱、做，叙述一个喜剧故事，逐渐形成稳定的样式，经相声名家侯宝林提名，1964年定名为“上海说唱”。流行于上海和江、浙邻近地区。代表曲目有《金陵塔》《热心人》《狗头军师》《古彩戏法》《春江曲》等。

二、钹子书

也称沪书、浦东说书、刮子书，因演员自击钹子唱书而得名。清末，始有演出，流行于南汇、川沙、奉贤、松江、金山、青浦等地。清代，主要在茶楼书场演出，后进入上海市区。以东乡调和西乡调为基本调，还有由此衍化出因果调、哭调、娘娘调等。曲目有《珍珠塔》《天宝图》《网船过渡》《小二黑结婚》《飞马比双枪》等。知名艺人顾秀春、季凤山、施凤山、施春年等。

三、锣鼓书

又称太保书、镗锣书、神鼓书。清代起源于南汇、奉贤一带，20世纪三四十年代盛行。多为太卜(一名“太保”)完毕后唱书。曲目有《网船过渡》《高桥八美图》《玉蜻蜓》，开篇《螳螂做亲》《十二月野花名》《打盐局》《芦花荡里稻谷香》等。有知名艺人胡善言、王俊发等。

第十一节 木偶戏、皮影戏 >>

一、木偶戏

清光绪年间，李姓苏州艺人在崇明新五滧一带挑担走村，用木偶卖艺，人称扁担戏，顾再之拜师习艺。后又有朱少云等挑担卖艺，扁担戏在崇明传开。1914年，杭州金玉堂提线木偶戏班、苏州荣庆堂提线木偶戏班到上海演出，上海出现声舞台、鸣舞台、芳舞台、文舞台、新舞台、大舞台、义舞台等木偶戏班，在天外天、楼外楼、新世界、霄云天等游乐场演出《郭子仪上寿》《百岁图》等京剧剧目。1930年8月，陶晶孙著译木偶剧本《傻子的治疗》在现代书局出版，组织木人戏社(提线木偶)，演出《运货便车》等外国剧目。陈鹤琴旅美考察回国，带回欧洲布袋木偶标本和资料，虞哲光以此自制木偶自演戏，1935年参加上海国际儿童联欢会演出，后在兰心大戏院等上演《文天祥》《卧薪尝胆》《岳飞》等剧。1942年7月，成立上海业余木偶剧社(提线木偶)，上演第一部儿童木偶戏《原始人》。1943年8月，剧社分为中国木偶剧社和上海木偶剧社，先后排演《水帘洞》《天鹅》以及《兄妹开荒》《万里长城》等。1952～1955年，全市有高乐木偶京剧团等8个专业木偶剧团。1960年，成立上海市木偶皮影剧团，确定仙乐剧场为专用剧场，1962年改为上海木偶剧团，演出方针为少年儿童服务，演出主要用杖头木偶、布袋木偶、提线木偶、皮影或真人与木偶同台演出。到1995年，创作、改编、移植大中小型剧目219个，演出1万多场，观众800多万人次。剧团以创作剧目的丰富和舞台综合艺术的完整性，在全国木偶艺术表演团体中享有声誉。

各时期，主要班社、团体有崇明扁担戏班、木人剧社、上海业余木偶剧社、上海木偶剧社、中国木偶剧社、红星木偶京剧团、上海木偶剧团、中国福利会儿童艺术剧院木偶队、小主人木偶剧团。

二、皮影戏

清光绪初年，青浦县七宝镇毛耕渔从浙东皮影戏班学艺回乡组成影戏班，六年(1880年)首演于七宝镇解元厅。20世纪50年代，毛耕渔第五代传人叶金舟改革皮影戏，1957年成立民间职业剧团上海皮影剧团。川沙、奉贤、青浦、南汇等县也有戏班演出。60年代中期起少有演出。1993年3月，七宝艺人琚墨熙集友演出两场《岳传·挑滑车》，成为七宝皮影绝唱。皮影戏主要剧目有长篇演义《封神》《隋唐》《岳传》《天宝图》等20余种，短篇有《鹊桥会》等本。

各时期，主要班社有毛耕渔皮影戏班、叶金舟皮影戏班、上海皮影剧团、潘思忠皮影戏班、唐宝良皮影戏班、青浦县文工团皮影戏组。

第十二节 杂技 >>

清同治年间，天津艺人朱连奎、苏州艺人吕子坚，在停泊于黄浦江畔的美国船只、上海县城北门外天一楼表演戏法。同治十一年(1872年)，车利尼、马丁尼、海京伯等外国马戏团到上海演出。光绪十年(1984年)，有《走大绳》《蹬高梯》《顶碗》《花坛》等节目。1918～1926年，有朱西山、邱现荣、科天影等十多个杂技班社，大世界、先施乐园等游乐场有个体艺人百数人。出现一批知名艺人，有南派魔术名家莫悟奇以及张慧冲等，口技名家尹士林、孙泰等，杂技名家潘德霖父子、田双亮等。40年代，经常在沪演出的杂技团、班、档有上百个，还有外国马戏团，上海成为全国杂技活动中心。1951年，上海市人民杂技团成立，其他30多个杂技团、社、档，100多名从业人员，分别组成江南杂技团、上海魔术团、红色杂技团、星火魔术团等专业剧团，以家庭、师徒关系维系的10人左右的小班和个人单档，都发展成规模较大的杂技团体。有推陈出新的《扯铃》等节目。1956年,《口技》获华沙国际杂技比赛金质奖章。《古彩戏法》《顶碗》等为代表节目。60年代,演出《马遁》《炮打真人》《束手》等新节目。开创空中节目《蹦床飞人》等。吸收体操吊环和传统皮条技艺创造《空中吊环》,表演“吊环十字”等动作,风靡全国。1961年,市杂技团成立马戏队,演出《驯虎》等节目。1964年,建成全国第一座杂技专用剧场上海杂技场。“文化大革命”中期,演出“革命杂技歌舞剧”,1971年为招待柬埔寨国王西哈努克和美国总统尼克松,恢复正常排练、演出活动。1979年后,经常演出的有翻腾类等100多个节目。每年在沪演出300场以上,1986～1990年国内演出0.27万场。1981年,成立上海杂技家协会。1988年,创办全国第一所中等杂技专业学校上海马戏学校。

各时期,主要班社有上海杂技团、上海魔术团、张慧冲魔术团、星火魔术团、亚洲魔术团、红色杂技团、江南杂技团、上海腾飞魔术艺术团。

第十三节 | 电影 >>

一、电影摄制

上海是中国电影发祥地。清光绪二十二年(1896年)七月初三,上海徐园又一村放映“西洋影戏”,为中国首次放映电影。三十四年春,意大利侨民劳罗在沪拍摄纪录片《上海第一辆电车行驶》,为上海制片的开端。宣统元年(1909年)美国电影商人宾杰门·布拉斯基在香港路5号创办亚细亚影戏公司。1914年,《影戏杂志》刊文首次出现“导演”一词,自此在电影界推广流行。1916年,张石川、管海峰在徐家汇创办幻仙影片公司,1917年商务印书馆试办电影业务建立活动电影部,成为首批中资制片机构。1922年3月,张石川、郑正秋等在贵州路创办明星影片股份有限公司,次年拍成影片《孤儿救祖记》,营业获成功,激起国内投资者创办电影公司的热情。1925年前后,上海有电影公司141家,占全国80%以上。1926年,拍片的影业公司有30家,出品电影93部。有影响的有明星、大中华百合、天一、神州、长城等影业公司。各制片公司创立自己的风格,在竞争中争一席之地。明星公司搬演家庭伦理戏、武侠片,大中华百合欧化式样,天一古装风潮,民新激进色彩,长城问题影片,神州人性电影等,创造各自的卖座纪录。大批外国电影进入上海,致使众多中国电影投资者失败。到1928年,影业公司剩24家,拍片超百部。主要影业公司大中华百合拍摄18部,明星14部,天一8部,大中国9部,长城、民新、友联、新人各6部。因大中华百合影片《王氏四侠》顺应除暴安民的社会要求,满足市民英雄崇拜的心理,赢得观众。明星公司于是年5月推出《火烧红莲寺》,用夸张手法表现“禅力”和“魔法”，武侠进入神怪境界，吸引众多观众，连拍 18 集，延续到 1931 年 6 月，被视为武侠神怪片鼻祖。由此各影业公司热衷拍摄武侠、火烧片，时有舆论指出，“艺术高尚、情节深奥的影片不及火烧、大闹片受人欢迎”。30 年代，上海电影事业迅速发展。1930 年，联华、1932 年艺华等影业公司创办。1933 年 11 月 12 日，发生政府当局指使捣毁艺华影片公司事件。1934 年，电通、新华影片公司又相继开业。1935 年，全市有影业公司 48 家，以明星、天一规模最大。联华公司首先尝试垄断集团经营。同时联合华贸影戏院，收买外资影戏院，放映国产影片，以抵抗外国影片，提出“提倡艺术，宣扬文化，启发民智，挽救影业”，吸引留学生、大学生和话剧演员等加入影业。由此联华迅速崛起，与明星、天一鼎足而立。1934 年，上海摄制影片 72 部，其中有声片 14 部。名列前三位的为明星 21 部，联华 19 部，天一 13 部。是年起，《每日电影》每年评选 10 部国产片“荣誉年选”。《人生》《女人》《姊妹花》《女神》《时代的儿女》《桃李劫》《残梦》《路柳墙花》《渔光曲》等入选。1935 年，评出《人之初》《乡愁》《桃花扇》《新女性》《大路》《逃亡》《船家女》《天伦》《时势英雄》等。是年，《渔光曲》获莫斯科国际电影节荣誉奖，为中国电影首获国际奖。此间及以后各公司出品的《风云儿女》《夜半歌声》《马路天使》《十字街头》等影片引起巨大反响。1937 年上海沦陷，明星公司毁于八·一三战火，民新、上海影戏等公司停业，仅剩新华公司一家继续拍片。1939 年后，华成、艺华、国华、合众、无声、光明等电影公司相继恢复和开业。是年，新华拍摄《木兰从军》，华成拍成《葛嫩娘》。1941 年，金星摄成《花溅泪》《乱世风光》等宣扬民族精神的影片。此后，大量古装片和“软性电影”摄制上映，艺华拍摄的《化身姑娘》受到舆论批评。上海影院同时还上映战前禁映的荒诞武侠神怪影片。1942 年 4 月，在日本人控制下，全市 12 家影片公司合并为中华联合制片股份有限公司，众多电影从业人员因此弃业。其间，拍摄有《香食春暖》《水性杨花》《红粉知己》《万世留芳》等影片。抗日战争胜利后，国民政府当局接收敌伪影业机构，创办中央电影企业股份有限公司。电影界人士创立同仁电影创作团体，建立联华影艺社、昆仑影业公司和文华影业公司等。随之，清华、华艺、国泰、大同等 20 余家电影公司开业。其间，拍摄《一江春水向东流》《八千里路云和月》《万家灯火》《乌鸦与麻雀》等影片。

1949 年 6 月初，上海市军管会接管中央电影企业股份有限公司第一制片厂、第二制片厂、国民党军事委员会中国电影制片厂等。11 月，成立国营上海电影制片厂（简称上影）。六七月间，长江、昆仑、文华、国泰、大同、大光明、大中华和光华等 8 家民营电影公司先后办理登记手续后继续制片经营。其他 8 家被撤销。全市影业从业人员 1616 人，其中上影厂 785 人、8 家民营企业 559 人。

1950 年 1 月，8 家民营企业社会主义改造，成立上海联合电影制片厂（简称联影）。是年初，被香港港英当局驱逐齐闻韶、马国亮、舒适等 9 人，到沪参加联影。不久，从山东大学和华东革命大学调50余人进联影。1953年，上影和联影合并为上海电影制片厂（简称上影厂）。1956～1958年，为鼓励风格流派，上影厂改为联合企业性质的制片公司，下设江南、海燕、天马等3个故事制片厂。同时改组扩建上影乐团、上海美术电影制片厂、上海电影译制片厂和上海电影技术供应厂。1958年10月，撤销上海电影制片公司，成立上海市电影局。次年1月，撤销江南电影制片厂。海燕、天马继续拍摄出《51号兵站》《李双双》《红日》《红楼梦》《聂耳》《霓虹灯下的哨兵》《红色娘子军》等影片。《红色娘子军》获第一届百花奖最佳故事片奖、导演奖、女演员奖、配角奖。1978年3月，恢复上海电影局建制，1985年5月与上海电影制片厂合并，组建成上海电影总公司。1987年5月，恢复上海市电影局和上海电影制片厂建制，撤销上海电影总公司。1995年8月，建立上海电影总公司。1949～1995年，上海电影制片厂摄制故事片、戏曲片、艺术性纪录片593部。

各时期，主要影业公司，外商影业公司有亚细亚影戏公司、英美烟草公司影片部、雷玛斯游艺公司、美商中国联合影业公司。民营影业公司有幻仙影片公司、商务印书馆活动影戏部、中国影片制造股份有限公司、中国影戏研究社、上海影戏公司、明星影片股份有限公司、长城画片公司、神州影片公司、友联影片股份有限公司、大中国影片公司、天一影片公司、大中华百合影业公司、华剧影业公司、开心影片公司、民新影片股份有限公司、南国电影剧社、联华影业公司、艺华影业有限公司、电通影片公司、新华影业公司、金星影片公司、昆仑影业公司、国泰影业公司、文华影业公司、大同电影制片厂。官办影业公司有中央电影企业股份有限公司、上海实验电影工场、中华联合制片股份有限公司、中华电影联合股份有限公司。国营制片机构有上海电影制片厂、江南电影制片厂、海燕电影制片厂、天马电影制片厂、上海美术电影制片厂、上海科学教育电影制片厂、上海电影译制厂、上海电影技术厂。

各时期，主要导演有张石川、任彭年、但杜宇、孙瑜、蔡楚生、吴永刚、郑正秋、费穆、沈浮、程步高、卜万苍、李萍倩、史东山、应云卫、袁牧之、沈西苓、马徐维邦、郑君里、陈鲤庭、杨小仲、黄佐临、汤晓丹、吴天、屠光启、顾而已、成荫、张骏祥、桑弧、岑范、谢晋、鲁彦周、鲁韧、黄祖模、杨延晋、赵焕章、吴贻弓、黄蜀芹等。

各时期，主要演员有黄小雅、钱化佛、陈寿芝、王彩云、邵鹏、张利声、徐寒梅、查天影、王汉伦、胡蝶、阮玲玉、王人美、黎莉莉、舒绣文、陈波儿、金焰、韩兰根、黄耐霜、赵丹、金山、魏鹤龄、陶金、蓝马、石挥、周璇、吴茵、崔巍、秦怡、王丹凤、上官云珠、张瑞芳、孙道临、刘琼、祝希娟、杨在葆、达式常、张瑜、潘虹、龚雪等。

二、影片

故事片　数量。1913年，第一部短故事片《难夫难妻》问世，到1995年上海共拍摄故事片2130部。民国时期1593部。1950～1995年，有537部，其中五六十年代215部，“文化大革命”中15部，1976～1995年307部。1913～1921年，为无声短片。1921～1930年，无声长片出现，有《阎瑞生》等。1931～1936年，有声片问世，1935年后均为有声片。1937～1944年，均为有声黑白长片。1948年，始有彩色戏曲片研制。1950～1965年，大多为黑白片，出现宽银幕、立体电影，有《农家乐》《年青的一代》等。1966～1971年，停拍故事片。1977～1995年，均为彩色影片，出现宽银幕立体声彩色影片等。

创中国电影第一的影片。首部短故事片《难夫难妻》，1913年摄。长故事片《阎瑞生》，1921年摄。女子编剧的影片《爱神的顽偶》，1925年摄。儿童短片《顽童》，1922年摄。女子导演的影片《孤雏悲声》，1925年摄。用人工着色的影片《繁华梦》（上下集），1925年摄。首创布景“接顶”特技的武侠片《火烧红莲寺》，1928年摄。首部有电影歌曲的影片《野草闲花》，1930年摄。蜡盘配音有声影片《歌女红牡丹》，1931年摄。有声片《雨过天青》、《歌场春色》，1931年摄。爱情片《海誓》，1921年摄。国际获奖影片《渔光曲》，1934年摄。音乐喜剧片《都市风光》，1935年摄。彩色影片《生死恨》，1948年摄。解放后第一部彩色影片《梁山伯与祝英台》，1953年摄。立体声彩色宽银幕《老兵新传》，1958年摄。彩色宽银幕立体电影《魔术师的奇遇》，1962年摄。立体声彩色宽银幕音乐歌舞片《阿诗玛》，1964年摄。

美术片　1926年，万籁鸣四兄弟研制成功中国第一部动画片《大闹画室》，公映后轰动申城。至1945年，上海拍摄动画片24部，后未有拍摄。1950年3月～1995年，上海电影制片厂美术片组上海美术电影共拍摄395部。1966～1971年停拍，1972年恢复。1976～1995年，共摄制251部。

科学教育片　1918年，商务印书馆活动影戏部拍摄中国最早的科教片《养真幼稚园》《驱灭蚊蝇》等，影片称为教育片。1937～1951年停摄。1952年，制片厂拍摄《深耕增产》等，至1995年共拍摄588部。

新闻纪录片　清光绪三十四年，意大利侨民阿·劳罗拍摄《上海第一辆电车行驶》，为上海首次摄制新闻纪录片。到1937年上海沦陷前，有商务印书馆影片部等20多个制片单位摄制100多部。1937～1949年，基本停止拍摄。1950～1976年，上海科学教育电影制片厂等共拍摄250多部。后拍摄不多。1995年，拍播2部全国最早的动感纪录片。

译制片　外语译汉语。1950年前上海影院放映外国影片，临场口头翻译或打字幕表达影片人物对白，或用说明书介绍影片内容。大光明电影院设译意风同步翻译。1950～1995年，上海电影制片厂翻译片组、上海电影译制厂共译制5大洲48个国家影片947部。

汉语译外语。1947年，上海文华影业公司出品《假凤虚凰》，对白译成英语配音，到国外放映。1959年开始，用英语译配解说的舞剧片《宝莲灯》，为上海解放后首次配译外语片。至80年代末，共译制116部。

地方语、民族语配音。1952年，第一次为国产影片《上饶集中营》配粤语，1959年起粤语配音全部移至珠江电影制片厂，至此上海配音78部。民族语配音，大部分是维吾尔族语，少数是僮语、彝语，共配音21部。

中国90年电影十大名片 1995年，上海电影评论学会评出中国电影90年十大名片，上海摄制的7部影片获此称号。

中国电影90年十大名片中上海摄制的影片情况表

排序	影　片	编　剧	导　演	摄　影	主要演员	出品单位	出品时间
1	神女（无声黑白片）	吴永刚	吴永刚	洪伟烈	阮玲玉、章志直、黎　铿、李君磐	联华影业公司	1934
2	马路天使（黑白片）	袁牧之	袁牧之	吴印咸	赵　丹、周　璇、魏鹤龄、赵慧深	明星影片公司	1937
3	一江春水向东流（黑白片）	蔡楚生 郑君里	蔡楚生 郑君里	吴蔚云 朱今明	白杨、陶金、舒绣文、周伯勋、上官云珠、吴茵、高正	昆仑影业公司	1947
4	万家灯火（黑白片）	阳翰笙 沈　浮	沈　浮	朱今明	蓝　马、上官云珠、沈　扬、吴　茵	昆仑影业公司	1948
5	小城之春（黑白片）	李天济	费　穆	李生伟	韦伟、石羽 李纬、张鸿眉、崔超明	文华影业公司	1948
8	天云山传奇（彩色宽银幕）	鲁彦周	谢　晋	许　琦	石维坚、王馥荔、施建岚、仲星火	上海电影制片厂	1980
9	城南旧事（彩色片）	伊　明 根据林海音同名小说改编	吴贻弓	曹威业	沈　洁、郑振瑶、张　闽、张丰毅	上海电影制片厂	1982

说明：其他为北京电影制片厂的《祝福》《早春二月》，广西电影制片厂的《黄土地》，排序第6、7、10。

第十四节 音乐、舞蹈 >>

一、音乐

南北朝时期，上海地区流传吴歌。唐代起，丝竹音乐盛行于江南。明初，松江琴家刘鸿等善操琴，称松江派。明清时期，南派琵琶居重要地位。清末民初有浦东派、崇明派和上海派。同时，上海邑庙玉清宫道人张鹤编撰《琴学入门》，开创古琴减字指法旁注工尺。上海开埠，西方传教士、商人在上海建立各种乐队、音乐社团举办音乐会。清咸丰年间，美国人在沪演奏风琴。光绪四年（1878年），上海管乐协会成立管乐队，后由公共租界工部局接办。二十九年，留日学生沈心工回国后在南洋公学设乐歌课，在国内第一个教授新式唱歌，并和留日学生曾志忞、高寿田、冯亚雄、李叔同等，创作歌曲，编撰教材，编译乐理，办音乐杂志。宣统二年（1910年），曾志忞等在上海贫儿院建立管弦乐队，1915年演出获巴拿马赛会特奖金牌。1912年、1916年，中华美术专科学校、上海专科师范学校先后成立，均设音乐系科。1920年，郑觐文建立大同乐会，整理《国民大乐》《春江花月夜》等大批民乐，改革民乐器。后有国乐研究会等数十个国乐研究演出团体。出现丝竹会、琴会等专项乐器研究。1920年，黎锦晖创作儿童歌舞剧《麻雀与小孩》和歌舞表演曲《可怜的秋香》，开创中国近代歌舞音乐和歌舞剧创作，1927年开始创作《毛毛雨》《桃花江》等家庭爱情歌曲百余首。严华、严工上、黎锦光、姚敏、陈歌辛等也创作一批同类歌曲。上海商业歌舞和流行歌曲迅速发展。1931年九一八、1932年一·二八事变后，出现大批抗日救亡歌曲和艺术歌曲。青主《我住长江头》、黄自《抗敌歌》等歌曲具有浓郁的民族风味，强烈的抗战情绪，其他作者有萧友梅、周淑安、应尚能、李惟宁、谭小麟、江定仙、刘雪庵、陈田鹤等。上海左联音乐小组建立，成员创作一批革命歌曲和抒情歌曲。聂耳创作《义勇军进行曲》，任光、冼星海、贺绿汀、吕骥、张曙、麦新、孟波、周巍峙、孙慎、沙梅等创作一批抗日歌曲。《大路歌》《毕业歌》《大刀进行曲》《卖报歌》等歌曲影响深远。其间，另有传唱甚广的《秋水伊人》《春天里》《四季歌》《何日君再来》《长城谣》。1934年，贺绿汀创作西洋乐器作品钢琴曲《牧童短笛》。次年，黄自创作管弦乐作品《都市风光幻想曲》。

1949年，成立上海歌咏团体联谊会和上海国乐团体联谊会，组织开展群众音乐活动。1950年，全市有歌咏团体236个。音乐创作主要有贺绿汀管弦乐曲《晚会》、丁善德《新中国组曲》、王云阶《江南组曲》和黄贻钧《民歌选奏》。建立民族乐团、合唱团、歌剧团、管乐团和声乐研究所，扩建上海音乐学院，设置师范院校音乐系科。出版音乐期刊10多种。修建音乐厅，开办音乐书店。50年代前半期，主要歌曲创作有贺绿汀《人民领袖万万岁》、司徒汉《当祖国需要的时候》、孟波《高举革命大旗》、朱践耳《接过雷锋的枪》、瞿维《工人阶级硬骨头》、寄明《我们是共产主义接班人》，器乐曲有施咏康《黄鹤的故事》、刘施任大合唱《祖国颂》、桑桐《东蒙民歌主题钢琴小曲》，以及蒋祖馨《庙会》和葛炎的《马车》等。50年代末，有萧白等的《幸福河大合唱》。1959年，国庆10周年，上海市文化局和中国音乐家协会上海分会开始举办一年一届的“上海之春”音乐舞蹈节。民族器乐曲以改编为主，推陈出新，出现了创作曲陆春龄笛子曲《喜报》，曾加庆二胡曲《山村变了样》，叶绪然琵琶曲《赶花会》，王昌元筝曲《战台风》，马圣龙、顾冠仁合奏曲《东海渔歌》，李民雄吹打乐《闹元宵》等。1959年，何占豪、陈钢创作管弦乐《梁山伯与祝英台》，1965年吕其明创作管弦乐《红旗颂》。1950年开始，李志曙、董爱琳、傅聪、李名强、顾圣婴、殷承宗、闵惠芬等28人先后在声乐、钢琴、室内乐国际音乐比赛和国内音乐比赛中获得演奏奖和作品奖。“文化大革命”中，音乐创作、演出大部分停止。创作根据“样板戏”改编的交响音乐《智取威虎山》、重奏曲《白毛女》《海港》和新作《苗岭的早晨》等。出现模仿京剧名家唱段的民乐二胡演奏曲。1978年，恢复被中断12年的“上海之春”音乐舞蹈节，至1995年举办18届。朱践耳、丁善德、金复载、马友道、许舒亚、刘敦南、安承弼等均创作一批有影响的器乐曲，瞿维、王云阶、吕其明、黄准、徐景新、奚其明等创作器乐作品。俞逊发、彭正元、徐纪星、胡登跳、杨立青、何占豪、徐景新、周成龙、朱晓谷等创作一批民族器乐作品。张敦智、陆在易等创作交响大合唱。出现一批通俗音乐歌手。70年代末，全市对民间音乐进行普查，采集到民歌0.24万首，民间器乐曲0.28万首(套)，编成《中国民族民间器乐曲集成·上海卷》《中国民间歌曲集成·上海卷》《中国戏曲音乐集成·上海卷》《中国曲艺音乐集成·上海卷》等。1987年和1993年，上海两次举办国际江南丝竹演奏比赛。

清光绪三十一年至1995年，上海创作的主要声乐作品218个。1929～1995年，主要民族器乐作品有59个。1934～1995年，主要西洋乐器作品有114个。聂耳、田汉的《义勇军进行曲》中华人民共和国建国后被定为国歌。歌曲《渔光曲》，钢琴曲《牧童短笛》《梁山伯与祝英台》《红旗颂》等一批作品影响广泛，成为经典。

1980～1995年，约有90多人在各种国际比赛中获奖。声乐主要有胡晓平、张建一、刘捷、詹曼华、高曼华、陈彧、黄英、罗魏、陈小群等，钢琴有许斐平、李坚、孔祥东、许忠等，提琴有钱舟、王晓东、兰洁、倪海叶、萧红梅、陆元雄等，室内乐有马新华、李纪刚、李宏刚、王征等四重奏。

各时期，主要西乐团有上海工部局乐队、上海管乐团、上海人民广播电台广播乐团、上海交响乐团、上海乐团、上海管乐团、上海合唱团、上海电影乐团、上海广播电视艺术团、上海和平老年爵士乐队、上海轻音乐团。民乐剧社有国乐研究社、中华音乐会、大同乐会、紫韵乐会、友声旅行团国乐组、中国国乐研究会、霄雿乐团、霄雿国乐协会、云和音乐会、云和国乐学会、森森国乐队、上海今虞琴社、上海潮州国乐团、上海广乐音乐研究会、上海广东音乐研究室、中国福利会少年宫小伙伴艺术团民族乐队、上海民族乐团。

二、舞蹈

唐仪凤年间，松江叶榭大旱，农民创作草龙，“舞以求雨”。南宋咸淳三年(1267年)，上海镇市舶提举司，居民出海归来均有祈神仪式，中有民间舞《拜香》。元至元二十八年(1291年)，松江府盐业发达，有《跳盐箩》《卖盐茶》等舞蹈。明成化八年(1472年)，嘉定孔庙编有《祀孔舞谱》。嘉靖年间，《茶担舞》。清咸丰十一年奉贤聚灯集会表演《滚灯舞》。上海开埠后，剧场舞蹈演出开始流行。1920年，黎锦晖始创儿童歌舞，到全国各地演出，到1930年创作《麻雀与小孩》《葡萄仙子》《三蝴蝶》《春天的快乐》《春的消息》《明月三夜》等歌舞剧和歌舞表演唱36部。1927年,中华歌舞专门学校、中华歌舞团和梨花少女歌舞团创办,前后延续20年。到30年代,上海商业性歌舞团有明月歌舞团、新华歌舞社等30多个。1932年,吴晓邦创办晓邦舞蹈学校。1934年,幼童胡蓉蓉开始学习芭蕾,成为舞蹈童星。犹太籍侨民阿龙·阿甫夏洛穆夫为探索中国舞剧进行创作。抗日战争期间,新舞蹈运动移至重庆等后方。吴晓邦倡导舞蹈"为民族解放服务",在沪举办3次个人作品发表会,创作演出《罂粟花》等37个舞蹈和舞剧。1947年,戴爱莲创办中国乐舞学院,新舞蹈在学校、工厂、农村迅速普及。1952年,华东人民艺术歌舞团(今上海歌剧院)成立,1957年演出的《剑舞》在莫斯科第七届世界青年联欢节上获铜质奖。加强对民间舞采风、整理,对古典舞进行编创加工。1959年,创作演出大型中国舞剧《小刀会》,1962年又创作《后羿与嫦娥》。1960年,成立上海市舞蹈学校,上海舞蹈人才的培养实现正规化、专业化。致力探索民族芭蕾的教材与教学。1964年,创作、演出上海第一个大型民族芭蕾舞剧《白毛女》。1979年,上海芭蕾舞团、上海歌舞团成立,与上海歌剧院舞剧团鼎足而立。仲林等创作《凤鸣岐山》等,舒巧等创作《奔月》等,胡蓉蓉创作《雷雨》。李晓筠采用新的技巧,创作中国古典舞。胡嘉禄强调舞蹈的前卫意识。1965～1990年,上海舞剧院创作大型舞剧《大禹的传说》等,探索交响编舞法。编创大型舞蹈服饰表演《金舞银饰》,首创舞蹈和其他艺术相结合的舞台表演形式。

各时期,主要团体有梨花少女歌舞团,梅花歌舞团、中华歌舞团、新安旅行团、华东新旅歌舞剧团、红旗歌舞团、上海歌剧院舞剧团、上海芭蕾舞团、上海歌舞团、上海舞剧院。

三、外侨音乐社团、机构

在上海的外侨音乐社团,主要有捷列克哥萨克合唱团,1931年由俄侨成立。上海法文协会交响乐团,1932年由俄侨成立。伊迦斯俱乐部,上海正式音乐组织之一,拥有上海大部分知名歌唱家。俄国歌舞团——俄国芭蕾舞团,又称ADC(上海西人爱美剧社)歌舞团。1935年,ADC主持成立。上海第一俄国音乐学校,1935年建。马克列佐夫教授音乐学校,1940年开始招生。

第十五节 美术、书法(篆刻)、摄影 >>

一、美术

中国画 元代,松江是全国山水画创作最为活跃的地区之一,出现优秀画家任仁发、温日观、曹知白、普明、张中、张观和客居的马琬。曹知白开松江画派之风气。明代，形成松江苏松画派、云间画派、华亭画派，以此为基础的松江画派，以董其昌为代表，根本改变吴门画派末流细腻、琐碎、纤弱的画风，把山水画的创作重心移到松江，振兴明季山水画，提倡“南北宗”论，以“画宗”为画之正脉，倡导“读万卷书，行万里路”。代表人物有赵左、顾正谊、沈士充等。清代，上海的绘画承续明松江、嘉定两地的绘画绪脉，继续发展。自董其昌后，松江画派主导整个江南，又经皇室褒扬，影响遍及全国。出现顾大申、陆灏、高层云、顾昉、沈宗敬、张照、张祥河、改琦等画家。嘉定画家有张鹏翀、周笠、瞿中溶、瞿树辰、程庭鹭。此外，擅名于时的上海画家还有吴历、冯金伯、瞿应绍、瞿兆钰、瞿林、蒋宝龄、徐渭仁等。开埠后，各地各家画派的风格画法交流融汇，成就上海绘画特色，清光绪年间至民国初期形成海上画派，或称海派，盛名远播，上海成为传统与创新并重的绘画艺术中心。画家以鬻画为生，在艺术标准之外，讲究画价。海上画派代表人物有“三熊”张熊、朱熊、任熊。“三任”任熊、任薰、任颐，以及虚谷、蒲华、吴昌硕，还有周闲、胡远、钱慧安、顾澐、吴嘉猷、吴石仙、王震、程璋、李叔同等。三四十年代，上海成为全国绘画发展中心，现代中国绘画大家张善孖、张大千、刘海粟、黄宾虹、徐悲鸿、潘天寿、张书旂等寄寓或定居上海，成为上海画坛重要成员，创造继海上画派之后的上海中国绘画昌盛的新时期。出现有“三吴一冯”之称的吴徵、吴子琛、吴湖帆和冯超然。1950 年 6 月，10 幅作品参加全国美术展览会。10 月，新国画研究会成立，有会员 139 人。11 月，举行首届新国画展览会。50 年代，画家参加政治学习，到工厂、农村。1957 年，关良在民主德国举办作品展览。1958 年，13 件国画作品参加社会主义国家造型艺术展览会，有王个簃《勤俭持家》、朱屺瞻《建设山区》、李秋君《定海渔船待发》、陆抑非《春到农村》等。1960 年 6 月，上海中国画院成立，院长丰子恺，画师专职和兼职 69 人。1961 年 5 月，举办上海花鸟画展。7 月，唐云发表《画人民喜闻乐见的花鸟画》，提出作者要有正确的世界观，1960 年 10 月举行多次读画会。“文化大革命”中，画家创作基本停止。1979 年后，创作研究活动恢复，朱屺瞻、应野平、钱君匋、谢稚柳、唐云、陈佩秋、刘旦宅、程十发、方增先、邵洛举等恢复创作和研究活动。

油画 清咸丰三年(1853 年)，董家渡天主堂落成，堂内挂《哀悼基督》等宗教油画。上海开埠后，大量宗教油画随宗教用品传入上海。18～19 世纪，上海出现以描绘自开埠后沿黄浦江一带的西式建筑群为题材的油画作品。清同治初年，徐家汇天主堂创办中国最早的传授西洋美术的机构土山湾孤儿院附属美术工场图画间，注重油画，形成素描、解剖和透视技术规范。油画等在中国首次初具写实性的完整技术体系。培养第一批中国早期西洋美术人才，知名画家徐咏青、周湘、丁悚和雕塑家张充仁、徐宝庆等在馆学习。被称为“中国西洋画之摇篮”。光绪十六年(1890 年),上海有外籍画家 1 人,到宣统二年增至 13 人。清末民初,形成洋画运动。二十年,李叔同在城东女子学校图画专修科执教西洋画。三十四年,周湘创办布景画传习所、上海油画院传授西洋画。1912 年,上海图画美术院(1921 年改为上海美术专门学校),采用正规的西洋美术教学法。1918 年,创刊中国第一种美术专业学术性期刊《美术》杂志,介绍西洋美术。此后,多批专攻西洋美术的留学生回国聚集上海,创办中华美术专门学校等美术院校,及天马会等西洋美术社团。上海成为中国西画运动的策源中心。1929 年春,举办第一届全国美展,特刊《美展》刊载徐悲鸿和徐志摩“二徐论争”,讨论油画风格应“重写实”还是“重表现”。8 月,举办以王济远、潘玉良为代表的艺苑绘画研究所作品展,和以林风眠、吴大羽为代表的杭州国立艺专艺术运动社作品展。1930 年代,上海油画形成法国派和日本派,前者以刘海粟、颜文樑、徐悲鸿、林风眠、庞薰琹、王济远、汪亚尘、张充仁、周碧初等留法学生为主;后者以留日学生为主,有陈抱一、丁衍镛、关良、倪贻德、朱屺瞻、刘狮等。张充仁开设充仁画室,传授学生。1931 年,一批青年画家发起组织决澜社,吸收欧洲画坛“造型”风尚中的变形、切割、构成、线条和色块等新方法,融入中国画创作中,作品给上海画坛带来“洗练”和“明或朗”的感觉。1939 年,司徒乔创作油画《放下你的鞭子》。1949 年 5 月上海解放,上海美专学生绘制毛泽东、朱德画像,成为上海地区最早的领袖题材的美术作品。1952 年,上海美专外迁无锡,与其他学校合并为华东艺术专科学校,上海美术教育中心地位不复存在。50 年代初,刘海粟、林风眠、吴作人、吕斯白、颜文樑、方干民、常书鸿、卫天霖、王式廓、董希文、艾中信、罗工柳、冯法祀、俞云阶等,描绘革命斗争历史和社会主义建设中生活场景,明朗、有力,成为画家共同追求的艺术风格。其间,颜文樑总结出“油画八法”,1958 年其作品《上海工人住宅一角》入选社会主义国家造型艺术展览会。1956 年,俞云阶作品《日日夜夜》,入选法国巴黎春季沙龙。1957 年底～1958 年初,上海举行俄罗斯绘画展览会,1957～1959 年苏联油画家到沪讲学,强调生活体验和搜集素材的重要性。俄罗斯油画的现实主义风格成为上海油画家的艺术导向。1965 年,上海油画雕塑创作室(今上海油画雕塑院)创立,“文化大革命”初,进行领袖题材油画和雕塑创作。有以毛泽东视察上海工厂大字报史实创作的油画《大字报好》。中期以“宣传型”和“展览型”进行革命历史题材专题创作。后期,以陈逸飞、魏景山、汤沐黎等为代表,注入“革命抒情性”。80 年代初,油画创作时尚“形式感”,淡化主题注重形式,趋于形式风格多元。1986 年起,上海美协举行两年一度学术性探索性海平线绘画雕塑联展。1987 年,首届中国油画展在上海举办。

水彩画、水粉画、粉画　水彩画。19 世纪下半叶,从欧洲传到上海。清同治初年,徐家汇土山湾画馆设有水彩画技法教学。20 世纪初,上海出现中国人创作的完整的水彩画。清宣统二年(1910年),上海油画院有水彩画技法传授,学生有张眉孙、刘海粟、徐悲鸿、乌始光、陈抱一、杨清馨、汪亚尘、王师子、丁健行等。是年,李叔同在上海城东女子学校传授水彩画。1912年,王济远在上海美术专科学校执教水彩画。1913年起,徐咏青主持上海商务印书馆图画部,教授水彩画技法。至30年代,出现上海最早的水彩画画家徐咏青、周湘、李叔同、王济远、张充仁等。张充仁主要师法法国建筑风景水彩画家维奈尔,其他画家技法主要渊源于英国水彩画。20～30年代前后,水彩画创作活跃,同时有1927年倪贻德《水彩画概论》等著作出版。40～60年代,水彩画家有哈定、雷雨、樊明体、韩尚义、商守箴等。七八十年代,出现陈培荣、陈初电、薛良彪、曹培安、黄阿忠、柳毅等一批新的水彩画家。1995年,上海水彩画研究会有70多名画家。

水粉画。清光绪二十三年,商务印书馆印刷厂图画部,承接设计印制商标贴头、纱布牌子、广告传单招贴等各种彩色印件,画稿多半用水粉画技法绘制。二十八年,英美烟草公司广告部和图画间,胡伯翔、张光宇、丁悚、梁鼎铭等用水粉画技法创作香烟画片、招贴画及月份牌画等彩色画稿。三十年,张聿光首创绘制照相馆布景。宣统三年,布景画传习所用水粉颜料和水粉画技法练习作布景画。1912～1949年,柯联辉、叶浅予等先后从事工商业实用美术,擅长水粉画。解放后,技法广泛用于政治宣传画创作。1952～1992年,上海人民美术出版社出版政治宣传画0.17万种,画稿基本用水粉画技法。出现哈琼文、钱大昕、翁逸之、杨文秀、周瑞庄、张安朴等一批画家。80年代,水粉画技法又普遍用于商品广告和商品包装装潢设计。1995年,有相关从业人员数千人。

粉画。1919年,李超士归国在上海美专教授粉画。万古蟾等成立粉画会,每学年举行同学粉画展。陈秋草等创办白鹅绘画研究所,专门开设粉画课。商务印书馆出版《秋草雪鸪粉画集》。1929年,颜文樑粉画《厨房》获得由法国教育部长和文化部长联合颁发的荣誉奖。因粉画颜料价比油画颜料便宜,一般研习西洋画的青年画家都参加粉画创作,杭穉英等月份牌画师以粉画技法创作月份牌画。1919年,马利工艺厂生产价廉国产粉画颜料,推动粉画艺术发展。50年代起,粉画创作冷落。1979年,举办粉画联展,是年,上海美术颜料厂受国家文化部指定试制粉画颜料,1984年制成每套一百种色彩的粉画笔。1985年5月,上海粉画学会成立,会员50余人,每年举办粉画年展。1993年,上海科影厂摄制教学片《粉画艺术》。

版画 1929年,鲁迅与柔石等以朝花社名义出版《艺苑朝华》4辑,其中《近代木刻选集》一、二两集在国内最早介绍英、法、美、日木刻。1931年春,上海成立一八艺社研究所,6月首次举行习作展览会,8月鲁迅举办木刻讲习会。1932年6月,举行美术展览会,展出木刻等作品和鲁迅收藏的德国版画。9月,MK木刻研究会成立。1933年,鲁迅与郑振铎合资刊印《北平笺谱》。1934年6月,选用8名中国作者的24幅作品编成《木刻纪程》，为全国第一种创作木刻选集。支持成立无名木刻社。1930年2月，苏联版画展览会在上海举办。1930年10月，在上海举办第一次版画展。1935年10月，全国木刻联合展览会在上海展出。1936年11月，组织上海木刻工作者协会。1946年9月，抗战八年木刻展览开幕。1947年3月，中华全国木刻协会（简称全木协）成立。1947年、1948年，举办第一至四届全国木刻展览。1947年3月，全木协选送作品分别参加在英国举办当代中国木刻展览，到法国展览。1949年5月上海解放前夕，邵克萍、野夫用精炭条画毛泽东、朱德双人肖像，解放后大量印刷。1949年、1950年，上海美协版画专业组和上海木刻研究会先后建立，1951年举办日本等6国木刻展等。1956年，上海人民美术出版社出版《版画》双月刊。1962年，举行解放后第一次上海版画展。1978年起，上海人民美术出版社出版《陈烟桥版画选集》《可扬版画集》等，1981年出版《中国新兴版画五十年选集》。1985年，上海版画会成立，次年联办上海版画纪念展。1991年，上海鲁迅纪念馆联合编辑出版《版画纪程——鲁迅藏中国现代木刻全集》，编入鲁迅全部收藏0.17万幅作品。1989～1995年，举办上海风貌人情版画展、反法西斯战争胜利五十周年画展等。

漫画　清光绪二十九年，在《俄事警闻》刊登的《时局图》，是现在所能见的中国最早的报刊漫画。辛亥革命前后，《新闻报》等刊登漫画作品，作者有张聿光、马星驰、钱病鹤等。1919年五四运动，涌现《全国同志莫被日奴耻笑》等一批漫画传单。报刊出现《工学商打倒曹、陆、章》（沈泊尘）等漫画。1918年9月，沈泊尘创办全国第一种漫画专门刊物《上海泼克》。1919年，但杜宇出版全国第一种个人漫画集《国耻画谱》。1925年五卅运动中，出现一批反帝漫画传单。丰子恺师法日本竹久梦二，1924年创作《人散后，一钩新月天如水》，其抒情风格引起反响。1925年5月起，在《文学周报》发表作品，并标明为“漫画”，“漫画”遂成画种名称。1926年，第一本画集《子恺漫画》出版，作品绝大部分属抒情的生活漫画，富有哲理。1925年起，黄文农被《晶报》《东方杂志》特约为漫画作者，1927年出版个人画集《文农讽刺画集》。1926年，中国最早的漫画团体漫画会成立，成员有丁悚、张光宇、黄文农、叶浅予、鲁少飞等11人。1928年，出版《上海漫画》周刊。后上海中华漫画函授学校成立。上海成为全国漫画中心，1934～1937年有漫画专门刊物19种。1936年，全国近200名漫画作者大多在上海，出版专集20种以上。1936年，在上海举办第一届全国漫画展览会。1937年春，成立中华全国漫画作家协会。1937年抗日战争全面爆发后，上海漫画界救亡协会出版五日刊《救亡漫画》。1946～1949年，丰子恺、张光宇、叶浅予等先后在上海从事创作，张乐平《三毛从军记》《三毛流浪记》等引起轰动。解放后，《解放日报》《文汇报》《新闻日报》每周出版以漫画为主的美术周刊。1949

年8月，成立上海漫画工作者联谊会，1950年6月《漫画》月刊创刊。是年，上海报刊发表漫画作品0.6万件。1951年6月，米谷在《解放日报》发表漫画《新社会的老现象之一》，批评开会不遵守时间，引起公众对漫画能否批评人民缺点的争议。1957年，不少作者被错划成右派分子。50年代后期，漫画创作几乎停止。1962年春，《文汇报》辟“漫画漫谈”专栏。70年代，出版《张乐平连环漫画全集》和詹同、沈天呈、郑辛遥、潘顺祺等人漫画集。1985年，《新民晚报》社创办《漫画世界》。1986年8月，举办上海漫画大赛展。

连环画 清光绪十年，《点石斋画报》石印刊登记录朝鲜东学党事变过程的10幅连续画。其后，出现石印“回回图”，《三国演义》等长篇小说每回绘一图。光绪年间，味潜斋石印《新说西游记图像》120幅。1916年，《潮报》在上海首家用有光纸，把单张时事画报印成左右两面对折合拢的折子式画报，装订成册出售。小书商把销路好的《时事苏滩》等唱本，编绘成小画册出版，争夺读者。小画册大小同14开书，四方形，薄型白色有光纸印刷，封面以签条形式印书名，或称“小书”，或称“图画书”。1918年，出现京戏小书，题材更通俗，故事情节连续性更强，作者有朱芝轩、刘伯良、李树丞等。二三十年代，杨树浦工厂区一带多唱本、小书摊贩，在上海首开小书出租业务，读者增加，促使小书发展。1927年，世界书局出版陈丹旭画的《三国志》，用红色套印《连环图画三国志》封面书名。“小书”始有“连环图画”名称，后又略去“图”字，称为“连环画”。全市约有20多家经营出版连环画，专业作者不过10人，知名的有刘伯良、李树丞、朱润斋和陈丹旭等。1928年以后，连环画样式逐渐完备，上海在东南亚和内地各大城市发行网增加，发行量急剧上升，每种出版从几百本增至0.2万本。1932年前后，约有30余家连环画出版商，连环画专业人员迅速增加，周云舫、沈曼云、赵宏本与朱润斋并称连环画界“四大名旦”。1937年上海沦陷初，连环画出版商增加七八十家，出版内容低俗的连环画。出现钱笑呆和陈光镒等名家。抗日战争胜利后，颜梅华、赵三岛、徐宏达、笔如花(盛焕文)4人被誉为连环画界的“四小名旦”。其间，受1932年鲁迅与胡秋原等关于连环画问题的论战影响，行外画家加入连环画创作，有李毅士《长恨歌画意》、丰子恺《漫画阿Q正传》、叶浅予《王先生》、丁聪《阿Q正传图》、张乐平《三毛流浪记》等。1949年7月，上海出版《血泪仇》等6种新内容的连环画。1951年，全市私营100多家连环画出版商经整顿保留20余家。加入新成立的公私合营新美术出版社，新美术社成为连环画专业出版社，1952～1956年出版连环画200～400种。1952年，市文化局举办连环画工作学习班，有作者近200人参加。华东人民美术出版社设连环画编辑科。出版丁斌曾、韩和平《铁道游击队》，刘旦宅《屈原》，程十发《画皮》等作品。国画家陆俨少，漫画家米谷、张文元、江有生、乐小英，水粉画家蔡振华、钱大昕，油画家黎冰鸿、徐甫堡等也创作连环画。版画家顾炳鑫用版画黑白原理创作连环画，与北方刘继卣有“南顾北刘”之称。专业连环画家赵宏本、陈光镒、钱笑呆等创作新作品。贺友直、戴敦邦等新人创作《山乡巨变》等数十部。1970年后，创作、出版一批适合“文化大革命”政治要求的连环画，出现施大畏、黄全昌、俞晓夫、陈谷长、卢辅圣、叶雄等一批年轻作者。1979年后，连环画创作又趋繁荣，出现《“兰亭”传奇》（王亦秋）、《一个儿子》（俞晓夫）、《钗头凤》（卢辅圣）、《李时珍》（刘旦宅）等。汇编成套出版因“文化大革命”停顿的长篇连环画套书《三国演义》《东周列国演义》等，新出版《李自成》。1984年，上海连环画研究会成立，会员近400人。是年，《山乡巨变》获瑞士第一届国际连环画节特别荣誉奖。

年画　清末同治至光绪年间，上海县城内旧校场有店铺代销苏州桃花坞年画。因有利可图，有上海店铺自己刻印年画，画技、印刷、纸张均胜桃花坞，行销颇畅，有的还返销苏州。因此出现一批年画字号。年画有寓意驱邪祝福的《天师真人》、戏曲故事《刘皇叔东吴招亲》、反抗列强侵略《月夜大战高丽平壤城》，历画《福寿双全》等。光绪九年（1884年）十二月，点石斋制华洋月份牌，中国画画师周慕桥第一个用中国木版年画，配商品广告画画，形成月份牌画。二十二年，上海鸿福来吕宋大票行随彩票奉送《沪景开彩图・中西月份牌》画，首次出现“月份牌画”名称。此后，彩色石印新型年画通称“月份牌式年画”。有55家中外厂商以印发月份牌作广告。1914年，郑曼陀用擦笔水彩画画时装美女月份牌《晚妆图》，成为美女月份牌画法之滥觞，月份牌更为风靡，出现周柏生（桐）、徐咏青、丁云先、倪耕野等知名画家。此后，杭穉英所作《五福临门》引起轰动，众人竞相模仿，形成1935年前胖娃娃月份牌画大流行。1949年上海解放不久，华东军政委员会文艺处组织画家，在中华人民共和国建立前三四个月里，创作400百多幅新年画。1951年，封存黄色、迷信的旧年画，倡导以新内容的作品占领农村年画市场。1955年，成立上海画片出版社，9家私商合并为公私合营，专业出版以月份牌画种为主的年画及通俗画片。1956年，成立年画创作研究室。组织年画家到工厂、农村体验生活，现场创作。创作《菜绿瓜肥产量多》《和平万岁》等一批新作品。1950年，解放后第一个春节，发行年画700多万份。1958年，初、重版近600种，印数1.1亿份，占全国发行总数3/4。1960年后，以工业生产和农村场景为题材，进行“年画大会战”，取消传统题材，印数下降。1968～1974年，创作、出版停止，1975年恢复。1952～1992年，上海人民美术出版社出版年画0.3万种，印数约25亿多份。

宣传画　1949年5月上海刚解放，出现全张彩印《欢呼中国人民解放战争的伟大胜利！》等宣传画。1952年8月～1957年，上海人民美术出版社出版234种宣传画，总印数32.7万张。重要的有一套《中华人民共和国三年来伟大成就》（10张）宣传画。1955年，出版《在共产党和毛主席领导下把中国建设成为一个繁荣富强的社会主义工业化国家》。1956 年 4 月，出版《我们都是卓娅妈妈的好孩子》的摄影作品宣传画。此后，数年出版摄影宣传画 68 种。1958 年，为配合宣传总路线、大跃进、人民公社“三面红旗”，出版宣传画 166 种，总印数 400 万张。钱大昕《争取更大丰收献给社会主义》一画，印数 11.25 万张。还有翁逸之《奋发图强自力更生建设祖国》等作品。并有周瑞庄援越反美题材的作品。1959 年，庆祝建国 10 周年，佳作不断，哈琼文《毛主席万岁》累计印数 22.13 万张。1961～1963 年，每年品种降至不足 30 种。“文化大革命”中，出版描绘毛泽东形象的和以“革命样板戏”为题材的宣传画等。1978 年，上海人民美术出版社设立年画宣传画编辑室，创作出版反映科学家的以及安全生产、生态环境卫生、交通安全、发展体育等内容的成套宣传画。

雕塑 上海今存最早的雕刻作品有唐大中十三年（859 年）松江石经幢。明清时期，作品有今存原松江府城隍庙大门前（今方塔园内）明洪武三年（1307 年）浅浮雕狳砖雕。南市古建筑今留有表现戏文故事、神话传说和动植物图案等内容的砖雕，代表作有清乾隆年间书隐楼砖雕、豫园内会景楼“八仙过海”等。上海开埠后，租界出现纪念性雕像。清同治四年，法租界建法侵华海军统领卜罗德铜像。光绪十六年，南京路外滩建立英首任驻沪领事巴夏礼铜像。1924 年，在洋泾浜口（今延安东路外滩）落成大型雕塑《欧战和平纪念碑》，一度成为上海的城市标志。1937 年，建普希金纪念碑。上海沦陷后，除德国侨民所建雕塑外，其余雕塑均被日军拆毁。1947 年，普希金铜像在原址重建。清末，上海建筑物出现欧化的建筑雕塑。宣统二年，华俄道胜银行上海分行（今中山东一路中国外汇交易中心）门口有 2 座青铜人物坐像。1923 年，汇丰银行大厦门前放置有英国塑造的一对铜狮子。清末，出现中国名人雕塑李公祠李鸿章胸像。1929 年，市政府大楼安置江小鹣创作的孙中山铜像。清同治初年，上海天主教会徐家汇土山湾画馆，有西班牙籍范廷佐教授雕塑，培养张充仁、徐宝庆等中国第一代雕塑家。1920 年，上海美术专科学校设立雕塑科，开中国雕塑教育的先河。1931 年，岳仑举办中国第一个个人雕塑展。20～40 年代，张辰伯、潘玉良、刘开渠等先后在上海从事雕塑创作。1947 年，有张充仁、滑友田等 6 人，1951 年有 38 人。是年，组织上海市人民英雄纪念塔方案征集活动。50 年代中期，征集五卅运动纪念碑设计方案。1955 年，中苏友好大厦门厅建立解放后上海第一座室外雕塑《中苏友好》，苏联凯尔别·莫拿温创作。1956 年，《鲁迅像》（萧传玖作）在虹口公园落成。1958 年，《游击英雄孙玉敏》（张充仁作）和《少女头像》（陈道坦作）石膏雕塑，参加第一届社会主义国家造型艺术展览会。“文化大革命”中，全市建立领袖像数十座。1981 年春节，举办上海市城市雕塑设计展览会，1985 年 4 月，上海市城市雕塑委员会成立。1984～1986 年，每年有 50 多件城市雕塑作品在上海落成。重建毁于“文化大革命”中的《普希金铜像》（齐子春、高云龙合作)和邮政大楼《信使》铜像(章永浩作)。1993 年 9 月,外滩建陈毅铜像(章永浩作)。至 1996 年,全市有 500 多座城市雕塑,形成 5 个雕塑纪念地和公园。

二、书法、篆刻

书法 西晋,云间陆机工书,善行、草书,有墨迹草书《平复帖》存世,为今存中国书法墨迹中最早的一件,人称南帖始祖。北宋元丰五年(1082 年),米芾任青龙镇监镇,书有《隆平寺藏经记》等作品。宋末元初,温日观善草书。元,任仁发取法李邕。明初,长洲人宋克活动于上海地区,培养一批书法家。“云间二沈”沈度、沈粲奠定松江“书甲天下”的基础,沈粲影响明代馆阁体的形成。又有张黻、张黼、朱孔阳等书家。松江书法独领风骚达百年之久。陆深真草行书,一代名笔。董其昌书法自成一家。清张照书法被康熙称为羲后一人。后又有钱大昕、钱坫。此后,上海地区书法衰落。上海开埠到民国时期,大批外地书家迁居上海。知名的有任伯年、吴昌硕、李瑞清、沈曾植、赵叔孺,虚谷、蒲华、齐白石、高剑父、张大千、溥心畬、吴大澂、郑文焯、萧退庵、蔡元培、李健、王福庵、马公愚等。大多鬻书画自给,形成“海派书风”。民国前期,上海书法受清末包世臣、康有为影响,一改尊帖为尊碑,风格上偏向博大雄强,尤以吴昌硕、高邕、沈曾植、王同愈、曾熙、李瑞清、王震、经亨颐、李叔同等颇具影响力和号召力。沈卫、罗振玉、刘春霖、郑孝胥等清末遗老,书法各有家风。章太炎、萧退庵、陈三立、黄节、柳诒徵、丁辅之等学者书家,书法多书卷气。民国中后期,出现书法大家和成熟的书法理论,有的书家集金石书画于一身。书法大家以于右任、沈尹默为代表。于右任 1932 年倡导标准草书。知名的还有章士钊、马公愚、邓散木、潘伯鹰、白蕉等,及钱瘦铁、王蘧常、郭绍虞、顾廷龙、吴湖帆、谢稚柳、来楚生等。1916～1949 年,创办书法刊物 17 种。清宣统元年(1909 年),豫园书画善会成立,到 1946 年约有 17 个书法社团。解放初期,书法未受到关注。1960 年 6 月,上海中国画院成立,沈尹默、白蕉、李健、王福庵、张叔通、汪东、马公愚、陈巨来、叶露园入院。1961 年,成立上海中国书法篆刻研究会。1962 年,上海青年宫首次创办书法篆刻学习班,培养一批中青年骨干。沈尹默《书法论》等出版,宗白华、朱光潜对中国书画艺术的见解,对上海书法艺术产生很大的影响。“文化大革命”中,周慧珺、韩天衡等青年坚持临摹碑帖,成为上海书坛中坚力量。1972 年,徐伯清举办“文化大革命”中第一个全市性的书法展览会。1973 年,上海中国画院主办上海第一届书法展。1978 年,《书法》杂志创刊。成立上海墨画社等民间书画艺术社团。1989 年,上海师范大学创办书法大专班。1995 年,上海大学文学院成立中日书法交流中心。

篆刻 明隆庆六年(1572 年),云间顾从德委托王常辑成《集古印谱》6 卷,为全国第一种以秦汉原印蘸印泥钤拓的谱集。清康熙、乾隆年间，嘉定邓渭、严煜等善治印。杨谦刻印辑成《吉人印谱》《练滨草堂印谱》。乾隆初年，上海县航头镇王睿章《醉爱居印赏》2 册辑集。嘉庆道光年间，嘉定钱侗、程庭鹭等均好篆刻。瞿中溶撰《集古官印考证》18 卷稿。上海开埠后，西泠八家之一篆刻家钱松及富阳胡震等江浙书画篆刻家纷集上海。吴昌硕篆刻从浙皖两派入手，后又致力于秦汉玺印、封泥、古陶文，又把石鼓文笔意和风采融入印中，主张师古而创新，同治九年至光绪九年辑有自刻印集《朴巢印存》。光绪三十年，吴昌硕任西泠印社社长，又在上海参加海上题襟馆金石书画会等 10 多个美术社团的活动，上海成为清末印坛中心。民国时期，成立印学研究社团，刊行印学图书。以吴昌硕、赵时枫、王禔影响最大，有弟子和追随者徐新周、赵云壑、赵古泥、陈师曾、李苦李、潘天寿、钱瘦铁、王个簃、沙孟海、朱复戡、诸乐三、方介堪、张鲁庵、陈巨来、叶潞渊、韩登安、顿立夫、吴朴、江成之等。黄宾虹、王大炘、褚德彝、童大年、易大厂、经亨颐、黄葆戉、弘一、杨天骥、李健、陈澹如、唐醉石、汤临泽、简经纶、马公愚、邓散木、张大千、来楚生、邹梦禅、朱其石、白蕉、童雪鸿、秦康祥等大家在上海创作。邓散木教授篆刻学，篆刻开始学科化，其讲稿辑成《篆刻学》，1979 年由人民美术出版社出版。1950 年，方介堪刻成《上海各界人民爱国公约》1 册。1956 年，集体刻成《鲁迅笔名印谱》。1958 年秋，方去疾、吴朴堂、单晓天合作刻成《瞿秋白笔名印谱》。1961 年，钱君匋刻成《长征印谱》。到 60 年代中期，出版《西湖胜迹印谱》《养猪印谱》、《吴昌硕篆刻选》等。解放初至 60 年代中期，开展对艺术遗产的整理和研究，以及篆刻家个人作品的辑集出版。1951 年，方节庵、方去疾辑吴让之、赵之谦、胡镬、吴昌硕印集编成《晚清四大家印谱》。陈巨来撰印话集《安持精舍印话》21 则。1953 年，宣和印社辑成赵孺《二弩老人遗印》、王骙《福庵老人印集》、邓铁《散木印集》、方约《节庵印泥印辑》各 1 册。张鲁庵编成《张鲁庵所藏印谱目录》。1957 年，秦康祥、孙智敏编撰《西泠印社志稿》。1961 年，上海中国书法篆刻研究会成立。“文化大革命”中，方去疾等组织老中青印人用简化字创作《新印谱》3 集。涌现青年作者韩天衡、刘沪声、童衍方等。1978 年，举办首次上海市书法篆刻展览。80 年代起，出版韩天衡《中国篆刻艺术》、陈巨来《安持精舍印话》等。《新民晚报》设《印章琐谈》和《印林新知》专栏。1989 年，上海书画出版社出版《中国美术全集・玺印篆刻卷》。

三、摄影

19 世纪 50 年代后，广东人罗元祐、法国人李阁朗等在上海开始摄影活动，出现苏三兴、公泰等照相馆。1912 年后，中国第一种摄影刊物《真相画报》创办，刊登以高剑父、高奇峰兄弟中华写真队为主的摄影作品。同时，《神州日报》

等发表《革命风潮肖相》《革命都督黄兴》等反映辛亥革命的新闻摄影作品。20年代前后，上海民国第一通讯社等新闻摄影机构成立，出现中国最早的专职摄影记者。30～40年代，摄影从纯照相业走向艺术发展。1930年，黑白影社成立，至1937年连续举办4次影展。1937年八一三事变，抗日摄影展和抗日画报盛极一时，摄影画报有《良友画报》《抗日画报》等17种。上海沦陷后，有《中国画报》等十数种，郎静山、吴印咸等大部分摄影家转辗全国各地。1948年，成立全国性摄影团体中国摄影学会，《中国摄影月刊》和《柯达杂志》等创刊。1948年11月，举办摄影作品展览。上海成为全国的摄影重镇和摄影人才集散地。解放初至1965年，艺术摄影和人像摄影发展，形成上海的摄影特色。1954年，上海人民美术出版社摄影编辑室成立，至1995年出版摄影书籍、图片、期刊等超过0.3万种。1957年，出版《摄影艺术选集》等大型摄影艺术画册。60年代以后，照相馆业的人像摄影作为上海特色发展迅速。1961年、1964年，举办上海第一、二届人像摄影艺术展览。作品参加第一届全国人像摄影艺术展览会，比重超过全会21%。1983年，成立上海市人像摄影研究会。1984年、1988年，先后举办上海市业余摄影爱好者作品展览会和上海农村摄影比赛。1988年，宝山县彭浦乡被命名为“摄影之乡”，出版全国第一种农民摄影集《农民摄影作品选》。1980年，上海举办香港摄影家简庆福个人摄影艺术展。1986年起，每两年举办一次国际摄影艺术展。1983年，出版摄影理论集《摄影文集》。1990年，举办郎静山影艺学术讨论会。

第十六节 | 民间艺术 >>

一、民间歌曲

号子 上海地区的劳动号子大体可分船渔号子、搬运号子、建筑号子、农事号子4类。船渔号子，尤多渔民号子，有不同帮派，上海本地渔民号子叫“沙帮”，因为本地岛屿主要由泥沙冲积而成，地名多以“沙”名。主要有《拔篷号子》等。建筑号子，建筑号子以“崇明帮”最有代表性，在音乐上影响不少全国各地同类号子，曲调富有长江口地区民歌特色。长江口区岛屿农民造房子，唱《打石硪号子》，称为土号子。上海县有《三击头打夯号子》。搬运号子，有起重号子、摇车号子、拖车号子等，码头工人搬运号子品种、数量最多。上海港码头工人，大多来自江苏、浙江、湖北和本地农村，形成本帮、苏北帮、湖北帮、宁波帮等号子。农事号子，有《踏车号子》《赶鸭号子》等。《赶牛号子》流传于崇明、横沙等岛，一人唱起，牧童应和。

山歌 上海郊区的山歌有田山歌和小山歌。田山歌，又称大山歌、响山歌或喊山歌。1934年，《青浦县续志》记载为今文献中最早见到“田歌”的称谓。1937年前最为兴旺。1953年2月，青浦县举行第一届民间音乐、舞蹈会演，田山歌第一次登上舞台。9月，赵巷乡丁窑村田歌队参加第一届全国民间音乐舞蹈会演，获优秀演出奖，青浦田歌在全国出名。山歌手拼档搭配、互教互学，七八人到十二三人一伙演唱，唱时各有专长，配合默契。也常以换工(伴工)互相帮助。由此形成山歌班。歌目有《落秧歌》等，解放后编唱《天马山下稻谷香》等新山歌。小山歌，流传于市郊各县，农民常在耘稻、搨花、织布、纺纱、除草、松土、茶余饭后、闲憩乘凉时哼咏。因编唱自由，见啥唱啥，有问有答，即兴创作，又称“乱嚼山歌”、“问答山歌”。有东乡山歌、西乡山歌、江口山歌。

小调 有本地的和外地传入的。可分农村小曲、舞歌、时调、经加工的小调。农村小曲，流传市郊或市郊区部分乡镇，其中《十杯酒》各有东西乡山歌音调特点，《对花调》有江口山歌音调特点。舞歌，用于民间舞蹈表演，流传有花灯、连发、莲湘、拜香等。时调，多为传入江南一带以及全国流行的时兴小调，有《五更调》等。民间说唱、花鼓戏艺人常选用民间山歌小调作为主要唱腔，有戏曲、说唱音乐的特点，有《寄生草》等。

吟唱调 有儿歌、摇儿歌、哭丧歌、哭嫁歌、吟诵调、叫卖调、更夫调、行乞调等。上海地区的儿歌，大多是儿童在游戏和日常生活中唱的歌。语言通俗易懂，曲调上口易唱，常唱的有《孙中山活转来》等。摇儿歌，大多是即兴哼成，常用拖腔，音乐大多宁静和缓，有的旋律优美，流行的有《眠囡调》等。哭丧、哭嫁歌，又称“哭调”，市郊广为流传，南汇、川沙、奉贤、金山等县最为流行。农村姑娘十几岁开始学唱哭调，沿海妇女大多能唱几段，好的能唱近千句。数牌调，玩牌时唱。崇明一地玩纸牌“斗九彩”，有唱《数牌调》习俗，抓14张牌唱14个月，也有以牌花唱的。吟诵调，一般用当地方言，唱五言、七言绝句、律诗。叫卖调，最早始于叫卖农副特产的本地小贩，卖蔬菜、长锭、鲜花等，后多叫卖小吃，还有修理棕绷、阳伞以及推销成衣等的叫卖声，也有宁波等地客帮叫卖音调。

新民歌 新民歌有的有曲调，有的曲调失传，有的利用流行的小调、山歌填词而成。清咸丰年间，小刀会起义，有民歌《投小刀会》。第一次上海工人武装起义，编唱《上海工人大武装》(杨柳青调)。反映五卅运动的民歌，有《救国十二月花名》(孟姜女调)等。1932年一·二八事变后，有《上海打仗景》(无锡景调)。上海沦陷时期，流传用“苏武牧羊调”填词的民歌《打倒东洋兵》。1943年，有反日伪郊区清乡的《劝郎当兵》(四季调)。解放战争时期，有《捉壮丁歌》等。解放后，有《歌唱婚姻法》《啥人养活啥人》《公社四季好风光》《社员挑河泥》等。

二、民间舞蹈

上海民间舞蹈有民俗、宗教、武术杂耍3类，分别占民间舞蹈的60%、30%和10%。

民俗类舞蹈。通常在春节、元宵、花朝、端午等举行的灯会上，或在大规模的群众性集会中出现。有上海县手狮舞，崇明县调狮子，金山县调花灯，奉贤县马桶灯，浦东地区夜壶老爷，松江、嘉定、上海县茶担舞，奉贤、上海县滚灯等。还有龙舞，有青浦县《双人龙》《板凳龙》《断龙》，松江县《草龙》《女龙》，川沙县《花木龙》，崇明县《甩龙》，嘉定县《草篮段》(《老龙》)《看龙》等。狮舞，有川沙县《双狮舞》，普陀区《狗头狮子》等。灯舞，有上海县《挑小娘子》，松江县《盾牌灯》，川沙县《彩蛇灯》，青浦县《蚌舞》，南汇县《卖盐茶》，闵行区《鲤鱼跳龙门》等。船舞，有上海县《荡湖船》，青浦县《姨婆船》，奉贤县《女跳马》和崇明县《跑马灯》等。另外，还有秧歌、花鼓、高跷、莲湘等类舞蹈。

宗教类舞蹈。可分为佛祭(如《拜香舞》等)、道祭、祖祭、鬼祭(如《夜巡班》等)、神巫等舞蹈。流传较广的有奉贤县《夜巡班》，崇明县《踏八卦》，川沙县《串灯》，青浦县《挂肉扎香》，金山县《神汉甩童子》，南汇县《九幽灯》，宝山县《拳拜香》，松江县《串五方》，南市区《九幽朝》，杨浦区《女吊》等。

武术杂耍类舞蹈。一般也参加灯会、庙会活动，大多围场演出。有宝山县《舞钢叉》，松江县《发火球》，青浦县《月锁》，崇明县《醉八仙》，南市区《龙凤双扇》等。

三、民间绘画

1975年，出现金山农民画。1985年，出现松江丝网版画。80年代，出现宝山吹塑版画，以及回丝画、麦秆画、烙画等。

四、民间工艺美术

灯彩　上海旧有凉伞灯，俗称花神灯，用上海特产淡笺制成。宝山县有花篮灯、塔灯，罗店镇有龙船彩灯、横沙岛有杜头花花灯，嘉定县有兔、马、宫灯等，南汇县有走马灯、十二生肖灯、螃蟹灯、六角宝塔灯、飞禽走兽灯和各式戏文台阁灯，松江县和金山县有串马灯，金山县有调花灯和调龙灯。上海县灯彩有龙、狮、虎、凤凰、虫鸟、人物、花卉、瓜果、蔬菜等，尤其调狮子灯闻名四方。七宝、北桥、鲁汇等地扎灯历史悠久。上海灯彩代表人物为何克明。

剪纸　清乾隆、嘉庆年间，剪纸艺术由江苏和浙江两地传入松江、金山、南汇、宝山、嘉定一带。上海开埠后，八仙桥、城隍庙等处有摆摊剪卖各种枕套绣花等。此后，有人物侧影的肖像剪纸及造型图案等，形成上海剪纸，称为海派剪纸，代表人物为王子淦、林曦明等。到 20 世纪 90 年代，街头仍有剪纸卖花。

刺绣 明清时，上海为国内主要的刺绣产地之一。上海地区的民间刺绣有，(1)供欣赏摆设的工艺刺绣，有镜片、壁饰、挂件等。(2)日用品刺绣，刺绣的主体有衣裙等，花样图类一般多为吴越地区民间传统吉祥图案。江南顾绣闻名于明嘉靖年间，起源于松江，盛于上海县城厢露香园。其他刺绣有金山刺绣，宝山刺绣，川沙花边编结、绒绣，上海县花边编结。

染织 主要是乡村棉纱土布纺织印染。一是纺纱染色，织成色布，织出各种条纹或方格花布。二是织成白布，再染色印花，可染成彩印花布或蓝印花布。蓝印花布亦称药斑布，民间俗称浇花布，最为流行，可做被面、帐子、门帘和衣料、围腰、头巾等。药斑布出嘉定及安亭镇，宋嘉定中归姓者创之，有天青、元青、淡青、天蓝、二蓝、葱蓝及湖色等不同蓝色。明清，盛行于上海地区，20 世纪二三十年代趋于衰落。

草编、竹编、麦编 草编，主要产于嘉定，起始于唐代，用黄草，种植和编织在澄桥一带，清末民初移至徐行一带，徐行被称为"黄草之乡"。竹编，俗称篾竹编，市郊普遍用竹编农事或生活用具。麦编，原料用山东维县和河南路邑等地麦秆，有 28 种品种。

竹雕 亦称竹刻和刻竹。明、清时期，嘉定竹刻名闻国内，见诸史籍的竹刻名家有 130 人。分茎雕和根雕两种，前者有浮雕和圆雕。相传为明正德、嘉靖年间嘉定朱鹤始创竹雕。嘉庆至清末百余年间，浮雕渐为少见，圆雕濒临绝迹，小像多用留青、阴刻。

木雕 有平面雕刻和立体雕刻，上海泥水木匠和家具木匠有善木雕者。红木雕创始于明代，黄杨木雕多为工艺人物雕。

砖雕 又称砖刻，上海地区多见之于房屋院宅。一种是在砖坯或瓦坯泥未干时用模具刻印花纹图像的，称画像砖，供建筑时拼接。另一种是在烧制好的砖瓦上刻凿雕琢而成，知名作品今存明洪武三年(1370 年)松江府城隍庙照壁砖雕。

工艺美术 南宋时期，漆器日用器皿，木胎朱漆，器形规整，髹漆光亮。雕刻今存出土于上海县朱行南宋墓的石雕道教神像。出现朱克柔、沈子蕃等缂丝名家，朱氏传世名作《莲塘乳鸭图》等为国家博物馆收藏。元代，漆器工艺更趋成熟，八瓣莲花形漆奁分为 5 层，朱漆粉脂小圆盒采用镶银口新工艺。金属工艺品有银刻花簪等，利用贵金属的材料特性，镂刻出纤细如发的花纹。明代，松江铸铜名匠胡文明，依古式制彝、鼎、尊、卣等铜器。刻砚名手顾从义，于一砚摹刻石鼓文 434 字。木雕工艺品，有长方形檀木镇纸。紫檀木笔架用家具结构，底座嵌有大理石。嘉靖年间兴起的嘉定竹刻，兴盛 300 余年。露香园顾绣为中国名绣，今存韩希孟的传世作品《洗马图》《藻虾》等。清代，松江出现刺绣名家丁佩，著有中国第一部刺绣专著《绣谱》。道光年间，出现紫砂高手瞿应绍和邓符生。顺治年间，金银首饰工艺发展。道光年间，出现杨庆和、老凤祥等多家银楼作坊，清末形成裘天宝等9大银楼，各有工艺特色名世。清末，刻字、印章业店肆大多在望平街。专作紫檀、花梨、红木小件的作坊大多在上海县城新、老北门一带。象牙雕刻作坊大多在上海县城隍庙。玉器雕刻作坊大多在上海县城小西门。折扇店大多在河南路和豫园。戏衣街在上海县城大东门西。民间工艺品繁多，有灶头画、剪纸、灯彩、风筝、黄草编等。20世纪20～40年代，玉器、象牙雕刻发展。知名玉器作坊有万源斋、韩万朝等10多家。竹刻以留青浅刻为特色，名艺人有金绍坊、支慈庵、徐素白等。刺绣名家张华璂作品《菊花蛱蝶》等获国际博览会、南洋劝业会奖章，与许频韵合著《女子刺绣教科书》和《刺绣术》两书，广为发行。面塑名艺人有潘树华、李俊兴、李俊福等。剪纸艺人武万恒、张二爷、王显钦、蒋桂荣。象牙细刻名家薛佛影，40年代，兴起瓷刻，名家有陈智光、杨为义等。传入浙江东阳木雕，名手有杜云松、楼水明。传入扬州漆器，名艺人乔松林、张国昌。传入苏州红木雕刻，高手有周兴玉。20～40年代，绒线编结发展。1937～1941年，从业绒绣人员2万人，月产绣品30万件、月销售额10万美元。30年代起，机绣工艺发展，1943年创办佳丽机绣社，专门生产机绣品。三四十年代，发展镶嵌首饰和钻石琢磨工艺，镶嵌首饰作坊有邵庆福、大伟行、春和、郑正轩等，钻石琢磨名匠有张涌涛等。20年代，法国传入的彩绘玻璃工艺获得发展。1956年，上海工艺美术研究室成立(后发展为研究所)，聘请名艺人。玉器，形成炉瓶、人物、花鸟、走兽4个品种系列。象牙雕刻，冯立锦创立细花空雕独树一帜。绒绣，从日用品发展为多层次复色的艺术欣赏品。戏剧服饰，在全国同行享有盛誉，知名艺人谢杏生。黄杨木雕，新作涌现，有大型银杏木雕《五卅惨案》。面塑，擅长表现戏剧人物和神话人物。灯彩，创立体动物灯彩，五彩缤纷，金碧辉煌。剪纸，简练夸张、线条流畅、装饰性强。竹刻，《古琴臂搁》等为中国工艺美术馆收藏。砚刻、象牙细刻、瓷刻、金银首饰磨钻工艺等，探索表现形式、丰富题材。1964年，全市有61人获工艺师称号。1987年，9人被国家轻工业部评为高级工艺师。1988年，8人获中国工艺美术大师称号。1989年，8人获高级技师称号。

第十七节 文化娱乐场所、艺术节庆 >>

一、戏楼(台)

元代，松江府衙前有勾栏演出杂剧。明永乐年间(一说崇祯元年)，上海县城隍庙增建戏楼。明嘉靖三十八年(1559 年),豫园打唱台建立,为上海最早的戏台。清康熙五十四年(1715 年),商船会馆设上海首家会馆戏台。嘉庆二年(1797 年)起,各地在沪客商和其他人员建会馆,各业建公所,为聚集议事和庆典,建会馆、公所戏台,建有浙绍和钱业及三山(果橘业)等会馆、公所戏台约30 座。

今存各时期戏楼台有上海城隍庙戏楼、青浦城隍庙戏楼、商船会馆戏楼、朱家角城隍庙戏台、七宝镇城隍庙戏楼、四明公所戏台(青浦大观园戏台)、天后宫戏楼、钱业会馆戏台(嘉定汇龙潭戏台)、钱业会馆戏楼(豫园曲苑戏楼)、三山会馆戏台、胡宅家庭打唱台。

二、戏茶园

清咸丰元年(1851 年),上海县署西首建专演昆曲的三雅园。同治三年(1864 年),宝善街(广东路福建中路一带)出现以演徽班为主的一桂轩。六年,在其附近又建满庭芳茶园,邀京班演出。随后丹桂等茶园相继开张,十一年上海有演出的茶园超过百家。清末民初,先后开办的有 110 余家。今广东路、福建路一带最为集中,先后有 74 家。大多演昆、徽、京班,少数演柳子戏,粤剧、汉剧、文明戏、绍剧和江淮戏。到 1917 年贵仙茶园关闭,茶园演出结束。

各时期,主要戏茶园有三雅园、一桂轩、满庭芳、丹桂茶园(丹桂轩)、金桂轩(金桂茶园)、天仙茶园、群仙茶园。

三、剧场

清同治六年(1867 年),英侨在诺门路(今香港路)圆明园路口建造兰心大戏院,木板建筑,十年毁于火灾。次年,上海纳税西人会募集基金在博物院路(今虎丘路)重建,光绪三十三年(1907 年)春阳社假以公演《黑奴吁天录》,为全国首次营业性话剧演出。三十四年,沈缦云等在十六铺建新舞台,成为上海第一座称为舞台的新式剧场。仿欧洲、日本剧场,改传统四方形戏台茶园格局,呈圆形,舞台设有机械转台、灯光、布景,观众厅三层,席位 0.2 万座。宣统二年(1910 年),丹桂第一台建造,美国人设计,二层钢筋混凝土结构,舞台为新式转台,设太平门、太平楼多处。同时,歌舞台等问世,率先引进镜框式舞台,后又引进新式的舞台机械和电器设备。到 1917 年,舞台戏院完全取代茶园戏院。1926 年,大新(天蟾)舞台开业,圆形建筑,舞台呈扇形,凸显前场,设二层看台,共有 0.3 万张席位。1930 年,三星(更新)舞台(今中国大戏院)、共舞台相继开业。1934 年,文明大舞台重建,由此,上海形成天蟾、更新、共舞台、鑫记大舞台四大京剧舞台。同时,又出现戏院,有 1930 年黄金大戏院、明星大戏院、广东大戏院、兰心大戏院等。30 年代后期至 40 年代,有的地方戏班在上海立足后,寻找固定的演出场所，又出现皇宫、江淮等一批小型剧场。其间，卡尔登等影戏院改演各类戏剧。1941 年，美琪大戏院建成，观众大厅采用一、二层楼共用空间设计，1989 年被列为上海市近代优秀建筑。1948 年，全市有平(京)剧场 4 家、话剧场 1 家、滑稽戏场 2 家、越剧场 29 家、沪剧场 6 家、江淮戏场 12 家、扬剧场 6 家。1949 年，共有剧场 128 座。1950 年，南京大戏院改北京电影院，1959 年 9 月改上海音乐厅。1957 年，金城大戏院改黄浦剧场，作为上海市淮剧团的演出基地。到 60 年代，全市解放前所建剧场剩 36 座。同时，改建、新建一批剧场。1950 年，改建市人民政府礼堂。1952 年，跑狗场逸园改文化广场，有座位 1.5 万席，成为上海重要的大型演出、集会场所。1960 年，建全市工人新村地区第一个剧场曹杨剧场。1961 年，在卫星城闵行建闵行剧场。1964 年，建第一家杂技场上海杂技场。1960 年，仙乐书场改上海木偶剧场。1995 年，全市有演出场所 228 座。

各时期，主要剧场有新舞台、文明大舞台(人民大舞台)、谋得利小剧场(春柳剧场)、新剧场、鸣盛梨园、丹桂第一台、新新舞台(老天蟾舞台)、中华大戏院(亦舞台)、小舞台(笑舞台、新乐府)、广舞台、春华舞台(老更新舞台)、大新舞台(天蟾舞台、天蟾京剧中心——逸夫舞台)、黄金大戏院(大众剧场)、三星舞台(更新舞台、中国剧场、中国大戏院)、九星大戏院、上海音乐厅(南京大戏院)、荣记共舞台(共舞台)、明星大戏院、广东大戏院(群众影剧院)、兰心大戏院(上海艺术剧场)、东和馆(文化会堂、解放剧场)、金门大戏院(中国福利会儿童艺术剧场)、辣斐大戏院(长城电影院)、金城大戏院(黄浦剧场)、月光大戏院(亚蒙大戏院、大同戏院、大庆剧场)、皇宫大戏院(国联大戏院、五星剧场)、金都大戏院(瑞金剧场)、美琪大戏院(北京影剧院)、皇后大戏院(和平双厅电影院)、上海市人民政府大礼堂、文化广场、上海歌剧院小剧场、沪东工人文化宫剧场、上海市邮电俱乐部影剧场、徐汇剧场(徐汇影剧场)、仙乐剧场、曹杨影剧院、中兴剧场(中兴影剧场)、闵行剧院、上海杂技场、南市影剧院、上海戏剧学院实验剧院、上海商城剧院。

四、电影院

清光绪二十二年(1896 年)七月初三，西方商人在上海闸北的西唐家弄(今天潼路 814 弄 35 支弄)的游艺场所徐园内的“又一村”放映西洋影戏，这是中国最早的电影放映。二十三年，美国电影放映商雍松在今南京东路、九江路、福州路一带天华茶园、奇园、同庆茶园等处放映电影。二十九年，西班牙人在乍浦路跑冰场内放映电影，后在福州路青莲阁租房，成为上海第一个电影固定放映点。三十四年，在乍浦路用铁皮搭建虹口活动影戏园，人称“铁皮房子”，有座席 250 个，成为上海第一家电影院，开幕首映外国影片《龙巢》。次年，雷氏新建维多利亚影戏馆。1914 年，在今南京西路新建夏令配克影戏馆。1914 年，日商开设东和活动影戏园。至 1917 年，上海先后出现 10 座影戏院。大多在北四川路海宁路周围。其中，雷氏建有 5 家，号称“电影大王”。1923 年，卡尔登大戏院（今长江剧场）建成。1939 年，沪光大戏院落成。是年，全市有影剧院 50 余家。其中，28 家开设于 1928～1932 年。1933 年 6 月，大光明电影院开业，号称远东第一，专放美国八大公司影片。1935 年，全市有电影院 42 家，各有一半分别放映国产和外国影片。1937 年上海沦陷，租界电影院营业繁荣。1939 年 2 月，沪光电影院开业首映国产片《木兰从军》，引领市电影院放映爱国影片。1941 年 10 月，美琪大戏院开业。太平洋战争爆发后，大多影院被迫停业，改作军火仓库或难民收容所。1943 年 5 月，日伪成立中华电影联合股份有限公司，强行接管大光明等 12 家大影院。其间，开设 3 家影院，其中 1942 年 2 月皇后大戏院（今和平双厅电影院）开业。1942 年 3 月，上海电影院开业，为民国时期上海最后建造的电影院。1949 年 5 月，全市有影院 52 座。1949 年 7 月，上海市军管会接管文化会堂、国际、民光、海光 4 家国民党机构办影院。1950～1954 年，又接管大光明、国泰、美琪等 9 家外商或挂外商招牌的影院。其余民营影院实行公私合营。全市影院分为专业影院和兼营影剧院。专业影院有大光明等 31 座。剧场或影剧兼营的有美琪等 19 座。1952 年，解放后首家新建影院衡山电影院开业。1955 年，杨浦电影院开业。1978 年，天山电影院开业。1992 年，上海影城开业。其间，郊县自 1953 年，建造一批影剧院。1995 年，市区有专业电影院 57 座，兼映影剧院 62 座，郊县有影剧院 135 座，有对内电影俱乐部 127 个。

1946 年，上海影院首轮放映故事片 383 部，其中国产片 13 部、美国片 352 部、英国片 15 部、苏联片 3 部。1945 年 8 月～1949 年 5 月，上海进口美国 8 大公司和英国鹰狮公司影片 0.18 万部。1949 年，全市放映电影 3.5 万场，观众 1806 万人次，发行收入 83 万元。1995 年分别为 21.3 万场、4092 万人次、1.05 亿元。

各时期，主要影院有虹口大戏院（虹口活动影戏院）、新华电影院（夏令配克影戏院）、长江剧场（卡尔登大戏院）、嵩山电影院（恩派亚大戏院）、曙光剧场（光陆大戏院）、淮海电影院（东华大戏院）、贵州影剧场（北京大戏院、丽都大戏院）、蓬莱电影院（蓬莱大戏院）、大光明电影院、浙江电影院（浙江大戏院、浙江立体电影院）、新光影艺苑（新光大戏院、新光剧场、新光观摩厅）、建国电影院（荣金大戏院）、国泰电影院（国泰大戏院）、大上海电影院（大上海大戏院）、长城电影院（辣斐大戏院）、沪光电影院（沪光大戏院）、和平双厅电影院（皇后大戏院）等。

五、游乐场

赛马、赛狗场 清道光三十年(1850年),瑞麟洋行组织跑马总会,以80余亩土地辟作花园,设抛球场,筑跑马赛道,次年举行上海第一次赛马。咸丰三年(1853年)、同治元年(1862年),先后辟第二、第三跑马场。宣统元年(1909年),向华人开放。1920～1939年,票房收入1.5亿银元。1928年,英商开辟明园跑狗场,不久英商开办申园跑狗场。法商开办逸园跑狗场。1931～1938年,逸园结余360万元银元。1943年、1951年,逸园跑狗厅、跑马场先后关闭。

综合性游乐场 清光绪十年(1884年),富商张叔和购味莼园,园称张园,至清末民初,时有名人聚会,举办舞会、文明戏演出。1912年11月12日,华商黄楚九开办上海第一个屋顶花园楼外楼游乐场,演出杂耍、滩簧、大鼓,后又添群芳会唱。1915年,创建大型综合性游乐场新世界游乐场,演出京剧、滩簧等,盛极一时。1917年7月14日,大世界游乐场开幕,设乾坤大剧场、电影场和多处小型戏台,轮番表演各种戏剧、曲艺、歌舞和杂耍,辟有商场、酒楼、茶室、弹子房。日游客万余人,成为上海最大的综合性游乐场。9月,先施公司在四至六层楼设先施乐园,演出各种戏曲、表演歌舞和杂技,放映电影。另有大世界、花花世界、江北大世界等游乐场。30年代,舞厅、弹子房等娱乐场所发展。40年代,剩大世界、先施乐园、天韵楼、大新游乐场和福安游艺场等5家。1956～1960年,撤销4家,剩大世界1家。“文化大革命”中,大世界游乐场关闭,1974年以青年宫名称复业,1987年1月恢复为大世界游乐中心。1985年,建解放后上海最大的游乐场锦江乐园。1995年,全市有游乐场、台球房、游戏机房919家。各时期,主要游乐场有张园、爱俪园、楼外楼、新世界、大世界、先施乐园、天韵楼、新新游乐场、新都剧场、福安游乐场、大新游乐场。

六、歌场、舞厅、音乐茶座

19世纪70年代末,有唱曲者在茶楼挂牌,茶客点唱。青莲阁茶楼三楼设小广寒游艺场,有群芳会女子京剧清唱戏曲茶座。顾客可饮茶和听戏、听曲。四马路(今福州路)小广寒等12家楼号称“十二楼”,均设戏曲茶座。1922年,一品香旅社设舞厅、弹子房等设施,于周末、周日举办交际舞会。不久,黑猫舞场开设,设有舞女伴舞,开创中国营业性舞女伴舞。社会对跳舞多有抨击,到二三十年代舞厅跳舞成为时尚。1926年,永安公司大东舞厅开业,后百乐门、仙乐斯舞厅开业。百乐门号称“东亚第一舞厅”。1934年,大沪等8家舞场举行跳舞比赛。1937年,南京路一带和大世界周边有舞厅21家。40年代,全市有26家,直至1949年5月。解放初,舞厅营业萧条,1954年全部停业。

三四十年代,爵乐等歌场创办,以群芳会唱、京戏彩排、时代歌曲为专场。

新雅等餐馆利用就餐前后间隙，办音乐茶座。1945 年，全市有歌场 3 家。1980 年，和平饭店有老年爵士乐队演出，出现上海第一个音乐酒吧。1984 年 7 月 20 日，沪光电影院在全市开出第一家音乐茶座。上海展览馆开办上海解放后新办的第一家营业性舞厅。丁香花园在上海首开迪斯科舞厅。1985 年，全市有舞厅 52 家、音乐茶座 12 家，专为外国人、华侨、港澳台胞服务。1995 年，全市有舞厅（含歌舞厅）0.14 万家、音乐茶座 141 家、卡拉 OK（含 KTV 包房）0.31 万家，从业人员 3.08 万元，全年营业收入 28.89 亿元，税收 2.71 亿元。

各时期，主要歌场、舞厅有时代歌场、高乐歌场、圣爱娜舞厅、百乐门舞厅、七重天舞厅、大都会舞厅、仙乐斯舞宫、私人俱乐部、上海 JJ 迪斯科广场、上海市戏曲学校星期京剧茶座、黄楼卡拉 OK 厅、凯撒皇宫卡拉 OK 歌舞厅、新都娱乐总会、联谊俱乐部舞厅、贝思特（BEST）夜总会（上海文艺俱乐部）、上海演歌台、上海阳光俱乐部。

七、书场

清咸丰末年，在上海县城厢陆深旧宅出现书场。此后，也是楼、壶中天、玉茗楼等茶楼改书楼，茶客饮茶听书。光绪十六年（1890 年），汇泉楼书场开业，因专用于评弹演出称清书场，设听众席 242 座，台前放专供老听众的“状元桌”，两侧置靠背椅女听客座席 20 座，场中列长条靠背椅听众席。除夕夜演出，多时 20 余档，从晚 6 时至次日天明，众多老听客听书守岁，不少评弹名家在此唱响，成为上海早期最有影响的专业书场。光绪末年，上海县城厢春风得意楼辟书场，九曲桥湖心亭辟怡情处书场。1915 年，新世界开业，为上海首家游乐场设书场。此后，大世界、先施乐园多家游乐场所演出评弹。20 年代，长乐旅馆开始附设书场。1930 年，东方饭店底层附设东方书场，座椅 400 余席（一说 600 余席），冬置皮垫，夏铺草席，男女不分座，有水汀、电扇、扩音器。扬子、一品香等 30 余家中高级饭店和米高美等 18 家舞厅竞相仿效。1935 年，中南饭店书场以男女合演，听众可出资点唱开篇吸引听众。1943 年，新开沧州书场，专聘知名响档献艺，实行听书月票制，一时成为沪上听书新闻。40 年代中期，上海（含周边农村地区）有 300 余家书场。电台设“空中书场”。1945 年，全市有专业书场 16 家，1949 年 5 月 29 家。50 年代，书市兴起，茶楼书场大多转为专业书场。老书场雅庐、大华、玉茗楼等，改善设施，继续经营。维也纳、大都会舞厅停业后改成西藏书场、静园书场，成为骨干书场，采用灯光技术，设电扇、暖气等设备，设座 500～800 席。50～60 年代，全市约有书场 400 家。“文化大革命”开始，停止评弹演出，大多数书场关闭。1976 年 10 月，书场恢复，大华、静园等书场听众争相购票。1985 年，上海评弹团开设书场乡音书苑，专聘名家演出。80 年代起，书场日趋萎缩。1991 年，市区有书场 26 家，郊区 121 家。1995 年，市区有玉茗楼、雅庐、乡音书苑等7家，市郊有七宝书场82家。1960～1995年，全市先后有书场、曲艺场780家。

各时期，主要书场有玉茗楼书场、汇泉楼书场、得意楼书场、东方书场、新仙林书场、西藏书场、仙乐书场、静园书场、乡音书苑、辽源书场、青浦文化书场、七宝书场。

八、群众文化场馆

区县文化馆站　清光绪三十三年(1907年)三月，在宝山县城厢建通俗教育社，有电光等设备。1912年，上海县通俗教育馆建立，以后宝山等县也建馆，1928年改称民众教育馆，有歌咏、丝竹、演剧等活动。1946年，有省立馆1所、市立馆及其真如分馆1所，县立馆10所，区、乡分馆48所。上海解放后，改为人民教育馆。1953年2月，全市第一个文化馆普陀区曹杨新村文化馆开馆。1995年，有区级文化馆(群众艺术馆)34所、县级文化馆10所，建筑面积14.69万平方米。

乡镇、街道文化站(室)、文化中心　1953年，区农村俱乐部统一称文化站。1957年，改由乡、镇举办。1992年，全市204个乡、镇，有203个乡、镇文化站占地12.38万平方米。街道文化站，1958年创建，1992年全市139个街道，建文化站136个，占地10.63万平方米。

市文化场馆　上海市群众艺术馆，1956年12月成立。上海市工人文化宫，1950年9月市总工会以14万个折实单位(约合7万元人民币)购置东方饭店改建。上海市青年宫，1958年2月开幕，以原金城银行大楼为宫舍，1974年10月移至大世界游乐场，1987年以大世界游乐中心名开放。中国福利会少年宫，1953年6月开幕，以原犹太人嘉道理的大理石房改建。

九、演出公司

1985年起，成立上海市演出公司、上海对外文化交流公司、上海市演艺总公司、上海经济区金三角(集团)演出公司、上海广电演出有限公司、上海文化发展有限公司、上海新世纪演艺公司、上海大世界演出公司、东上海国际文化影视有限公司、上海明星文化演艺公司10家演出公司。

十、重大艺术节庆

上海艺术节　1987年5月31日～6月17日，首届上海国际艺术节举行，由上海市政府主办，市文化局承办。1990年起，改为上海艺术节，每两年举办一次，于5月举办，至1995年共举办3届。

上海之春音乐会　1960年5月，首次举行。以“上海音乐舞蹈的春天”之意定名“上海之春”音乐会。1960 年起，每年 5 月举行，至 1966 年共举办 7 届。因“文化大革命”中断，1978 年恢复，改为两年一届，至 1995 年共举办 16 届。首演的小提琴协奏曲《梁山伯与祝英台》等成为经典之作。

中国莎士比亚戏剧节　1986 年、1994 年，先后举行 2 届。

上海国际电影节　1993 年 10 月 7～14 日，首次举办，由上海市政府主办。第二届，1995 年 10 月 28 日～11 月 6 日举行。

上海国际电视节　1986 年 12 月，举办上海国际友好城市电视节。1988 年 10 月，改为上海国际电视节，定为每两年举办一届。举行以上海市花白玉兰命名的各项奖项评选。1990 年 11 月、1992 年 11 月、1994 年 11 月，先后举行第三届、第四届、第五届。

第三十三章
报刊、通讯、出版、广播、电视

第一节 | 报业 >>

一、中文报纸

明清时期，上海地区有邸钞、《京报》流传。清咸丰十一年（1861年），上海第一种中文周报《上海新报》(Shanghai Gazette, The Chinese Shipping List & Advertiser)创办。同治十一年（1872年），上海近现代中文报纸延续时间最长、影响最大的《申报》创刊。咸丰十一年至光绪二十一年（1861～1895年），上海创刊报纸先后有86种，约占全国50%。光绪二十三年五月，上海第一种消闲小报《游戏报》创刊。二十二年至二十四年，上海创刊报纸48种，占全国同期新办报纸44.9%，大多为宣传维新思想的报纸。二十四年，有报纸23种。三十年《时报》创刊，此后至三十三年，出现一批民主革命派人的报纸。辛亥革命爆发，上海出现大批快报性报纸，至年底先后创办报纸60余种。1925年6月4日，中国共产党第一种公开出版的报纸《热血日报》在上海创刊。1928年，《中央日报》创刊。20年代末～30年代初，形成小报鼎盛时期。1937年上海沦陷后，上海多数报纸以外商名义出版，形成上海"洋旗报"鼎盛时期。1941年太平洋战争爆发后的一周内，上海只有5种日伪报纸。1945年年底，上海有报纸37种。1949年5月上海解放前夕，有70余种。清道光三十年（1850年）至1949年，上海先后出版0.18万种。上海解放后，上海市军管会接管国民党《中央日报》等报，《申报》《新闻报》停刊。5月28日，《解放日报》创刊。1949年底，有中文大报11种，1965年有6种。1966年起，因"文化大革命"，多种报纸停刊，1976年只有2种。1978年起，迅速发展，是年有5种。1995年，有86种，总印刷19.04亿份(册)。

日报、周报 清咸丰十一年（1861年）十月十七日，英商字林洋行创办《上海新报》。同治十一年（1872年）三月二十三日，《申报》创刊，次年发行超千份。十二年三月，江南制造局创刊上海第一种中国人办的译报《西国近事》。十三年五月初三，《匯报》(News Collector)创办。光绪二年三月初五，申报馆创刊《民报》，是上海最早使用标点符号的白话报纸。十月八日，上海道冯焌光为抵制外商报刊舆论，创办《新报》，是上海最早的非营利性的“准官报”。十一月二十四日，文学类报纸《侯鲭新录》创刊。八年四月初二，字林洋行创刊《沪报》（后改《字林沪报》），与《申报》竞争。十年二月，《申报》出号外，报道中法战争消息，是上海中文报纸最早的号外。至十六年，上海先后发刊中文报纸33种，数量占全国各地（包括香港）报纸43%强。十九年正月初一，《新闻报》创刊，和《申报》《沪报》形成三大报鼎立之势。至二十年，上海先后创刊中外文报刊约100种，占全国报刊数50%。二十一年十一月二十八日，上海强学会机关报《强学报》创办，鼓吹维新变法。二十二年，《时务报》，二十三年《富强报》《农学报》《新学报》等维新报刊创刊，一时鼓吹维新变法报刊达27种，出现中国人办报的热潮。二十三年三月十五日、十二月十八日，《时务日报》《大公报》先后创刊。是时，上海有中文日报6种，分别为《苏报》《新闻报》《申报》《字林沪报》《大公报》和《时务日报》，其他中文报纸17种。二十四年六月，上海第一种妇女报刊《官话女学报》创刊。百日维新前，上海出版的新学报刊种数超过全国其他地区报刊的总和。二十四年八月二十四日，清廷发布禁报谕，上海报纸减至13种。二十六年，《新闻报》发行达1.2万份，是上海第一种稳定发行在万份以上的日报。是年底，上海有中文报纸13种，占全国中文报纸68.4%。此后“报”和“刊”渐有区别，报纸以报道新闻为主，散张出版（书册形式的称“册报”和“丛报”），期刊逐渐舍弃新闻报道。二十九年，《苏报》因鼓吹民族革命，发生《苏报》案。七月十五日起《国民日日报》附张《黑暗世界》，在国内最早每期刊出报头漫画。十月初五，上海最早的同乡会报纸《宁波白话报》创刊。三十年，《金融日报》发刊，载当日银价、汇价和黄金价格。三十三年二月二十日，《神州日报》创刊，最早在全国报纸中不标清朝年号，以干支纪年。宣统元年（1909年），《民呼日报》《民吁日报》《民立报》接连创办、被封、创办，被称为“竖三民”报。四月一日，上海最早的主张地方自治的报纸《上海报》创办。三十四年起，上海道挪用黄浦江开浚费创办和收买多种报纸，上海剩《新闻报》《时报》和《神州日报》3报未受其控制。二年八月，中国报界俱进会上海事务所成立，上海成为全国新闻界团体活动中心。辛亥革命爆发，各大报馆以大字抄录新闻张贴，各报增刊号外、专版，一批快报型报纸创刊，10月至年底创刊快报40余种，至是年底先后出版中文报刊60余种。此后，出现一大批政党报纸。清道光三十年（1850年）至1911年，上海出版报纸近200种。

1912年，《民权报》《中华民报》《民国新闻》等20余种报创刊，形成创办报纸高潮。其中，《民权报》《中华民报》《民国新闻》3报在“二次革命”前后揭袁反袁，被称为“横三民”。“二次革命”中出现反袁报纸《民国日报》等。1918年，有中文报纸29种。1919年，在上海成立中华民国全国报界联合会。1919年5月

6日，上海各报广泛报道北京五四运动。1925年五卅惨案发生后，6月3日、4日创办《公理日报》《热血日报》，揭露五卅惨案真相。其间，上海工商界人士创办以提倡国货为主要内容的《国货周报》等报纸。1927年1月，《神州日报》《民国日报》等报被孙传芳查封。1928年2月1日，国民党第一个中央直属党报《中央日报》出版上海版。是年11月20日，中共中央机关报《红旗》创刊。1931年，《申报》《新闻报》日发行量均超过15万份。1936年4月1日，天津《大公报》上海版创刊。1937年抗日战争爆发后，一批救亡报纸创刊。11月上海沦陷后至年底，租界内30种抗日出版物停刊，或迁内地和香港。1937年12月14日起，日军对上海报纸实行新闻检查。《大美晚报》和《华美晚报》借美商报纸名义拒绝接受检查，继续刊出抗日消息，其他报纸相继改以外商名义出版"洋旗报"，以避检查。1月25日，《文汇报》创刊。10月10日，《申报》沪版以美商名义复刊。至1939年4月，上海租界内共有洋旗报17种。1939年5月1日，工部局发布布告禁止在公共租界内进行抗日宣传，多种报纸因发表抗日文章被停刊。1938～1941年，主要报纸有《中华时报》《平报》《新申报》《大陆新报》。1941年12月9日太平洋战争爆发次日，除日伪所出版的《新申报》5种中文报纸外，其他报纸全部停办。15日，《申报》《新闻报》复刊，受日伪严密控制。1943年，上海有报纸31种。1945年8月18日，《文汇报》复刊。8月30日，《中央日报》社迁上海，改出上海《中央日报》。1945年底，全市有中文报纸37种。1947年5月，《文汇报》被淞沪警备司令部查封。1949年5月，全市出版日报27种。主要报纸《申报》《新闻报》均日销12万份。

1949年5月27日上海解放，上海市军管会文管会新闻出版部接收国民党、政、军、特、宪及各派系所属《中央日报》等18种报纸，命令停办8种，对《申报》《新闻报》实行军管，是日《申报》停刊。28日，中共中央华东局和上海市委联合机关报《解放日报》创刊。此后，开始管制政治背景不明显的新闻单位，颁布私营报刊登记办法。5月31日～6月30日，申请登记报社43家，经审查对14家发给登记证，并规定政治性新闻和评论，必须采用新华社稿件。6月2日，《新少年报》、10日《青年报》(五日刊)创刊。21日，《文汇报》复刊。17日，《大公报》重新出版。29日，《新闻报》改《新闻日报》。7月1日，《劳动报》(三日刊)创刊。10月6日，上海市军管会发布通告，即日起凡与中国没有建立外交关系的各国报刊、通讯社、广播电台等驻沪记者，一律停止以记者身份活动。是年12月，上海有报纸11种。1956年4月28日，《文汇报》社迁北京，改版为《教师报》，10月1日迁沪恢复原报名。1965年，全市有报纸12种。1966年"文化大革命"开始，大部分报纸停刊。1966年11月、12月，造反派报纸《红卫战报》《上海工人造反报》先后创刊。1968年，全市有日报《解放日报》《文汇报》《上海工人造反报》3种，1976年《上海工人造反报》停刊。1979年，《劳动报》和《青年报》先后复刊，1982 年 1 月 1 日，《新民晚报》复刊。1986 年，全市有报纸 93 种，其中公开发行 58 种。1985 年，上海报纸的发行量仅次于北京居全国第二位。《文汇报》等报向全国发行。1987 年，整顿全市报刊，停刊 54 种，保留 76 种。1989 年 5 月 8 日，《世界经济导报》因严重违反纪律被停刊。1991 年、1992 年 7 月 1 日，《上海证券报》《上海金融报》先后创刊。1992 年 11 月 20 日，《上海英文星报》创刊。1995 年，全市有日报《解放日报》《文汇报》《新闻报》《劳动报》4 种，其他报纸 86 种。

小报、小型报 清光绪二十三年(1897 年)五月二十五日，李嘉宝创办上海第一种消闲小报《游戏报》，报道华界娱乐圈消息，刊载消闲文章。所用“一论八消息，标题四对仗”编辑样式，为晚清小报普遍采用，二十五年最早在上海妓界“开花榜”(选美)。是年，先后有《笑报》《青楼报》等创刊。二十六年后，再次形成小报办报高潮。二十八年，上海日出小报 10 余种，影响较大的有《同文消闲报》等，在小报中最早采用分栏式编排，增刊时事消息，为其后小报仿效。二十九年起，日出版不足 10 种。光绪三十三年至宣统元年，新刊小报约 15 种，每天约有 10 种小报出刊。光绪末年，各大日报改变版面，对开新闻纸双面印刷，消闲性报纸仍多为四开小版面报，始有大报小报之分。民国建立后，小报种数大减，1918 年后消亡。1916～1919 年，出现一批娱乐业界创办的商业性小报，有《新世界报》(新世界游乐场主办)等 5 种，刊载本娱乐场所消闲性内容和游艺场节目表等。其他有《电光日报》等 10 余种。1919 年 3 月，《晶报》创办，为最早的三日刊小报，和 1923 年 10 月创办的《金刚钻》《福尔摩斯》《罗宾汉》称为“小报四金刚”。1926 年，上海最早的色情小报《荒唐世界》创刊，此后半年共出现同类小报 70 多种，1927 年后创办 100 多种。此外，另有专门报道妓界消息的小报 10 余种。1928 年 12 月，国民党改组派小报《硬报》创办，此后出现 120 多种党派小报。其间，出现青年文学团体小报《华风报》(豫社)等 13 种，鸳鸯蝴蝶派文人及团体小报《粹报》(粹社)等 10 种。20 年代后半期，出现《电影周报》等娱乐知识性小报近 100 种。20 年代末至 30 年代初，出版消闲小报约 700 种。1935 年 9 月，第一种以小报篇幅刊载大报内容的小型报《立报》发刊，改变小报消闲、娱乐性质，精选精编新闻、评论和副刊，1937 年初夏发行量超 20 万份。1937 年八一三事变，消闲性小报大多停刊。9 月起，有一批小报复刊、创刊。10 月 3 日，《上海报》等 10 种小报联合出版以宣传抗日救亡为宗旨的《战时日报》。1939 年后，租界内小报种数剧增。出现《锡报》等一批专载各地消息的小报。是年，上海有小报 50 余种，1945 年 8 月 15 日剩《铁报》一种。至 12 月底，复刊和创刊 11 种。不久因政府当局明令申请登记，大部停刊。又因期刊只需向社会局登记，出现大量被称作“方型周刊”的小报，以《海风》周刊为最早，此后年余有《万象》等 100 余种。维持一年多逐渐消失。1946 年 6 月前后，一批利用国民党关系创办的小报复刊和创刊，较有影响的有《小日报》等。清光绪二十三年(1897年)至1949年，上海共出版小报1000余种。1949年5月上海解放，出版发行的有《铁报》和《飞报》2种，6月停刊。不久，《大报》和《亦报》创刊，1952年春《大报》并入《亦报》，11月《亦报》停刊。至此，上海日刊小报全部停刊。

晚报 清光绪二十一年，《字林沪报》出版中文晚报《夜报》。二十四年，《上海晚报》创刊。是年，英商创办中文《晚报》，后受清廷限制停刊。宣统二年后，晚报重新活跃。至次年10月有《中外晚报》。1912～1919年，有《晚钟报》等晚报创办。1921年，《中国晚报》发刊，影响较大。1924～1931年，先后有《东南晚报》等16种中文晚报创刊。30年代，晚报在上海确立地位，1937年8月有《大晚报》《大美晚报》中文版等60余种。1937年抗日战争爆发后，一批救亡报纸创刊晚刊。8月13日，《大公报》增出《大公报临时晚刊》，8月21日《申报》增出夕刊。同年，《大美晚报》等7报以外商名义出版"洋旗报"。1941年太平洋战争爆发，所有晚报全部被禁停刊。12月9日，日伪控制的《新申报》等3报增出晚刊，有《新申报夜报》《新中国晚报》《平报晚刊》。1945年8月抗日战争胜利，23日《夜报》率先创刊。1946年，《大英晚报》和《新夜报》复刊。是年4月15日，中共上海局领导的《联合晚报》出版。同年，南京《新民报》在沪创办晚刊。1947年，《联合晚报》《新民报晚刊》因报道学生运动被查封。1949年5月，全市有晚报《新民报晚刊》《新夜报》《大晚报》《华美晚报》《时事新报晚刊》《中华时报晚刊》《自由论坛晚报》7种。1949年6月，除《新民晚报》外，其他均停刊。1966年8月22日，《新民晚报》停刊，1982年元旦复刊。1994年11月1日在美国洛杉矶发行美国版。

新闻画报 清光绪元年(1875年)三月，广州《小孩月报》迁沪出版，是上海最早的画刊。三年八月，《申报》编印《瀛寰画报》，是国内最早以"画报"命名的报纸。十年，《点石斋画报》(Illustrated Lithographer)创刊，是上海最早的新闻画报。二十三年至三十二年，创刊新闻画报10余种。三十二年，《时报》在上海大型日报中首先附赠《时报星期画报》，各报仿效。三十三年，出版《世界》画报，是中国人最早自办的照相画报。光绪三十二年至宣统三年，发刊的画报100余种。民国时期，有影响的新闻画报有《真象画报》《大美画报》等。1945年抗日战争胜利后，《申报》《大公报》《大晚报》等一批报纸编印图画附刊。1947年下半年，上海出版摄影画报10余种。解放后，出版的新闻画报主要有《上海画报》(1981年10月创刊)和《漫画世界》(1985年8月创刊)。

二、外文报纸

清道光三十年(1850年)六月二十六日，英商奚安门创办上海最早的外文新闻报纸英文《北华捷报》。咸丰八年，《皇家亚洲文会北中国分会报》创刊，是上海最早出版的年刊。同治二年(1863年),《中国之友》由广州迁沪,改晚刊复刊,成为上海最早的晚报。三年,《海关中外贸易年报》出版。六年,上海第一种由美国人创办的报刊《美国月报》创刊。至六年,在上海先后创办的英文报纸有10多种。是年,上海第一种葡萄牙文报纸北方版创刊。九年,上海第一种法文报纸《法国七日报》创刊。光绪五年(1879年),英文晚报《文汇西报》创刊,此后至20世纪30年代初,与早报《字林西报》同为上海最主要的两种外文报纸。十二年,上海第一种德文日报《德文新报》创刊。十三年,上海第一种日文周报《上海新报》创刊。至二十一年,上海先后发行外文报纸30种。同治九年(1870年)至光绪二十六年(1900年),同时出版发行的外文报刊平均7～10种,加上其他外文定期出版物,共约20种。上海成为全国最大的外文报刊出版发行中心。二十九年,上海有《字林西报》《文汇西报》《华英捷报》《益新西报》和《上海泰晤士报》5种英文报纸。20世纪初,对外新闻传播中心北移至北京和天津,上海地位下降。光绪三十二年至宣统三年(1911年),上海出版的外文报纸12种。1911年,中美人士创办《大陆报》。1912年夏,《民国西报》创刊,是中国人自办的第一种英文日报。1918年,在沪朝鲜侨民创办上海第一种朝文报《独立新闻》。1921年、1922年,俄文日报《上海生活日报》和《露西亚回声报》在沪发行,是上海最早的俄文报纸。1925～1937年,创办6种俄文报刊。1934年,上海有外文报纸15种,以《字林西报》发行量最大,1936年期发1.06万份。1938～1941年,外文报纸有英文7种、日文4种、俄文3种、法文2种、德文1种。1941年太平洋战争爆发,日军报道部接收英文《泰晤士报》《大陆报》,查封《密勒氏评论报》等4报。《泰晤士报》《大美晚报》接受日方审查后复刊。1945年,有英文报纸5种,德文、俄文各4种,朝鲜文2种,法文、日文各1种。停刊外文报纸5种。1946年5月,中共上海地下组织主持的英文《新华周刊》出版。1949年3月,有外文报纸13种。1949年6月下旬,《大美晚报》自动停刊,苏联人所办英文《每日新闻》移交中方。1951年3月31日,《字林西报》自动停刊。1953年6月,《密勒氏评论报》停刊,至此,外国人在上海办报结束。1950年7月15日,英文日报《上海新闻》(The Shanghai News)创刊,是上海解放后中国人办的第一种外文报,1952年停刊,迁北京。1985年6月、1992年1月,《上海学生英文报》《英文星报》先后创刊。

第二节 | 新闻通讯 >>

一、本埠新闻通讯机构

清宣统元年(1909年),首家本埠通讯社生生社首发通讯稿《劝铜锡业》等。

是年，汪康年、王慕陶在比利时创办远东通讯社，组织国内稿件向欧洲各国报纸发稿。1920年6月，陈独秀创办中俄通讯社。1925年6月，中共中央宣传部创办国民通讯社。1927年5月，国民党创办国民通讯社，6月国民政府外交部驻沪交涉署创办国民新闻社。11月1日，中央通讯社设立上海通讯处。1927年，上海有通讯社12家。1932年6月，中央通讯社上海分社成立。1932年7月起，国民政府先后与路透社、美联社、合众社、哈瓦斯社、塔斯社等签订交换新闻合同，收回外国通讯社在上海等地发布中文新闻稿权利，由中央通讯社转发各地报刊采用。1936年，全市有通讯机构5家。1937年上海沦陷后，民营通讯社发展迅速，1939年10月有33家，绝大多数是商业性通讯社。1940年，伪中央电讯社在上海设立分社。1937～1945年，日伪主办的通讯社有6家。1945年8月抗日战争胜利后，21日中央通讯社上海分社、民营大光通讯社分别首先建立和恢复。1945年12月，中共领导的国际新闻社上海办事处成立，1949年5月上海解放前夕，有通讯社80余家。5月27日～7月26日，上海市军管会接收中央通讯社上海分社等2家通讯社。1949年5月27日，新华社华东总分社上海分社的业务编辑室成立，以上海分社名义发稿。6月11日，新华社上海分社成立，6月13日同苏联塔斯社远东分社商定交换新闻稿件。1949年9月，有16家报社订阅新华社上海分社稿件。此后，所有民营通讯社均结束。1959年7月，中国新闻社上海分社成立。此后至1995年，上海有上述2家通讯社。

二、外国新闻通讯机构

清同治十一年(1872年)，英国路透通讯社上海远东分社建立，是为第一个进入中国的外国通讯社。1914年，日本在华通讯社东方通讯社在上海设立，1920年改为日本外务省在华官方通讯社。1915年，美联社始向上海各报发稿。1920年，日本电报通讯社设立上海支局。1928年，德国海洋通讯社在上海设立分社。1929年，美国合众通讯社、联合通讯社先后在上海设立分社。1930年冬，路透社自英国引进自动收报机，订户装用后可直接接受路透社发布的商情消息。1931年，法国哈瓦斯社在上海设立分局。1932年，苏联塔斯社在上海设立支局。1936年，有英国、法国、苏联、日本通讯社各1家，美国、德国各2家。是年，外国报社美国《芝加哥日报》《芝加哥论坛报》《纽约时报》，法国《政闻报》等设驻沪通讯员。1936年，日本同盟社设立支局，后改为华中总局，此后日本朝日新闻社等11家设分支机构。1937～1941年，上海有美联社、合众社、国际新闻社、路透社、哈瓦斯社、塔斯社、电通社等上海分社，揭露日军侵略罪行，支持中国抗日。1941年12月，上海有英国路透社，美国合众社、美联社、国际社，法国法新社，德国海通社、德新社，日本同盟社，苏联塔斯社分支机构。12月8日，日军进入上海公共租界，不久美联社、合众社上海分社遭查禁，塔斯社消息被禁止使用，日本同盟社、海通社和哈瓦斯社消息大量增加。此后剩塔斯社上海分社。抗日战争胜利后，同盟社华中总社和德国海通社上海分社结束在上海活动。不久，路透社、美联社、合众社在上海恢复活动，法新社建立分社。4家通讯社所发中国新闻稿，是中国报纸国际新闻的主要来源。1947年8月，法新社上海分社停止发稿。1948年7月，路透社、美联社停止向中央日报、申报、新闻报和大公报供稿。1945年后，英、美、法等驻沪总领事馆均设立新闻处。1945年8月后，美国新闻处由重庆迁上海，9月12日起发中文《美国新闻处电稿》。1948年，上海有路透社、合众社、美联社和塔斯社分支机构。12月，美国新闻处迁至马尼拉。1949年上海解放前夕，除塔斯社分社外各社全部撤走。此后，塔斯社分社也撤销，上海长期无外国通讯机构。1986年5月，日本朝日新闻、共同社、经济新闻在上海设支局。1993年、1994年路透社、法新社上海分社先后设立。至1997年，有11国的35家新闻机构在沪设立分支机构。

三、香港驻沪新闻机构

1995年，《大公报》《文汇报》《香港经济导报》《香港商报》设有上海办事处。

第三节 | 出版 >>

一、官私刻书、出版社

南宋庆元六年(1200年)，华亭县学徐民瞻刊印《晋二俊文集》，是上海地区今存最早的官刻图书。南宋嘉泰二年(1202年)，钱希武刊印《白石道人歌曲别集》，是上海地区已知最早的私人刻书。元代，金山法忍寺僧坦辑刻《船子和尚拨棹歌》，是上海地区已知最早的寺庙刻书。明嘉靖二十三年(1544年)，俨山书院刊印《古今说海》，是上海地区最早的书院刻书。明清两代，华亭县学和上海县学刊刻方志、四书五经等书籍。明代，多私家刻印，刊刻其他各种图书，知名的有上海郁文博、陆深陆楫父子、顾定芳顾从礼父子等，华亭张之象绮兰堂、何良俊和何良模香严精舍，陈子龙平露堂以及王圻、陈继儒，嘉定徐学谟、马元调等。清代，有金山钱熙祚守山阁，南汇吴省兰听彝堂，松江沈恕古倪园，上海郁松年宜稼堂和徐渭仁等。上海开埠前，有的刻书家、藏书家兼营刻印销售。

清道光二十三年(1843年)十一月初八，英国传教士麦都思在上海县城大境阁创办墨海书馆，设有编辑、印刷两部，初专印宗教图书，后出科学读物30多种，是上海最早有铅印设备的出版机构。咸丰九年(1859年)，上海天主教会设土山湾印书馆。十年，宁波花华圣经书房迁至上海，改美华书馆，最早使用电镀法制造汉字字模。同治二年(1863年)、七年，官办上海同文馆、江南制造局翻译馆先后开馆，专门出版翻译书籍。十一年，《申报》创办后以申报馆名义出版图书，是上海最早的商办出版机构。同治年间，鸿宝斋书局创立，是上海较早的华商出版机构之一。光绪初年，大批华商出版机构创办，大多采用石印技术。二年(1876年)，英商美查开办点石斋书局，所印殿版《康熙字典》，销行10万部，创全国图书最高销量。六年，苏州席氏扫叶山房设立分号，印售木版和石印经史子集、字典、尺牍、小说、医药等书籍，成为上海最大华商书坊。十二年，日本人岸田吟香开设乐善堂书局，出版吟香阁丛书。十三年，同文书会成立，是基督教在中国设立的经营时间较长、规模较大的出版机构。是年，蜚英馆创办，印行有《资治通鉴》《三希堂法帖》等书。二十三年正月初一，夏瑞芳等创办商务印书馆，印刷商业簿册报表。三十二年，上海主要出版机构有90家。三十三年，由集成图书局、点石斋石印局、申昌书局和开明书店合并为集成图书公司，大量刊印石印线装古籍。同治元年至光绪三十四年，上海创办出版机构100多家。光绪三十一年，上海书业公所和上海书业同业会成立。同治末年起，棋盘街、福州路一带逐渐形成出版和图书销售业集中地区。

1912年1月1日，陆费逵等创办中华书局，适时出版新版《中华教科书》等书籍，规模迅速扩大，几乎独占全国的教科书市场。民国初年，商务印书馆发展迅速，出版大型丛书和新版教科书，成为全国最有影响的出版机构。1916年、1917年，大东书局、世界书局先后创办，和商务、中华并称4大书局。1917年，上海有图书出版机构44家，约占全国同类机构80%以上。石印、铅印逐步代替雕版印刷。上海成为全国出版中心。

1930年，上海图书杂志出版机构145家、印刷机构200多家。中国共产党在上海创办新青年社、人民出版社等。有特色的中小型出版社昆仑书店、大江书铺、北新书局、创造社出版部、春野书店、光华书店、现代书店、开明书店、良友图书印刷公司、新月书店、文化生活出版社、生活书店等创办。30年代，上海出版业进入鼎盛时期。1935年5月，全市有书局、书店260家，资产10万元以上34家。1936年，商务印务馆、中华书局、世界书局3家出版社出版图书约占全国71%。

1937年上海沦陷后，大部分出版社迁内地，剩余的多集中在租界。1941年，日军筹组华中印书局，承印教科书，兼管日占区内的出版业。日本三省堂和华通书局合办三通书局，独霸日占区教科书的批发销售。风雨书屋、复社等出版社编印发行毛泽东《论持久战》《抗日游击战争的战略问题》等，出版《鲁迅全集》和美国人斯诺《西行漫记》等。1941年太平洋战争爆发，12月26日日军查封商务、中华、开明等8家出版社和17处印刷厂。1943年6月，在日本兴亚院指使下，上海商务、中华、世界、大东、开明成立联营机构上海中国联合出版公司，承印发售汪伪“国定”教科书和教学参考书。1941～1943年，商务、中华、世界、大东4家出版社未出新书，1944年各出书1种，以经营文具维持。1946年，全市有出版机构(含书店)258家，重要的除四大书局外，还有正中、开明、儿童、生活、广益、百新、三民、博览、光明和作家等出版机构。1949年5月，全市有出版机构约250家，资本在2万元以上的27家。上海市军管会接管正中等17家出版社以及军管世界、大东和儿童等出版社。6月，工会和青年团系统分别创办劳动出版社、青年文化服务社。7月，商务、中华、世界等62家公私营出版社合资成立上海首家公私合作出版机构联合出版社，专门负责华东和华中地区的中小学教科书的出版和发行，出版中小学教科书800万册。12月，全市有出版发行机构430家，其中出版机构国营6家、公私合营5家、私营288家、私营图片出版发行机构24家、私营发行、销售机构107家。

1950年起，开始对私营出版社改造。是年1月，三民公司、万叶书店、儿童书局等8家联合成立上海儿童读物出版业联合书店，简称童联书店，次年参加者增至34家。4月，广益书局、北新书局等63家通俗读物出版社联合成立通俗出版业联合书店，简称通联书店，次年参加者增至94家。6月21日，大众美术出版社、教育书局等37家连环画出版社联合成立连联书店，专门经营连环画联合发行业务。

1951年2月起，全市开始整顿通俗读物和连环画的出版发行。11月，上海市出版工作改进辅导委员会成立，整顿图书出版。1952年，开始整顿私营出版社。6月1日，群益出版社等3家联合改组为公私合营新文艺出版社。到1952年上半年，旧连环画基本绝迹。是年8月，华东人民美术出版社成立。9月，华东人民出版社连环画科和9家私营出版社联合组成公私合营新美术出版社，主要出版连环画。12月，以新儿童书店为主，吸收中华书局、商务印书馆、大东书店有关编辑出版人员组成公私合营少年儿童出版社。1952年10月，实行出版印刷发行行业审批许可登记，淘汰一批不符合条件的出版社。至1953年底，出版社减至252家。1954年起，开始对私营出版业社会主义改造，有72家改造，其中商务印书馆改组为高等教育出版社，中华书局改组为财政经济出版社，龙门联合书局改组为科学出版社，上海地图联合出版社改组为新华地图出版社，上海音乐出版社改组为新音乐出版社，后5社均迁京。是年9月，徐胜记印刷厂、三一印刷公司等9家画片出版发行商联合组成公私合营上海画片出版社。同月，公私合营新知识出版社成立。是月1日，通联书店、连联书店、童联书店合并成立公私合营上海图书发行公司，1958年改为上海古旧书店。年底，全市有出版社96家。1955年1月，华东人民出版社改为上海人民出版社，华东人民美术出版社改为上海人民美术出版社。4月，由四联出版社(广益、北新、人世间、大中国联合组成)为基础的公私合营上海文化出版社成立。是年,全市有私营出版机构80家,公私合营15家,被国营和公私合营出版社吸收31家,其余11家宗教出版社由各宗教团体管理。至年底,全市有出版社36家,无私营出版社。

1950年,时代出版社迁北京。此后,按中央要求,上海重要出版机构相继迁京。1951年5月世界知识出版社、1953年4月开明书店、1954年5月高等教育出版社和财政经济出版社分别在上海设办事处。另外,还有科学、新音乐、新华地图等出版社。

1956年1月,公私合营上海科学技术出版社、上海教育图片出版社成立。是年3月,全市有国营和公私合营出版社12家。1957年,上海第一家高校出版社华东师范大学出版社成立。1958年1月,上海人民美术出版社设立附属朵云轩木版水印工场。5月,中华书局辞海编辑所在上海成立,新知识出版社和上海教育图片出版社合并成立上海教育出版社,古典文学出版社和中华书局上海办事处合并成立中华书局上海编辑所,上海科学普及出版社、上海卫生出版社并入上海科学技术出版社,上海财经出版社并入上海人民出版社。8月,新文艺出版社和上海文化出版社、上海音乐出版社合并成立上海文艺出版社。全市出版社减为7家。新文艺出版社改组为人民文学出版社上海分社和上海文化出版社。1961年,上海文艺出版社编译所、上海出版文献编辑所成立。1964年3月,上海文艺出版社改为人民文学出版社上海分社,上海编译所改上海分社编译所。上海文艺出版社戏剧、音乐、棋艺编辑室改组成立上海文化出版社。1966年11月,因“文化大革命”,全市各出版社除印刷毛泽东著作外,其他业务工作基本停顿。1969年,大部分专业人员下放五七干校,全市留编辑人员107人。1970年10月,全市所有专业出版社合并成立上海人民出版社。1975年,出版《新英汉词典》、《水浒》120回本、《辞海》分册本。

1978年1月,新建、恢复10个专业出版社,分别专业出版有关图书。上海译文出版社,中华书局辞海编辑所改为上海辞书出版社,中华书局上海编辑所改上海古籍出版社。取消上海书画社,恢复朵云轩,成立上海书画出版社。1978年起,新成立一批出版社,有中国大百科全书出版社上海分社等。1981年,学林出版社成立,接受作者自费出书。1987年,百家出版社成立,为个人自费出书提供协作出版服务。1988年6月,上海书店以上海书店名影印出版和复制流通较少的珍贵古旧书刊。

1978年起,一批非市出版局系统的出版社成立、恢复。有上海科学普及出版社、立信会计图书用品社等、有声读物出版公司。1979年,华东师范大学出版社恢复,此后一批大学出版社成立。1993年,东方出版中心成立。1995年,全市有出版社38家。

各时期，主要出版机构有墨海书馆、美华书馆、江南制造局翻译馆、申昌书局、土山湾印书馆、点石斋石印局、扫叶山房、图书集成局、同文书会、上海书局、商务印书馆、广智书局、广益书局、作新社、开明书店、文明书局、神州国光社、上海集成图书公司、尚古山房、泰东图书局、中华书局、医学书局、亚东图书馆、大东书局、世界书局、人民出版社、万象书屋、北新书局、良友图书印刷公司、光华书局、正中书局、现代书局、新月书店、昆仑书店、美的书店、中国科学图书仪器公司、佛学书局、儿童书局、湖风书店(湖风书局)、龙门书局、生活书店、上海杂志公司、文化生活出版社、竞文书局、新知书店、读书生活出版社、万叶书店、复社、亚光舆地学社、时代出版社、太平书局、作家书屋、晨光出版公司、上海出版公司。1995 年，有上海人民、上海文艺、上海人民美术、少年儿童、上海科学技术、上海教育、上海古籍、上海译文、上海辞书、上海书画(朵云轩)、上海书店、学林、上海远东、上海画报、上海科技教育、汉语大词典、百家、上海声像、三联书店上海分店等出版社，以及华东师范大学出版社等。

二、图书出版

上海开埠后，代表性的出版物有《续几何原本》《植物学》《泰西新史揽要》《黑奴吁天录》和《蒙学课本》等。

民国建立前后，大量出版鼓吹民族革命的书籍，代表性的出版物有邹容《革命军》等。同时出版大批谴责、言情、侠义、侦探等通俗小说，有《二十年目睹之怪现状》和《官场现形记》等。经、史、子、集出版物减少。五四运动至 20 世纪 30 年代，形成民国时期出版最繁荣阶段。出版各种哲学、社会科学新思潮图书和文学作品，有《共产党宣言》《哲学要领》《中国哲学史大纲》《物种原始》《尝试集》《女神》《沉沦》《呐喊》《子夜》《家》等。出版一批工具书，有《辞源》《辞海》《辞通》等。整理出版一批古籍，有《四部丛刊》《涵芬楼秘笈》《百衲本二十四史》《四部备要》等。出版各类丛书上千种，有《万有文库》《世界名著丛书》《中华百科丛书》《一角丛书》等。1936 年，商务印书馆出版图书 0.49 万种，占当年全国出书总数的 52%，加中华书局 0.15 万种、世界书局 231 种，占全国出书总数 71%。

1937 年上海沦陷后，出版大量宣传抗日救亡图书。《中国的一日》《鲁迅全集》《西行漫记》等书，影响深远。1947 年，全市出版图书 1410 种，销售 50 万册。1945～1949 年，有影响的出版物有《寒夜》《四世同堂》《围城》《少年时代》等文艺图书。解放初期，印行《新民主主义论》《论联合政府》《论工商业政策》等书籍。1951 年起，租型出版《毛泽东选集》。是年，全市出书 1.02 万种，印数 2.4 亿册，分别占全国 55%和 35%。出版大量供工农文化学习的图书，有《干部必读》《土地改革手册》《美帝侵华血史》《惩治反革命条例图解通俗本》《婚姻法图解通俗本》《共产主义人生观》等。1954 年、1955 年起，《中国奴隶制与封建制》《战国史》等少量学术著作出版。1956 年，出版大批学术著作和文学作品，有《论黑格尔哲学》《中国通史》《中国文学批评史》《敦煌莫高窟艺术》《战斗的青春》《母亲》《马雅可夫斯基诗选》《车尔尼雪夫斯基论文学》《安徒生童话》《木偶奇遇记》等，出版大型丛书《中国近代史资料丛刊》。1958 年，出版图书 0.86 万种、4.93 亿册。1961 年后，强调图书出版的知识性、稳定性、系统性，出版《宋本十一家注孙子》《中国封建领主制和地主制》《十万个为什么》《中国丛书综录》《宝晋斋书法》《山乡巨变》《现代微分几何概论》《受控热核反应》《中国桑树栽培学》《中国现代文学资料丛书》《古本戏曲丛刊》《少年文库》《辞海》(未定稿)等。各出版社形成自己出书重点。1966 年，"文化大革命"开始，一般图书出版基本停顿。1967 年，全市 70%的生产能力用于印制毛泽东著作和毛泽东像，分别达 1200 万套、3 亿张。1969 年，全市出版图书 16 种。1970 年，出版全国"文化大革命"第一种长篇小说《虹南作战史》。1975 年，出版《新英汉词典》《水浒》120 回本、《辞海》分册本。1978 年，出版 0.17 万种，1995 年，出版 0.83 万种、2.44 亿册。《斯巴达克斯》《安娜·卡列尼娜》《数理化自学丛书》《林风眠画集》《重放的鲜花》《辞海》合订本等为"文化大革命"结束出版的第一批图书，引起轰动。1978 年后，出版的主要图书有《辞海》《汉语大词典》《金文大词典》《英汉大词典》《中国戏曲剧种大词典》《中国美术全集》(部分)《中国历代服饰》《中国历代货币大系》《中国新文学大系》《外国文学名著丛书》《中国古典文学名著丛书》《五角丛书》《中国古籍善本书目》《宋诗别集丛刊》《山海经校注》《敦煌吐鲁番文献集成》《道藏》《二十世纪西方哲学译丛》《当代中国经济探索丛书》《陈寅恪文集》《说园》《托尔斯泰文集》《工程结构及抗震动力学》《中国珍稀动物》《电工手册》《365 夜故事》《大学英语》《国际金融教材》《理论力学》等。

第四节 期刊

清咸丰七年(1857 年)正月初一，墨海书馆创办上海首种期刊《六合丛谈》月刊，内容以传教为主，兼及科学知识和新闻。同治元年(1862 年)六月，《中外杂志》发刊。七年七月，《中国教会新报》(周刊)出刊，十三年改《万国公报》(月刊)，共出 300 期，中日甲午战争时大量报道和述评战事。十年，《圣书新报》(周刊)创办，是上海最早的上海方言期刊。十一年，申报馆出版上海首种文艺期刊《瀛寰琐记》月刊。光绪元年(1875 年)四月初一，《小孩月报》由广州迁上海，系统介绍西洋绘画方法原理。二年正月二十三日,《格致汇编》创办,是上海最早以刊载纯科学内容为主的刊物。四年十一月十三日,上海最早的天主教期刊《益闻录》创刊,李杕主持,是上海首种由中国人主持和主笔的期刊。十年,《申报》馆出版上海首种画报《点石斋画报》(旬刊)。十七年,《海上奇书》发刊,是中国最早的小说期刊。至二十一年,上海共出期刊40余种。二十二年,黄遵宪等创办《时务报》(旬刊),鼓吹变法,是第一种由中国人创办的时事政治为主的综合性期刊,销量超过万份。二十三年十一月二十八日,《强学报》(5日刊)创刊,刊登政论,鼓吹维新变法。二十二年至二十四年"百日维新"后,上海先后创办政论性期刊报纸约30种,数量超过全国其他地方的总和,形成上海期刊发展的第一个高潮。戊戌变法失败后中文期刊由23种减至13种。二十六年,杜亚泉创办《亚泉杂志》,是中国人创办的第一种自然科学杂志。二十七年,罗振玉创办中国首种教育专刊《教育世界》半月刊。二十八年,《大陆》创刊,在国内期刊中最早采用彩印封面、白报纸两面印刷、隐线洋式装帧。二十七年至宣统三年(1911年),上海创办期刊165种,形成上海期刊发展的第二个高潮。二十九、三十年,商务印书馆出版李伯元主编《绣像小说》期刊和《新新小说》等。三十一年,梁启超创刊的《新小说》由日本迁至上海出版。是年,圣约翰大学发刊《龙旗》年刊,是全国最早的高等学校年刊。三十二年七月十三日,清廷颁诏预备立宪,九月二十五日上海首种立宪期刊《宪报》月刊创刊。此后,立宪派创办近20种期刊。是年四月,首种鼓吹民主革命的期刊《复报》月刊创刊。其间,复古派人物创办《国粹学报》等。一批专业期刊创办,在全国首创的有三十年戏曲专刊《二十世纪大舞台》以及《医学报》,三十二年音乐期刊《音乐杂志》、出版业专刊《图书月报》、外交专刊《外交报》。道光三十年(1850年)至宣统三年,上海出版专业性报刊50种,其中光绪三十三年至宣统三年32种,医学类约占半数。

民国建立后,上海期刊业迅速发展。1912～1915年,中华书局创办《中华教育界》等8种期刊,号称"八大杂志"。1913年后,文学期刊繁荣,是年有《自由杂志》《游戏杂志》,1914年有《礼拜六》《五铜元》《销魂语》《好白相》等约20种文娱期刊,1915年有《笑林杂志》《小说新报》等近10种创刊。1913年,出现《正谊杂志》等倒袁刊物。1915年,章士钊创办的《甲寅》月刊从东京移上海出版发行。

1915年9月,《青年杂志》创刊,次年11月改名《新青年》,鼓吹新文化。此后,绝大多数刊物文章改用白话文和新式标点符号,宣传新文化期刊创刊,旧刊开始革新内容。商务印书馆《教育杂志》《东方杂志》等革新内容。1921年1月起,《小说月报》全面革新,成为新文化运动时期第一种新文学杂志。创造社《创造季刊》等新文学社团刊物创刊。

1920年7月以后，出版各种政党和派别的期刊。有中共机关刊物和共产党人主持的刊物，出现《劳动界》《共产党》《向导》《中国青年》《劳动周刊》等，1919年中华革命党《建设》杂志，1923年国民党中央《新建设》，1924年国民党上海执行部《评论的评论》出版。其间，出现一批宣传无政府主义、新村主义，提倡国故、儒教，主张工读、职业教育，鼓吹扶乩等期刊。

1918年，任鸿隽、杨杏佛等将1915年1月创办的《科学》杂志从美国迁到上海出版，影响深远。1920年，《时报》创办中国首种画刊《图画周刊》。是年2月，《良友画报》出版，是全国印刷最精美、销路最广的画报。1927年后，多种文艺期刊创办，成为30年代"杂志年"前奏。1927年11、12月，郁达夫、鲁迅主编《民众》《语丝》，春野书店《太阳月刊》。1930年3月，鲁迅主编的《萌芽月刊》成为中国左翼作家联盟机关刊物。1935年，全市期刊398种。期刊封面装帧设计多样，发展成为一门独特的艺术。1929～1931年被当局查禁书刊531种。

1937年八一三事变后，创办一批抗日刊物，知名的有《时代》周刊等。日伪势力办30余种。1938～1941年10月，上海发行期刊400种以上。1941年底，上海有杂志19种。1946年5月前后，各政党派系的刊物从重庆迁沪或在沪创刊。期刊品种丰富，上海再次成为全国期刊中心。同时，出现以特定读者为对象的刊物，主要有《五金半月刊》《纺织》《现代农民》《宁波人月刊》《皮影》等。出现重趣味的称为"方型周刊"的期刊等。1946年，有期刊约430种，停刊130种，创民国时期期刊种类最高。年内《文萃》《观察》2刊被查封。

解放初，上海《展望》《世界知识》等杂志复刊，《科学画报》《小朋友》等继续出版，《西风》和部分宗教杂志停刊。1950年，出版88种，约占全国30%。50年代初，《华东妇女》《华东农民》等19种党政机关、人民团体刊物创刊，1954年前后大多数终刊。1954年、1956年，《支部生活》《萌芽》先后创刊。1956年，调整期刊，规定同类刊物保留一种。1957年，大型文学刊物《收获》创刊，是年全市有刊物49种，1960年减至13种。1965年，有58种，占全国7.3%。1966年5月，"文化大革命"开始，大部分停刊，1971～1973年剩1种。1973年9月，创办政论性杂志《学习与批判》，最高发行量95万份。后有文学性杂志《朝霞》。两种杂志成为"文化大革命"后期上海主要的杂志。1975年，有期刊23种。1976年复刊32种。1978年后，大批期刊复刊、创刊，1980年增至126种。《故事会》和《青年一代》期最高印数达730万和527万册，分居全国期刊发行量第一和第二位。有近百种发行到美国、日本等几十个国家和地区。1987年，有期刊444种，是年进行整顿。1995年，有期刊595种，其中公开发行511种，总印数1.78亿册。

第五节 音像制品

一、唱片

清光绪二十三年(1897 年),上海洋行出现蜡筒留声机与圆柱形蜡筒。20 世纪初,法国人乐浜生在上海设摊收费播放《五人大笑》(又叫《洋人大笑》)唱片,片长 2 分 32 秒。三十四年,法国百代(Pathe)公司成立东方百代唱片公司,生产唱片,产品注册雄鸡商标,中国唱片业诞生。唱片制作在中国录音,送法国制成唱片,再返中国销售。1915 年前后,百代公司在徐家汇路建厂,为中国第一家唱片制造厂。1917 年,中日合资大中华唱片厂创办,产品注册商标为双鹦鹉,红、绿、蓝色唱片分别为京剧、歌曲、地方戏曲,1924 年出版两张孙中山讲演唱片。1928 年,英国哥伦比亚公司收购法国百代公司,保留上海东方百代唱片公司旧名,另组中国唱片公司。1930 年,RCA 在上海成立上海胜利唱片公司,长城公司开始出版唱片。1931 年,留声机公司(HMV)与哥伦比亚公司合并成立 EMI,上海的东方百代与中国唱片公司成为 EMI 的成员,1934 年合并为 EMI(中国)有限公司。太平洋战争爆发后,中国唱机公司被日本人接管,大中华唱片厂也由日本人控制,改名孔雀唱片公司。1949 年前,上海有唱片出版公司数十家。1949 年 5 月 29 日,市军管会接管大中华唱片厂,6 月 3 日开始录音,6 月 6 日出版第一批唱片。1950 年 1 月,改人民唱片厂,迁北京,出版"人民唱片",上海设分社,成为上海唯一的唱片出版机构。1951 年,建立公私合营上海唱片制造有限公司,后改名上海唱片厂。1987 年,出版唱片 407 种,发行 824.6 万张,1994 年分别为 12 种、10 万张。1995 年 3 月,停止出版唱片。

二、盒式磁带

1981 年,少年儿童出版社出版上海第一套盒式音带系列儿童配乐故事音带《365 夜故事》。1982 年,出版儿童歌曲音带《春天》《好朋友》。1995 年,出版录像节目带 355 种,发行 44.24 万盒;出版录音节目带 1733 种,发行 2737 万盒。1981～1995 年,全市出版音像出版物 0.5 万种。

三、激光唱盘(CD)、激光视盘(LD、VCD)

1991 年,上海声像出版社出版第一套上海产激光唱盘(CD)《名家名曲》和《新秀新曲》。1993 年,中国唱片上海公司出版第一张上海产首次激光视盘(LD)。1995 年,出版激光视盘 66 种、唱盘 335 种,发行 6.53 万张、72.14 万张。

第六节｜印刷 >>

清道光二十三年(1843 年),麦都思将巴达维亚(今印度尼西亚雅加达)的印刷设备移至上海,成立墨海书馆,在上海最早采用铅印技术印刷图书。咸丰七年(1857 年),用石印术印出《耶稣降世》等书籍。之后,商务印书馆、土山湾印刷所相继使用石印技术。十年,美华书馆从宁波迁沪,成为上海印刷设备最新最全的印刷机构,带入国内最先采用电镀法制造的汉字字模 7 种,及满文、蒙文、日文铜模,公开出售,为申报馆等采用,部分设备沿用至今。同治七年(1868 年),江南制造局印书处在上海首先购置半机械型铅印设备。十三年,土山湾印刷所引进铅活字并自行铸字,次年引进珂版印刷机,光绪二年(1876 年)又引进大型石印机及大型凸版印刷机、铅印圆盘机等,19 世纪末增加铜锌版和照相制版设备。光绪二年,点石斋印书局成立,国内最早利用石印技术大批印制图书。八年,鸿文书局在国内最早采用彩色石印技术印刷地图等图书。二十三年,商务印书馆建印刷厂,二十六年在国内首次采用纸型浇版印书,二十九年采用雕刻铜版、珂版、电镀铜版和自动浇字机及凹、凸、平印刷工艺,成为上海最大的印刷机构,并设立铁工厂,仿制多种印刷机械。带动一批大型书局自设印刷厂,至民国初有中华书局、大东书局、永祥印书馆等所属印刷厂。1932 年一·二八事变,商务印刷厂总厂毁于日军炮火,闸北地区印刷企业受损严重,上海剩 50 家铅印厂,印刷业务下降 40%。至 30 年代中期,逐渐恢复原有规模。1937 年八一三事变,商务印书馆、中华书局、大东书局内迁,世界书局印刷厂等大型印刷企业被日军占用。

1949 年底,有印刷企业 0.29 万家,1956 年 1 月 0.3 万家。50 年代后期,归并为 179 家中心厂和 18 家直属厂。规模较大的国营企业有上海新华印刷厂和上海印刷一、三、四、六厂等。60 年代初,上海支援全国 22 个省市印刷业,外迁铅、胶印设备(含 10 余家厂整厂),以及 0.2 万名员工。1962 年,上海主要印刷设备较 1957 年减少 40.5%,铅印生产能力从 96 万令纸降为 48 万令纸,胶印生产能力从 230 万令纸降为 134 万令纸。1949 年 5 月～1963 年,未建新厂。“文化大革命”中,全市印刷业主要是赶印《毛泽东选集》《毛主席语录》和毛主席像,印刷量分别占上海铅、胶印印刷总量 50%和 70%。为印刷《毛泽东选集》及各种大字体本,1975 年新建上海市印刷十二厂。到 80 年代中期,上海书刊印刷生产能力约占全国 1/10。1987 年,彩色制版 90%以上采用电子分色工艺。1988 年,引进电子分色机、激光照排机。图书开本字体、字号趋向多样化。

1989 年，始采用电分制版文字排版和高精印刷等。1995 年，全市书刊印刷企业 373 家，书刊印刷 200 万纸令，报纸印刷 340 万纸令，彩色胶印印刷 500 万对开色令。

第七节 书店、出版物销售 >>

一、中文书店、书亭(摊)

清中叶，上海县城大东门外有黄文正书店，是上海最早的书店之一。晚清，本地藏书家大多兼营图书销售和发行。道光二十三年(1843 年)，墨海书馆及后之美华书馆、土山湾印书馆等，自办图书发行销售。咸丰年间，旧书店多集中在上海县城四牌楼。同治年间，有尚义堂、醉六堂、绿荫堂等书坊。光绪中期后点石斋书局成为上海规模最大的出版发行机构。其间，苏州席氏扫叶山房在上海设立分店，是上海最大的书店。二十四年，广学会建立中心门市，设有书籍陈列玻璃大橱窗。二十八年，商务印书馆建发行所，中华书局建门市部。此后，大东书局(1916 年)、世界书局(1917 年)、开明书店(1926 年)，均建门市部，最终形成 20～50 年代初以“商、中、世、大、开”5 店为首，中文、外文和古旧书 3 类图书出版业鼎立的上海出版发行格局。知名书店集中于福州路和棋盘街。30 年代，在经营上形成 3 类书店，1.编、印、发行为一体的大中型出版机构。2.专营零售的小型书店，数量最多。3.专营批发的书店，数量极少。1932 年，生活书店门市部陈列采用图书馆化，1935 年商务印书馆门市开架售书。1949 年解放初，全市私营书店有 512 家、书报摊 0.1 万个。6 月 5 日，新华书店第一、二临时门市部营业，7 月，和 62 家私营书店组成公私合营上海联合出版社，出版发行中小学课本。1950 年，8 家私营书店组成童联书店，专门出版发行少儿读物。62 家私营书店组成通联书店出版发行通俗读物。37 家组成出版发行连环画的连联书店。1956 年，批发业务并入新华书店上海发行所，上海发行所成为唯一专营上海出版物国内批发业务机构。1953 年，有私营书店近 200 家。1956 年，全部公私合营。1953 年，新华书店始在市区各区设综合门市部。1956 年起，成为全市唯一的新书发行机构。1959 年，始于郊县设立综合门市部。1995 年，全市国有书店有综合门市部 113 个。

1951 年 1 月，商务印书馆、中华书局、开明书店、三联书店、联营书店的发行部及其在全国的 80 多个分支店联合成立公私合营中国图书发行公司，成为新华书店以外的第二个全国性图书发行系统。7 月，设立上海分公司，经办 5 家单位出版物上海地区的批发业务。1954 年，和新华书店合并，1964 年改上海科技书店，店招仍用中图公司。1961年，上海音乐书店建立，1988年改上海音乐图书公司。1990年，沪港合资书店沪港三联书店有限公司开办。

专业书店 清光绪十一年，英国传教士傅兰雅创办格致书室，专营科技图书和文具仪器。二十六年，上海朵云轩门市专售装裱书画、文具用品等。二十七年，科学仪器馆门市专售理化器械和科学图书。二十八年，西泠印社书店创办，门市专售金石、考古、美术图书。1912年，有正书局开业，出售佛教图书。民国时期，还有上海杂志公司、儿童书局、中医书局、法学书局、中国农业书局、立信会计图书用品社及专出地图的世界舆地学社、亚光舆地学社等专业书店。1956年，新华书店上海分店确定第26书店主营科技图书。1959年、1961年，先后建少年儿童书店、音乐书店。1989年，上海新华书店有上海版图书贸易中心、教育书店等18个专业书店。1994年，全市有专业门市22处。

书亭 1950年9、10月，在复兴公园前、后门先后设立上海第一、二个书亭。1956年，57个个体书报摊人员组成22个合作书亭，1981年有15个，11月改为沪江书店。1983年，全市首家个体书店自立书店开办。1994年，全市有书报刊销售网点0.29万个。

二、外文书店

清咸丰十年(1860年)，英商伊文思创办伊文思图书公司，经营外文图书。同治九年(1870年)，英商开设别发书店，为上海首家外文专业书店。光绪二十三年(1897年)，商务印书馆发行所设西书部，经售原版西书。此后，华商西书书店有大华杂志公司、中外书局、东亚书局、世界书局、中外科学书社等门市部，外商开办的有日本人的内山书店、金星堂、至诚堂，德国人的璧恒公司、派立贡书店，美国人的中美图书公司等。1932年，龙门书局创办，专门翻印原版西书。到1949年，上海开办过近百家外文书店。1950年4月，国际书店上海分店成立，1952年开始发行西方国家出版物。是年，全市有私营外文书店30余家，主要有华商大华杂志公司、中美图书公司，外商伊文思书店。1953年3月，全市私营西书业停止进口业务，部分书店歇业。1954年，国际书店上海分店与新华书店上海分店合并，门市部改为上海分店外文门市部，1956年14家私营外文书店转入，1958年扩建为上海外文书店，1985年改制为上海外文图书公司。11月，中国图书进出口公司上海分公司成立。至此，全市有2家外文图书经销店。1986年，南京东路新华书店和日本户田书店互设专柜，中国科技图书公司设立日本内山书店专柜，销售日版书刊。

三、古旧书店

清宣统三年(1911年)，陈立炎在上海开设首家古旧书店古书流通处。

1929年，浙江金氏开设中国书店。后又有江苏、浙江人开设抱经堂、来青阁、汉学书店、传薪书店，北方人开设来薰阁等。解放初，上海登记在册的旧书摊、旧书店有251家，来薰阁、修文堂等古旧书店59家。1956年，建立国营上海古籍书店、上海旧书店，大部分私营古旧书店并入。1956～1965年，购入古旧书刊5000多万册，其中珍本、善本古籍约0.5万种。1958年，上海图书发行公司改名上海古旧书店，为全市唯一经营古旧图书的专业单位，上海古籍书店、上海旧书店为其下属门市部。1959年，与香港集古斋订立协议，兼营出口古旧书和字画。1976年以后，上海书店恢复影印出版业务，1985年改名上海图书公司，1988年成立出版机构上海书店。

1986年春节，上海20多家出版社和书店始在文庙内设特价书市，1992年6月成立上海文庙书刊交易市场，摊点40多个。

第八节 广播

1923年1月23日，国内第一家无线电台《大陆报》暨中国无线电公司广播电台在上海创办。1927年，国内第一个民营电台新新公司广播电台建立。1932年，全市有广播电台40家，其中6家为外国人电台。至1937年7月，全市民营广播电台数量和发射功率，均占全国民营电台半数以上。1938年3月20日，日本占领军当局在南京路哈同大楼，设广播无线电台监督处，强令上海各电台进行登记，李树德堂等民营电台登记，继续播音。同时，又有20多家新成立的民营电台开业。1941年太平洋战争爆发后，电台均被封闭。1945年抗日战争胜利后，未准其复业。同时，抗日战争胜利后，因办电台本轻利重，竞相开办，一时全市有108家。1949年5月，有45家，其中民营23家、公营22家(政府办1家)。1923～1949年5月，共出现过234家广播电台。1949年5月27日，上海市军管会接管上海广播电台，当晚以上海人民广播电台(简称上海电台)的呼号开始播音。1950年4月1日，建立华东人民广播电台，接替上海电台第一台，向华东地区播音。1949年6月，清理私营广播电台，全市剩22家继续播音。1952年，16家公私合营，成立上海联合广播电台，1953年10月并入上海电台。1954年12月，华东人民广播电台撤销，全市剩上海人民广播电台。1992年10月28日，创办上海东方广播电台，全市始有2家广播电台，至1995年不变。

各时期，主要电台有民营电台有新新台、上海(亚美)台、福音台、大陆台、麟记台、中联台、民声台等广播电台。官办电台有交通部上海台、上海市政府台、中央广播事业管理处上海台。国营电台有上海人民台、上海东方台、华东人民台、上海联合等广播电台。外国人办电台有《大陆报》暨中国无线电公司(奥斯邦电台)、开洛台、美灵登台、美商华美台、德国台、苏联呼声等广播电台。

第九节 | 电视 >>

1958 年 4 月,上海电视台在南京东路新永安大楼筹建。10 月 1 日 18 时 58 分,对外试播,21 时 30 分结束。第一条电视新闻为《1958 年上海人民庆祝国庆大会及游行》。启用一个频道(第 5 频道)。每周播出 2 次,每次 2～3 小时。设新闻、文艺、教育类节目。10 月 25 日,播出第一部电视剧《红色的火焰》。1960 年 4 月,开办全国第一所电视大学。1973 年 8 月 1 日,上海彩色电视对外试播,每周三、六播出 2 次,全市有 69 台彩色电视接收机,观众 1 万～2 万人。1975 年 9 月,在全国省级电视台中第一家全部频道播出彩色电视节目,1995 年每天播天 33 小时 48 分,播出覆盖面长江三角洲大部地区。1993 年 1 月 18 日,上海东方电视台建台开播,1994 年 2 月 27 日,上海教育电视台建台开播。

1978 年、1979 年,梅山冶金公司和上海石化总厂分别建差转台,1984 年改为有线电视台。此后,宝山钢铁总厂等建有线电视台。到 1991 年初,全市有有线电视站 230 多家,终端 19 万户,收视人口约 70 余万人。1992 年 12 月 26 日,上海有线电视台成立并开播。1995 年,全市有终端用户 150 万户,数量创世界同一城区网络之最。

第三十四章
图书馆、文博、档案

第一节 图书馆事业 >>

一、藏书楼

私家藏书楼 宋代，青龙镇庄肃有藏书8万卷，为江南三大藏书家之一。元代，有孙道明映雪斋、杜元芳翡翠碧云楼等藏书楼，所藏均至万卷。孙氏别建草堂3间，给访者读书、校书用。明代，有郁文博万卷楼、陆深绿雨楼、朱察清慈云楼、何良俊清森阁、朱大韶横泾阁、王圻梅花源、施大经有获阁、宋懋澄九龠楼、张金宝穑堂及黄标、董传性、俞汝绢等藏书。清代，较知名的私家藏书有百余家，其中李筠嘉慈云楼、郁松年宜稼堂、梅益徽得一阁等规模较大，藏书较富。

公家藏书 明成化二十年(1484年)，上海知县刘琬在县学建尊经阁，庋藏六经、御制诸书和百家子史。清代，尊经阁藏雍正三年(1725年)礼部颁书44种。咸丰五年(1855年)正月，清军败小刀会后焚毁县学，藏书楼毁于火。同年重建，无藏书。

二、图书馆

上海开埠前后，外国传教士和侨民先后创办一批图书馆。清道光二十七年(1847年)，耶稣会传教士梅德尔在徐家汇创办天主教堂藏书室，专供传教士阅览，是上海最早的宗教图书馆。二十九年，上海第一家公共图书馆上海书会在英租界创办，咸丰元年(1851年)改称上海图书馆。同治十年(1871年)，亚洲文会北中国支会图书馆创办。光绪二十三年(1897年)，徐家汇藏书楼建成。三十年，第一家大学图书馆圣约翰大学罗氏图书馆创建。除圣约翰大学罗氏图书馆外，各图书馆都只向外侨开放。

光绪二十一年(1895年)维新变法运动中，上海强学会提出开大书藏计划，是中国人提出的第一个图书馆事业计划。三十年，上海道、江苏提学使等批准在上海县西城学区筹备设立上海图书馆(又称江苏五属图书馆)，因时局变动未果。三十二年，第一家中国人创办的图书馆国学保存会藏书楼开办。宣统元年(1909年)，上海有5家图书馆，为国学保存会藏书楼、格致书院藏书楼、徐家汇藏书楼、上海书会和上海博物院藏书楼。1926年，商务印书馆建东方图书馆，到1931年馆藏书刊总量超出50万册，是上海历史上最大的私立普通图书馆，毁于1932年2月1日火灾，损失图书46万册，其中古籍3203种。1931年，上海第一家市立图书馆在南市文庙建立。1935年，调查145家图书馆，其中公立33家、私立112家，分别占全国同类图书馆1.65%和21.75%。1936年，全市有图书馆300余家，其中学校图书馆158家。1937年上海沦陷，100多家公私图书馆战时损失图书40万册。至1938年，剩海关图书馆、鸿英图书馆、工部局公众图书馆、青年会图书馆等10余家，藏书70多万册。1944年，全市较大的图书馆有新亚图书馆(即申报流通图书馆)、近代科学图书馆、鸿英图书馆和区公署图书馆(即工部局图书馆)。1945年9月，上海教育局建上海市立图书馆。1947年，全市图书馆恢复至75家，其中学校图书馆46家。

私立普通图书馆藏书丰富，拥有大批读者，是民国时期上海图书馆业的主要组成部分。1921年5月，上海银业界职业青年成立互助团通信图书馆，是上海最早的私立普通图书馆。1932年12月，申报馆建立申报流通图书馆。1933年，蚂蚁图书馆成立，向社会开放，以通信借书方式免费外借图书，1935年最高日借阅量达400人次、0.2万次册。1938年，中国流通图书馆创办，馆藏图书超过13万册，1940年有经常读者0.4万人。1939年5月，中华职业教育社等团体合作创办中华业余图书馆，有藏书2万余册。

1949年6月，上海市军管会接管上海市立图书馆，改为上海市人民图书馆。1952年7月，新建上海图书馆。1952～1956年，市政府接办合众图书馆、鸿英图书馆、中国科学社明复图书馆和上海儿童图书馆，分别改建为上海市历史文献图书馆、上海市报刊图书馆、上海市科技图书馆等3所市级专业图书馆和上海市少年儿童图书馆。50年代初期，接管、征用亚洲文会图书馆和徐家汇藏书楼，并入上海图书馆。各公、私立图书馆归属市教育局，1952年9月起改属市文化局。1958年，3所专业图书馆并入上海图书馆(称“四馆统一”)，上海市人民图书馆撤销，市级图书馆由6所归并为2所。1960年，市少儿图书馆并入上海图书馆。1956年，市人民图书馆所属各区阅览室改为各区图书馆。1957年，18个区建立12所图书馆，市区、郊区分别为9所和3所。至1960年，闵行、吴淞两区图书馆建成，全市市区形成“一区一馆”。1959年5月，全市10个郊县全部建立县图书馆。

1950年10月，以原中华业余图书馆和益友社图书馆为基础，成立上海市工人文化宫图书馆。此后，沪东、沪西、徐汇等工人文化宫(俱乐部)建立图书馆。1959年，全市有基层工会图书馆0.48万所、图书436万册。

1953年，中国科学院在沪组建中国科学院图书馆上海分馆，1966年，中国科学院系统有独立的专业图书馆10家。1952年，全市有高等院校图书馆15家，1965年增至24家。

“文化大革命”初期，各级公共图书馆闭馆3～4年，从1965年24家减至1967年4家。1970年7月，上海图书馆恢复开放。1978年1月，市郊各县开始恢复县图书馆独立建制。此后，全市形成市—区（县）—街道（公社、镇）三级公共图书馆网。工会系统形成市工人文化宫—区（县）工人文化宫—基础工会三级图书馆网络。区、县馆全部恢复独立建制，1979年，对街道里弄图书馆进行整顿，一般一街道设一馆。1980年，公社文化中心（站）均附设图书馆（室）。

1995年，全市有公共图书馆31家，其中市级图书馆2家、区图书馆23家、县图书馆6家。藏书1586万册（件），其中市级图书馆藏书876万册（件）、区级524万（件）、县级186万册（件）。读者687万人次，图书流通507万册次。1990年，全市藏书100万册以上的图书馆有9所，分别为上海图书馆，复旦大学、华东师范大学、上海交通大学、同济大学、华东化工学院、上海师范大学等图书馆，中科院上海文献情报中心，上海社会科学院图书馆。

各时期，主要公共图书馆有工部局公众图书馆、东方图书馆、上海中华基督教青年会图书馆、中华学艺社图书馆、上海通信图书馆、上海市商会商业图书馆、上海市立流通图书馆（南市文庙）、申报流通图书馆（量才图书馆）、蚂蚁图书馆、上海市图书馆、日本近代科学图书馆、中国流通图书馆、益友社图书馆、上海少年儿童图书馆、上海市立图书馆（福州路）、鸿英图书馆、新闻图书馆、上海市报刊图书馆、合众图书馆、明复图书馆、上海市科学技术图书馆、上海市人民图书馆、上海图书馆。专门图书馆有徐家汇图书馆、亚洲文会图书馆、国学保存会图书馆、海关图书馆、中国科学院上海文献情报中心图书馆、上海社会科学院图书馆等图书馆、藏书楼。

三、文献收藏

藏书　元初，中原士族因战乱大批迁至江南，定居青龙镇、乌泥泾等处，携入大批文化典籍。元初，庄肃隐居青龙镇，藏书8万卷，至正元年（1341年）元廷为编修宋、辽、金3史，一次选调图书500余卷。元代，映雪斋、翡翠碧云楼藏书都至万卷。明代，本地私家藏书兴盛，部分藏书家以校印精良知名。知名藏书家有郁文博、陆深和陆楫父子、朱察清、何良俊、朱大韶及称为松江四大家的王圻、施大经、宋懋澄、俞汝缉。郁文博校刊有《说郛》、陆楫纂辑有《古今说海》、王圻编纂有《续文献通考》。清代，藏书家数十家，李氏藏书0.6万种（一说30万卷）。太平军进军江南时期，郁松年网罗收集，藏书10万余卷，藏有大量宋元刻本。清末，藏书家有丁日昌和盛宣怀。丁氏接手朱大韶藏书，收集图书10万卷，珍、善本占3/10，后归商务印书馆涵芬楼。盛氏广集江南故家藏书10余万册，建愚斋图书馆。民国时期，有影响的藏书家有瞿启甲、叶景葵、潘宗周、郑振铎。瞿氏是清常熟铁琴铜剑楼第四代主人，有藏书数十万卷。叶氏以收藏唐写本和宋元明清刻本、稿本著称。潘氏有宋版精品113种0.11万册。郑氏收藏元明清三代小说、戏曲、唱本等1.72万种9.44万册。清末至民国时期，上海先后出现各种类型图书馆300余所，馆藏文献成为公私藏书主流。其间，国内战乱频仍，上海地区社会环境相对稳定，江南各地文献不断流入。抗日战争爆发后，上海租界地区相对安全，各地古籍大量涌入。中英庚款董事会、中央图书馆筹备处等动用中英庚款中原计划用于建造中央图书馆百万元资金抢救沦陷地区珍贵典籍。1940年2月，首先以1.7万元购得刘世珩玉海堂藏元刊本《玉海》、宋刊本《魏书》，常熟瞿氏铁琴铜剑楼宋刊本《毛诗注疏》等。以及江宁邓氏群碧楼、嘉兴沈氏海日楼、庐江刘氏远碧楼、顺德李氏泰华楼、顺德邓氏风雨楼等藏书。文献保存会顺利收购私家典籍。1941年，先后以25.5万元购得南浔刘氏嘉业堂0.12万种明刊明代史料专藏，以70万元购得张氏适园藏书0.18万种(含宋本88种，元本74种，明本407种)。文献保存会所购的典籍，最珍贵的82种502册，第二部分甲类善本0.2万种2.3万册，今藏于台北"中央图书馆"，构成其善本藏书的基础。1950年，全市各类图书馆85所，藏书393.88万册。企业与其他机构藏书100多万册。1951年，华东文化部组织文献抢救活动，1953年～1957年5月抢救图书59.71万册，另2.57万公斤和34箱，80%调拨上海图书馆等机构。1990年，全市图书收藏量1.1亿册，其中公共图书馆系统近1918万册，高校系统3016万册，中科院系统400万册，社科院系统167万册，工会图书馆1600万册，党校系统225万册，中专、中小学系统3723万册。

古籍善本收藏　清末至民国时期，上海馆藏文献成为公私藏书主流。商务印书馆东方图书馆收藏善本古籍最多，质量最高，所藏宋版《周易》《通鉴纪事本末》、元版《陈氏易传》《后汉书志》和明版《永乐大典》残本均属稀世珍品。1939年，合众图书馆藏有宋、元、明、清的刊、钞、校、稿本及近人手札、大宗金石拓片、清代科举考试朱卷等。解放后，古籍善本图书大部分集中于上海图书馆、复旦大学图书馆、华东师范大学图书馆和上海中医药大学图书馆。1995年，上海图书馆藏有古籍120万册，其中善本25333种17余万册，以北魏神龟(518年)元年手写《维摩诘经》最为古老。宋、元刻本有600余种，另有一批明代知名学者手稿。复旦大学图书馆藏有线装古籍36万册，其中古籍善本书0.7万余种6万余册。华东师范大学图书馆有古籍图书27万册，其中善本书0.2万余种。上海中医药大学有30种明刊善本古医书。

地方志、家谱，民国时期，商务印书馆东方图书馆收藏国内22个行省0.26万种地方志，徐家汇天主堂藏书楼入藏国内地方志0.2万种，分别居国内图书馆方志收藏第三和第四位。1995年，上海图书馆收藏古籍地方志0.54万余种，居国内第二。华东师范大学、上海师范大学图书馆分别收藏0.21万种和0.17万种，其他山水志、都会志2000种。家谱文献主要收藏在上海图书馆，馆藏1.12万种、8.3万册，涉及312个姓氏，年代最早的是明朝成化年间刊本《新安程氏统宗世谱》。

外文珍本 1995年，外文珍本主要集中于上海图书馆，多为亚洲文会图书馆和徐家汇藏书楼旧藏，有1515～1800年间欧洲出版的图书0.18万种、0.2万册。

第二节 文博事业 >>

一、博物馆、纪念馆、管理机构

博物馆、纪念馆 清同治七年（1868年），国内首家博物馆自然历史博物院在徐家汇创办。十二年，亚洲文会博物院（上海博物院）、1933年上海市博物馆、1935年中华医学会医史博物馆、1938年警察博物馆先后创办。1949年5月，全市有上述5家博物馆。1950～1995年，建博物馆、纪念馆、陈列馆49个。1949～1956年，筹建上海博物馆、上海鲁迅纪念馆、中共"一大"会址纪念馆（初名上海革命历史纪念馆）和上海历史与建设博物馆。1956～1965年，鲁迅纪念馆新馆落成，韬奋纪念馆、上海自然博物馆动物分馆开放，松江、青浦、上海、嘉定、崇明5县建立县博物馆。1979年后，新建馆36个，有上海市历史博物馆、中国民族乐器博物馆、上海自然博物馆植物分馆、中共代表团驻沪办事处纪念馆、海军上海博物馆、宋庆龄故居纪念馆、李白烈士故居陈列室、龙华烈士纪念馆、青浦县革命历史陈列馆等。1995年，全市有博物馆、纪念馆、陈列馆（室）48个。各时期，重要的博物馆有震旦博物院、上海博物院、警察博物馆、上海市博物馆、中华医学会医史博物馆、上海博物馆、上海自然博物馆、上海市历史博物馆、上海孙中山故居纪念馆、上海鲁迅纪念馆、中国共产党第一次全国代表大会会址纪念馆、中国共产党代表团驻沪办事处纪念馆。

管理机构 1928年，中央古物保管委员会在上海成立，不久迁北平。抗日战争胜利前夕，教育部设立战区文物保存委员会（1945年10月改称清理战时文物损失委员会），设（南）京沪办事处。1949年9月，上海市文物管理委员会成立（简称文管会），负责全市文物保护管理工作。1952年10月起，由上海市文化局履行有关文物、博物馆的行政管理，文管会负责文物征集和管理。1988年起，改由文管会全面负责文物和博物馆管理。另1952年、1967年先后成立文物整理仓库和市查收文物图书清理小组，负责处理相关事宜。

上海市文物管理委员会。1949 年 9 月，上海市古代文物管理委员会成立，1950 年改上海市文物管理委员会，1955 年改上海市文物保管委员会，1988 年改上海市文物管理委员会。有直属单位上海博物馆、中共“一大”会址纪念馆、中共代表团驻沪办事处纪念馆、上海鲁迅纪念馆、上海历史文物陈列馆和上海文物商店等。上海孙中山故居宋庆龄故居和陵园管理委员会，1985 年 1 月 10 日建立。

文物整理仓库。1951 年，上海造纸工业委员会联购处（黄家码头）和日晖港华东工业部废铜仓库库存大批旧纸、旧铜，华东文化部组织各旧书店古玩市场专业人员，遴选拣出宋版《磐老人集》和明版图书等 15 万册、铜器 1.5 万公斤（内有商、周、秦、汉等历史文物），存放武定路仓库。1952 年，仓库列为市文化局直属的事业单位之一，并设置图书整理、文物整理、标本保养和行政 4 个组。后文物、图书全部迁至虎丘路 88 号文物仓库。1953～1957 年，清理文物 2.72 万件、图书 59.71 万册，又 2.57 万公斤、34 箱。1959 年撤销。

上海市查抄文物图书清理小组。1967 年 4 月成立，负责接收、清理、处理“文化大革命”初期“红卫兵”非法抄没的市民私有文物、工艺品和图书。1967 年 6 月～1968 年 12 月，集中接收查抄的 6.74 万户市民文物、工艺品 332 万件，图书 547 万册。1969 年 5～12 月，分书画、青铜器、陶瓷、竹木漆器、玉牙、印章、钱币等类集中清理，1969 年 1 月～1970 年 5 月集中处理。1969 年 10 月，奉命紧急处理查抄文物，10 万余件文物无偿移交上海博物馆，一级文物转移至仓库保存，340 万工艺品作价转售上海工艺品进出口公司。1970 年 5 月，清理工作大部完成。1980 年 10 月，中共上海市委办公厅通知“全市各单位在文化大革命期间从市文清组调去的查抄文物、工艺品、图书全部退还市文清组，用于落实政策归还原主。”到 1986 年 1 月，市文清组收回查抄文物、工艺品 81 万件，图书 456 万册。此后，对 6.56 万查抄户，通过原物发还、顶退发还、开仓认领、经济补偿等发还文物、工艺品 67 万件，图书 236 万册，对原物无法找回的 192 万件文物和工艺品、193 万册图书补偿 1902 万元。1989 年 10 月，全市清退工作全部结束。

二、考古

1948 年，上海市博物馆在金山卫戚家墩发现、发掘春秋战国时代遗址，为上海第一次遗址发掘。至 1995 年，共发现包括新石器至春秋战国时期不同文化内涵的古文化遗址 28 处，并对其中 12 处进行 26 次考古发掘。另发现一批古墓群。通过遗址的发掘，发现典型遗址的文化遗存，由此推定，上海地区最早有人类活动在 6000 年前。

上海成陆年代 20世纪30年代前，瑞典海登斯坦、德国黄师孟推算上海西部约有2000多年的历史，市区成陆不满千年。1958年后，马桥出土良渚文化陶片，距今4510±496年，说明在4000年前，海岸已离开竹冈一线，上海以竹冈为界的西部土地，成陆在4000年前。上海发现的春秋战国时代以前的遗址，都在竹冈以西，其中青浦县崧泽和金山县查山两个距今约6000年的马家浜文化类型的遗址，在沙冈（北起沙冈庵，南经马桥镇、漕泾，直达海边，为吴淞江以南最西的一条冈身）西，沙冈东距竹冈约1.5公里。推算沙冈一线应是距今五六千年以前的海岸线。20世纪50年代后，上海地区出土众多唐代和唐以前文物，彭浦镇附近出土唐青瓷碗，闸北区广中路菜场出土南朝青釉瓷碗和瓷罐，中山北路出土唐黄褐釉瓷壶，共和新路出土唐青黄釉瓷碗，浦东白莲泾出土唐代青釉瓷碗等，证明今上海市区及近郊至少在唐代已是陆地。1975年11月，川沙严桥公社发现一处唐代村落遗址，根据地质调查，发现在遗址以东，川沙县北蔡、南汇县周浦、下沙、航头等地，地下有一条断续不绝的沙带海岸遗迹，推断唐初的海岸线已在浦东的北蔡、周浦、下沙、航头一线，市区成陆至少有1300年历史。今上海市全境，宋代之初已基本成陆。

古文化 1959年起，对马桥、崧泽等12处遗址进行清理发掘，基本廓清上海地区古文化内涵和时代序列，典型遗址的文化遗存命名为崧泽文化、马桥文化和戚家墩类型，填补上海考古空白。经厘清的上海地区古文化类型和发展序列为马家浜文化4种文化和几何印纹陶戚家墩类型。马家浜文化，距今约7100～5900年，以有青浦崧泽遗址下层等文化层为典型。崧泽文化，距今约5900～5100年，以青浦县崧泽遗址中层文化为典型命名。良渚文化，距今约5100～4200年，遗存有福泉山高台墓地。马桥文化，距今约3700～3100年，以上海县马桥遗址中层文化为典型命名。几何印纹陶亭林类型，属两周时期吴越文化，以金山亭林遗址上层文化为典型命名。几何印纹陶戚家墩类型，属春秋战国时代吴越文化，以金山戚家墩遗址命名。

古文化遗址 至1995年，发现古文化遗址28处，其中14处列为上海市文物保护地点，分别为崧泽、福泉山、寺前村、金山坟、刘夏、查山、亭林、招贤浜、戚家墩、汤庙村、广富林、平原村、马桥、柘林等遗址。

三、史迹建筑

全国重点文物保护单位 1961年，有上海孙中山故居、中国社会主义青年团中央机关旧址、中国共产党第一次全国代表大会会址、鲁迅墓列为全国第一批重点文物保护单位。1995年，有9处全国重点文物保护单位，除上述3处外，分别为鲁迅墓、宋庆龄墓、豫园、龙华革命纪念地、松江唐经幢、徐光启墓。

市级文物保护单位、纪念地点、保护地点 1995年，上海市文物保护单位

128 处。其中，古建筑、历史遗迹 26 处，纪念性建筑、革命史迹、名人故居 41 处。优秀近代建筑 61 处，上海市纪念地点 22 处，日本侵略上海遗址纪念地 7 处。

四、文物收藏

1995 年，全市 48 个博物馆、纪念馆、陈列馆收藏文物 146.2 万件。各馆收藏均有重点。上海博物馆主藏青铜器、陶瓷器、书画、玉器、钱币、玺印，重要藏品有夏细腰铜爵、大克鼎、牺尊、战国商鞅方升、良渚文化黑陶细刻纹阔把壶、北宋定窑印花云龙纹盘、南宋官窑贯耳瓶、唐怀素《苦笋帖》、宋苏轼《祭黄几道文》卷、明祝允明草书《赤壁赋卷》、唐孙位《高逸图》、五代董源《夏山图》、宋赵佶《柳鸦芦雁图》、元倪瓒《六君子图》、良渚文化鸟兽纹琮形玉镯、商代兽面纹玉戈、唐拨镂鸟兽花卉象牙尺、南梁释迦如来漆金石像。

五、文物交易

出口 上海开埠后，成为中国文物贸易的主要集散地之一。1921 年，上海古玩市场出现后上海又为文物走私与盗卖的主要市场。1950 年，市文管会参加海关稽查。是年，查获雪畊斋古玩店 17 箱以真报假，企图蒙混出口的文物走私大案。其后至 1951 年，又 5 次查获业主走私出口文物 85 件。1955 年、1956 年，上海市第二中级人民法院判处古玩业“四大金刚”文物走私案，全市文物走私得以遏制。1981 年起，严格控制文物出口，徐悲鸿、傅抱石、潘天寿、何香凝、董希文、王式廓、李可染作品一律不准出口，吴湖帆、贺天健、齐白石、丰子恺、黄宾虹、沈尹默、张大千、邓散木等 67 名书画家的作品不准出境。1986 年 6 月 18 日起，停止上海工艺品进出口公司批发出口文物和旧工艺品业务，公司库存文物、旧工艺品 300 万件全部按账面价拨文物部门保存，由此结束文物大批量出口。90 年代，凡涉及文物外销业务的单位开业，均由市文管会审核，报经国家文物局批准；凡属文物外销业务的代销单位和国内经销文物的单位开业，由市文管会批准。

古玩、文物商店 1921 年，在广东路、江西路一带形成上海古玩市场。广东路古玩店摊云集。30 年代，全市有中外古玩店 210 家。1951 年，有 240 余家。其中，开办最早的天宝斋，创办于清同治十年(1871 年)。光绪三十三年至宣统三年开办 19 家，资本金额最高的粹源古玩号 4.21 万元，低于 100 元的 57 家，经营古玩的近 100 家，书画 5 家，专营玉器的 13 家，瓷器、铜器的 12 家，木器 3 家，专营钱币 3 家，专营景泰蓝 3 家。大多开设于广东路、江西中路、河南路和石门一路。1956 年，资本主义工商业社会主义改造后，古玩店大为减少。1958 年，剩上海古玩总店、国营旧货商店、新龙、顾松记、仁立、益新成、尊彝斋、荣宝斋和古籍书店 9 家。90 年代后，上海文物商业重新活跃。1992 年，朵云轩艺术品拍卖公司成立，并在全国率先进行文物、旧工艺品拍卖。1995 年，国家文物局批准的文物外销店 6 家，为上海文物商店、朵云轩、上海古籍书店、上海友谊商店、创新旧货商店和陕西旧货商店。市文管会批准的外销文物代销单位 11 家，经营文物、旧工艺品拍卖的 6 家，为朵云轩艺术品拍卖公司等。经营文物和旧工艺品抵押业务的有上海典当行等 4 家。经营(包括内销和外销)古钱币的 4 家。各时期，主要文物店、市场有四美轩、上海古玩市场、卢吴公司、金才记、上海文物商店。

旧工艺品、邮票交换市场 1986 年春，在会稽路自发形成的旧工艺品市场。此后形成浏河路市场。1995 年，全市有 5 个交换市场，分别为会稽路文物市场(1986 年形成)、东台路古玩市场(1986 年下半年)、太原路邮票交换市场(1988 年)、福祐路工艺品市场(1992 年)、老城隍庙古玩市场(1994 年)。

六、文物保护

1956 年、1957 年，上海市第一次普查文物，提出市级文物保护单位 62 处，1959 年 5 月市人民委员会核准公布。1960 年 11 月，批准公布第二批市级文物保护单位 15 处，全部为革命遗址。1962 年 9 月，批准公布第三批市级文物保护单位 27 处。1961 年 3 月，孙中山故居等 4 处列入第一批全国重点文物保护单位。至此，全市有全国重点文物保护单位 4 处、市级文物保护单位 102 处。1962 年前，嘉定、松江、青浦、上海、金山县和南市区人民委员会公布区、县级文物保护单位 68 处。1964 年，市文管会提出市级文物保护单位历史文物部分，保留 10 处，撤销 36 处，4 处改为区县级。“文化大革命”中，拆除广福寺、潮惠会馆、木商会馆、朱泾砖幢、江西会馆、方泰牌坊、白云观大殿、松江啸园等，平整陈子龙、黄淳耀、吴历、陆深、黄道婆、邹容、宋教仁等墓，徐光启墓、南春华堂、钱业会馆等遭部分损坏，豫园、真如寺等屋面装饰和静安寺、龙华寺、真如寺、沉香阁内佛像等受到损毁。1977 年 12 月 7 日，市革命委员会批准公布，列入市级文物保护单位的 26 处(其中革命遗址 19 处、历史文物 7 处)，建议改列为区县级文物保护单位 9 处，撤销 59 处。1980 年、1984 年、1987 年、1989 年及 1992 年 6 月，市政府相继公布第二至六批市级文物保护单位。至 1995 年，有全国重点保护单位 9 处、市级文物保护单位 128 处、区县级文物保护单位 132 处。

七、优秀近代建筑

1989 年 9 月，市政府核准公布 59 处优秀近代建筑为市文物保护单位，1993 年 7 月又公布 2 处，1994 年 2 月再次公布 175 处。至此，共 236 处。

第三节 | 档案事业 >>

一、档案馆室

上海县档案馆室 上海县衙书吏房。清顺治元年(1644 年)设立,负责收管公文案牍,直至清末。1962 年,上海市公安局档案管理处清理旧政权档案,发现清顺治、康熙、乾隆、嘉庆、道光、咸丰、同治、光绪年间奏折等文件 41 件。

其他档案和档案馆室。清道光二十四年(1844 年),上海道批准发行上海房地产永租权道契。此后,根据代为申办领事馆的所属国,汇集成 0.25 万册的英册、美册、法册、俄册、日册等道契档案。同治四年(1865 年),江南制造局设文案处编纂《江南制造局记》10 卷。光绪四年(1878 年),江海关书信馆在外滩设立,保存局论、半公函、邮政编案等 11 类档案文件。中国通商银行,自成立至光绪二十三年连续 29 年汇集《公信录底》金融档案。二十八年,上海商业会议公所编印《历次奏案及禀定详细章程》,汇集上海商人组织文件。另外,部分清代工商机构编有档案文件汇编。

上海租界工部局、公董局档案室 清咸丰四年(1854 年)七月,上海英租界工部局成立,设有总办处总收发室,负责文件收发和档案保管。1931 年,公共租界工部局总办处成立档案室。宣统元年(1909 年),法租界公董局总办建档案室。1943 年 8 月,日伪上海特别市政府"收回"上海租界,同时接收上海租界档案,档案仍存原工部局库和公董局库,分归第一、八区公署保管。

上海市政府档案股 1927 年 7 月,上海特别市政府成立,接收淞沪商埠督办公署档案。1930 年,市政府设立秘书处第一科管理 15 个处室的档案下属 17 个局级机构和 32 个区公所,均分别设立总务股、文牍股、文书股、档案股和档案室,市政府机关形成档案管理网络。1937 年八一三事变,市政府秘书处第一科将 534 卷重要档案移出市政府,1941 年 12 月运至重庆,移交上海市政府驻渝办事处保存,档案定名留渝档案。1945 年抗日战争胜利后,归上海市政府秘书处档案股保管。9 月,档案股接收伪上海特别市政府的档案。1949 年 5 月下旬,调查处文书、会计、人事档案全部装运台湾,市民政局、警察局、社会局未及装运,留上海。

中共中央秘密档案库 1930 年,中共中央政治局常委周恩来布置在上海建立中央文库,保存中共中央各机关和上海等各地方党组织、各人民团体呈递中央的文件、内部报刊。1949 年 9 月,保存的 1922~1934 年 2 万余件、16 箱历史文献全部送交中共中央办公厅。

上海市档案馆　1954年9月，政务院在上海设立华东临时档案保管处，1956年改为国家档案局上海管理处，1957年11月改上海市档案馆筹备处。1956年6月，中共上海市委档案馆筹备处设立，1959年12月31日和上海市档案馆筹备处合并成立市档案馆。

区县档案馆　1959年，松江、上海等10个郊县均建立县档案馆。1963年起，杨浦等10区也建馆。1995年，全市有14个区馆、6个县馆。

专门档案馆　上海市城市建设档案馆，1987年7月成立。国家极地档案馆，1990年8月成立。

部门档案馆　归属上海市各专业主管部门，收集管理本部门档案。1995年，全市有9家，分别为上海音像资料馆、上海市气象档案馆、上海市地质矿产局地质资料馆、上海市文化艺术档案馆(筹)、上海市邮电管理局档案馆、上海铁路局档案馆、上海市工商行政管理档案馆、上海市科技成果档案资料馆、上海市房屋土地管理局档案馆。

企业事业单位档案馆　1995年，全市有7家企业档案馆、10家大学档案馆。

二、档案庋藏

1995年，全市各级各类档案馆和档案室收藏各类档案3000余万卷件，其中解放前档案占14%、解放后档案占86%。案卷1064.85万卷，录音、录像、影片档案0.49万盘，照片档案65.86万张，底图1935.24万张，缩微胶片平片26.3万张。其中明代档案数件、清代档案12.85万卷、民国时期档案133.89万卷和4.17万件。上海租界档案主要集中保存在市档案馆，起止期1849年3月～1943年12月，有5.9万卷。公共租界工部局档案占74%，主要是英文档案。法租界公董局档案占26%，主要是法文档案。藏革命历史档案1.27万卷和0.78万件。

文书档案　解放后，机关、团体、企业事业单位管理工作中形成的公务文件。至1995年，市级机关保存835个单位全宗3.45万卷。重要的有中共上海市委、上海市人民代表大会及其常务委员会、上海市人民政府(上海市人民委员会、上海市革命委员会)和中国人民政治协商会议上海市委员会的档案。

科技档案　1995年，有科学研究档案、产品工艺档案、基本建设档案和设备档案297.52万卷、底图1935.24万张。

专门档案　会计档案，清光绪二十三年(1897年)至1995年827万余卷，其中清代、民国时期占总数20%。诉讼档案，清同治八年(1869年)至1995年190万卷，上海公共租界会审公廨、国民政府12个上海地方法院和日伪政府9个上海地方法院、检察署的档案占总数40%。公证档案，1980～1989年11万卷。

指纹档案，清光绪二十七年至1992年79万盒。货币档案，清光绪二十三年至1992年0.8万张。道契档案，清道光二十七年(1847年)至1945年1.48万卷。商标档案，1949～1995年2.41万卷。水文档案，1932～1995年0.2万卷。艺术档案，1924～1995年1万余卷。教学档案，清同治十一年至1995年8.74万卷。照片档案 清光绪二十二年至1995年65万余张。音像档案，1927～1995年0.49万盘(盒)。

第三十五章
宗　　教

第一节｜佛教 >>

相传，三国赤乌年间佛教传入上海，建沪渎重玄寺，宋改称静安寺。康居国僧会建龙华寺。在古冈身建菩提寺。西晋建兴元年(313 年)，两尊浮石佛像浮海至吴淞江口，吴县朱膺迎至苏州通玄寺。唐代，沪地佛事颇兴，青浦、松江地区尤盛，青龙镇有 7 塔 13 寺。宋、元间，上海地区兴建一批名寺，延庆讲寺有房 600 余楹。宋兴塔，今存龙华塔、松江方塔、西林塔等。绍熙四年(1193 年)，华亭县有佛祠 46 座。明初，明廷清理寺观。洪武十六年(1383 年)，上海县宁国寺等 5 寺庵归并观音禅寺。洪武二十四年，裁减无名望寺院。嘉定县寺院从 120 余处裁至 24 处，僧尼从 600 多人裁至 300 多人。上海县明心教寺归并 17 庵。万历年间，禁令渐弛，佛教又兴，寺庙增加，除崇明外遍布各地。弘治初，把"淫祠"和无额庵院改为社学，正德末年华亭县 96 庵院改为社学。清初、中期抑佛，乾隆十九年(1755 年)后寺庙增加。太平军进军上海时期，上海地区 110 所寺庙毁于战火，自此上海地区佛教一蹶不振。光绪五年(1879 年)，上海县令敦促尼僧蓄发还俗，变卖房屋以作生产。十四年，每逢朔望，派兵把守沉香阁等处，阻止妇女入庙烧香。二十六年、宣统三年(1911 年)，以烧香男女混杂、私藏女尼，两度封寺。南北朝至清代，上海地区有 48 座寺庙获赐额，22 座请额。20 世纪初，各地、各宗派僧尼到沪传播佛教或谋生，寺庙、僧尼骤增，佛教团体勃兴，形成居士佛教，大量印行藏经、佛教书刊，中、外，汉、藏佛教交流增加，佛学院、佛教文化和慈善事业机构竞相创办。佛教社会影响扩大，地位提高，抗日战争前达鼎盛，带动全国佛教复兴。寺庙、团体选址渐由南市、闸北移至租界。1936 年，有新建寺庙 149 座，僧尼约 0.3 万人。农村庙产受兴学等风潮影响，大量移作他用，松江县有 48 座用作校舍。1937 年上海沦陷后，不少僧尼参加抗日，华界寺庙再次遭毁，各地僧尼避居租界，寺、僧增加，出现佛摊头、马路和尚。日本僧人在沪活动，组织团体，举办慰灵法会。1949 年，全市有僧0.18 万人、尼

0.15万人，寺1950处。解放初，成立爱国佛教团体，绝大部分寺庙佛事、布施锐减，经济困难，有的开展生产自救。1952年，全市约33%僧尼还俗。1953年，有57%的寺屋出租，房租占寺庙总收入21%。郊区僧尼参加农业生产，1955年每寺平均有3亩地。政府拨款修理玉佛、静安、龙华、三昧等寺庙。1952年，圆瑛、赵朴初代表中国佛教界出席亚洲及太平洋区域和平会议。10月、12月，圆瑛和虚云分别在沪举行两场为时49天的祝愿世界和平水陆道场讲经法会，20万～30万人参加，虚云收皈依弟子1.45万人。1953年后，市区寺庙香火渐旺，佛事增多，僧尼增加。1954年12月，上海市佛教协会成立。1956年，随喜南方国家纪念释迦牟尼佛涅槃2500周年，在玉佛寺举行大型法会，为时2周，10万人参加。1958年初，全市有寺1119座，其中市郊838座。有僧908人、尼0.1万人。1958年3～5月，举办华东五省一市(汉族)佛教徒社会主义学习座谈会，289人与会。会后，大批僧尼转业，或参加生产组劳动。1959年底，佛教界办有生产组5个、种植场1个。1960年，成立佛事接洽处，按地区组织市区小庙僧尼、马路和尚等接洽佛事。1963年，有接洽处9处，356人参加。"文化大革命"前停止活动。1961年，有寺474座，其中221座有宗教活动。有僧928人、尼0.1万人，分别有534人、494人转业及参加加工组生产。郊县大部分寺庙作他用。1965年，全市有寺339座，僧347人、尼597人。1966年8月，玉佛寺作文物单位封存，因接待外宾留僧13人。全市其余寺庙佛像均被毁坏，寺舍移作他用，佛事禁止，僧尼四散，市佛教协会停止活动。1979年2月，市佛协恢复工作。3月20日，在玉佛寺为含冤去世的持松等举行有佛教仪式的追悼会。8月，玉佛寺恢复群众性宗教活动。此后，各类教务活动次第展开。1995年，开放寺庙47座，有僧339人、尼155人，佛学院1所，出版机构1个，定期刊物1种。

主要寺庙有龙华寺、静安寺、青龙寺、超果寺、法华禅寺、真如寺、慈修庵、玉佛禅寺、法藏寺、圆明讲堂。自唐至1995年，上海地区建塔可考者24座，其中唐建3座、宋9座。1995年，存16座。

自清光绪十九年(1893年)至1949年，办有40种佛学期刊。1933年起，办有佛教电台，三四十年代有10个。清光绪二十四年至1949年，办有1所大学、2所中学、10所小学。1937年，办有佛教医院。

第二节 | 道教 >>

三国时期，吴末帝孙皓在大金山岛(今金山县金山岛)建冠军神庙，又称金山庙，祀汉将霍光(一说祀霍去病)，南宋岛沉海而庙没。相传有道教丹鼎派传人、道士葛玄在金山卫地区活动。晋安帝隆安五年(401年),沪地设筑耶将军祠,祭祀孙恩部的袁山松(又说崧),俗称袁将军庙,清同治十年(1871年)庙犹存。唐代,道士查玉成在金山东北遮山(查山)炼丹,留有炼丹室、浴丹井。宋代,道观渐多,分布于除今宝山区以外各地,今松江、市区和嘉定等地尤多。元代,道教传入今宝山地区,全真派传入上海地区。明代,正一道占主要地位。新建道观19%由地方官吏倡建,新道观大多在上海、嘉定两县,尤多黄浦江两岸。永乐年间,上海城隍庙修建。清代,道教发展受限制,渐失上层社会地位,向民间,尤其是农村发展。嘉庆十二年(1807年)前,17座道观由地方官倡议重建,占同期新建道观15%,主要供奉列入清廷祀典的神祇。此后,无地方官倡建,极少地方官倡修。咸丰八年(1858年)后,同业公会和同乡会倡建增多,以嘉定县最多。上海开埠后,江浙等地道士随众到沪谋生。同治八年(1869年),苏州道士曹瑞长在上海县道会司领得外方流道执照稽查,设听钟山房。此后,道院大兴,又迭遭上海知县查禁,屡禁屡设,逐渐增加。十一年起,上海知县屡出告示禁止迎神赛会。民国初,上海知县只承认出家道士,以破除迷信名义多次禁止与正一道士活动相关的堪舆、卜筮、迎神赛会等活动,对道观、道院颇多限制。1922年,道教界多次组织团体,以谋求合法地位和相应权利,难获政府批准。为扩大社会影响,力办施诊、学校等社会活动和事业,规模不大,为时不长。多数道士以"道士"为谋生职业,为市民做道场。上海市区道院特别兴旺。全真派因有合法地位,得到发展。1949年,上海有道观236座,其中211座在市郊。15座为全真道观,均在上海市区。有道院146家,均在市区。道士、道姑0.37万人,其中全真派约300人。少有居士。解放初,进庙烧香者减半,香火资、功德献仪锐减。正一道士做道场从每月20多场减至1~2场。道观、道士经济困难,道教界发起自救。关闭部分道观,部分开展生产自救。玉皇山等5座道观组织织毛巾、袜子等手工生产。大部分道观靠出租余屋谋生,1952年市区不出租者仅三四座。全真道观裁减道士,大部分转业,1953年全市减至84人。白云观150多人减至29人。1950年7月,正一道士70%回乡和转业,留沪人员部分兼做摊贩,有摊贩350人,少数人靠政府救济。1953年后,香火、经忏、道士人数均有回升。1956年,政府明确对各教一视同仁,道教获得合法地位。1957年3月,上海市道教协会筹备委员会成立。1958年8~11月,举行上海市道教界人士社会主义学习座谈会。会后,废除求签、过关等活动,办加工场1处,71名道士转业。1961年,12座道观有宗教活动,全市有道士、道姑0.22万人,绝大部分为正一派,878人转业。1961年,成立经忏接洽处,按地区组织市区散居道士,统一接洽经忏。1963年,有接洽处8个,联系道士164人。1965年,5座道观有宗教活动,全市有道士、道姑0.12万人。1966年8月,市道协筹委会、接洽处、所有道观停止活动,道士、道姑四散。1983年5月,钦锡仰殿首先恢复宗教活动。1985 年 4 月，上海市道教协会成立。市道协开办道学院，办刊物 1 种，出版道教音像制品 2 种。1995 年，修复、开放道观和烧香点 11 处，在观道士 107 人、道姑 2 人。

重要道观有钦赐仰殿、上海城隍庙、保安司徒庙、白云观。

第三节 伊斯兰教

宋代，有大食(今阿拉伯)穆斯林商人居住上海地区。宋德祐元年(1275 年)，元军攻入华亭县，军中官兵及家属多回族，遂定居华亭。元至正年间，建松江真教寺，至元末有穆斯林数十户。元末，有穆斯林官员、文人避兵燹迁居松江附近地区。明初，有的回族将领因战功受赏镇守金山卫、嘉定县。天顺年间，甘州、凉州 0.2 万名寄居回民迁徙江南，有的到金山卫，上海地区伊斯兰教更有发展。松江真教寺 4 次敕建、重建或扩建，青浦真教祠建立，七宝、诸翟等处设回民坟。明中叶，回民改汉姓、用汉名，求仕入官与汉人无异，在教内仍遵守教规和相关习俗，以致轻教门、重礼俗。清代，有回民从松江、青浦移居七宝，建七宝清真寺。道咸年间，因水灾和太平军战事，南京、镇江、扬州等地穆斯林大批移居上海，有的经营珠玉、古玩。咸丰二年(1852 年)，建草鞋湾清真寺。19 世纪 60 年代后，上海县城厢商业中心北移，珠玉、古玩商迁居城北九亩地一带，后来者也舍南就北，逐渐形成聚居点，同治三年(1864 年)设穿心街礼拜堂。19 世纪末，日商在沪西开纺织厂，湖北、河南、安徽、山东等地大批穆斯林经同乡同教人介绍，进厂做工，或设牛羊肉摊、饼面摊，或拾荒为生，在沪西南英华里、北英华里、长寿里、小沙渡、药水弄一带形成聚居点，设药水弄、鸿寿坊、江宁路等清真寺。宣统元年(1912 年)，成立上海清真董事会，管理上海主要清真寺、墓地和事业。民国建立前后，宰牛业穆斯林在斜桥设清真寺。20 年代，苏北淮阴等地穆斯林聚居沪东，1923 年设景星路清真寺，后又称苏北回教堂。山东、天津等地贩马、养马穆斯林聚居江湾跑马厅附近，1930 年建江湾清真寺。因各聚居点穆斯林籍贯、职业、经济状况不同，上海穆斯林以大分散、小集中聚居。南市聚居以南京籍珠宝商为主的穆斯林，经济实力较强，兴办上海穆斯林文化、社会事业。民国建立前后到抗日战争前，上海伊斯兰教兴盛，新增一批清真寺、清真女学，新型宗教团体勃兴，举办教育、出版、慈善事业，加强与海内外交流。抗日战争中，穆斯林勉力投身抗日战争和拯济事业，有名望阿訇离沪，不少事业停办，部分清真寺被毁。

1951 年，有清真寺 20 所、教职人员 58 人、穆斯林 1.7 万人。解放初，政府拨款维修重要清真寺，土地改革中保留回族公墓。1950年，新设2座清真寺。1953年，全市有0.34万人参加开斋节会礼。1958年5～10月，教职人员参加市少数民族整风座谈会。1959年初，有阿訇33人、师娘6人，清真寺18所，0.11万人参加开斋节会礼。是年，进行宗教管理制度改革，成立上海市清真寺管理委员会，全市清真寺合并成9所，成立上海市少数民族金属工具厂，开展生产自救。1960年6～9月，召开少数民族和伊斯兰教界上层人士神仙会。1962年，成立上海市伊斯兰教协会。1966年初，有清真寺9所，信仰伊斯兰教的回、维吾尔、乌孜别克、撒拉4民族人口近4万人，平时40多人参加礼拜，主麻日约150人，开斋节会礼276人。“文化大革命”中，保留小桃园清真寺，供外宾礼拜，其余清真寺均关闭。1979年，小桃园清真寺恢复群众性宗教活动。1982年，700～800人参加主麻日礼拜。1995年，开放清真寺7座，有阿訇20人，信仰伊斯兰的回、维吾尔、乌孜别克、撒拉、塔塔尔、哈萨克、东乡，柯尔克孜8个民族人口约5万人，平时约有100人参加礼拜，主麻日约800人，开斋节会礼约0.4万人。

重要清真寺有松江清真寺、沪西清真寺、小桃园清真寺。1955年，有回民墓地46处，1979年集中于回民公墓一处。

1919～1959年，办过4个出版机构。清同治年间，办清真义学，至1949年办过小学6所、中小学1所。1991年，有回民小学4所、回民中学1所。

第四节 | 天主教 >>

明万历三十六年(1608年)十二月，上海县人徐光启邀意大利耶稣会士郭居静到沪，在徐宅设礼拜场所，向徐亲友、佃户传教，教徒分布于上海县城内和浦东。明天启元年(1621年)，郭居静到嘉定开教。次年、崇祯十二年(1639年)，意大利耶稣会士毕方济、潘国光先后到松江、崇明开教。到18世纪初，教务鼎盛，上海地区有教徒8万人，占全国1/4。清雍正二年(1724年)，清廷严禁天主教。此后百余年间，教士潜伏浦东、松江、青浦、崇明等地秘密传教。乾隆四十年(1775年)，教廷取缔耶稣会，遣使会士到江南接替耶稣会士。五十二年，奥地利原耶稣会士、南京教区主教病逝浦东，此后数十年北京教区主教兼上海地区主教。道光十九年(1840年)十二月，教廷派意籍传教士到沪任主教。二十年，上海地区有教徒4.8万人，教会由12个神职人员主持，其中11人为遣使会士或由遣使会培养的中国神父。小堂大多由教徒管理。二十二年，被教廷恢复的耶稣会派遣3名法国会士悄返江南。咸丰六年(1856年)，教廷委耶稣会巴黎省会管理上海地区教会，至1949年不变。教务重心从农村转向上海县城区，再转法租界、徐家汇和公共租界。19世纪50年代起，开始发展慈善、教育事业。70年代起，开始发展天文、博物、出版等事业。同治二年(1863年)，法国外交大臣从中国赔款中拨30万法郎(合银近5万两)给江南代牧区，教会用此款在租界购置房地产。光绪二十六年(1900年)，上海有教徒8.6万人。中外神父102人，多为法籍耶稣会士。20世纪初至抗日战争前，教会加快发展，新建和重建一批大教堂，创办大学和医院。1936年，全市有教徒13.2万人、神父177人、修士178人、修女713人。

上海沦陷时期，教廷要求在华教士中立。日军对天主教"一体保护"，因视法国侨民为非敌性侨民，法国神职人员可在各地自由行动。1938年，日本神父以上海教区名义向中国神父发证书，在日占区作变相通行证。1949年，有属于上海教区的堂口384所，另有学校、医院、神父住院、慈善机构、修会办事处所设大小教堂46所。在市区，设有教堂、神父住院和附属事业的教堂区15个，其中徐家汇圣依纳爵堂等6堂为总铎级。在市郊，设唐墓桥等6个总铎区，崇明总铎区后亦划归上海。每个总铎区下辖数个本堂区，每个本堂区下辖数个堂口，形成教区、总铎区、本堂区、堂口4个层次的教会体系。外国主教、神父、修士、修女622人，中国神父、修士、修女880人。教徒13.04万人，其中8.5万人在市郊。1951年8月，上海教区及各修会共有地产0.32万亩，占外国人在沪地产16.6%，占外国各教会团体在沪地产63.7%，其中0.19万亩出租。有房屋0.75万幢，占外国各教会团体在沪房产90%，其中0.7万幢出租。1951年，房地产租金收入约100万元。1953年6月，天主教界开展反帝爱国运动。1955年9月8日，在肃清反革命运动中破获龚品梅反革命叛国集团。1957～1959年，举办5期天主教青年教徒学习班、天主教人士座谈会、修女学习班，进行社会主义教育，0.43万人参加。1958年初，全市有教堂359所，神父、修士、修女522人。是年11月，松江、金山、奉贤、南汇、青浦、川沙、崇明等县教堂宗教活动全部停止，1959年3月后部分恢复。1960年4月，上海市天主教友爱国会成立，自选自圣张家树为教区主教，1962年改为上海市天主教爱国会。1961年2月，天主教上海教区委员会成立。1965年，全市有20所教堂举办宗教活动，有主教1人、神父68人、修士12人、修女206人、教徒12.6万人。1966年6月，全市所有教堂停止一切活动。8月，教区、爱国会停止工作，教职人员集中漕溪北路201号，参加生产劳动，不少人受冲击。1979年2月，上海市天主教爱国会恢复活动。6月5日，教职人员在修女院内堂圣母主保堂恢复宗教活动。11月1日，徐家汇圣母院为天主之母堂恢复群众性宗教活动。1982年，上海市天主教教务委员会成立。修复开放教堂，办修院、修女院、光启社、骨灰堂、光启进修学校、安老院、印刷厂。1995年，全市开放教堂68所，分上海市西部、上海市东部、松江、浦东新区西部、浦东新区东部、崇明6个总铎区，总铎区下辖数座教堂，教徒约14万人，有主教、神父、修女97人。主要教堂有敬一堂、邱家湾耶稣圣心堂、张家楼耶稣圣心堂、董家渡圣方济各·沙勿略堂、南桥圣母无原罪始胎堂、佘山圣母进教之佑堂、虹口耶稣圣心堂、唐墓桥露德圣母堂、徐家汇圣母为天主之母之堂、重庆南路伯多禄堂。

上海地区天主教会所属教区多次变化。明万历四年（1576年），教廷设澳门教区，统辖中国、日本等国教务。清康熙二十九年（1690年）、咸丰六年，上海先后属南京教区、江南宗座代牧区。1921年、1922年，先后属江苏代牧区、南京代牧区。1933年，南京代牧区分为上海、南京2个代牧区。上海代牧区管辖范围除今上海市（不含崇明县）外，还包括苏州、扬州、东台、阜宁、海州等地。1946年，改上海教区。1949年，划分为上海、苏州2个教区及扬州、海州2个监牧区。1950年，上海教区由中国籍主教管理。1960年，崇明教务归上海教区。此后，上海教区管辖范围与上海市行政区划一致。1918年起，教廷拟收回法国保教权，起用中国籍主教，实现传教国际化，在上海受到法国抵制，至1949年法国势力仍占绝对优势。

清同治十二年（1873年）、光绪二十六年（1900年），先后建徐家汇、佘山天文台。清道光三十年（1850年），办圣依纳爵公学（今徐汇中学）。清光绪二十九年，创办震旦学院。1950年，有大学2所、中学20所、小学192所。清同治二年，办公济医院，到1949年办有11所医院。此外，办有中国首家自然博物馆、徐汇藏书楼。

第五节 | 基督教 >>

清道光二十三年（1843年）十一月初三，英国伦敦会传教士麦都思和雒魏林夫妇抵上海，定居传教。此后5年，英、美等国主要教派差会派遣传教士到沪传教，英国传教士占优势。初在上海县城内设点，迅速向租界发展。二十七年，上海第一批基督教堂圣三一堂、圣会堂（后称老北门第一浸会堂）建成。二十八年青浦教案发生后，教会获得在上海地区传教特权。19世纪70年代后，美国差会在上海增加传教经费，增派传教士，或以上海为传教责任地，或在上海设总部，向江、浙及内地发展。19世纪60年代后，上海增建一批教堂和教会医院、学校、出版机构。19世纪末，上海有教堂10多所。20世纪头20年，上海基督教迅速发展。建造或重建一批大教堂，创办一批神学院、圣经学校、教会大学和中、小学知名学校，开办教会医院，新设出版机构，或将在外埠的出版机构迁沪，兴办一批社会福利事业。上海成为全国基督教中心。美国势力渐占优势。1937年,上海有教堂78所。太平洋战争爆发后,英美传教士或撤退,或进集中营,差会津贴减少,差会驻华机构和教会团体总部内迁,教会和教会事业由华人组成临时机构管理。各教派投入抗日战争,成立战时服务团体。抗日战争胜利后,主流派教会团体和传教士返沪。1947年、1948年,大批北方教会教职人员涌入上海。1949年,上海地区有教会367个、信徒4.4万人;教职人员866人,其中传教士313人。1950年,全国主要教派团体26个总办事处有14个设在上海,12个全国性合作团体有11个设在上海,12个重要出版机构有9个设在上海,8个救济和福利事业机构全部在上海。1951年8月,有地产0.18万亩,占外国人在沪地产9%,占外国各教会团体在沪地产34.9%;有房屋735幢,占外国各教会团体在沪房产8.8%,其中288幢出租。1950年,开展中国基督教三自爱国运动,由中国人自办教会。外国传教士离沪,外国差会断绝对中国教会的津贴。1954年,中国基督教三自爱国运动委员会成立,会址设上海。1955年,成立上海市基督教三自爱国运动委员会。教会开始靠房地产自养。教会学校、医院和慈善事业由中国政府有关部门接办。1956年1月,破获教会中的倪柝声反革命集团,教会团结大多数属灵派信徒。1956年,尚存的4个出版机构联合组成中国基督教联合书局。1958年初,有教会296个,其中208个在上海市辖区,教徒4.8万人,教职人员472人。1958年1～7月,市教三自爱国会进行社会主义教育运动。9月,实行联合礼拜,市区留22座教堂开展宗教活动。同时,组织三自加工组,部分教职人员转业或参加生产。11月,南汇、松江、金山、奉贤、青浦、川沙、崇明县教堂全部停止宗教活动,1959年3月后部分恢复。1961年,全市有教堂60所,39所有宗教活动。教职人员393人,其中从事神职活动的105人。1965年,有教堂38所,教职人员171人,教徒3.6万人。1966年8月,停止一切宗教活动,教堂移作他用,绝大多数教职人员转业。1979年2月,上海市基督教三自爱国运动委员会恢复工作。9月2日,沐恩堂恢复宗教活动。1981年,上海市基督教教务委员会成立。1995年,开放教堂和基督教活动点112处,有牧师、传道、长老221人,教徒13.4万人。同时,中国基督教三自爱国运动委员会和中国基督教协会恢复工作。

重要教堂有圣三一堂、沐恩堂、景灵堂、国际礼拜堂。

差会,清道光二十三年(1843年),英国差会伦敦会派传教士到沪。1949年,上海有30个差会驻华机构。1951年后,随传教士离沪,差会机构停止活动,至1953年全部结束。在沪差会均向其传教责任地提供津贴。

清道光二十四年,办上海首家出版机构墨海书馆,办广学会。创刊上海第一种中文报刊《六合丛书》,到1995年,约出版过281种报刊。自清道光二十五年办男塾,到1949年办过圣约翰、沪江、东吴3所大学,31所中学,63所小学。

清道光二十六年，办仁济医馆，至1949年有仁济、同仁、宏仁、红房子等8所医院。

第六节 其他教

一、理教

清光绪二十年（1894年），由天津商人传入上海。1924年，上海有公所31所，1950年6月有113所，1965年10月剩2所。此后因无信徒进公所参加宗教活动，亦先后关闭。

二、东正教

清光绪二十一年（1895年），沙俄政府意图在沪建东正教堂，遭清廷拒绝。二十七年《辛丑条约》签订后，清政府被迫同意。三十一年，在闸北建主显堂。1917年俄国十月革命后，旅沪俄侨迅速增加。1924年5月，中华正教会成立，归属流亡欧洲的俄罗斯正教国外圣公会，设立上海教区。1941年，上海有东正教堂10所。1946年，中华正教会归俄罗斯正教莫斯科牧首区，改称中国东正教会。此后分裂，圣尼古拉斯等2所教堂归属中国东正教会，圣母大堂等7所教堂归属俄罗斯正教会。解放初，上海教区有外籍神父7人。1956年3月，按中苏两国政府议定，上海东正教会与俄罗斯东正教和莫斯科大主教脱离关系。9月，在沪东正教房地产移交中国政府。1961年，有中国籍主教1人、神父3人主持宗教活动。1965年3月，主教病故，宗教活动停止，教职人员转业。

三、犹太教

上海开埠后，在印度的赛夫拉迪犹太人首先到沪经商，犹太教传入上海。各族在沪犹太人各自建立犹太教会堂和会社。清光绪十三年（1887年）六月，赛夫拉迪犹太人建埃尔会堂和上海会社。二十六年，建舍里特·以色列会堂。1920年，建拉结会堂（俗称西摩会堂）、博物院路（今虎丘路）阿哈隆会堂，以替代原来的2所会堂。宣统二年（1910年），上海犹太协会成立。光绪三十三年，阿什肯纳兹犹太人建摩西会堂。1932年11月，上海犹太宗教公会成立。1941年，经阿许根那齐拉比集资建成能容纳1000余人的拉都路会堂。欧洲犹太难民无力建造会堂，且大多为犹太教改革派和自由派信徒，不适应正统派的教规，1939年9月租用百老汇大戏院设立百老汇会堂，并于11月成立中欧犹太协会，1940年2月租用东海大戏院设立东海会堂。1949年，全市有摩西会堂、拉都会堂举行宗教活动，先后于1956年、1965年关闭。解放初，上海犹太宗教公会和上海犹太协会联合组成上海犹太联合委员会。1967年，上海犹太联合委员会自行解散。

四、祆教

清道光二十五年(1845年)，在香港经商的印度波斯族商人到沪开设洋行，同时英租界当局组建英军商团，部分雇佣军为印度波斯族人，祆教传入上海。是年，祆教徒成立波斯公所和上海帕尔西墓地基金会。同治五年(1866年)，建祆祠，成立波斯公所董事会。1931年，波斯公所建祆祠，建筑面积140平方米，可容教徒200人。市民称祆祠为白头礼拜堂。1942年5月后，祆祠渐衰。1949年初，祭司回国，祆祠停止活动。1952年3月，上海无祆教徒，1995年祆祠拆除。

五、锡克教

上海开埠后，英租界当局从印度雇用锡克族巡捕和司阍，锡克教传入上海，清光绪二十八年(1902年)有100多人。三十三年七月，建锡克教谒师所，1915年另建谒师所。1924年，旅沪印侨0.13万人。1939年10月、1940年10月，另在两处分设小谒师所。1941年12月后，大批锡克族人解雇，有的离沪，有的转业牧场，3所谒师所先后关闭。解放初，全市有印侨200余人，1956年、1962年先后离沪，宝兴路谒师所停止宗教活动。

第三十六章
社 会 生 活

第一节 | 社区 >>

一、工业社区

清光绪二十一年(1895 年)中日签订《马关条约》后,外国资本在上海开设工业企业,民族工业也开始发展。至宣统三年(1911 年),形成杨浦、闸北、沪西、沪南 4 个上海最早的工业区及毗邻工厂区的工人聚居地,约有 4 万名产业工人。1928 年,纺织、面粉、针织、棉织和缫丝五大行业 187 家工厂分布在闸北和杨浦两个工业区。1930 年,上海纺织工业工人增至 18.26 万人,大部分从业于 4 个工业区纺织厂。1932 年一·二八事变,闸北及其他工业区遭严重破坏,难民在废墟上建房搭棚,形成上海最初的棚户区。1937 年八一三事变,闸北、杨浦、沪西和沪南等工业区又一次遭日军轰炸,又有大批难民形成药水弄、蕃瓜弄、小莘庄等数个大型棚户居住区。到 1949 年,全市有药水弄、蕃瓜弄、肇嘉浜、杨树浦等大型棚户区。1958 年起,在市郊结合部辟造张庙、闵行、彭浦等新型工业社区。1972 年,金山卫建大型现代化石油化工联合企业上海石化总厂,形成大型工厂社区。1978 年,在宝山县月浦地区沿长江一带 12 平方公里区域内,建上海宝山钢铁总厂,形成新的工厂社区。90 年代初,兴建浦东金桥出口加工区和张江高科技技术园区,形成新的工业社区。

二、商业社区

20 世纪初,上海形成南、北市场两个商业社区。南市场分布于上海县城大东门、小东门和北门城郭附近,是上海的商业中心。北市场以新闸沿苏州河一带较为兴盛。同时,上海的商业中心逐步转向租界,主要集中在沿黄浦滩带,后又从英大马路(今南京东路)由东向西逐步扩展。20 世纪初,上海出现大型百货公司,20 年代大型百货公司毗邻集中于南京路。南京路、福州路、广东路等街区成为上海最繁华的商业社区。光绪三年(1877年),北四川路(今四川北路)开辟。二十七年,法租界西江路(今淮海中路、东路)开辟,到20世纪20年代均成为繁华的商业社区。1979年,曲阳路因成为居住区,出现大批中小型商店,形成圈状商业区。1990年起,徐家汇商业社区大规模改造,成为上海主要的商业社区之一。90年代初,陆家嘴地区成为全新的市级商业社区。此外,江湾五角场、打浦桥、提篮桥、东新桥、老西门、静安寺、曹家渡、八大埭等均为重要的商业社区。

三、居住社区

普通里弄　清咸丰十年(1860年)至同治元年(1862年),太平军东征攻打上海,城内居民和江浙难民大批避入租界,战乱后不少人留居租界。约同治九年,外商在北京路、宁波路、天津路一带建三上三下、以花岗石为大门门架的砖木结构民居,俗称石库门住宅,以数幢或数十幢为一排列,构成里弄,又以数条里弄组成一个居住社区。19世纪末,石库门民居在公共租界、法租界由东向西大批建造,形成居住社区。20世纪20年代,石库门里弄居住社区遍布上海市区,打浦桥地区新新里、顺昌路大康里和曹家渡荣华里为上海三大名里。1946年内战爆发后,外省市避难民众大量流入上海,住房需求激增,二房东乘机违章搭建。解放初期,全市有1600万平方米老式里弄房屋,其中违章搭建的有300多万平方米。

棚户区　上海开埠后,黄浦江边出现一批主要由英商经营的码头、仓库,来自湖北、安徽、苏北等地农民充当搬运工人,并在浦东沿码头附近的荒地上和浦西江边上海县城外围搭盖低矮席草棚屋栖身,十八间、烂泥渡、洋泾港和老白渡等为集中地。此后,随工商业发展,黄浦江两岸出现一批棚户区。1914年前后,沪东、沪西两个工业区周边地区棚户区不断增加,1920年前后尤为迅速。形成沪西知名的药水弄、潭子湾棚户区。清宣统三年后10余年间,苏州河水面还密布大量船户。到1930年,药水弄棚户区居民约0.1万户,主要是附近日商内外棉9家纺织厂的工人。沪东工业区棚户迅速增加,1926年公共租界东区有草棚0.12万间,密集在杨树浦路、平凉路一带,到1931年增至0.18万间。1932年一·二八、1937年八一三事变,闸北、南市以及近郊市镇大批房屋被毁,形成闸北新民路、广肇路、大统路一带新的棚户区。靠近租界的旧棚户区迅速扩大,如药水弄,因苏州河北岸以及虹口、杨树浦大批难民迁人,所剩空地全被搭盖棚户,抗日战争时期人口增至1万人以上。抗日战争胜利后,大批难民涌入上海,形成新棚户区,旧棚户区扩大,知名棚户区有肇嘉浜、蕃瓜弄。此外,还有因租界当局为市政或其他原因,拆除原棚户区棚舍,或受战争影响原棚户区房舍被毁,形成新棚户区。1949年,全市200户以上的棚户区有322处,其中

0.2 万户以上 4 处，0.1 万户以上 39 处，500 户以上 36 处，300 户以上 150 处，200 户以上 93 处。全市棚户约 20 万户，居民近百万人。绝大部分分布在闸北、南市、沪东、沪西以及浦东沿黄浦江地带，在市中心和高级住宅区里有零星分布。90 年代中期，市中心区绝大部分危棚简屋居住区得到改造，建造中高档商品房，原居民迁到城郊结合地区新居，形成新的社区。

高级住宅区 上海开埠后，旅沪外国人和富商始建独院住宅，民国后在静安寺西愚园路一带大量出现，到 20 世纪 20 年代发展至华山路、虹桥路、溧阳路、多伦路等地。有法国式、官邸式、英国殖民式、德国式、西班牙式、日式等住宅。1937 年八一三事变后，官僚买办、富商竞相在沪西地区购地建房，形成沿今武康路、衡山路、太原路、湖南路、永嘉路、复兴西路、华山路和虹桥路一线的花园别墅住宅社区，花园别墅数量约占全市 70%。90 年代起，在沪西虹桥路南侧辟涉外住宅小区，多为公寓式住宅，居民大多为外国驻沪机构、香港台湾地区在沪机构工作人员。

工人新村住宅区 1952 年，上海第一个工人新村曹杨新村在沪西地区建成，开始出现工人新村社区。60 年代，闸北蕃瓜弄、南市桃源新村、瞿溪新村建成。在市区边缘地区新建控江、鞍山、天山、日晖、宜川等新村住宅，市区居民开始向市区边缘地区迁移，60 年代起浦东沿黄浦江一带建成一批新村住宅。80 年代，在城郊结合部建成一批住宅小区，如西南部田林新村，东北部延吉新村，北部曲阳新村和虹桥地区的一批新型住宅区，各居住区居民有数万至十几万人。市中心居民开始向城郊结合部地区迁移。90 年代起，城郊结合部居住社区迅速增加。东北部中原小区，康健新村、仙霞新村、万科城市花园、梅陇新村，北部地区共康新村，浦东地区罗山新村、六里现代生活园区等。

四、学校社区

清道光三十年(1850 年)，上海最早的教会学校徐汇公学创办。光绪二十二年(1896 年)，南洋公学在徐家汇镇北创办。徐家汇地区成为上海最早的学校社区。1917 年，复旦公学改私立复旦大学，1922 年在江湾五角场附近购地建校舍。1927 年，同济医专改同济大学，形成上海东北地区的学校社区。50 年代起，以复旦大学、同济大学为主的上海东北地区学校社区，扩至上海外国语学院、上海财经学院、上海体育学院等范围。1951 年起，在上海西部创办华东纺织工学院、华东师范大学、华东政法学院、上海外贸学院。1952 年起在上海西南地区建立华东化工学院、上海师范学院、上海冶金学校、上海化工学校。校园内及教工居住区设百货商店、小卖部、食堂餐厅、菜场、邮局等各种生活服务设施，以及图书馆、游泳池、体育场馆、招待所、电影院、中学、小学、幼儿园、托儿所。

五、村落社区

明清时代,农民以种植棉、稻和纺织土布为业,沿江河海边的农民以渔盐为业。同姓同宗聚居一地,十几户至几十户,形成众多自然村落。民国时期,近郊新泾、虹桥地区农民开始专门种植蔬菜。20 世纪 20 年代,近郊及苏州河沿岸一带围绕上海市区西部、南部宽约数公里的农村形成蔬菜生产区,西部金山、青浦等县,是以种植稻谷、小麦为主的粮食产区,南汇、奉贤则成棉花种植区。

六、集镇社区

明清时期,上海农村的一些集镇由棉花、棉布贸易而发展,交易农产品,聚商成市,发展成为农村的集镇社区。至 20 世纪 80 年代,全市有 400 多个集镇。居民大多土生土长或世居,多住自家私宅,经商或经营手工业作坊,做摊贩或外出做工。20 世纪 50 年代起,南下干部、军人家属定居镇上,企事业单位设立,带入大批客籍居民,客籍居民和当地居民既相互交融,又各自保持原有的生活习俗。50～90 年代,毗邻市区的集镇有的划入市区范围,有的成为上海市区居民导入地,市政设施、商店大楼、民居住宅和市区形成一片,生活风尚也接近上海市区。

第二节 婚姻、家庭 >>

一、婚姻

初婚年龄 1946～1950 年,为 17.08 岁,50 年代为 20.79 岁,1981 年为 25.38 岁,1992 年为 24.46 岁。男性平均初婚年龄比女性高出 2～3 岁。民国时期,包办婚姻和自主婚姻并存,以包办婚姻为主。择偶途径有父母包办、介绍认识和自己结识几种。配偶自己相识的,1949 年前为 14.6%,1950～1957 年 33.3%,1993 年 38.3%。朋友介绍认识的,1949 年前为 15.5%,1984～1993 年 45.5%。由亲戚介绍认识的 1949 年前为 30.1%,1984～1993 年 15.6%。民国及之前,结婚不须向政府登记。1952 年 12 月,上海市民政部门开始办理婚姻登记。1953 年,全市准予登记 3.91 万对,1995 年 8.12 万对。

涉外婚姻 解放初,上海涉外婚姻多数涉苏联、朝鲜。"文化大革命"中,停止办理涉外婚姻。1977 年恢复,是年全市涉外婚姻 37 例。1995 年,有 0.3 万例,其中婚姻一方为港、澳、台同胞的占涉外婚姻登记数 55.0%,为外籍华人和外国人的占 45.0%。1986 年,涉及婚姻当事人所在国家和地区 14 个,1995 年,增至53个。上海涉外婚姻通婚国家和地区占全国首位。95%的婚姻案为上海女性与外国和港、澳、台地区男性成婚。1990年起,有外国和港、澳、台地区女性和上海男性成婚,是年上半年有99人。

离婚 1929年,上海市离婚案(含协议和判决)645起,离婚率0.48‰。1953年,上海市民政局受理离婚申请0.65万对,准予离婚0.38万对。1995年,全市离婚4.53万人,离婚率3.48‰。

二、家庭

家庭规模 1925年,上海华界每家平均4.88人,公共租界5.74人。1949年,全市4.9人,1995年2.9人。1937年,3人家庭占18.49%,1995年43.53%。是年,6人以上家庭占全市3.74%。

家计 城市居民。1978年,职工年均工资672元,城市居民家庭人均可支配收入560元,消费性支出488元。1995年,分别为9279元、7172元、5868元。

农民。1978年,全市农民人均收入280.69元。家庭人均年生活费支出189.5元,用于食品支出116.96元、衣着消费29.1元、用品支出11.5元。1995年,分别为3368元、1491元、233元、562元。

居所 1949年,全市市区(下同)人均居住面积3.9平方米。90%左右的市民居住在占全市市区住房建筑面积60%左右的旧里、简屋棚户区内。其中,建筑业职工2.14平方米,工业、邮电、财贸等业职工3.17~3.56平方米,行政机关和公用事业职工3.89平方米,文教卫生职工4.91平方米。工业部门的搪瓷业,商业部门的化工和交通运输部门职工最低,人均约1平方米。全市有26万余职工,连同家属约105万人缺房。解放后,市区人均居住面积长期在4平方米左右。1980年初,人均住房面积2平方米以下的最困难户有6.93万户。1981年,人均住房面积4.2平方米。1985年,全市有居住困难户46.94万户,其中无房户0.98万户,不方便户24.3万户,拥挤户21.66万户(人均2~4平方米19.99万户,2平方米以下1.67万户)。1995年,人均居住面积8平方米。

第三十七章 专　记

第一节 租界 >>

一、公共租界

清道光二十三年(1843年)九月二十六日(11月7日),上海开埠。十一月初一,上海道宫慕久以告示公布与英国首任驻沪领事巴富尔"依约商妥"的《上海租地章程》23条。章程划定洋泾浜(今延安东路)以北,李家庄(在今北京东路)以南,东起黄浦江的一方土地准租与英国商人,为建筑房屋及居住之用。二十六年八月初五,又议定以界路(今河南中路)为西界,面积扩至830亩。二十八年,英领事复与上海道商定扩充至北以吴淞江为界,西以泥城浜、周泾浜(今西藏路)为界,英租界面积增至2800亩。

同治二年(1863年)五月十日,美国驻沪领事和上海道议妥划定美租界地界。界域西南从护界河(即泥城浜)对岸之点(今西藏北路南端)起,向东沿吴淞江及黄浦江到杨树浦向北3里为止,从此处向西划一直线,连接护界河对岸之点。划界未细加勘定,也未树立界石。

咸丰四年(1854年)六月十一日,英、法、美3国驻沪领事商定《上海英美法租界土地章程》,六月十七日英、法、美三国49个租地人召开租地人大会通过《上海英法美租界租地章程》14条。会议决定解散英租界原有的道路码头委员会,组织统治三国租界的市政机关工部局,并建议把虹口并入租界等。后法方退出,并自建法租界公董局。

同治元年(1862年)三月初二,英租界租地人会议通过美租界并入英租界的议案。二年五月二十一日美租界界域划定。八月初九,英、美两租界合并,改称外人租界或洋泾浜北首外人租界。光绪二十五年(1899年),租界扩张,称"上海国际公共租界",简称公共租界。

通过同治十二年、光绪二十三年两次扩张,租界四至为北自小沙渡起,沿吴淞江至接连泥城浜(今西藏路)之西约70码处,由此向北至上海、宝山两县交界线(今海宁路)西端,循此界线(即经今海宁路西段、浙江北路北段及天目路等)至接连虹口河地方(今虬江路东端嘉兴路桥北首),朝东直至顾家浜口(今军工路南端)。东沿黄浦江,自顾家浜口至洋泾浜口(今延安东路外滩)。南界洋泾浜(今延安东路),自洋泾浜口至接连泥城浜处,由此向西循大西路北首支路及大西路(今延安中路)至静安寺后面的五圣庙(今延安西路东端),西自五圣庙朝北至吴淞江小沙渡。面积 3.211 万亩。

同治元年(1862 年)、二年,租界当局在邻近租界地方修筑一批军路,战事结束,辟为马路,成为越(租)界马路。主要有徐家汇路(今华山路)、新闸路、麦根路(今淮安路)、极司非尔路(今万航渡路)、静安寺路(今南京西路)、吴淞路。至光绪十六年(1890 年),工部局越界筑路总长约 40 里。二十七年起,又在沪西区租地筑路。二十六年至 1925 年,筑越界马路 39 条,总长约 150 里。越界马路地区面积 4.7 万余亩。

二、法租界

清道光二十八年(1848 年)七月初八,法国驻沪领事向上海道提出设立法租界。次年三月二十四日,上海道告示上海北门外一处地,南至城河,北至洋泾浜,西至关帝庙诸家桥,东至广东潮州会馆沿河至洋泾浜东角,注明为法租界界址。同治元年(1862 年)四月初一,上海法国筹防公司成立,后改名上海法租界公董局,法租界由此完全独立。咸丰八年(1858 年),驻华各关系国公使批准法租界《公董局组织章程》,承认法租界的独立管理权。经过咸丰四年(1854 年)、光绪二十二(1896 年)至二十四年、1913 年 3 次扩张,法租界界域四至,北自长浜路(今延安中路西段),西自英之徐家汇路(今华山路),南自斜桥徐家汇路,沿河至徐家汇桥,东自麋鹿路(今方浜西路)、肇周路各半起至斜桥为止。面积 1.515 万亩。19 世纪 60 年代初,公董局以保护租界为由,筑成由西门外直通徐家汇的军路,即徐家汇路(含今肇家浜路)。至 1914 年筑成 20 余条马路。越界筑路所到之处,公董局置巡捕,征收捐税。

三、沦陷期租界

1937 年八一三事变后,上海租界毗邻地区全被日军占领,租界成为孤岛。1941 年 12 月 8 日太平洋战争爆发,日军占领整个公共租界。外滩一线到虞洽卿路(今西藏南路、西藏中路)被划为日海军警备区,其他地区为日陆军警备区。次年 1 月 6 日,日军借口工部局英、美籍董事 4 人辞职、4 人逃走,攻击工部局董事会,日本大使馆参事任总董、汉奸为副总董,其余 6 名董事中除 2 人为欧洲人外,其他均为日本人和汉奸。随后,工部局行政机关以日本人为总裁,各处负责人全部易为日人。因法国维希政府已投降德国,法国海外势力为德国所得,日军未占领法租界。

四、收回租界

1942年10月，美、英两国政府向中国政府提议，从速签署中美、中英关于废除治外法权、交还在华租界的新条约。1943年1月11日，国民政府代表分别与美、英代表签署《关于取消美国在华治外法权及处理有关问题之条约》和《关于取消英国在华治外法权及其有关特权条约》，美、英两国承认应将上海公共租界等租界行政管理权归还中国，并终止各租界给予他们的各种权利。此时，上海尚被日军占领，公共租界等交还事宜无法实施。

1943年1月9日，汪伪国民政府宣布对英美等国作战。随即由伪行政院长和日本驻南京大使签订《日华关于交还租界及撤废治外法权之协定》。日本政府"承认中华民国政府尽速收回上海公共租界行政权"。6月30日，汪伪外交部长与日本"大使"签订《中国关于实施收回上海公共租界之条款》，8月1日，汪伪政府"收回"公共租界。1943年2月23日，法国维希政府声明放弃在华租界和治外法权，汪伪政府即组织接收法国专管租界委员会，借法租界巡捕打死一名学徒案，迫使法方决定在"交还"公共租界前二天交还法租界。7月22日，与法"使馆"签订《关于交还上海专管租界实施条款》。1943年7月30日和8月1日，汪伪政府先后"接收"上海法租界和公共租界。两租界分别改称上海特别市第一区、第八区。8月26日，拆除外滩所有铜像，租界内越界筑路地区的西文路名改为以中国地名命名的新路名。汪伪政府对租界的"接收"，不为国际社会所承认。

1945年8月第二次世界大战结束，11月24日国民政府外交部公布《接收租界及北平使馆界办法》。此后，上海市政当局正式接收上海各租界，原租界所在地区直接并入当地政府辖区。1946年2月后，在国民政府与相关国政府签订的双边条约中，法国、丹麦、葡萄牙等国政府宣布放弃在上海等地公共租界中享有的任何特权。至此，中国政府完成收回上海租界的法律程序。

五、人口

租界设立之初，实行华洋分居，只准外国人在租界内租地造屋，除原居地中国人外，不准其他中国人在租界内造屋或租赁房屋居留。清咸丰三年(1853年)，小刀会起义，大批城厢居民避难拥入租界。五年，租界内中国居民从500人增加到2.02万人。十年，太平军攻克苏杭，大批江浙难民拥进上海租界，租界内中国人增至30万，同治元年(1862年)达50万。租界内大兴土木建造房屋，开始华洋杂居。

咸丰五年、同治四年，公共租界、法租界先后首次进行界内人口调查，后基本5年一次。上海沦陷时期，汪伪政府对两租界进行一次人口调查。清同治四年，公共租界9.29万人，法租界5.59万人，1936年分别为118.1万人、47.76万人，1942年为158.57万人、85.44万人。

外国人 清同治四年(1865年)，公共租界有外国人0.23万人，法租界有460人，1930年分别有3.65万人、1.23万人，1936年3.91万人、2.34万人，1942年5.74万人、2.9万人。1930年以后，租界内外国人大量涌入华界。

中国居民 清咸丰五年(1855年)，租界内中国居民2.02万人。同治九年(1870年)，公共租界中国居民7.5万人，光绪二十六年(1900年)34.53万人。宣统二年(1910年)，公共租界中国居民48.8万人，法租界9.95万人，1930年为97.14万人和37.33万人。1935年，公共租界为112.09万人，1936年法租界为45.42万人。

第二节 外国侨民社区

一、犹太人社区

清道光二十四年(1844年)，英籍塞法迪犹商大卫·沙逊派次子伊莱亚斯到上海。次年，沙逊洋行在上海设立分行。三十年，至少有3名洋行犹太职员定居上海。到同治十三年(1874年)，新、老沙逊公司共雇用20多名塞法迪犹太人，形成上海犹太社区的核心。巴格达塞法迪犹太人追随沙逊家族到上海，知名的有嘉道理家族、亚伯拉罕家族、埃兹拉家族、所罗门家族、索富家族、葛培家族等，极盛时人数达0.1万人。大多经营金融、贸易、房地产。

19世纪末20世纪初，因沙俄反犹，大批俄国阿什肯纳滋犹太人移民中国东北，部分到上海，成为第一批移居上海的俄罗斯犹太人，人数不多。1917年俄国十月革命后，部分旧俄贵族、资本家、文武官员和知识分子到上海，不少是犹太人。1924年，上海俄罗斯犹太人增至800～1000人。1931年九一八事变后，大批在哈尔滨的犹太人移居上海，人数众多。30年代末，上海阿什肯纳兹犹太人达0.4万人，大多是俄罗斯人，少量东欧人，部分无国籍者。绝大多数人通过辛勤劳动，跻身上海租界的中等阶层和中下层阶层，其中1%～2%成为富翁。其他多为小商人和专业技术人员。1932年11月2日，成立上海犹太宗教公会(简称SAJCA)。为上海最大的犹太社区，成为上海犹太侨民的中坚和代表。

1933年，纳粹德国排犹，首批德国犹太人约12个家庭百余人到沪。此后到1937年夏，定居沪上的约有0.1万～0.15万人。大多是专业知识分子，带有积蓄，容易在上海找到工作，生活水平居犹侨的中等水平。1937年夏以后，纳粹德国加紧排犹，大批中欧犹太难民通过海路到上海，1939年9月达1.45万人。1939年8月，租界当局和日本当局达成协议，规定犹太难民进入上海需每人缴付400美元的保证金(13岁以下小孩100美元)，此后犹太难民减少。1939年1月起，救助欧洲难民委员会相继建立爱尔考克路(今安国路)、兆丰路(今高阳路)、熙华德路(今长治路)、华德路(今长阳路)和汇山路(今霍山路)等多个犹太难民营。1938年，国际犹太移民组织犹太移民拓殖援助会(HICEM)在上海设立办事处，一年后又将远东分部从哈尔滨迁到上海，为上海犹太难民提供联系、咨询、贷款等各种服务。1938年，美犹联合救济会(JDC)上海办事处成立，1941年3月，专门救济和管理上海波兰籍犹太难民。

1941年太平洋战争爆发后，日军进占上海公共租界。1942年6月，德国盖世太保驻日本首席代表到上海，向日本当局提出屠杀犹太人的“上海最后解决”方案。1943年2月，上海的日本当局颁布《关于无国籍难民之居住及营业之布告》，规定凡居住于上海地区内之无国籍难民，其居住及营业地区限定在公共租界内兆丰路、茂海路及邓脱路一线以东，杨树浦河以西，东熙华德路、茂海路及汇山路一线以北，公共租界之界线以南。无国籍难民约1.4万名犹太难民，包括收容所的0.28万人在内，被迫居住在“指定地域”。

第二次世界大战结束以后，中欧犹太难民中的德奥籍犹太人作为战败国侨民被遣送。中国政府制定《处理德侨办法》，上海市政府颁布相应的具体实施方案，成立德侨管理委员会，除极少数专业技术人员留用上海外，绝大部分德奥侨民，包括德奥犹太人被遣送。近2万名德奥犹太人首先离沪，到德国、奥地利、美国、加拿大、澳大利亚及南美等国。后约800名波兰犹太人也离沪，绝大部分到美国。1947年，中苏关系恶化，大批苏联籍犹太人不得不离沪回国，也有不少苏联籍犹太人或未加入苏联籍的俄犹到欧美国家或留上海。1948年4月，上海塞法迪犹商盟主沙逊家族率先大规模撤离，影响、带动一大批上海塞法迪犹太人离沪。同年12月，经中国政府同意，以色列政府派特派员到沪，向上海犹太人发放0.7万份赴以色列的护照签证。1948年、1949年，约有5000名犹太人离沪。上海犹太工商业企业歇业，犹太俱乐部、犹太医院、犹太学校等机构大多陷于停顿状态。解放后，上海尚有数千名犹太人，绝大多数是俄罗斯犹太人，后也陆续离开，1958年剩84人。到1966年“文化大革命”，上海基本无犹太移民。

二、俄侨社区

据清同治四年(1865年)，公共租界人口统计有4名俄侨，自此至光绪十六年都在3～5人，二十一年增至28人，1905年日俄战争到1917年十月革命前夕约360人。十月革命后，俄侨开始大规模移入上海。1918年1～4月，有0.1万名俄侨到沪。到沪人员大多中转他地去，少部分留沪定居。据俄驻沪领事统计，1918～1921年留沪926人。1922年10月，白军在远东地区的失败，引发苏俄远东地区溃败的白军军人和反苏维埃的旧俄难民大量南迁，1923年有0.2万名俄侨移入。1924年，中苏恢复邦交，引起东北地区，特别是中东铁路旧俄籍雇员恐慌。1925年上海五卅运动，上海外资企事业出现雇员短缺，再次出现东北俄侨大批南下。是年，有0.15万人到沪。1929年，中苏发生边界冲突，1931年九一八事变和1932年伪满洲国建立，东北局势动荡，致使东北俄侨大量南下。1929～1931年，年均到沪0.17万人，1934年0.32万人，1936年0.25万人。

初期，上海俄侨大多居住公共租界，1921～1924年主要居于虹口、闸北，部分较富裕的居法租界。20年代中期起，俄侨始向法租界聚居。1941年，法租界俄侨占全市俄侨总数72.82%，达1.13万人。还有在北四川路(今四川北路)、老靶子路(今武进路)等虹口一带有0.24万人。公共租界0.18万人。

30年代初，上海有俄侨0.8万～1.2万人，30年代中期约1.9万～2.1万人。再据苏联有关部门估计，1947年上海俄侨、苏侨总数约2万人。

上海俄侨的主要人员是反苏维埃的旧贵族、旧官僚、旧军人及其家属，20世纪30年代中期始有部分苏侨迁入。1943年1月，苏联最高苏维埃主席团决议，凡是侨居中国的旧俄臣民均可获得苏联国籍。至1945年，有0.2万名上海俄侨提出入籍申请与返国要求，1946年1月有0.6万人入籍苏联，大批白俄变为苏侨。1947年6月30日，苏联政府宣布逐步召返苏侨。7月5～9日，上海苏侨有0.2万户、0.7万人申请返国。1947年8月10日，首批苏侨650户、0.11万人返国，到1948年3月共5批、0.5万人。1948年6月17日，200多名哥萨克军官提出移民第三国请求。12月6日，上海白俄侨民协会向美国、阿根廷和驻日美军司令麦克阿瑟提出移民申请。8月20日，国际难民组织成立远东局，在上海建立国际难民待遣所，首批50人自12月28日登机赴日本东京，至1949年4月14批遣送俄侨0.7万人。1949年初，霞飞路俄侨社区因大批俄侨离去而消亡。1949年9月～1950年12月底，0.13万名俄侨离沪。

三、日侨社区

清同治元年(1862年)四月，日本幕府官船千岁丸首次访问上海。幕府武士高杉晋等惊叹上海的西方文明。七年，长崎田代源平在上海开设首家日本商店陶器田代屋。九年，上海有日侨7人。十一年，日本上海领事馆设立。光绪元年(1875年)，日本三菱公司开设横滨至上海的定期航路。二年，真宗东派本山本愿寺在上海开设别院。三年，三井物产会社开设上海支店。十六年，上海日侨增至644人，其中男339人、女305人，大多是单身出门人。男性一般是零售商人，女性一般是被称为“唐行妇”的妓女。大多居住公共租界、法租界。甲午战争前夕，日侨近千人，因战争爆发，除 200 人留沪外，其余人分乘轮船返回日本。此后，日侨激增，并开始向以日本领事馆和东本愿寺为中心的虹口地带汇集，在百老汇路（今大名路）、天潼路、南浔路、文路（今塘沽路）、乍浦路沿街的中国商店间开设日本商店。1905 年日俄战争爆发，大批日本人到沪，光绪三十一年 0.44 万人，三十四年 0.73 万人。三十三年，日侨自治团体上海日本居留民团成立。

第一次世界大战爆发后，以纺织业为主的日资进入上海，日本商社和日资银行支店竞相开设，日侨大为增加。1915 年，增至 1.15 万人，首次超过英国侨民，位列上海外侨人数之首。1919 年 1.77 万人。1923 年，日本邮船公司开设长崎——上海航线，并与东京的铁路相连，到沪人数增多。20 年代，日侨集居虹口文路、吴淞路、南浔路、汉壁礼路（今汉阳路）、闵行路、密勒路（今峨眉路）、昆山路，并开设众多日本商店，出售日本商品，这一地区被称为“日本人的街”。居住日侨居民为一般民众，称为“土著派”。80％日侨公司职员居住北四川路（今四川北路）横滨桥以北，以千爱里为中心，建造公司住宅，称为“会社派”。商社、银行支店长、高级官吏、公司老板等大多居住公共租界、法租界。在虹口，有日本总领事馆和日本人俱乐部、学校、商店、医院、娱乐场所、宗教设施等，日侨居住于经改建的日式住宅内，用日本语、食日本料理，生活方式基本同于日本国内。

日商纺织企业在沪东杨树浦和沪西小沙渡等地开设工厂，工厂周围建造住宅和其他福利设施，形成日本企业街。单幢住宅为高级职员居所，普通住宅为一般职员居所。企业街周围开有日本小商社，日侨散居于内。1927 年年末，上海日侨主要居住地杨树浦地区，居住有 335 户、0.4 万人。中部虹口地区，居住有 0.2 万户、0.76 万人。北部虹口、闸北地区，居住有 0.25 万户、0.7 万人。公共租界、法租界，居住有 315 户、875 人。沪西地区，居住有 587 户、0.24 万人。其他地区，居住有 277 户、0.39 万人。

1932 年一·二八事变和 1937 年八一三事变以后，大批虹口地区中国人连带被驱逐，商店被关闭，虹口地区日本人、日本商店急剧增加。北四川路日本商店从八一三事变前的 65 家增至 1940 年的 600 家，占全路店铺总数的近九成。太平洋战争爆发后，上海日侨数从 1938 年 3.47 万人增至 1943 年 10 万人。1945 年 8 月日本投降，9 月 15 日中国政府命令自 17 日起居住上海市区的日侨集中于虹口居住，5 日内迁移完毕，9 月 25 日又规定迁移时间延至 10 月 13 日前。所有迁出房屋被查封。10 月 15 日，中美两国在上海召开遣送日俘、日侨会议，拟定《遣俘遣侨之计划》。12 月，首批日侨 0.22 万人乘明优丸回国，至 1946 年 7 月遣送工作基本结束。

四、韩侨社区

清光绪十一年(1885 年),有 1 名朝鲜籍人定居公共租界。三十一年,安重根到沪,会晤侨居上海的韩国政界人士闵咏翼和商人徐相根。宣统二年(1910 年)日本吞并韩国时,上海韩侨约 20 户、100 人。1919 年,韩国三一运动被日本当局镇压后,上海韩侨人数急剧增加。是年年末,有 109 户、688 人,85%韩侨居于法租界,主要聚居于霞飞路(今淮海中路)东段。1931 年九一八事变后,自东北南下的韩侨明显增长。1932 年,上海有韩侨 438 户、0.14 万人。旋因尹奉吉虹口公园爆炸案,一批独立运动活动分子被迫转赴内地。1937 年八一三事变后,反日韩侨竞相离沪,10 月上海韩侨剩 203 户,714 人。上海沦陷后,一些亲日韩侨随日军扩散至上海各地,以至郊县城镇,大批亲日韩侨涌入上海。至 1940 年 11 月,上海有韩侨 0.47 万户、0.79 万人。1945 年 8 月日本投降,大批上海韩侨遣返回国,1946 年 8 月减至 0.2 万人,1949 年 6 月尚留 637 人。

第三节 会馆(公所)、同乡会 >>

一、会馆(公所)

以上海闽商口碑相传,明末福建龙溪、同安、海澄三邑旅沪商人集资于沪南晖桥附近建立龙同海会馆,为上海最早的会馆。有档案可查证者,上海最早的会馆(公所)为清顺治年间建立的关山东公所。

至 1936 年,上海约有客籍同乡会馆(公所)46 所,创办于顺治雍正年间各 1 所、乾隆年间 4 所、嘉庆年间 2 所、道光年间 6 所、咸丰年间 3 所、同治年间 2 所、光绪年间 18 所、宣统年间 3 所、民国时期 6 所。

清康熙五十四年(1715 年),上海最早的同业性团体商船会馆创办,为沙船业众号商集资公建。到宣统三年(1911 年),上海有同业及同业兼同乡性公所(会馆)共 105 所,创办于康熙年间 2 所、雍正年间 1 所、乾隆年间 6 所、嘉庆年间 4 所、道光年间 5 所、咸丰年间 8 所、同治年间 18 所、光绪年间 48 所、宣统年间 13 所。

自顺治年间至上海开埠,有 12 个客籍商帮建立会馆(公所)。最盛的为福建帮、广东帮、山西帮,其次为安徽的徽宁帮、浙江的绍兴帮。上海开埠后,江苏、浙江两省商帮在沪力量迅速增长,两省旅沪商帮组成 22 所会馆(公所)。江苏有 17 所,洞庭东山帮以其金融等业在沪崛起,苏州帮、江宁帮以珠宝业著称。浙江宁波帮以航运、钱庄等业称雄。

各会馆、公所均建庙宇式房屋，以同乡同业间商帮互通商情、祭神，互相料理殡葬事宜。初大多建于上海县城，黄浦江近码头一带尤多，形成两条著名的会馆街。上海开埠后，所建的会馆（公所）大多建于租界附近的华界及县城之郊。处所在今卢湾区、闸北区、虹口区一带。光绪年后，大多建于沪西、江湾、浦东等地。

会馆、公所均设有祠祀。奉祠的主要有天后、关羽、观音、鲁班、轩辕、孔子、韩愈、朱熹等。天后圣母、关帝为会馆、公所普遍供奉。有的会馆，同时奉祀故里乡土神。同业性公所，奉祀传说中的本帮祖师爷：纸业公所奉祀蔡伦，药业公所奉祀神农氏，衣业公所奉祀轩辕氏，木业公所供奉鲁班。部分行业如蛋业、洋布业、钱业等供奉敬拜先董中著名者。

各时期，主要会馆有上海潮州会馆（1759 年创办）、泉漳会馆（成立于明末）、山东会馆（清顺治年间）、徽宁会馆（1754 年）、洞庭东山会馆（清咸丰年间）、平江公所（1893 年）。

二、同乡会

清光绪三十四年，南通、如皋、崇明、海门、启东 5 县联合兴办的通如崇海启旅沪同乡会成立，为上海首家同乡会。民国建立前夕，上海有同乡会 4 所。民国建立后到抗日战争前，成立 21 所。抗日战争胜利后到 1949 年成立 93 所。1949 年 119 所。其中，江苏 43 所，浙江 28 所，广东 17 所，安徽 9 所，福建 5 所，江西、湖北、湖南、东北、河南、四川、河北、平原、新疆、云南、察哈尔、贵州、广西、山西等 13 省及蒙古共 17 所。

各时期，主要同乡会有宁波（1909 年建）、绍兴七县（1909 年）、潮州（1931 年）、广东（1932 年）、台湾（1945 年）、安徽等旅沪同乡会（1947 年）。

第四节 | 帮会 >>

鸦片战争前，上海地区帮会有以南汇县塘桥为中心的塘桥帮，以宝山县彭浦镇为中心的庙帮，以嘉定县南翔镇为基地的罗汉党，以及在上海县乡勇中发展势力的百龙党等。帮会成员主要是当地农民、手工业者、无业游民和团勇。客居上海的外籍商民中有上海广勇中的双刀会、闽勇中的乌党，在沪福建人中的青巾党会，在沪江西人中的“编钱会”等。清道光二十九年（1849 年）前后，反清秘密结社天地会分支小刀会传入上海，在旅沪粤、闽人中各自发展成员，形成两个独立的帮派，三十年初联合上海土著帮会及嘉定、青浦抗粮斗争首领周立春等，建立统一的上海小刀会，以广东香山人刘丽川为首领。咸丰三年（1853年）八月，小刀会发动反清起义，于五年正月失败。此后，上海地区帮会活动沉寂。19世纪70年代前后，两支青帮，以及浙江湖州、嘉兴、杭州一带迁入的湖州帮，镇江、扬州和苏北里下河沿线南下的苏北帮先后进入上海。苏北帮后来居上，势力日壮。光绪十二年（1886年），洪帮龙头江彭山创设"飞龙山"，进入上海。以后，红帮各山头也相继到沪，发展组织。青帮、红帮体制、宗旨各异，在上海逐渐合流，人称青红帮。十八年，法租界公董局招流氓头子黄金荣加入巡捕房，"以毒制毒"。黄引荐数十个帮会成员进入巡捕房，成为法租界最有势力的流氓大亨。形成警匪一家的局面，流氓与帮会势力结合的黑社会由此底定。

辛亥革命前后，帮会或与革命党人结合，成为反清起义的武装力量。民国初年起，不少帮会首领以上海为活动据点。1919年，青帮大字辈被推为老大。其间，上海原有的帮会势力也有膨胀，大八股党一度垄断上海的毒品承运业。黄金荣及其门徒杜月笙等组成小八股党后来居上，抢劫大八股党承运的烟土，与潮帮烟商订立新的承运协议，成为上海毒品业新霸主。为包揽鸦片提运权，黄金荣、金廷荪和杜月笙等成立三鑫公司。黄金荣集团成为上海乃至全国最有影响的帮会集团。黄金荣、杜月笙、张啸林被合称为"上海三大亨"，南京国民政府成立后被授予少将参议。上海的帮会控制上海卖淫业、赌博业、贩毒业，染指工商业和金融业，在影剧业、游乐业、服务业（理发、沐浴、茶馆）、房地产等方面占有相当市场。1929年，杜月笙设立中汇银行，又被有的企业邀为董事长，成为工商界领袖。大批帮会人物进入上海市政府、国民党市党部及政府基层组织担任职务。帮会势力插手工运。1937年八一三事变后，帮会势力分化。杜月笙为首的部分帮会势力在香港、四川等地与国民党合作抗日。黄金荣蛰居上海，以年老体弱为名拒不与日军合作。另有人充当汉奸。青帮老大季云卿的门徒吴四宝参与组织汪伪特工机关"76号"。1938年，青帮通字辈常玉清在日军的扶植下成立黄道会，暗杀爱国志士。汪曼云出任汪精卫伪政府社会局长和粮食局长。帮派组织兴中学会、嵩社、青社、弘社等投靠日伪。1939年，青帮首领张啸林成立"新亚和平促进会"，为日军收购、运销煤炭、大米和棉花等重要物资，在经济上支持日军。抗日战争胜利后，租界消失，市政统一，帮会势力逐渐衰退。1946年10月，军统中国新社会事业建设协会在上海成立，杜月笙、杨虎等任常务理事，黄金荣等任监事。成员最多达56万人。内战开始后，黄金荣、杜月笙及青帮头目顾竹轩、洪门峪云山主徐朗西等继续与中共合作。杜月笙则于1949年4月离沪去香港。部分帮会人物与国民党合作。1949年5月27日上海解放，初20余天里发生50多起帮会人员造成的重大抢劫案，6～12月每月百余起。公安部门等第一次行动逮捕黑道分子、特务 0.6 万人，处决首恶，责令参加过帮会等组织的人员向政府登记，到 1951 年 8 月有 2.68 万人登记。强迫帮会头子接受监督劳动。黄金荣经政府讲明政策，表示服从政府领导，接受改造，并于 1951 年 5 月 20 日在《文汇报》《新闻报》刊登认罪自白书，向上海市军管会副主任粟裕坦白交代。此事产生极大影响，帮会势力逐渐收敛。市军管会宣布取缔一贯道、九宫道等 50 多种非法会道门组织。到 1953 年，登记的办道人员 0.97 万人，依法惩办反动道首 0.39 万人，32 万名道徒自动声明退道。帮助 10 万名帮会成员提高认识，与帮会头子划清界限。对爱国帮会人士，予以关怀与照顾。青帮人物徐朗西、吴绍澍、顾竹轩等参加政府组织的政治活动，担任职务。政府领导人与帮会上层人物保持联系，乔冠华、潘汉年与杜月笙保持联系。上海的帮会势力基本肃清。

上海帮会组织，主要有字辈制、结拜兄弟制和师徒传承制 3 种。

青帮 清初，罗清在河北创立罗教，并在运粮水手中流传。乾隆年间，青帮出现在京杭运河沿线水手中，活动主要限于京杭运河沿线贩私、抬高工价等经济方面。约 19 世纪 70 年代，浙江、江苏和山东等地各帮进入上海，成员多为游民、下层苦力、差役、兵勇和职业流氓等，霸占地头，敲诈勒索，贩卖鸦片，控制妓院，聚赌抽头等。清末民初，形成以前辈头领为核心，大小不一的各种集团。"大"字辈头领有高士奎等 40 余人。辛亥革命时期，有的投奔革命党人参加反清斗争。此后，大字辈应桂馨等组成帮会联合组织中华国民共进会。1912 年后青帮变为黑社会组织。"通"字辈有黄金荣等 20 余人。20 年代，黄金荣、杜月笙、张啸林三大亨势力上升，成为上海、全国青帮的代表。抗日战争胜利后，中国政府收回租界，青帮回旋余地大为缩小，势力开始衰弱。杜月笙、黄金荣等除在军统的要求下，组织中国新社会事业建设协会之类活动外，无其他大的活动。1949 年，恒社成员大多离沪，随杜月笙移居香港，1951 年杜死后移至台湾，以陆京士为首进行活动。留在大陆的成员有的被镇压或判刑，有的服从政府法令，安分守己。

红帮 明末清初，在河北、安徽、江苏等地形成反清组织洪门。洪门另有汉留、三合会等名称。清光绪十二年，龙头首领江彭山创设飞龙山，并在上海广召门徒。各独立的洪门团体在上海贩毒聚赌，走私军火，行劫窝赃，贩卖人口，绑架勒索，变为黑社会的红帮组织，与青帮部分组织逐渐融合，被人合称为青红帮。1923 年，朱卓文等在上海创立洪门五圣山，推向海潜为总山主，拟以上海为基地为洪门打开局面，其反对北洋军阀，靠拢国民党。1934 年冬，帮会人物徐逸民等 5 名留美学生在上海筹建洪门五行山，1935 年 3 月密举开山仪式。以知识分子和国民党军政人员为发展对象，到 1937 年夏上海有 40 多个红帮团体，30 多个洪门成立洪兴协会。此后，协会开展各种抗日活动。1943 年冬，终南山龙头、五龙山龙头、五伦山龙头等在日汪授意下，在沪成立中华洪门联合会。抗战胜利前后，向海潜等洪帮龙头重返上海，改组洪兴协会。1946年，美洲洪门首领司徒美堂到沪，9月1日成立中国洪门民治党，并任主席。张子廉等另组洪兴协会，许君武等另组洪门民治建国会反对。1949年初，向海潜等洪门首领与共产党代表和国民党革命委员会李济深等联络，表示向往进步，上海解放前夕被特务押往香港。部分洪帮成员与中国共产党合作，停止帮会活动。

第五节 | 姓氏 >>

1994年6月，上海市谱牒研究会进行首次全市居民姓氏总量调查，全市在住人口中有姓氏1723个，其中单姓1334个、复姓29个、多字姓2个，还包括358个非传统璧联姓与外国姓氏。1997年12月31日，对全市在住人口进行姓氏调查，共调查1295.77万人。上海市在住人口中有传统姓氏1341个（实为1354个，因汉字简化，部分姓氏被归并，有佈入布，範入范、茍入苟、穀入谷、後入后、鑑入鉴、傑入杰、蔴入麻、甦入苏、塗与涂入涂、肖入萧、貟入员），其中单姓1305个、复姓34个、多字姓2个。另有为数甚多的外国姓氏和非传统璧联姓氏。部分少数民族居民有名无姓。

1997年，306个人口千人以上姓氏的人口总数占全市在住总人口99.03%，其中，10万人以上的姓氏31个，占全市在住总人口66.44%；万人至10万人的姓氏108个，总人口占全市总人口27.95%；千人至万人的167个，总人口占全市总人口4.64%。千人以下姓氏1035个，总人口占全市总人口0.64%，其中百人以下姓氏829个，10人以下姓氏485个，5人以下姓氏344个，1人一姓135个。占全市0.33%人口的居民为外国姓氏、非传统璧联姓、无姓氏和迁移中的人口。张、王、陈3姓人口最多，均70万人以上，合占总人口18.35%。张、王、陈、朱、徐、李、沈、周、陆、吴10姓人口居全市前十位，占全市总人口39.46%。人口居全市前百位姓氏人口，占全市总人口89.94%。

人口居前10位的大姓分布相对均匀，略有地域差异。张姓除上海市中心区、崇明县外，在其他郊区县均居各姓之首。除市中心区外，其余9个郊区县均出现顾姓。崇明县的差异较大，前10位姓氏中有4个姓氏不同，并以黄姓为首姓，施姓为第三位，龚姓为第九位。

第六节 方言 >>

一、方言演变、分区

上海地区通行、使用的本地方言属现代吴方言太湖片，是古代吴语的继承和发展。

最早记录上海方言的元陶宗仪《辍耕录》，记有松江方言声母"塞音三分"（p、p′、b；t、t′、d；k、k′、g等）和"丫头"（女子之贱者）、"温暾"（微媛）、"拗花"（折花）、"娘"（母）、"鏖糟"（不洁）、"家翁、家公"（家之尊者）、"点心"（小食）、"夜航船"（夜行客船）等多个方言词。明正德七年（1512年）《松江府志·风俗卷》，记松江地区"方言语音皆与苏、嘉同，间亦小异。如谓人曰渠，自称曰侬。问如何曰宁馨（宁音如囊，馨音如沆）。谓虹曰鲎。言罢必缀以休。及事际、受记、薄相之类，并见于苏志（薄音如勃）。又谓此曰笛里（笛音格），谓甚曰忒煞（煞去声），谓羞愧曰恶模样（模音如没），谓丑恶曰泼赖（泼音如弧）。问多少曰几许（音如夥）。至于音之讹，则有以二字为一字（如世母为婶，舅母为妗，什么为些之类），以上声为去声，去声为上声（呼想如相，呼相如想之类）。韵之讹则以支人鱼（龟音如居，为音如俞之类），以灰入麻，以泰入笛（槐音如华，大音如惰之类）。如此者不一。细分之，则境内亦自不同，枫泾以南类平湖，泖湖以西类吴江，吴淞以北类嘉定，赵屯以西类昆山。府城视上海为轻，视嘉兴为重，大率皆吴音也。金山俗参五方，非南非北，盖自设卫后始然。"

此后，上海地区有50余种明清方志设专目记录本地方言。综合所记，表明上海地区方言是吴语北部的一个土语群，以古吴淞江为界分为南北两区。南区包括今上海市中心区、闵行区、浦东新区和松江、青浦、金山、奉贤、南汇等县全境或大部。北区包括今宝山区、嘉定区和崇明县等地，吴淞江北岸黄渡、江桥一线的狭长地带属南区，今黄浦江下游东岸高桥一带属北区。

根据现有资料，上海话自19世纪中叶起演变加速，至今其演变大致可分为3个时期。第一期，19世纪50年代～20世纪20年代以前。方言记录，初期以J.Edkins（艾约瑟）《上海口语语法》（1853年），后期以B.Karlgren（高本汉）《中国音韵学研究》（1915～1926年）的记录为代表。第二期，20世纪20～50年代以前，以赵元任《现代吴语的研究》（1928年），布尔其瓦《上海方言语法》（1941年）的记录为代表。第三期，20世纪50~~90年代。初期以江苏省和上海市方言调查指导组编《江苏省和上海市方言概况》（1960年），后期以许宝华、汤珍珠主编《上海市区方言志》（1988年）的记录为代表。此外，清同治十年（1884年）

创刊的上海首种方言期刊《圣书新报》，1922年、1923年上海县人胡祖德编写的《沪谚》《沪谚续编》，均大量记述上海县范围内（含今上海市区大部分）的方言。

各种研究表明，今上海话跟吴淞江以南旧属松江府辖区的华亭、上海县一带的古代方言关系比较密切，跟吴淞江以北旧属苏州府太仓州辖区的嘉定、宝山、崇明一带的方言关系较疏远。今上海话特别是老派上海话的不少语音特点与上海、松江、金山、南汇、川沙等县方言一致，明显有别于苏州、昆山、嘉定（部分）、宝山、崇明等地方言。如老派上海话和松江话古“帮”、“端”两母的字都读缩气音[ʔb]、[ʔd]，入声韵最为丰富，阴上调值为平调等，都有别于北区方言。现代上海话的直接源头是元明时代通行于松江府上海县一带的方言，与毗连的松江、嘉兴等地方言有特别密切的历史渊源。

上海市方言，依古调类在今方言里的情况可分为崇明、练塘、松江、嘉宝、市区5个方言区。崇明方言区，包括今崇明县全部和宝山区长兴、横沙两岛。练塘方言区，包括今青浦县西南练塘镇、小蒸乡、蒸淀乡、西岑乡、莲盛乡、金泽乡和商榻乡。松江方言区，可再分松江区、上海市区外围、浦东地区3个小区。嘉宝方言区，包括今嘉定区大部和宝山区大部，南界沿古松江河道与松江方言区相邻。市区方言区，包括市中心区。上海市区方言习称上海话，主要分布范围限于老市区，1984年黄浦、南市、卢湾、徐汇、长宁、静安、普陀、闸北、虹口、杨浦10区，面积148.96平方公里，人口600余万人。另市郊宝山、南汇、奉贤、崇明4县（区）内15个市属农场也使用市区方言。

今上海话内部可分为老、中、新三派。老派上海话为部分1920年前后出生（75岁以上）、土生土长的老年人使用，以旧上海县城（今南市区）的口音为代表，老上海称之为“城里闲话”，与城西徐家汇一带的“浦西闲话”、黄浦江以东的“浦东闲话”，及原市区北部虹口一带的“虹口闲话”均略有区别。“城里闲话”今又称“本地闲话”，与今通行于上海市区的“上海闲话”也有所区别。“上海闲话”实际包括市区中派和新派上海话。中派上海话为1965～1940年前后出生（30～55岁左右）上海本地居民使用的上海话。55～75岁左右的上海本地人口音常兼具老派与中派特征。新派上海话的使用者年龄一般在30岁以下。老中新三派反映的差异，在一定程度上反映地域来源不同的差异，无法画出同言线。上海市中心区人口来源和居民构成十分复杂，除通行上海话外，还有不少居民使用其他方言，使用人数比较多的有宁波话、绍兴话、苏州话、无锡话、苏北话、广东话等。

历史上上海及其周围地区的强势方言，元明时代是嘉兴话和松江话，清代是苏州话，都对上海地区的方言产生过较大影响。20世纪以后，上海的经济文化发展迅速，上海地区方言的代表上海话逐渐成为上海及毗邻地区的强势方言。同时，由于大批移民进入上海地区，各地方言对上海方言的发展也带来很大的影响。

二、外地方言、洋泾浜英语

外地方言 西晋怀帝永嘉后，北方汉族和其他民族南迁，今奉贤县境内萧、褚、裴、於等姓居民迁入。北宋亡后，中原大批官宦平民渡江南下，进入上海地区的大姓有张、南、李、朱、瞿、周、吴、黄、杨、姚、刘、赵、潘、唐、施、蔡、曹、盛、胡、金、许、袁、孙、卫、陶、蒋、于等。两次较大规模人口的迁入，带入不同时期的北方方言。唐万岁通天元年(696 年)，有董、黄、顾、宋、陆、施 6 姓从江苏句容迁入新涨成陆的崇明东、西沙，成为崇明岛最早的居民。后有姚、刘、陈、朱、张、周姓自句容迁居崇明，历次移民带入不同时期的句容方言。清道光二十二年(1842 年)至 1936 年、1946～1949 年、1984 年后，外来人口流入上海形成 3 次高峰。前两次外来人口主要来自江、浙两省(约占 70%)，部分移民集中居住，较长时间使用原籍方言，其中以宁波话、广东中山话和江淮方言势力最强，带入的方言影响了上海方言。第三次移民主要来自安徽、江西、山东等地，带入方言对上海方言未发生明显影响。上海开埠后，进入上海集中居住的移民，在其聚居区里较长期使用和保存原籍方言，在市区形成各种基本以某种方言为主的方言岛。方言岛的形式主要有(1)同籍贯人居住在同一地区，使用原籍方言。典型的如苏北地区移民在上海市区外围集中居住，形成简易房和棚户聚居区，聚居区内仍普遍使用苏北话。主要分布在闸北、普陀、长宁、杨浦等地，人口占市区总人口 1/3 以上。各聚居区使用方言不一，籍贯较单纯的聚居区用原籍方言，较驳杂的用上海方言。(2)同籍贯人群在同一单位工作，相互间使用原籍方言作为交际语言。同单位的其他籍贯人员学用这一方言。(3)籍贯相同或相近的人群在同一地区开办相当数量的商业机构，业主原籍方言在地区内形成强势方言，成为地区主要交际语言，形成方言岛。典型的有 20 世纪 30 年代虹口地区的广东方言岛等。移民带入上海的方言主要有属于吴语的宁波方言、苏州方言、无锡话、绍兴话，属于粤语的广东中山话，属于官话的山东话、苏北话等。其中以宁波话、苏州话、苏北话和广东话势力最强。

洋泾浜英语 19 世纪 40～50 年代，在洋泾浜(西洋泾浜，在今延安东路)地区形成洋泾浜英语。初称"别琴英语"。约 19 世纪 70 年代以后，出现"洋泾浜英语"一词。开埠初，外国多集中在上海县城北洋泾浜地区进行贸易活动，当地略通外语的华人用半通不通的英语充当翻译，获取酬金，被称为露天通事。其英语发音大多带有浓重的上海方言口音，元音和辅音音位大为简化，词语发音往往根据汉语的发音习惯加以改造，约数百个英语单词掺杂个别汉语词语，如 chin chin(请请)、chew chew(吃吃)等。语法构造简单，没有数、性、格、人称、时态、语态等语法范畴的变化。句子组织采用上海方言的语序，英语"我不行"

说成 my no can,“让我看看”说成 let me see see,“分账”称 half-half。因词汇贫乏,意思的表达采用绕弯表达的方法。约 20 世纪 20 年代开始,“洋泾浜英语”成为国内商业英语的泛称。“洋泾浜话”泛指各种不标准的语言和方言,如洋泾浜法语、洋泾浜上海话等。30 年代以后,随正规英语教育的普及,洋泾浜英语除个别词语保留在上海话中以外,逐渐消失。洋泾浜英语流行初期,还产生过一种特别的英文代用字。以中文部首“丿、凵”等 26 式代替 26 个英文字母,清道光末年盛行。小刀会起义,首领刘丽川以此与外国人通信。

第七节 地方志编纂 >>

一、宋至民国时期地方志编纂

北宋大中祥符年间(1008～1016 年)以前,《华亭图经》编纂,为今可考的上海地区最早志书。宋绍熙《云间志》为今存上海地区最早的方志。自元代以降,上海地区府县乡镇,修志累世不断,所立县级建置,除存时极短的福泉县外,均有志书修纂和存世。1930 年,上海市政府根据国民政府所定修志条例,制订《上海市通志馆组织章程》,1932 年成立上海通志馆。1947 年改为上海市文献委员会。其间,编纂《上海市通志稿》等。至民国时期,上海地区共编修 254 种志,其中宋 8 种、元 7 种、明代 37 种、清代 162 种、民国 40 种。今存方志 132 种,其中市志 1 种、府志 8 种、县志 59 种、厅志 2 种、卫志 1 种、乡镇志 62 种。以一市之地,所编志书之多为全国少见。

二、解放后地方志编纂

20 世纪 50 年代起,有个人编修乡镇志《大场里志》《西岑乡土志》等。1960 年 2 月,上海市浦东县开展上海解放后首部县志的编纂,9 月完成。1961 年 7 月起,上海市文物保管委员会和上海博物馆编印《上海史料丛编》22 种,其中 16 种为乡镇志。

1980 年 4 月,上海市郊 10 县开始新编地方志,至 1984 年 10 县均成立修志机构。另外,根据国家相关部委要求,上海市有关部门开展水利、戏曲、体育、公安、民族等修志工作。1986 年 8 月,中共上海市委批准成立上海市地方志编纂委员会及办事机构市地方志办公室,主管全市修志工作。1987 年 5 月 26 日,召开上海市地方志编纂委员会成立大会。1990 年 12 月,《上海市地方志编纂工作的若干规定》颁发。1991 年,市地方志编纂委员会基本确定首届上海市新编地方志由市志、专志、区志、县志组成“一纲三目”的体系,要求承担市级志书修编任务的单位基本建立和健全修志机构。1994 年，中共上海市委批复建立《上海通志》编纂委员会，并成立上海通志总纂室。1996 年起，《上海通志》正式开始编纂，到 2003 年基本完成志稿，全志约 1100 万字。1987 年 9 月，首部新编县志《奉贤县志》出版，1993 年县志系列丛刊（10 种）完成。1994 年 9 月，首部区志《普陀区志》出版，到 1999 年区志系列丛刊（12 种）完成。1994 年 5 月，首部市专业志《上海电力工业志》出版，至 2002 年专志系列丛刊完成 96 种。

《上海通志》作者、编者名录

（按姓氏笔画为序）

丁震寰　于茂展　卫汉征　卫我乡　马仲骥　马裕康　马福龙
尹义奇　方　彤　方　晓　方银儿　方嘉寿　毛节裕　毛育仪
毛鸿源　王　健　王　瑜　王卫红　王山木　王凤英　王世敏
王发冀　王平生　王立平　王仰清　王向才　王安庆　王孝俭
王寿鑫　王志平　王里备　王国民　王国滨　王国璋　王垂芳
王昌凡　王炜麦　王述正　王树军　王树春　王祖德　王荣璚
王宾如　王继杰　王莉娟　王渭泉　王新建　王毓麟　邓金海
兰　凡　冯绍霆　冯济民　冯梅椿　卢汉龙　史孝瑛　史新法
叶绪岩　石清义　任　彦　任惠君　刘　宪　刘　椿　刘士铣
刘民钢　刘国林　刘果生　刘树人　刘铭桢　华友根　华世俊
吕鹤澄　孙　逊　孙　群　孙　慧　孙习康　孙中兰　孙丕鼎
孙纪平　孙纪红　孙词雄　孙国强　孙厚璞　孙继林　孙崇文
孙锡鸿　庄日建　庄传鸿　庄侠民　朱　平　朱大均　朱子仪
朱光华　朱佐椿　朱良仁　朱良清　朱孟良　朱秉秀　朱金龙
朱泉根　朱济荣　朱娱斋　朱振藩　朱维恩　朱象贤　朱富康
朱新轩　朱锡培　朱德茂　江　怡　汤兆祥　牟志勇　纪益群
许乃青　许妙发　许宝华　许洪新　许菊林　许慧敏　严　政
严锡瑞　严静霞　何伟明　何克明　何志坚　何重云　何惟蔚
何惠民　何鉴青　余　航　余子道　余秉钧　余顺华　余浩刚
吴　义　吴　忠　吴　鸣　吴　钟　吴书松　吴文娟　吴传瑞
吴宇良　吴延琛　吴体乾　吴林奎　吴祖德　吴贻虹　吴桂龙
吴泰庚　吴康年　吴清华　吴焕东　吴富根　吴瑞君　吴衡昌
宋　军　宋兰芳　宋赤民　宋咨景　宋瑞林　应绮雯　张　化
张　玲　张　铭　张义渔　张书泽　张云龙　张友明　张文周
张文静　张世芳　张礼修　张仲礼　张光明　张纪仁　张孟娟
张宗海　张建明　张建峰　张松庭　张金平　张金宝　张修桂
张禹顺　张浦先　张继凤　张维中　张雪芳　张蓉蓉　张嘉年
张嘉庭　张耀华　忻国光　李　荧　李文忠　李向东　李庆海
李克刚　李运冈　李佳策　李明佳　李彦涛　李荣春　李健民
李家齐　杜春潮　杨　超　杨幼芬　杨生袒　杨守和　杨学富

杨承祈　杨剑云　杨森耀　杨震方　汪鹤鸣　沈才英　沈乐平
沈永清　沈庄礼　沈辰宪　沈林妹　沈家儒　沈晨中　沈鸿鑫
沈渭滨　沈鹤松　肖永钧　肖克平　肖舜鹿　苏　坚　苏怀一
苏智良　辛旭光　辛晓岱　邱士林　邱明正　邵国兴　陆　斌
陆大成　陆文达　陆平权　陆永年　陆龙宝　陆怡椿　陆桂兰
陆嘉飞　陆赞能　陈　忠　陈　迪　陈　梁　陈人俊　陈中浩
陈正玄　陈永文　陈永智　陈训炘　陈纪宁　陈应善　陈沛存
陈国平　陈坤荣　陈诗枚　陈冠华　陈春舫　陈祖恩　陈家海
陈益超　陈菊娣　陈朝玉　陈勤俭　陈锦坡　陈嘉年　陈镐汶
陈鹤皋　周　兵　周元鹏　周家渊　周振鹤　周寒松　孟平安
孟彭兴　宗震益　庞新儒　林正根　林忠华　林绍明　林青山
林晓阳　欧　粤　罗东海　罗杰锋　罗益民　范　鹏　范广龄
范仲建　范国忠　范洪涛　茅伯科　茅祖培　郑贤芳　郑祥安
郑联成　郑锡麟　金潮翔　金巍巍　俞　良　俞博海　姚　平
姚元祥　姚利发　姚国华　姚宜禄　姚海芳　姚鹤年　姜　玮
姜长祚　施　斌　施善铭　柳国炎　洪葭管　祝大平　胡永顺
胡有恒　胡园珠　胡志章　胡贵孚　胡润松　胡雅云　贺芳玲
贺贤稷　赵　坚　赵玉琴　赵关忠　赵存性　赵明珍　赵乾发
赵震忠　钟荣魁　项文忠　骆德蓉　倪所安　凌善发　唐　枫
唐庆新　唐行南　唐应光　唐秀凤　夏　代　徐　进　徐　渊
徐文龙　徐至正　徐志航　徐国岁　徐宝畊　徐建刚　徐泽宽
徐金华　徐砚池　徐家申　徐家俊　徐理祥　徐善成　徐葆润
徐瑶琪　柴建民　桂世勋　秦子龙　秦莹珠　秦蓓蕾　翁鞠如
袁　征　袁　钢　袁湛艮　谈伟宪　贾雷震　郭秀姿　郭良玉
郭绪印　郭豫明　钱　薇　钱红喜　钱福根　陶　俊　顾正芳
顾伯民　顾宗法　顾洁波　顾炳权　顾根华　高　行　高　森
高立民　高仰止　高雪祥　崔广录　巢伟民　曹水锜　曹永群
曹贵生　梁贶樟　章　熙　章名海　章应洪　章梅卿　萧树人
黄　为　黄　可　黄　彬　黄永杰　黄先炽　黄向葵　黄建华
黄维国　黄菊盛　傅永棠　傅林祥　彭高成　彭望勤　畲才元
程大选　程守熹　董孝闵　董燕静　谢仁业　谢嘉骅　韩文亮
鲁鼎科　楼一峰　楼德型　窦志坚　蓝　田　虞宝棠　虞顺华
裘月屏　解志康　廖大伟　廖远妹　熊月之　缪明俊　翟跃章
蔡扬武　蔡志勋　谭京华　潘连贵　薛　白　霍美芬

图书在版编目（CIP）数据

上海通志干部读本/中共上海市委组织部，中共上海市委宣传部，上海市地方志办公室编.—上海：上海人民出版社，2014
ISBN 978-7-208-11936-9

Ⅰ.①上… Ⅱ.①中…②中…③上… Ⅲ.①上海市—地方志—干部教育—学习参考资料 Ⅳ.①K295.1

中国版本图书馆CIP数据核字(2013)第278032号

责任编辑　苏贻鸣　秦　堃
封面装帧　傅惟本

上海通志　干部读本
中共上海市委组织部
中共上海市委宣传部　编
上海市地方志办公室
世纪出版集团
上海人民出版社出版
（200001　上海福建中路193号　www.ewen.cc）
世纪出版集团发行中心发行
上海中华印刷有限公司印刷
开本720×1000　1/16　印张42.5　插页4　字数751,000
2014年6月第1版　2014年6月第1次印刷
ISBN 978-7-208-11936-9/K·2138
定价　65.00元